CHINA
LIVELIHOOD
SURVEY 2015

中国民生调查
2015

国务院发展研究中心课题组 著

中国发展出版社
CHINA DEVELOPMENT PRESS

图书在版编目（CIP）数据

中国民生调查2015 / 国务院发展研究中心课题组著. —北京：中国发展出版社，2016.2

ISBN 978-7-5177-0459-1

Ⅰ. ①中… Ⅱ. ①国… Ⅲ. ① 人民生活—调查报告—中国—2015 Ⅳ. ①D669.3

中国版本图书馆CIP数据核字（2016）第007875号

书　　名：中国民生调查2015
著作责任者：国务院发展研究中心课题组
出 版 发 行：中国发展出版社
（北京市西城区百万庄大街16号8层　100037）
标 准 书 号：ISBN 978-7-5177-0459-1
经　销　者：各地新华书店
印　刷　者：北京市庆全新光印刷有限公司
开　　本：889mm × 1194mm　1/16
印　　张：38.5
字　　数：855千字
版　　次：2016年2月第1版
印　　次：2016年2月第1次印刷
定　　价：180.00元

联 系 电 话：（010）68990630　68990692
购 书 热 线：（010）68990682　68990686
网 络 订 购：http://zgfzcbs. tmall. com//
网 购 电 话：（010）88333349　68990639
本 社 网 址：http://www.develpress. com. cn
电 子 邮 件：bianjibu16@vip. sohu. com

国务院发展研究中心“中国民生调查”课题组

课题总顾问　李　伟

课题负责人　张军扩

课题协调人　叶兴庆　葛延风

课题联络人　金三林　佘　宇

课题组主要成员　（按姓氏笔画排序）

冯文猛　朱贤强　朱卫江　刘精明　刘卫民

江　宇　许召元　孙东海　严　军　苏　杨

李惠武　来有为　张春生　张冰子　罗丛霞

郭晓鸣　寇全安　程　郁　翟宏伟

序言
Preface

“民为邦本，本固邦宁。”中国政府历来高度重视民生工作，始终把增进人民福祉、促进人的全面发展作为工作的出发点和落脚点。习近平总书记反复强调，在整个发展过程中，都要注重民生、保障民生、改善民生，让改革发展成果更多更公平惠及广大人民群众，使人民群众在共建共享发展中有更多获得感。无论是成就斐然的“十二五”，还是蓄势待发的“十三五”，民生都是主题，都是核心。

“十二五”时期，我国民生建设取得了举世瞩目的成就。党中央、国务院坚持民生优先，在经济下行压力加大的情况下不断加强就业、收入分配、社会保障、住房等保障和改善民生的制度安排，全力推进基本公共服务均等化，公共财政用于民生的比例稳定在70%以上，人民群众获得了更多“稳稳的幸福”。2011~2015年，全国城镇新增就业人员每年都超过1000万人，城乡居民收入增速跑赢了GDP，养老保险和医疗保险实现制度全覆盖，城乡居民教育、医疗服务可及性、服务质量、服务效率显著提高，其他基本公共服务水平也大幅提升。

“十三五”时期是我国全面建成小康社会的决胜阶段，不仅要确保全面建成小康社会目标的如期实现，还要为实现第二个百年奋斗目标、实现中华民族伟大复兴的中国梦奠定更加坚实的基础，这对保障和改善民生提出了新的更高的要求。

保障和改善民生是全面建成小康社会的本质要求。“全面建成小康社会”的核心之处在于“全面”，最难之点也在于“全面”。它意味着，我们要使经济、政治、文化、社会、生态各领域都有长足的发展，也要使人人都能公平地享受到发展的成果。不仅要发展国民经济，提高就业质量，增加居民收入，实现学有所教，劳有所得，病有所医，老有所养，住有所居，还要扩大人民民主，提高公民素质，改善生态环境。前者是民生建设的基本内容，后者与民生发展息息相关。可以说，保障民生、改善民生是全面建成小康社会的题中应有之义。

保障和改善民生能为全面建成小康社会注入新的发展动力。民生工作面广量大，所涉及的领域很多兼具经济和社会双重属性，同时也是我国转变经济发展方式、培育经济增长新动力的着力点。如加快供给侧结构性改革，提升基本公共服务供给水平，有效满足广大群众对居家服务、养老服务、健康服务、文体服务、休闲服务等方面的需求，带动相关服务行业加快发展，不仅能改善民生，更能培育形成新的经济增长点，使民生改善和经济发展有效对接、相得益彰。

保障和改善民生能有效弥补全面建成小康社会的短板。我国全面小康社会建设在各方面都取得了明显进展，但发展不平衡的问题仍较突出，民生仍然是最显著的短板。特别是随着经济增长换挡减速，就业、收入、养老等基本民生问题日益突出。我国就业总量的压力虽有缓解，但就业结构问题进一步凸显，以大学生为主的青年就业形势一直很严峻，2015 年前三季度外出农民工为零增长，农村劳动力转移就业也遇到新困难。居民收入差距仍然较大，特别是至 2016 年初还有 6000 多万贫困人口，数量多、分布广、程度深，减贫难度比过去大幅度增加。我国老龄化加快发展，对养老保障体制建设和养老保险基金的可持续性提出严峻挑战。另一方面，随着生活水平提高、信息传播加速、思想观念变化，城乡居民对生活质量、公平正义的期望更高，对保障和改善民生也提出了更高的要求。唯有从解决群众最关心最直接最现实的利益问题入手，做好普惠性、基础性、兜底性民生建设，织就密实的民生保障网，才能确保全面小康社会如期建成。

在全面建成小康社会中保障和改善民生，必须准确把握城乡居民在民生方面的新问题、新诉求、新期待，为政府决策提供科学依据。继 2011 年开始在全国开展民生满意度大型调查、2013 年开始在代表性省份开展民生关切点大型调查，2014 年国务院发展研究中心“中国民生调查”课题组继续开展全国 31 个省份的民生满意度电话调查、8 个代表性省份的民生关切点入户调查，编制全国各省份民生指数，并开展了就业、医疗、教育、住房、食品安全等专题研究，取得了大量第一手的调查研究成果，受到了党中央、国务院及相关部委的高度重视。《中国民生调查 2015》是这一研究的主要成果。本项研究继续保持了大范围、大样本调查的特色，所有研究报告都是基于对于 50994 个电话调查样本、9768 个入户调查样本的分析；同时又强化了政策研究的特点，更加突出了对民生问题、民生诉求、民生政策的分析。相信本项研究不论是对政策制定，还是对学术研究，都有较强的参考价值。

保障和改善民生，只有进行时，没有完成时。今后，国务院发展研究中心将充分发挥高端智库的作用，进一步提高民生满意度电话调查和民生关切点入户调查的质量，做好调查研究工作，并及时发布相关研究成果，更好地为中央决策服务，为社会大众服务。也期待着这一重大研究能继续得到社会各界的大力支持。

国务院发展研究中心主任、研究员

目录
Contents

第一部分　综合报告

第四部分 数据分析报告

第一部分

综 合 报 告

第一章
中国民生调查综合报告

2014年，国务院发展研究中心“中国民生调查”课题组以经济增速下行对民生的影响等为重点，继续开展民生满意度电话调查、民生关切点入户调查、民生指数编制及相关专题研究工作。在这些研究工作的基础上，完成了《2015中国民生调查综合报告》和相关专题报告。

从研究情况综合来看，2014年城乡居民的生活满意度仍然保持在较高水平，对未来也充满信心，但对生活改善状况的满意度近几年却呈现持续下降的态势。在14项民生工作中，满意度得分最高的三项为：公款吃喝治理、惩治贪腐和社会治安；得分最低的三项为：食品安全、就业状况和医疗服务。特别是，新一届政府简政放权和转变作风、治理腐败的努力取得实效，大多数居民认为政府官员的行为有了改善，受访者对政府服务的满意程度和治理腐败的信心大幅提升。调查也显示，仍然有约10%的居民对生活不满，无论是在城镇还是在农村，对生活现状表示不满意的群体最关注的领域都是住房状况、社会保障、就业状况和政府服务。调查结果还表明，经济增速放缓导致了劳动者的就业时间和收入下降，20.81%的受访者出现了家庭收入下降，比2013年调查结果提高了10.61个百分点。受访者认为支出压力最大的是教育、医疗和食品，对于很多低收入家庭教育和医疗的负担非常重，特别是孩子上大学和家庭成员住院成为低收入家庭难以承受之重。因此，在经济增速下行的背景下，尤其是要加强社会政策对保障民生的兜底作用。

一、中国民生调查的主要内容

为了提高政策研究的针对性，2014年的研究更加突出了民生满意度电话调查和民生关切点入户调查，在民生指数方面，也更加突出具体指标的变动情况。同时，结合两项调查结果和民生指数研究结果，开展了就业、医疗、教育、住房、食品安全等5个专题研究，黑龙江、四川等8个省份的民生研究。

（一）民生满意度及满意度电话调查

民生满意度包括生活满意度和民生整体满意度。

生活满意度是对城乡居民生活满意度的测量，仍包括三项：对当前总体生活满意度的评价、对近一年中生活改善情况满意度的评价以及对未来信心的评价。在分析方法上，今年统一采用百分制来计量居民的整体满意程度。其中，100 分表示非常满意，75 分表示比较满意，50 分表示一般满意，25 分表示比较不满意，0 分表示非常不满意。

民生整体满意度是反映城乡居民对主要民生项目的整体评价。结合新的形势，今年对调查项目做了局部调整，新增 2 项（公款吃喝改善，惩治贪腐），修改 3 项（将“政府行政效率”修改为“居住地政府服务”，将“社会服务”修改为“公共服务”，将“利益表达诉求”修改为“司法公正”），其余 10 项不变，一共是 14 项，包括：公款吃喝改善、惩治贪腐、交通状况、社会治安、住房状况、食品安全、居住地政府服务、义务教育、医疗卫生服务、生态环境、社会保障、公共服务、就业质量、司法公正。在分析方法上，也统一采用百分制来计量居民的整体满意程度。其中：100 分表示非常满意，75 分表示比较满意，50 分表示一般满意，25 分表示比较不满意，0 分表示非常不满意，将 14 项得分相加并取均值即可得到受访者的民生整体满意度得分。

民生满意度是通过涵盖全国 31 个省份的电话调查数据计算的，电话调查严格遵循随机抽样原则进行。本次调查获得有效样本总量为 50994 个。其中，城镇地区居民占 61.1%，农村地区居民占 38.9%。本次电话调查样本分布同前 3 年的调查保持了高度一致。

（二）8 省（市）的民生关切点入户调查

2014 年民生关切点入户调查包括了生活总体满意度、就业、收入与消费、子女教育、医疗卫生、养老保障、住房保障、生活环境、政府服务等方面，较全面地反映了当前我国城乡居民对于民生状况的真实感受。

本次入户调查范围包括上海、安徽、浙江、广东、黑龙江、陕西、四川、河北 8 省（市）。每个省（市）选择样本 1200 户左右，调查总样本达到 9768 户。其中，城镇样本的比重为 55.1%（位于城市主城区和镇中心区分别占 22.4% 和 11.8%，城乡结合区、镇乡结合区及特殊区域分别占 6.4%、14% 和 0.5%），乡村样本占 44.9%（村庄占 43%，乡政府所在地中心村占 1.9%）。

（三）民生指数

2014 年，在前几年试编制的基础上，对民生指数指标体系进行了局部调整。民生指数仍包括居民生活、公共服务、公共安全和生态环境四个一级指标，每个一级指标又由若干个二级和三级指标经加权平均计算得出，整个指标体系包括 18 个二级指标、55 个三级指标。整个指标体系的设计力求涵盖近年来党中央、国务院重要文献和“十二五”、“十三五”规划纲要所部署的以改善民生为重点的社会建设以及生态环境建设的主要领域。客观指标的数据主要通过公开出版的统计年鉴获得，少数由相关部委提供，并用上年的数据来测度当年的指数水平。民生指标中各项指标的计算，根据指标的特性采用不同的标准化方法，所有指标经过标准化处理以后，其指标值均分布于 60 ~ 100 之间，100 代表最高水平，60 代表最低水平。三级指标加权平均得到二级指标，二级指标加权平均得到一级指标。所有指标的取值均在 60 ~ 100 区间，数字越大，表示指标越优良。指标构成、数据来源和指标说明请参见附表 4.1。

二、民生满意度总体状况

民生满意度是通过涵盖全国 31 个省份的电话调查数据计算的，包括城乡居民的生活满意度和 14 个领域的民生整体满意度。

（一）城乡居民生活满意度总体较高，但同比有所回落

1. 近 5 成居民对生活现状表示总体满意[①]，比 2013 年略有降低

2014 年，对生活现状持非常满意的居民占总样本的 12.6%，比较满意的占 35.7%，二者合计占到 48.3%，略低于 2013 年 50.4% 的水平；表示一般满意的占 41.5%，高于 2013 年 39.1% 的水平；对现状比较不满意的占 7.2%，非常不满意的占 2.5%，合计占 9.7%，连续 3 年呈下降趋势（见图 1.1）。

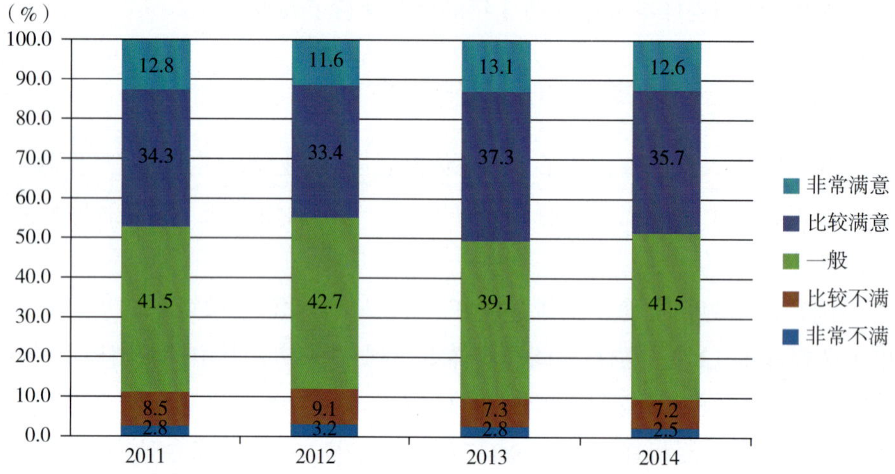

图1.1　2011～2014年居民对当前生活状态的满意度（%）

2. 超过 5 成的居民对近一年生活改善状况表示总体满意，比 2013 年有较大幅度下降

其中，对近一年生活改善状况非常满意的居民占总样本的 17.6%，比较满意的占 33.9%，合计占总样本的 50.5%，比 2013 年下降近 10 个百分点，是 2011 年以来的最低水平；一般满意的占 35.3%，比 2013 年高出 5.3 个百分点；比较不满意的占 8.3%，非常不满意的占 4.5%，合计占 12.8%，是 3 年以来的最高水平（见图 1.2）。

① 总体满意包括非常满意和比较满意。

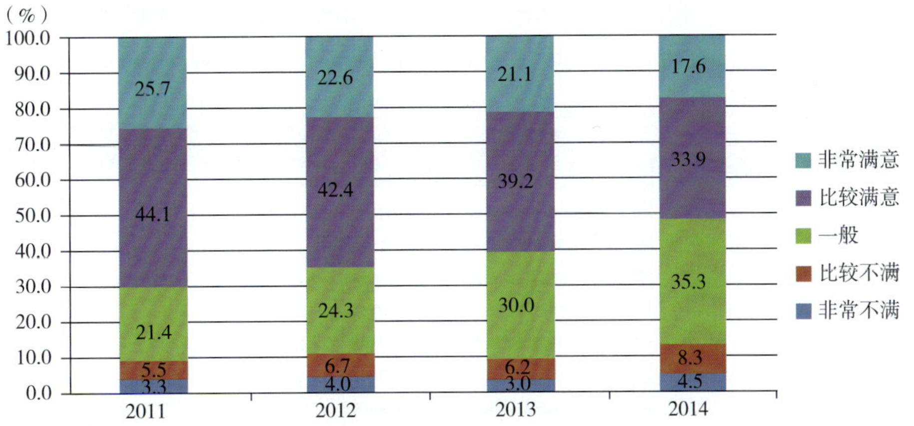

图1.2　2011～2014年居民对近一年生活改善状况的满意度(%)

3. 近7成居民对未来生活总体有信心，也低于2013年的水平

其中，对未来很有信心的居民占总样本的35.7%，比较有信心的占33.9%，合计占69.6%，低于2013年的72.3%；信心一般的占21.1%，比2013年高3个百分点；比较没有信心的占4.9%，非常没有信心的占4.3%，合计为9.2%，略高于2013年（见图1.3）。

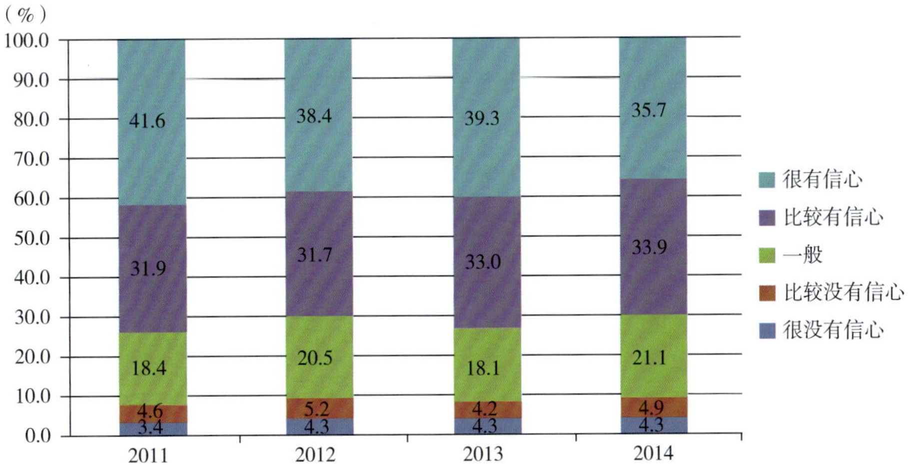

图1.3　2011～2014年居民对未来的信心(%)

（二）城乡居民对“公款吃喝改善状况”的满意度大幅领先，对食品安全的满意度仍然很低

在14个民生领域中，满意度得分最高的3项为：公款吃喝改善状况、惩治贪腐和社会治安。其中，“公款吃喝改善状况”的满意度得分为84.56，大幅领先于其他领域；“惩治贪腐”的满意度得分也较高。这说明，城乡居民对中央出台八项规定、强力反腐给予了充分的肯定。

得分最低的3项为：食品安全、就业状况和医疗服务。其中，“食品安全”的满意度得分连续3年为最低。

与上年度的调查结果①相比，城乡居民对政府服务的满意度也有较大提高，得分排名由上年度的倒数第三上升到2014年的第五，上升了5位。但食品安全、就业、医疗服务的得分排名一直靠后，反映出城乡居民对这几个领域的满意度持续较低②（见图1.4）。

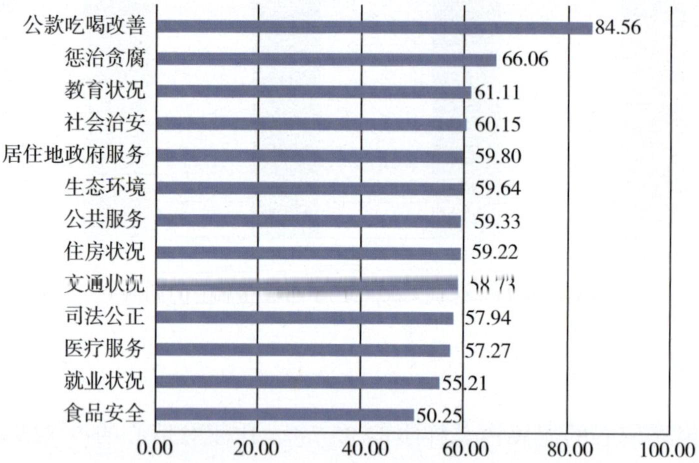

图1.4 2014年电话调查14项民生满意度得分（分）

（三）不同群体的民生整体满意度存在一定差异

从调查情况来看，不同年龄、教育水平、收入情况和就业状况的群体，民生整体满意度差异较大。

从年龄来看，民生整体满意度基本上随着年龄的增长而增加，但年龄段为30～34岁之间群体满意度最低（见图1.5）。

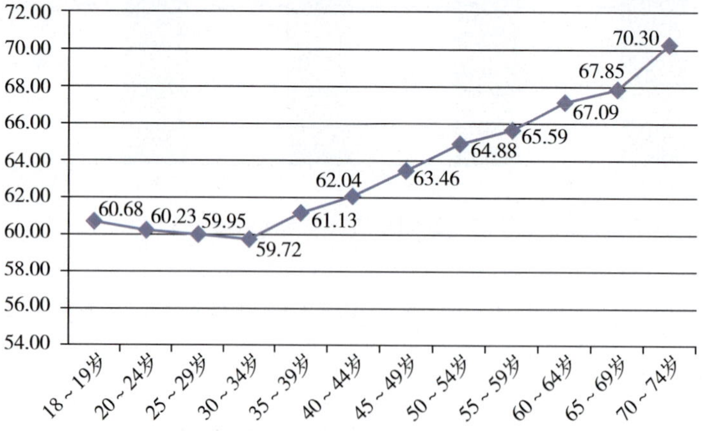

图1.5 不同年龄群体的民生整体满意度（分）

① 在2013年针对12项民生工作中，满意度得分最高的3项为：社会治安、社会保障和利益诉求表达；得分最低的4项为食品安全、就业质量、行政效率、医疗服务。

② 入户调查的结果也表明，城乡居民对民生问题最不满意的领域分别是收入水平、医疗和食品安全。

从受教育程度来看，民生整体满意度随着受教育程度的提高而呈现下降趋势。不识字或识字很少的民众的民生整体满意度最高，而硕士或博士研究生的民生整体满意度最低。相对于其他接受过高等教育（大学专科及以上）的群体，本科文化程度民众的民生整体满意度最高（见图 1.6）。

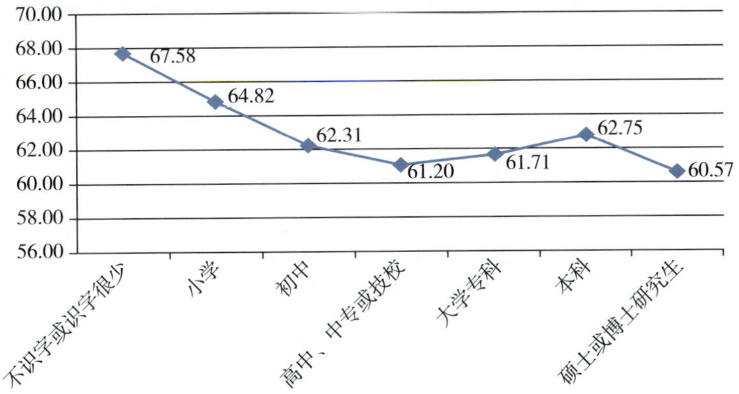

图1.6 不同受教育程度群体的民生整体满意度（分）

从户籍情况来看，流动人口的民生整体满意度总体上要低于非流动人口。在流动人口当中，跨省流动人口的民生整体满意度较低；在非流动人口当中，本市（县）农业户口群体的民生整体满意度最高（见图 1.7）。

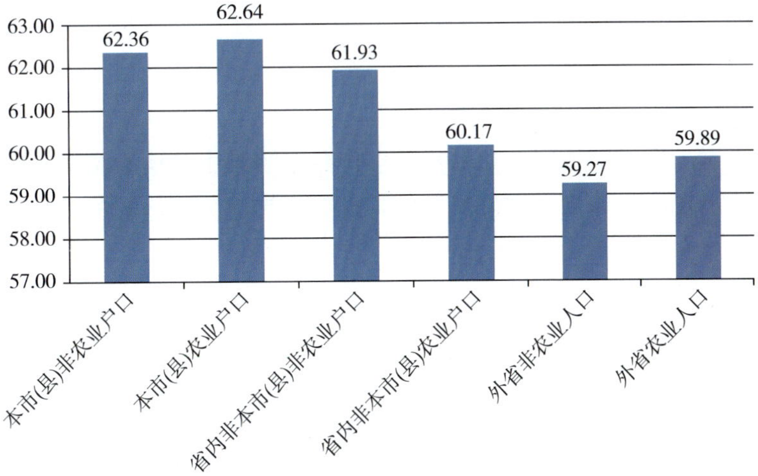

图1.7 不同户口状况群体的民生整体满意度（分）

从收入情况来看，在城镇地区，不同家庭收入情况居民的民生整体满意度呈现出比较明显的倒 U 型分布，即收入偏低和偏高群体的民生整体满意度都比较低，而中等收入群体的民生整体满意度则比较高。其中，家庭年收入在 5 万 ~ 10 万元的居民的民生整体满意度最高(见图 1.8)。

在农村地区，虽然总体上家庭年收入同居民民生整体满意度也呈现倒 U 型关系，即随着收入的增加，居民的民生整体满意度经历先高后低的变化，但民生整体满意度最高的是家庭年收入为 10 万 ~ 15 万元的群体。与城镇不同的是，农村地区最高收入群体（家庭年收入在 25 万元以上）的民生整体满意度要低于最低收入群体（家庭年收入在 1 万元以下）（见图 1.9）。

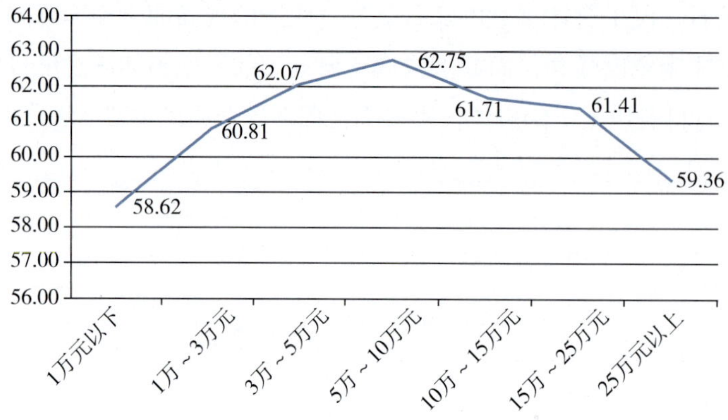

图1.8　城镇地区不同收入水平受访者的民生整体满意度（分）

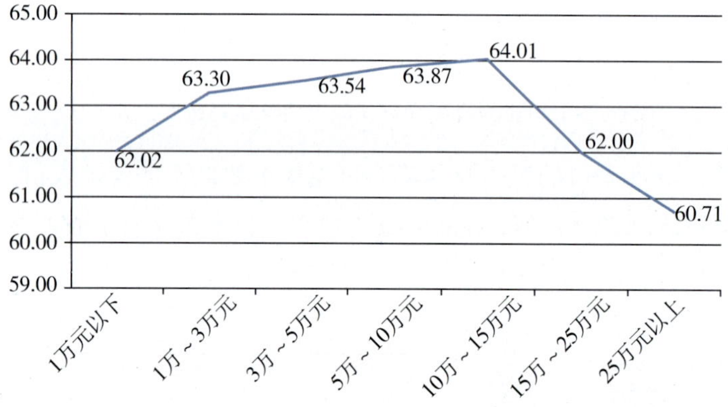

图1.9　农村地区不同收入水平受访者的民生整体满意度（分）

从就业情况来看，在城镇地区，党政机关工作群体的民生整体满意度最高，而合资、外资或港澳台企业员工的民生整体满意度最低。国有企业和其他国有经济单位职工的民生整体满意度要高于合资、外资企业员工（见图1.10）。

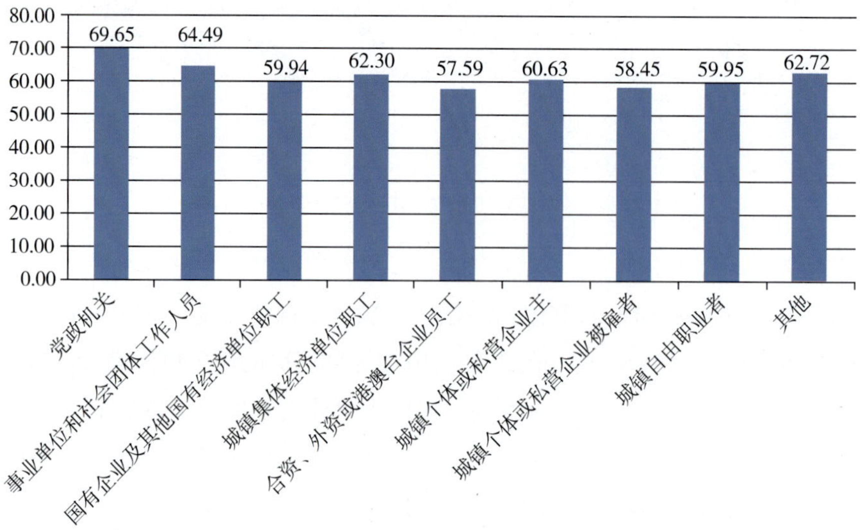

图1.10　城镇地区不同就业群体的民生整体满意度（分）

在农村地区，务农（专职农民）和国有经济单位职工的民生整体满意度最高，各类乡镇集体企业、私营企业被雇者的民生整体满意度最低（见图 1.11）。

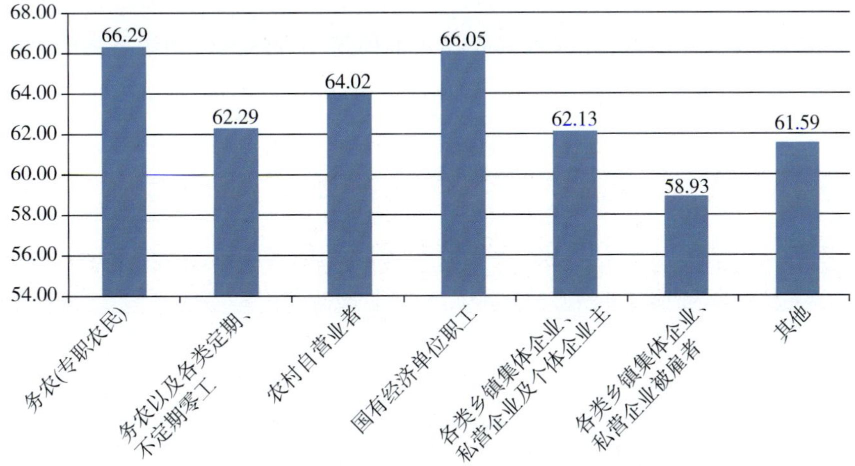

图1.11　农村地区不同就业群体的民生整体满意度（分）

三、城乡居民对民生问题的主要关切点

（一）大部分就业者都希望能提升就业质量

电话调查的就业满意度得分仅为 55.2，排倒数第二。调查还显示，“收入低或收入不稳定”、“工作不稳定、失业风险大”和“工作辛苦、时间长、不能充分休息、照料家庭、学习和娱乐”三项是就业者对就业状况不满意的主要原因。此外，还有不少被访者选择了“没有社会保障或社会保障的水平低”。上述因素基本都属于就业质量，这也说明就业质量低，是当前就业者最大的关切点（见图 1.12）。

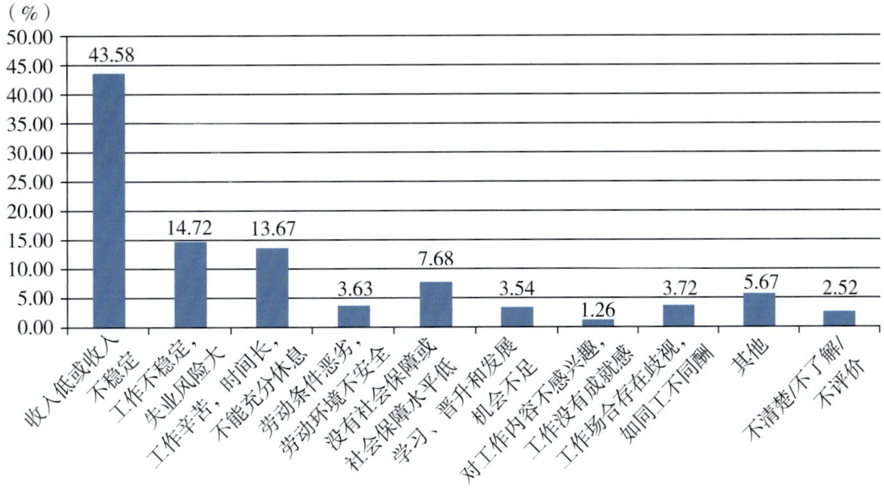

图1.12　居民对“就业状况”不满意原因分布（%）

从年龄来看，20 ~ 24 岁以及 40 ~ 49 岁对于就业状况表示不太满意或非常不满意的比例最高。20 ~ 24 岁年龄段主要是新进入劳动力市场的劳动者，相对于其他年龄段而言他们选择“收入低或收入不稳定”以及“工作辛苦、时间长、不能充分休息、照料家庭、学习和娱乐”的比例较高。而在 40 ~ 54 岁年龄段，“收入低或收入不稳定”仍然是劳动者不满的主要因素，但认为“工作不稳定、失业风险大”的劳动者比例相较于其他年龄组明显增加（见表 1.1）。

表1.1 “就业状况”不满意群体的年龄分布（%）

年龄	收入低或收入不稳定	工作不稳定，失业风险大	工作辛苦、时间长，不能充分休息、照料家庭、学习及娱乐	没有社会保障或社会保障的水平低	其他	合计
20 ~ 24岁	12.41	1.71	1.93	0.37	2.46	18.87
25 ~ 29岁	11.23	1.72	1.31	0.60	1.70	16.56
30 ~ 34岁	12.26	1.44	1.35	0.60	2.05	17.70
35 ~ 39岁	10.30	1.61	1.30	0.72	1.86	15.80
40 ~ 44岁	12.52	2.00	1.32	0.64	2.57	19.05
45 ~ 49岁	11.66	2.48	1.23	0.58	3.06	19.01
50 ~ 54岁	10.45	2.07	1.16	0.97	3.10	17.75
55 ~ 59岁	10.12	1.26	1.09	0.97	3.26	16.70
60 ~ 64岁	6.53	1.00	0.57	0.72	2.58	11.41

从职业分布看，一线的生产、运输设备操作人员对职业的满意程度最低，有 22% 表示不太满意或非常不满意。一线生产人员中，认为“收入低或收入不稳定”以及“工作不稳定、失业风险大”的比例都高于其他职业群体；专业技术人员和生产、运输设备操作人员认为“工作辛苦”的比例高于其他职业人员；农、林、牧、渔、水利生产人员和商业、服务业人员认为“没有社会保障或社会保障的水平低”的比例高于其他职业人员（见表 1.2）。

表1.2 “就业状况”不满意群体的职业分布（%）

	国家机关党群组织、企事业单位负责人	专业技术人员	办事人员和有关人员	商业、服务业人员	农、林、牧、渔、水利生产人员	生产、运输设备操作人员及有关人员	不便分类的其他从业人员
收入低或收入不稳定	8.20	11.36	11.01	11.50	13.24	13.57	9.39
工作不稳定，失业风险大	0.67	1.40	1.27	2.04	1.46	2.98	1.32
工作辛苦、时间长，不能充分休息、照料家庭、学习及娱乐	1.08	1.76	1.22	1.36	1.03	1.64	0.88
没有社会保障或社会保障的水平低	0.26	0.41	0.25	0.83	1.12	0.56	0.97
其他	1.69	2.25	1.86	2.10	2.49	2.98	2.63
合计	88.11	82.82	84.39	82.17	80.65	78.28	84.81

经济增速下行导致就业比重下降。根据电话调查数据分析，2014 年城镇地区就业比重为 67.7%，比 2013 年下降了 1 个百分点，但局部地区的就业比重下降幅度较大。特别是东北地区的电话受访人群中，就业率从 2011 年的 59.3% 下降到 2014 年的 53.0%，下降了 6.4 个百分点，其下降幅度在四大板块中最大。

（二）经济下行致两成受访者收入下降

从入户调查结果看，有 20.81% 的受访者认为家庭年收入较上年下降，比 2013 年调查结果提高了 10.59 个百分点；只有 26.88% 的受访者认为家庭年收入较上年增长，比 2013 年调查结果下降了 9.29 个百分点。收入下降群体主要有以下几个方面的特征。

低收入群体对收入下降的感受更为突出。家庭年收入在 1 万元以下受访者出现收入下降的比例最高，达到 28.09%，比 2013 年调查上升 3.77 个百分点。家庭年收入在 1 万 ~3 万元的受访者认为收入下降的比例为 26.83%，比 2013 年调查上升了 14.95 个百分点。家庭年收入在 3 万 ~ 5 万元的受访者认为收入下降的比例为 20.80%，比 2013 年调查上升了 13.69 个百分点。

农村与城乡结合部居民收入下降较为严重。农村与城乡结合部受访者家庭收入下降的比例分别为 24.92% 和 21.20%，分别比城市高 8.13 和 4.41 个百分点，较 2013 年调查分别提高了 12.74 和 12.86 个百分点。

农业、自营工商业者与临时聘用人员的收入下降最为严重。农业从业人员和城乡自营工商业者收入下降的比例分别为 27.02% 和 27.57%，分别比 2013 年调查提高了 15.16 和 13.43 个百分点。从就业岗位上看，一线工人家庭收入下降的范围明显扩大，收入下降比例为 19.59%，比 2013 年调查上升了 14.2 个百分点。临时聘用人员的收入下降也比较严重，388 个临时聘用人员，收入下降的比例达到 26.80%。

收入下降的群体主要是受教育程度较低的无技能人员。在 1435 个家庭收入下降的有工作的受访者中，无技能人员的比例达到 78.47%。受教育程度为小学及以下和初中的群体家庭收入下降的比例最高，分别占到了 24.49% 和 22.27%，比 2013 年调查分别提高了 11.42 和 13.00 个百分点。

40~60 岁群体更多地出现家庭收入下降。40~50 岁和 50~60 岁受访者认为家庭收入下降的比例分别为 24.20% 和 21.61%，比 2013 年调查分别高了 12.57 和 11.07 个百分点。在两次调查人口年龄结构基本维持稳定的条件下[①]，40~60 岁群体的家庭收入出现更大范围下降，说明上年纪的劳动者在经济下行期收入更容易受到影响。

（三）大多数居民对养老存在担心，但总体尚未形成较大养老负担

超过五成的城乡居民对自己的养老问题存在担心。53.45% 的受访者对以后养老的经济保障存在担心，40~50 岁群体对日后的养老问题担心的比例最高，达到 58.29%。城镇内居民对养老

① 2014年调查40~50岁和50~60岁样本数分别占27.25%和26.17%，2013年这两个年龄段的样本比例分别26.57%和22.75%。

的担心更多一些，55.12% 的城镇居民指出对养老问题的担心，比农村和城乡结合部高了 3.37 和 1.84 个百分点。

社保养老和儿女养老是城乡居民依靠的最主要养老方式。99.9% 的受访者都回答了对未来养老是如何打算的问题，城乡居民首选的方式是社保养老金和儿女养老，这两项在第一选择中分别占到了 27.84% 和 23.28%。退休金和储蓄也是比较重要的养老保障方式，在首选项中分别占到了 17.06% 和 15.73%。

农村人口的养老对子女的依赖更大，37.54% 的农村受访者的养老第一选择是由儿女养老，而城市受访者中这一比例只有 14.01%，这说明城乡社保养老的标准还存在较大差异，农村社保养老金还难以支撑解决农村人口的养老问题。

一半以上的家庭存在有老人需要赡养的问题。调查中 4921 个家庭有 60 岁以上的老人，占总样本的 51.69%。在有老人的家庭中，只有 26.56% 的家庭不需要给老人经济上的支持和生活上的照顾，44.85% 的家庭需要同时给予老人经济上的支持和生活上的照顾，28.59% 的家庭只需要给予经济上的支持而由别人帮助照顾老人。

大多数家庭的养老还未形成重要负担，但部分家庭出现养老负担巨大的问题。在需要对老人给予支持的 3614 个家庭中，2014 年为照顾老人的平均支出，城市家庭为 6521.70 元，农村家庭为 4264.91 元，分别占家庭总支出的 12.88% 和 14.40%。但有 8.47% 的家庭这一比重占到 30% 以上，有 3.24% 的家庭占到 50% 以上。

（四）家庭子女教育支出压力较大，不同学段、城乡之间存在差异

子女教育仍然是家庭支出压力最大的选项。在 2014 年入户问卷调查的被访者中，有上学（含幼儿园）子女的家庭为 4896 户。这其中，有 37.0% 的被访者认为教育是第一位的。其中，子女处于本科及以上阶段的家庭中，有 61.0% 的认为教育是“家庭支出压力最大的一项”，占比为各学段最高；子女处于学前阶段的家庭中，有 17.3% 的持相同看法，占比为各学段最低。

虽然国家已逐步实现义务教育阶段学杂费全面免除，但因择校费、课外辅导或培训班费以及“撤点并校”后不得不陪读而产生的费用等类似支出仍然给家庭带来不小的经济负担。从全年子女教育总支出①占家庭生活总支出的比例情况来看，有 66.3% 的家庭超过 10%，有 40.2% 的超过 25%，有 11.6% 的超过 50%，更有 3.6% 的超过 75%。其中，子女处于义务教育阶段的家庭，教育总支出超过 5000 元的占到 43.7%，超过 1 万元的也占到 19.1%，更有 5.9% 的家庭超过 2 万元。

不同学段家庭、城乡家庭之间的子女教育支出差异明显。分学段来看，高中及以上的教育总支出超过 1 万元的占比最高，从低到高依次为高中 39.1%、中职 41.2%、高职 55.7%、本科及以上 66.1%。高中以下的教育总支出在 5000 元以下的占比最高，从低到高依次为学前 48.8%、初中 49.7%、小学 60.1%。分城乡来看，城区的教育总支出超过 1 万元的占比最高，达到 37.0%，而镇区、乡村的分别为 27.0% 和 25.5%；教育总支出在 5000 元以下的占比，镇区、乡村的最高，

① 不包括子女在家的生活费，但包括赞助费、捐资助学费等类似费用。

分别为 48.1% 和 48.4%，而城区的为 32.1%。

（五）医疗费用上涨过快，患者家庭负担仍然较重

住院费用增长较快。根据 2014 年入户调查结果，在 2245 户有住院患者的家庭中[①]，住院发生的总费用平均为 20077 元，比上年调查增长 14.5%[②]，远高于 CPI 和居民收入增长速度[③]。从宏观数据看，全国卫生总费用从 2009 年的 1.61 万亿元上涨到 2013 年的 3.17 万亿元，4 年即翻了一番，年均增长 18.4%，远高于居民收入增长速度。

住院费用报销比例低。在 20077 元平均住院总费用中，家庭实际支付的医疗费用为 11492 元，通过各类医疗保险报销的医疗费用为 7649 元，看护、交通、食宿、红包、礼品等间接费用为 1411 元。总起来看，医疗保险实际报销比例（不计看护等间接费用）只有 40.0%。如果考虑间接费用，则医保报销费用只占住院总支出的 38.1%。按住院患者的报销类型看，城镇职工医保、城镇居民医保和新农合三种主要保险项目的实际报销比例分别为 52.0%、44.0%、35.8%，与上年调查结果十分接近。

医疗费用给患者家庭带来很大压力。在回答“您感觉家庭支出压力最大的一项是什么”的问题时，选择“医疗”的家庭最多，占 27.2%。在有住院经历的 2245 户居民中，有 273 户一次住院自付费用大于家庭该年全部收入，占 12%；其中 141 户居民一次住院自付费用大于家庭该年全部收入的 2 倍，占 6.2%；44 户居民一次住院自付费用大于家庭该年全部收入的 5 倍，占 2%。在全体样本中，有 17.6% 的家庭（1685 户）在 2013 年曾经因为看病而向外筹措资金，其中绝大多数（1600 户）筹资方式是向私人借款。其原因，一方面是医疗费用过高，另一方面是医保报销不及时，患者只有先借钱垫付费用。

因经济原因应该住院但实际上没有住院的比例仍然较高。在 2895 户医生建议住院的居民家庭当中，有 738 户没有住院，占 25.5%，这一数据仅比 2003 年第三次全国卫生服务总调查时的应住院未住院率（29.6%）降低了 4 个百分点，比 2008 年第三次全国卫生服务总调查得出的应住院未住院率（21%）还出现了反弹。对应住院未住院的原因，有 65.2% 回答“没钱住院”，另外 19.1% 认为没有必要住院，6% 认为没有时间住院。因为经济原因应住院未住院的患者，医保类型主要是：新农合 235 户、城镇居民医保 73 户、城镇职工医保 59 户，没有医疗保险的 19 户。

（六）城乡居民的购房意愿不高，期待更有力的住房保障政策

住房空置率达到正常状态的上限。根据本次调查数据测算，我国城镇住房空置率为 10.5%。从国际经验看，大多数国家的住房空置率一般在 5% 上下波动，其上限在 10% 左右。据此初步判断，

① 如有多位家庭成员住院，则只回答支出最大的一名。

② 2013年“中国民生指数调查”得出患者平均住院费用17536元。

③ 2013年调查反映2012年数据，2014年调查反映2013年数据。调查得出的次均住院费用高于卫生计生委统计的2013年全国三级医院和二级医院平均住院费用（为11752元和5044元），除了样本不同的原因外，还可能是由于医院应对医保监管采用分解住院、降低次均住院费用指标。

当前我国城镇住房空置率已达到正常状态的上限。另外，我国农村住房的空置率为 13%。由于我国农村住房融资的杠杆率很低、大部分农业转移人口尚未完全割断与农村的经济联系，以及农房流转范围的局限性等原因，尽管农村住房空置率更高一些，但潜在风险反而会低于城镇地区。

收入水平处于中间的“夹心层”家庭[①]住房压力大。从调查结果来看，家庭年收入在 1 万元以下的受访者中，仅有 4.5% 认为住房是最大的家庭支出压力。而家庭年收入在 15 万 ~ 25 万元的受访者中，有 30.3% 认为住房是最大的家庭支出压力。

外地户籍家庭的住房不满意率较高。受迁移距离较远、房屋流动性较低、就业稳定性较差、购房成本较高等原因影响，外地户籍家庭的居住质量偏低，其住房不满意率在 20% 以上。其中，省内非本地城镇户籍家庭的购房意愿尤其强烈，有 22% 的该类家庭希望购买商品房。

城镇家庭更希望降房价，扩大保障范围，农村家庭更希望保障宅基地使用权和住房财产权。在本地城镇家庭提出的政策诉求中，有 44.9% 是希望通过有关政策降低房价，有 24.1% 是希望进一步扩大住房保障范围。这是因为随着近年来全国城镇住房价格上涨，城镇家庭的住房支出压力增加，当市场渠道难以改善住房条件时，必然会增加住房保障需求。同时，在本地农业户籍家庭的政策诉求中，有 26.6% 是要求保障宅基地使用权和住房财产权不受侵害，有 15.3% 是希望农村住房可以抵押和转让，提高农村家庭住房资产化程度。

（七）城乡居民生活环境评价总体向好，但生活污水和垃圾处理仍有待改善

城乡居民对生活环境总体评价较好。9178 个入户受访者对居住地生态环境的变化情况进行了回答，有 32.37% 认为是在好转，有 49.02% 认为是相对稳定，有 15.42% 认为是在恶化，有 3.19% 说不清。其中，农村受访者认为居住地生态环境有所好转的比例较高，占 36.01%，比城镇内受访者高 6.34 个百分点；城乡交界地受访者认为环境恶化的比例最高，为 17.10%，分别比城镇内和农村受访者高 0.80 和 2.27 个百分点。

农村生活垃圾和污水处理问题更为突出。农村受访者对生活垃圾处理评价不好的比例为 24.94%，分别较城镇内和城乡交界处高 8.47 和 3.47 个百分点。农村受访者对生活污水处理评价不好的比例为 27.47%，城乡交界处受访者对生活污水处理评价不好的比例为 24.33%，各自分别比城镇内高 11.59% 和 8.44 个百分点。

农村受访者对交通出行、生活服务配套和文化活动的评价相对较低，分别只有 67.29%、48.31% 和 38.08% 的受访者对其评价好，比城镇受访者分别低 11.64、14.24 和 11.01 个百分点；对交通出行、生活服务配套和文化活动的评价不好的比例分别为 16.42%、16.72% 和 28.16%，分别比城镇内高 8.86、7.71 和 12.10 个百分点。城乡居民对居住地文化活动的评价普遍偏低，而农村居民的评价明显更低，这反映了部分农村基本公共服务不完善、配套不足的情况仍比较突出，农村的文化生活较为匮乏。

---

① “夹心层”家庭是指收入水平超出住房保障标准，但住房市场支付能力又相对不足的群体。

（八）居民对食品安全问题最为忧虑

在 14 项民生满意度调查中，食品安全满意度得分为 50.2，连续三年排倒数第一。总体来说，城市居民、收入较高者、学历较高者及年轻人对食品安全的担忧更多。

城市受访者对食品安全的焦虑感更强。城市受访者中只有 37.92% 认为食品安全状况有改善，分别比城乡结合部和农村低 3.05 和 9.71 个百分点，而 28.52% 的人认为食品安全状况有所恶化，分别比城乡结合部和农村高 6.42 和 14.62 个百分点。

高收入者对食品安全的焦虑感更强。家庭年收入在 15 万元以上的受访者认为食品安全状况明显改善或有所改善的比例只有 37.80%，分别比家庭收入在 1 万元以下和 8 万 ~ 10 万元的受访者低 11.55 和 2.65 个百分点；认为食品安全状况有所恶化或严重恶化的比例为 30.20%，分别比家庭收入在 1 万元以下和 8 万 ~ 10 万元的受访者高 19.74 和 3.14 个百分点。

高学历者对食品安全状况的担忧更加明显。大专以上学历受访者认为食品安全状况明显改善或有所改善的只占到了 32.05%，分别比小学以下、初中和高中学历受访者低 12.03、13.33 和 7.51 个百分点；认为食品安全状况有所恶化或严重恶化的比例为 36.53%，分别比小学以下、初中和高中学历受访者高 21.56、17.22 和 9.29 个百分点。

年轻人对食品安全状况更加忧虑。30 岁以下的受访者认为食品安全状况明显改善或有所改善的只占到了 36.74%，分别比 30 ~ 40 岁、40 ~ 50 岁、50 ~ 60 岁和 60 岁以上受访者低 3.80、5.74、6.08 和 8.55 个百分点；认为食品安全状况有所恶化或严重恶化的比例为 29.39%，分别比小学以下、初中和高中学历受访者高 3.29、7.21、10.15 和 13.20 个百分点。

四、民生指数总体状况

（一）发达省份民生水平指数总体较高

表 1.3 展示了 2014 年各省份民生水平指数以及一级指标的测度得分情况。按省份来看，2014 年民生水平指数得分较高的是北京、辽宁、黑龙江、上海、江苏、浙江、江西、海南、重庆、四川等省份（按行政区划代码排列）。得分处于中游水平的是天津、河北、内蒙古、福建、山东、河南、湖北、湖南、广东、西藏等省份（按行政区划代码排列）。得分较低的是山西、吉林、安徽、广西、贵州、云南、陕西、甘肃、青海、宁夏、新疆等省份（按行政区划代码排列）。

分二级指标来看，人民生活领域排名靠前的包括上海、江苏、浙江、江西、山东、河南、湖南、广东、四川等；公共服务领域排名靠前的包括北京、天津、内蒙古、辽宁、上海、江苏、重庆、西藏、青海等。公共安全领域排名靠前的包括天津、黑龙江、上海、江苏、江西、山东、河南、湖北、四川等。生态环境领域排名靠前的包括北京、辽宁、黑龙江、上海、江苏、浙江、江西、重庆、四川等（均按行政区划代码排列）。

表1.3 2014年民生水平指数测度结果 单位：分

	人民生活	公共服务	公共安全	生态环境	总分
北京	79.4	82.8	92.5	92.4	85.8
天津	76.1	77.6	92.5	83.9	81.5
河北	79.4	73.7	94.8	80.1	80.6
山西	78.4	74.2	87.6	79.6	79.0
内蒙古	77.3	77.2	87.7	80.2	79.9
辽宁	78.8	76.7	91.5	80.5	81.0
吉林	79.0	73.9	88.7	78.8	79.1
黑龙江	79.1	76.1	93.7	79.4	81.0
上海	80.1	82.8	93.2	82.4	84.1
江苏	81.3	76.8	92.7	87.6	83.3
浙江	82.7	75.6	87.7	92.9	83.3
安徽	79.5	73.3	91.5	79.9	79.8
福建	78.0	72.0	88.7	91.6	80.8
江西	81.4	71.9	95.0	85.2	81.6
山东	80.2	73.7	95.4	83.4	81.6
河南	80.2	73.1	96.1	78.3	80.5
湖北	78.8	73.7	93.9	83.0	80.9
湖南	82.1	71.7	92.5	81.6	80.4
广东	80.1	72.5	90.3	88.0	81.1
广西	78.7	70.8	89.4	83.3	79.0
海南	75.7	75.7	85.1	88.4	80.1
重庆	79.3	76.5	90.5	85.0	81.7
四川	79.9	73.4	93.7	83.0	81.0
贵州	79.8	72.7	92.6	79.2	79.7
云南	77.3	71.6	85.4	81.9	77.9
西藏	76.9	78.0	81.6	81.9	79.2
陕西	75.0	75.4	90.4	81.1	79.4
甘肃	77.5	75.8	84.8	76.7	78.2
青海	75.9	76.2	76.7	77.7	76.5
宁夏	79.5	72.6	79.8	81.5	77.5
新疆	77.6	72.4	75.2	81.1	76.0

注：按行政区划代码排列。

（二）经济发展水平与民生水平指数有一定相关性

分析结果表明，人均 GDP 和民生水平指数均呈正相关关系，人均 GDP 和民生水平指数之间的相关系数高达 0.4167，表明经济发展水平仍是决定民生发展水平的主要因素。但不同二级指标的相关性不同。相关性最大的为公共服务，相关系数为 0.4381，人民生活、公共安全、生态环境和人均 GDP 的相关性较低。其中，公共安全和生态环境受到自然条件等外部因素的影响较大。但人民生活和 GDP 的相关度低值得重视。按照常理推断，经济越发达的地方居民生活水平越高，这在指标体系中的居民人均可支配收入、恩格尔系数、居民人均消费支出等衡量生活水平绝对值的指标，东部地区领先。但是体现相对水平或内部差距的居民可支配收入 / 国内生产总值、城镇居民人均纯收入 / 农村居民人均可支配收入、居民最终消费支出 / 国内生产总值、正规部门就业职工占城镇就业总人口比例等指标，东部地区并不占优势，从而使得总体评价上，东西部地区的差距并不明显。这表明，在东部发达地区，消费驱动、共享发展的程度仍然有待进一步提高。

（三）不同领域的民生改善情况进展不一

居民生活持续改善，但就业质量下降问题值得重视。各省份 2014 年度同 2013 年年度相比，收入水平和收入分配呈现持续改善趋势，劳动者收入和消费对经济增长的驱动作用不断增强。但正规部门就业率、就业人员参加职工基本养老（医疗）保险的比例下降，就业质量下降的趋势值得重视。

公共服务总体改善，医疗卫生和公共交通挑战较大。教育水平保持稳定，但投入增速放缓。多数省份教育支出占各省份财政一般预算支出的比例出现下降，13 个省份生均财政教育支出出现下降，值得引起重视。医疗卫生方面，主要是分级就诊秩序仍需加强。社会保障和社会工作水平进展较快。公共交通仍需加强，大部分省份公共交通运营线路总长度 / 公路总里程之一指标出现下降。

卫生安全和食品安全挑战较大。公共安全领域，万人交通事故死亡人数，除了海南之外均有所改善。万人食源性疾病患者数，有 14 个省份出现增长。

环境指标多数得到改善，但 22 个省份单位面积烟尘排放量出现增长。农村自来水普及率、农村无害化卫生厕所普及率、农村生活污水处理率、农村生活垃圾无害化处理率均保持增长或稳定。

（四）发达省份民生改进情况总体较好

为了进一步刻画各省份民生改善情况，我们进一步计算了各省份在居民生活、公共服务、公共安全、生态环境四个方面“改进或保持”指标的数量以及“退步”指标的数量（见表 1.4）。可以看出，2014 年比 2013 年改进的指标最多的省份包括天津、上海、江苏、广东、西藏、北京、山西、浙江、福建、山东，多数为东部发达省份。这些省份的改进指标都超过退步的指标，表明总体上民生发展水平在显著改善。

表1.4 各省份二级指标改进情况

	居民生活		公共服务		公共安全		生态环境		合计	
	改进或保持	退步	改进或保持	退步	改进或保持	退步	改进或保持	退步	改进或保持	退步
北京	9	4	10	5	4	0	12	0	35	9
天津	9	4	14	1	4	0	10	2	37	7
河北	10	3	7	9	2	2	11	1	30	15
山西	11	2	9	6	3	1	12	0	35	9
内蒙古	8	5	10	5	3	1	12	0	33	11
辽宁	9	4	7	8	4	0	12	0	32	12
吉林	10	3	8	7	3	1	9	3	30	14
黑龙江	11	2	6	10	4	0	11	1	32	13
上海	11	2	11	4	2	2	12	0	36	8
江苏	11	2	11	4	4	0	10	2	36	8
浙江	10	3	10	5	4	0	10	2	34	10
安徽	9	4	8	7	3	1	12	0	32	12
福建	8	5	12	3	3	1	11	1	34	10
江西	10	3	8	8	4	0	11	1	33	12
山东	9	4	11	4	3	1	11	1	34	10
河南	10	3	7	8	4	0	11	1	32	12
湖北	10	3	7	9	3	1	10	2	30	15
湖南	9	4	10	6	3	1	11	1	33	12
广东	11	2	11	4	3	1	11	1	36	8
广西	9	4	11	4	3	1	10	2	33	11
海南	9	4	8	8	1	3	11	1	29	16
重庆	10	3	9	6	2	2	10	2	31	13
四川	10	3	8	7	4	0	10	2	32	12
贵州	9	4	10	5	3	1	11	1	33	11
云南	10	4	10	5	2	2	11	1	33	12
西藏	10	4	14	1	4	0	8	4	36	9
陕西	8	5	8	8	2	2	9	3	27	18
甘肃	11	2	7	8	3	1	11	1	32	12
青海	9	4	8	7	3	1	7	5	27	17
宁夏	9	4	11	4	2	2	10	2	32	12
新疆	9	4	9	7	2	2	8	4	28	17

注：按行政区划代码排列。

五、主要政策建议

（一）以提升就业质量为重点，做好就业促进和服务工作

就业是民生之本。今后一个时期，虽然发生全国性大规模失业的可能性不大，但随着经济增速下行，有可能在部分地区、部分行业出现失业率上升、居民收入增长放缓等问题，仍然必须高度重视。

一是提升一线职工的就业质量。从调查看，生产、运输设备操作人员及有关人员对职业的满意程度最低，他们面临工资低、工作不稳定、劳动强度大等问题。下一步，要从推进技工大国建设的高度，切实提高一线工人的经济社会地位。进一步规范劳资关系，加强对中小企业劳动用工的规范和指导，提高劳动合同签订率，建立工资集体协商制度，切实保障劳动权益，使得产业工人有更好的职业发展预期和收入增长预期。

二是重视做好大龄劳动者的就业工作。随着我国人口老龄化速度加快，大龄劳动力已成为劳动力的主要部分。“十二五”期间，我国劳动力的平均年龄大约在 41 ~ 44 岁之间，其中 35 ~ 44 岁的劳动力约占 33% ~ 35% 左右，45 ~ 64 岁的劳动力占总劳动力的比重为 36% ~ 39%。根据国家统计局公布的数据测算，在“十二五”期间，40 岁以上的劳动力占 45% 以上。在当前经济增长放缓的环境中，更应该高度重视大龄劳动力的就业问题，通过增加公益性岗位数量、延迟退休年龄、鼓励和支持在岗培训、探索更为灵活的劳动安排等方式推动大龄劳动力的就业。

三是健全就业服务体系。完善就业预测和信息发布等就业服务，建立规范的失业调查体系，以引导劳动力合理流动及就业培训工作。发挥好公共就业服务机构和各类劳动力市场的作用，实现就业信息全国联网，为求职者提供免费的就业信息服务。

四是加强对农民工、城市再就业者的再培训和就业促进工作，通过政府购买服务的方式，以企业和社会机构培训为主，对培训和技能鉴定给予补贴。鼓励农民工创业政策，扶持各类农民工创业园的建设。

（二）重视生活不满群体的诉求，建立好社会安全网

连续 3 年的电话调查都表明，约有 10% 的居民对生活不满意或非常不满。主要集中于农业户籍人口及流动人口，教育程度为高中（中专）以下，家庭年收入水平较低，个体或私营企业被雇者、失业人口等群体中，改善住房状况、社会保障、就业状况和政府服务是城乡不满群体的主要政策诉求。要高度重视这一群体的政策诉求，建立好社会安全网，守住不发生系统性社会风险的底线。

一是完善城市低收入家庭的社会救助体系。可参考农村精准扶贫的做法，完善城市家计调查方法和家计调查内容，并建立数据库和动态更新机制，提高最低生活保障制度的锚准性。加强低保与医疗救助、住房保障、教育救助等专项救助制度的协调，在各级建立统一的社会救助资金帐户，

在不改变资金总体使用方向的基础上，实现各类社会救助资金统筹使用，提高救助效果。

二是健全农村贫困人口的社会安全网。健全扶贫＋低保＋临时救助等救助制度，增强扶贫政策与社会救助政策的衔接，提高救助力度，保证绝对贫困人口家庭生活达到当地平均水平。健全新农合、大病保险、医疗救助政策的无缝对接机制，使因病致贫的家庭享受到补助，减轻医疗支出压力。通过集中供养、货币补贴、建立农村公租房等形式，健全贫困人口的住房保障机制。

三是以农民工为重点，顺应市民化趋势，提升流动人口的基本公共服务水平。督促各地根据国家的统一要求，因地制宜制定公开透明的落户标准，并限时向社会公布。让有能力有意愿的农民工能尽快在城市落户定居。对已没有制度障碍的公共服务项目，如基本养老、基本医疗保险，要通过降低费率，加强执法，完善转移接续手续，提高覆盖率。对于目前仍存在制度排斥的公共服务项目，如非正规就业者、随迁家属在流入地参保，享受低保待遇，获取住房保障，子女异地高考等，要建立居住证制度，梯度赋权来解决。

（三）以解决“看病贵”为重点，深化医疗卫生体制改革

一是持续关注医疗服务，加快推进基本医疗保障制度建设和国家基本药物制度，进一步提高基本医疗保障制度覆盖面和保障水平，让群众个人负担减轻。适当增加对欠发达地区医疗保障转移支付投入，提高报销比例，使个人负担的医疗费比例控制在总支出的20%左右。完善大病救助机制，设立国家大病救助基金，对大病患者实施有效救助，防止出现因病致贫、因病返贫和有病难医的问题。

二是明确公立医院抓医疗管理和服务的责任，保证对公立医院的投入，严格控制公立医院的医疗服务价格，把原本由患者负担的人员工资等医疗成本由国家来负担。

三是加大对社区卫生的投入，对社区医疗卫生服务机构投入必要的防保经费，促进其面向社区居民开展相关的防保服务工作。在投入上要明确国家、省、市、县各级的责任和比例，同时，国家投入要注重向中西部地区和中小城市倾斜，解决医疗资源分布失衡和医疗服务的社会公平性差等问题。

四是着力推进医疗卫生服务与机构养老服务结合。在符合本地医疗机构设置规划的原则下，打破部门壁垒、地区限制，支持社会资本兴办护理院、康复医院和提供临终关怀服务；鼓励医疗机构开展养老服务，实现老年人卫生健康服务在养老机构和医疗机构之间便捷对接。

五是加快建立疑难重症的网上会诊、治疗机制，促进全国优质医疗资源的共享，努力实现医疗资源的均衡。

（四）适应老龄化发展的趋势，加快建设养老服务体系

一是进一步完善基本养老保险政策，对城镇企业过去的临时用工未参保人员尽快出台补缴养老保险政策，使这部分群体尽快能够享受到养老待遇，切实解决生活难题。建立城乡居民养老保险基础养老金调整机制，尽快调整基础养老金领取标准和缴费档次，体现“多缴多得、多

缴多补、长缴多得”，激发城乡居民参保、续保的积极性。

二是进一步完善“权责清晰、政府领导、市场为主”的社会养老服务制度体系。完善财政投入机制，明确将福彩公益金的50%用于发展养老服务业，提高对民营养老机构的补贴标准，进一步加大民营资本进入养老服务业的支持力度。健全规章制度，明确部门职责，加强对各类养老服务机构的监管。

三是进一步完善被征地农民参加养老保险的相关政策，解决好遗留问题，维护被征地农民的合法权益。同时，建议规范征地过程中解决失地农民养老保险资金的筹集、参保等问题。

（五）持续加强食品安全监管工作

一是加强食品药品广告管理。当前食药违法广告还比较多，甚至出现在中央媒体，容易误导消费者。甚至有处方药违规在大众媒介发布广告，严重篡改审批内容进行违法宣传，夸大产品适应症、扩大产品疗效，诱导消费者购买。应加大对媒体和自媒体食品安全报导的指导和监督，谨防因知识盲区而造成的不实信息传播。

二是严格监查特供食品，保障特殊人群。特殊人群在食物选择上有其特殊性，如有老人或小孩的家庭对食品会有更多考虑和关注。因此，应专门加强针对特殊人群的食品监管，如对婴儿奶粉的监管。

（六）加强环境保护工作

一是将城镇污水处理厂的部分运营成本（电费占较大比重）纳入公益支出范围，或对城镇污水处理厂实施优惠电价，以解决因地方财政薄弱而拖欠污水处理厂运营费，导致污水处理效率不高的尴尬现象。

二是建立农村生态环保法规和政策。目前，农村环保缺乏针对性的法律法规，建议国家尽快制定出台《农村环境保护条例》等法律法规，明确农村环保相关内容。相关部门出台有关村镇污水、垃圾处理，畜禽养殖和土壤污染防治，农药、化肥、农膜、植物生长调节剂使用等方面的管理规范和技术标准。

三是加强区域污染联合防治。大气、水具有一定的流动性，因此需要中央政府进行强有力的调控和监管，建立跨部门协调机制，协调各行各业一致行动，推动各个区域联合协作，把治理工作落在实处。坚持源头治理，加强区域和流域统筹协调，推进环境质量持续改善。统筹区域生态建设布局，做好各省（市）生态建设规划对接，推动沿江、沿海、沿湖、沿湾、沿交通干线的生态廊道建设，共同构建区域生态安全屏障。加强大气污染联防联控，完善大气污染防治协作机制，健全区域预测预报体系。深化流域污染联防联治，加强长江、太湖、千岛湖及新安江流域等水环境的综合治理与保护。

（执笔：张军扩　叶兴庆　葛延风　金三林）

第二章
民生满意度分析报告

主要发现：

①居民的生活满意度仍然保持在较高水平，对未来也充满信心，但对生活改善状况的满意度近几年却呈现持续下降的态势。

②在 14 项民生工作中，满意度得分最高的 3 项为：公款吃喝治理、惩治贪腐和社会治安；得分最低的 3 项为：食品安全、就业状况和医疗服务。

③“收入低或收入不稳定”成为民众对就业状况不满的最主要原因。20~24 岁以及 40~49 岁的人群对于就业状况表示“不太满意”或“非常不满意”的比例最高。生产、运输设备操作人员及有关人员就业满意度最低。

④“看病贵”是居民对医疗服务不满意的最主要原因，其次是“医生水平低”和“医护人员服务态度差”。农村居民对“医疗机构就诊环境和硬件条件差”和“医疗保险水平低或报销不方便”这两项原因的选择比重明显大于城镇居民。

⑤从民生整体满意度看，老年人的满意度高于中青年人群，教育程度低的人群高于教育程度高的人，本地人口高于流动人口，公有制单位职工高于私营部门职工。无论城乡，满意度都随着收入上升呈倒 U 型变化。

⑥无论是在城镇还是在农村，对生活现状表示不满意的群体最关注的领域都是住房状况、社会保障、就业状况和政府服务。

为了解居民对政府各项民生工作的评价，准确定位各地在今后民生工作中需要重点推进的领域，从 2011 年开始，中国民生调查课题组每年围绕居民对政府民生工作的主观评价，进行全国性电话问卷调查。本研究是基于 2014 年电话调查结果撰写的，报告由五个部分组成：①调查基本情况，②居民生活满意度，③民生整体满意度分析，④生活不满群体的分布特征及民生诉求，⑤结论及政策建议。

一、调查的基本情况

（一）调查内容和调查方法

2014 年全国民生问题满意度电话调查，由国务院发展研究中心“中国民生调查”课题组设计并组织实施，委托国家统计局社情民意调查中心具体负责电话访问工作。调查采用计算机辅助电话调查（CATI）方式，范围覆盖全国 31 个省（自治区、直辖市），调查对象为 18 ~ 74 周岁并在当地居住一年以上的城乡居民，以全国总人口为总体，以各省（区、市）人口为子总体进行抽样设计。调查采用分层、多阶段、概率比例的抽样方法。样本的选择以街道、乡镇以上行政区划为统一抽样框，样本单元以电话号码段为标准，按照分层、多阶段、比例抽样和简单随机抽样的方法进行抽取，其中有 13% 为手机样本，总抽取的样本量为 51110 个，有效样本量为 50994 个。

在内容上，调查涵盖了受访者的基本特征、生活状况满意度、其对 14 项民生工作的现状和改善情况的评价等多个问题。其中，生活状况满意度的测量，涉及 3 项指标：对当前总体生活的评价、对近一年中生活改善情况的评价以及对未来信心的评价；14 项民生工作包括：公款吃喝治理、惩治贪腐、交通状况、社会治安、住房状况、食品安全、居住地政府服务、义务教育、医疗卫生服务、生态环境、社会保障、公共服务、就业质量、司法公正。与 2013 年相比，2014 年调查中，新增项目 2 项：公款吃喝治理、惩治贪腐；修改项目 3 项：将“政府行政效率”修改为“居住地政府服务”，将“社会服务”修改为“公共服务”，将“利益表达诉求”调整为“司法公正”。

（二）样本的总体情况

本次调查，获取了 50994 个有效样本。其中，城镇地区居民 31153 人，占 61.1%；农村地区居民 19841 人，占 38.9%。在性别上，男性 27908 人，占 54.7%；女性 23086 人，占 45.3%。在教育程度上，不识字或识字很少的 1524 人，占 3.0%；小学 5110 人，占 10.0%；初中 13955 人，占 27.4%；高中、中专或技校 13153 人，占 26.5%；大学专科 8902 人，占 17.5%；本科 7427 人，占 14.6%；硕士或博士研究生 563 人，占 1.1%。在户籍状况上，本市（县）非农业户口 24577 人，占 48.2%；本市（县）农业户口 19518 人，占 38.3%；省内非本市（县）非农业户口 1680 人，占 3.3%；省内非本市（县）农业户口 1733 人，占 3.4%；外省非农业人口 1251 人，占 2.5%；外省农业人口 2235 人，占 4.4%。除上述基本特征外，调查还涉及受访者的职业分类、住房、就业、收入和社会保障情况（见表 2.1）。鉴于城乡之间的巨大差异，我们对这些情况的分析做了城乡区分，附录中的表 1 ~ 表 9 给出了具体结果。

表2.1 样本分布情况

类别		样本量	比例分布（%）
城乡	城镇	31153	61.1
	农村	19841	38.9
性别	男	27908	54.7
	女	23086	45.3

续表

	类别	样本量	比例分布（%）
教育程度	不识字或识字很少	1524	3.0
	小学	5110	10.0
	初中	13955	27.4
	高中、中专或技校	13513	26.5
	大学专科	8902	17.5
	本科	7427	14.6
	硕士或博士研究生	563	1.1
户口状况	本市（县）非农业户口	24577	48.2
	本市（县）农业户口	19518	38.3
	省内非本市（县）非农业户口	1680	3.3
	省内非本市（县）农业户口	1733	3.4
	外省非农业人口	1251	2.5
	外省农业人口	2235	4.4
年家庭收入	1万元以下	6539	12.8
	1万~3万元	13757	27.0
	3万~5万元	10154	19.9
	5万~10万元	8748	17.2
	10万~15万元	3068	6.0
	15万~25万元	1376	2.7
	25万~50万元	521	1.0
	50万元以上	309	0.6
	不清楚/拒答	6522	12.8
	合计	50994	100.0

二、居民就业基本情况

从既往几次调查情况看，就业质量一直是居民满意度较低的领域之一。就业是民生之本，是影响居民满意度的重要内容。在我国经济发展进入新常态的背景下，就业问题更需要引起关注。因此，在本年度的研究中，课题组将就业问题作为一项重点领域，电话问卷调查也对此做了着重了解，现将有关结果汇总如下。

（一）本课题对就业相关概念的定义

根据 1982 年国际劳动统计学家大会决议，就业被定义为某一参考期内一定年龄以上的人为获取报酬或利润（包括实物形式）进行的任何种类的工作。参考国际标准，国家统计局在调查中将就业人口定义为过去一周内从事了1小时以上有收入工作的人口，将失业人口定义为没有工作，三个月内找过工作且有合适的工作能在2周以内开始工作的人口。值得注意的是，还有一部分通常被称为“气馁的劳动者”的人，没有被包含在失业统计中。他们想工作但由于认为工作机会有限或是由于其他经济的、文化的、制度的阻碍使他们认为自己很难找到工作，因此放弃寻找工作。国际劳工组织和劳动力市场的分析专家通常建议各国放宽认定失业者时对其“有找工作行为”这一要求，将“气馁的劳动者”纳入失业统计。

本次调查一方面受限于电话调查的性质尽量将问题简化，另一方面又希望了解关于就业和失业的充分信息，因此询问了被访者是否在业以及为什么没有就业，并基于调查结果将群体重新分类[①]。就业人口包含表示自己有工作的人，以及无工作人口中在职休假、在职学习，临时停工或季节性歇业人员，这一标准与国家统计局的标准基本一致。失业人口的估计分为窄口径和宽口径两类，其中窄口径包括未就业且将未就业原因明确表明为“正在找工作”以及“正在准备自主创业”两类人群。而宽口径的失业人口不但包括“正在找工作”以及“正在准备自主创业”两类人群，还包括和将自己未工作的原因归结为“找不到合适的工作”的人口。调查中共有1642名被访者在为什么没有就业中回答“其他”，访问员会追问并记录具体的原因，我们将这些回答进行了具体的分类，将未就业原因表述为“学历低、没文化”、“没人要”、“没有田”、“工厂倒闭”、“单位改制”、“国家不分配工作”等的也列为失业，对于60岁以下认为自己“年龄大”而未就业的被访者，也归为失业人员。这两类群体之外的被访者被定义为非经济活动人口。对于未回答具体原因的823个样本，我们将其从有效样本中剔除，共得到有效样本50171个。

从结果看，调查显示的窄口径失业率为3.71%，其中城镇为3.9%，农村为3.44%，劳动参与率为72.86%，其中城镇为70.99%，农村为75.88%；宽口径失业率为8.52%，其中城镇为8.88%，农村为7.98%，劳动参与率为76.69%，其中城镇为74.86%，农村为79.63%。2014年国家统计局公布的为5.1%的城镇调查失业率。“六普”显示全国16岁以上的劳动参与率为71%，本研究的结果与之存在差异，主要可以归因为以下三个因素：第一，本研究采取了电话调查的方法，并且为自评就业状况；第二，本次调查所面向的群体是18 ~ 74岁的人口；第三，本研究的窄口径失业人员仅包括明确表示自己“正在找工作”以及“正在准备自主创业”两类“积极”寻求再就业机会的未就业人群，而宽口径失业人员则包含了“气馁的劳动者”，而且对“气馁的劳动者”也给出了较为宽松的定义（见表2.2）。

① 没有就业的原因被分为：在职休假、在职学习、临时停工或季节性歇业、在校学生、离退休人员、因疾病或残疾丧失工作能力、料理家务及照料家庭成员、正在准备某种考试（如资格考试、自学考试、考研等）或参与某种培训、正在准备自主创业、正在找工作、找不到合适的工作、不想工作以及其他。

表2.2 就业和劳动参与状况

			城镇	农村	合计
窄口径	经济活动人口	就业人口（人）	21099	14100	35199
		失业人口（人）	856	502	1358
		失业率（%）	3.90	3.44	3.71
	非经济活动人口（人）		8760	4641	13401
	劳动参与率（%）		70.99	75.88	72.86
宽口径	经济活动人口	就业人口（人）	21099	14100	35199
		失业人口（人）	2055	1223	3278
		失业率（%）	8.88	7.98	8.52
	非经济活动人口（人）		7774	3920	11694
	劳动参与率（%）		74.86	79.63	76.69
总样本（人）			30928	19243	50171

2. 就业结构

从就业类别的构成看，农村居民从事农业劳动的比重约占53.1%，其中专职务农的比例为41.8%，但这一比例在不同年龄阶段的差异较大。8 ~ 29岁的农村人口中从事农业劳动的比重约占21.2%，其中专职务农的比例为12.5%；而在60岁以上的人口中，从事农业劳动的比重约占89%，其中专职务农的比例为82%。各类雇员也是农村劳动者的重要组成部分，占调查样本的27.5%，而自营业者和企业主分别占到了样本的7.2%和10.6%（见表2.3）。

表2.3 农村居民的就业类别结构

就业类别		样本数（人）	占比（%）
农业劳动者	务农（专职农民）	5847	41.8
	务农以及各类定期、不定期零工	1586	11.4
	合计	7433	53.1
企业主		1484	10.6
雇员	国有经济单位职工	1360	9.7
	各类乡镇集体企业、私营企业被雇者	2489	17.8
	合计	3849	27.5
农村自营业者		1003	7.2
其他		223	1.6
合计		13992	100

从城镇的情况看，在党政机关事业单位的就业者占27.5%，各类经济单位的雇员（包括国有企业及其他国有经济单位职工、城镇集体经济单位职工、合资、外资或港澳台企业员工以及城镇个体或私营企业被雇者）占46.5%，企业主占19.7%，自由职业者占4.5%。党政机关事业单

位的就业者可以视为政府和准政府雇员，再加上国有及集体企业的雇员，则受雇于政府和公有制单位的劳动者占城镇劳动者的45.8%。而在经济单位雇员中，城镇个体或私营企业被雇者所占的比例最高，占全部经济单位雇员的54.6%（见表2.4）。

表2.4　城镇居民的就业类别结构

就业类别		样本数（人）	占比（%）
党政机关及事业单位	党政机关	1932	9.2
	事业单位和社会团体工作人员	3847	18.3
	合计	5779	27.5
企业主		4145	19.7
雇员	国有企业及其他国有经济单位职工	3429	16.3
	城镇集体经济单位职工	426	2.0
	合资、外资或港澳台企业员工	577	2.7
	城镇个体或私营企业被雇者	5334	25.4
	合计	9766	46.5
城镇自由职业者		953	4.5
其他		350	1.7
合计		20993	100.0

调查还了解了雇员是否与单位签订了劳动合同。结果显示，在雇员中签订了劳动合同的占71.7%，但不同性质企业的劳动合同签订率仍有较大差别，其中国有单位以及合资、外资或港澳台企业的比例较高，而城镇个体或私营企业以及各类乡镇集体企业、私营企业的比例则较低，农村各类乡镇集体企业、私营企业签订劳动合同的比例只有54.4%（见表2.5）。

表2.5　城乡雇员签订劳动合同的情况（%）

	是否和单位签订了劳动合同		
	是	否	不清楚
农村合计	64.3	35.2	0.5
国有经济单位职工	82.4	17.0	0.6
各类乡镇集体企业、私营企业被雇者	54.4	45.2	0.4
城镇合计	74.6	25.1	0.3
国有企业及其他国有经济单位职工	93.1	6.7	0.2
城镇集体经济单位职工	77.7	21.8	0.5
合资、外资或港澳台企业员工	92.9	7.1	0
城镇个体或私营企业被雇者	60.6	39.1	0.4
合计	71.7	28.0	0.3
样本数（个）	9763	3807	45

三、居民生活满意度和未来信心

（一）我国居民生活满意度整体分析

调查采用三个指标来反映居民的生活满意度，分别为：对当前生活的满意度情况（简称：现状）、对过去一年生活改善的满意度情况（简称：改善）、对未来的信心（简称：未来）。

调查发现，居民对生活现状的满意度保持在一个较高的水平上，在 50994 位受访者中，对生活现状表示不满的比例不足一成。具体而言，对现状表示“非常满意”的居民为 6431 人，占总样本 12.6%，表示“比较满意”的居民为 18218 人，占 35.7%；二者合计占总样本的 48.3%，略低于 2013 年 50.4% 的水平。对现状表示“一般”的居民为 21158 人，占 41.5%；表示“比较不满”的居民为 3696 人，占 7.2%；“非常不满”的居民为 1290 人，占 2.5%。比较历次调查结果发现，对现状“非常不满”和“比较不满”的群体，在近三年呈下降趋势（见图 2.1）。

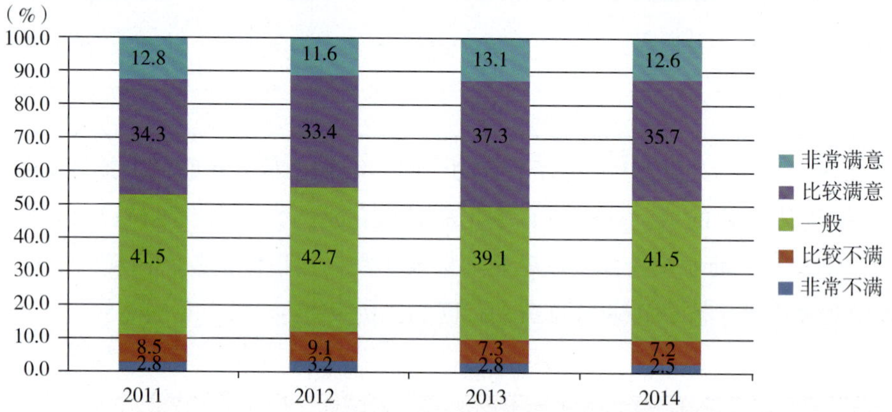

图2.1 2011 - 2014年居民对当前生活状态的满意度（%）

在对近一年生活改善状况的评价上，表示不满的受访者比例占到了一成多。比较历年的数据发现，总体而言，居民对改善程度的评价仍然较好，但对改善程度的满意状况在近些年则呈现出逐渐下降的势头。具体而言，对近一年生活改善状况表示“非常满意”的居民，在 2014 年为 8992 人，占总样本的 17.6%；“比较满意”的居民为 17269 人，占 33.9%；这两者合计占总样本的 50.5%，是 2011 年以来的最低水平。与此同时，对近一年生活改善状况表示“一般”的居民为 17983 人，占 35.3%；此外，对改善明确表示“比较不满”的居民为 4256 人，占 8.3%；“非常不满”的居民为 2306 人，占 4.5%；这两者合计占总样本的 12.8%，高于过去三年居民对改善的不满比例（见图 2.2）。

在调查中，近 7 成的居民对未来生活表示了信心，对未来生活表示没有信心的比例不足一成。这说明，总体上居民对未来的生活仍然抱有较强的信心。同时，与过去几年相比，居民的未来生活信心水平略有下降。2014 年调查中，对未来很有信心的受访者为 17945 人，占总样本的

35.7%；比较有信心的受访者为 17049 人，占 33.9%；信心一般的受访者为 10599 人，占 21.1%；比较没有信心的受访者为 2459 人，占 4.9%；非常没有信心的受访者为 2173 人，占 4.3%（见图 2.3）。

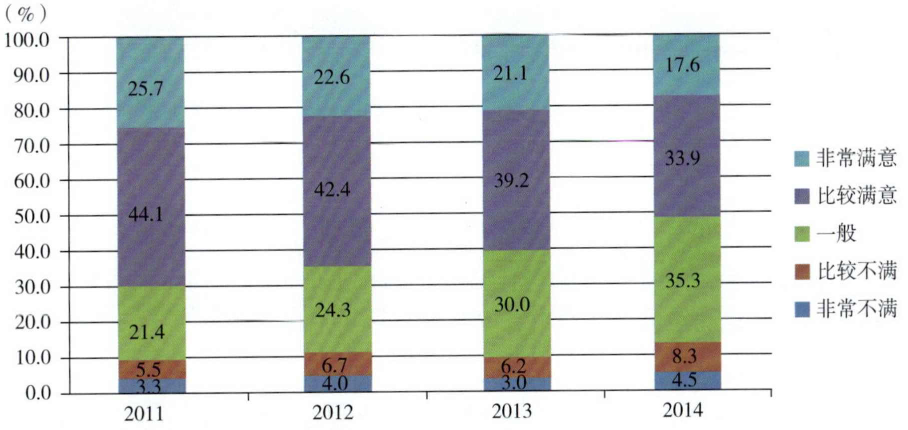

图2.2　2011～2014年居民对近一年生活改善状况的满意度（%）

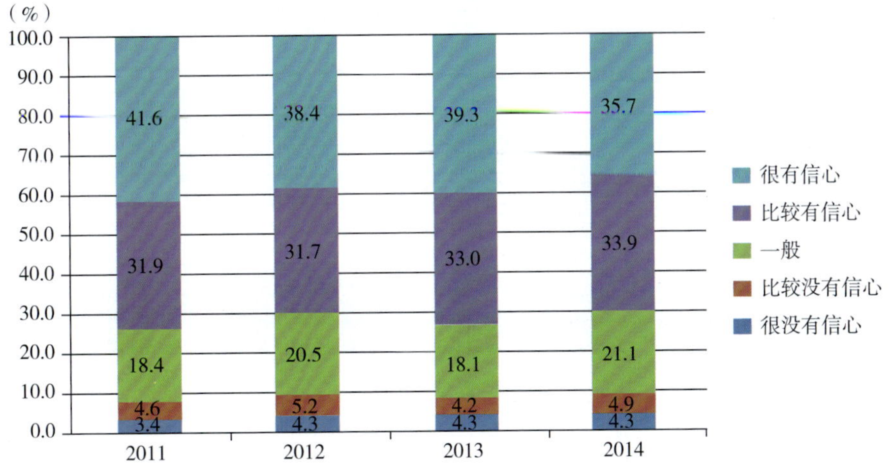

图2.3　2011～2014年居民对未来的信心（%）

通过上述分析，我们发现，总体而言，绝大多数居民的生活满意度较好。在三个指标中，居民对未来很有信心，而对现状和改善程度的满意度水平却低于对未来的信心。具体表现在，接近 70% 的民众对未来很有信心或比较有信心，超过 50% 的民众对改善状况表示非常满意或比较满意，而对现状非常满意或比较满意的民众却不到 50%。此外，对现状非常满意的比例，在三个指标中也是最低的，仅为 12.6%，而对改善和对未来表示“非常满意”或“很有信心”的受访者比例，却分别达到了 17.6% 和 35.2%。与此同时，对现状非常不满意的比例同往年相似，维持在 2.5% ～ 3% 之间，低于对改善（4.5%）和未来（4.3%）“非常不满”或“很没有信心”的比例。上述结果说明，居民对现状表示“非常满意”的比例低，但是表示“非常不满意”的比例也最低，这反映出民众对现状的总体评价不高，但评价比较趋同，持极端态度的人较少这一事实。与此同时，尽管对未来表示“很有信心”的受访者接近四成，但近几年民众对改善状况满意度的持续下降，提示着改善幅度和民众预期之间存在差距，这一情况值得关注。

（二）不同生活满意度的群体差别

为便于对比，在计算中，采用百分制来计量居民的生活满意程度，其中：100 分表示非常满意，75 分表示比较满意，50 分表示一般满意，25 表示比较不满意，0 分表示非常不满意。

1. 不同户籍群体的生活满意度差异

调查显示，不同户籍群体的生活满意度之间存在明显差异（见图 2.4、图 2.5、图 2.6）。从户籍状况来看，本市（县）农业户口的群体在三个指标上的评价最高，而省内非本市（县）农业户口的群体对当前生活状况的评价最低。在外省流动人口中，农业人口对现状的满意度较低，但对近一年生活改善状况满意度较高，同时对未来的信心也更强。总体而言，在对生活现状的评价上，流动农业人口的评价普遍低于流动非农人口，而在对近一年生活改善现状的满意度和对未来的信心方面，农业人口的满意度水平都高于迁移状况与其相同的非农人口。另外，在比较人口省内流动和跨省流动时，我们发现，省内流动人口对近一年生活改善的满意度和对未来的信心都略低于跨省流动人口。

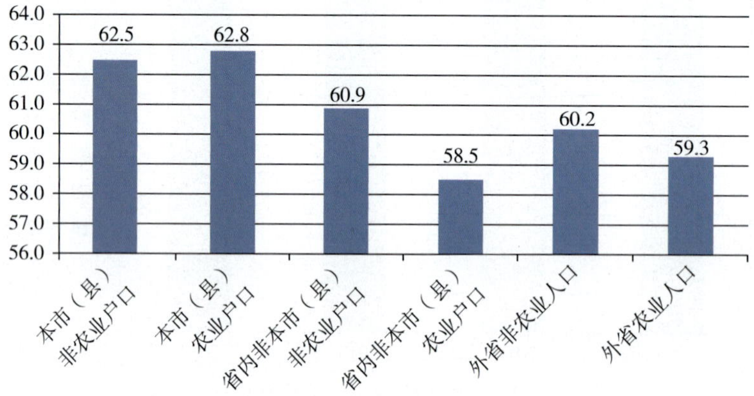

图2.4　不同户口状况群体对生活现状的评价（分）

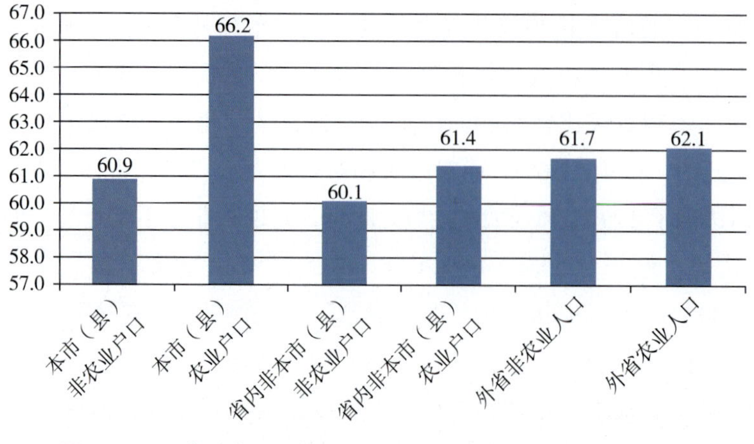

图2.5　不同户口状况群体对近一年生活改善状况的评价（分）

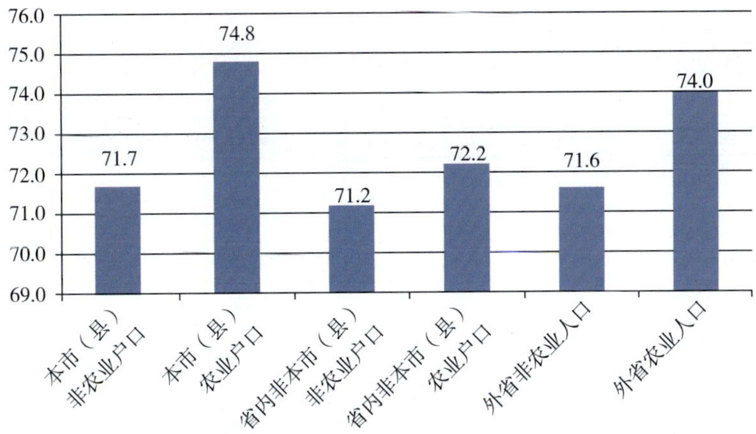

图2.6　不同户口状况群体对未来生活信心的评价（分）

2. 不同就业状况群体的生活满意度评价

从就业状况来看，失业人口对现状、改善和未来的满意度水平最低，而就业人员与非经济活动人口的满意度水平近似，其中对现状和改善情况非就业人口的满意度略高，而对未来的信心上，就业人口的满意度略高（见表 2.6）。

表2.6　不同劳动参与状况者的居民生活满意度

		N	均值	标准差	标准误
现状	就业	34884	62.53	21.82	0.12
	失业	2529	52.09	24.81	0.49
	非经济活动人口	13380	63.28	22.84	0.20
改善	就业	34897	62.83	25.19	0.13
	失业	2526	55.52	27.64	0.55
	非经济活动人口	13383	64.79	25.75	0.22
未来	就业	34573	73.55	26.15	0.14
	失业	2484	64.89	30.81	0.62
	非经济活动人口	13168	72.94	27.32	0.24

具体而言，城镇就业人员的数据显示，对现状的满意度评价上，党政机关人员的满意度最高，非企业就业人员（如党政机关、事业单位和社会团体工作人员等）对生活现状的满意度要高于企业就业人员，而企业主的满意度要高于被雇者；同时，国有企业和其他国有经济单位职工的现状满意度要高于合资、外资等企业员工。对过去一年生活改善的满意度评价上，人群间的差异不大，而国有企业和其他国有经济单位职工、党政机关人员的改善满意度要低于合资、外资等企业员工。对未来生活信心的评价上，城镇个体或私营企业主和党政机关人员的信心都较高，企业雇员对未来的信心较弱，信心最低的为合资、外资或港澳台企业员工，其次为国有企业及其他国有经济单位职工和城镇个体或私营企业被雇者（见表 2.7）。

表2.7 城镇不同就业状况群体的满意度

		均值	标准差	标准误
现状	党政机关	68.00	19.85	0.45
	事业单位和社会团体工作人员	64.06	19.91	0.32
	国有企业及其他国有经济单位职工	61.82	19.70	0.34
	城镇集体经济单位职工	62.76	21.45	1.04
	合资、外资或港澳台企业员工	59.97	18.99	0.79
	城镇个体或私营企业主	62.47	21.00	0.33
	城镇个体或私营企业被雇者	59.15	20.34	0.28
	城镇自由职业者	60.11	22.16	0.72
	其他就业人员	61.75	24.96	1.34
改善	党政机关	60.63	22.66	0.52
	事业单位和社会团体工作人员	61.16	22.46	0.36
	国有企业及其他国有经济单位职工	57.94	23.97	0.41
	城镇集体经济单位职工	62.50	22.77	1.10
	合资、外资或港澳台企业员工	62.22	21.02	0.88
	城镇个体或私营企业主	60.95	26.97	0.42
	城镇个体或私营企业被雇者	60.78	23.78	0.33
	城镇自由职业者	59.40	26.93	0.87
	其他就业人员	61.26	26.08	1.41
未来	党政机关	75.40	23.07	0.53
	事业单位和社会团体工作人员	73.27	24.03	0.39
	国有企业及其他国有经济单位职工	69.31	26.17	0.45
	城镇集体经济单位职工	72.69	26.12	1.27
	合资、外资或港澳台企业员工	68.30	25.82	1.08
	城镇个体或私营企业主	75.65	25.28	0.39
	城镇个体或私营企业被雇者	70.34	25.97	0.36
	城镇自由职业者	73.38	27.21	0.89
	其他就业人员	71.78	26.68	1.44

农村就业人员的数据分析，显示出了类似结果。各类乡镇集体企业、私营企业被雇者和兼业农民对现状的满意度最低，而专职农民、农村自营业者、国有单位职工、企业主的满意度相对较高。对过去一年生活改善的满意度评价上，专职农民的满意度水平最高，而农村自营业者的满意度水平最低。从对未来的生活信心看，农村自营业者最有信心，其次为企业主，而各类乡镇集体企业、私营企业被雇者的信心最低。综合城镇就业人员和农村就业人员的满意度水平分析，我们发现，各类就业人员对未来的信心水平均高于其对生活现状和对过去一年生活改善的满意度（见表 2.8）。

作为规范企业用工行为的重要措施，国家出台各种法律法规和政策来促进企业和员工签订劳动合同。是否签订劳动合同一直被认为是衡量正规与非正规就业的重要指标，签订劳动合同的比例在不同性质的企业差别较大。调查显示，签订了劳动合同的雇员在对生活现状的满意度上高于没有签订合同的雇员，但在改善水平和对未来的信心上，二者之间的差异不大。进一步提高劳动合同的含金量，使得劳动合同能够真正对劳动关系形成保护，仍然有待探索（见表 2.9）。

表2.8　　农村不同就业状况群体的满意度

		均值	标准差	标准误
现状	务农（专职农民）	64.63	25.20	0.33
	务农以及各类定期、不定期零工	60.26	24.07	0.60
	农村自营业者	65.52	21.98	0.70
	国有经济单位职工	64.76	21.32	0.58
	各类乡镇集体企业、私营企业及个体企业主	63.41	22.39	0.58
	各类乡镇集体企业、私营企业被雇者	59.38	21.38	0.43
	其他	62.67	22.31	1.50
改善	务农（专职农民）	69.52	26.77	0.35
	务农以及各类定期、不定期零工	63.63	26.70	0.67
	农村自营业者	63.29	27.15	0.86
	国有经济单位职工	65.67	23.36	0.63
	各类乡镇集体企业、私营企业及个体企业主	64.54	26.63	0.69
	各类乡镇集体企业、私营企业被雇者	63.85	24.11	0.48
	其他	66.55	25.49	1.71
未来	务农（专职农民）	75.95	28.18	0.37
	务农以及各类定期、不定期零工	74.62	27.71	0.70
	农村自营业者	78.50	25.26	0.80
	国有经济单位职工	75.57	24.66	0.67
	各类乡镇集体企业、私营企业及个体企业主	76.65	26.33	0.69
	各类乡镇集体企业、私营企业被雇者	72.17	26.33	0.53
	其他	75.23	26.88	1.82

表2.9　　是否签订劳动合同对生活满意度的影响

		N	均值	标准差	标准误
现状	是	9751	61.20	19.85	0.20
	否	3797	58.95	22.06	0.36
	不清楚	45	61.67	24.19	3.61
改善	是	9745	61.26	23.37	0.24
	否	3798	61.07	24.95	0.40
	不清楚	45	66.11	24.52	3.65
未来	是	9691	70.72	25.51	0.26
	否	3758	71.38	27.29	0.45
	不清楚	44	76.70	27.17	4.10

四、民生整体满意度分析

如前所述，2014 年调查中的民生项目有 14 个，将受访者对这 14 项民生项目的评价得分相加，即可得到受访者对于民生整体满意度的得分。在分析中，针对民生整体满意度，我们从领域和人群两个方面做了比较分析。

（一）领域差异

1. 各领域民生工作的总体评价

图 2.7 给出了受访者对 14 项具体民生工作满意度评价的分布。从图中可以看出，在 14 项民生工作中，满意度得分最高的 3 项为：公款吃喝治理状况、惩治贪腐和社会治安；得分最低的 3 项为：食品安全、就业状况和医疗服务[①]。其中，食品安全的得分最低。2014 年的调查中首次将公款吃喝治理状况和惩治贪腐纳入调查范畴，从获得的数据来看，民众对公款吃喝治理和惩治贪腐的满意度评价很高。这表明，居民对“八项规定”出台后党政领导干部工作作风的变化给予了充分肯定，中央强力的反腐举措在民众中获得了积极反响。

从满意度得分情况来看，食品安全问题是当前我国民生工作中最需要关注的问题。近些年来，我国食品安全问题层出不穷，频频出现的重大食品安全事件，不仅严重影响到了人们的身体健康，造成了巨额财产损失，也影响到中国经济发展、食品出口、社会稳定等一系列方面。此次调查显示，民众对当前我国的食品安全现状感到担忧，对食品安全关注度极高。此外，就业状况和医疗服务等领域的民生工作，也需要引起有关部门的高度重视。

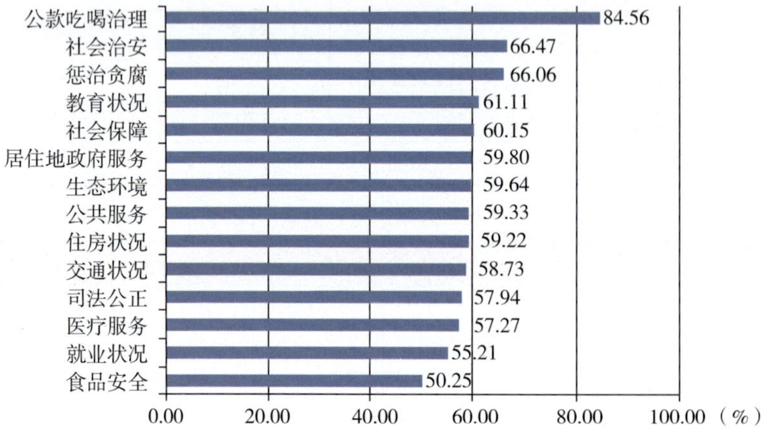

图2.7　2014年全国14项民生工作满意度评价（%）

① 在2013年针对12项民生工作中，满意度得分最高的3项为：社会治安、社会保障和利益诉求表达；得分最低的3项为食品安全、就业质量和行政效率。

2. 分领域民生工作评价的进一步解读

“医疗服务”和“就业状况”是民生工作的重点。本次调研特别对这两项民生工作的居民不满原因做了详细调查，以进一步明确未来该项民生工作开展的难点和关键问题。

（1）居民对“医疗服务”不满的原因分析

在医疗服务方面，调查发现，“看病贵”是居民对医疗服务不满意的最主要原因，其次是“医生水平低”和“医护人员服务态度差”。同时，“看病难”、“医疗机构就诊环境和硬件条件差”以及“医疗保险水平低或报销不方便”等原因，都在导致居民对医疗服务不满的原因中占据一定比例，值得关注（见图 2.8）。

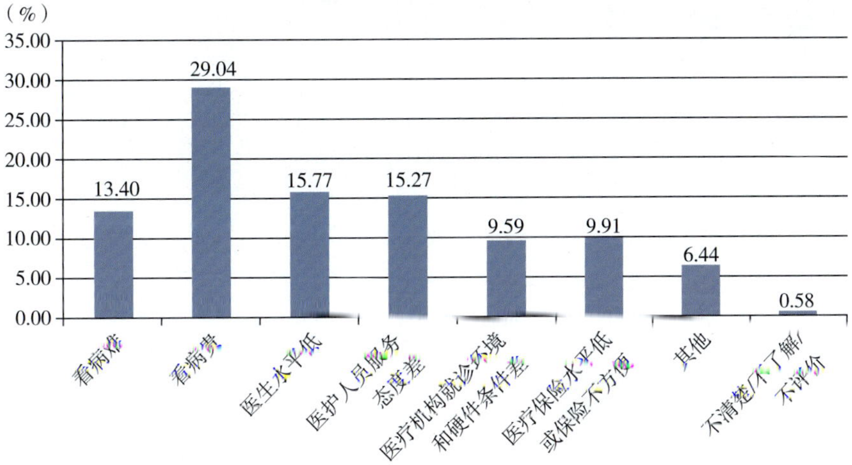

图2.8 居民对“医疗服务”的不满原因分布（%）

相对于“看病贵”，居民对“看病难”问题的不满程度较低。这表明，近年来基于医疗资源总量不足无法满足基本医疗卫生服务需求产生的“看病难”问题，在一定程度上得到了改善。随着基层医疗卫生服务体系的逐步完善，越来越多的居民不出社区和乡村就能享受到便捷有效的服务。但与此同时，居民看病就医个人负担过重，仍然是困扰医药卫生体制改革的一个主要问题。加快推进基本医疗保障制度和国家基本药物制度建设，进一步提高基本医疗保障制度覆盖面和保障水平，减轻居民个人负担，是当前和今后一段时期内医疗服务工作的重点之一。

比较城镇地区和农村地区对“医疗服务”不满的原因，我们发现，农村居民对“医疗机构就诊环境和硬件条件差”和“医疗保险水平低或报销不方便”这两项原因的选择比重大于城镇居民。这表明，虽然近些年有所改善，但当前农村地区的医疗投入仍显不足，基础设施还比较薄弱。在农村地区，对公共卫生、医疗服务、医疗保障和药品供应保障体系以及重大疾病防控体系等工作的完善，仍需进一步加强（见图 2.9）。

（2）民众对“就业状况”不满的原因分析

调查询问了过去一年中劳动者的收入变化。结果显示，52.0% 的受访者回答“收入没有变化”，22.3% 的受访者回答“收入增长了”，23.5% 的受访者回答“收入下降了”。进一步分析显示，收入状况的不同变化，对居民就业满意度的评价产生显著影响。总体而言，认为自己收入“增长了”的群体，对就业满意度评价较高，而反映自己收入“下降了”的群体，对就业满意度的评价也随之降低（见图 2.10）。

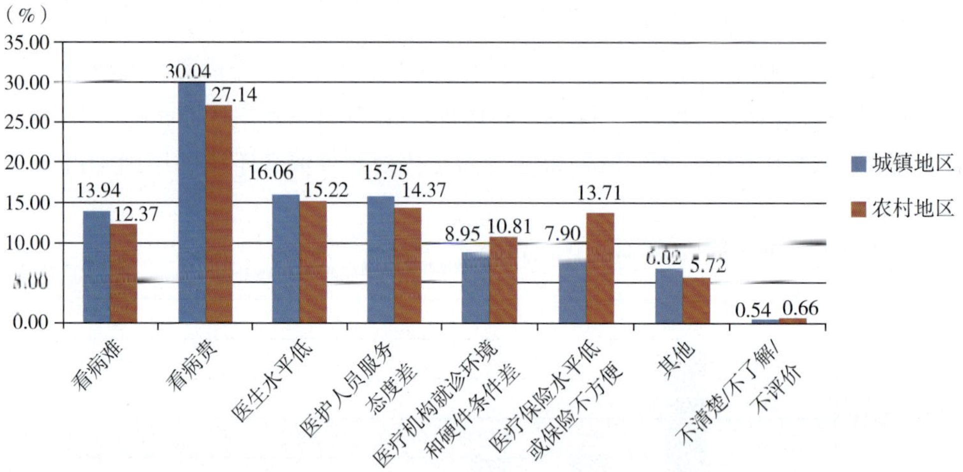

图2.9 城镇及农村地区居民对“医疗服务”不满原因分布比较（%）

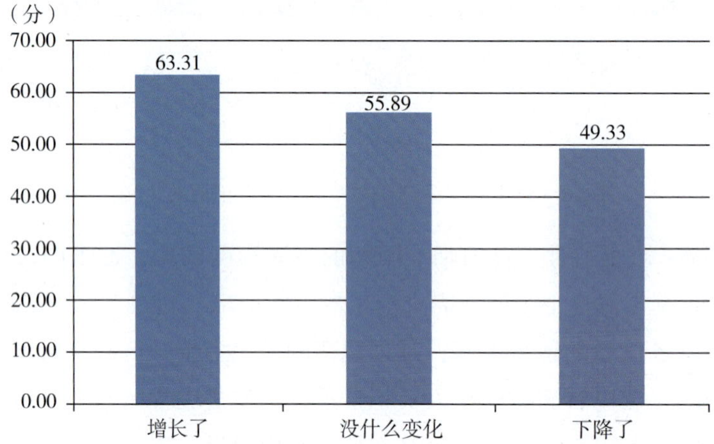

图2-10 不同收入状况变化的居民对就业满意度的评价得分（分）

同时，如果受访者对于就业状况表示“不太满意”或“非常不满意”，调查还追问了其不满意的主要方面。结果显示，“收入低或收入不稳定”、“工作不稳定、失业风险大”和“工作辛苦、时间长、不能充分休息、照料家庭、学习和娱乐”这三项是对当前就业状况不满意的主要原因。此外，还有不少被访者选择了“没有社会保障或社会保障的水平低”。在所列出的各选项中，“收入低或收入不稳定”成为民众对“就业状况”不满的最主要原因（见图 2.11）。

对不同年龄段就业人员的情况的分析发现，20 ~ 24 岁以及 40 ~ 49 岁的人群对于就业状况表示“不太满意”或“非常不满意”的比例最高。20 ~ 24 岁年龄段主要是新进入劳动力市场的劳动者，相对于其他年龄段而言他们选择“收入低或收入不稳定”以及“工作辛苦、时间长、不能充分休息、照料家庭、学习和娱乐”的比例较高。而在 40 ~ 54 岁年龄段，“收入低或收入不稳定”仍然是劳动者不满的主要因素，但认为“工作不稳定、失业风险大”的劳动者比例相较于其他年龄组明显增加（见表 2.10）。

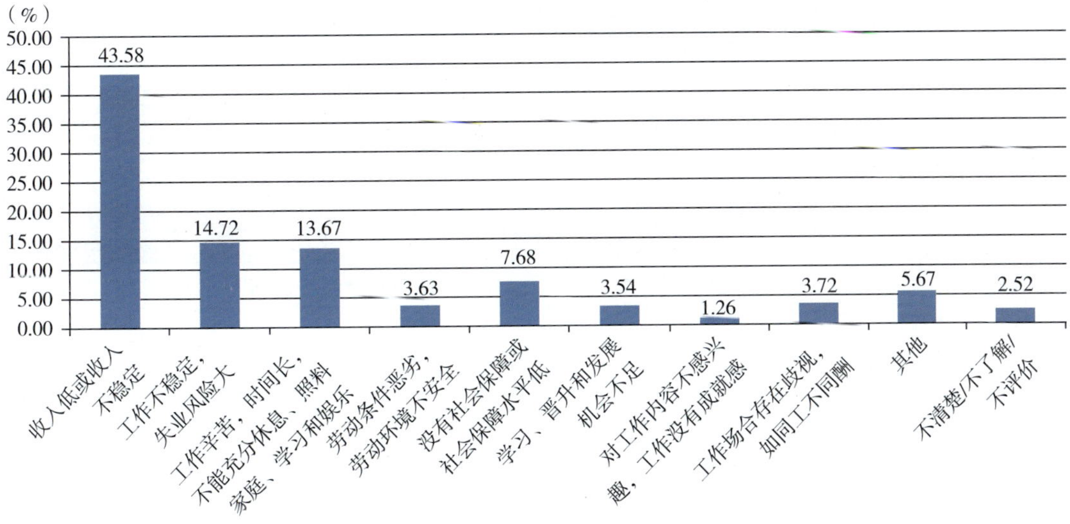

图2.11　居民对“就业状况”不满意原因分布（%）

表2.10　“就业状况”不满意原因的年龄分布

年龄	收入低或收入不稳定	工作不稳定，失业风险大	工作辛苦、时间长，不能充分休息、照料家庭、学习及娱乐	没有社会保障或社会保障的水平低	其他	合计
20~24岁	12.41	1.71	1.93	0.37	2.46	18.87
25~29岁	11.23	1.72	1.31	0.60	1.70	16.56
30~34岁	12.26	1.44	1.35	0.60	2.05	17.70
35~39岁	10.30	1.61	1.30	0.72	1.86	15.80
40~44岁	12.52	2.00	1.32	0.64	2.57	19.05
45~49岁	11.66	2.48	1.23	0.58	3.06	19.01
50~54岁	10.45	2.07	1.16	0.97	3.10	17.75
55~59岁	10.12	1.26	1.09	0.97	3.26	16.70
60~64岁	6.53	1.00	0.57	0.72	2.58	11.41

而从对“就业状况”不满意原因的职业分布看，国家机关党群组织、企事业单位负责人对就业的满意程度最高，而生产、运输设备操作人员及有关人员对职业的满意程度最低，有 22% 的劳动者表示不太满意或非常不满意，他们中认为“收入低或收入不稳定”以及“工作不稳定、失业风险大”的比例都高于其他职业群体。与此同时，专业技术人员和生产、运输设备操作人员认为“工作辛苦”的比例高于其他职业人员，农、林、牧、渔、水利生产人员和商业、服务业人员认为“没有社会保障或社会保障的水平低”的比例高于其他职业人员。近些年，我国技

术工人技能不足，人才短缺的问题日益突出，而调查显示，生产、运输设备操作人员及有关人员就业满意度最低，这一现象对回答为什么我国难以形成一支稳定高技能的技术工人队伍这一问题提供了一定的解释（见表 2.11）。

表2.11 "就业状况"不满意原因的职业分布（%）

	国家机关党群组织、企事业单位负责人	专业技术人员	办事人员和有关人员	商业、服务业人员	农、林、牧、渔、水利生产人员	生产、运输设备操作人员及有关人员	不便分类的其他从业人
收入低或收入不稳定	8.20	11.36	11.01	11.50	13.24	13.57	9.39
工作不稳定，失业风险大	0.67	1.40	1.27	2.04	1.46	2.98	1.32
工作辛苦、时间长，不能充分休息、照料家庭、学习及娱乐	1.08	1.76	1.22	1.36	1.03	1.64	0.88
没有社会保障或社会保障的水平低	0.26	0.41	0.25	0.83	1.12	0.56	0.97
其他	1.69	2.25	1.86	2.10	2.49	2.98	2.63

（二）群体差异

对于不同群体间在民生整体满意度上的差异，我们从年龄、教育水平、收入情况和就业状况做了分析。

1. 年龄

从年龄和民生整体满意度得分变化的交叉分析来看，有两个明显特征：第一，总体而言，民生整体满意度随年龄的增长而增加；第二，对 14 项民生工作总体评分最低的年龄段为 30 ~ 34 岁之间，趋势图中出现了明显的拐点（见图 2.12）。

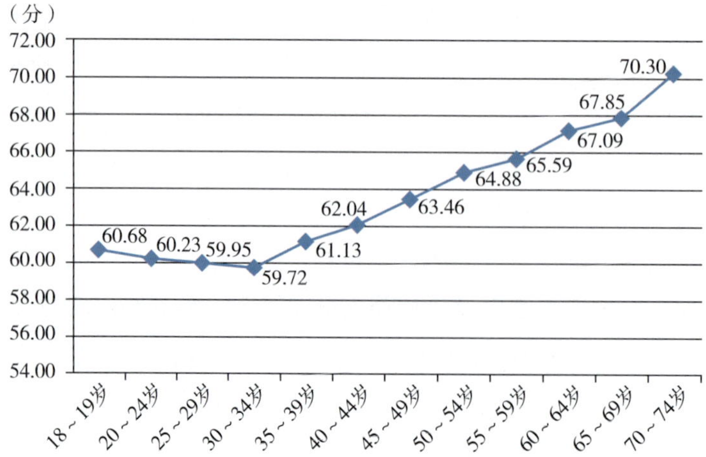

图2.12 不同年龄对民生整体满意度的评价得分（分）

2. 受教育程度

从受教育程度和民生整体满意度的交叉分析来看，民生整体满意度随受教育程度的提高呈现下降趋势。具体而言，不识字或识字很少的民众的民生整体满意度得分最高，而硕士或博士研究生的民生整体满意度得分最低。在高等教育群体（大学专科及以上）中，获得本科学历的受访者的民生整体满意度的得分最高（见图 2.13）。

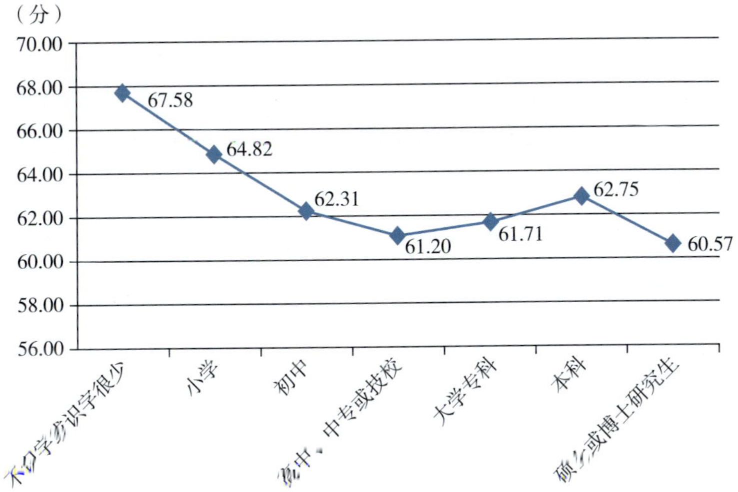

图2.13　不同受教育程度对民生整体满意度的评价得分（分）

3. 户籍情况

从户籍状况和民生整体满意度的交叉分析来看，有两个特征：第一，整体而言，流动人口的民生整体满意度要低于非流动人口；第二，在流动人口当中，跨省非农业人口的民生整体满意度最低；在非流动人口当中，本市（县）农业户口群体的民生整体满意度最高（见图 2.14）。

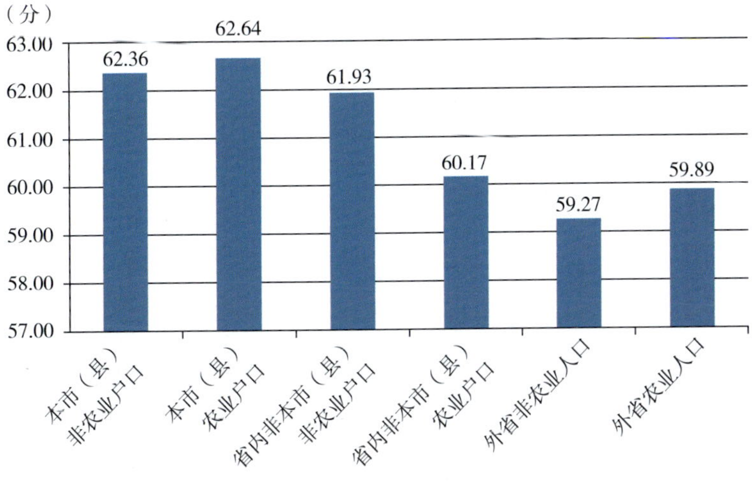

图2.14　不同户口状况群体对民生整体满意度的评价得分（分）

4. 收入情况

鉴于城乡之间的收入差距，关于不同可支配收入情况的居民民生整体满意度评价，我们区分了城镇地区和农村地区，分别做了评价分析。图 2.15 和图 2.16 分别给出了城镇地区和农村地区不同家庭年收入情况的民众民生整体满意度评价。数据显示，不同收入群体在民生整体满意度上存在显著差异。在城镇地区，不同家庭年收入情况的居民的民生整体满意度得分呈现出比较明显的倒 U 型分布，即收入偏低和偏高的人群的民生整体满意度得分都比较低，而收入中等的群体的民生整体满意度得分偏高。其中，家庭年收入在 5 万 ~ 10 万元的居民的民生整体满意度得分最高。而在农村地区，虽然总体上家庭年收入同居民的民生整体满意度也呈倒 U 型关系，即随着收入增加，居民的民生整体满意度也经历先高后低的变化，但农村地区民生整体满意度最高的是家庭年收入为 10 万 ~ 15 万元的群体。同时，与城镇不同的是，农村地区收入最高（家庭年收入在 25 万元以上）的群体的民生整体满意度是低于收入最低（家庭年收入在 1 万元以下）的群体的民生整体满意度的。

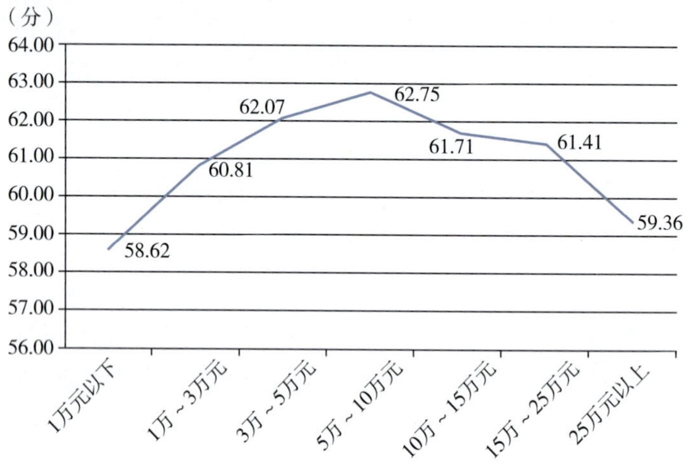

图2.15城镇地区不同家庭可支配收入受访者的民生整体满意度（分）

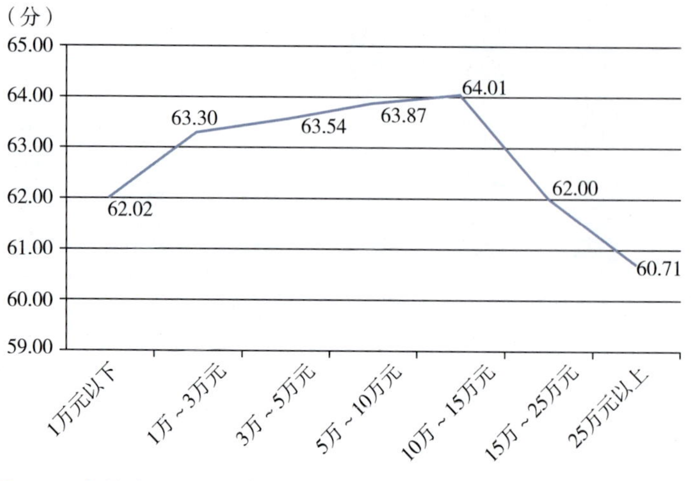

图2.16 农村地区不同家庭可支配收入受访者的民生整体满意度（分）

5. 就业情况

鉴于城乡地区在就业状况上的显著差异，关于不同就业群体的居民民生整体满意度评价，我们也做了城乡区分，分别对城镇地区和农村地区做了分析。图 2.17 和图 2.18 分别给出了城镇地区不同就业状况的受访者和农村地区不同就业状况的受访者对 14 项民生工作的整体满意度情况。数据显示，在城镇地区，在党政机关工作的群体的民生整体满意度最高，而在合资、外资或港澳台企业工作的群体的民生整体满意度最低。国有企业和其他国有经济单位职工的民生整体满意度要高于合资、外资等企业员工。在农村地区，务农（专职农民）和国有经济单位职工的民生整体满意度最高，而各类乡镇集体企业、私营企业被雇者的民生整体满意度最低。无论是城镇地区还是农村地区，企业主的民生整体满意度要高于被雇者。

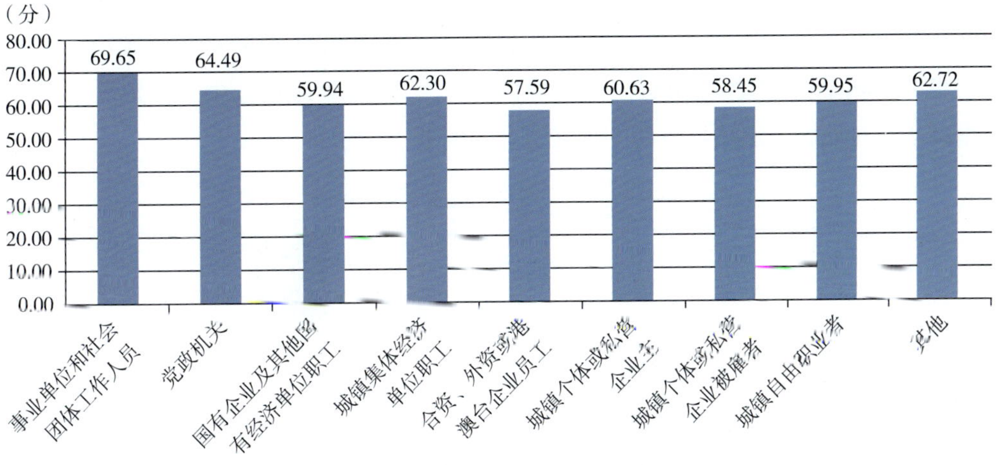

图2.17　城镇地区不同就业群体的民生整体满意度（分）

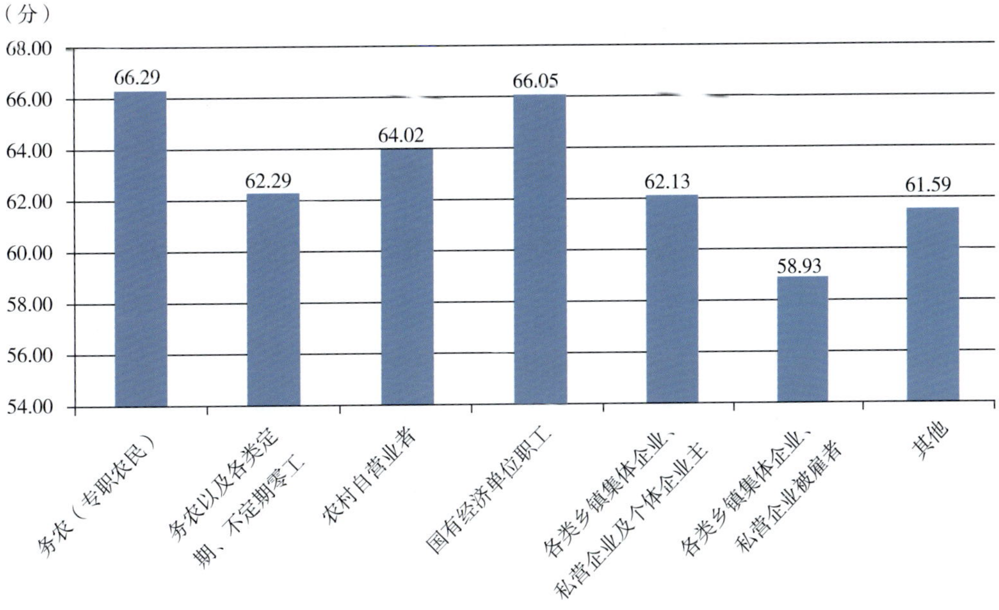

图2.18　农村地区不同就业群体的民生整体满意度（分）

五、生活不满群体的分布特征及民生诉求

在50994名调查对象中，有4986名表示对当前生活“不太满意”或“很不满意”，占总样本的9.78%。虽然这个比例不高，但了解这些人的分布特征，确认他们的民生诉求，追踪这个群体及其诉求，对政府工作的展开依然具有重要的现实意义。这部分不满居民是最需要政府和社会重点关注并进行扶助的群体。

针对不满群体的定位，我们采用了群体分布比较分析法，即通过比较不满群体同调查样本总体在分布上的差异，确定不满群体的分布特征。

（一）生活不满群体的城乡差异

图2.19给出了不满群体的城乡分布差异。从图中可以看出，总体来看，城镇居民发生不满的概率要低于农村居民发生不满的概率。而在2011～2013年的调查中，城镇居民发生不满的概率一直高于农村地区。上述城乡间的逆转变化，需要引起重视。

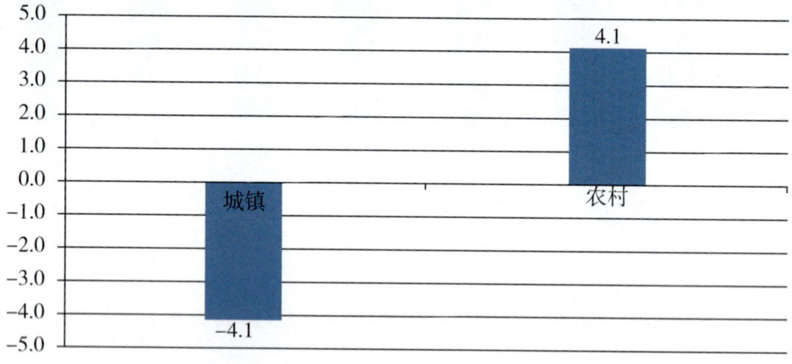

图2.19　对当前生活不满群体的城乡分布概率差异（%）

注：分布差异的计算模式为：对生活不满群体在城镇（或农村）的分布比例–调查样本在城镇（或农村）的分布比例。正值表明不满群体在该类别中的分布比例更高，即该群体发生不满的概率更高。

（二）城镇地区和农村地区生活不满群体的分布特征

由于城乡居民在就业状况、收入水平、教育水平等方面存在的巨大差异，在确认不满群体的分布特征时，我们做了城乡区分。

1. 城镇地区生活不满群体的分布特征

不满群体在城镇地区受访者中所占的比例为9.12%。

（1）城镇地区生活不满群体的性别分布差异

图2.20给出了城镇地区不满群体的性别分布概率差异。从图中可以看出，男性对当前生活存在不满的概率更高。这一结果，延续了2011～2013年的调查所呈现的趋势。但不同的是，与此前三年均高于4%的结果相比，2014年的调查所揭示的不满群体在性别间的差异有所缩小。

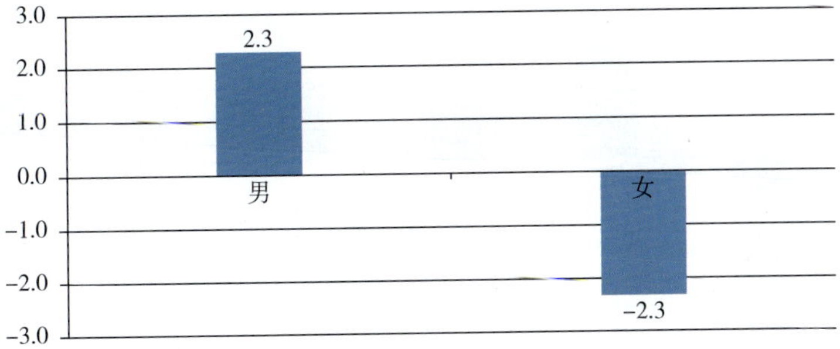

图2.20　城镇地区对当前生活不满群体的性别分布概率差异（%）

注：分布差异的计算模式为：对生活不满群体在某性别的分布比例-调查样本在该性别的分布比例。正值表明不满群体在该性别中的分布比例更高，即该性别发生不满的概率更高。

（2）城镇地区生活不满群体在教育水平上的分布差异

图 2.21 给出了城镇地区不满群体在教育水平上的分布概率差异。前述分析中显示教育水平越高的人其民生整体满意度越低，而对当前生活不满的群体中，存在着不同的倾向。在城镇地区，初中和高中、中专或技校毕业的人群对生活产生不满的概率最高，而本科教育水平的群体对生活产生不满的概率最低。同时，同 2011 ~ 2013 年相比，这种群体间的差距呈现出扩大的趋势。

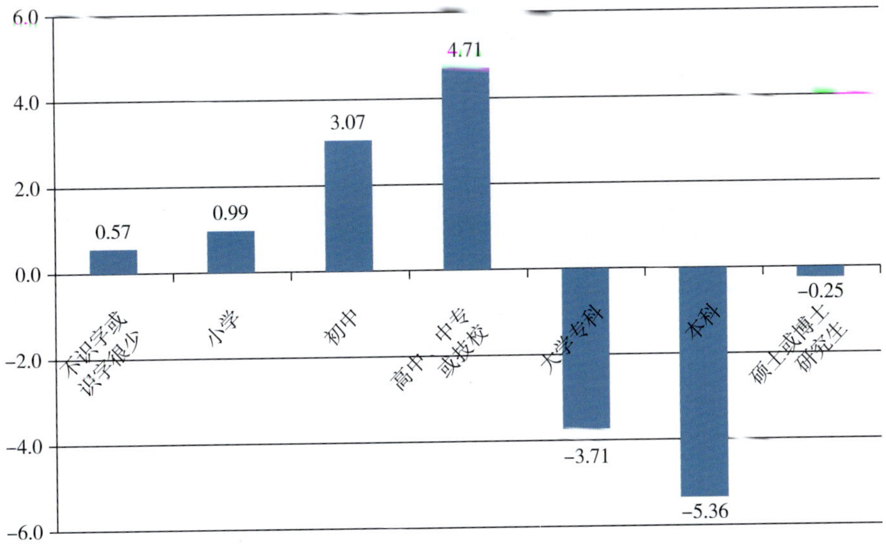

图2.21　城镇地区生活不满群体教育水平分布情况（%）

注：分布差异的计算模式为：对生活不满群体在某教育水平群体中的分布比例-调查样本在该教育水平群体中的分布比例。正值表明不满群体在该教育水平群体中的分布比例更高，即该教育水平的群体产生不满的概率更高。

（3）城镇地区生活不满群体在户籍状况上的分布差异

图 2.22 给出了城镇地区不满群体在户籍状况上的分布概率差异。从图中可以看出，总体而言，外地户口的群体对生活不满的概率更高。在本地户口群体中，非农户口群体对生活存在不满的概率更低。在流动人口中，源于农村地区的流动人口对生活存在不满的概率更高。

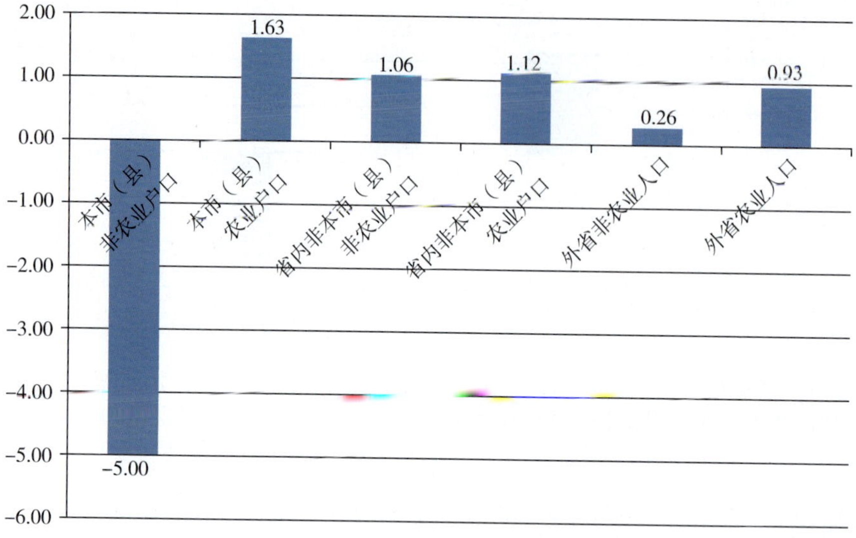

图2.22 城镇地区生活不满群体的户口状况分布情况（%）

注：分布差异的计算模式为：对生活不满群体在某户口状况群体中的分布比例-调查样本在该户口状况群体中的分布比例。正值表明不满群体在该户口状况群体中的分布比例更高，即该户口状况的群体产生不满的概率更高。

（4）城镇地区生活不满群体的就业状况分布差异

图 2.23 给出了城镇地区不满群体在就业状况上的分布概率差异。从图中可以看出，在城镇地区，国有经济单位（包括党政机关和事业单位）职工、城镇集体经济单位职工和城镇个体私营企业主对生活不满的概率一直较低，而城镇个体或私营企业被雇者和未就业群体这两个群体对生活不满的概率一直较高。上述结果说明，在城镇地区针对不同就业状况群体的未来研究中，关注非公经济单位就业劳动者和城市未就业群体的生活状况，十分重要。

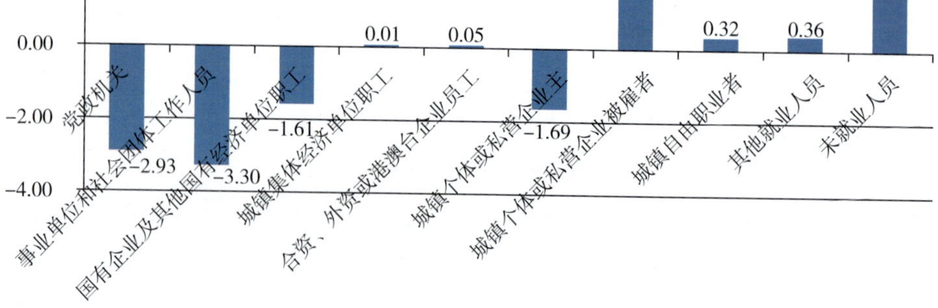

图2.23 城镇地区生活不满群体就业分布情况（%）

注：分布差异的计算模式为：对生活不满群体在某就业状况群体中的分布比例-调查样本在该就业状况群体中的分布比例。正值表明不满群体在该就业状况群体中的分布比例更高，即该就业状况的群体产生不满的概率更高。

（5）其他分布概率差异

图 2.24 和图 2.25 分别给出了不满群体在不同收入状况和不同年龄组群体中的分布概率差异。从中可以看出，收入越低的群体，对生活存在不满的概率越高。在年龄上，25 ~ 59 岁的群体不满的概率更高，其中 25 ~ 29 岁、40 ~ 44 岁和 45 ~ 49 岁这三个年龄段，不满的发生概率最高。

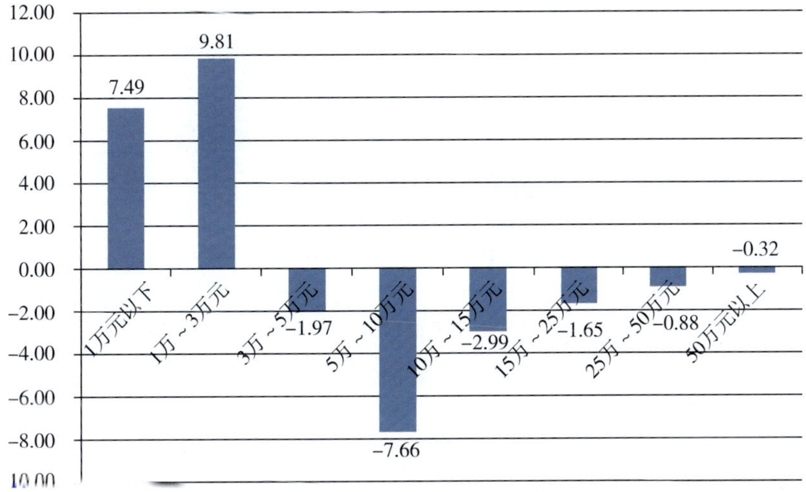

图2.24城镇地区生活不满群体的收入分布情况（%）

注：分布差异的计算模式为：对生活不满群体在某收入状况群体中的分布比例−调查样本在该收入状况群体中的分布比例。正值表明不满群体在该收入状况群体中的分布比例更高，即该收入状况的群体产生不满的概率更高。

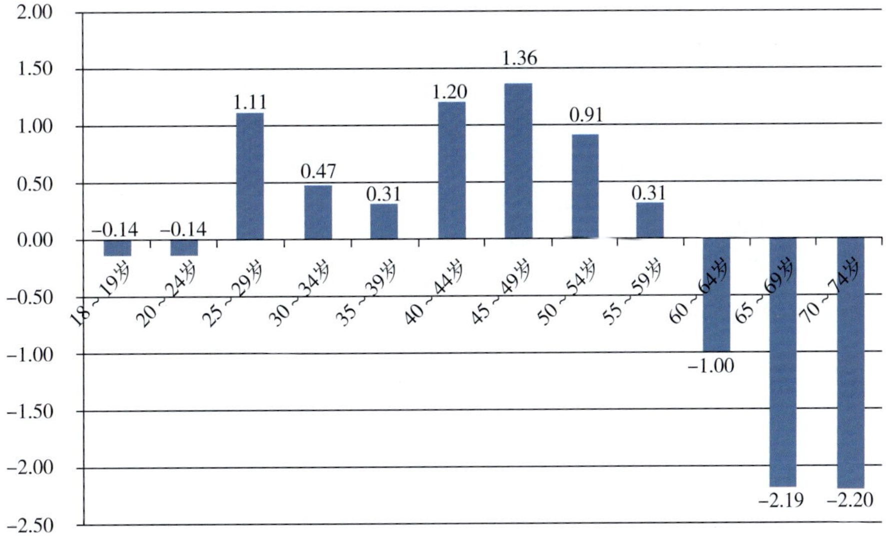

图2.25　城镇地区生活不满群体的年龄分布情况（%）

注：分布差异的计算模式为：对生活不满群体在某年龄组群体中的分布比例−调查样本在该年龄组群体中的分布比例。正值表明不满群体在该年龄组群体中的分布比例更高，即该年龄组的群体产生不满的概率更高。

2. 农村地区生活不满群体的分布特征

不满群体在农村地区受访者中所占的比例为 10.82%。

（1）农村地区生活不满群体的性别分布差异

图 2.26 给出了农村地区不满群体在不同性别之间的分布概率差异。从图中可以看出，总体而言，农村地区女性对生活存在不满的概率要高于男性，这同城镇地区不满群体在性别上的分布概率是相反的。

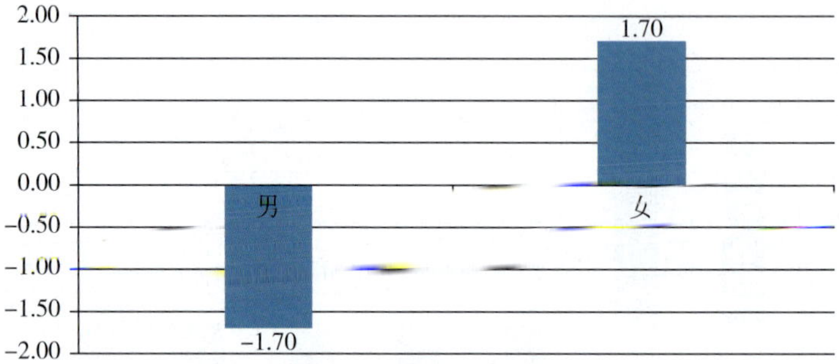

图2.26 农村地区生活不满群体的性别分布情况（%）

注：分布差异的计算模式为：对生活不满群体在某性别群体中的分布比例−调查样本在该性别群体中的分布比例。正值表明不满群体在该性别群体中的分布比例更高，即该性别的群体产生不满的概率更高。

（2）农村地区生活不满群体教育水平分布情况

图 2.27 给出了农村地区不满群体在不同教育水平群体之间的分布概率差异。从图中可以看出，高中、中专或技校、大学专科以及本科教育水平的群体，在农村地区对生活存在不满的概率相对较低，不识字或识字很少、小学和初中毕业的群体对生活产生不满的概率相对较高。与此相对，在城镇地区，高中、中专或技校毕业的群体对生活产生不满的概率则相对较高。

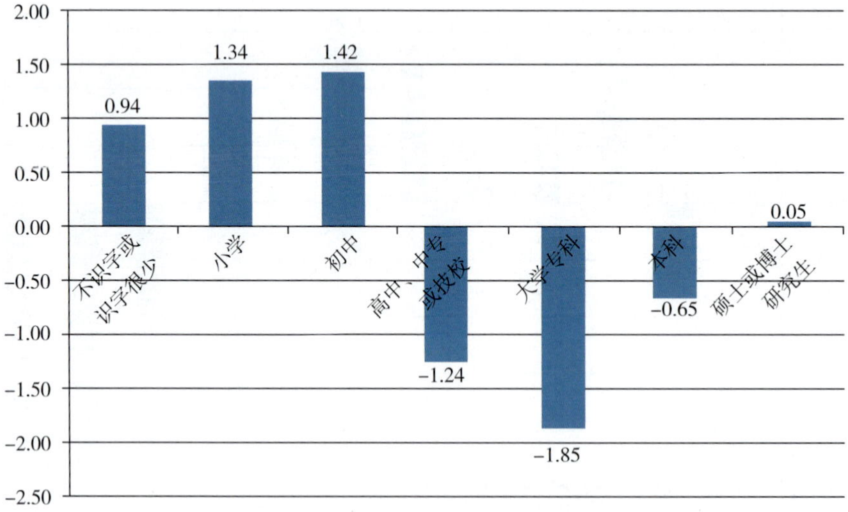

图2.27 农村地区生活不满群体教育水平分布情况（%）

注：分布差异的计算模式为：对生活不满群体在某教育水平群体中的分布比例−调查样本在该教育水平群体中的分布比例。正值表明不满群体在该教育水平群体中的分布比例更高，即该教育水平的群体产生不满的概率更高。

（3）农村地区生活不满群体户口分布情况

图 2.28 给出了农村地区不满群体在不同户口状况群体之间的分布概率差异。从图中可以看

出，在农村地区各类户口状况的群体中，本市（县）非农业户口对生活不满的概率较低，而外来人口（含非农业和农业户口）群体的不满概率相对较高。

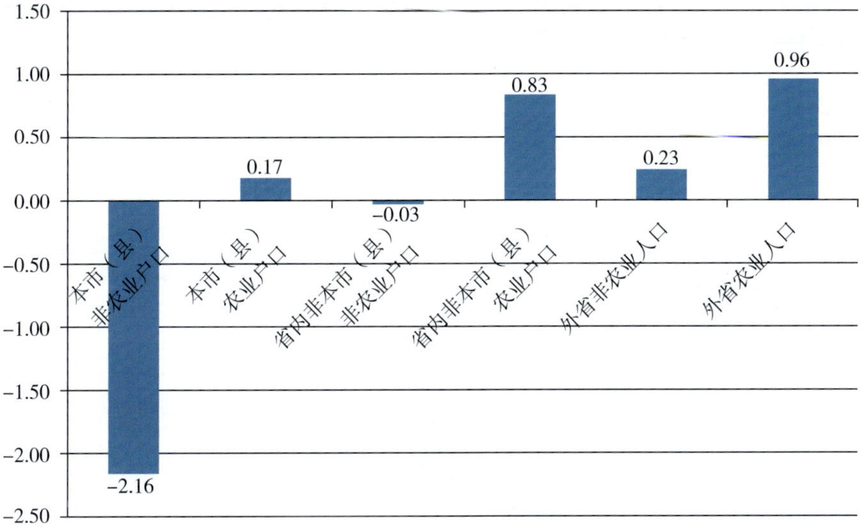

图2.28　农村地区生活不满群体户口分布情况（%）

注：分布差异的计算模式为：对生活不满群体在某户口状况群体中的分布比例–调查样本在该户口状况群体中的分布比例。正值表明不满群体在该户口状况群体中的分布比例更高，即该户口状况的群体产生不满的概率更高。

（4）农村地区生活不满群体就业分布情况

图 2.29 给出了农村地区不满群体在不同就业状况群体之间的分布概率差异。从图中可以看出，农村地区的不满群体，相对集中于未就业和务农以及各类定期、不定期零工的兼业农民这两类群体中。对生活存在不满概率较低的群体，则为农村自营业者、国有经济单位职工和各类乡镇集体企业、私营企业及个体企业主这三类群体。

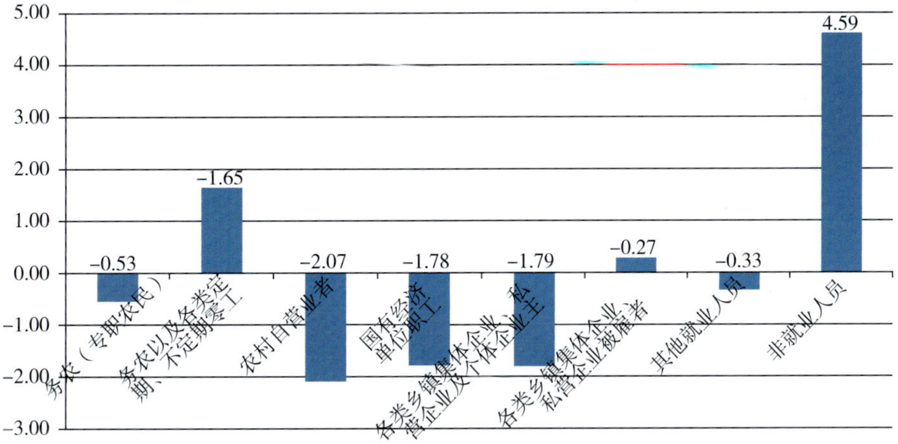

图2.29　农村地区生活不满群体就业分布情况（%）

注：分布差异的计算模式为：对生活不满群体在某就业状况群体中的分布比例–调查样本在该就业状况群体中的分布比例。正值表明不满群体在该就业状况群体中的分布比例更高，即该就业状况的群体发生不满的概率更高。

（5）其他

图 2.30 给出了农村地区不满群体在不同家庭年收入状况群体之间的分布概率差异。从图中可以看出，同城镇地区类似，随着家庭收入的提高，居民的生活不满发生率大大降低。收入越低的群体，对生活存在不满的概率越高。

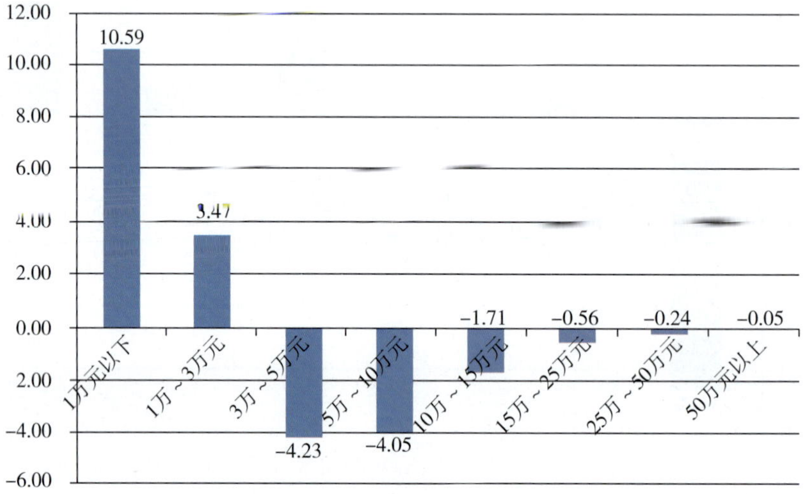

图2.30　农村地区生活不满群体收入分布情况（%）

注：分布差异的计算模式为：对生活不满群体在某收入状况群体中的分布比例-调查样本在该收入状况群体中的分布比例。正值表明不满群体在该收入状况群体中的分布比例更高，即该收入状况的群体产生不满的概率更高。

图 2.31 给出了农村地区不满群体的年龄分布概率差异。从图中可以看出，在年龄分布上，农村地区不满群体同城镇地区不满群体既存在共性也有不同。相同的是，不满群体在年龄上都相对集中在青壮年层，而老年人口产生不满的概率都相对较低。不同的是，45 ～ 59 岁的这一群体，在农村地区表现出了较低的不满发生率，而在城镇地区的不满发生率则相对较高。

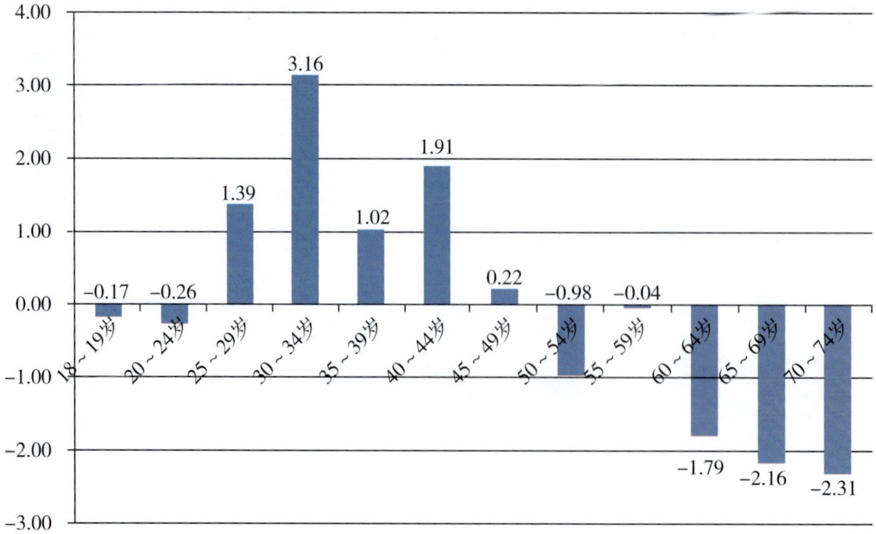

图2.31　农村地区生活不满群体年龄分布情况（%）

注：分布差异的计算模式为：对生活不满群体在某年龄组中的分布比例-调查样本在该年龄组中的分布比例。正值表明不满群体在该年龄组中的分布比例更高，即该年龄组的群体发生不满的概率更高。

（三）不满群体的民生诉求

分析发现，无论城乡，不满群体对各项民生工作的评价，均低于相对应的调查样本的总体评价。两者的差异越大，说明不满群体要求改善该项民生工作的诉求也越为强烈。鉴于上述分析中揭示出的不满群体在城乡两地分布中的差异，我们对于民生诉求的分析，也做了城乡区分。

1. 城镇地区不满群体的民生诉求

根据城镇地区不满群体对各项民生工作的评分同城镇地区调查样本总体评分之间差异的大小，表 2.12 给出了城镇地区不满群体的民生诉求排序。从表中可以看出，在 14 项民生工作中，对于城镇地区的不满群体而言，迫切需要做出改善的民生领域依次为住房状况、社会保障、就业状况和政府服务这四项。

表2.12 城镇地区不满群体民生工作诉求排序

排序	民生工作	城镇地区不满群体对各项民生工作的评分	城镇地区调查样本对各项民生工作的评分	差异值
1	住房状况	37.9270	58.4266	20.50
2	社会保障	40.1216	59.2483	19.13
3	就业状况	40.0217	[illegible]	15.00
4	政府服务	46.2363	60.3585	14.12
5	医疗服务	42.1360	55.4558	13.32
6	教育状况	48.1063	60.4940	12.39
7	惩治贪腐	55.912	67.711	11.80
8	环境	47.6444	59.3755	11.73
9	公共服务	47.1162	58.6425	11.53
10	司法公正	45.8999	57.1834	11.28
11	食品安全	36.5238	47.1089	10.59
12	社会治安	55.5798	66.1252	10.55
13	交通状况	47.5856	57.4937	9.91
14	公款吃喝治理	80.3182	85.9442	5.63

2. 农村地区不满群体的民生诉求

根据农村地区不满群体对各项民生工作的评分同农村地区调查样本总体评分之间差异的大小，表 2.13 给出了农村地区不满群体的民生诉求排序。从表中可以看出，在 14 项民生工作中，对于农村地区的不满群体而言，迫切需要做出改善的民生领域依次为住房状况、社会保障、就业状况和政府服务这四项。上述结果显示，住房状况、社会保障、就业状况和政府服务这四项无论是在城镇还是在农村都是不满群体最为关注的。另外，尽管在城乡的顺序有些细微差别，但医疗服务、教育也都排在不满群体民生诉求的前列。

表2.13 农村地区不满群体民生工作诉求排序

排序	民生工作	农村地区不满群体对各项民生工作的评分	农村地区调查样本对各项民生工作的评分	差异值
1	住房状况	41.5765	60.4769	18.90
2	社会保障	44.6558	61.5730	16.92
3	就业状况	39.7663	55.5072	15.74
4	政府服务	45.6531	58.9164	13.26
5	公共服务	47.5531	60.4161	12.86
6	教育状况	49.9287	62.0762	12.15
7	医疗服务	47.9893	60.1258	12.14
8	惩治贪腐	51.392	63.462	12.07
9	交通状况	48.9245	60.6672	11.74
10	环境	48.6175	60.0681	11.45
11	司法公正	48.0424	59.1247	11.08
12	社会治安	56.4512	67.0217	10.57
13	食品安全	44.9934	55.1892	10.20
14	公款吃喝治理	77.3200	82.3875	5.07

六、结论和政策建议

从上述对调查结果的分析我们可以发现：首先，我国居民整体上对当前生活是满意的，对于未来也充满信心，在反腐败等领域对政府工作也给予了充分肯定。但民生工作改善的幅度和民众的预期仍然存在差距，政府需要做出新的努力以回应民众的需求。其次，居民对于惩治贪腐和治理公款吃喝的效果等工作给予了很高的评价。第三，近几年来民众不满意的领域相对集中：食品安全、就业状况和医疗服务三项满意度一直较低，而无论是城镇还是农村，不满群体的民生诉求都集中在住房、社会保障、就业这几个方面。当前民生工作的目标，就是要抓住人民最关心最直接最现实的利益问题，努力提升老百姓的生活质量和生活水平，真正实现学有所教、劳有所得、病有所医、老有所养、住有所居。在下一步的工作中，关注重点问题，开展有针对性的研究，对于提高居民的民生满意度具有重要的现实意义。

（一）进一步加强食品安全工作，全面提高食品安全水平

食品安全问题在近些年来一直处在评分最低的位置，对其改善程度民众也评价最低，这凸显出近些年居民对于食品安全问题的强烈关注和不满。民以食为天，食以安为先，食品安全是最大的民生问题，加强食品安全应该作为改善民生的重要政策突破口。但当前我国食品安全的基础仍然薄弱，违法违规行为时有发生，制约食品安全的深层次问题尚未得到根本解

决。随着生活水平的不断提高，人民群众对食品安全更为关注，食以安为先的要求更为迫切，需要进一步建立健全食品安全监管体系，有效惩处相关违法犯罪行为，全面提高食品安全保障水平。

（二）提高就业质量，重视大龄劳动者、产业工人等重点群体的就业问题

在对政府各项工作的评价上，民众对就业状况的满意度水平仅略高于食品安全。“收入低或收入不稳定”、“工作不稳定、失业风险大”和“工作辛苦、时间长、不能充分休息、照料家庭、学习和娱乐”以及“没有社会保障或社会保障的水平低”是对当前就业状况不满意的主要原因。其中，“收入低或收入不稳定”成为民众对就业状况不满的最主要原因。从年龄上看，数据反映出大龄劳动力就业不稳定、失业风险大、再就业艰难等问题更为突出。随着我国人口老龄化速度的加快，大龄劳动力已成为劳动力的主要部分。“十二五”期间，我国劳动力的平均年龄大约在 41 ~ 44 岁之间，其中 35 ~ 44 岁的劳动力约占 33% ~ 35% 左右，45 ~ 64 岁的劳动力占总劳动力的比重占 36% ~ 39%。根据国家统计局公布的数据测算，在“十二五”期间，40 岁以上的劳动力占 45% 以上。在当前经济增长放缓、就业形势严峻的环境中，更应该高度重视大龄劳动力的就业问题，通过鼓励和支持在岗培训、探索更为灵活的劳动安排等方式推动大龄劳动力的就业。而从职业上看，生产、运输设备操作人员及有关人员对职业的满意程度最低，22% 的该领域劳动者表示对就业状况不太满意或非常不满意，他们面临工资低、工作不稳定、劳动强度大等问题。强大的技工队伍是建设工业强国的重要基础，建设技工大国成为一个日益迫切的战略问题。在我国经济转型升级背景下，当前技术工人的数量和能力的不足愈发突出，产业工人经济社会地位不高是造成这一问题的基础性原因。推进技工大国建设的重点需要放在切实提高工人的经济社会地位上，进一步规范劳资关系，强化劳动保护，完善工资集体协商，加强对劳动者培训的投入，使得产业工人有更好的职业发展空间和收入增长预期。

（三）缓解“看病难”和“看病贵”，进一步解决医疗资源分布失衡

调查发现认为“看病贵”是民众对医疗服务不满意的最主要原因，其次是认为“医生水平低”和“医护人员服务态度差”。认为“看病难”、“医疗机构就诊环境和硬件条件差”以及“医疗保险水平低或报销不方便”等原因都在导致民众对医疗服务不满意的原因中占据一定比例。

“看病难”和“看病贵”是民生工作的难题。持续关注医疗服务，加快推进基本医疗保障制度和国家基本药物制度建设，进一步提高基本医疗保障制度覆盖面和保障水平，让群众个人负担减轻，是当前和未来医疗服务工作的重点。特别是，由于城乡医疗资源配置不均衡，导致农村地区“医疗机构就诊环境和硬件条件差”以及“医疗保险水平低或报销不方便”等问题更为突出，难以满足农村居民的需要。因此，解决医疗资源分布失衡和医疗服务的社会公平性较差等问题，也是提升医疗服务体系的工作重点之一。

（四）进一步完善社会安全网，保障脆弱群体的基本生活

从对不满群体的分析看，流动人口、低收入、低教育程度以及非正规就业群体较容易对生活不满，而他们的诉求也主要集中在住房、社会保障、就业、政府服务等几个对于基本生活影响最为直接的领域。近些年，我国在保障房建设、社会救助、就业服务等方面出台了一系列政策，取得了很大进展，但社会安全网仍有待进一步完善，特别是对一些脆弱群体没有充分发挥托底功能。流动人口被排除在保障性住房、低保、养老保障等政策之外，很多地方的劳动力市场中仍存在对于外地劳动者的歧视，就业扶助政策也往往只针对本地劳动者。而保障房、低保等政策也存在瞄准率不高、服务与民众需求脱节、监督管理不力导致的滥用等问题，不但影响了民众的福祉，也影响了社会公正和政策的公信力。未来应该进一步完善收入评估和审查机制，提高瞄准率，实现应保尽保。其次，推进社保与低保、各种专项救助以及廉租房等制度的衔接和整合。第三，根据流动人口的居住年限、参保情况、纳税记录等，逐步把在城镇实现长期居住和就业的困难人口也纳入到城镇保障制度中。

附 2.1　调查者的基本情况

附表2.1　　受访者的就业状况分布

城镇地区			农村地区		
	人数（N）	比例（%）		人数（N）	比例（%）
党政机关	1933	6.20	务农（专职农民）	5849	29.48
事业单位和社会团体工作人员	3849	12.36	务农以及各类定期、不定期零工	1590	8.01
国有企业及其他国有经济单位职工	3430	11.01	农村自营业者	1003	5.06
城镇集体经济单位职工	426	1.37	国有经济单位职工	1361	6.86
合资、外资或港澳台企业员工	577	1.85	各类乡镇集体企业、私营企业及个体企业主	1485	7.48
城镇个体或私营企业主	4147	13.31	各类乡镇集体企业、私营企业被雇者	2490	12.55
城镇个体或私营企业被雇者	5335	17.13	其他就业人员	223	1.12
城镇自由职业者	953	3.06	在校学生	433	2.18
其他就业人员	350	1.12	离退休人员	993	5.00
在校学生	649	2.08	其他未就业人员	4550	22.93
离退休人员	4923	15.80			
其他未就业人员	4730	15.18			

附表2.2　　受访者的职业分布

城镇地区			农村地区		
	人数（N）	比例（%）		人数（N）	比例（%）
国家机关党群组织、企事业单位负责人	1646	7.8	国家机关党群组织、企事业单位负责人	305	3.7
专业技术人员	4708	22.4	专业技术人员	1376	16.9
办事人员和有关人员	5322	25.4	办事人员和有关人员	1065	13.1
商业、服务业人员	6795	32.4	商业、服务业人员	2913	35.8
农、林、牧、渔、水利生产人员	411	2.0	农、林、牧、渔、水利生产人员	752	9.2
生产、运输设备操作人员及有关人员	1376	6.6	生产、运输设备操作人员及有关人员	1313	16.1
不便分类的其他从业人	716	3.4	不便分类的其他从业人	423	5.2
合计	20974	100	合计	8147	100

注：本次受访者针对职业回答的缺失值较多，上述列表的职业分布无法作为推断居民职业分布的有效依据。

附表2.3　　受访者的家庭年收入状况

城镇地区			农村地区		
	人数（N）	比例（%）		人数（N）	比例（%）
1万元以下	2538	8.1	1万元以下	4001	20.2
1万～3万元	7114	22.8	1万～3万元	6643	33.5
3万～5万元	6799	21.8	3万～5万元	3355	16.9
5万～10万元	6577	21.1	5万～10万元	2171	10.9
10万～15万元	2359	7.6	10万～15万元	709	3.6
15万～25万元	1107	3.6	15万～25万元	269	1.4
25万～50万元	428	1.4	25万～50万元	93	0.5
50万元以上	253	0.8	50万元以上	56	0.3
不清楚/拒答	3978	12.8	不清楚/拒答	2544	12.8
	31153	100.0		19841	100.0

附 2.2　调查样本的分布比较

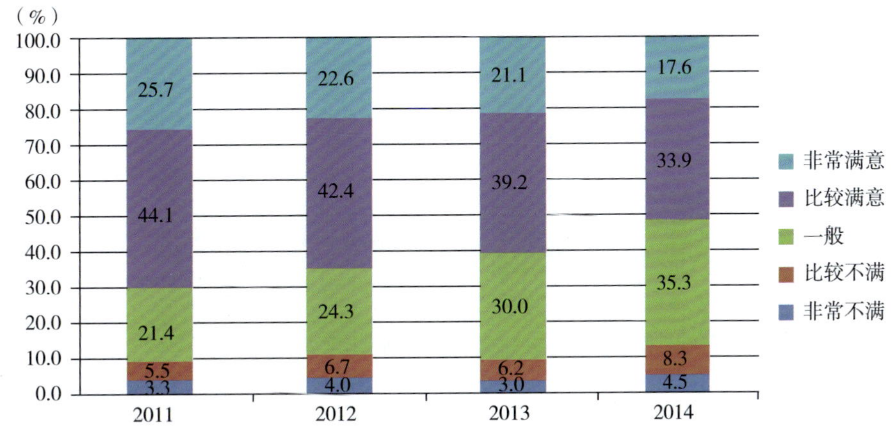

附图2.1　调查样本在各省、自治区和直辖市的分布（%）

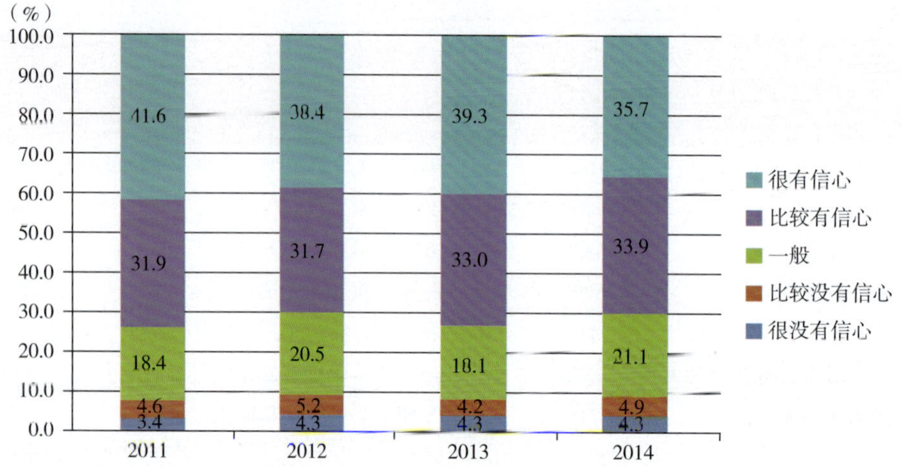

附图2.2 调查样本的城乡分布（%）

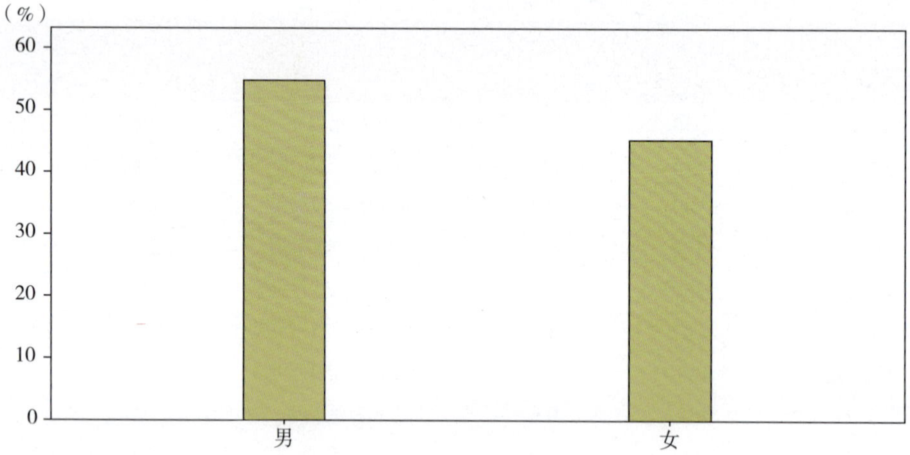

附图2.3 调查样本的性别分布（%）

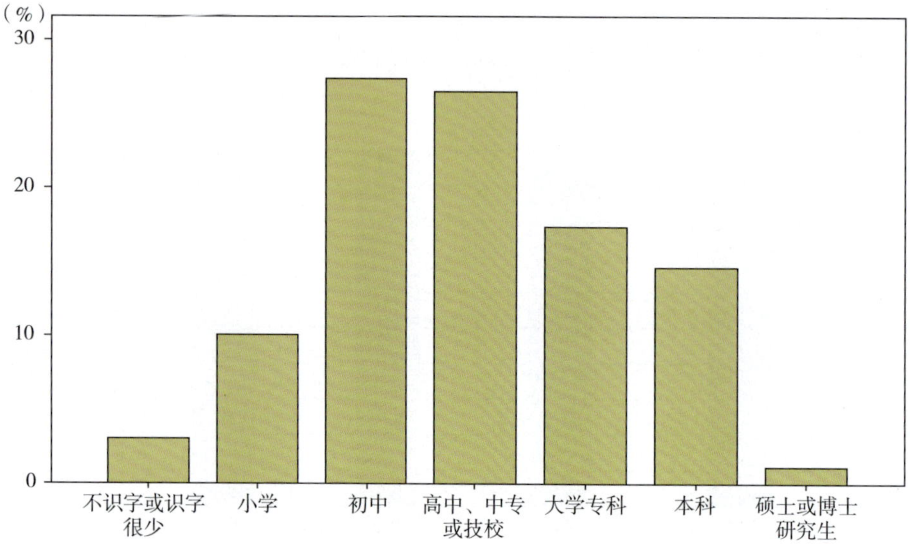

附图2.4 调查图标的教育水平分布（%）

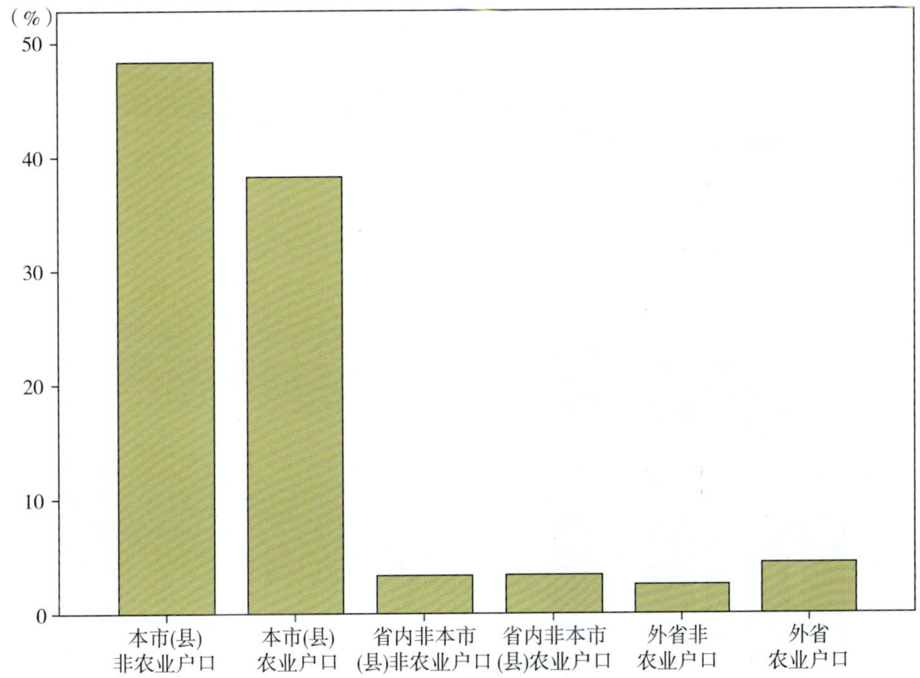

附图2.5　调查样本的户口状况分布（%）

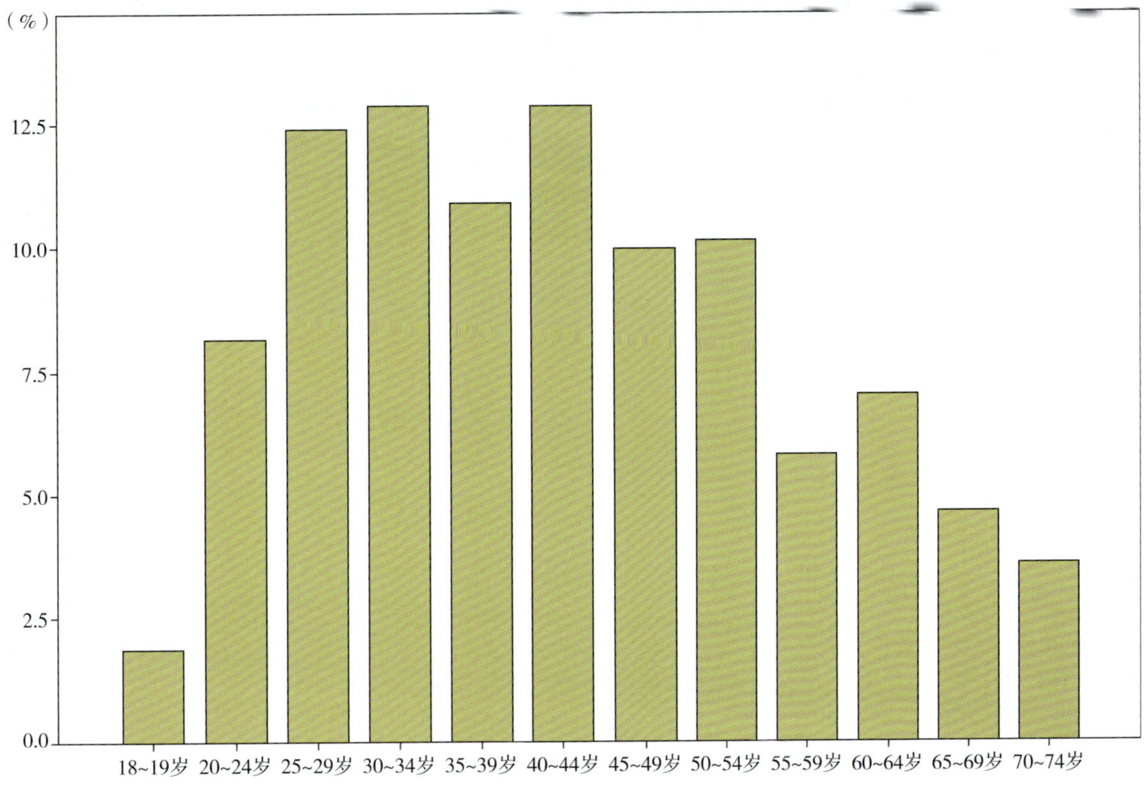

附图2.6　调查样本的年龄分布（%）

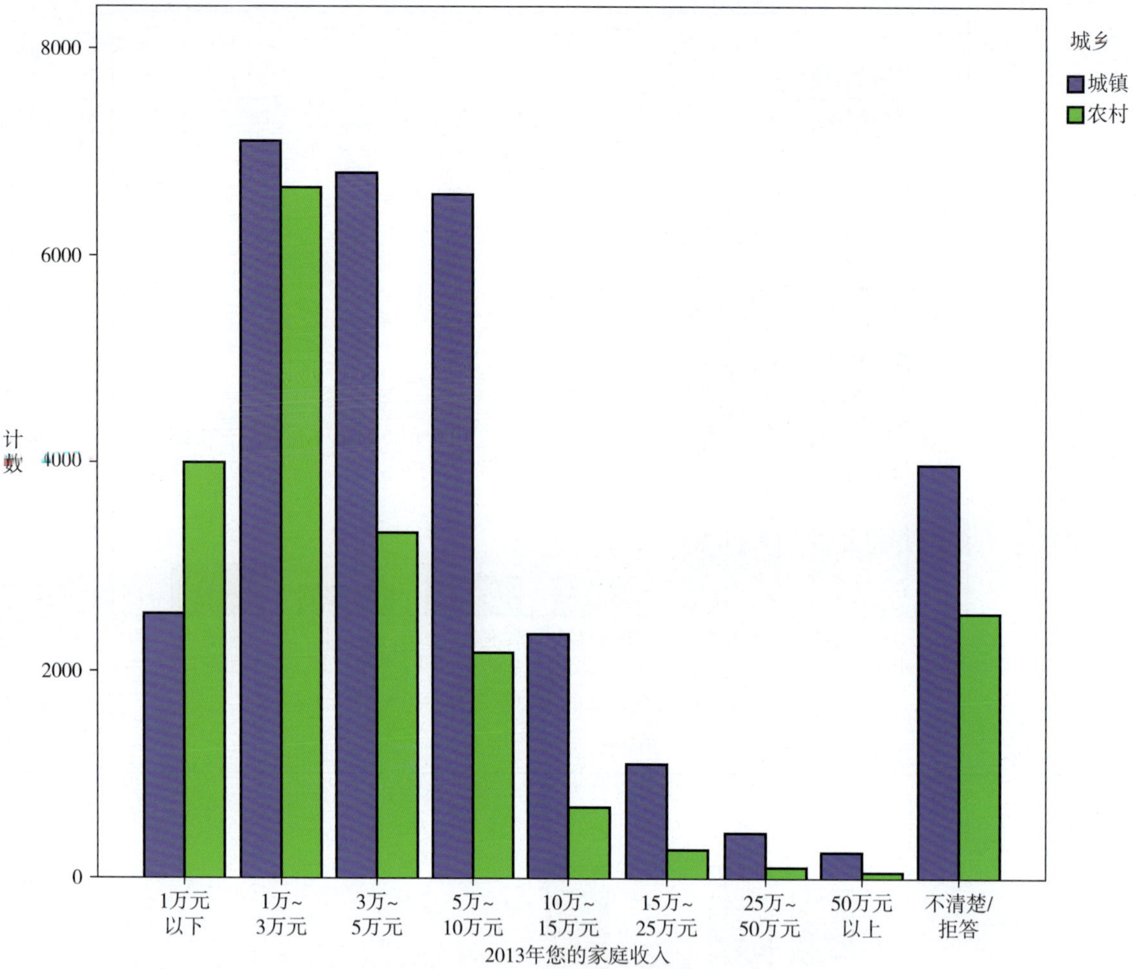

附图2.7　城镇地区/农村地区调查样本的家庭年收入分布（%）

（执笔：张冰子　冯文猛）

第三章
民生关切点分析报告

2014 年度“中国民生调查”入户调查结果显示，经济增速放缓导致了劳动者的就业时间和收入下降，20.81% 的受访者出现了家庭收入下降，比 2013 年调查结果提高了 10.61 个百分点，收入成为城乡居民对民生最不满意的方面。经济下行对非稳定就业、低收入群体的收入和生活冲击巨大，在当前我国社会保障不充分的条件下，这些人群将较大范围出现生活水平下降甚至基本生活困难。社会救济有利于保障低收入人群的生活水平，但其保障率不高和保障力度不足，难以遏止低收入人群在经济下行中的收入和生活水平下降。收入下降致使大量居民生活压力加大，低收入群体的生活困难加剧，这给民生保障工作带来巨大挑战。受访者认为支出压力最大的是教育、医疗和食品，对于很多低收入家庭，教育和医疗的负担非常重，特别是孩子上大学和家庭成员住院成为低收入家庭难以承受之重。

养老、住房和生活环境均是城乡居民高度关切的问题。随着人口的老龄化趋势加剧，大量受访者对养老问题非常关切。在当前我国社会养老保障不足的条件下，养老对家庭的依赖非常大，超过一半的受访者对养老存在担心，但大多数家庭还未形成较大的养老负担。住房列居城镇居民民生最不满意因素的第三位，非本地户籍受访者的住房自有率最低、住房压力最大、住房面积最小，对住房不满意的比例最高。农村生活配套服务与城市存在较大差距，生活垃圾和生活污水处理、生活便利性还亟需改善。

新一届政府简政放权和转变作风、治理腐败的努力取得实效，大多数居民认为政府官员的行为有了改善，受访者对政府服务的满意程度和治理腐败信心大幅提升。但年轻人、流动人口、企业、自营工商业者以及收入未改善者对政府服务的满意度偏低。生活满意度与政府服务满意度高度相关，因而全方位改善民生是稳定社会和稳固政权的基础。

为全面了解中国城乡居民社会生活状况，持续跟踪居民的民生满意度，2014 年国务院发展研究中心“中国民生调查”课题组继续组织民生问题入户调查。为兼顾调查的稳定性与对全国各个区域的轮流监测，2014 年在保持 2013 年 4 个省（市）（即上海、安徽、浙江、广东）的基础上，将辽宁、江西、云南、甘肃调换为黑龙江、陕西、四川、河北。

为了保证调查的客观性和代表性，本次调查采用多阶段分层设计、PPS 系统抽样技术。第一，将调查身份各区县划分为贫困县和非贫困县，保证每个省抽选一个贫困县，其他区县在综合考虑区县 GDP、平均教育程度、流动人口比例、城市人口比例等 9 个社会经济发展指标的基础上，按照社会经济综合指数得分因子的高低排序进行选取。第二，在获得调查区县村、居委员会基本经济社会信息后，按照相似的方法，采用与各村、居委会人口规模成比例的系统 PPS 抽样方式，各自独立抽取 2 个村、居委会。第三，在每个居委会内，按某个特定规则（如门牌号或户主名单等）对家庭户进行排序，采取等概率系统抽样抽出 50 户家庭作为最终调查单元，并且为保证调查入户的可行性，按同样的方法抽取一套备用调查户。入户后，为了保证对家庭信息掌握的准确性，需请家庭的户主或家里最熟悉情况的人来配合完成调查。

一、样本的基本特征

本次调查一共有效回收到 9768 份“中国民生问题调查问卷”，其中上海市、安徽省、河北省、浙江省、陕西省各有 1200 份，广东省为 1205 份，四川省为 1236 份，黑龙江省为 1327 份，其中 8 个贫困县样本为 969 个。

基于科学的抽样方法，本次调查覆盖了全国各个类型比较有代表性的群体，具体表现在以下几个方面。

第一，调查覆盖了居住在农村与城市不同社区的群体。按照国家统计局城乡划分标准以调查地点进行分类，城镇样本的比重为 34.2%，其中位于城市主城区和镇中心区分别占 22.4% 和 11.8%，城乡结合区、镇乡结合区及特殊区域分别占 6.4%、14% 和 0.5%，农村占 44.9%（其中乡中心占 1.9%）村庄的占 43%。样本对不同类型的区域均有一定的代表，可以反映当前我国在快速城镇化过程中不同群体对民生的感受情况。从调查者自述的居住社区类型上看，53.5% 的居住在农村[①]，8.7% 的在未经改造的街坊社区、9.5% 的在单位社区、14.5% 的在商品房社区、2.4% 的在保障房社区、9.8% 在新由农村转变的城市社区、0.3% 在别墅或高级住宅区（见图 3.1）。

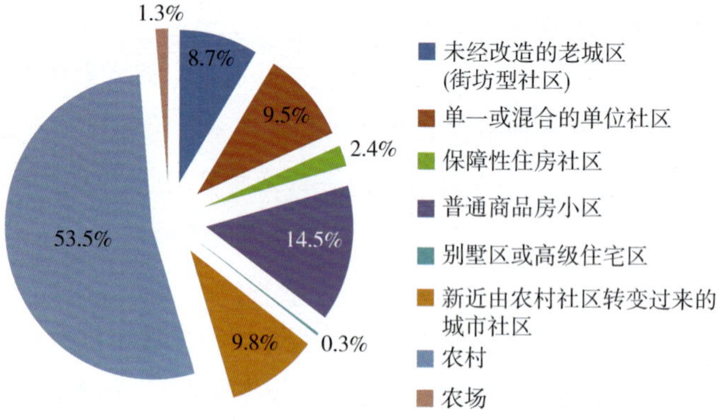

图3.1 调查者居住社区分布情况

第二，调查对流动人口有一定的代表性。抽样设计时倾向性地选择了流动人口比较高的区县，

① 因为我国城市化的快速发展，很多农村经过村转居在区域类型划分上已经变为城镇，但从居民的个人感受来说，仍然认为是农村，所以就自述的农村受访者比例大于统计局城乡划分标准的农村受访者比例。

从而确保了一定的流动人口比例，流动人口样本为 1266 个，占有效样本的 12.97%，与全国的流动人口比重基本接近(16.67%)。从流动人口的结构上看，70.06% 是跨省流动(占总样本的 9.09%)，29.94% 是省内流动（占总样本的 3.88%）；农业转移人口占比 75.51%（占总样本的 9.97%），城市人口流动占 24.49%（占总样本的 3.18%）。

第三，调查对不同年龄、规模和婚姻状况的家庭均有所反映。受访者中 30 岁以下的人占 10.97%，30 ~ 39 岁占 16.14%，40 ~ 49 岁占 27.62%，50 ~ 59 岁占 25.37%，60 岁及以上占 19.91%，50 岁以上的群体比例略高于上年。男性受访者占 54.21%，与上年基本相当；已结婚的占 85.88%，未结婚的比例为 6.94%，丧偶、离婚等共占 7.18%，未婚群体比重较上年略有下降。受访者以两口和三口之家居多，分别占 23.25% 和 29.24%，四口和五口之家分别占 19.81% 和 13.85%，单身家庭和六口以上家庭分别为 5.52% 和 7.93%。

第四，受访者的受教育程度以中小学为主，无宗教信仰占绝大多数。因为受访者的农村中老年比例较高，受教育程度偏低，小学及以下占 30.49%，初中占比为 38.35%，高中占比为 19.67%，大专及以上为 11.48%，中小学（小学、初中和高中）肄业比例占到了 24.87%。88.34% 的受访者无宗教信仰,有宗教信仰的受访者中佛教和基督教（包括天主教和东正教）是最主要的，分别占到总样本的 8.86% 和 2.09%。

第五，调查覆盖了不同的职业类型，并对生活困难群体有一定的代表性。受访者中 69.57% 的人有工作，0.81% 的正在上学。在有工作的群体中，农业劳动者占 49.12%，其中专业务农者、兼业务农与农村自营者分别占 35.11%、9.81% 和 4.19%，企业（包括国有企业、私营和三资企业）工作人员占 20.39%，党政机关、事业单位和社会团队工作人员占 9.86%，个体工商户占 10.72%，自由职业者与非正式临时工分别占 2.79% 和 4.93%。调查也包括一部分困难群体，比如有疾病或残疾的受访者占 15.60%，获得社会救济的占 11.11%。

二、城乡居民对民生的关切存在差异

因为民生满意度主要是基于受访者的主观感受来进行评价，民生满意度分析首先要确保受访者具有充分的判别能力,因此本部分剔除掉了 18 周岁以下（包括 18 周岁）和 75 周岁以上（不包括 75 周岁）的样本，样本数量分别为 16 个和 134 个。民生满意度分析的有效样本为 9618 份，安徽、河北各 1200 份，广东为 1172 份、黑龙江为 1294 份、陕西为 1194 份、上海市为 1192 份、四川为 1197 份、浙江为 1169 份。

（一）提高城乡居民生活水平是保障民生的基础

大部分居民的生活水平保持稳定和略微提升状态，这是能够实现民生满意度提高的重要基础。9618 个 18~75 周岁的受访者对自己家庭目前的生活状况进行回答，2 份无回答问卷。54.62% 的受访者认为 2014 年的家庭生活水平与上年差不多，27.49% 指出生活水平有所提高，

2.01% 认为生活水平显著提高，这与上年调查基本相当[①]；15.55% 的人反映生活水平有下降，这一比例比上年调查高了 1.55 个百分点。由于城乡居民生活水平整体呈现向上提升的趋势，大部分居民对目前的生活状况持积极乐观的态度，其中 15.11% 表示很满意，46.03% 表示基本满意，总体上 61.14% 对目前的生活状况满意，较上年的满意度提高了 7 个百分点，特别是很满意的比例大幅，提高了 6.4 个百分点（见图 3.2、图 3.3）。

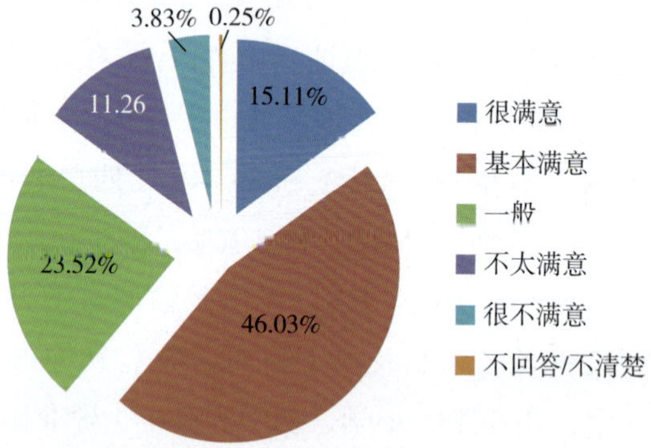

图3.2　城乡居民对生活状况的总体满意度

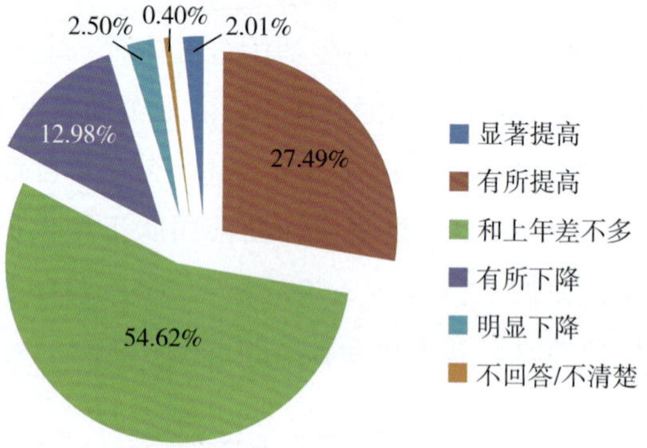

图3.3　城乡居民家庭生活生活水平较2013年的变化

居民的生活水平状况直接影响到其对生活满意度的评价。在生活水平显著提高的 193 人中，对目前生活满意的人占比达到 94.3%（其中 63.73% 对生活非常满意）；在生活水平有所提高的 2640 人中，对目前生活状况满意的占比达到 80.57%（其中 24.50% 对生活非常满意）。而生活水平下降的群体，对生活状况的满意度则明显降低，在 1493 个家庭生活水平下降的人中，对生活状况满意的只占 32.35%，不满意的比例则提高到了 41.73%，特别是 247 个生活水平明显下降的人，36.03% 对生活状况很不满意（参见图 3.4）。

① 2013年的调查显示，54.6%的受访人员认为本人家庭2013年的生活水平和上年差不多，30.2%的居民反映生活水平有所提高。

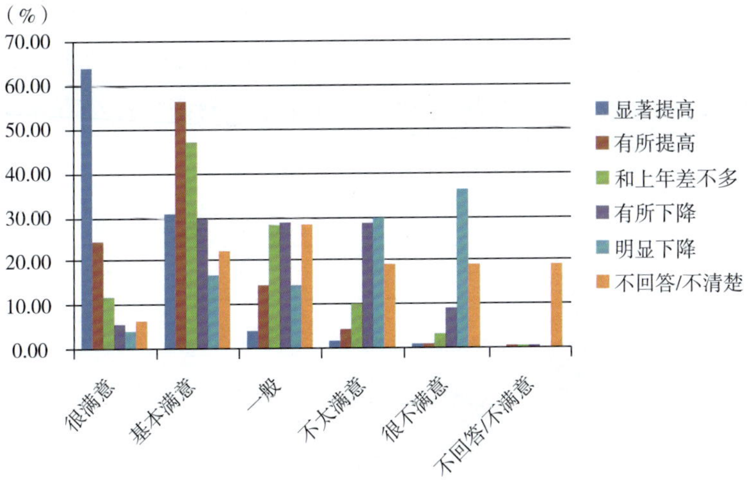

图3.4 居民生活状况与生活满意度关系（%）

（二）农村和农业户籍群体对生活状态不满意的比例偏高

按照国家统计局城乡划分标准以调查地点进行分类，农村地区受访者对目前生活不太满意的比例为 13.10%，分别高于城镇内和城乡结合部 3.10 个百分点和 2.87 个百分点，但很不满意的比例只有 3.62%，分别高于城镇内和城乡结合部低 4.2 和 0.13 个百分点；城乡结合部受访者很满意的比例为 12.52%，分别低于城镇内和农村 3.76 和 2.56 个百分点，但基本满意的为 48.80%，分别低于城镇内和农村 3.34 和 3.47 个百分点。总体来说，城镇内居民对生活状态的满意度最高，但很不满意的比例也较高，而农村居民对生活状态不满意的比例高于城市地区，城乡结合部居民生活满意度居中的比例最高，基本满意和一般的比例占到 73.28%，分别高于城镇内和农村 3.84 和 5.37 个百分点（见图 3.5）。

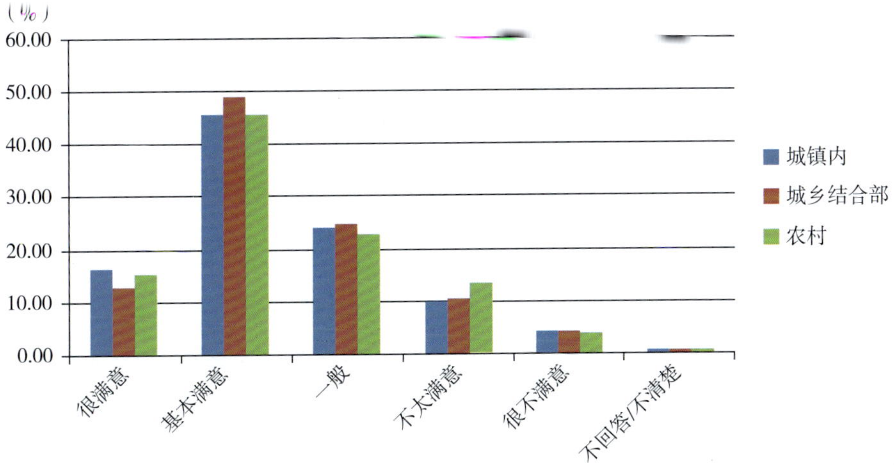

图3.5 城乡居民对生活满意度的比较（%）

农业户籍群体对生活的满意度明显下降，对生活不满意的比例偏高。对生活状态满意的比例只有 59.31%，非农业户籍对生活状态满意的比例为 64.05%，农业户籍对生活满意的比例比非农业户籍低 4.74 个百分点；农业户籍对生活不满意的比例为 16.37%，非农业户籍对生活不满意的比例为 13.04%，农业户籍对生活不满意的比例比非农业户籍高 3.32 个百分点（见图 3.6）。

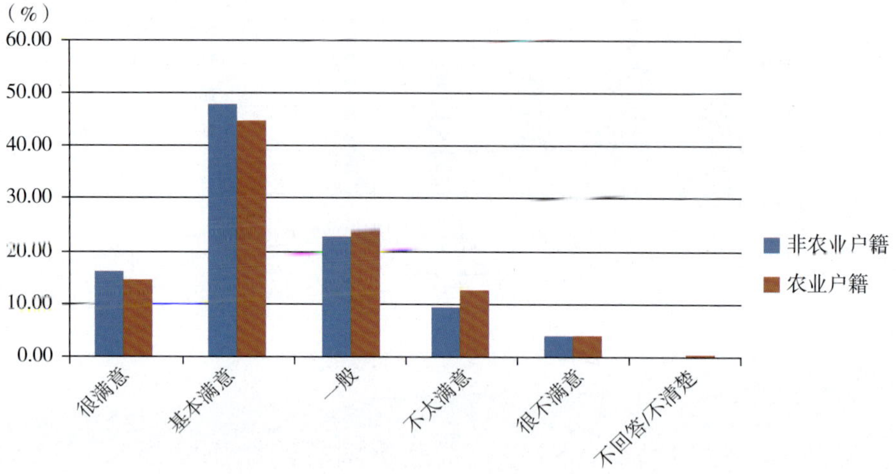

图3.6　农业户籍与非农业户籍生活满意度比较

农业户籍家庭生活水平出现下降的比例较高，这与对生活不满意是紧密相关的。农业户籍群体家庭生活水平下降的比例为 17.15%，非农业户籍群体生活水平下降的比例为 12.98%，农业户籍生活水平下降的比例较非农业户籍群体高 4.17 个百分点；农业户籍群体家庭生活水平提高的比例为 28.76%，非农业户籍家庭生活水平提高的比例为 30.69%，农业户籍生活水平提高的比例较非农业户籍低 1.93 个百分点（参见图 3.7）。

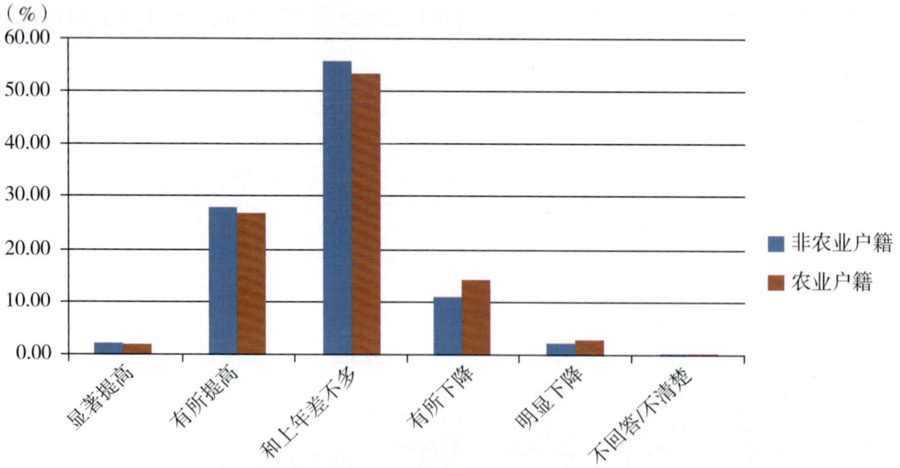

图3.7　农业户籍与非农业户籍家庭生活水平变化比较（%）

农村居民家庭生活水平的提高对改善生活满意度的影响作用不明显。农村居民家庭出现生活水平下降的比例较高，农村居民家庭生活水平降低的比例为 16.28%，比城市居民家庭生活水平降低的比例高 1.79 个百分点。而且农村居民家庭的生活水平处于很低层次，小幅的生活水平提升对改善民生满意度的影响不明显。农村居民家庭生活水平提高的比例为 30.08%，分别比城镇内和城乡结合部居民家庭生活水平提高的比例高 0.72 和 1.49 个百分点。虽然有较多的农村居民实现了生活水平改善，但估计与农村居民的预期相比还有差距，并没有能够有效提高对生活的满意度。

城乡结合部居民家庭生活水平降低的比例最高。城乡结合部居民家庭生活水平降低的比例为 16.37%，分别比城市和农村居民家庭生活水平降低的比例高 1.87 和 0.9 个百分点。而同时，城乡结合部居民家庭生活水平提高的比例最低，生活水平下降的比例也是最高，但并没有导致其对生活不满意程度的明显提高。这可能是相比农村居民，城乡结合部居民的生活水平较高与发展机会更多，而这些改善可能对提高其生活满意度有更显著的作用（见图 3.8）。

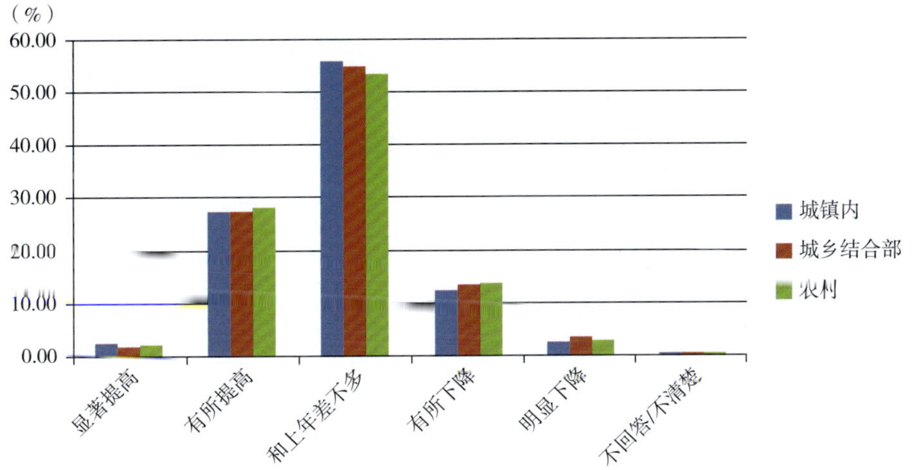

图3.8　城乡居民家庭生活水平变化比较（%）

（三）城乡居民对基本公共服务的预期有明显差异

9655 个 18 ~ 75 周岁的受访者对当前所在地政府，在改善民生、保障居民基本公共服务方面的总体满意程度进行回答，55 份无回答问卷。调查汇总的结果显示，大部分居民对所在地的基本公共服务总体满意，占到有效样本数的 62.7%，其中 15.58% 表示很满意，47.12% 表示基本满意，23.57% 的表示一般，10.64% 的表示不满意。虽然当前我国城乡公共服务的水平还有很大差距，但因为不同群体对公共服务的预期不同，随着近年来农村公共服务水平改善的加快，农村居民对公共服务的满意度是比较高的（见图 3.9）。

无论是按照地域还是户籍来划分，农村地区和农业户籍人口对基本公共服务的满意度都是最高的。农村地区 68.75% 的受访者对基本公共服务满意，城镇内和城乡交界处这一比例分别为 58.34% 和 59.49%，农村地区对基本公共服务满意的群体比例比城镇内和城乡交界处分别高 10.42 和 9.26 个百分点（见图 3.10）。同样，农业户籍受访者对基本公共服务的满意度较高，63.96% 的农业户籍群体表示对基本公共服务总体满意，较非农业户籍群体高 3.4 个百分点；10.23% 的农业户籍人口表示对基本公共服务不满意，较非农业户籍群体低 1.01 个百分点（见图 3.11）。

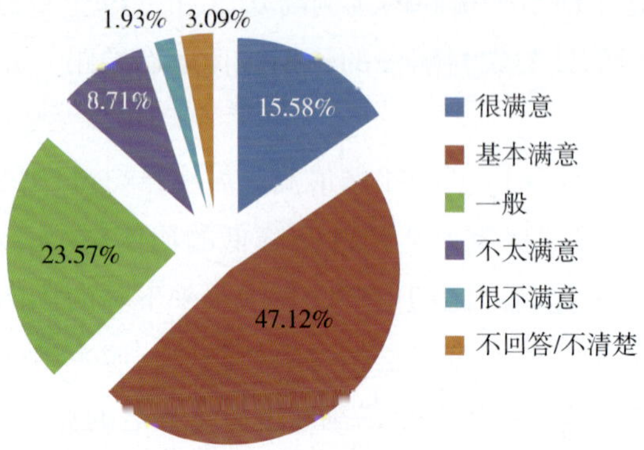

图3.9 居民对基本公共服务的总体满意程度

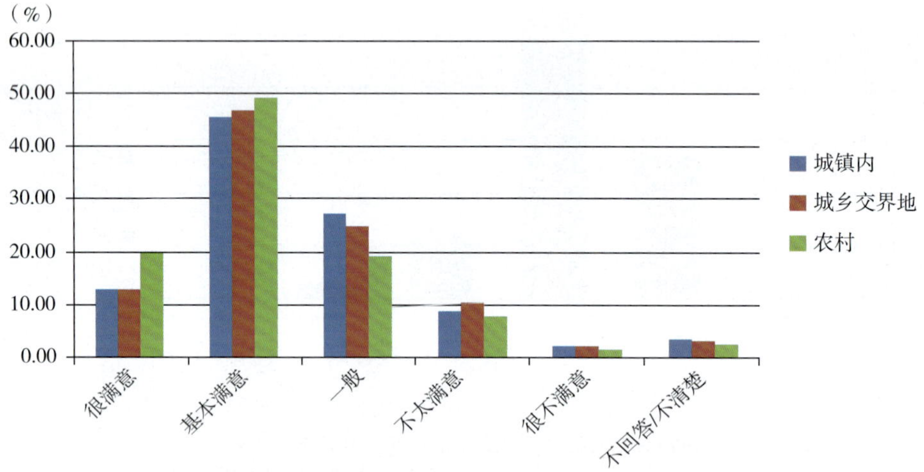

图3.10 城乡居民对基本公共服务的满意度比较（%）

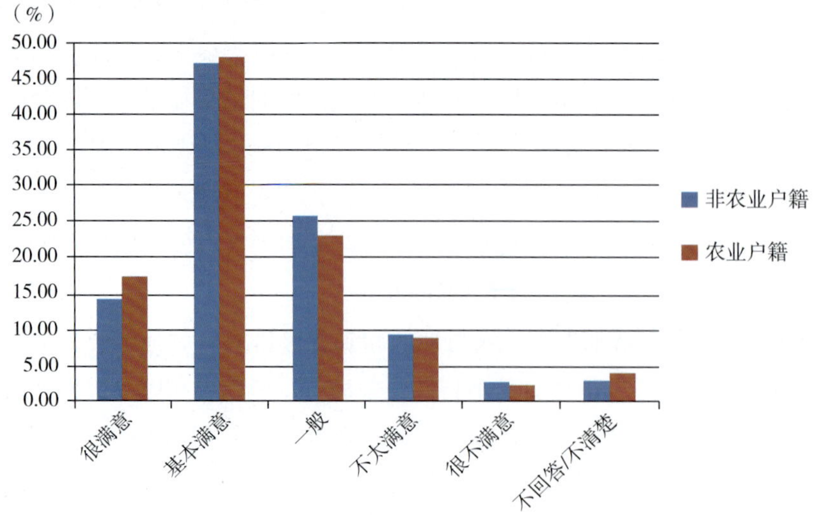

图3.11 农业与非农业户籍群体对基本公共服务的满意度比较（%）

城乡结合部群体对基本公共服务不满意的比例最高。城乡结合部的居民对公共服务不满意的比例最高，12.47% 的城乡结合部居民对基本公共服务不满意，分别比农村地区和城市地区高 3.0 和 1.61 个百分点（参见图 3.10）。虽然大部分城乡结合部地区的公共服务水平实际上是高于农村，但因为临近城市，其公共服务发展与城市的巨大反差，导致了当地居民对公共服务的预期更高，因而不满意的程度也更高。

（三）流动人口对生活的满意度较高，但对公共服务满意度较低

流动人口对家庭生活状态的总体满意度略高于本地人口，在 1255 个流动人口的受访者中，62.31% 的表示对目前的生活状况总体满意，较本地人口这一比例高 1.36 个百分点，12.59% 的表示对生活状况不满意，不满意的比例较本地人口低 2.88 个百分点（参见图 3.12）。这主要是因为流动人口的家庭生活水平改善的比例更高，而生活水平下降的比例更低，生活状况的改善带来了对生活状况更好的满意度。31.03% 的流动人口表示家庭生活水平相对 2013 年提高，这一比例比本地人口高 1.76 个百分点，14.51% 的流动人口表示家庭生活水平下降，这一比例比本地人口低 1.19 个百分点（参见图 3.13）。

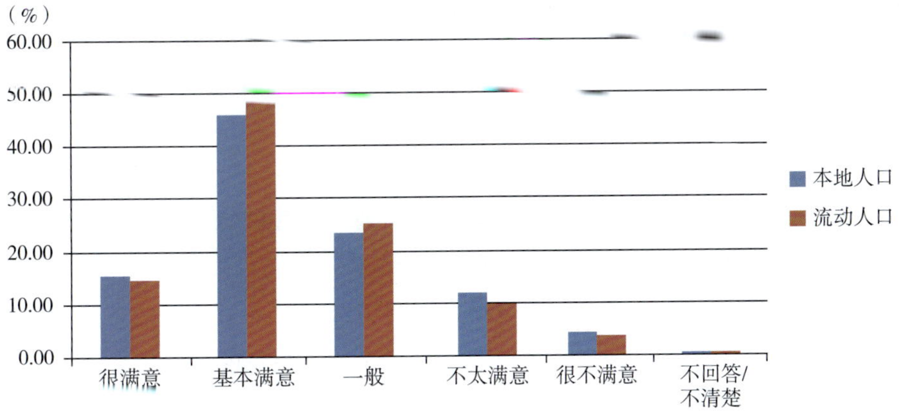

图3.12　本地人口与流动人口对生活状况的满意度比较（%）

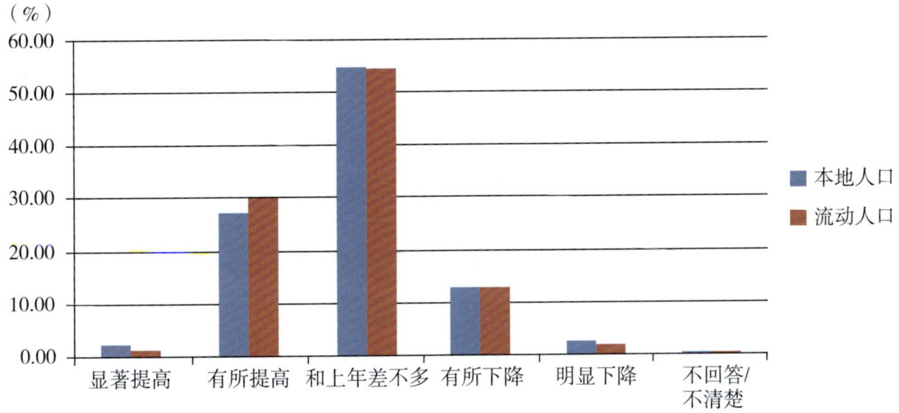

图3.13　本地人口与流动人口家庭生活水平变化的比较

流动人口对基本公共服务满意度相对较低。只有 52.13% 的流动人口表示对基布公共服务满意，这一比例较本地人口低 12.10 个百分点。但流动人口对基本公共服务状态不满意的比例并没有更高，相反还略低，只有 8.59% 的流动人口明确表示对基本公共服务不满意，这一比例较本地人口低 2.33 个百分点。更多的流动人口对基本公共服务的满意度评价持中庸态度，33.49% 的流动人口对基本公共服务的满意度评价是“一般”，这一比例较本地人口高 11.35 个百分点。

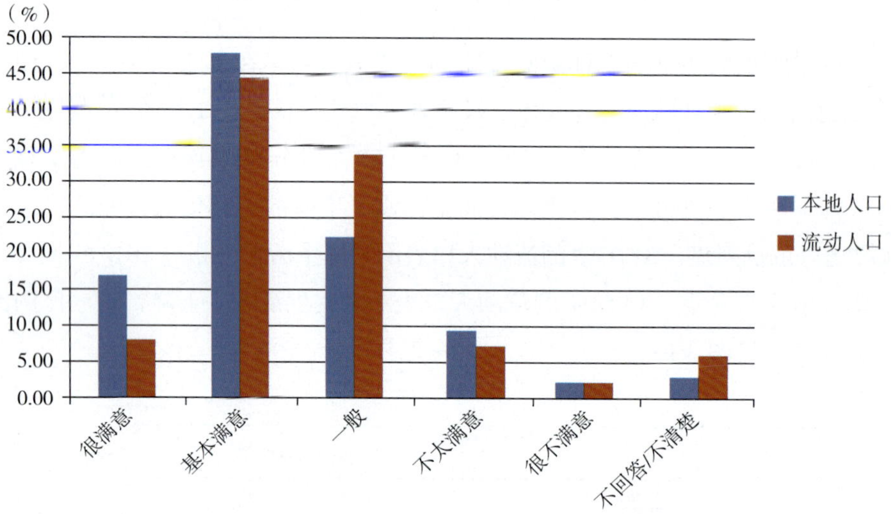

图3.14　本地人口与流动人口对基本公共服务的满意度比较

尽管流动人口并没有更多地表明对公共服务的不满，但其对公共服务满意度偏低足以反映流动人口的公共服务问题亟需改进。基于上述调查结果，我们可以结合三个方面的分析推断，流动人口的公共服务状态不容乐观。一是流动人口因为迁移带来了更好的工作机会，使家庭生活状况有所改善，由收入带来的改善部分抵消了对迁入地不满意的情绪。二是流动人口因为自己也认为外来人口缺乏资格享受当地公共服务，对生活和当地服务的预期较低，即使不能获得充分的公共服务，也不至于上升为不满情绪。而满意度评价是一种主观性的相对评价，流动人口虽然难以享受到与本地居民相同的公共服务，但与其迁出地相比，公共服务已有较大改善。三是流动人口作为外来者在接受访谈时，一般态度更为谨慎，可能因为担心带来不利影响而将隐藏不满意的表达。

（五）城乡居民最不满意的是收入、医疗和食品安全

9564 个受访者回答了“在民生问题的主要方面，您最不满意的是什么”的问题，占总体有效样本的 99.44%，26 个人自行填写了“不清楚 / 不知道”，54 个人没有回答。1042 个受访者自行填写了“没有不满意”的方面，占该问题有效样本的 10.96%（占总有效样本 10.83%）。

8496 个受访者指出了对民生问题最不满意的方面，3564 个受访者选择了三项不满意的内容，

占具体回答者的 41.95%（占该问题有效样本的 37.26%），2931 个受访者选择了两项不满意内容，占具体回答者的 34.50%（占该问题有效样本的 30.65%），2001 个受访者选择了两项不满意内容，占具体回答者的 23.55%（占该问题有效样本的 20.92%）（见表 3.1）。

表3.1　城乡居民对民生问题最不满意的方面

	第一选择		第二选择		第三选择		总体选择		
	频数	占比（%）	频数	占比（%）	频数	占比（%）	频数	占总次比（%）	提到该项比例（%）
收入水平	2130	25.07	793	14.25	310	8.70	3233	18.34	33.80
医疗	1401	16.49	919	16.51	392	11.00	2712	15.39	28.36
食品安全	800	9.42	676	12.15	599	16.81	2075	11.77	21.70
住房	746	8.78	509	9.15	319	8.95	1574	8.93	16.46
子女教育	699	8.23	454	8.16	242	6.79	1395	7.91	14.59
就业状况	686	8.07	266	4.78	130	3.65	1082	6.14	11.31
养老	556	6.54	675	12.13	331	9.29	1562	8.86	16.33
生活环境	548	6.45	390	7.01	277	7.77	1215	6.89	12.70
贫富差距	398	4.68	416	7.48	565	15.85	1379	7.82	14.42
社会治安	254	2.99	300	5.39	184	5.16	738	4.19	7.72
维护群众利益	208	2.45	145	2.61	209	5.86	562	3.19	5.88
道路不好走	45	0.53	11	0.20	3	0.08	59	0.33	0.62
物价水平	15	0.18	7	0.13	1	0.03	23	0.13	0.24
其他	10	0.12	4	0.07	2	0.06	16	0.09	0.17
合计	8496	100.00	5565	100.00	3564	100.00	17625	100.00	184.28

注：占比是指占在该选择下具体指出不满意内容受访者的比例，占总次比是指占所有选择次数的比例（即占总频次比例），提到该项比例是指占 9564 个有效回答者的比例。

按不满意的程度对最不满意的方面进行排序，此次调查城乡居民对民生问题最不满意的第一选择是收入水平，占到了选择者的 25.07%（占该问题有效样本的 22.27%），其次是医疗，占到了选择者的 16.49%（占该问题有效样本的 14.65%），再次是食品安全，占到了选择者的 9.42%（占该问题有效样本的 8.36%）。受访者在三个不满意的选择中，提到最多的也是这三项，收入水平、医疗和食品安全提到的比例分别占到了 33.80%（占总有效样本 33.62%）、28.36% 和 21.70%。

城乡居民对民生最不满意的方面有一定差异。总体上看，农村居民对民生不满意的抱怨较小，认为“没有不满意”的比例是最高的，达到了 15.73%。收入和医疗是城乡居民对民生不满意的共性问题，城乡居民不满意方面选择最多都是收入水平和医疗。但除了收入和医疗外，对民生不满意的因素在城乡有所分化，城镇内居民对住房更不满意，城乡结合部居民则对就业状况更不满意，农村居民对子女教育更不满意（见表 3.2）。

表3.2　城乡居民对民生问题最不满意的方面的比较（%）

	城镇内	城乡结合部	农村	总计
收入水平	21.54	25.13	21.86	22.33
医疗	14.65	15.66	14.27	14.69
食品安全	12.65	7.49	4.26	8.39
住房	10.48	5.86	5.91	7.82
子女教育	6.91	7.32	7.77	7.33
就业状况	7.99	8.11	5.91	7.19
养老	4.87	5.52	7.00	5.83
生活环境	5.27	6.70	5.80	5.75
贫富差距	4.54	3.38	4.15	4.17
社会治安	2.42	2.48	3.01	2.66
维护群众利益	1.17	2.31	3.19	2.18
物价水平	0.27	0.17	0.03	0.16
道路不好走	0.17	0.17	0.93	0.47
没有不满意	6.96	9.69	15.73	10.92
合计	0.10	0.00	0.16	0.10

三、经济下行致两成受访者收入下降

常规调查缺乏对家庭收入的准确计算机制，一般受访者存在对收入的低估。此次调查对家庭收入设计了两个可以相互对照检验的问题，一是询问每个家庭成员的月收入，二是让受访者选择家庭年收入所处的分段水平。为确保受访者对收入判断的一致性，我们对受访者的家庭收入进行了如下调整：一是针对2054个计算的年收入大于选择的收入水平的样本，我们认为存在选择收入时可能低估家庭收入的情况，则按照计算的家庭年收入所处阶段重新界定其家庭收入分段；二是针对2242个计算的家庭年收入低于选择的收入水平的样本，则按照其选择收入段的最低值对其家庭年收入进行重新赋值，具体如下：

445个选择的家庭收入水平在1万～3万元之间的，对其中收入填写小于0.7万元的374个样本全部赋值为1万元；528个选择家庭收入在3万～5万元之间的，将其中收入填写小于2.5万元的472样本全部赋值为3万元；504个选择家庭收入在5万～8万元之间的，将其中收入填写小于4.5万元的402个样本全部赋值为5万元；374个选择家庭收入在8万～10万元之间的，将其中收入填写小于7.5万元的311个样本全部赋值为5万元；277个选择家庭收入在10万～15万元之间的，将其中收入填写小于9.5万元的225个样本全部赋值为10万元；101个选择家庭收入在15万～25万元之间的，将其中收入填写小于14.5万元的100个样本全部赋值为15万元；27个选择家庭收入在25万～50万元之间的，将其全部赋值为25万元；3个选择家庭收入在50万元以上的，将其全部赋值为5万元（见图3.15）。

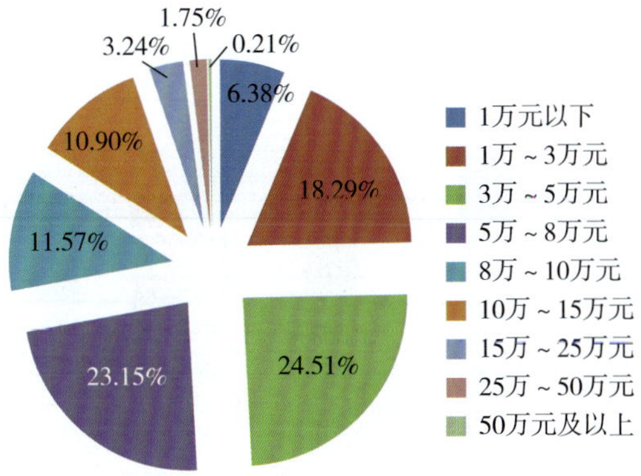

图3.15　不同家庭年收入受访者的分布情况

（一）收入下降人群的特征分析

城乡居民收入增加的比例下降，收入下降的比例明显提高。9610个受访者回答了“您感觉今年（2014年）家庭收入与去年（2013年）相比，今年家庭总收入会是增长还是下降”的问题。伴随着经济形势下行，更多的人感觉收入下降。尽管2014年调查总体样本的收入较2013年更高一些，但更高比例的群体感觉到了收入下降。20.81%的受访者表示收入较去年有所减少或明显减少，比上年的调查高了10.59个百分点。而感觉收入上升的群体比例显著下降，26.88%的人表示收入较上年显著增长或有所增长，较上年低了9.29个百分点（参见图3.16）。

农村与城乡结合部居民收入下降较为严重。农村与城乡结合部受访者收入下降的比例分别为24.92%和21.20%，分别比城市高8.13和4.41个百分点，较2013年调查分别提高了12.74和12.86个百分点（参见图3.17）。

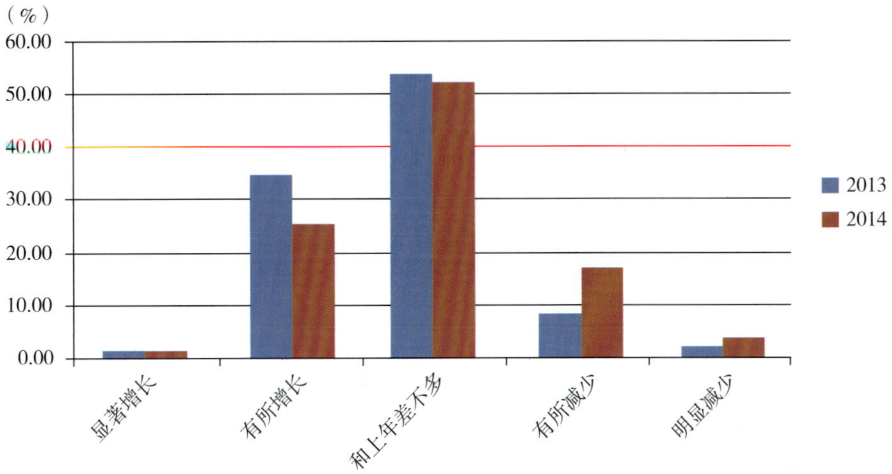

图3.16　2014年和2013年调查城乡居民收入变化的对比（%）

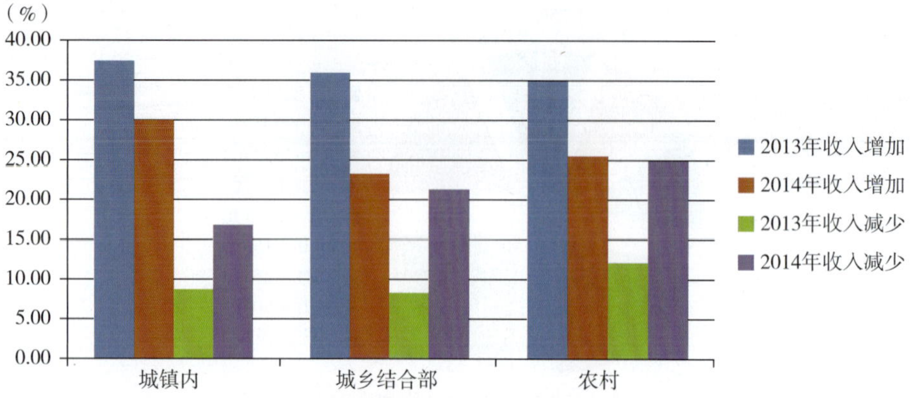

图3.17 城乡居民收入变化的比例（%）

农业、自营工商业者与临时聘用人员的收入下降最为严重。农业从业人员和城乡自营工商业者收入下降的比例分别为27.02%和27.57%，分别比2013年调查提高了15.16和13.43个百分点。从就业岗位上看，一线工人家庭收入下降的范围明显扩大，收入下降比例为19.59%，比2013年调查高了14.2个百分点。临时聘用人员的收入下降也比较严重，388个临时聘用人员，收入下降的比例达到26.80%。

收入下降的群体主要是受教育程度较低的无技能人员。在1435个家庭收入下降的有工作的受访者中，无技能人员的比例达到78.47%。受教育程度为小学及以下和初中的群体家庭收入下降的比例最高，分别占到了24.49%和22.27%，比2013年调查分别提高了11.42和13.00个百分点。

40～60岁群体更多地出现家庭收入下降。40～50岁和50～60岁受访者认为家庭收入下降的比例分别为24.20%和21.61%，比2013年调查分别高了12.57和11.07个百分点。在两次调查人口年龄结构基本维持稳定的条件下①，40～60岁群体的家庭收入出现更大范围下降，可能是因为上年纪的无技能劳动者在经济下行期更容易被减薪或裁员。

低收入群体对收入下降的感受更为突出，中收入群体的收入下降比例较上年显著提高。近30%的低收入出现了收入明显下降，家庭收入在1万～5万元之间群体收入下降的范围大幅度扩大，收入下降的比例增加了15个百分点。相比2013年的调查，2014年受访者中低收入比例群体大幅度下降，1万～3万元的群体比例下降了10.36个百分点，但这部分群体认为收入下降的比例为26.83%，还增加了14.95个百分点。家庭收入在3万～5万元的群体比例上升约2.02个百分点，这部分群体收入下降的增加了15.13个百分点。收入在1万元以下的受访者中有28.09%指出收入下降，而在1万元以下群体比例比上年调查低2.64个百分点的情况下，这部分群体收入下降的比例还上升了3.77个百分点。家庭年收入3万～5万元和5万～8万元的受访者认为收入下降的比例分别为20.80%和17.17%，比2013年调查分别上升了13.69和11.04个百分点。而表示收入提高的比例也明显下降，3万～10万元收入群体在上年有较多地实现了收入

① 2014年调查40～50岁和50～60岁样本数分别占27.25%和26.17%，2013年这两个年龄段的样本比例分别26.57%和22.75%。

增长，但今年这部分群体收入提高的比例下降超过 16 个百分点。这一定程度上反映了，经济形势的下行给中低收入群体造成更大冲击。在收入与民生满意度高度相关的条件下，居民收入增长放缓，低收入群体收入的下降，给改善民生问题带来巨大挑战（参见图 3.18、表 3.3）。

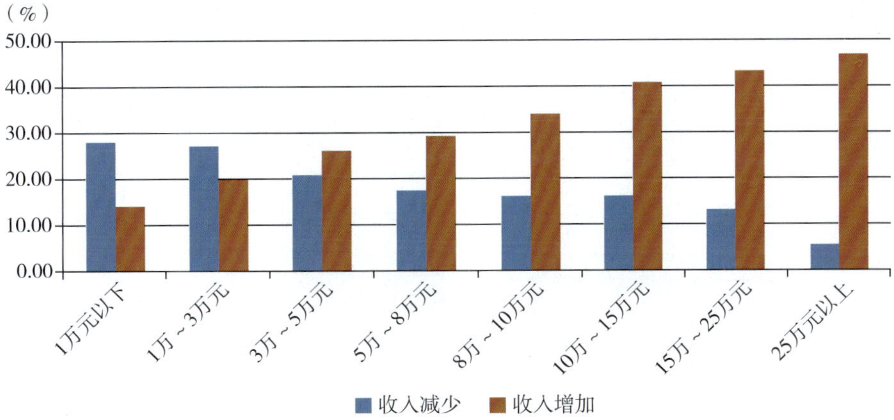

图3.18　2014年调查不同收入的城乡居民收入变化的差异（%）

表3.3　2013年和2014年不同收入的城乡居民收入变化的比较　（%）

	收入增加		收入减少	
	2013	2014	2013	2014
1万元以下	16.61	14.11	24.33	28.09
1万～3万元	29.20	19.63	11.88	26.83
3万～5万元	39.98	25.87	7.11	20.80
5万～8万元	43.61	29.31	6.13	17.17
8万～10万元	49.77	33.74	5.21	15.81
10万～15万元	50.00	40.76	5.94	15.91
15万～25万元	54.05	43.27	7.03	12.73
25万元以上	67.11	46.74	1.32	5.43
合计	36.22	26.86	10.21	20.81

（二）收入下降受访者的生活满意度明显更低

家庭收入下降的受访者对生活、公共服务以及政府服务的满意度都明显更低。他们对生活满意的比例只有 45.49%，分别比收入增加者和收入不变者低 29.4 和 15.12 个百分点；对公共服务满意的比例为 55.94%，分别比收入增加者和收入不变者低 18.24 和 7.18 个百分点；对政府服务满意的比例为 59.93%，分别比收入增加者和收入不变者低 11.77 和 6.58 个百分点（参见图 3.19）。

收入变化对城乡居民生活满意度的影响有差异。农村居民收入提高对生活满意度更加敏感，家庭人均年收入每增加 1 万元，农村居民生活满意的概率就增加 2 个百分点，而城市居民生活满意的概率仅增加 1 个百分点。城市居民收入增长对降低生活不满意的作用更显著，其对生活不满意的比例为 6.31%，比农村低 3.26 个百分点，对生活满意的比例为 75.25%，比农村高 0.93 个百分点。农村居民收入降低引致生活满意度下降的程度较小，其对生活满意的比例为 48.25%，比城市高 5.23 个百分点。

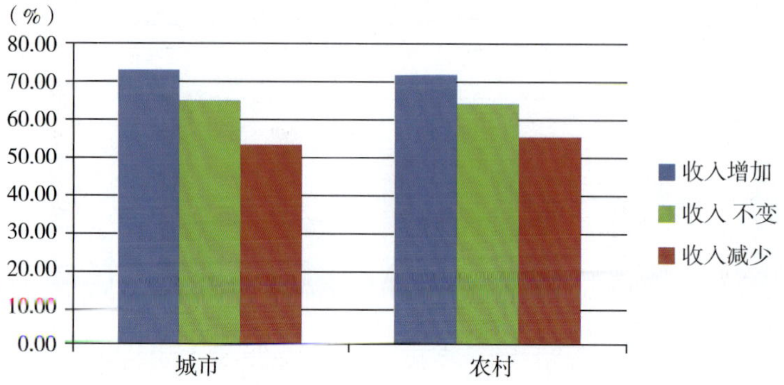

图3.19　城乡居民收入差距变化对生活满意度的影响（%）

（三）社会救助有助改善低收入群体的生活水平

1038 个受访者家庭获得过社会救助，占有效样本的 10.97%，其中城镇内、城乡结合部和农村获得社会救助群体的比例分别为 10.47%、7.95% 和 12.94%。获得社会救助的人中，540 人的家庭收入是在 3 万元以下的，占到了 52.02%；获得城乡低保的是 561 人，占获得救助群体的 54%。调查获得的低保覆盖率为 5.93%，因为低收入群体比例略有降低，低保覆盖率较上年调查低 0.97 个百分点。

社会救助一定程度上改善了低收入群体的收入与生活水平。收入在 3 万元以下群体中，获得救助者的收入和生活水平提高的比例均比没有获得者更高一些，获得救助者收入提高的比例为 20.59%，比没有获得者高 3.69 个百分点；获得救助者生活水平提高的比例为 25.14%，比没有获得者高 2.92 个百分点。但目前，对低收入群体的社会救助覆盖率不高，在 2311 个年收入在 3 万元以下的低收入受访者中，获得救助者的人数只有 540 人，社会救助获得率为 23.37%，602 个 1 万元以下的受访者中，获得社会救助者只有 397 个，社会救助获得率为 34.05%。可以看出，低收入群体中，还有近 70% 的人无法获得社会救助支持，而这部分人在经济形势下行的条件下，收入和生活水平将更加困难。

经济下行的形势下社会救助并不能遏制低收入群体收入与生活水平的下降，但却大幅改善低收入群体对政府公共服务与行政效率的满意度。整体经济形势下行对低收入群体造成更大冲击，接受社会救济的群体更是处于这部分群体中最底层的阶层，其收入和生活水平下降比未获得救助的人更为明显。家庭收入 3 万元以下的群体中，获得救助的收入下降的比例为 29.31%，比未获得救助的高 3.03 个百分点；家庭收入在 1 万元以下和 3 万 ~ 5 万元的人群中，获得救助的人收入下降的比例更高，分别为 30.88% 和 26.61%，比未获得救助的分别高 4.87 和 4.90 个百分点。社会救助除了有助于改善家庭收入在 1 万元以下群体的生活水平状况外，无法解决家庭收入在 1 万 ~ 5 万元之间的生活水平下降问题。1 万元以下的群体获得救助者中，19.70% 表示收入水平下降，比未获得救助者低 2.07 个百分点。在 1 万 ~ 3 万元和 3 万 ~ 5 万元收入群体中，获得救助者收入下降的比例分别为 24.85% 和 24.39%，分别比未获得救助的高 3.97 和 7.48 个百分点（以上参见图 3.20）。

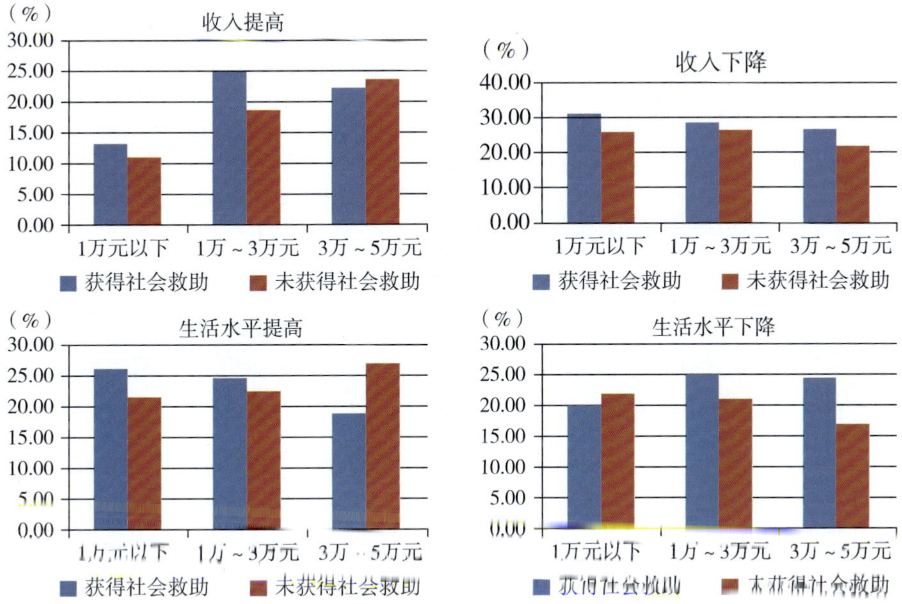

图3.20　获得与未获得社会救助的低收入群体收入与生活水平变化的比较（%）

从对满意度来看，获得社会救助服务的群体虽然由于收入水平低，对生活的满意度总体较低，但对政府公共服务和行政效率的满意度明显更高。收入在 3 万元以下的群体，获得社会救助的对生活满意度评分为 53.53，比未获得社会救助的低 4.78，但其对公共服务和政府效率的满意度分别为 72.07 和 74.15，比未获得社会救助的分别高 5.19 和 6.61（见图 3.21）。

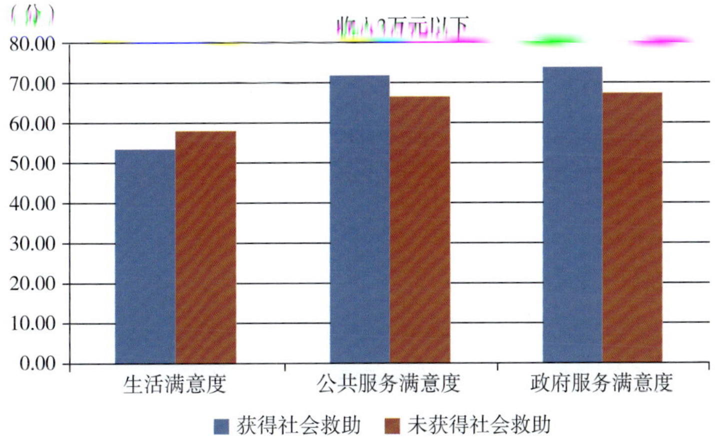

图3.21　获得与未获得社会救助的低收入群体满意度评分比较（分）

（四）收入差距扩大影响居民生活满意度的提升

在地区层面，学术界目前关于收入与生活满意度之间的关系存在“伊斯特林悖论”之争。伊斯特林悖论（又被称为“幸福—收入之谜”）最早由经济学家伊斯特林（Easterlin）提出，主要指的是当国家变得更富有时，人们的平均幸福水平并未随之提高。后来不少研究对此提供了证据，但是也有一些学者并不支持这一观点。对伊斯特林悖论的解释之一是，生活满意度不但受绝对收入水平的影响，而且还受相对收入水平的影响。因此，当整个地区变得更富裕时，虽然个人的绝对收入提高了，但是相对收入并没有提高，从而使得总的生活满意度保持不变。

收入差距扩大至受访者的生活满意度下降。感觉到收入差距很大、收入差距在扩大的家庭，对生活满意的比例更低，不满意的比例更高。调查显示，39% 的受访者认为自己与周围家庭的收入差距很大，他们对生活满意的比例只有 49.71%，不满意的比例达到 23.61%。31.1% 的受访者认为收入差距在扩大，他们对生活满意的比例为 52.49%，不满意的比例达到 22.40%。16.41% 的受访者认为自己与周围家庭的收入差距很大且还在扩大，他们对生活满意的比例最低，只有 41.76%，不满意的比例则是最高，达到 31.74%。46.36% 的受访者认为收入差距不大并且没有扩大趋势，他们对生活满意的比例达到 70.21%，不满意的比例只有 8.90%（见图 3.22）。

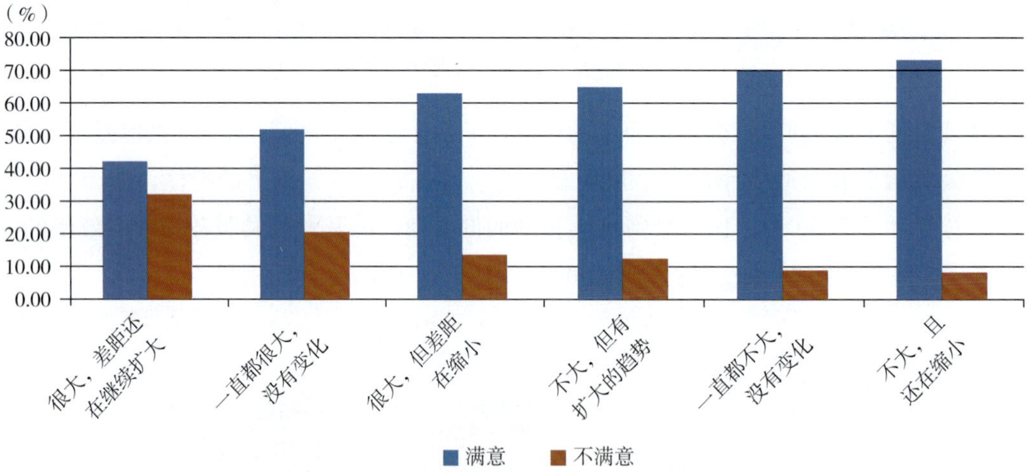

图3.22　收入差距变化对城乡居民生活满意度的影响（%）

区域内城乡居民实际收入差距的扩大会降低其生活满意度。通过测算受访者所在县（区）的基尼系数发现，随着收入差距的扩大，县（区）域间居民平均生活满意度下降。基尼系数在 0.24~0.34 之间的县（区），居民对生活满意的比例为 64.32%，不满意的比例为 12.75%，而基尼系数在 0.54~0.74 间的县（区），居民对生活满意的比例降至 58.68%，不满意的比例上升到 17.66%。县（区）基尼系数每上升 0.1，居民的生活满意度评分平均下降约 1.26 分左右（参见图 3.23）；镇（街）基尼系数每上升 0.1，居民的生活满意度评分平均下降约 1.23 分左右（参见图 3.24）。

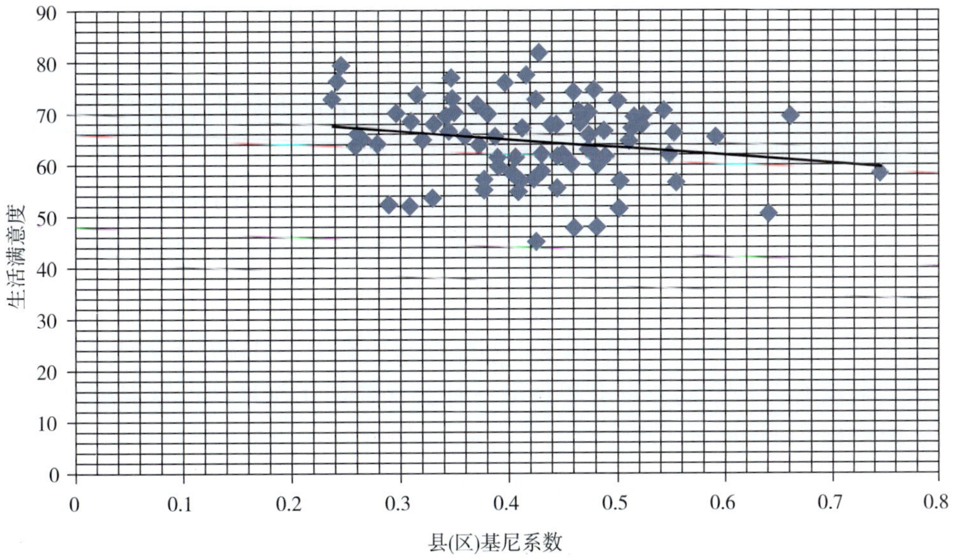

图3.23　收入差距变化对城乡居民生活满意度的影响

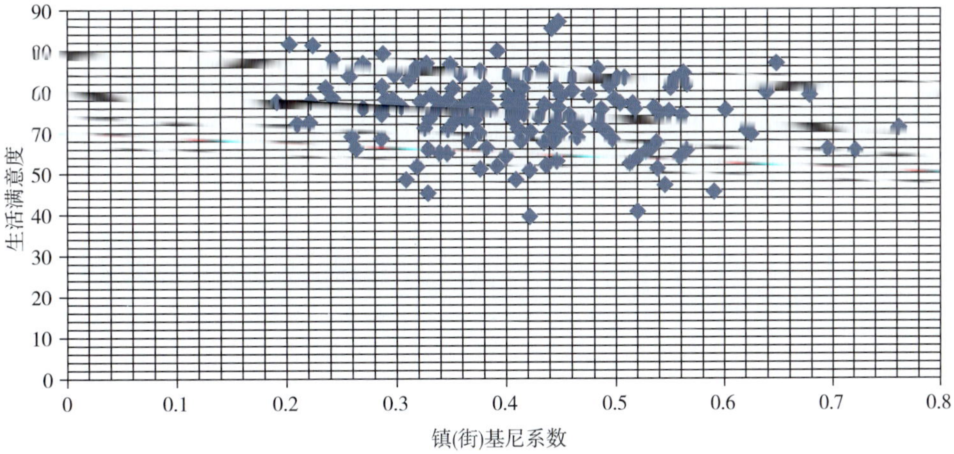

图3.24　镇（街）基尼系数与生活满意度关系

由此可以看出，随着收入差距的恶化，个体的生活满意度将会下降。因而，缩小收入差距、遏制收入差距不断扩大的趋势对提高民众生活满意度具有重要意义。

四、经济下行对不稳定就业者产生更大冲击

在 9618 个受访者中，有 6760 个有工作，占到了总样本的 70.27%，28.70% 的人没有工作，10.45% 的人仍在上学(但有 0.19% 的人上学期间有兼业工作),0.28% 的人没有回答工作相关信息。

（一）大量劳动者处于非正规就业状态

此次调查的 6783 个受访者回答了工作类型的问题，专业务农的比例占到了 35.01%，企业从

业人员占到了20.43%，自营工商业者（包括农村工商业者）占到了14.93%。

大量劳动者处于非正规就业状态，劳动权益缺乏有效保障。因为我国农业是以小农户家庭承包经营为主，除了部分农业企业之外，专业的农业劳动者基本是没有劳动合同和单位帮缴纳的保险，99.58%的农业劳动者是没有劳动合同的，92.08%的是没有单位缴纳的社会保险。但即使在非农部门就业中，仍有大量的劳动者没有劳动合同和单位缴纳的社会保险，处于非正规的就业状态，非农业部门中没有劳动合同的比例达到35.72%，没有单位缴纳社会保险的比例更是高达54.31%。

自由职业者和临时工最缺乏劳动保障。调查的受访者中，有7.73%的属于自由职业者和临时工，而他们没有劳动合同和没有单位缴纳社会保险的比例最高，分别达到了68.91%和77.26%。受访者中，14.93%的人属于自营工商业者，他们也大多缺乏劳动保障，没有劳动合同和没有单位缴纳社会保险的比例分别为43.47%和78.32%（以上参见表3.4）。

表3.4　受访者非正式就业的情况

	频数	占比（%）	无劳动合同占比（%）	无保险占比（%）
专业务农	2375	35.01	99.58	92.08
兼业务农	667	9.83	35.72	54.31
自营工商业	1013	14.93	43.47	78.32
自由职业者和临时工	524	7.73	68.91	77.26
企业	1386	20.43	24.89	28.14
非营利组织	100	1.47	31.63	29.29
其他	49	0.72	47.92	51.06
总体	6783	100.00	65.40	67.54

近一半的劳动者没有完全缴纳“三险”①。因为有大量非正式就业的存在，所以受访者总体单位帮助缴纳养老和医疗保险的比例非常低，只有不到30%。如果剔除掉专业的农业就业者，单位帮助缴纳养老和医疗保险的比例分别只有40.82%和44.97%。如果剔除掉所有不适用劳动合同的就业者，单位帮助缴纳养老和医疗保险的比例就分别达到了81.98%和90.31%，但失业和工伤保险的缴纳率只有52%。住房公积金和生育保险的缴纳比例就更低，分别只有32.83%和36.49%。适用于劳动合同的就业者，单位全部缴纳“三险”的只有51.17%，说明近一半的劳动者没有能够按照国家规定享受到单位所应承担的社会保障。全部缴纳“三险一金”的比例只有28.53%，绝大部分的劳动者不能获得充分的劳动保障与社会福利（见表3.5）。

① “三险”指养老保险、医疗保险和失业保险。

表3.5 受访者获得单位缴纳保险与公积金的情况

	频数	占有工作人比重（%）	占非专业务农的比重（%）	占适用者的比重（%）
缴纳养老保险	1793	26.52	40.82	81.98
缴纳医疗保险	1975	29.22	44.97	90.31
缴纳失业保险	1137	16.82	25.89	51.99
缴纳工伤保险	1136	16.80	25.87	51.94
缴纳生育保险	798	11.80	18.17	36.49
缴纳住房公积金	718	10.62	16.35	32.83
缴纳“三险”	1119	16.55	25.48	51.17
缴纳“三险一金”	624	9.23	14.21	28.53
缴纳“五险”	750	11.09	17.08	34.29
缴纳“五险一金”	464	6.86	10.56	21.22

注：占适用者的比重是指去掉了所有不适用劳动合同的受访者样本，不适用劳动合同者主要包括农业、个体户、自由职业者等。

（二）经济下行致使非正式就业人员的劳动时间与收入下降

经济增长速度的放缓导致市场需求下滑，使得受市场波动影响较大的非正式部门就业劳动者出现了明显的就业不充分现象，其劳动时间和收入显著下降。从表 3.6 可以看出，兼业务农者的工作量相比上年减少的范围最大，24.64% 的兼业务农者出现了工作量的减少，比总体的比例高了 11.30 个百分点。这主要是因为经济下行后，农村劳动力找兼职工作变得更加困难，因而兼业劳动量和收入明显出现下降。自营工商业者（包括农村工商业者）、自由职业者和临时工相比上年工作减少的比例分别为 21.94% 和 20.73%，分别比总体的比例高了 8.60 和 7.39 个百分点。非正式经济部门受市场形势影响最为直接，其对市场的反应最有弹性，现实中大量的隐性失业或不充分就业都是由非正式经济部门吸收。其对劳动力的雇员也没有刚性约束，因而经济下行会直接导致非正式就业的下降，进而使其家庭收入明显下降。工作量下降比例最高的兼业务农者和自营工商业者，其家庭收入下降的比例也是最高的，分别为 28.17% 和 27.57%，分别比总体家庭收入下降比例高了 6.11 和 5.52 个百分点（见表 3.7）。

表3.6 受访者2014年工作时间及其变化

	大幅增加（%）	有所增加（%）	不变（%）	有所减少（%）	大幅减少（%）	平均每周工作时间（小时）
专业务农	1.33	12.93	72.65	11.90	1.20	37.39
兼业务农	1.71	14.67	58.97	20.66	3.99	46.11
自营工商业	1.37	15.32	61.37	18.49	3.45	62.66
自由职业者和临时工	1.15	13.82	64.30	16.12	4.61	49.46
企业	1.81	19.84	70.31	7.17	0.87	46.69
政府、事业单位和社会团体	5.86	27.93	64.41	1.65	0.15	42.92
非营利组织	4.04	26.26	65.66	4.04	0.00	43.92
总体	1.92	16.76	67.98	11.42	1.92	45.56

表3.7 不同类型从业人员2014年家庭收入变化（%）

	显著增长	有所增长	和上年差不多	有所减少	明显减少
专业务农	1.50	22.70	49.12	21.59	5.09
兼业务农	1.28	20.34	50.21	21.76	6.40
自营工商业	1.23	26.46	54.31	15.30	2.70
自由职业者和临时工	1.19	20.36	50.89	23.02	4.55
企业	1.34	22.14	54.01	19.47	3.05
政府、事业单位和社会团体	1.08	32.15	53.25	11.56	1.95
非营利组织	1.64	27.95	58.89	9.87	1.64
总体	1.00	24.00	67.00	7.00	1.00

（三）不稳定就业者的收入下降较为严重且收入水平低

农业从业者的收入水平最低且收入的稳定性差。农业就业者近三年收入下降的比例仅次于交通仓储、邮政、批发零售、餐饮住宿、租赁和商务服务业，达到 13.87%，收入增长的比例也是所有行业最低的，只有 11.40% 三年内的收入有增长，收入不稳定的比例为 20.08%。而且农业的每月收入平均值为 1116.37 元，是所有行业中收入水平最低的。专业务农者收入下降的比例更高，达到 14.02%，收入增长的比例只有 10.76%，每月收入平均值为 932.05 元。而兼业农户收入增长的比例提高到了 15.67%，每月收入平均值达到 1963.29 元。目前，农民除了外出打工外，农户缺乏有效的增收渠道。

自营工商业、自由职业者和临时工的收入最不稳定。自营工商业者与自由职业者和临时工在近三年内收入保持稳定的比例最低，分别为 48.67% 和 47.99%。自由职业者和临时工三年内收入不稳定的比例最高，达到 22.37%，收入水平内在差异较大，自由职业者的月平均收入可以达到 3339.69 元，而临时工月平均收入只有 1977.35 元。自营工商业者的平均收入水平高于总体，但收入的不稳定大，三年内收入下降的比例是最高的，达到了 18.76%。

正式就业部门的收入最为稳定且具有收入稳定增长的机制。政府、事业单位和社会团体就业者的收入最为稳定，三年内收入稳定不变的比例为 66.72%，收入下降的比例只有 4.95%，收入增长比例为 25.04%。企业和非营利组织的收入也比较稳定，三年内收入稳定不变的比例分别为 59.23% 和 60.00%，收入下降的比例分别只有 5.79% 和 3.00%，而收入增长的比例则是最高的，分别为 26.50% 和 30.00%（以上参见表 3.8）。

表3.8 不同类型就业受访者近三年收入变化及月收入情况

	大幅增长（%）	小幅增长（%）	稳定不变（%）	小幅下降（%）	大幅下降（%）	不稳定（%）	每月收入（元/月）
专业务农	0.69	10.07	54.26	11.70	2.31	20.96	932.05
兼业务农	1.00	14.67	53.42	11.68	2.99	16.24	1963.29
自营工商业	0.49	16.09	48.67	15.79	2.96	15.99	3628.40

续表

	大幅增长（%）	小幅增长（%）	稳定不变（%）	小幅下降（%）	大幅下降（%）	不稳定（%）	每月收入（元/月）
自由职业者和临时工	1.15	17.78	47.99	8.03	2.68	22.37	2471.33
企业	0.72	25.78	59.23	4.63	1.16	8.47	3688.52
政府、事业单位和社会团体	1.05	23.99	66.72	4.50	0.45	3.30	2594.19
非营利组织	0.00	30.00	60.00	1.00	2.00	7.00	2549.82
其他	0.00	18.75	66.67	0.00	2.08	12.50	2838.51
合计	0.75	16.98	55.27	9.63	2.08	15.28	2325.32

（四）经济下行对不同行业就业状况的影响

建筑行业从业者是工作量减少和家庭收入减少比例最高的。受访者中，从事建筑和房地产行业的人2014年出现工作量减少的比例为25.97%，家庭收入出现减少的比例为27.01%。交通仓储、邮政、批发零售、餐饮住宿、租赁和商务服务等服务业受到的影响也比较大，这些行业从业人员工作量出现减少的比例为16.54%，家庭收入出现减少的比例为23.18%。农业就业者工作量减少的比例没有上述两类行业高，工作量出现减少的比例为14.48%，但由于农产品生产价格出现较大的下降，农业就业人员的收入下降非常明显，家庭收入出现下降的比例达到了25.69%。

制造和采矿业出现了明显的分化，既有较高比例出现工作量下降，也有较高比例的工作量和家庭收入的上升。制造业和采矿业工作量下降的比例为12.75%，家庭收入下降的比例为2.75%，工作量增加的比例为18.96%，家庭收入增加的比例31.01%。这一定程度上反映了，伴随着经济的转型发展，一部分落后、过剩的制造业在逐步淘汰和退出，而一部分新型的制造业出现较好的发展态势（以上参见表3.9、表3.10）。

表3.9　不同行业受访者2014年工作量的变化

	样本数	大幅增加（%）	有所增加（%）	不变（%）	有所减少（%）	大幅减少（%）
农业	2915	1.34	12.93	71.25	12.69	1.78
交通仓储、邮政、批发零售、餐饮住宿、租赁和商务服务	1161	1.12	15.33	67.01	14.04	2.50
建筑、房地产	385	1.56	17.40	55.06	20.26	5.71
采矿、制造	690	2.03	19.28	65.94	11.01	1.74
水、电、煤、气、水利、环境、公共设施和居民服务	800	3.38	22.88	65.38	7.00	1.38
卫生、社会保障、福利等公共管理服务与金融	513	4.48	28.65	64.72	1.95	0.19
信息、软件、科研、技术服务、教育、文体、娱乐	249	2.81	17.27	75.10	4.02	0.80
总体	6747	1.91	16.75	67.99	11.43	1.93

公共服务业的就业及其从业人员的家庭收入出现较大范围增长。工作量增长的比例最高的是卫生、社会保障、福利等公共管理与金融服务业，工作量增加的比例达到了 33.14%，从事这些行业受访者的家庭收入出现增长的比例也高达 27.34%。水、电、煤、气、水利、环境、公共设施和居民服务业的工作量也出现较大范围增加，增加的比例为 26.25%，从事这些行业工作的受访者家庭收入增加的比例为 24.69%。近年来，政府对民生工作的重视和公共服务的大量投入，使得这些行业获得较大发展机遇，这些行业的工作人员的工作量和收入都出现明显增长。信息、软件、科研、技术服务、教育、文体、娱乐等新型服务业也有较好发展势头，这些行业受访者家庭收入出现增长的比例是最高的，达到了 34.00%，其工作量增加的比例也达到 20.08%（见表 3.9、表 3.10）。

表3.10　不同行业从业人员2014年家庭收入变化

	样本数	大幅增加（%）	有所增加（%）	不变（%）	有所减少（%）	大幅减少（%）
农业	2919	1.51	22.47	50.33	20.55	5.14
交通仓储、邮政、批发零售、餐饮住宿、租赁和商务服务	1169	1.11	25.41	50.30	19.16	4.02
建筑、房地产	385	1.04	24.42	47.53	21.82	5.19
采矿、制造	690	0.72	30.29	51.30	14.93	2.75
水、电、煤、气、水利、环境、公共设施和居民服务	806	1.24	23.45	58.56	14.52	2.23
卫生、社会保障、福利等公共管理服务与金融	512	2.34	25.00	60.16	11.33	1.17
信息、软件、科研、技术服务、教育、文体、娱乐	250	0.40	33.60	52.80	11.60	1.60
总体	6765	1.33	24.55	52.08	18.12	3.92

建筑与房地产业的收入稳定性最差，公共服务业的收入稳定性最高。建筑与房地产业受访者近三年的收入最不稳定，收入稳定不变的比例只有 43.38%，收入不稳定的比例达到 20.52%；在近三年内，收入出现增长和出现下降的比例都比较高，分别为 24.68% 和 11.43%；月平均收入水平为 3587.95 元，在所有行业中处于较高水平，但内部的收入差距也是最大的。水、电、煤、气、水利、环境、公共设施和居民服务业以及卫生、社会保障、福利等公共管理服务与金融的就业者的收入稳定性最高，三年内这两大类公共服务业受访者收入保持稳定不变的比例分别为 61.44% 和 65.04%，收入不稳定和收入下降的比例也基本是所有行业中最低的。信息、软件、科研、技术服务、教育、文体、娱乐等新型服务也是所有行业中，平均收入水平最高的，月平均收入为 4297.72 元，收入的稳定性也基本是最高的（见表 3.11）。

表3.11　　不同行业受访者近三年收入变化及月收入情况

	大幅增长（%）	小幅增长（%）	稳定不变（%）	小幅下降（%）	大幅下降（%）	不稳定（%）	每月收入（元/月）
农业	0.69	10.71	54.65	11.26	2.61	20.08	1116.37
交通仓储、邮政、批发零售、餐饮住宿、租赁和商务服务	0.86	17.65	51.41	12.51	2.40	15.17	3437.04
建筑、房地产	0.78	23.90	43.38	9.35	2.08	20.52	3587.95
采矿、制造	0.73	25.98	54.86	6.24	1.45	10.74	3456.76
水、电、煤、气、水利、环境、公共设施和居民服务	0.62	22.51	61.44	6.97	1.24	7.21	2430.38
卫生、社会保障、福利等公共管理服务与金融	1.37	22.07	65.04	4.49	0.98	6.05	3096.98
信息、软件、科研、技术服务、教育、文体、娱乐	0.40	24.50	61.04	6.43	0.80	6.83	4297.72
总体	0.76	16.97	55.31	9.64	2.09	15.24	2326.97

（五）上年纪、受教育程度低的人面临更高失业风险

经济下行导致了失业率的上升，以本次调查受访者及其家庭成员就业情况计算的城镇地区失业率达到 5.9%。但失业的群体主要是教育程度比较低、年纪比较大的人。

失业群体主要是受教育程度较低的群体。下岗被裁员的群体中，初中及以下的比例为 58.86%，大学以上的只有 5.7%；找不到工作的群体中，初中及以下的比例高达 68.49%，大学以上的只有 10.93%。而“找到工作不满意，等待更合适就业机会”的人中，大学以上达到 27.27%，初中及以下为 42.42%。

下岗被裁员的主要是上年纪的劳动力，找不到满意工作的主要是年轻劳动力。下岗被裁员的群体中，40 岁以上的占到了 90.51%，50 岁以上的就达到 58.86%。找不到工作的人中，30 岁以下的占到了 41.98%，但 40 岁以上的人仍占到了 32.69%，上年纪的劳动力面临较大的职业转换困难。“找到工作不满意，等待更合适就业机会”的人中，30 岁以下的人占到了 58.79%，相当部分年轻人的就业选择与现实存在较大差距。

劳动力市场仍存在对女性的歧视。下岗被裁员的群体中，男性的比例更高，达到 52.53%；找不到工作的群体中，女性比例达到 56.45%，比男性高 12.9 个百分点，说明劳动力市场存在对女性的歧视；找不到满意工作的人中，男女比例相当（以上参见表 3.12）。

表3.12　　失业人员的群体特征（%）

	下岗，被裁员	找不到工作	找不到满意工作
男性	52.53	43.55	49.09
女性	47.47	56.45	50.91
20岁以下	0.63	8.65	11.52

续表

	下岗，被裁员	找不到工作	找不到满意工作
20～30岁	1.90	33.33	47.27
30～40岁	6.96	11.54	18.79
40～50岁	31.65	17.31	15.15
50～60岁	44.94	15.38	7.27
60岁以上	13.92	13.78	0.00
小学及以下	18.35	29.26	8.48
初中	40.51	39.23	33.94
高中	35.44	20.58	30.30
大学及以上	5.70	10.93	27.27
样本数（个）	312	165	158

（七）有技能劳动者有较强能力应对经济下行风险

有技能劳动者的收入稳定性明显增强，收入水平也明显较高。调查中，76.18% 的受访者都没有专业技能，只有 14.36% 的人有技能且有相应的技能证书，9.46% 的人有技能但没有证书。近三年收入保持不变的比例，有技能、有证书的受访者比例最高，达到 58.16%；收入出现增长的比例也是最高的，达到 25%，比无技能劳动者收入增长比例高 9.1 个百分点；月均收入水平为 3924.12 元，比无技能劳动者高 1968.57 元（见表 3.13）。

表3.13　有技能与无技能受访者近三年收入变化及月收入情况

	大幅增长（%）	小幅增长（%）	稳定不变（%）	小幅下降（%）	大幅下降（%）	不稳定（%）	每月收入（元/月）
有技能，有证书	0.83	24.17	58.16	7.44	1.45	7.95	3924.12
有技能，没证书	0.63	20.85	53.45	9.87	2.51	12.70	2816.81
都没有	0.74	15.16	54.90	10.04	2.14	17.01	1955.55
总体	0.74	17.00	55.23	9.65	2.08	15.30	2326.97

有技能的劳动者更有能力应对经济下行的风险。2014 年伴随着经济的下降，有技能劳动者工作量减少的比例是最小的，工作时间下降的比例只有 8.70%，比无技能劳动者低 5.34 个百分点，而其工作时间增加的比例是最高的，达到 29.19%，比无技能劳动者高 12.96 个百分点。同样，在经济增长放缓的条件下，仍有 29.96% 的技能劳动者家庭收入较上年实现了增长，比无技能劳动者实现增长的比例高 5 个百分点；收入较上一年下降的比例是最低的，只有 16.74%，比无技能劳动者低 6.5 个百分点（见图 3.25、图 3.26）。

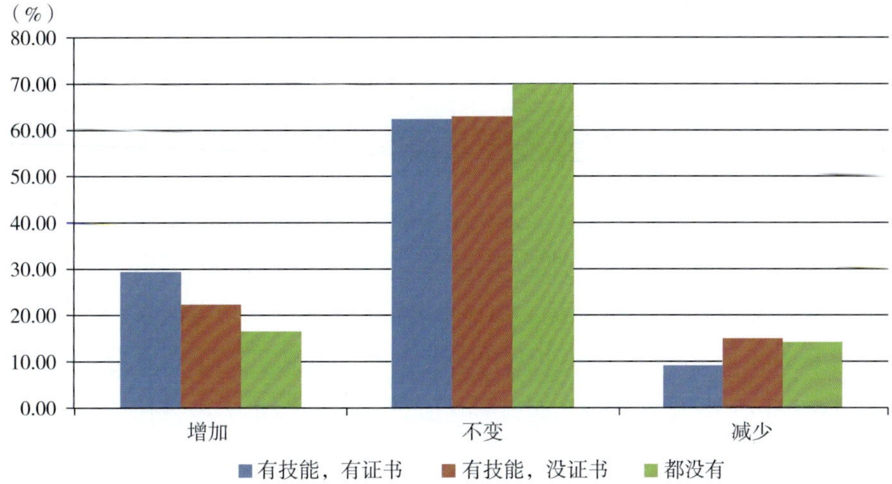

图3.25　有技能与无技能劳动者2014年工作量的变化（%）

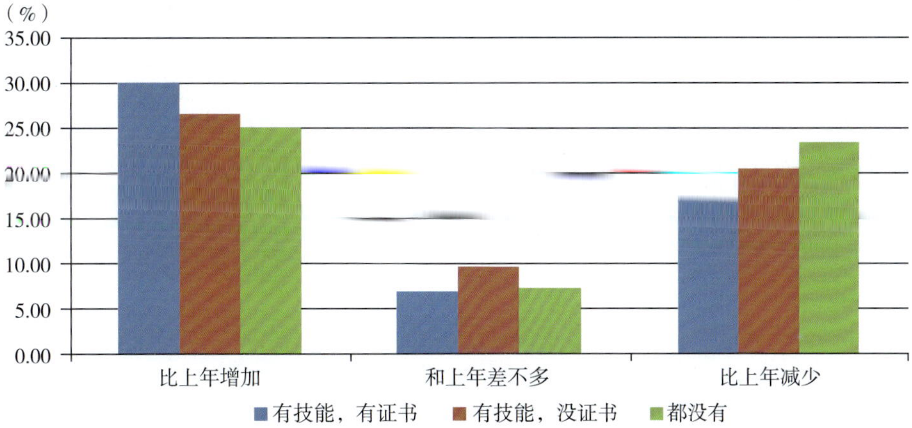

图3.26　有技能与无技能劳动者2014年家庭收入变化（%）

（八）超龄工作比较普遍，兼业工作主要是为弥补收入不足

存在少数未成年人工作情况，但超过退休年龄后仍继续工作的情况非常普遍，男性超龄工作的情况比女性更多。在受访者所有家庭成员中，18 岁以下的有 5124 人，其中在从事有收入工作的人只有 33 个，有 22 个人上学期间兼职工作，未成年人工作的比例只有 1.07%。而受访者所有家庭成员中，60 岁以上的人有 5465 人，其中男性占 50.56%（2763 人），女性占 49.44%（2702）。60 岁以上仍从事有收入工作的人有 1718 人，占到了 31.44%，男性和女性继续从事的工作比例分别为 39.56%（1093 人）和 23.13%（625 人）。

在受访者中，有 338 个劳动者指出有兼业工作，占到了 5.3%。其中有 168 个兼业工作者是兼业务农者，78 个是专业务农者，共占到了兼业人员的 72.78%。兼业工作人员，当建筑工人的占到了 24.53%，打零工、搬运、勤杂、保洁等占到了 21.07%，从事农林牧渔劳动的占 25.16%。

五、医疗和教育是家庭最大的负担

（一）受访者感觉支出压力最大的前三项分别是医疗、教育和食品

绝大多数受访者的家庭支出在 3 万 ~ 5 万元，农村受访者的支出水平较低。受访者 2013 年家庭总支出在 1 万 ~ 3 万元之间的占比为 40.62%，在 3 万 ~ 5 万元之间的占比为 28.12%，有 68.74% 的受访者的家庭支出水平在 1 万 ~ 5 万元之间。城镇内受访者的家庭支出水平略高于城乡结合部和农村受访者，支出水平在 3 万 ~ 8 万元的比例占到了 49.13%，分别比城乡结合部和农村受访者高 5.68 和 15.18 个百分点。农村受访者的家庭支出水平大多在 3 万元以下，占到了 51.82%（见表 3.14）。

表3.14　受访者2013年的家庭总支出结构（%）

	城镇内	城乡结合部	农村	总体
1万元以下	6.13	9.43	14.27	9.95
1万 ~ 3万元	34.20	40.43	47.55	40.62
3万 ~ 5万元	31.42	29.08	24.15	28.12
5万 ~ 8万元	17.71	14.37	9.80	13.97
8万 ~ 10万元	6.50	4.04	2.36	4.41
10万 ~ 15万元	2.93	1.57	1.14	1.97
15万元以上	1.12	1.07	0.74	0.96
总体	42.04	18.57	39.38	

9593 个受访者回答了“您感觉家庭支出压力最大的一项是什么”的问题。26.83% 的受访者认为家庭支出压力最大的是医疗，20.1% 的受访者认为家庭支出压力最大的是教育。近年来，农产品消费价格的较快上涨，使得食品消费对相当部分居民来说构成了很大压力，认为压力最大的是食品的受访者占到了 16.86%，仅次于医疗和教育。城镇内受访者认为食品支出压力最大的比例略高于农村，但随着农村农产品商品化程度的提高、农民农产品自给率下降，农村也有较多的人感觉食品支出的压力较大。

城镇居民的住房压力较大，而农村居民的人情送礼压力较大。由于城市内房价的快速上升，推高了城镇居民的居住成本，相当大部分的城镇内和城乡结合部的居民感觉住房支出压力很大，认为住房（包括房贷和房租）支出压力最大的比例分别占到了 17.27% 和 13.75%，分别比农村高 9.47 和 5.95 个百分点。在农村，人情送礼也构成较大的支出压力，10.93% 的人认为支出压力最大的是人情送礼，这一比例比城市和城乡结合部的受访者都高。

而真正认为支出没有压力的群体只占 6.54%，而且主要集中在城乡结合部地区。城乡结合部内认为支出没有压力的人占到了 9.15%，分别比城镇和农村高 2.6 和 3.86 个百分点。可能是因为相对而言，城乡结合部居民的收入水平高于农村，生活成本又没有城市那么高；而城镇内居民虽

然收入水平更高，但其生活的成本非常巨大、生活的多样化需求也更大，使得在城市内感觉经济没有压力的人的比例是最小的（以上参见表 3.15）。

表3.15　　受访者感觉支出压力最大的情况（%）

	城镇内	城乡结合部	农村	总体占比
食品	17.79	16.11	16.22	16.86
服装	0.62	0.45	0.26	0.45
住房（房贷/房租）	17.27	13.75	7.80	12.88
教育	18.51	20.99	21.38	20.10
交通通信	0.84	1.01	0.85	0.88
文化休闲娱乐	1.12	0.56	0.34	0.71
医疗	25.53	24.41	29.37	26.83
人情送礼	7.49	8.75	10.93	9.08
赡养老人	2.36	1.91	1.69	2.01
没压力	6.55	9.15	5.29	6.54
经营性支出	0.37	1.57	3.52	1.83
子女抚养	0.82	0.62	1.32	0.98
生活开销	0.57	0.51	0.45	0.51
债务	0.04	0.06	0.16	0.08
都有压力	0.12	0.17	0.42	0.25
其他	0.02	0.00	0.00	0.01

（二）教育对低收入家庭的压力非常大

教育费用与家庭收入呈正相关关系。调查中一共有 4854 个家庭有孩子在上学，占到了总样本的 50.47%。随着家庭收入的增加，教育费用相应也增加，说明我国城乡居民大多倾向于在自己能力范围内为孩子提供更好的教育条件。从个体子女教育总支出占家庭生活总支出的比例情况来看，有 66.3% 的家庭超过 10%，有 40.2% 的超过 25%，有 11.6% 的超过 50%，更有 3.6% 的超过 75%。农村家庭的教育支出负担略高，教育费用占家庭生活支出比重的平均值为 26.33%，比城市高 2.16 个百分点，但农村的平均教育费用平均值为 9107.65 元，比城市教育费用平均值低 2235.13 元。

教育对低收入家庭的压力非常大。对低收入家庭来说，教育支出的负担明显较大，家庭收入 3 万元以下的家庭教育支出占家庭生活总支出的比达到了 33.77%，比总体高了 8.69 个百分点。家庭收入在 3 万元以下的受访者教育费用占家庭收入的比重平均值达到 67.89%，比总体高 39.69 个百分点。169 个家庭的教育费用超过了其当年家庭收入，其中有 120 个家庭收入是在 3 万元以下，占到了 71%，说明较多的低收入家庭难以负担孩子的教育费用（参见表 3.16）。

表3.16　　不同收入家庭教育负担情况

	教育费用平均值（元）	教育费用占生活支出比重（%）	教育费用占家庭收入比重（%）
1万元以下	7053.261	34.25	148.81
1万～3万元	8069.036	33.70	57.19
3万～5万元	9454.384	28.35	27.46
5万～8万元	10078.22	23.13	18.92
8万～10万元	10691.39	19.53	14.86
10万～15万元	12905.66	17.71	12.93
15万元以上	18890.88	16.03	10.93
城镇内	11342.78	24.06	23.64
城乡结合部	11224.67	24.70	28.15
农村	9107.65	26.22	32.40
总计	10397.6	25.08	28.20

（三）不同阶段教育负担存在结构性差异

义务教育阶段优质教育资源选择和课外辅导负担不小。在子女处于义务教育阶段的家庭中，仍有 1/3 的认为教育是“家庭支出压力最大的一项”。择校费、课外辅导或培训班费等类似支出给家庭带来不小的负担。虽然国家已逐步实现义务教育阶段学杂费全面免除，但子女处于义务教育阶段的家庭，教育总支出超过 5000 元的占到 43.7%，超过 1 万元的也占到 19.1%，更有 5.9% 的家庭超过 2 万元。从参加课外辅导或培训班的全年总支出来看，超过 5000 元的占到 27.4%，超过 1 万元的也占到 9.3%，更有 2.6% 的超过 2 万元。

孩子上高中和大学对家庭的生活负担比较大。随着孩子教育阶段的提升，教育支出不断提高，教育对家庭的负担不断加重。孩子上高中的家庭教育总支出平均值为 12561.6 元，比高中前教育阶段家庭教育支出平均高了 4940.42 元。孩子上高中的家庭，教育支出占家庭支出比例的平均值超过了 32.19%，比之前的教育阶段高了 12.58 个百分点；教育支出占家庭收入比重的平均值为 34.44%，比之前教育阶段高了 14.59。而且因为中职和高职的教育费用较高，且低收入家庭希望孩子尽早工作会更多选择中职或高职，因而孩子上中职或高职的教育费用对家庭的压力比较大，教育支出占家庭收入的比重分别为 41.46% 和 50%。孩子上大学对家庭的压力更大，教育支出占家庭支出比重的平均值为 39.29%，教育支出占家庭收入比重的平均值为 54.44%。

因为负担较重，很多低收入家庭难以支撑孩子继续完成高中以上的教育。如果孩子上高职或者本科以上，家庭收入 1 万～3 万元的家庭教育支出占比则超过家庭支出的一半，高职的教育支出占到 55.58%，本科以上是 52.57%。而对于家庭收入 1 万元以下的家庭，孩子能继续上到高职或本科以上的非常少，调查中一共只有 14 个收入在 1 万元以下的家庭其孩子上高职或本科以上，其教育支出占家庭支出的比重中高职为 46.75%、本科以上是 49.25%。在 599 个孩子上大学的家庭中，60 个家庭出现了教育支出大于当年家庭收入的情况，占到了 10.02%，其中 47 个家庭年收入在 5 万元以下，占到了教育支出超过收入家庭的 78.33%。在 885 个孩子上高中、中职（包括中专、职高、技校）或高职的家庭中，51 个家庭出现了教育支出大于当年家庭收入的情况，且 45 个都是家庭收入在 5 万元以下。

表3.17　　不同教育阶段孩子的教育负担情况比较

	频数	所占样本比例（%）	家庭教育总支出（元）	教育支出占比（%）	教育支出占家庭收入比重（%）
学前（幼儿园）	1122	23.11	7872.52	18.08	18.13
小学	1438	29.63	6800.36	18.02	16.76
初中	810	16.69	8886.98	23.71	26.77
高中	537	11.06	12561.60	32.19	34.44
中职（中专、技校、职高）	160	3.30	13612.34	35.42	41.46
高职	188	3.87	16583.43	38.63	50.00
本科院校及以上	599	12.34	19821.60	39.29	54.44
总体	4854	100.00	10394.11	25.06	28.08

因为高中阶段的教育负担较大，一些困难家庭的孩子到高中就辍学直接进入劳动力市场。受访者家庭成员中共有 3595 人的年龄在 7 ~ 18 岁之间，处于应该上学的年龄段，但这其中有 34 个人小学肄业，55 个人初中肄业，107 个高中（或中专、技校）肄业，适龄就学人口肄业的比例为 5.45%（见表 3.18）。小学肄业的情况主要集中在农村，农村的小学肄业占到了 47.06%，城市内占 29.41%，城乡结合部占 23.53%；高中（或中专、技校）肄业的情况在城镇的比例更高，城市内高中（或中专、技校）肄业比例为 39.25%，农村为 33.64%，城乡结合部为 27.10%。

表3.18　　孩子辍学发生情况　　单位：个

	小学肄业	初中肄业	高中（或中专、技校）肄业
城镇内	10	21	42
城乡结合部	8	13	29
农村	16	21	36
合计	34	55	107

（四）选择民办教育更主要是公办教育不足和不方便

公办教育资源缺乏和进入困难，使得很多居民不得不选择民办教育。因为民办教育更多是无奈的选择，所以选择民办教育的受访者对公共服务的满意度偏低，在不满意因素中选择教育的比例更高。从选择民办学校（或幼儿园）的理由来看，“民办的离家近，交通方便”是最主要的原因，“因不符合条件无法进入公办的”、“公办的资源紧缺，学位不足”分列二、三位。而因为民办教育质量好而选择的比例不是很高，而更多选择民办教育的原因还是公办教育资源不足和不方便。选择民办教育的受访者对政府提供基本公共服务的满意度会略低，且在民生问题最不满意方面中选择“子女教育”的比例会更高一些。选择民办教育的受访者对公共服务满意的比例为 56.23%，比选择公办教育的受访者低 5.74 个百分点。选择民办教育的受访者在民生问题最不满意方面首选项中，选择“子女教育”的比例为 15.09%，选择该项比例比获得公办教育受访者高 1.78 个百分点，三个选择中提到此项的比例为 28.53%，比获得公办教育受访者高 2.42 个百分点（见图 3.27）。

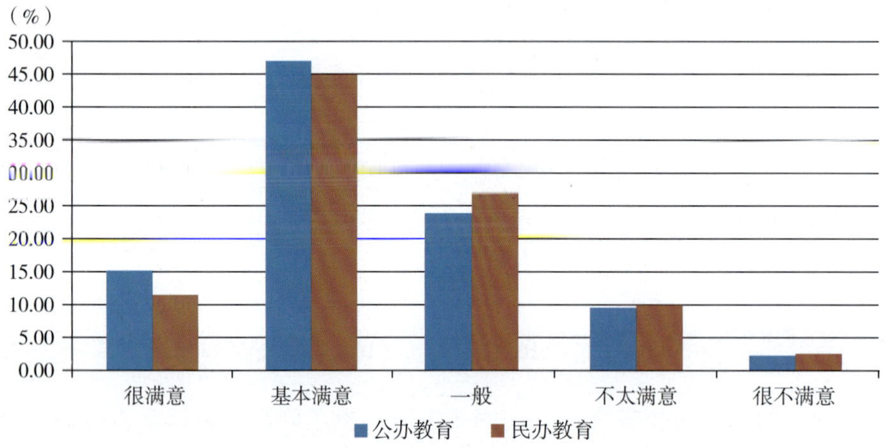

图3.27 选择公办与民办教育对公共服务满意度的影响

（五）医疗负担是低收入家庭不能承受之重

家庭成员的生病是家庭的刚性支出，在现行医疗保障不充分的条件下，医疗支出成为很多低收入家庭的巨大负担。低收入群体认为医疗支出压力最大的比例明显更高，家庭收入在 1 万元以下的受访者这一比例高达 52.94%，家庭收入 1 万 ~ 3 万元的受访者这一比例为 37.17%。随着家庭收入水平的提升，家庭对医疗费用的承受能力增强，并且消费多样化需求增加，医疗对家庭的负担就显得没有那么重。农村受访者认为医疗负担最大的比例明显高于城镇内和城乡结合部，占到了 29.37%，比城镇内的比例高了 2.84 个百分点。这是因为农村居民的收入较低，而医疗负担重对低收入家庭的影响更大（见表 3.19）。

很多低收入家庭一年的收入无法覆盖其医疗支出。在所有受访者中，有 572 个受访者的家庭支出明显高于了家庭收入，其中 302 人是家庭成员中有人生病，占到了 52.79%。家庭收入 1 万元以下的人 2013 年家庭医疗费用占家庭收入比重的平均值达到 177.09%，其中 143 个受访者的家庭年收入难以支撑其医疗费用[①]，占到了 23.29%，有 10.26% 的人医疗支出是其家庭收入的 2 倍，38.82% 的人指出因为看病而有借款；家庭收入 1 万 ~ 3 万元的受访者医疗费用占家庭收入比重的平均值为 51.04%，其中 157 人家庭年收入无法覆盖其当年的医疗支出，占到了 8.93%，30.52% 的人指出了因为看病而有借款（见表 3.20）。

① 即家庭收入小于或等于医疗支出。

表3.19　　不同收入受访者对支出压力感受的比较（%）

	1万元以下	1万～3万元	3万～5万元	5万～8万元	8万～10万元	10万～15万元	15万元以上
食品	18.95	16.76	17.84	17.27	16.19	15.38	12.70
服装	0.00	0.40	0.38	0.54	0.63	0.67	0.20
住房	3.27	5.87	10.39	13.36	18.26	21.87	28.23
教育	9.31	20.47	24.05	22.63	18.53	17.10	11.90
交通通信	0.00	0.63	0.51	0.81	1.35	1.34	2.82
文化休闲娱乐	0.16	0.23	0.60	0.58	0.81	1.43	2.42
医疗	52.94	37.17	26.99	23.26	21.04	15.28	10.69
人情送礼	6.05	8.32	9.62	9.18	11.33	8.21	9.27
赡养老人	2.29	1.88	1.92	1.98	1.53	3.25	1.21
没压力	3.59	4.10	4.04	6.30	7.73	11.94	17.54
经营性支出	1.96	2.74	1.36	2.11	0.99	1.72	1.61
子女抚养	0.49	0.63	1.19	1.17	0.99	1.15	0.60
生活开销	0.65	0.40	0.72	0.45	0.36	0.57	0.20
债务	0.00	0.06	0.04	0.09	0.18	0.10	0.20
都有压力	0.33	0.34	0.30	0.27	0.09	0.00	0.40
其他	0.00	0.00	0.04	0.00	0.00	0.00	0.00

表3.20　　不同收入受访者医疗支出对家庭的影响（%）

	医疗费用占家庭收入比	没有	有借款	有，变卖家庭资产	亲属资助
1万元以下	177.09	57.98	38.82	0.34	2.86
1万～3万元	51.04	68.80	30.50	0.12	0.53
3万～5万元	19.34	81.24	18.46	0.04	0.26
5万～8万元	12.35	87.20	12.61	0.14	0.05
8万～10万元	7.73	91.89	7.84	0.09	0.18
10万～15万元	6.06	94.64	5.16	0.10	0.10
15万元以上	3.99	96.53	3.27	0.00	0.20
总计	25.31	82.40	17.09	0.11	0.39

（六）医保保障不足使住院给家庭造成巨大负担

私营企业员工和失业待业人员按规定参保率较低。私营企业员工中，按规定参加城镇职工基本医保的只占49%，参加城镇居民医保的占19%，参加新农合的占32%，未参加保险的占7.6%。这表明，仍有超过一半的私营企业员工主要依靠自己缴费参加医疗保险和就医，企业并未按规定参加城镇职工基本医保。新农合保障水平低，又存在异地报销问题，不利于进城务工人员切实融入城市。在失业待业群体中，未参加保险和不知道自己是否参加保险的占22%，也是值得关注的群体。

医疗保险保障不足，住院费用报销比例低。根据家庭成员住院者的医保情况来看，仍有5.42%的住院者没有医保。有医保的存在报销比例低的问题，医疗保险实际报销比例（不计看护等间接费用）只有40.0%。城乡居民大病医疗保险的覆盖率很低，只有49个住院者有上大病医疗保险，仅占总住院家庭的 1.93%，且报销比例也只有 46.93%，不能切实分担家庭成员的大病医疗风险，有大病医疗保险住院者的住院费用占家庭收入比重平均值为 101.66%，相当部分家庭的住院费用仍大大超过了家庭收入的负担能力。只有 43 个家庭有购买商业医疗保险，仅占住院者的 1.69%，商业医疗保险的报销比例为 50.75%，也没有充分地分担家庭成员住院的医疗风险。有些家庭成员上了多份医疗保险，主要是在基本医疗基础上附加大病医疗保险，也有一些人既有城市基本医疗也有新农村合作医疗，但多份医疗保险并没有明显提高对住院医疗费用的分担率，报销比例平均值只有 49.19%。因为医保保障不充分，使得家庭住院费用的压力比较大。2523 个有家庭成员住院的家庭，住院费用占家庭收入比重的平均值达到 146.37%，其中 355 个家庭的医疗费用总支出超过了其当年的家庭收入，占到 14.7%（见表 3.21）。

表3.21　住院者不同医保类型的医疗负担比较

	频数	比例（%）	住院总费用（元）	总医疗费用（元）	医保报销比例（%）	住院费用占收入比重（%）
城镇职工基本医疗保险	448	17.61	23764.95	21965.38	51.81	65.75
城镇居民基本医疗保险	344	13.52	18431.47	17313.85	44.26	66.44
城乡居民大病医疗保险	49	1.93	25275.51	25255.10	46.93	101.66
公费医疗	11	0.43	19818.18	24427.27	69.49	46.69
商业医疗保险	43	1.69	10472.09	10180.95	50.75	31.16
新农村合作医疗	1595	62.70	18060.46	17232.88	40.21	114.36
村集体二次报销福利	16	0.63	23068.75	22166.67	49.97	53.24
两项以上医保	90	3.54	17238.89	16943.33	49.19	68.07
没有医保	138	5.42	25688.19	23501.29	26.05	146.37

农村居民家庭收入难以负担家庭成员的住院医疗费用。在所有的医保保障中，新型农村合作医疗保险的报销比例最低，医保报销的住院费用只有 40.21%，分别比城镇居民和城镇职工医疗保险的报销比例低 4.05 和 11.6 个百分点。而且农村家庭收入偏低，家庭成员住院给农村居民家庭造成巨大负担，住院费用占其收入比重平均值为 136.62%，分别比城市和城乡结合部高 70.39 和 49.78 个百分点。370 个受访者家庭成员的住院费用超过了其当年的家庭收入水平，占到了住院者家庭的 14.54%，其中 200 个是农村居民家庭，占到了住院费用超收入总人数的 54.05%。有 848 个住院者的家庭需要向外筹措资金看病，占到了住院者家庭总数的 33.33%，其中农村住院者借款的家庭为 493 个，占到了农村住院者家庭总数的 44.53%，比总体高了 11.2 个百分点。

表3.22　住院者不同区域的医疗负担比较

	频数	比例（%）	住院总费用（元）	总医疗费用（元）	医保报销比例（元）	住院费用占收入比重（%）
城镇内	982	38.60	20191.41	18870.34	45.12	66.23
城乡结合部	455	17.89	19490.18	18650.30	40.36	86.84
农村	1107	43.51	19136.25	18140.72	40.35	136.62
总样本	2544	100.00	19606.85	18514.97	42.20	102.36

六、社会养老保障不充分致使对未来养老存忧虑

（一）大多数居民对养老存在担心

超过五成的城乡居民对自己的养老问题存在担心。53.45% 的受访者指出对以后养老的经济保障存在担心，40 ～ 50 岁群体对日后的养老问题担心的比例最高，达到 58.29%。城镇内居民对养老的担心更多一些，55.12% 的城镇居民指出对养老问题的担心，比农村和城乡结合部高了 3.37 和 1.84 个百分点（见图 3.28、图 3.29）。

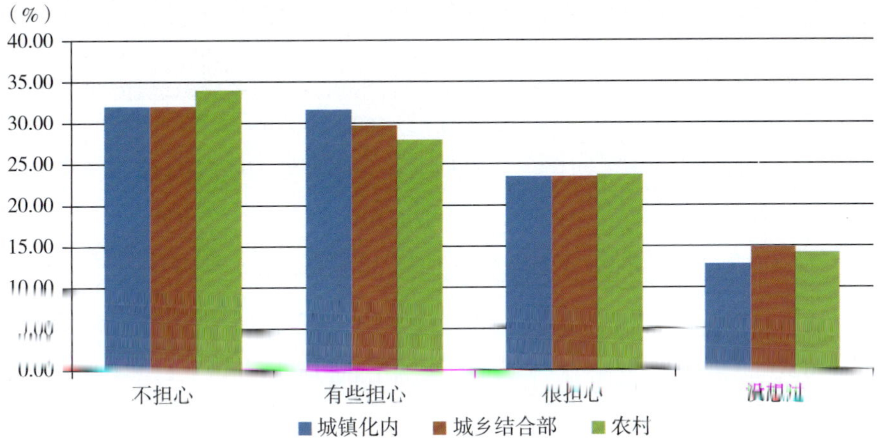

图3.28　城乡居民对养老担心的比较（%）

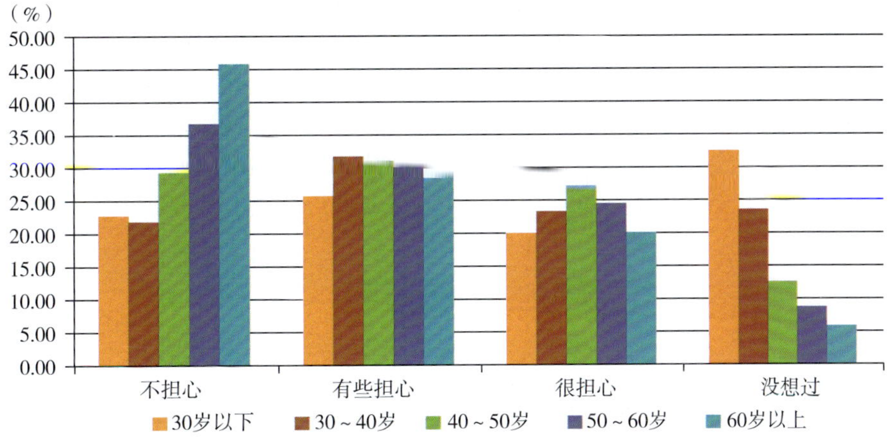

图3.29　不同年龄段居民对养老担心的比较（%）

（二）养老对家庭子女的依赖程度较高

社保养老和儿女养老是城乡居民最主要依靠的养老方式。99.9% 的受访者都回答了对未来养老是如何打算的问题，城乡居民首选的方式是社保养老金和儿女养老，首选这两项的比例分

别占到了 27.84% 和 23.28%。退休金和储蓄也是比较重要的养老保障方式，首选的比例分别占到了 17.06% 和 15.73%。有近 12% 的人还没有想过自己的养老问题。

农村人口养老更多依赖于子女。农村人口的养老对子女的依赖更大，37.54% 的农村受访者养老首选的是由儿女养老，而城市受访者中这一比例只有 14.01%，非农业户籍受访者这一比例就更低，只有 8.02%。农村人口和农业户籍人口养老第一选择是社保养老金的比例分别为 25.55% 和 24.65%，分别比城市和非农业户籍人口低 3.78 和 8.33 个百分点，这说明城乡社保养老的标准还存在较大差异，农村社保养老金还难以支撑解决农村人口的养老问题。

表3.23　　城乡居民对养老方式选择

	第一选择		第二选择		第三选择		总体选择		
	频数	占比（%）	频数	占比（%）	频数	占比（%）	频数	占总次比（%）	提到该项比例（%）
退休金	1639	17.06	138	2.94	69	3.19	1846	11.22	19.21
储蓄	1511	15.73	1108	23.62	229	10.60	2848	17.30	29.64
社保养老金	2675	27.84	1435	30.59	610	28.23	4720	28.68	49.13
投资理财	109	1.13	178	3.79	124	5.74	411	2.50	4.28
商业养老保险	106	1.10	117	2.49	83	3.84	306	1.86	3.18
以房养老	57	0.59	180	3.84	109	5.04	346	2.10	3.60
由儿女养老	2237	23.28	1284	27.37	600	27.76	4121	25.04	42.89
不知道/无靠	20	0.21	24	0.51	24	1.11	68	0.41	0.71
没想过	1107	11.52	29	0.62	72	3.33	1208	7.34	12.57
打工或自营	23	0.24	29	0.62	37	1.71	89	0.54	0.93
农业收入	79	0.82	95	2.03	117	5.41	291	1.77	3.03
村镇或国家补贴	10	0.10	26	0.55	30	1.39	66	0.40	0.69
养老院/社区养老	8	0.08	16	0.34	20	0.93	44	0.27	0.46
其他亲属养老	4	0.04	4	0.09	5	0.23	13	0.08	0.14
自己个人应付	9	0.09	11	0.23	13	0.60	33	0.20	0.34
其他（不便分类）	14	0.15	17	0.36	19	0.88	50	0.30	0.52
合计	9608	100	4691	100	2161	100	16460	100	171.32

需要请人照顾的老人高度依赖于家庭资助养老。170 个老人回答了自己养老请人照顾、养老院等费用的问题，2013 年平均的费用为 5344.71 元，城市为 6151.9 元，农村为 4644.0 元。家人对其养老费用给予经济资助的平均额度为 5270.531 元，城市为 6506.07 元，农村为 4181.78 元。72 个老人家庭收入不足以支付其养老费用，需要靠家人资助，占到需要请人或送养老机构照顾老人的 42.35%，2013 年家人资助的平均额为 4000 元。

（三）大多数家庭还未形成较大的养老负担

一半以上家庭存在有老人需要赡养的问题。调查中 4921 个家庭有 60 岁以上的老人，占总样本的 51.69%。在有老人的家庭中，只有 26.56% 家庭不需要给老人经济上的支持和生活上的照顾，44.85% 的家庭需要同时给予老人经济上支持和生活上照顾，28.59% 的家庭只需要给予经济上的支持而由别人帮助照顾老人。2884 个家庭有老人共同居住，占到了有老人家庭的 58.61%，而共同居住的老人中只有 9.5% 的老人在生活上不能自理、需要家人照料，53.22% 的家庭老人的身体健康。

大多数家庭的养老还未形成重要负担，但部分家庭出现养老负担巨大的问题。就需要给老人给予支持的 3614 个家庭来看，2013 年为照顾老人的平均支出为 5620.13 元，其中城市家庭为 6521.70 元，农村家庭为 4264.91 元。这些家庭为照顾老人的支出占家庭总支出比重的平均值为 13.49%，其中城市为 12.88%，农村为 14.40%。但有 306 个家庭，2013 年为照顾老人的支出占到了家庭总收入的 30% 以上，占到了 8.47%；有 117 个家庭，2013 年为照顾老人的支出占到了家庭总收入的 50% 以上，占到了 3.24%；有 74 个家庭，2013 年为照顾老人的支出超过了其家庭总收入，养老负担超过了其家庭收入的承受能力。

大多数老年人身体健康，只有少数需要他人照顾。此次调查一共有 2208 个受访者的年龄在 60 岁以上[1]，其中城市占比 57.15%，农村占比 42.85%。他们之中，903 个还在继续工作，占到了 40.90%，282 个 65 岁以上的老人还在继续工作，占到了 65 岁老人的 33.10%。1491 个人身体很健康，占到了 67.53%；428 个人虽有疾病，但仍然还有劳动能力，占到了 19.38%；只有 196 个人指出自己需要他人照顾，仅占总样本的 8.88%，344 个人指出他们还需要照顾比自己年纪更大的老人，占到了 15.58%。

七、城乡住房保障问题与需求存在较大差异

（一）非本地户籍群体的住房状况不容乐观

城市住房以购买和租住为主，农村和城乡结合部以自建房为主。城市居民的住房主要以购买住房和租住住房为主，分别占到了 50.07% 和 24.23%。自购住房加上拆迁安置和自建住房，城市的自有住房率为 75.12%（不包括父母住房则为 68.69%），城乡结合部的自有住房率为 75.38%，农村则达到 91.22%。农村和城乡结合部的住房以自建房为主，自建房的比例分别为 86.12% 和 63.40%，城镇内也有少数居民居住自建住房，占比为 15.79%（见图 3.30）。

---

① 为获得更多养老的信息，这里将剔除掉的75岁以上的134个样本包括进来。

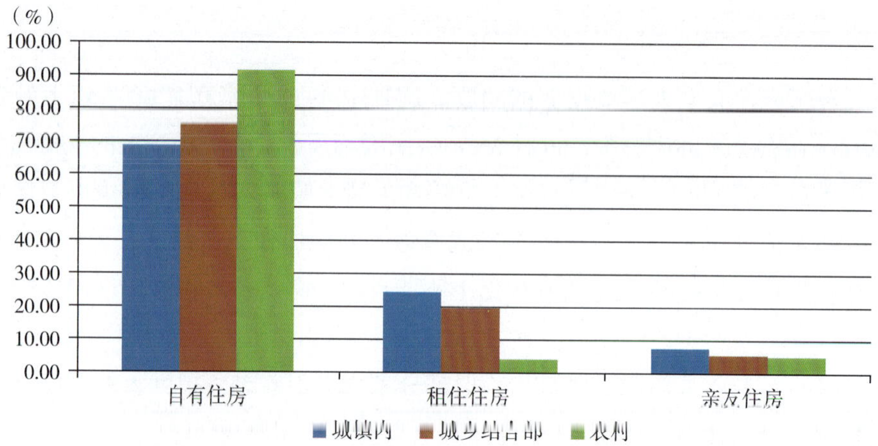

图3.30 不同区域受访者自有住房情况（%）

总体住房自有率达到84.2%，但非本地户籍的住房自有率低。本地非农户籍家庭的住房自有率为88.5%，本地农业户籍家庭的住房自有率更是高达97.1%，而外省非农户籍家庭和农业户籍家庭的住房自有率分别为24.9%和15.5%。这表明，大部分非本地常住人口并未购买住房，而是通过租赁市场或租赁型住房保障渠道解决住房问题。

租房者的居住面积明显较小。租住住房者的居住状况不容乐观，租住者人均居住面积平均值为19.38平方米，城乡结合部和农村租住者的人均面积还更小一些（见表3.24）。在受访者中有736人的人均居住面积在10平方米以下，其中57.88%的人集中在城镇内，这些人是以租住住房为主，占到了67.53%。在城镇内和城乡结合部，人均居住面积在10平方米以下的人占10%左右。

表3.24 受访者居住住房的面积情况 单位：平方米

	住房面积	自有住房面积	租住住房面积	人均住房面积	自有人均住房面积	租住人均住房面积
城镇内	82.55	94.09	47.57	30.23	34.99	19.69
城乡结合部	113.92	130.71	45.81	35.98	40.10	19.27
农村	125.15	128.47	46.10	36.99	37.77	17.5
总计	105.33	116.09	47.00	33.99	37.27	19.38

非本地户籍群体承受巨大住房支出压力。在外省户籍家庭中，有47.0%的非农业户籍家庭认为家庭支出中住房压力最大，农业户籍家庭中有35.4%的受访者认为住房压力最大。而在本地户籍家庭中，非农业户籍家庭和农业户籍家庭认为住房是最大支出压力的比例分别只有13.3%和6.9%。

非本地户籍家庭住房面积明显较小，对住房满意度低。本地农业户籍家庭的住房建筑面积均值为126.0平方米，中值为100.0平方米。从住房建筑面积的中值水平看，本地农业户籍家庭住房面积是本地非农业户籍家庭的1.3倍，是外省非农业户籍家庭的1.7倍，与外省农业户籍家庭的差距更大，本地农业户籍家庭住房面积相当于外地农业户籍家庭的3.3倍。在外省农业户籍和非农户籍受访者中，对住房不满意的比例分别为34.1%和33.1%，而本地农业户口受访者的不满意比例最低，占同类型受访者的比例为11.0%。

（二）多套住房以本地为主，少量的异地住房闲置比例较高

受访者有多套房的比例在16%左右，其他住房主要位于其户籍所在地。城镇内居民和城乡结合部居民在本市（县、区）内还有其他住房的比例分别为16.63%和15.98%，农村居民在本市（县、区）还有住房的比例为11.45%。80%有多套住房的城乡居民都是另有一套住房，城镇内和城乡结合部有超过一套以上住房的居民占比较高，分别为12.84%和11.93%。在当地非农业户籍家庭拥有其他住房中，位于本地的比例为17.3%，而在外省农业户籍家庭拥有其他住房中，位于本地的比例仅为3.6%。（参见表3.25）

表3.25 受访者在不同地区另有住房的情况（%）

		有其他住房	没有其他住房	1套房	2套房	3套及以上
本市（县、区）内其他住房	城镇内	16.63	83.37	82.54	10.00	2.84
	城乡结合部	15.98	84.02	73.71	11.27	4.69
	农村	11.45	88.55	85.76	4.86	0.69
	总计	14.47	85.53	81.73	8.97	2.65
其他城市（县、区）住房	城镇内	6.53	93.47	67.56	7.25	2.67
	城乡结合部	5.23	94.77	78.49	5.38	0.00
	农村	1.68	98.32	68.25	4.76	0.00
	总计	4.38	95.62	70.10	6.46	1.67
农村是否还有住房	城镇内	21.14	78.86	85.76	5.54	2.83
	城乡结合部	27.25	72.77	80.21	6.22	0.83
	农村	22.11	77.89	88.82	6.25	0.72
	总计	22.65	77.35	87.51	5.97	1.57

异地购买比例很低，且有相当部分闲置。只有不足5%的城乡居民在其他城市（县、区）另有住房，城镇和城乡结合部居民在其他城市另有住房的比例略高一些。在其他城市购房主要都是用于自己或家人居住，说明在其他城市购买的目的主要是为自己家人购置房屋，城乡结合部和农村居民在其他城市的住房60%以上都是自己（家人）居住，在其他城市购房的主要是在其他城市打工并定居的居民。但城镇内居民在其他城市购房的有相当一部分是间歇性居住或闲置，两项相加占到了30.8%，说明相当一部分购房者属于投资或休闲度假型购房（参见表3.26）。

表3.26 受访者城市内其他住房的使用状况（%）

		自己（家人）居住	间歇性回去居住	亲戚朋友帮忙看管	出租	闲置	在建/装修	其他
本市其他住房	城镇内	40.76	8.40	1.83	26.11	14.35	8.09	0.46
	城乡结合部	44.50	9.09	1.44	24.40	17.22	2.87	0.48
	农村	51.61	8.24	0.72	6.09	24.73	6.81	1.79
	总计	44.09	8.49	1.49	20.91	17.41	6.82	0.79
其他城市住房	城镇内	54.00	13.60	3.60	8.40	17.20	2.00	1.20
	城乡结合部	67.39	9.78	3.26	8.70	9.78	0.00	1.09
	农村	62.69	10.45	0.00	10.45	7.46	1.49	7.46
	总计	58.44	12.22	2.93	8.80	13.94	1.47	2.20

（三）农村住房闲置率高，农村人出现城里为子女购房的趋势

农村额外住房的闲置情况比较普遍。受访者在城市和城乡结合部的其他住房中出租的比例比较高，分别占到了 26.11% 和 24.40%，住房闲置的比例分别为 14.35% 和 17.22%。而农村能够适合出租的住房比较少，受访者在农村的其他住房更多地处于闲置状态，闲置住房的比例达到 24.73%。

20% 以上的城镇居民在农村仍有住房，20% 以上的农村居民在农村有一套以上住房。在当前高速城镇化发展的过程中，大量人口从农村居民转变为城市居民，但家里仍在农村保留了住房，而且城乡结合部居民在农村仍有住房的比例是最高的，达到 27.23%，说明农村留有住房是我国城市化过程中存在的普遍现象。而人口进城后，农村内宅基地及其住房缺乏退出机制，大量的农村住房处于闲置和荒废状况，这两项占到了 24.91%。农村居民在农村还另有住房的比例为 22.11%，农村内的住房主要是自己家人居住，但荒废和闲置的也占到了 21.39%（参见表 3.27）。

表3.27 受访者农村内其他住房的使用状况（%）

	自己或家人居住	间歇性回去居住	亲戚朋友帮忙看管	出租	闲置（但能用）	荒废（不能使）	在建/装修	仓储养殖	其他
城镇内	57.88	9.77	3.54	3.30	17.46	7.45	0.37	0.00	0.24
城乡结合部	64.01	10.13	1.51	5.39	14.01	4.53	0.22	0.22	0.00
农村	68.30	6.19	1.29	1.68	12.50	8.89	0.52	0.52	0.13
总计	63.19	8.50	2.23	3.16	14.81	7.33	0.39	0.24	0.15

近 13% 的农村居民有在城里购房，最主要的是为子女购房。432 个农村受访者在本市（县、区）内购置了住房，63 个受访者在其他城市（县、区）购置了住房，21 个在本市和其他城市购置了住房，在城市购置住房的农村居民共有 474 人，占到了农村受访者的 12.56%。374 个农村居民回答了在城里购房的原因，36.1% 的是给子女居住，9.89% 是为了陪子女读书，为了子女购房占到了 45.99%，自己居住占 35.29%（见图 3.31）。

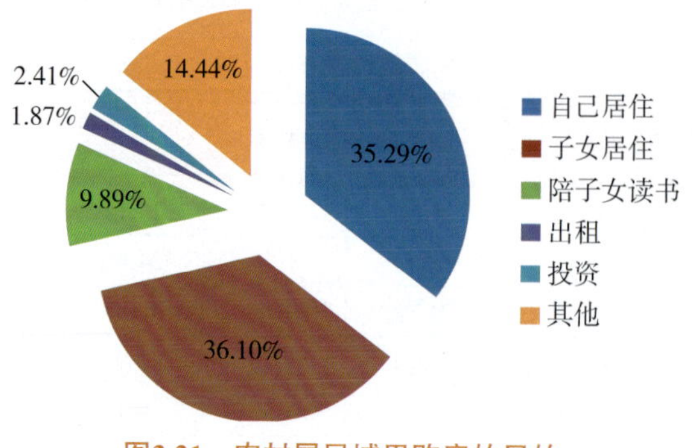

图3.31 农村居民城里购房的目的

（四）城乡居民的购房意愿不高，期望更有力的住房保障政策

城乡居民的购房意愿不高。9403 个受访者回答了“未来两三年，您家是否有购房的打算或计划”的问题。受访者不打算购房的比例占到了 87.37%，城市居民有打算购买住房的比例也只有 13.09%。大部分受访者都有住房，这是购房意愿不高的重要原因，但即使是没有住房者，购房的意愿也只是比有房者高 9.46 个百分点，没有住房、租住或借住的人想购买商品房或政策性住房的比例为 14.08%，而相反自己在本市（县、区）内有住房、租住或借住的人的购房意愿还略高一些，想购买商品房或政策性住房的比例为 19.8%。而且选择“经济条件允许就买”的比例也非常低，只有 3.32%，即使是没有住房者也只有 5.96%（参见图 3.32）。

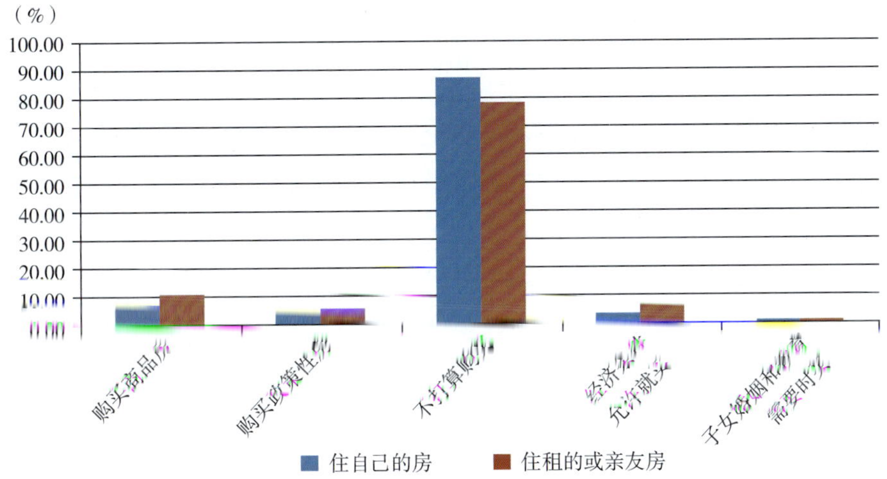

图3.32　受访者的购房意愿（%）

获得政策性住房支持的比例不高。城市居民获得政策和福利性住房的比例为 27.08%，购买住房者中获得政策福利性住房的比例为 24.81%（包括单位福利分房，不包括的话则为 10.18%），租房者中获得政策性租房（包括单位宿舍，不包括的话则为 25.13%）的比例为 34.83%。可以看出，政策性住房的覆盖面还是非常不足。

城市受访者最希望的是降低房价和扩大保障房覆盖范围，农村受访者最希望的是农村住房改造和农村住房产权的保障。9474 个受访者回答了“您对政府在住房保障政策上最大的期望是什么”的问题。城镇内受访者首要的住房政策需求是“限购限价，降低房价”，其次是希望“扩大保障房覆盖范围”，首选项选择这两项的比例分别为 42.11% 和 29.19%。农村受访者对住房政策的诉求则集中在宅基地及住房产权保障上，第一项选择“赋予农村住房完全产权（可抵押、转让）”、“保障农民的宅基地使用权和住房财产权不受侵害”和“确保分家之后能够分到宅基地建房（做到‘一户一宅’应保尽保）”的比例分别为 15.52%、15.84% 和 12.87%，三项合计占到了 44.23%，也有 35.20% 受访者希望能够通过农村危房改造、移民拆迁和新农村建设改善农村的居住环境。城乡结合部的受访者对城市和农村的住房政策均有诉求，但他们的更多诉求还是在农村宅基地住房权益保障和农村住房改造上（参见表 3.28）。

表3.28 受访者对住房保障政策的期望（%）

	第一选择占比			第二选择占比		
	城镇内	城乡结合部	农村	城镇内	城乡结合部	农村
扩大保障房覆盖范围	22.24	5.74	1.95	16.46	4.52	1.40
限购限价，降低房价	42.11	12.96	6.09	28.80	9.97	3.60
开征房产税	0.83	0.45	0.11	4.77	1.60	0.07
提高租金补贴水平	3.32	2.33	0.24	11.57	5.19	1.33
准予组织自建房，并给予优惠条件	3.48	4.78	1.58	8.47	7.31	2.40
赋予农村住房完全产权（可抵押、转让）	4.58	16.09	15.52	2.74	7.45	9.52
农村危旧房屋改造、移民拆迁分房、新农村改造	6.95	18.1	27.9	7.22	13.96	18.11
确保分家之后能够分到宅基地建房（做到“一户一宅”应保尽保）	2.97	10.92	12.87	5.90	13.70	19.37
保障农民的宅基地使用权和住房财产权不受侵害	2.97	18.93	15.84	10.85	33.38	40.68
政府资金补贴，公积金使用，贷款保障	0.63	1.14	3.04	0.42	0.80	1.07
住房设施规划环境改善	0.50	0.28	0.48	0.24	0.27	0.53
没有期待、没想过	9.27	7.85	14.08	0.12	0.40	0.40
其他（不便归类）	0.15	0.34	0.27	2.44	1.46	1.53
合计	100.0	100.0	100.0	100.0	100.0	100.0

八、城乡居住环境与生活配套还存在明显差距

（一）城乡居民对生活环境总体评价比较好

9610个受访者根据问题设置的不同方面，对其所居住的社区（或村庄）的生活环境质量进行了评价。绝大多数居民对其居住的社区（或村庄）的生活环境质量评价较好。城乡居民对居住地绿化环境和安静程度的评价最高，62.59%的受访者表示绿化环境非常好或比较好，60.39%表示安静程度非常好或比较好，分别有57.33%和57.30%的居民表示空气质量和生活用水质量非常好或比较好（见表3.29、图3.33）。

表3.29 居住社区的生活环境质量评价（%）

	非常好	比较好	一般	不太好	非常差	说不清	合计	总数
空气质量	18.61	38.72	23.98	12.57	5.93	0.20	100.0	9610
生活用水质量	13.58	43.71	26.41	11.58	4.52	0.20	100.0	9608
生活垃圾处理	9.69	40.29	29.05	15.72	5.01	0.23	100.0	9603
生活污水处理	9.14	37.38	29.39	16.15	5.87	2.08	100.0	9581
安静（降低噪音）	20.52	39.87	21.29	12.95	5.13	0.24	100.0	9596
绿化环境	23.19	39.41	24.82	9.60	2.74	0.25	100.0	9605

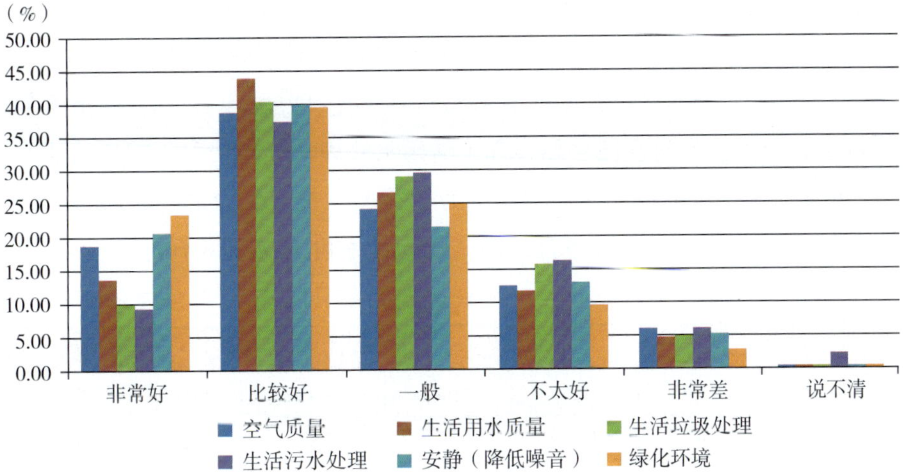

图3.33　城乡居民对居住地生活环境的评价（%）

9178个受访者回答了“您觉得近3年来居住地的生态环境状况是什么样”的问题，32.37%的认为是在好转，49.02%的认为是相对稳定，15.42%的认为是在恶化，3.19%人认为说不清。从不同的区域看，农村受访者认为居住地生态环境有所好转的比例较高，占36.01%，比城镇内受访者高6.31个百分点，认为环境恶化的比例也更低，只有13.82%，较城镇内受访者低1.47个百分点，城乡交界地受访者认为环境恶化的比例最高，为17.10%，分别比城镇内和农村受访者高0.80和2.27个百分点（参见图3.34）。

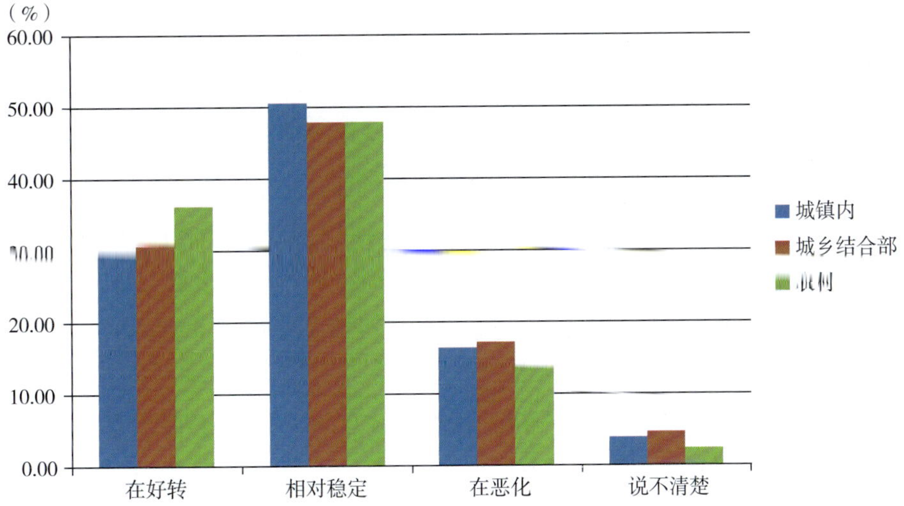

图3.34　城乡居民对生活环境变化的评价比较（%）

（二）对生活垃圾与污水处理评价不好的比例略高

受访者对生活垃圾处理和生活污水处理评价非常好或比较好的比例大幅降低，分别只有49.98%和46.52%，而表示其不太好或非常差的比例也是最高的，分别占到了20.73%和22.01%。农村生活垃圾与污水处理不好的问题更为突出，农村受访者对生活垃圾处理评价非常好或比较好的比例为 47.37%，分别较城镇内和城乡结合部低 4.14 和 4.71 个百分点，对生活垃圾处理评价不太好或非常差的比例为 24.94%，分别较城镇内和城乡结合部高 8.47 和 3.47 个百分点。农村受访者对生活污水处理评价非常好或比较好的比例为 43.89%，分别较城镇内和城乡结合部低 5.57 和 1.56 个百分点。农村和城乡结合部生活污水处理均存在较多不理想的情况，农村受访者对生活污水处理评价不太好或非常差的比例为 27.47%，城乡结合部受访者对生活污水处理评价不太好或非常差的比例为 24.33%，各自分别比城镇内高 11.59% 和 8.44 个百分点（参见表 3.30）。

表3.30 农村与城市生活环境评价对比（%）

		非常好	比较好	一般	不太好	非常差	说不清	总数
生活垃圾处理	城镇内	9.04	42.47	31.80	12.43	4.04	0.22	4038
	城乡结合部	9.47	42.60	26.29	15.41	6.05	0.17	1784
	农村	10.50	36.87	27.43	19.39	5.55	0.26	3781
生活污水处理	城镇内	8.49	40.97	31.34	11.86	4.02	3.33	4030
	城乡结合部	7.98	37.47	28.88	16.97	7.36	1.35	1780
	农村	10.40	33.49	27.55	20.34	7.13	1.09	3771

按照受访者自己回答居住社区类型来划分，也是同样的结果，农村受访者对生活垃圾和生活污水处理评价非常好或比较好的比例较低，分别只有 47.31% 和 42.87%，较老城区分别低 6.57 和 10.23 个百分点。农村受访者对生活垃圾和生活污水处理评价不太好或非常差的比例较高，分别达到 25.03% 和 28.45%，较老城区分别高 10.51 和 13.66 个百分点。

（三）农村废弃物治理还需进一步加强

4972 个农村与城乡结合部的受访者回答了对农村环境评价的问题，对牲畜粪便处理情况的评价比较好，对农村污水的评价相对较差。50.54% 的人认为牲畜粪便处理非常好或比较好，40.67% 人认为地膜和农膜处理非常好或比较好，39.98% 人认为农药化肥处理非常好或比较好，40.73% 人认为农村污水非常好或比较好，但认为农村污水质量不太好或非常差的比例占到了 25.43%，是这几项中差评最高的一项，认为农药化肥处理不太好或非常差的比例也比较高，达到了 18.28%（参见图 3.35）。

农村与城乡结合部的居民对农村废弃物治理的认识存在一定的差异。总体上，城乡结合部受访者对农村废弃物治理的评价略好于农村受访者，因为临近城市的农村对废弃物的收集处理相对而言做得更好。但是农村地区受访者认为农村废弃物处理非常好的比例高于城乡结合部，城乡结合部受访者对农村废弃物处理评价不太好的比例也略高于农村地区，特别是牲畜粪便和农村污水这两项差异较大，这可能是因为相对于城市周边来说，农村地区集中的工厂式农业相对较少，农村废弃物并没有太多地造成环境污染，且自身的生态环境更好、生态自净能力更强，相对来说认为其问题的突出性没有那么大（参见图 3.36）。

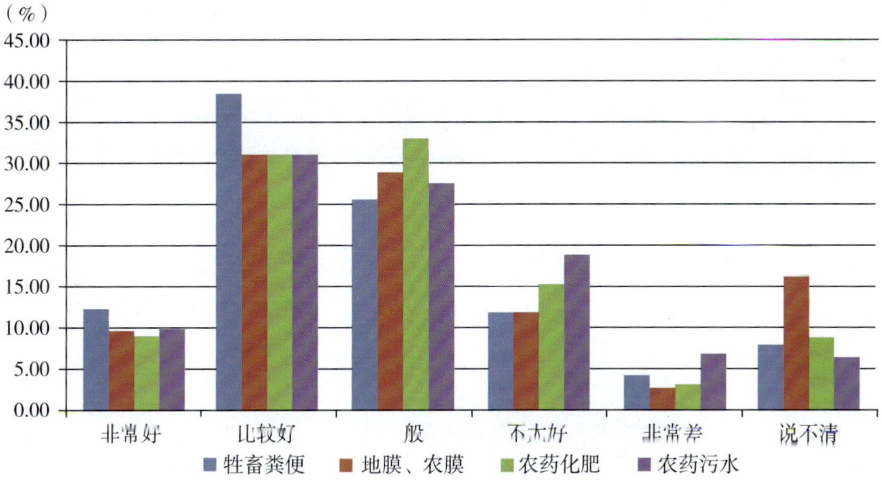

图3.35　农村受访者对农村废弃物处理的评价（%）

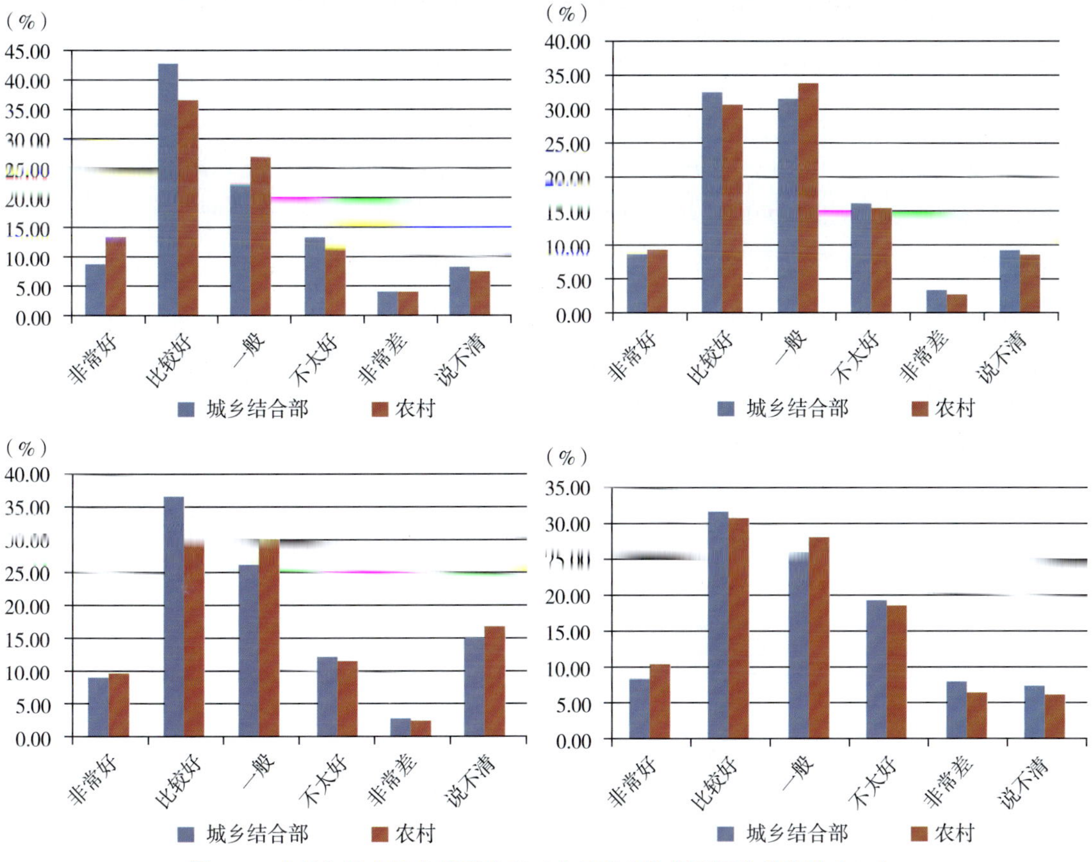

图3.36　农村与城乡结合部受访者对农村废弃物处理评价的比较（%）

（四）保障房社区居民对生活环境的评价度最高

针对受访者反映问题最突出的生活垃圾和生活污水处理两项，230 个居住在保障性住房社区内的受访者对这两项评价非常好或比较好的比例是最高的，分别达到 66.52% 和 65.22%，分别比单位社区高 15.36 和 12.11 个百分点，比一般商品房社区分别高 16.09 和 17.05 个百分点。保障性住房社区内的受访者对生活垃圾和生活污水处理评价不太好或非常差的比例是最低的，均只有 7.83%，不满意的比例只有普通商品房社区的一半左右（参见图 3.37）。

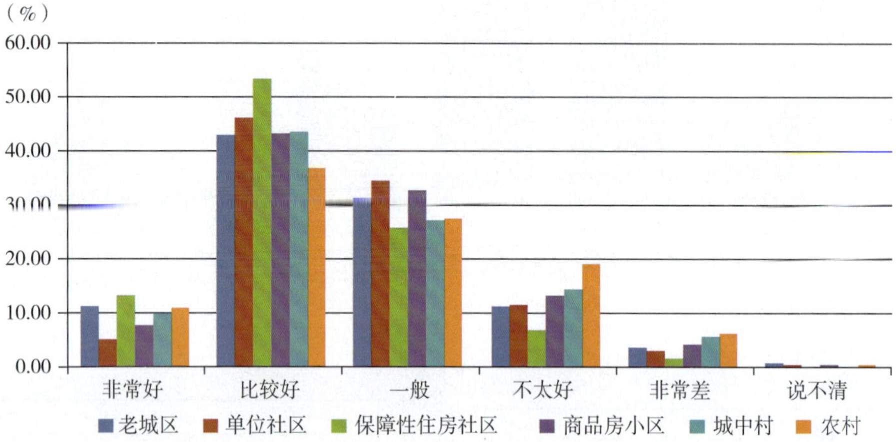

图3.37　不同居住社区对生活垃圾处理的评价（%）

除了保障性住房社区外，老城区的受访者对生活垃圾处理评价较非常好或比较好的占 53.87%，评价不太好或非常差的比例也较低，只有 14.53%。对生活污水处理，则是单位社区受访者评价非常好或比较好的比例较高，占 53.10%，老城区这一比例降至 48.24%，评价不太好或非常差的也是单位社区较低，只有 11.97%，老城区这一比例为 14.79%。对于商品房社区，则是城市社区内对这两项环境评价非常好或比较好的比例最低，商品房社区受访者对生活垃圾和生活污水评价非常好或比较好的比例分别为 50.43% 和 48.17%，而评价不太好或非常差的比例分别为 16.95% 和 14.38%，这说明很多地区商品房社区的基本公共服务还有待改善（参见图 3.38）。

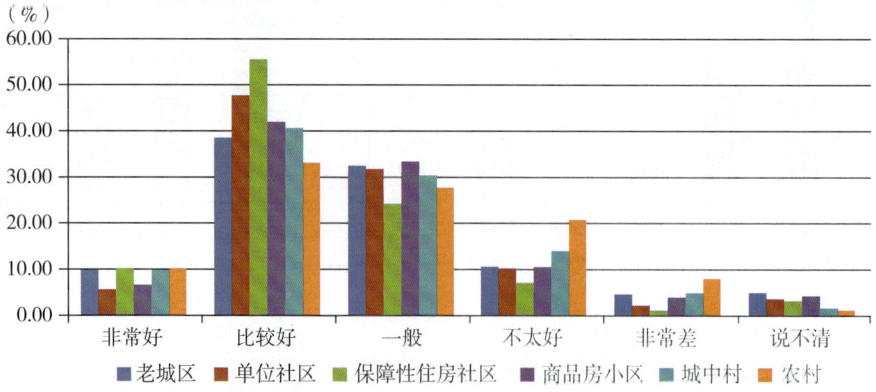

图3.38　不同居住社区对生活污水处理的评价（%）

（五）农村对生活方便程度的评价较低

受访者对生活方便程度总体评价较好，对文化活动评价不好的比例较高。受访者对居住地交通出行的评价最好，73.54% 的受访者认为交通出行方便非常好或比较好，其次是对治安状况评价好的比例也比较高，63.19% 的受访者认为治安状况非常好或比较好，一半以上的人对生活配套服务的评价也是非常好或比较好，占 55.99%。相对来说，受访者对居住地的文化活动的评价稍微差一些，只有 43.53% 的受访者对文化活动评价非常好或比较好，而对文化活动评价不太好或非常差的比例则是这几项中最高的，达到 22.14%（参见图 3.39、表 3.31）。

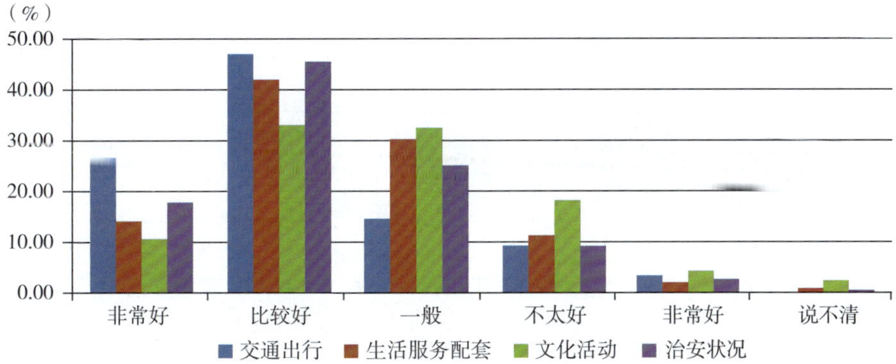

图3.39　城乡居民对居住地区的生活方便程度的评价（%）

表3.31　城乡居民对居住地生活方便程度的评价比较

		非常好	比较好	一般	不太好	非常差	说不清	总数
交通出行	城镇内	28.54	50.39	13.41	6.17	1.40	0.10	4086
	城乡交界处	26.04	48.53	12.69	8.35	4.28	0.11	1797
	农村	24.63	42.67	16.24	12.31	4.10	0.05	3825
	合计	26.53	47.00	14.39	8.99	3.00	0.08	9708
生活服务配套	城镇内	16.30	46.24	27.74	8.00	1.00	0.71	4085
	城乡交界处	12.33	45.06	27.66	11.82	2.29	0.84	1793
	农村	12.27	36.04	34.28	14.18	2.54	0.68	3821
	合计	13.98	42.00	30.30	11.15	1.85	0.72	9699
文化活动	城镇内	11.90	37.19	31.54	13.71	2.35	3.31	4084
	城乡交界处	8.25	34.13	33.13	18.01	5.13	1.34	1793
	农村	9.95	28.13	32.77	22.76	5.40	1.00	3818
	合计	10.46	33.06	32.32	18.07	4.06	2.03	9695
治安状况	城镇内	14.79	44.01	28.47	9.57	2.64	0.51	4085
	城乡交界处	16.14	50.81	22.87	7.29	2.62	0.28	1797
	农村	21.73	44.38	22.15	8.87	2.56	0.31	3824
	合计	17.77	45.42	24.94	8.87	2.61	0.39	9706

农村受访者对交通出行、生活服务配套和文化活动的评价相对较低，对其评价非常好或比较好的，分别为 67.29%、48.31% 和 38.08%，分别比城镇内低 11.64、14.24 和 11.01 个百分点；对交通出行、生活服务配套和文化活动的评价不太好或非常差的比例，分别为 16.42%、16.72% 和 28.16%，分别比城镇内高 8.86、7.71 和 12.10 个百分点。城乡居民对居住地文化活动的评价

普遍偏低，而农村居民的评价明显更低，这反映了部分农村基本公共服务不完善、配套不足的情况仍比较突出，农村的文化生活较为匮乏（参见图 3.40）。

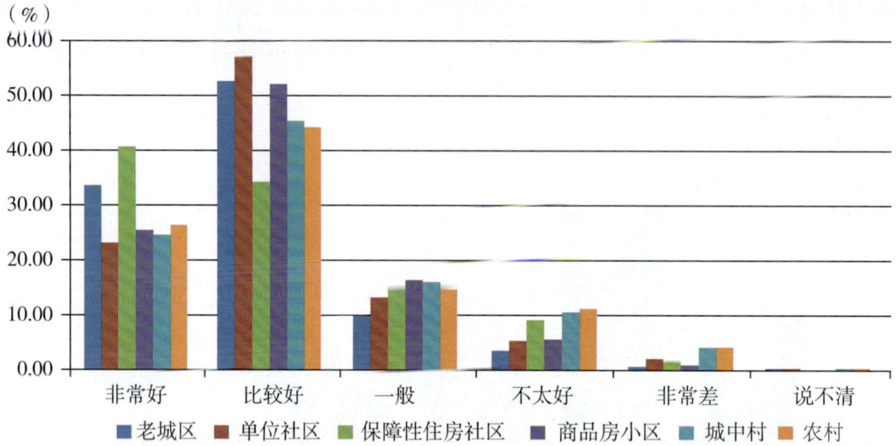

图3.40 不同社区受访者对交通出行方便程度的评价（%）

城镇受访者对治安状况的评价明显低于城乡结合部和农村地区，城镇受访者对治安状况评价非常好或比较好的比例为 58.8%，分别比城乡结合部和农村地区低 8.25 和 7.31 个百分点，评价不太好或非常差的比例为 12.21%，分别比城乡结合部和农村地区高 3.30 和 0.78 个百分点。城乡结合部并不像传统观念所认为的那样，治安状况是最差的。在此次民生调查中，城乡结合部受访者当地治安状况的评价相对更好一些。从社区类型来看，农村居民对治安状况的评价是最好的，65.88% 的人认为治安状况非常好或比较好，其次是单位社区和城中村居民，这一比例分别是 61.94% 和 61.31%，而保障性住房受访者对治安状况的评价是最差的，认为治安状况非常好或比较好的比例只有 54.98%，而认为不太好或非常差的则是几个区域最差的，达到了 17.75%，比一般的商品房社区高了 5.54 个百分点，比单位社区和农村更是高了 8.04 和 6.34 个百分点（参见图 3.41）。

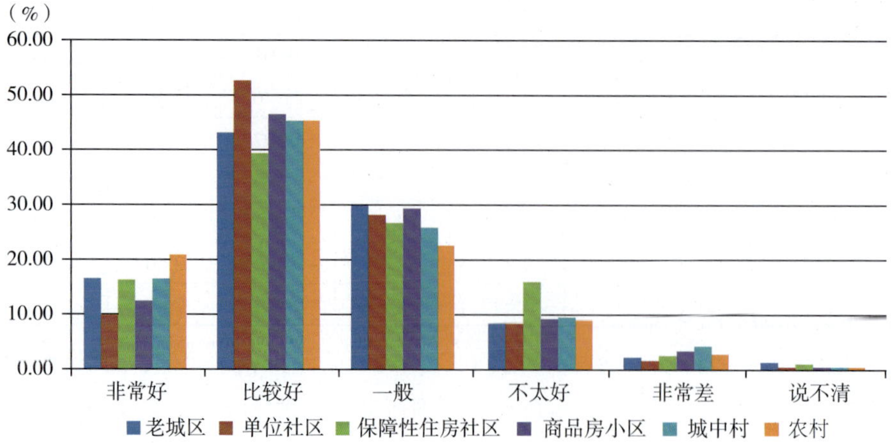

图3.41 不同社区受访者对治安状况的评价（%）

（六）不同群体对食品安全的评价差异较大

42.32% 的受访者认为食品安全状况明显改善或有所改善，21.55% 的人认为食品安全状况有所恶化或严重恶化，25.86% 的人认为没有变化。但不同群体对食品安全的认识有较大的差异。

城市受访者对食品安全的焦虑感更强，农村人认为食品安全状况最好。城市受访者中只有 37.92% 的受访者认为食品安全状况有改善，分别比城乡结合部和农村低 3.05 和 9.71 个百分点，而 28.52% 的人认为食品安全状况有所恶化，分别比城乡结合部和农村高 6.42 和 14.62 个百分点（参见图 3.42）。

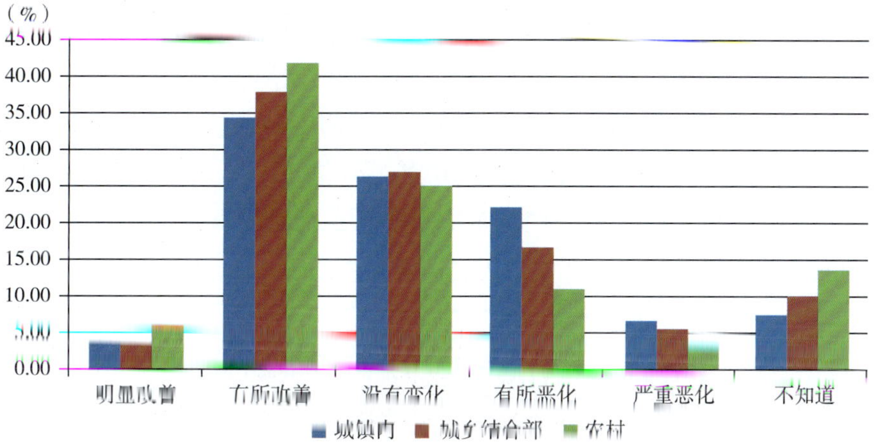

图3.42　对食品安全状况改善的评价（%）

高收入者对食品安全的焦虑感更强。虽然家庭收入的提高，认为食品安全状况有改善的比例下降，而认为食品安全状况恶化的比例有所上升。家庭年收入 15 万元以上的受访者认为食品安全状况明显改善或有所改善的只占到了 37.80%，分别比家庭收入 1 万元以下和 8 万～10 万元的受访者低 11.55 和 2.65 个百分点，而认为食品安全状况有所恶化或严重恶化的比例为 30.20%，分别比家庭收入 1 万元以下和 8 万～10 万元的受访者高 19.74 和 3.14 个百分点（参见表 3.22）。

表3.32　家庭收入与对食品安全状况评价的关系（%）

	明显改善	有所改善	没有变化	有所恶化	严重恶化	不知道
1万元以下	5.56	43.79	27.78	7.84	2.61	12.42
1万～3万元	5.26	38.00	26.63	12.46	3.37	14.29
3万～5万元	4.15	36.77	26.71	16.61	3.94	11.82
5万～8万元	4.17	39.94	24.12	17.86	4.40	9.52
8万～10万元	4.52	35.93	24.71	19.55	7.51	7.78
10万～15万元	3.94	36.15	25.58	20.67	7.79	5.87
15万元以上	3.20	34.60	27.60	21.80	8.40	4.40

高学历者对食品安全状况的担忧更加明显。随着受访者受教育程度的提升，其认为食品安全改善的比例下降，而认为食品安全恶化的比例在提高。大专以上学历受访者认为食品安全状

况明显改善或有所改善的只占到了32.05%，分别比小学以下、初中和高中学历受访者低12.03、13.33和7.51个百分点，认为食品安全状况有所恶化或严重恶化的比例为36.53%，分别比小学以下、初中和高中学历受访者高21.56、17.22和9.29个百分点（参见表3.33）。

表3.33　受访者受教育程度与对食品安全状况评价的关系（%）

	明显改善	有所改善	没有变化	有所恶化	严重恶化	不知道
小学及以下	4.84	39.24	26.92	11.59	3.38	14.03
初中	4.52	40.87	24.45	15.69	3.62	10.85
高中	4.94	34.63	25.76	20.39	6.85	7.43
大专及以上	2.10	29.95	28.04	26.58	9.95	3.38

年轻人对食品安全状况更加忧虑。随着受访者年龄的增加，其认为食品安全状况改善的比例下降，而食品安全状况恶化的比例提高。30岁以下的受访者认为食品安全状况明显改善或有所改善的只占到了36.74%，分别比30～40岁、40～50岁、50～60岁和60岁以上受访者低3.80、5.74、6.08和8.55个百分点，而认为食品安全状况有所恶化或严重恶化的比例为29.39%，分别比小学以下、初中和高中学历受访者高3.29、7.21、10.15和13.20个百分点（参见表3.34）。

表3.34　受访者年龄与对食品安全状况评价的关系（%）

	明显改善	有所改善	没有变化	有所恶化	严重恶化	不知道
30岁及以下	3.09	33.65	27.26	20.02	9.37	6.60
30~40岁	3.73	36.81	25.69	19.96	6.15	7.67
40~50岁	4.44	38.04	25.42	17.36	4.82	9.92
50~60岁	5.12	37.70	26.65	15.69	3.56	11.28
60岁以上	4.64	40.66	24.92	12.99	3.81	12.99

总体来说，收入较高、学历较高、居住城市以及年轻的人对相关信息的了解更多、对生活品质的要求也更高，在当前存在大量对食品安全负面报道的情况下，他们对食品安全的担忧会更多。而农村人作为初级食品的生产者，认为食品安全的状况是比较好的。

九、城乡居民对政府服务满意度大幅提升

8956个入户受访者回答了政府服务满意度的问题，66.57%的人对居住地政府的服务和办事效率很满意或基本满意，比2013年调查结果提高了11.85个百分点。

（一）城乡居民认为政府行为有了明显改善

城乡居民感受政府在廉政勤政上有明显改善。城乡居民对当地政府官员“不办事、推诿”和“脱离群众”能有较多的直观感受，超过75%的受访者给出了明确的评价，且评价也最高，

分别有 56.43% 和 55.61% 的受访者认为政府的行为明显改善或有所改善。普通老百姓对政府的一些行为存在不了解，对“搞形象工程”、“公款吃喝”和“吃拿卡要”选择不清楚或不回答的比例都在 30% 以上，分别有 52.98%、54.82% 和 51.35% 的人认为这三项行为明显改善或有所改善。政府和事业单位的工作人员认为这些问题得到明显改善或有所改善的比例比平均水平高出 15% ~ 20%。

城乡居民对政府治理贪污腐败的信心明显提升。入户调查显示，77.9% 的人对反腐败表示有信心，仅 7.2% 的人对反腐败表示没信心。电话调查显示，53.00% 的人对目前政府惩治贪污腐败表示“非常满意”或“比较满意”。而在 2013 年的入户调查中，只有 45% 的受访者认为政府治理贪污腐败有改善。

政府官员形象的改善还需要持续努力。在城乡居民对官员的总体评价上，仅有 58.70% 的受访者认为“大多数官员是好的，只有少部分有问题”，认为好坏参半的比例达 18.95%，而 11.61% 的人则认为“大多数官员都有问题，好的官员是少数”。其中，农村居民对政府官员的评价更好一些。58.70% 的受访者认为“大多数官员是好的，只有少部分有问题”，认为好坏参半的比例为 18.95%，而 11.61% 的人认为“大多数官员都有问题，好的官员是少数”，还有 10.74% 的人选择“不清楚”。农村居民认为大多数官员是好的比例更高，为 67.73%，比城市居民高 14.9 个百分点。

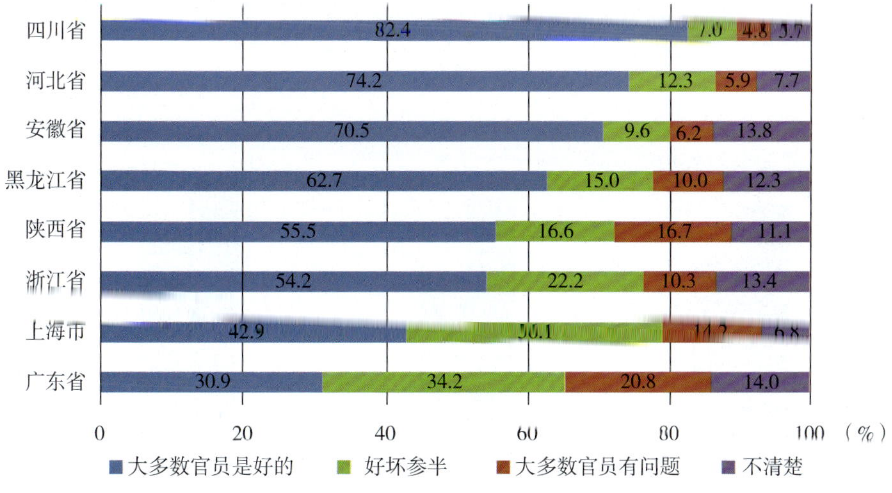

图3.43 各省（市）对政府官员的看法（%）

广东、上海等发达地区城乡居民对政府官员的评价和治理腐败的信心较低。入户调查中，广东和上海分别只有 30.9% 和 42.9% 的受访者认为“大多数官员是好的”，认为大多数官员有问题的比例也分别高达 20.8% 和 14.2%；在对政府治理腐败的问题上，这两个省也分别只有 22.5% 和 20.3% 的人有信心，而对治理腐败没有信心的比例则分别高达 18.7% 和 28.9%（参见图 3.44）。在电话调查中，广东和上海居民对政府治理腐败满意的比例也分别只有 46.4% 和 50.2%，比全国水平分别低 6.6 和 2.8 个百分点。

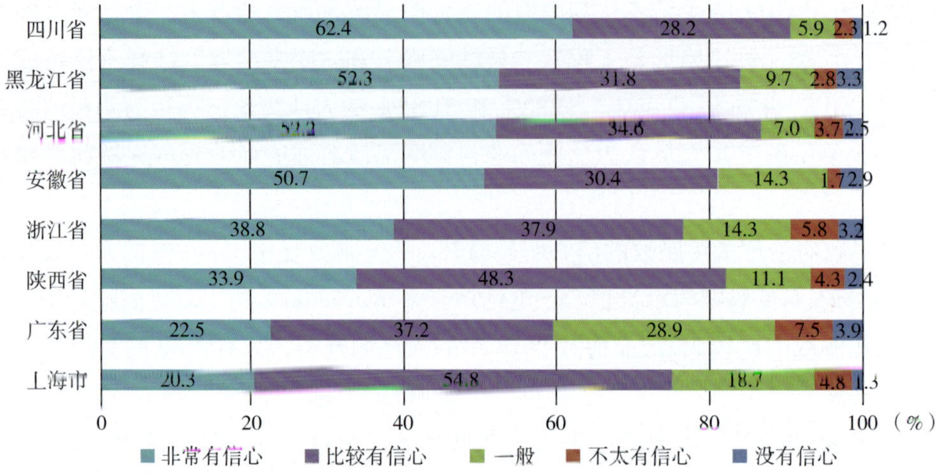

图3.44　各省对反腐败的信心（%）

（二）城乡结合部和低收入群体对政府服务满意度极大提升

农村居民对政府服务满意度最高，城乡结合部居民对政府服务满意度提升更快。农村居民对政府服务满意的比例为70.46%，分别比城镇内和城乡结合部高6.92和5.24。城乡结合部居民对政府服务满意的比例比2013年提高了14.3个百分点，而农村和城镇内则分别提高12.74和10.59个百分点（参见图3.45）。

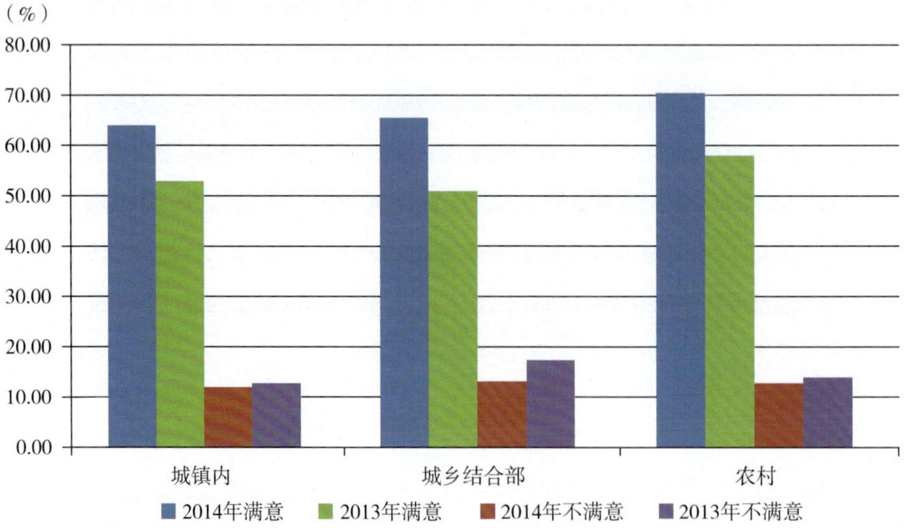

图3.45　城乡受访者对政府服务满意度的比较（%）

低收入群体对政府服务的满意度提升最大。随着家庭收入的提高，城乡居民对政府服务的满意度先下降后上升，家庭收入在3万元以下和15万～25万元的群体对政府服务最满意，满意的比例分别为69.36%和70.9%，比总体分别高2.79和4.33个百分点。低收入群体由上年对政府服务最不满意的群体，转变为对政府服务最满意的群体。家庭收入在1万元以下的群体对政府服务满意的比例为71.68%[①]，较2013年调查提高了24.83%个百分点。但这部分群体仍然是对政府服务不满意率最高的，其不满意的比例为15.43%，比2013年调查下降了6.63个百分点（参见图3.46）。

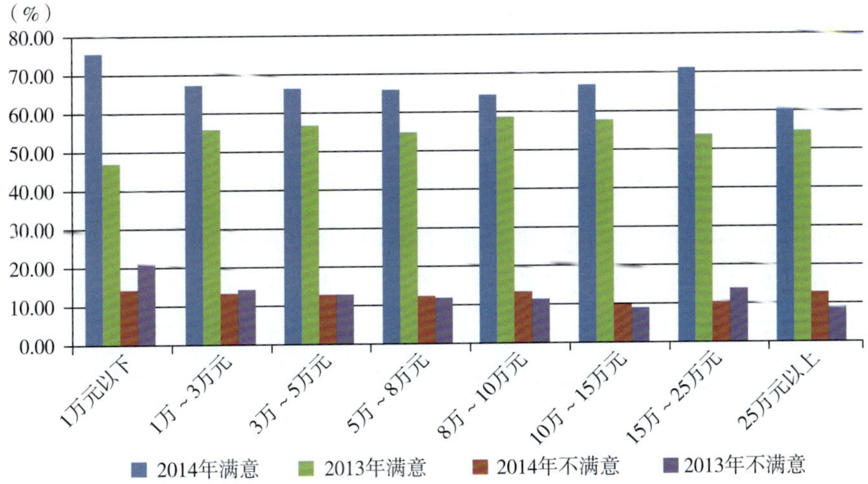

图3.46 不同收入受访者对政府服务满意度的比较（%）

（三）部分群体对政府的满意度持续偏低甚至下降

年轻人对政府服务满意度出现下降。调查发现，随着年龄的增加，城乡居民对政府服务的满意度提高。60岁以上老人对政府服务满意的比例达到72.12%，比上年提高了14.63个百分点，但30岁以下的年轻人对政府服务满意的比例为58.08%，比上年降低了1.38个百分点，对政府服务不满意的比例为14.55%，比上年提高了4.79个百分点（见图3.47）。

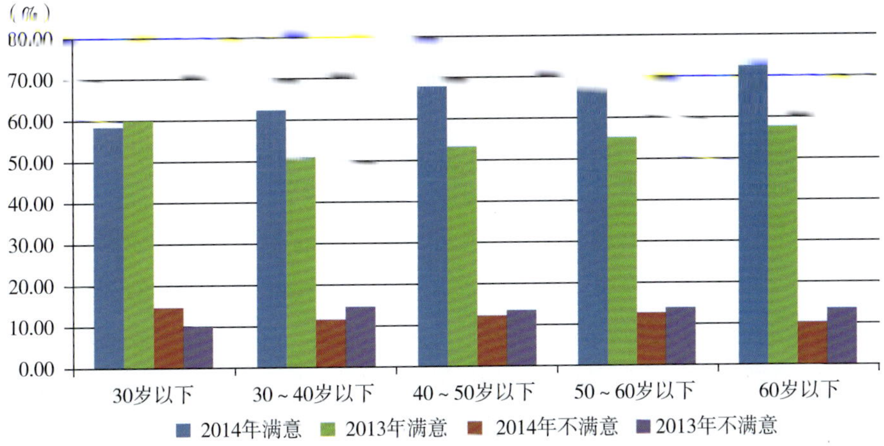

图3.47 不同年龄受访者对政府满意度的比较（%）

① 部分调查者对家庭收入存在低估，根据调查者自己报告的家庭成员月收入，我们对家庭收入分段选项中存在低估的进行了调整。但为保证与上年的可比性，在与2013年进行比较时采用的是未调整的家庭收入。

流动人口对政府服务满意度和政府官员行为改善的评价均较低。流动人口对政府服务满意的比例为61.66%，比本地人口低5.64个百分点。流动人口对当地政府官员“脱离群众”、“不办事、推诿”和“吃拿卡要”改善情况的评价大大低于本地人口，认为这三项有改善的比例分别只有46.22%、48.69%和46.85%，比本地人口认为有改善的比例分别低10.79、8.89和5.17个百分点。

企业和自营工商业者对政府官员的行为改善评价略低于其他群体。企业和自营工商业者对政府行为改善评价最低的是“吃拿卡要”和“脱离群众”，认为政府官员在“吃拿卡要”上有改善的分别只有51.12%和49.46%，认为政府官员在“脱离群众”上有改善的都只有51%。这两类群体大约都只有53%左右的人认为政府官员在“不办事、推诿”和“搞形象工程”上有改善。农业从业者和临时工对政府官员行为改善的评价也比较低，最低的仍然是“吃拿卡要”，认为改善的比率分别只有51%和45.65%，但主要因为有40%左右的人选择了“不清楚”。自由职业者认为政府官员“吃拿卡要”行为改善的比例为48.15%，比总样本低3.21个百分点。

房地产、建筑、信息文娱与制造业从业人员对政府行为改善的评价明显低于总体。信息、文体娱乐产业从业人员对政府官员在“不办事、推诿”和“吃拿卡要”改善的评价是最低的，分别只有42.15%和42.62%的人认为有改善，比总体分别低14.28个和8.73个百分点。房地产、建筑和金融行业从业人员对政府官员“搞形象工程”和“吃拿卡要”改善的评价最低，分别只有49.56%和50.99%的人认为这两项行为有所改善，其各项行为改善的评价均比总体低2～3个百分点。制造业从业人员认为政府官员“不办事、推诿”和“吃拿卡要”改善的比例分别为52.30%和48.77%，分别比总体低4.13和2.58个百分点。

收入水平未能提升的群体对政府服务的满意程度更低。低收入群体仍然是对政府服务不满意率最高的，入户调查显示其不满意的比例为15.43%，电话调查显示其不满意的比例为21.38%。收入下降也影响城乡居民对政府服务的评价。家庭年收入比上一年下降的群体，对政府服务表示满意的比例只有54.44%，比收入增长者低了13.43个百分点。家庭生活水平在上一年的基础上有所下降的群体，对政府服务表示满意的比例只有50.87%，比生活水平提升者低了20.26个百分点。这表明，居民收入和生活水平的提升仍然是改善居民对政府评价的关键。

（四）生活满意度越高对政府评价越高

表3.35给出了不同生活满意度组别对政府不同层面的评价。从中可以看出，民众的生活满意度与其对政府的评价有着十分明显的正相关关系，无论是对政府服务的评价、政府行为改善的评价、政府官员的评价还是对政府治理腐败的评价，都是生活满意度越高的组别其评价就越积极。比如，对生活很不满意的组别对政府服务的评价为“一般”，而很满意组的评价则为“基本满意”，评价得分比很不满意组高出了35%之多。就政府行为改善而言，很满意组对政府官员“搞形象工程”、“公款吃喝”、“吃拿卡要”、“不办事／推诿”、“脱离群众”等负面行为变动情况的评价介于“有所改善”和“明显改善”，而很不满意组的评价则介于“不变”和“有所改善”之间；就总体得分而言，很满意组对政府官员“搞形象工程”、“公款吃喝”、“吃拿卡要”、“不办事／推

诿”、“脱离群众”等负面行为变动情况的评价得分比很不满意组相应评价得分依次高出 13.70%、16.11%、14.42%、17.43%、16.82%。就对官员的总体评价而言，很满意组总体看法是“大多数官员是好的”，而很不满意组的总体看法则是“好坏各参半”；很满意组的总体得分比很不满意组的总体得分高出 21.50%。就对政府反腐败行动而言，很满意组的信心明显高于很不满意组，很满意组的信心分值比很不满意组的信心分值高出 13.10%。

表3.35　　不同生活满意度组别对政府的评价

		很不满意	不太满意	一般	基本满意	很满意
政府服务评价（1.31）		3.04	3.32	3.52	3.78	4.10
		（1.09）	（0.94）	（0.85）	（0.94）	
对政府行为改善的评价	搞形象工程	3.64	3.71	3.85	3.99	4.14
		（0.95）	（0.82）	（0.79）	（0.74）	（0.78）
	公款吃喝	3.73	3.93	4.02	4.16	4.33
		（0.95）	（0.83）	（0.76）	（0.74）	（0.76）
	吃拿卡要	3.75	3.84	3.96	4.11	4.29
		（0.91）	（0.85）	（0.77）	（0.74）	（0.78）
	不办事/推诿	3.54	3.64	3.82	3.97	4.16
		（0.98）	（0.92）	（0.85）	（0.82）	（0.86）
	脱离群众	3.57	3.66	3.82	3.99	4.17
		（1.00）	（0.93）	（0.86）	（0.83）	（0.87）
对官员的看法（0.86）		2.20	2.36	2.44	2.59	2.67
		（0.81）	（0.74）	（0.67）	（0.63）	
对政府反腐败的信心（1.22）		3.86	3.97	4.01	4.17	4.36
		（1.03）	（0.99）	（0.90）	（0.90）	

注：括号内数值为标准差。政府服务评价赋值为：1= 很不满意；2= 不太满意；3= 一般；4 = 基本满意；5= 很满意。政府行为改善评价的赋值：1= 严重恶化；2= 有所恶化；3= 不变；4= 有所改善；5= 明显改善。对官员看法的赋值：1= 大多数官员有问题；2= 好坏各参半；3= 大多数官员是好的。对政府反腐败信心的赋值：1 = 没有信心；2= 不太有信心；3= 一般；4= 比较有信心；5 = 非常有信心。

（执笔：程　郁　阮荣平*）

* 注：阮荣平，中国人民大学农业与农村发展学院。

第四章
民生指数分析报告

2014年，在前几年试编制的基础上，对民生指数指标体系进行了局部调整。民生指数仍包括居民生活、公共服务、公共安全和生态环境四个一级指标，每个一级指标又由若干个二级和三级指标经加权平均计算得出，整个指标体系包括18个二级指标、55个三级指标，指标体系的设计力求涵盖近年来党中央、国务院重要文件和“十二五”、“十三五”规划纲要所部署的以改善民生为重点的社会建设以及生态环境建设的主要领域。

民生招数各项指标的计算，根据指标的特性采用不同的标准化方法，所有指标经过标准化处理以后，其指标值均分布于60 ~ 100之间，100代表最高水平，60代表最低水平。三级指标加权平均得到二级指标，二级指标加权平均得到一级指标。得分数字越大，表示指标越优良。指标构成、数据来源和指标说明请参见附表4.1。

需要说明的是，我们在课题研究中，尽量选择能够涵盖主要民生领域、贴近群众直观感受的指标，但由于多方面的限制，部分拟采用的指标缺乏数据来源，因此目前的研究只是一个初步的结果，不能完全反映各省份的真实民生状况，也不完全体现公众的感受。请读者在使用研究结果时予以注意。具体来说，有这样几种情况：①部分指标没有数据来源。例如，在公共安全领域，群众感受最直接的指标应当包括治安案件、刑事案件发案率等，但这些指标暂时无法获取，目前只能采用万人交通事故死亡人数、万人火灾起数等指标，并不能完全体现当地公共安全状况。②一些指标受到统计方法的限制，并不能完全反映真实情况。例如，今年研究发现一些省份甲乙类传染病发病率上升，这既可能是由于发病率确实上升，也可能是由于完善疾病预防控制体系带来的。其他如万人均食品安全事件涉及人数等指标也有类似情况。③目前绝大多数指标是根据户籍人口或常住人口进行统计和测算的，并未考虑人口流动，特别是涉及医疗、教育等公共服务的指标，可能导致测算结果同群众真实感受偏离。④我国各省份之间自然条件、面积、人口相差很大，在公共安全和生态环境领域，一些指标使用的人均值或者单位面积值，也可能造成偏离真实感受。例如，使用万人均交通事故、万人均火灾起数等指标，会使得西部地广人稀的地区得分过低。一些西部地区，垃圾处理率、工业废物处理率不高，但由于环境容量大，事实上危害不如东部地区环境容量已饱和的地区。由于还缺乏以省份为单位的空气质量、水质量统计指标，因此只能采用废水、废气中主要污染物的数量近似表示空气和水的质量，也可能不完全符合公众的直观感受。如，西藏、贵州等省份自然环境优越，但农村自来水普及率、无害化卫生厕所普及率、生活垃圾无害化处理率等较低，导致生态环境总得分不尽符合人们对自然环境的直观感受。⑤由于统计指标有所滞后，2014 年度的研究使用的是 2014 年的统计年鉴，实际上反映的是 2013 年的情况。⑥部分指标使用的是比例值，同人们对绝对水平的直观感受也不一致。例如，北京市绝对收入和消费水平较高，但考虑到房价收入比较高等因素，就使得居民生活得分较低，这类指标在设置时就是为了体现各地经济社会协调发展的水平，经济发展水平高的地方，不一定经济社会协调发展水平就高。这些情况都会导致使用指标和人们的真实感受之间出现偏差。

现将 2014 年度民生水平指数测度的主要情况分析如下。第一部分介绍 2014 年度民生水平指数的基本情况。第二部分介绍数据体现的民生水平变化的总体趋势，我们发现，2013 年以来，我国居民生活持续改善，消费在经济增长中的拉动作用增大，就业数量不断增加，但就业质量下降。公共服务总体改善，医疗卫生和公共交通挑战较大，分级诊疗秩序建设进展不大。公共安全总体改善，但卫生安全和食品安全挑战较大。生态环境建设不断加强，但烟尘排放增长明显，值得注意。第三部分介绍分省份的主要特征。

一、2014 年民生水平指数基本情况

（一）民生水平指数测度结果

表 4.1 展示了 2014 年各省份民生水平指数以及一级指标的测度得分情况。按省份来看，2014 年民生水平指数得分较高的是北京、辽宁、黑龙江、上海、江苏、浙江、江西、海南、重庆、四川等省份（按行政区划代码排列）。得分处于中游水平的是天津、河北、内蒙古、福建、山东、河南、湖北、湖南、广东、西藏等省份（按行政区划代码排列）。得分较低的是山西、吉林、安徽、广西、贵州、云南、陕西、甘肃、青海、宁夏、新疆等省份（按行政区划代码排列）。

分一级指标来看，居民生活领域排名靠前的包括：上海、江苏、浙江、江西、山东、河南、湖南、广东、四川等；公共服务领域排名靠前的包括：北京、天津、内蒙古、辽宁、上海、江苏、重庆、西藏、青海等。公共安全领域排名靠前的包括：天津、黑龙江、上海、江苏、江西、山东、河南、湖北、四川等。生态环境领域排名靠前的包括：北京、辽宁、黑龙江、上海、江苏、浙江、江西、重庆、四川等（均按行政区划代码排列）。

表4.1　民生水平指数测度结果（2014年）

	居民生活	公共服务	公共安全	生态环境	总分
北京	79.4	82.8	92.5	92.4	85.8
天津	76.1	77.6	92.5	83.9	81.5
河北	79.4	73.7	94.8	80.1	80.6
山西	78.4	74.2	87.6	79.6	79.0
内蒙古	77.3	77.2	87.7	80.2	79.9

续表

	居民生活	公共服务	公共安全	生态环境	总分
辽宁	78.8	76.7	91.5	80.5	81.0
吉林	79.0	73.9	88.7	78.8	79.1
黑龙江	79.1	76.1	93.7	79.4	81.0
上海	80.1	82.8	93.2	82.4	84.1
江苏	81.3	76.8	92.7	87.6	83.3
浙江	82.7	75.6	87.7	92.9	83.3
安徽	79.5	73.3	91.5	79.9	79.8
福建	78.0	72.0	88.7	91.6	80.8
江西	81.4	71.9	95.0	85.2	81.6
山东	80.2	73.7	95.4	83.4	81.6
河南	80.2	73.1	96.1	78.3	80.5
湖北	78.8	73.7	93.9	83.0	80.9
湖南	82.1	71.7	92.5	81.6	80.4
广东	80.1	72.5	90.3	88.0	81.1
广西	78.7	70.8	89.4	83.3	79.0
海南	75.7	75.7	85.1	88.4	80.1
重庆	79.3	76.5	90.5	85.0	81.7
四川	79.9	73.4	93.7	83.0	81.0
贵州	79.8	72.7	92.6	79.2	79.7
云南	77.3	71.6	85.4	81.9	77.9
西藏	76.9	78.0	81.6	81.9	79.2
陕西	75.0	75.4	90.4	81.1	79.4
甘肃	77.5	75.8	84.8	76.7	78.2
青海	75.9	76.2	76.7	77.7	76.5
宁夏	79.5	72.6	79.8	81.5	77.5
新疆	77.6	72.4	75.2	81.1	76.0

（二）经济发展水平和民生水平指数的关系

为了分析经济发展水平和民生水平指数的关系，对 2014 年各省份的人均 GDP 和民生水平指数进行相关性分析（见图 4.1A ~图 4.1E）。结果表明，人均 GDP 和民生水平指数均呈正相关关系，人均 GDP 和民生水平指数之间的相关系数高达 0.4167，表明经济发展水平仍是决定民生发展水平的主要因素。但不同二级指标的相关性不同。相关性最大的为公共服务，相关系数为 0.4381，人民生活、公共安全、生态环境和人均 GDP 的相关性较低。其中，公共安全和生态环境受到自然条件等外部因素的影响较大。但人民生活和GDP的相关度低值得重视。按照常理推断，经济越发达的地方居民生活水平越高，这在指标体系中表现为居民人均可支配收入、恩格尔系数、居民人均消费支出等衡量生活水平绝对值的指标，东部地区领先。但是体现相对水平或内部差距的居民可支配收入／国内生产总值、城镇居民人均纯收入／农村居民人均可支配收入、居民最终消费支出／国内生产总值、正规部门就业职工占城镇就业总人口比例等指标，东部地区并不占优势，从而使得总体评价上，东西部地区的差距并不明显。这表明，在东部发达地区，消费驱动、共享发展的程度仍然有待进一步提高。

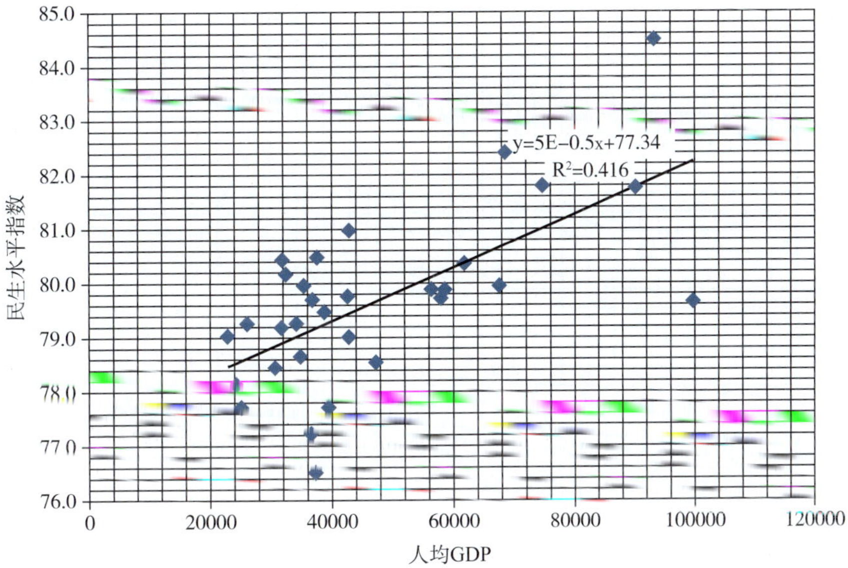

图4.1A　人均GDP和民生水平指数的关系

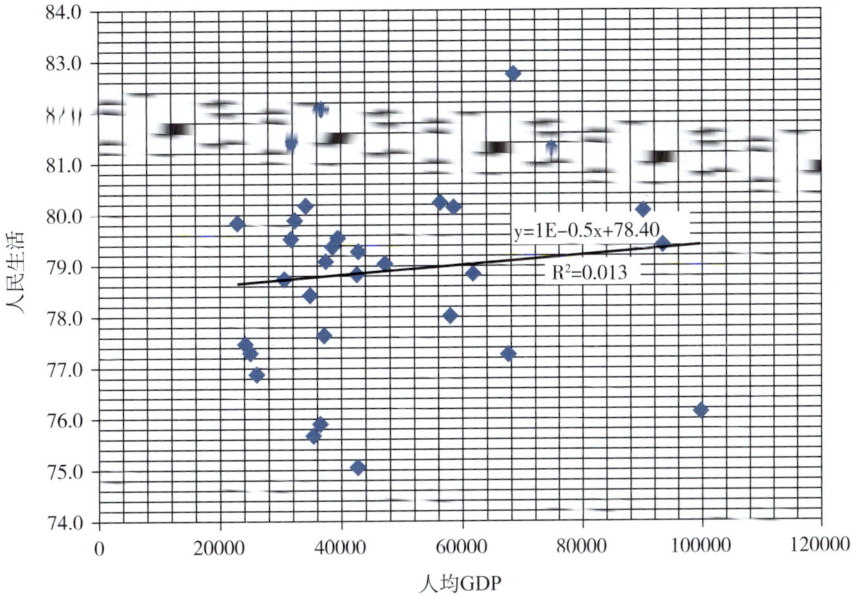

图4.1B　人均GDP和民生水平指数的关系（人民生活）

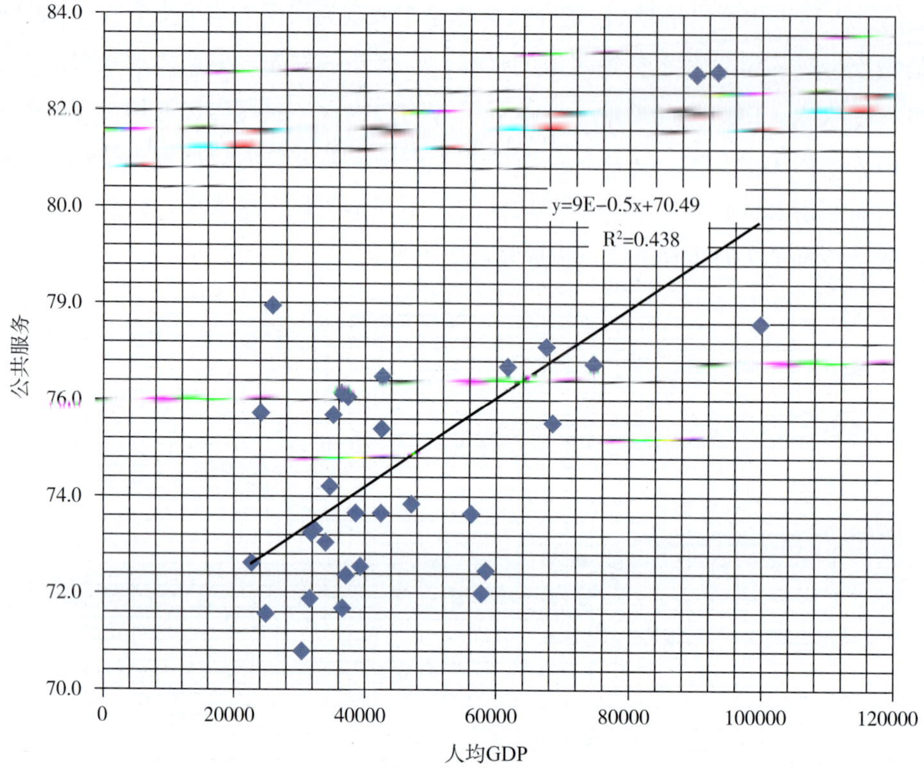

图4.1C　人均GDP和民生水平指数的关系（公共服务）

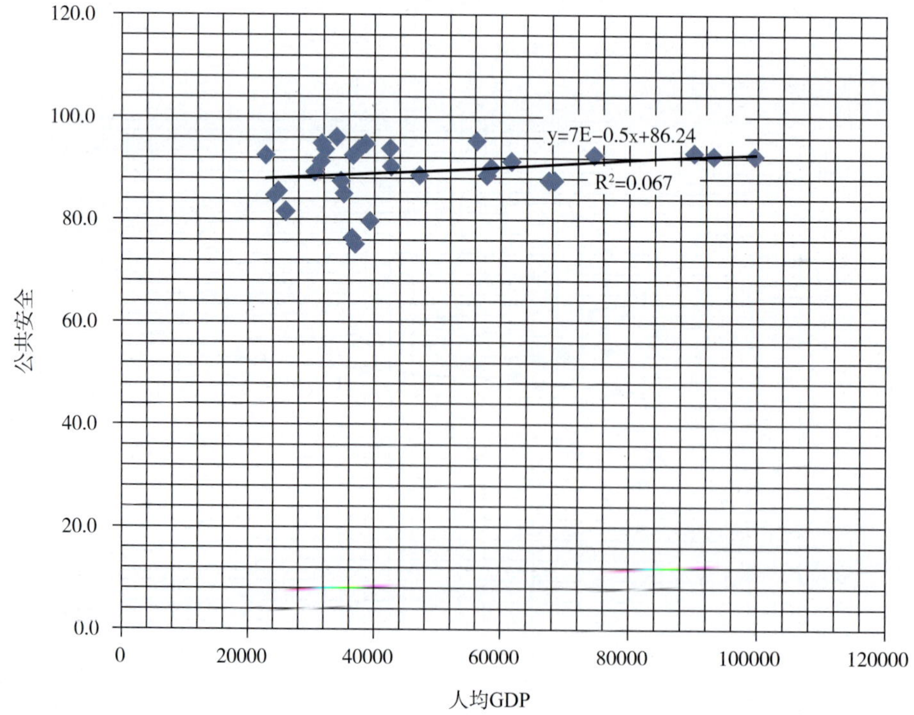

图4.1D　人均GDP和民生水平指数的关系（公共安全）

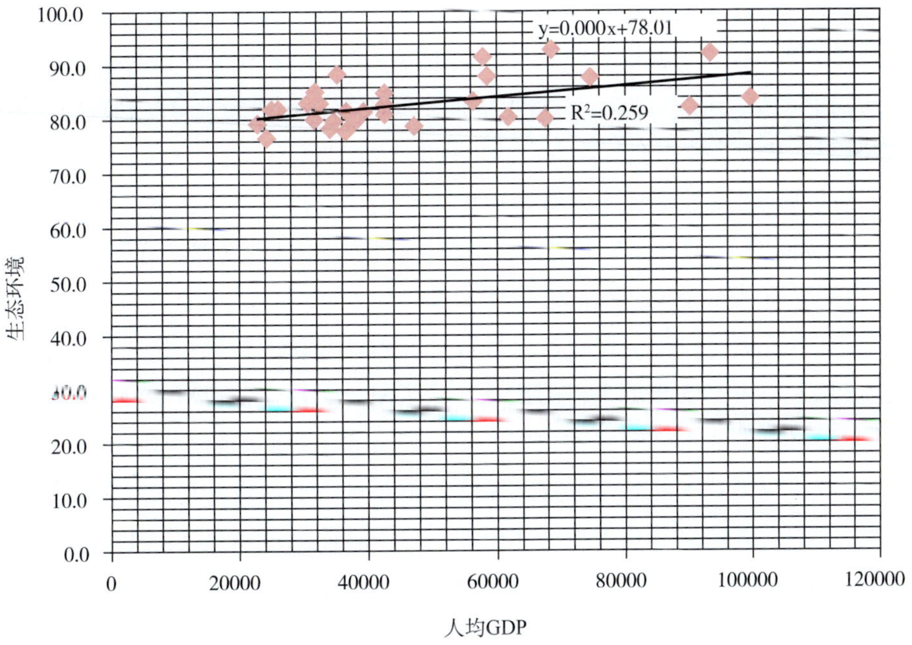

图4.1E 人均GDP和民生水平指数的关系（生态环境）

二、民生水平变化的总体趋势

为了衡量2014年度比2013年度民生水平改进的情况，我们通过比较各项三级指标2014年比2013年改进的情况，并统计了各项指标改进、保持不变或退步的分布情况。各项指标统计的改进情况如附表4.2。其中值得注意的一些特点如下。

（一）居民生活持续改善，但就业质量下降值得重视

各省份2014年度同2013年度相比，收入水平和收入分配呈现持续改善趋势，劳动者收入和消费对经济增长的驱动作用不断增强。但正规部门就业率、就业人员参加职工基本养老（医疗）保险的比例下降，就业质量下降的趋势值得重视。

收入水平方面，居民人均可支配收入、居民可支配收入占国内生产总值比例、城镇居民人均纯收入／农村居民人均可支配收入等三个指标，各省份均改善。恩格尔系数除内蒙古、安徽、山东、陕西四省上升外，其他各省份均改善，但这四省份的恩格尔系数本来已处于较低水平，上升不多。这表明，人民收入平稳增长、收入分配改善，是全国范围的普遍趋势。就业人员工资收入方面，城镇单位就业人员人均工资／人均GDP、私营个体就业人员人均工资／人均GDP分别有18个、30个省份上升，表明过去一段时间以来靠过度压低劳动力成本的发展方式正在得到扭转。不过，城镇单位就业人员人均工资／人均GDP的比例，仍有13个省份下降，这可能是由于经济下行导致正规部门就业减少、传统制造业等行业受冲击较大，而新业态的就业主要集

中在私营个体企业，增长速度较快。同时，也可能由于私营个体企业长期以来工资水平显著低于城镇单位，2014 年，各省份城镇单位职工平均工资 /GDP 的平均值为 119%，而私营个体就业人员平均工资 /GDP 的平均值为 72%，工资上涨的空间较大，在遇到人口红利减弱、劳动力供给增速下降的情况下，私营个体企业就业人员的工资上升空间较大。

消费方面，消费动力不断形成。各省份居民人均消费支出、居民最终消费支出 / 国内生产总值全部改善，表明内需拉动的增长方式正在形成，这些趋势是同宏观经济指标的变化一致的。

就业质量可能下降值得重视。我们选取正规部门就业职工占就业总人口比例、职业介绍成功率、城镇职工基本养老（医疗）保险参保人数 / 城镇就业总人数等指标来衡量就业质量。从总体上看，就业总人口占劳动年龄人口的比例，除了河北、福建、青海之外均在增加，但在正规部门就业的职工占总就业人口的比例均在下降，表明非正规部门就业成为近年来拉动就业的绝对主力。参加城镇职工基本养老（医疗）保险，是衡量就业质量和稳定性的重要内容。从各省份来看，参保人数 / 城镇就业总人数全部出现下降，表明就业质量实际上在下降。城镇登记失业人员就业率，有近半数省份出现下降，包括北京、天津、内蒙古、辽宁、福建、湖南、广西、海南、重庆、四川、贵州、云南、陕西、青海、宁夏、新疆。职业介绍成功率，大多数省份出现下降，只有河北、山西、黑龙江、上海、江苏、广东、重庆、四川、贵州、云南、甘肃、青海有所改进，表明就业形势日趋严峻。另外，城镇登记失业人员就业率、职业介绍成功率两个指标，分别有 15 个省份和 16 个省份出现下降，也表明就业压力增加。

根据国家统计局《2014 年农民工监测报告》也可印证，就业人员主体的农民工就业质量不高。外出农民工年从业时间平均为 10 个月，月从业时间平均为 25.3 天，日从业时间平均为 8.8 个小时，较上年变化不大。日从业时间超过 8 小时的农民工占 40.8%，较上年略有下降，但周从业时间超过 44 小时的农民工占 85.4%，比上年提高 0.7 个百分点。2014 年与雇主或单位签订了劳动合同的农民工比重为 38%，农民工“五险一金”的参保率分别为：工伤保险 26.2%、医疗保险 17.6%、养老保险 16.7%、失业保险 10.5%、生育保险 7.8%、住房公积金 5.5%。这些都表明，在经济增速下降的情况下，虽然工资有所上升，但是就业质量和稳定性可能下降，值得注意。

表4.2 居民生活三级指标改进情况分布

三级指标	改进的省份数	退步的省份数
居民人均可支配收入	31	0
居民人均可支配收入 / 人均国内生产总值	29	2
城镇居民人均纯收入 / 农村居民人均可支配收入	31	0
恩格尔系数	27	4
居民人均消费支出	31	0
居民最终消费支出 / 国内生产总值	23	8
城镇单位和私营个体就业总人口占劳动年龄人口的比例	28	3
正规部门就业职工占城镇单位就业总人口比例	0	31

续表

三级指标	改进的省份数	退步的省份数
城镇登记失业人员就业率	15	16
职业介绍成功率	12	19
城镇职工基本养老（医疗）保险参保人数 / 城镇就业总人数	0	31
城镇单位就业人员人均工资 / 人均GDP	18	13
私营个体就业人员人均工资 / 人均GDP	30	1

（二）公共服务总体改善，医疗卫生和公共交通挑战较大

教育水平保持稳定，但投入增速放缓。高中教育入学率除了北京之外均保持上升。北京2014年底比2013年略有下降，除了由于基数较高外，还可能是由于初中毕业后出国读书的人数增多而导致。不过，教育领域值得注意的是，教育支出占各省份财政一般预算支出的比例，除了天津、广东、贵州、西藏之外，其他省份均出现下降。生均财政教育支出，有河北、山西、辽宁、黑龙江、吉林、河南、湖北、湖南、重庆、四川、甘肃、青海等13个省份出现下降，值得引起重视（参见表4.3）。

考察生均财政教育支出下降的原因，河北、山西、辽宁、吉林、黑龙江、湖北、重庆、青海八省份是由于2013年财政教育支出低于2012年，导致生均财政教育支出下降，另外五省份的财政教育支出上升，但上升速度低于学生数增加速度，故出现生均财政教育支出下降。另外，在这些省份当中，四川、重庆、黑龙江是比较典型的人口流出省，生均财政教育支出下降可能也和人口流出有关。

表4.3　各省份财政教育支出变化情况

	财政教育支出（亿元）		教育支出占一般预算支出（%）		生均财政教育支出（万元）	
	2012年	2013年	2012年	2013年	2012年	2013年
北京	681.2	628.7	16.5	17.1	2.24	2.11
天津	461.4	378.7	18.1	17.7	2.22	1.94
河北	837.6	865.5	19.0	21.2	0.61	0.65
山西	542.4	558.0	17.9	20.2	0.73	0.82
内蒙古	456.9	440.0	12.4	12.8	1.16	1.16
辽宁	669.5	728.8	12.9	16.0	1.02	1.15
吉林	422.1	451.1	15.4	18.3	1.03	1.13
黑龙江	501.3	544.8	14.9	17.2	0.87	1.09
上海	679.5	649.0	15.0	15.5	2.34	2.27
江苏	1435.0	1350.6	18.4	19.2	1.10	1.04
浙江	950.1	877.9	20.1	21.1	0.97	0.90
安徽	736.6	717.9	16.9	18.1	0.64	0.63

续表

	财政教育支出（亿元）		教育支出占一般预算支出（%）		生均财政教育支出（万元）	
	2012年	2013年	2012年	2013年	2012年	2013年
福建	574.9	562.3	18.7	21.6	0.77	0.77
江西	664.5	622.1	19.1	20.6	0.64	0.62
山东	1399.7	1311.8	20.9	22.2	0.79	0.75
河南	1171.5	1106.5	21.0	22.1	0.49	0.50
湖北	690.6	732.4	15.8	19.5	0.71	0.77
湖南	809.5	807.6	17.3	19.6	0.67	0.67
广东	1744.6	1501.2	20.7	20.3	0.76	0.67
广西	609.9	589.2	19.0	19.7	0.57	0.55
海南	174.6	158.8	17.3	17.4	0.89	0.82
重庆	437.3	471.5	14.3	15.5	0.73	0.80
四川	1036.4	993.2	16.7	18.2	0.67	0.67
贵州	560.7	500.5	18.2	18.2	0.65	0.58
云南	686.0	674.8	16.7	18.9	0.73	0.74
西藏	107.2	94.5	10.6	10.4	1.75	1.55
陕西	710.1	703.3	19.4	21.2	0.90	0.92
甘肃	377.1	367.9	16.3	17.9	0.70	0.73
青海	121.5	171.8	9.9	14.8	1.06	1.53
宁夏	113.0	106.5	12.2	12.3	0.75	0.73
新疆	532.7	473.9	17.4	17.4	1.13	1.02

医疗卫生方面，主要是分级就诊秩序仍需加强。千人执业（助理）医师数，除了安徽、河南、广西、重庆、四川、贵州、甘肃之外，均保持增加。基层医疗机构／公立医院就诊人次数，增加和减少的省份相当。其中，增加的省份包括北京、天津、内蒙古、上海、福建、河南、广西、广东、海南、贵州、云南、西藏、陕西、宁夏、新疆等15个省份，表明这些地方分级转诊格局建设有所进展，其他省份患者趋向大医院的趋势更加突出。

社会保障和社会工作水平进展较快。职工基本养老保险养老金平均水平／城镇人均消费支出，有23个省份保持增加，只有河北、内蒙古、浙江、安徽、江西、海南、四川、陕西等8省份有所下降。农村居民最低生活保障标准／农村居民人均消费支出，全部31个省份都出现增长。每千人拥有社会服务床位数，除湖北之外其他省份均保持增长。千人社会工作者人数，全部省份均保持增长。社区服务设施覆盖率，除了黑龙江、上海、江西、河南、宁夏五省区之外，也均保持增长。

公共交通仍需加强。公共交通运营线路总长度／公路总里程，只有14个省份保持增长，包括天津、山西、内蒙古、吉林、上海、江苏、浙江、福建、山东、广西、重庆、四川、西藏、宁夏，其他省份均在下降。

表4.4　　公共服务三级指标改进情况分布

三级指标	改进的省份数	退步的省份数
普通高中入学率	30	1
万人均公共图书馆总流通人次	26	5
小学生师比	22	9
初中生师比	28	3
高中生师比	26	5
财政教育支出占比	4	27
生均财政教育支出	18	13
千人执业（助理）医师数	20	11
基层医疗机构 / 公立医院就诊人次数	15	16
职工基本养老保险养老金平均水平 / 城镇人均消费支出	23	8
社会保障和就业支出占一般预算支出比例	23	8
农村居民最低生活保障标准 / 农村居民人均消费支出	31	0
每千人拥有社会服务床位数	30	1
千人社会工作者人数	31	0
社区服务设施覆盖率	26	5
公共交通运营线路总长度 / 公路总里程	14	17

（三）卫生安全和食品安全挑战较大

公共安全领域，万人交通事故死亡人数，除了海南之外均有所改善。万人火灾起数则在全国各省份均呈现下降趋势。不过，甲乙类法定报告传染病发病率仍有 15 个省份出现增加，包括河北、山西、上海、安徽、福建、山东、湖南、广东、海南、重庆、云南、陕西、青海、宁夏、新疆等。万人食源性疾病患者数，有 14 个省份出现增长，包括河北、内蒙古、吉林、上海、湖北、广西、海南、重庆、贵州、云南、陕西、甘肃、宁夏、西藏等。但是，传染病发病率和食源性疾病报告患者数增加，既可能是由于实际增加，也可能是由于管理工作得到加强，上报人数增加（参见表 4.5）。

表4.5　　公共安全三级指标改进情况分布

三级指标	改进的省份数	退步的省份数
万人交通事故死亡人数	30	1
万人火灾起数	31	0
甲乙类法定报告传染病发病率	16	15
万人食源性疾病报告患者数	17	14

（四）烟尘排放增长明显，值得注意

在31个省份中，单位面积烟尘排放量有9个省份改善，包括北京、陕西、内蒙古、辽宁、上海、安徽、江西、广西、云南，其他22个省份出现增长。但其他污染物排放的总体趋势是改善的，单位面积二氧化硫、氮氧化物分别有28个和27个省份改善。生活垃圾无害化处理率有27个省份保持增长，仅天津、广西、青海、新疆下降。城市建成区绿化率有22个省份保持增长，吉林、江西、湖北、重庆、四川、云南、西藏、陕西、青海下降。农村自来水普及率、农村无害化卫生厕所普及率、农村生活污水处理率、农村生活垃圾无害化处理率均保持增长或稳定（参见表4.6）。

表4.6　　生态环境三级指标改进情况分布

三级指标	改进的省份数	退步的省份数
单位面积烟尘排放量	9	22
单位面积二氧化硫排放量	28	3
单位面积氮氧化物排放量	27	4
单位面积废水化学需氧量	19	12
生活垃圾无害化处理率	27	4
城市建成区绿化率	22	9

三、分省份的分析和建议

（一）各指标的方差分析

为了了解各指标的地区差距，我们计算了各指标得分的方差，结果如表4.7。各省份之间得分差距最大的指标依次是：①森林覆盖率；②农村自来水普及率；③城乡居民人均住房面积；④万人交通事故死亡人数；⑤农村生活垃圾无害化处理率；⑥社会保障和就业支出占一般预算支出比例；⑦城镇居民人均纯收入/农村居民人均可支配收入；⑧财政教育经费占比；⑨每千人拥有社会服务床位数；⑩基层医疗机构/公立医院就诊人次数；⑪就业总人口增长率；⑫农村无害化卫生厕所普及率；⑬工业危险废物处置率；⑭居民人均消费支出增长率；⑮小学生师比；⑯居民最终消费支出/国内生产总值；⑰正规部门就业职工占就业总人口比例；⑱劳动者平均工资/人均GDP；⑲生活垃圾无害化处理率；⑳农村生活污水处理率等。其中，一些指标是受自然条件影响显著的指标，如森林覆盖率、城乡居民人均住房面积、农村生活垃圾无害化处理率等。但大部分指标是可以通过主动工作进行改善的。

表4.7 各指标方差分析

指标名称	方差	指标名称	方差	指标名称	方差
居民人均可支配收入	82.6	小学生师比	104.5	万人交通事故死亡人数	134.8
居民人均可支配收入实际增长率	81.1	初中生师比	87.2	万人火灾起数	76.9
居民可支配收入／国内生产总值	68.9	高中生师比	91.1	亿元GDP生产安全事故死亡人数	88.2
城镇居民人均纯收入／农村居民人均可支配收入	118.1	财政教育经费占比	117.7	甲乙类法定报告传染病发病率	67.4
恩格尔系数	60.5	生均财政教育支出	74.7	万人食源性疾病	82.0
居民人均消费支出	71.9	千人执业（助理）医师数	25.1	单位面积烟尘排放量	64.9
居民人均消费支出增长率	104.6	各类医保基金支出／医疗机构业务总收入	69.4	单位面积二氧化硫排放量	64.0
居民最终消费支出／国内生产总值	99.4	基层医疗机构／公立医院就诊人次数	114.2	单位面积氮氧化物排放量	62.9
就业总人口占劳动年龄人口的比例	86.5	5岁以下儿童死亡率	72.6	单位面积废水化学需氧量	64.0
就业总人口增长率	111.2	职工基本养老保险养老金平均水平／城镇人均消费支出	69.6	生活垃圾无害化处理率	96.3
正规部门就业职工占就业总人口比例	96.5	城乡居民基本养老保险养老金平均水平／城乡人均消费支出	62.0	工业危险废物处置率	105.7
城镇登记失业人员就业率	48.7	社会保障和就业支出占一般预算支出比例	126.7	城市建成区绿化率	55.2
职业介绍成功率=职业介绍成功人数／登记求职人数	79.5	农村居民最低生活保障标准／农村居民人均消费支出	85.9	森林覆盖率	160.0
城镇职工基本养老（医疗）保险参保人数／城镇就业总人数	91.0	每千人拥有社会服务床位数	115.3	农村自来水普及率	156.4
劳动者平均工资/人均GDP	96.4	千人社会工作者人数	14.8	农村无害化卫生厕所普及率	110.7
城乡居民人均住房面积	138.6	社区服务设施覆盖率	85.5	农村生活污水处理率	93.6
家庭年收入／房价	79.2	交通拥挤度	90.8	农村生活垃圾无害化处理率	127.7
万人均公共图书馆总流通人次	70.6	公共交通运营线路总长度／公路总里程	64.7		

（二）各省份二级指标改进情况

为了进一步刻画各省份民生改善情况，我们进一步计算了各省份在居民生活、公共服务、公共安全、生态环境四个方面“改进或保持”指标的数量以及“退步”指标的数量，结果如表4.8。

由表4.8可知，2014年比2013年改进的指标最多的省份包括天津、上海、江苏、广东、西藏、北京、山西、浙江、福建、山东，全部省份的改进指标都超过退步的指标，表明总体上民生发展水平在显著改善。下面，分省份讨论以下各省较为突出的特点和问题。

表4.8　　各省份二级指标改进情况

	居民生活		公共服务		公共安全		生态环境		合计	
	改进或保持	退步	改进或保持	退步	改进或保持	退步	改进或保持	退步	改进或保持	退步
北京	9	4	10	5	4	0	12	0	35	9
天津	9	4	14	1	4	0	10	2	37	7
河北	10	3	7	9	2	2	11	1	30	15
山西	11	2	9	6	3	1	12	0	35	9
内蒙古	8	5	10	5	3	1	12	0	33	11
辽宁	9	4	7	8	4	0	12	0	32	12
吉林	10	3	8	7	3	1	9	3	30	14
黑龙江	11	2	6	10	4	0	11	1	32	13
上海	11	2	11	4	2	2	12	0	36	8
江苏	11	2	11	4	4	0	10	2	36	8
浙江	10	3	10	5	4	0	10	2	34	10
安徽	9	4	8	7	3	1	12	0	32	12
福建	8	5	12	3	3	1	11	1	34	10
江西	10	3	8	8	4	0	11	1	33	12
山东	9	4	11	4	3	1	11	1	34	10
河南	10	3	7	8	4	0	11	1	32	12
湖北	10	3	7	9	3	1	10	2	30	15
湖南	9	4	10	6	3	1	11	1	33	12
广东	11	2	11	4	3	1	11	1	36	8
广西	9	4	11	4	3	1	10	2	33	11
海南	9	4	8	8	1	3	11	1	29	16
重庆	10	3	9	6	2	2	10	2	31	13
四川	10	3	8	7	4	0	10	2	32	12
贵州	9	4	10	5	3	1	11	1	33	11
云南	10	4	10	5	2	2	11	1	33	12
西藏	10	4	14	1	4	0	8	4	36	9
陕西	8	5	8	8	2	2	9	3	27	18
甘肃	11	2	7	8	3	1	11	1	32	12
青海	9	4	8	7	3	1	7	5	27	17
宁夏	9	4	11	4	2	2	10	2	32	12
新疆	9	4	9	7	2	2	8	4	28	17

①北京市。北京市在公共服务和生态环境方面得分较高，其中公共服务得分排在全国第一。居民生活得分较低，排在全国第13位，和首都地位还不相称，需要积极改善，主要是家庭年收入/房价（全国最后一位）、劳动者平均工资/人均GDP、居民人均消费支出增长率等指标排名较为靠后。2014年同2013年相比下降的指标包括：正规部门就业职工占就业总人口比例、城镇

登记失业人员就业率、职业介绍成功率、城镇职工基本养老（医疗）保险参保人数 / 城镇就业总人数、财政教育经费占比、公共交通运营线路总长度 / 公路总里程、高中入学率、小学生师比、社会保障和就业支出占一般预算支出比例。

②天津市。天津市排在全国靠后位置的指标包括：居民人均可支配收入实际增长率、居民可支配收入 /GDP、居民最终消费 /GDP 等，体现的是在 GDP 高速增长的情况下，共享发展和消费驱动的力度还不够。2014 年同 2013 年比下降的指标包括：正规部门就业职工占就业总人口比例、城镇登记失业人员就业率、职业介绍成功率、城镇职工基本养老（医疗）保险参保人数 / 城镇就业总人数、单位面积烟尘排放量、生活垃圾无害化处理率、小学生师比、初中生师比。

③河北省。河北省在全部指标中得分靠后的包括就业总人口占劳动年龄人口的比例、就业总人口增长率、生均财政教育支出、基层医疗机构 / 公立医院就诊人次数等，需要在就业、教育、医疗卫生方面加强投入。2014 年比 2013 年退步的指标包括：就业总人口占劳动年龄人口的比例、正规部门就业职工占就业总人口比例、城镇职工基本养老（医疗）保险参保人数 / 城镇就业总人数、财政教育经费占比、生均财政教育支出、基层医疗机构 / 公立医院就诊人次数、职工基本养老保险养老金平均水平 / 城镇人均消费支出、基层医疗机构 / 公立医院就诊人次数、职工基本养老保险养老金平均水平 / 城镇人均消费支出、甲乙类法定报告传染病发病率、万人食源性疾病、单位面积烟尘排放量。

④山西省。山西省在全部指标中得分靠后的包括：居民人均消费支出增长率、千人社会工作者人数、社区服务设施覆盖率、农村生活污水处理率等。需要重视加强消费、社会工作。2014 年比 2013 年退步的指标包括：正规部门就业职工占就业总人口比例、城镇职工基本养老（医疗）保险参保人数 / 城镇就业总人数、财政教育经费占比、生均财政教育支出、基层医疗机构 / 公立医院就诊人次数、甲乙类法定报告传染病发病率。

⑤内蒙古自治区。内蒙古自治区在全部指标中得分靠后的指标包括：居民可支配收入 / 国内生产总值、劳动者平均工资 / 人均 GDP、千人社会工作者人数、社区服务设施覆盖率、公共交通运营线路总长度 / 公路总里程农村生活污水处理率、农村生活垃圾无害化处理率等。需要着重加强收入、劳动就业、农村环境等。2014 年比 2013 年退步的指标包括：恩格尔系数、正规部门就业职工占就业总人口比例、城镇登记失业人员就业率、职业介绍成功率、城镇职工基本养老（医疗）保险参保人数 / 城镇就业总人数、财政教育经费占比万人食源性疾病、职工基本养老保险养老金平均水平 / 城镇人均消费支出、基层医疗机构 / 公立医院就诊人次数、社会保障和就业支出占一般预算支出比例。

⑥辽宁省。在全部指标中得分靠后的指标包括：劳动者平均工资 / 人均 GDP、基层医疗机构 / 公立医院就诊人次数、公共交通运营线路总长度 / 公路总里程、农村生活污水处理率等，需要着重加强劳动就业、基层医疗卫生和公共交通。2014 年比 2013 年退步的指标包括：正规部门就业职工占就业总人口比例、城镇登记失业人员就业率、职业介绍成功率、城镇职工基本养老（医疗）保险参保人数 / 城镇就业总人数、财政教育经费占比、生均财政教育支出、基层医疗机构 / 公立医院就诊人次数公共交通运营线路总长度 / 公路总里程、万人均公共图书馆总流通人次。

⑦吉林省。在全部指标中得分靠后的指标包括：各类医保基金支出／医疗机构业务总收入、基层医疗机构／公立医院就诊人次数、职工基本养老保险养老金平均水平／城镇人均消费支出、公共交通运营线路总长度／公路总里程、工业危险废物处置率、农村无害化卫生厕所普及率、农村生活污水处理率等，需要着重加强医疗保障、基层医疗、养老保险、公共交通和农村卫生等。2014年比2013年退步的指标包括：正规部门就业职工占就业总人口比例、职业介绍成功率、城镇职工基本养老（医疗）保险参保人数／城镇就业总人数、基层医疗机构／公立医院就诊人次数、万人食源性疾病、单位面积烟尘排放量、单位GDP烟尘排放量、城市建成区绿化率等。

⑧黑龙江省。在全部指标中得分靠后的指标包括：基层医疗机构／公立医院就诊人次数、千人社会工作者人数、公共交通运营线路总长度／公路总里程、农村无害化卫生厕所普及率、农村生活污水处理率、农村生活垃圾无害化处理率等。需要着重加强基层医疗、社会工作、农村卫生等。2014年比2013年退步的指标包括：万人均公共图书馆总流通人次、财政教育经费占比、生均财政教育支出、基层医疗机构／公立医院就诊人次数、社区服务设施覆盖率、公共交通运营线路总长度／公路总里程、单位面积烟尘排放量等。

⑨上海市。在全部指标中得分靠后的指标包括：居民人均可支配收入实际增长率、居民人均消费支出增长率、正规部门就业职工占就业总人口比例、职工基本养老保险养老金平均水平／城镇人均消费支出交通拥挤度、单位面积烟尘、二氧化硫、氮氧化物排放量等，但最后几个环境方面的指标主要是由于上海地域面积较小、故单位面积排放量较大而造成的。2014年比2013年退步的指标包括：正规部门就业职工占就业总人口比例、城镇职工基本养老（医疗）保险参保人数／城镇就业总人数、小学生师比、财政教育经费占比、社会保障和就业支出占一般预算支出比例、社区服务设施覆盖率、甲乙类法定报告传染病发病率、万人食源性疾病感染人数等。

⑩江苏省。在全部指标中得分靠后的指标包括：正规部门就业职工占就业总人口比例、城镇职工基本养老（医疗）保险参保人数、正规部门就业职工占就业总人口比例，需要着重加强就业质量。2014年比2013年退步的指标包括：职工基本养老保险养老金平均水平／城镇人均消费支出、小学生师比、财政教育经费占比、居民最终消费支出／国内生产总值、基层医疗机构／公立医院就诊人次数、单位面积烟尘排放量等。

⑪浙江省。在全部指标中得分靠后的指标包括：正规部门就业职工占就业总人口比例、劳动者平均工资/人均GDP、小学生师比、职工基本养老保险养老金平均水平／城镇人均消费支出、万人交通事故死亡人数等。需要着重加强就业质量、小学教育、交通安全等。2014年比2013年退步的指标包括：正规部门就业职工占就业总人口比例、城镇职工基本养老（医疗）保险参保人数／城镇就业总人数、财政教育经费占比、基层医疗机构／公立医院就诊人次数、单位面积烟尘排放量、职业介绍成功率、初中生师比、职工基本养老保险养老金平均水平／城镇人均消费支出等。

⑫安徽省。在全部指标中得分靠后的指标包括：居民人均消费支出增长率、就业总人口占劳动年龄人口的比例、生均财政教育支出千人执业（助理）医师数、农村自来水普及率、农村生活污水处理率等。需要着重加强消费、就业、教育、农村卫生等。2014年比2013年退步的指标包括：正规部门就业职工占就业总人口比例、城镇职工基本养老（医疗）保险参保人数／城镇就

业总人数、财政教育经费占比、基层医疗机构 / 公立医院就诊人次数、职业介绍成功率、职工基本养老保险养老金平均水平 / 城镇人均消费支出、小学生师比、居民最终消费支出 / 国内生产总值、甲乙类法定报告传染病发病率、恩格尔系数、城镇单位职工平均工资 / 人均 GDP、千人执业（助理）医师数、公共交通运营线路总长度 / 公路总里程等。

⑬福建省。在全部指标中得分靠后的指标包括：就业总人口增长率、正规部门就业职工占就业总人口比例、社会保障和就业支出占一般预算支出比例、社区服务设施覆盖率。需要着重加强就业和社会工作。2014 年比 2013 年退步的指标包括：正规部门就业职工占就业总人口比例、城镇职工基本养老（医疗）保险参保人数 / 城镇就业总人数、财政教育经费占比、职业介绍成功率、小学生师比、居民最终消费支出 / 国内生产总值、甲乙类法定报告传染病发病率、城镇单位职工平均工资 / 人均 GDP、单位面积烟尘排放量、社会保障和就业支出占一般预算支出比例、就业总人口占劳动年龄人口的比例、城镇登记失业人员就业率等。

⑭江西省。在全部指标中得分靠后的指标包括：小学生师比、高中生师比、生均财政教育支出、千人执业（助理）医师数、职工基本养老保险养老金平均水平 / 城镇人均消费支出、千人社会工作者人数、社区服务设施覆盖率等，需要着重加强就业和社会工作。2014 年比 2013 年退步的指标包括：正规部门就业职工占就业总人口比例、城镇职工基本养老（医疗）保险参保人数 / 城镇就业总人数、财政教育经费占比、职业介绍成功率、居民最终消费支出 / 国内生产总值、城镇单位职工平均工资 / 人均 GDP、基层医疗机构 / 公立医院就诊人次数、职工基本养老保险养老金平均水平 / 城镇人均消费支出、公共交通运营线路总长度 / 公路总里程、社区服务设施覆盖率、高中生师比、城市建成区绿化率等。

⑮山东省。在全部指标中得分靠后的指标包括：千人社会工作者人数、工业危险废物处置率等。2014 年比 2013 年退步的指标包括：正规部门就业职工占就业总人口比例、城镇职工基本养老（医疗）保险参保人数 / 城镇就业总人数、财政教育经费占比、职业介绍成功率、基层医疗机构 / 公立医院就诊人次数、高中生师比、甲乙类法定报告传染病发病率、单位面积烟尘排放量、恩格尔系数等。

⑯河南省。在全部指标中得分靠后的指标包括：就业总人口占劳动年龄人口的比例、小学生师比、生均财政教育支出、千人执业（助理）医师数、农村生活污水处理率等，需要着重加强就业、基础教育和农村卫生。2014 年比 2013 年退步的指标包括：正规部门就业职工占就业总人口比例、城镇职工基本养老（医疗）保险参保人数 / 城镇就业总人数、财政教育经费占比、职业介绍成功率、单位面积烟尘排放量、城镇单位职工平均工资 / 人均 GDP、公共交通运营线路总长度 / 公路总里程、社区服务设施覆盖率、千人执业（助理）医师数、生均财政教育支出等。

⑰湖北省。在全部指标中得分靠后的指标包括：千人社会工作者人数等，其他指标得分较为均衡。2014 年比 2013 年退步的指标包括：正规部门就业职工占就业总人口比例、城镇职工基本养老（医疗）保险参保人数 / 城镇就业总人数、财政教育经费占比、职业介绍成功率、单位面积烟尘排放量、城镇单位职工平均工资 / 人均 GDP、公共交通运营线路总长度 / 公路总里程、生均财政教育支出、基层医疗机构 / 公立医院就诊人次数、居民最终消费支出 / 国内生产总值、

城市建成区绿化率、万人食源性疾病感染人数、每千人拥有社会服务床位数等。

⑱湖南省。在全部指标中得分靠后的指标包括：小学生师比、生均财政教育支出、职工基本养老保险养老金平均水平／城镇人均消费支出、农村居民最低生活保障标准／农村居民人均消费支出、农村生活污水处理率等。着重需要加强基础教育、养老和社会保障。2014 年比 2013 年退步的指标包括：正规部门就业职工占就业总人口比例、城镇职工基本养老（医疗）保险参保人数／城镇就业总人数、财政教育经费占比、职业介绍成功率、单位面积烟尘排放量、城镇单位职工平均工资／人均 GDP、公共交通运营线路总长度／公路总里程、生均财政教育支出、基层医疗机构／公立医院就诊人次数、高中生师比、甲乙类法定报告传染病发病率、城镇登记失业人员就业率、初中生师比等。

⑲广东省。在全部指标中得分靠后的指标包括：居民人均消费支出增长率、正规部门就业职工占就业总人口比例、各类医保基金支出／医疗机构业务总收入、职工基本养老保险养老金平均水平／城镇人均消费支出、每千人拥有社会服务床位数，需要着重加强消费、提高就业质量。2014 年比 2013 年退步的指标包括：正规部门就业职工占就业总人口比例、城镇职工基本养老（医疗）保险参保人数／城镇就业总人数、单位面积烟尘排放量、城镇单位职工平均工资／人均 GDP、公共交通运营线路总长度／公路总里程、甲乙类法定报告传染病发病率等。

⑳广西壮族自治区。在全部指标中得分靠后的指标包括：就业总人口占劳动年龄人口的比例、小学生师比、生均财政教育支出、高中生师比、千人执业（助理）医师数、城乡居民基本养老保险养老金平均水平／城乡人均消费支出等，需要着重加强就业、基础教育和社会保障。2014 年比 2013 年退步的指标包括：正规部门就业职工占就业总人口比例、城镇职工基本养老（医疗）保险参保人数／城镇就业总人数、财政教育经费占比、职业介绍成功率、城镇登记失业人员就业率、千人执业（助理）医师数、居民最终消费支出／国内生产总值、万人食源性疾病感染人数、小学生师比、单位面积氮氧化物排放量、单位面积废水化学需氧量、生活垃圾无害化处理率等。

㉑海南省。在全部指标中得分靠后的指标包括：每千人拥有社会服务床位数、千人社会工作者人数，其他得分较为均衡。2014 年比 2013 年退步的指标包括：正规部门就业职工占就业总人口比例、城镇职工基本养老（医疗）保险参保人数／城镇就业总人数、财政教育经费占比、职业介绍成功率、城镇登记失业人员就业率、万人食源性疾病感染人数、单位面积废水化学需氧量、单位面积烟尘排放量、公共交通运营线路总长度／公路总里程、甲乙类法定报告传染病发病率、职工基本养老保险养老金平均水平／城镇人均消费支出、社会保障和就业支出占一般预算支出比例、万人均公共图书馆总流通人次、万人交通事故死亡人数。

㉒重庆市。在全部指标中得分靠后的指标包括：高中生师比、千人执业（助理）医师数、职工基本养老保险养老金平均水平／城镇人均消费支出、千人社会工作者人数等，需要着重加强养老、社会工作、医疗等。2014 年比 2013 年退步的指标包括：正规部门就业职工占就业总人口比例、城镇职工基本养老（医疗）保险参保人数／城镇就业总人数、财政教育经费占比、城镇登记失业人员就业率、万人食源性疾病感染人数、单位面积废水化学需氧量、单位面积烟尘排放量、甲乙类法定报告传染病发病率、千人执业（助理）医师数、小学生师比、生均财政教育

支出、基层医疗机构／公立医院就诊人次数、城市建成区绿化率等。

㉓四川省。在全部指标中得分靠后的指标包括：生均财政教育支出、职工基本养老保险养老金平均水平／城镇人均消费支出等，其他指标得分较为均衡。2014年比2013年退步的指标包括：正规部门就业职工占就业总人口比例、城镇职工基本养老（医疗）保险参保人数／城镇就业总人数、财政教育经费占比、城镇登记失业人员就业率、单位面积废水化学需氧量、单位面积烟尘排放量、千人执业（助理）医师数、基层医疗机构／公立医院就诊人次数、城市建成区绿化率、职工基本养老保险养老金平均水平／城镇人均消费支出等。

㉔贵州省。在全部指标中得分靠后的指标包括：居民人均可支配收入、城镇居民人均纯收入／农村居民人均可支配收入、就业总人口占劳动年龄人口的比例、初中生师比、高中生师比、生均财政教育支出、千人执业（助理）医师数、工业危险废物处置率、农村生活污水处理率。需要着重加强扶贫开发、基础教育、基本医疗、农村环境等。2014年比2013年退步的指标包括：正规部门就业职工占就业总人口比例、城镇职工基本养老（医疗）保险参保人数／城镇就业总人数、城镇登记失业人员就业率、单位面积废水化学需氧量、单位面积烟尘排放量、千人执业（助理）医师数、万人食源性疾病感染人数、公共交通运营线路总长度／公路总里程、居民最终消费支出／国内生产总值、城镇单位职工平均工资／人均GDP、居民可支配收入／国内生产总值、私营个体就业者收入／人均GDP。

㉕云南省。在全部指标中得分靠后的指标包括：城镇居民人均纯收入／农村居民人均可支配收入、千人执业（助理）医师数、每千人拥有社会服务床位数、千人社会工作者人数、社区服务设施覆盖率、农村生活污水处理率等，需要着重加强城乡协调发展、医疗、社会工作等。2014年比2013年退步的指标包括：正规部门就业职工占就业总人口比例、城镇职工基本养老（医疗）保险参保人数／城镇就业总人数、城镇登记失业人员就业率、单位面积废水化学需氧量、万人食源性疾病感染人数、公共交通运营线路总长度／公路总里程、居民最终消费支出／国内生产总值、城镇单位职工平均工资／人均GDP、居民可支配收入／国内生产总值、财政教育经费占比、城市建成区绿化率、甲乙类法定报告传染病发病率、生均财政教育支出等。

㉖西藏自治区。在全部指标中得分靠后的指标包括：居民人均可支配收入、恩格尔系数、居民人均消费支出、城镇职工基本养老（医疗）保险参保人数／城镇就业总人数、财政教育经费占比、千人执业（助理）医师数、5岁以下儿童死亡率、社会保障和就业支出占一般预算支出比例、千人社会工作者人数、社区服务设施覆盖率、万人交通事故死亡人数、亿元GDP生产安全事故死亡人数等，需要着重加强基本公共服务均等化。2014年比2013年退步的指标包括：正规部门就业职工占就业总人口比例、城镇职工基本养老（医疗）保险参保人数／城镇就业总人数、单位面积废水化学需氧量、城市建成区绿化率、单位面积烟尘排放量、小学生师比、职业介绍成功率、社会保障和就业支出占一般预算支出比例、单位面积氮氧化物排放量、高中生师比、单位面积二氧化硫排放量等。

㉗陕西省。在全部指标中得分靠后的指标包括：基层医疗机构／公立医院就诊人次数、千人社会工作者人数、社区服务设施覆盖率、农村自来水普及率、农村生活污水处理率等。需要

着重加强基层医疗、社会工作和农村环境。2014 年比 2013 年退步的指标包括：正规部门就业职工占就业总人口比例、城镇职工基本养老（医疗）保险参保人数 / 城镇就业总人数、单位面积废水化学需氧量、城镇单位职工平均工资 / 人均 GDP、城市建成区绿化率、单位面积烟尘排放量、职业介绍成功率、城镇登记失业人员就业率、万人食源性疾病感染人数、公共交通运营线路总长度 / 公路总里程、财政教育经费占比、甲乙类法定报告传染病发病率、生均财政教育支出、职工基本养老保险养老金平均水平 / 城镇人均消费支出、恩格尔系数等。

㉘甘肃省。在全部指标中得分靠后的指标包括：居民人均可支配收入、城镇居民人均纯收入 / 农村居民人均可支配收入、就业总人口占劳动年龄人口的比例、城乡居民人均住房面积、千人社会工作者人数、生活垃圾无害化处理率、农村生活污水处理率。需要着重加强收入和就业、社会工作、农村环境等。2014 年比 2013 年退步的指标包括：正规部门就业职工占就业总人口比例、城镇职工基本养老（医疗）保险参保人数 / 城镇就业总人数、单位面积废水化学需氧量、单位面积烟尘排放量、万人食源性疾病感染人数、公共交通运营线路总长度 / 公路总里程、财政教育经费占比、生均财政教育支出、千人执业（助理）医师数、基层医疗机构 / 公立医院就诊人次数。

㉙青海省。在全部指标中得分靠后的指标包括：居民人均可支配收入、就业总人口增长率、城乡居民人均住房面积、财政教育经费占比、农村无害化卫生厕所普及率、农村生活污水处理率、农村生活垃圾无害化处理率等，需要着重加强收入就业、教育、农村环境等。2014 年比 2013 年退步的指标包括：正规部门就业职工占就业总人口比例、城镇职工基本养老（医疗）保险参保人数 / 城镇就业总人数、单位面积废水化学需氧量、单位面积烟尘排放量、公共交通运营线路总长度 / 公路总里程、财政教育经费占比、生均财政教育支出、基层医疗机构 / 公立医院就诊人次数、城市建成区绿化率、城镇登记失业人员就业率、甲乙类法定报告传染病发病率、社会保障和就业支出占一般预算支出比例、单位面积氮氧化物排放量、单位面积二氧化硫排放量、就业总人口占劳动年龄人口的比例、生活垃圾无害化处理率。

㉚宁夏回族自治区。在全部指标中得分靠后的指标包括：就业总人口增长率、农村居民最低生活保障标准 / 农村居民人均消费支出、每千人拥有社会服务床位数、千人社会工作者人数、万人火灾起数等，需要着重加强劳动就业、社会工作。2014 年比 2013 年退步的指标包括：正规部门就业职工占就业总人口比例、城镇职工基本养老（医疗）保险参保人数 / 城镇就业总人数、单位面积废水化学需氧量、单位面积烟尘排放量、财政教育经费占比、城镇登记失业人员就业率、甲乙类法定报告传染病发病率、万人食源性疾病感染人数、城镇单位职工平均工资 / 人均 GDP、职业介绍成功率、高中生师比、社区服务设施覆盖率。

㉛新疆维吾尔自治区。在全部指标中得分靠后的指标包括：居民人均可支配收入、城乡居民人均住房面积、千人社会工作者人数、甲乙类法定报告传染病发病率、工业危险废物处置率、森林覆盖率、农村生活污水处理率，需要着重加强就业和收入、环境治理、农村环境等。2014 年比 2013 年退步的指标包括：正规部门就业职工占就业总人口比例、城镇职工基本养老（医疗）保险参保人数 / 城镇就业总人数、单位面积废水化学需氧量、单位面积烟尘排放量、财政教育经费占比、城镇登记失业人员就业率、甲乙类法定报告传染病发病率、万人食源性疾病感染人数、

职业介绍成功率、公共交通运营线路总长度／公路总里程、单位面积氮氧化物排放量、单位面积二氧化硫排放量、生活垃圾无害化处理率、万人均公共图书馆总流通人次等。

附表 4.1　中国民生指数指标体系和数据说明

（一）居民生活（25%）

二级指标	序号	三级指标	权重	全国平均值	数据来源和说明
收入状况【25%】	1	居民人均可支配收入（元）	1/3	18533.9	城镇居民人均可支配收入：2014年《中国统计年鉴》表6-21； 农村居民人均纯收入：2014年《中国统计年鉴》表6-25； 城镇人口：2014年《中国统计年鉴》表2.7； 农村人口：2014年《中国统计年鉴》表2.7； 分地区人均GDP：2014年《中国统计年鉴》表3.15； 2013年度数据来源于2013年《中国统计年鉴》相应表格。由城镇和农村人口为权重，对城乡居民收入进行加权，得出居民人均可支配收入，并计算有关指标
	2	居民人均可支配收入实际增长率（%）	1/6	11.8	
	3	居民人均可支配收入／人均国内生产总值（%）	1/6	40.5	
	4	城镇居民人均纯收入／农村居民人均可支配收入（%）	1/3	2.81	
消费水平【25%】	5	恩格尔系数（%）	1/4	0.36	恩格尔系数=城乡居民食品消费支出/城乡居民消费现金总支出，联合国根据恩格尔系数的大小，对世界各国的生活水平有一个划分标准，即一个国家平均家庭恩格尔系数大于60%为贫穷；50%～60%为温饱；40%～50%为小康；30%～40%属于相对富裕；20%～30%为富足；20%以下为极其富裕。其中，城镇居民人均消费支出来源于2014年《中国统计年鉴》表6-23，农村居民人均消费支出来源于2014年《中国统计年鉴》表6-27；2013年度数据来源于2013年《中国统计年鉴》相应表格
	6	居民人均消费支出（元）	1/4	12747.0	城镇居民人均消费支出来源于2014年《中国统计年鉴》表6-23，农村居民人均消费支出来源于2014年《中国统计年鉴》表6-27；2013年度数据来源于2013年《中国统计年鉴》相应表格，并根据城乡人口数进行加权平均
	7	居民人均消费支出增长率（%）	1/4	10.8	
	8	居民最终消费支出／国内生产总值（%）	1/4	28.1	城镇居民人均消费支出来源于2014年《中国统计年鉴》表6-23，农村居民人均消费支出来源于2014年《中国统计年鉴》表6-27；分地区人均GDP：2014年《中国统计年鉴》表3.15，2013年度数据来源于2013年《中国统计年鉴》相应表格

续表

二级指标	序号	三级指标	权重	全国平均值	数据来源和说明
就业状况【25%】	9	城镇单位和私营个体就业总人口占劳动年龄人口的比例（%）	1/10	48.3	城镇单位和私营个体就业总人口来源于2014年《中国统计年鉴》表4-5，劳动年龄人口数来源于2014年中国统计年鉴表2.11，15～64岁人口数。劳动年龄人口一般指法律规定的成年人口减去法定退休年龄的人员以后的人口总数。国际上一般把15~64岁列为劳动年龄人口，我国规定男子16～60周岁，女子为16～55周岁，这部分人口被视为劳动年龄人口。但由于没有专门的劳动年龄人口统计数据，故用15～64岁人口数代替
	10	就业总人口增长率（%）	1/10	11.6	城镇单位和私营个体就业总人口来源于2014年《中国统计年鉴》表4-5，2013年度数据来源于2013年《中国统计年鉴》相应表格
	11	正规部门就业职工占城镇单位就业总人口比例（%）	1/10	42.5	正规部门就业职工占就业总人口比例是衡量就业质量的重要指标，其中城镇单位和私营个体就业总人口来源于2014年《中国统计年鉴》表4-5，正规部门就业职工人口来源于中国劳动统计年鉴4-2
	12	城镇登记失业人员就业率（%）	1/10	58.1	城镇登记失业人员就业率根据城镇登记失业人员数和城镇登记失业人员就业数测算。其中，城镇登记失业人员数和城镇登记失业人员就业数来源于2014年、2013年中国劳动统计年鉴2-3
	13	职业介绍成功率（%）	1/10	48.7	职业介绍成功率=职业介绍成功人数／登记求职人数，用以衡量职业介绍服务质量。其中，职业介绍成功人数和登记求职人数来源于2014年《中国劳动统计年鉴》表2.5
	14	城镇职工基本养老（医疗）保险参保人数／城镇就业总人数（%）	1/4	12.1	城镇职工基本保险参保率用以衡量就业质量。其中，城镇就业总人数来源于中国劳动统计年鉴表3.5，城镇职工基本养老（医疗）保险参保人数来源于中国劳动统计年鉴表10-12
	15	城镇单位就业人员人均工资／人均GDP（%）	1/8	1.19	工资占人均GDP比例用于衡量收入分配向劳动倾斜的程度。其中，城镇单位就业人员人均工资、私营个体就业人员人均工资来源于中国统计年鉴4-15
	16	私营个体就业人员人均工资／人均GDP（%）	1/8	0.72	
居住状况【25%】	17	城乡居民人均住房面积（m^2）	1/2	27.2	该数据由国家统计局提供
	18	房价收入比（%）	1/2	12.5	该数据由国家统计局提供。房价收入比=每户家庭年总收入÷每户住房总价，其中： 每户住房总价=人均住房面积×每户家庭平均人口数×单位面积住宅平均销售价格 每户家庭年总收入=每户家庭平均人口数×家庭人均全部年收入

（二）公共服务（35%）

二级指标	序号	三级指标	权重	全国平均值	数据来源和说明
文化教育【20%】	19	普通高中入学率（%）	1/6	54.9	根据当年初中毕业人数和普通高中入学人数推算。其中，当年初中毕业人数来源于2014年《中国统计年鉴》表21-35，普通高中入学人数来自《中国统计年鉴》表21-32
	20	万人均公共图书馆总流通人次	1/6	3511.1	根据当年公共图书馆流通人次和人口推算。其中公共图书馆流通人次来源于2014年《中国统计年鉴》表23-25
	21	小学生师比	1/9	16.1	生师比，是指学校专任教师数与折合在校学生数的比例，是用来衡量办学水平的重要指标。其中，数据来源于2014年《中国统计年鉴》表21-38：分地区各级学校生师比
	22	初中生师比	1/9	12.5	
	23	高中生师比	1/9	14.7	
	24	财政教育支出占比（%）	1/6	16.7	指本地区财政教育支出占一般预算支出的比例，根据2014年《中国统计年鉴》表7-6分地区公共财政支出计算
	25	生均财政教育支出（元）	1/6	0.98	指本地区平均每个学生财政教育支出。其中，财政教育支出来源于2014年《中国统计年鉴》表7-6，学生数根据2014年《中国统计年鉴》表21-39“每十万人口各级学校平均在校生数”和人口数计算
医疗卫生【20%】	26	千人执业（助理）医师数（人）	1/4	2.21	用以衡量医疗资源数。根据国家统计局数据库→分省数据→每万人卫生技术人员数计算，见http://data.stats.gov.cn/
	27	医保平均报销比例（%）	1/4	43	医保平均报销比例=各类医保基金支出／医疗机构业务总收入。用以衡量医疗保险的保障效果，由于没有分地区卫生总费用核算数据，故用新农合和城镇基本医保当年基金支出除以本地区医疗机构业务总收入。其中，新农合基金支出来源于2014年中国统计年鉴22-20“分地区新型农村合作医疗情况”，城镇基本医保基金支出来源于2014年中国统计年鉴表24-36“分地区城镇基本医疗保险基金收支情况”
	28	基层医疗机构／公立医院就诊人次数（%）	1/4	20	用以衡量分级转诊和“强基层”政策的效果。其中，基层医疗卫生机构和公立医院就诊人次数分别来自2014年《中国统计年鉴》表22-10、表22-12、表22-13
	29	5岁以下儿童死亡率（%）	1/4	8.3	5岁以下儿童死亡率是衡量人群健康状况的重要指标，数据由国家卫生计生委提供

续表

二级指标	序号	三级指标	权重	全国平均值	数据来源和说明
社会保障【35%】	30	职工基本养老保险养老金平均水平／城镇人均消费支出（%）	1/4	1.43	用以衡量职工基本养老保险和城乡居民基本养老保险保障水平，其中，数据分别来源于2014年《中国统计年鉴》表24-32“分地区城镇职工基本养老保险情况”和表24-33“分地区城乡居民基本养老保险情况”，根据当年基金支出和受益人数计算养老金平均水平
	31	城乡居民基本养老保险养老金平均水平／城乡人均消费支出（%）	1/4	0.10	
	32	社会保障和就业支出占一般预算支出比例（%）	1/4	11.6	指本地区财政社会保障和就业支出占一般预算支出的比例，根据2014年《中国统计年鉴》表7-6分地区公共财政支出计算
	33	农村居民最低生活保障标准／农村居民人均消费支出（%）	1/4	0.24	用以衡量农村最低生活保障水平，数据由国家统计局提供
社会服务【15%】	34	每千人拥有社会服务床位数（张）	1/3	3.76	每千人口社会服务床位数指老年及残疾人床位数、智障和精神疾病床位数、儿童床位数、救助及其他社会服务床位数的总和除以当年期末人口数乘以1000。计算公式为：每千人口社会服务床位数=社会服务床位数/年末人口数×100%。根据2014年《中国统计年鉴》表22-24“提供住宿的社会服务机构床位数”和人口数计算
	35	千人社会工作者人数（人）	1/3	0.092	根据2014年中国统计年鉴表22-23“社会工作师人员情况”测算，用累计通过社会工作师资格考试人数表示社会工作者人数
	36	社区服务设施覆盖率（%）	1/3	39.6	根据2014年中国统计年鉴表22-32 “社区服务机构基本情况”测算
交通状况【10%】	37	交通拥挤度	12	0.49	交通拥挤度指公路上某一路段折算交通量与适应交通量的比值，反映交通的繁忙程度，其中适应交通量指公路上所能适应的标准当量中型车的交通量.拥挤度指标反映了公路总体拥挤状况。数据来源于《中国交通年鉴》
	38	公共交通运营线路总长度／公路总里程（%）	1/2	0.23	数据来源于国家统计局数据-城市概况/城市公共交通，见http://data.stats.gov.cn/

（三）公共安全（20%）

二级指标	序号	三级指标	权重	全国平均值	数据来源和说明
公共安全【40%】	39	万人交通事故死亡人数（人）	1/2	0.49	根据2014年《中国统计年鉴》24-6“各地区交通事故情况”和人口数计算
	40	万人火灾起数（起）	1/2	1.39	根据国家统计局数据-公共管理、社会保障及其他/火灾事故计算

续表

二级指标	序号	三级指标	权重	全国平均值	数据来源和说明
生产安全【20%】	41	亿元GDP生产安全事故死亡人数（人）	1	0.17	由国家安监总局提供
卫生安全【20%】	42	甲乙类法定报告传染病发病率（1/十万）	1	256.40	数据来源于2013年度《中国卫生统计年鉴》表10-1-1
食品安全【20%】	43	万人食源性疾病报告患者数（人）	1	0.12	数据来源于2013年度《中国卫生统计年鉴》表12-1-3

（四）生态环境（20%）

二级指标	序号	三级指标	权重	全国平均值	数据来源和说明
空气质量【20%】	44	单位面积烟尘排放量（吨/km²）	1/3	2.9	烟尘、二氧化硫、氮氧化物是我国空气主要污染物来源，相应指标=该地区排放废气中含污染物总量/该地区国土面积。数据来源于2014年《中国统计年鉴》表8-15，分地区废气中主要污染物排放情况
	45	单位面积二氧化硫排放量（吨/km²）	1/3	5.4	
	46	单位面积氮氧化物排放量（吨/km²）	1/3	7.1	
水质量【10%】	47	单位面积废水化学需氧量（吨/km²）	1	6.4	化学需氧量表示在强酸性条件下重铬酸钾氧化一升污水中有机物所需的氧量，可大致表示污水中的有机物量，是指标水体有机污染的一项重要指标，能够反应出水体的污染程度。单位面积废水化学需氧量=该地区废水总化学需氧量/国土面积，数据来源于2014年《中国统计年鉴》8-13，分地区废水中主要污染物排放情况
垃圾处理【15%】	48	生活垃圾无害化处理率（%）	1/2	88.3	生活垃圾无害化处理率指报告期生活垃圾无害化处理量与生活垃圾产生量的比率。在统计上，由于生活垃圾产生量不易取得，可用清运量代替。计算公式为：生活垃圾无害化处理率=生活垃圾无害化处理量/生活垃圾产生量×100%。参见国家统计局网站/国家数据/分省年度数据：http://data.stats.gov.cn/
	49	工业危险废物处置率（%）	1/2	35.2	数据由国家统计局提供
绿化水平【15%】	50	城市建成区绿化率（%）	1/2	38.1	建成区绿化覆盖率是指报告期末建成区内绿化覆盖面积与区域面积的比率。计算公式：建成区绿化覆盖率=建成区绿化覆盖面积/建成区面积×100%。参见国家统计局网站/国家数据/分省年度数据：http://data.stats.gov.cn/
	51	森林覆盖率（%）	1/2	32.4	森林覆盖率指以行政区域为单位的森林面积占区域土地总面积的百分比。计算公式为：森林覆盖率=森林面积/土地总面积×100%。参见国家统计局网站/国家数据/分省年度数据：http://data.stats.gov.cn/

续表

二级指标	序号	三级指标	权重	全国平均值	数据来源和说明
农村环境【40%】	52	农村自来水普及率（%）	1/4	77.7	数据由国家卫生计生委、国家统计局提供
	53	农村无害化卫生厕所普及率（%）	1/4	50.0	
	54	农村生活污水处理率（%）	1/4	9.0	
	55	农村生活垃圾无害化处理率（%）	1/4	31.7	

说明：西藏自治区因缺失工业危险废物处置率、农村自来水普及率、农村无害化卫生厕所普及率、农村生活污水处理率、生活垃圾无害化处理率等指标，对于缺失的指标按全国平均值计算，故实际得分和实际情况可能有差距。

附表 4.2　各项三级指标改进情况

指标	改善或保持	退步	改善或保持的省份数	退步的省份数
居民人均可支配收入	全部		31	0
居民人均可支配收入实际增长率	全部		31	0
居民可支配收入 / 国内生产总值	全部		31	0
城镇居民人均纯收入 / 农村居民人均可支配收入	全部		31	0
恩格尔系数		内蒙古、安徽、山东、陕西	27	4
居民人均消费支出	全部		31	0
居民最终消费支出 / 国内生产总值	全部		31	0
就业总人口占劳动年龄人口的比例	其他省份	河北、福建、青海	28	3
正规部门就业职工占就业总人口比例		全部	0	31
城镇登记失业人员就业率	其他省份	北京、天津、内蒙古、辽宁、福建、湖南、广西、海南、重庆、四川、贵州、云南、陕西、青海、宁夏、新疆	15	16
职业介绍成功率	河北、山西、黑龙江、上海、江苏、广东、重庆、四川、贵州、云南、甘肃、青海	其他省份	12	19

续表

指标	改善或保持	退步	改善或保持的省份数	退步的省份数
城镇职工基本养老（医疗）保险参保人数 / 城镇就业总人数		全部	0	31
劳动者平均工资/人均GDP	其他省份	贵州	29	2
高中阶段教育毛入学率	其他省份	北京	30	1
万人均公共图书馆总流通人次	其他省份	辽宁、吉林、黑龙江	26	5
小学生师比	其他省份	北京、天津、上海、江苏、安徽、福建、广西、重庆、西藏	22	9
初中生师比	其他省份	天津、浙江、湖南	28	3
高中生师比	其他省份	江西、山东、湖南、云南、西藏、宁夏	25	6
财政教育经费占比	天津、广东、贵州、西藏	其他省份	4	27
生均教育支出	其他省份	河北、山西、辽宁、黑龙江、吉林、河南、湖北、湖南、重庆、四川、甘肃、青海	18	13
千人执业（助理）医师数	其他省份	安徽、河南、广西、重庆、四川、贵州、甘肃	24	7
基层医疗机构 / 公立医院就诊人次数	北京、天津、内蒙古、上海、福建、河南、广西、广东、海南、贵州、云南、西藏、陕西、宁夏、新疆	其他省份	15	16
职工基本养老保险养老金平均水平 / 城镇人均消费支出	其他省份	河北、内蒙古、浙江、安徽、江西、海南、四川、陕西	23	8
农村居民最低生活保障标准/农村居民人均消费支出	全部		31	0
每千人拥有社会服务床位数	其他省份	湖北	30	1
千人社会工作者人数	全部		31	0
社区服务设施覆盖率	其他省份	黑龙江、上海、江西、河南、宁夏	26	5
公共交通运营线路总长度 / 公路总里程	天津、山西、内蒙古、吉林、上海、江苏、浙江、福建、山东、广西、重庆、四川、西藏、宁夏	其他省份	14	17
万人交通事故死亡人数	其他省份	海南	30	1

续表

指标	改善或保持	退步	改善或保持的省份数	退步的省份数
万人火灾起数	全部		31	0
甲乙类法定报告传染病发病率	其他省份	河北、山西、上海、安徽、福建、山东、湖南、广东、海南、重庆、云南、陕西、青海、宁夏、新疆	16	15
万人食源性疾病	其他省份	河北、内蒙古、吉林、上海、湖北、广西、海南、重庆、贵州、云南、陕西、甘肃、宁夏、西藏	17	14
单位面积烟尘排放量	北京、陕西、内蒙古、辽宁、上海、安徽、江西、广西、云南	其他省份	9	22
单位面积二氧化硫排放量	其他省份	西藏、青海、新疆	28	3
单位面积氮氧化物排放量	其他省份	广西、西藏、青海、新疆	27	4
生活垃圾无害化处理率	其他省份	天津、广西、青海、新疆	27	4
城市建成区绿化率	其他省份	吉林、江西、湖北、重庆、四川、云南、西藏、陕西、青海	22	9

（执笔：江 宇）

第二部分

专题报告

第五章
就业专题研究报告

主要发现：

①2014年“中国民生调查”入户调查的城镇居民样本失业率为5.9%左右。与2011～2013年相比较，就业比重保持在2012年左右的水平，总体就业状况仍处于较好水平

②城镇地区就业压力大的主要是受教育程度较低的群体，特别是初中及初中以下文化程度的劳动者，以及40岁以上高中文化程度的劳动力。2011年以来，30～49岁之间初中及以下和40～59岁高中文化的就业比重有显著下降，显示这部分群体在经济下行期寻找工作的难度更大。

③东部和中部地区的就业情况较好，而东北等少数地区失业率显著高于全国其他地区。根据电话调查，东部和中部共13个省区市的失业率（窄口径）小于3%，全国共有11个省区市的失业率在3%～5%之间，但也有东北等6个省市窄口径失业率超过7%。

④从户籍类型看本市（县）农业户口的失业率最高，而省内市外的转移劳动力和跨省转移劳动力的失业率相对较低。本地转移劳动力失业率较高的原因主要是受教育程度较低。

⑤城镇地区近一半的劳动者没有能够按照国家规定享受到单位所应承担的社会保障，非正规就业的比重在40%左右，就业质量有待进一步提高。

⑥2014年受访民众对就业的满意度比上年有所升。其中2014年城镇居民对就业状况表示“非常满意”和“比较满意”的比重为37.0%，比2013年提高了7.9个百分点，乡村居民对就业满意的比重为38.3%，比2013年提高了5.3个百分点。

自2012年以来，中国16～59岁的劳动年龄人口总量开始下降，但仍然面临劳动力总量大，部分群体就业困难等问题。特别是2012年以来，中国经济增长速度显著下滑，不少行业的就业吸纳能力明显下降，给就业带来了一定的压力。因此2014年“中国民生调查”对就业问题进行了重点关注，从多个方面了解受访民众的就业状况。

一、受访民众总体就业情况仍保持在较好水平

（一）2014年受访民众的就业状况分布

2014年“中国民生调查”入户调查共访问有效问卷共9768户，33404人，其中没有回答工

作状态的共 100 人，16 岁以下的样本数共 4831 人，剩余 16 岁及以上有效样本共 28473 人。其中城镇地区共 11337 人，乡村地区共 17136 人。

城镇居民中不参加工作的主要原因是退休、照顾家庭和丧失劳动能力。根据入户调查数据，城镇居民不工作的主要原因多是家庭因素或其他自愿不工作的因素。例如，不工作原因是退休的共有 2342 人，占全部样本的 20.6%（表 5.1，不包括退休但仍然参加工作的 36 人）。不工作的原因是"需要照顾家庭"的共 471 人，占到了 4.2%，其次是"丧失劳动能力"，占样本总数的 3.9%，其余的"准备学习和深造"，占到了 3.7%。在失业人员中，"找不到工作"的共 166 人，占样本总数的 1.5%，"下岗 / 被裁员"和"单位停工停产"的分别占 1.2% 和 0.5%。

表5.1　2014年入户调查中城镇地区受访者的就业状况分布

就业状况	分类	样本数	占比（%）
就业	工作	6521	57.5
失业	下岗/被裁员（退休年龄以内）	97	0.9
	单位停工停产	56	0.5
	找不到工作（退休年龄以内）	120	1.1
	找到的工作不满意，等待更合适的就业机会	104	0.9
	正在或打算自主创业	32	0.3
非经济活动人口	下岗/被裁员（超过退休年龄）	34	0.3
	找不到工作（超过退休年龄）	46	0.4
	上学	344	3.0
	提前退休	150	1.3
	正常退休	2192	19.3
	准备学习、深造	419	3.7
	需要照顾家庭	471	4.2
	不想工作	140	1.2
	丧失劳动能力	438	3.9
	其他	173	1.5
	合计	11337	100.0

数据来源：2014 年"中国民生调查"入户调查。

乡村地区劳动力中，只有约 40% 的人专业务农。乡村地区划分失业人员较为困难，因为传统上从事务农的都作为就业人员，在我们的样本中，还是按照与城镇统一的标准进行了划分。在乡村地区共 17136 个样本中，就业的共 12281 人，失业的 203 人，计算的失业率仅为 1.63%（表 5.2）。在就业人员中，纯务农人员共 5058 人，占 41.2%，其余的兼业务农占 13.5%，这说明即使在农村地区，也有很多人员实际上从事非农工作。

表5.2　2014年入户调查中乡村地区受访人员的就业状况分布

就业的类型	频数	占就业人员的比重（%）	未就业的原因	频数	占非就业人员的比重（%）
专业务农	5058	41.2	下岗/被裁员	24	0.5
兼业农民	1659	13.5	单位停工停产	6	0.1

续表

就业的类型	频数	占就业人员的比重（%）	未就业的原因	频数	占非就业人员的比重（%）
农村自营业者	481	3.9	找不到工作	135	2.8
党政机关从业人员	225	1.8	找到的工作不满意，等待更合适的就业机会	53	1.1
教科文卫事业单位	212	1.7	正在或打算自主创业	25	0.5
社会团体（工青妇等）	50	0.4	上学	638	13.1
国有企业职工	300	2.4	提前退休	23	0.5
民营/私企职工	1908	15.5	正常退休	567	11.7
合资外资港澳台员工	83	0.7	准备学习、深造	533	11.0
非企业非营利组织	67	0.5	需要照顾家庭	914	18.8
个体工商户	693	5.6	不想工作	309	6.4
自由职业者	215	1.8	丧失劳动能力	1364	28.1
非固定单位临时务工	1008	8.2	其他	264	5.4
其他	322	2.6			
合计	12281	100.0		4855	100.0

数据来源：2014 年“中国民生调查”入户调查。

（二）入户调查的失业率在 5.9% 左右

在 2011 ~ 2013 年“中国民生调查”的问卷基础上，2014 年“中国民生调查”增加了有关就业的问题数量，使得本次调查可以对受访民众的失业率进行测算，但由于调查群体的抽样方法和年龄结构均不同于所有的样本，因此计算的失业率并不具有更广泛的代表性。

如何定义失业人口是一个有争议，而且实际中也较难划分的问题。国际劳工组织将一定年龄范围内的人归为三种状态之一：就业者、失业者和非经济活动人口。其中就业者是指在过去一周中从事了至少一小时有收入的工作，或者暂时离开了工作岗位（例如休假）的人；失业者是那些不工作，但在过去一个月内寻找工作并且能够立即（一般指两周内）到岗的人；而非经济活动人口则是指不工作又不满足失业标准的人。但是在许多问题上，比如年龄范围，如何定义寻找工作，寻找工作的时间、多长时间能够到岗等问题上各国存在不同的具体标准（张车伟，2003）。

在 2014 年“中国民生调查”入户调查中，把 16 岁以上人口划分为就业和非就业人员，其中非就业人员不工作的原因又细分了几类：①下岗，被裁员；②单位停工、停产；③提前退休；④正常退休；⑤找不到工作；⑥找到的工作不满意，等待更合适的就业机会；⑦正在或打算自主创业；⑧准备学习、深造；⑨需要照顾家庭；⑩不想工作；⑪丧失劳动能力；⑫其他（请在问卷中注明）等共 12 类。本文把其中回答不工作原因为②⑥⑦的作为定义为失业人员，对回答①下岗和⑤找不到工作的人，根据其是否在找工作，应进一步区分为失业和非经济活动人口，但由于没有相关是否找工作的信息，本报告将回答①和⑤的人按照是否超过退休年龄进行划分（男 60 周岁，女 50 周岁），对于超过退休年龄的，作为非经济活动人口，对于未达到退休年龄的，作为失业人口。

与国家统计局的定义相比，本报告对失业的定义范围相对较宽，这在一定程度上有高估失业率的可能。国家统计局对失业的定义主要有两点，一是在过去 3 个月内（国际劳工组织的定义是一个月内）采取了某种方式寻找工作，另一点是在 2 周内可以到岗。但我们的问卷中，并没有设计这两个方面的问题，在本报告所列的几类失业人员之中，有部分人可能并没有寻找工作，或者并不能及时到岗，因此按照国家统计局的定义，本来应该划为非经济活动人口。但本报告的定义相对符合人们对失业的直观定义。因为，按照一般规律，处于这几类状态中的人多数应该属于失业群体。

本报告中对失业率也存在一些低估的因素，主要是回答没有工作、但没有回答没有工作具体原因的群体，共有 162 人，本报告将这部分人作为非经济活动人口，但实际上其中有一部分可能属于失业群体。

定义了失业和就业人口后，失业率被定义为失业人口 /（失业人口 + 就业人口）×100。

根据计算结果，2014 年入户调查中城镇地区共有 16 岁及以上受访对象（含受访者介绍的家庭其他劳动年龄人员）11337 人，其中就业人员 6521 人，失业人员 409 人，非经济活动人口 4407 人，失业率为 5.90%，16 岁及以上人口的劳动参与率是 61.13%；其中男性失业率为 5.70%，劳动力参与率是 70.41%；女性失业率为 6.16%，劳动力参与率是 52.14%（参见表 5.3）。

表5.3　入户调查中16岁及以上样本的就业情况统计表

指标	样本总数	其中分类人数			失业率（%）	劳动参与率（%）
		就业	失业	非经济活动人口		
男性	5577	3703	224	1650	5.70	70.41
女性	5760	2818	185	2757	6.16	52.14
全体	11337	6521	409	4407	5.90	61.13

数据来源：2014 年“中国民生调查”入户调查。

电话调查的选项略有不同，电话调查关于不工作原因的选项为：①在职休假、在职学习，临时停工或季节性歇业；②在校学生；③离退休人员；④因疾病或残疾丧失工作能力；⑤料理家务及照料家庭成员；⑥正在准备某种考试（如资格考试、自学考试、考研等）或参与某种培训；⑦正在准备自主创业；⑧正在找工作；⑨找不到合适的工作；⑩不想工作；⑪其他，请注明；⑫不清楚 / 不了解（不读出）。比较不确定的是回答“找不到合适的工作”这部分群体，如果他们仍然会继续找工作的，应该属于失业人群，但如果由于觉得找不到合适的工作，而放弃了找工作，则按照定义应当属于非经济活动人口，因此本报告计算了两个口径的失业率，一是窄口径失业率，即仅将其中回答⑦⑧这两项的群体作为失业人群。另一个是宽口径失业率，即将回答⑦⑧⑨三项的均作为失业群体，并根据⑪中的具体回答进行区分[①]。类似于入户调查，电话调查中也没有关于到岗时间的问题，因此算得的失业率会高于严格按照统计局定义的失业率。

① 例如对回答没有原因是“下岗”、“单位倒闭”、“裁员”、“文化低”等作为失业人员，而把回答“怀孕”、“还没找”、“离职”、“身体不好”等原因的作为非经济活动人口，而把对回答“年纪大了”的人员（共10人），其中等于或超过60岁的作为非经济活动人口，小于60岁的作为失业人员。

根据前述关于失业的定义，本报告得到民生指数电话调查中城镇地区共有 18 ~ 74 岁受访对象 31153 人，其中就业人员 21099 人，窄口径失业人员 856 人，非经济活动人口 8760 人，另有 225 人无法划定就业类型，样本总体失业率为 3.90%，其中男性失业率为 4.34%，女性为 3.28%。按照宽口径的失业率要高得多，总体失业率是 8.88%，其中男性为 9.17%，女性为 8.47%（参见表 5.4）。

表5.4　　电话调查中18岁及以上样本的就业情况统计表

指标		样本总数	其中分类人数				失业率（%）	劳动参与率（%）
			就业	失业	非经济活动人口	不确定的未就业人口		
窄口径失业	男性	16429	12204	554	3427	244	4.34	78.83
	女性	14724	8895	302	5333	194	3.28	63.30
	全体	31153	21099	856	8760	438	3.90	71.48
宽口径失业	男性	16429	12204	1232	2866	127	9.17	82.42
	女性	14724	8895	823	4908	98	8.47	66.44
	全体	31153	21099	2055	7774	225	8.88	74.86

数据来源：2014 年“中国民生调查”电话调查。

本报告所得出的失业率数据，除了定义与统计局有一定差别以外，样本的选择上可能也存在一定的偏差，因此与国家统计局的数据并不可比。2014 年“中国民生调查”电话调查采取家庭固定电话样本，由于实际调查中打电话的时间多是处于上班期间，接电话对象中非工作人员比重较高，可能有使失业率有一定的高估。不过这一问题在入户调查中得到一定程度的解决，在入户调查中，不仅会询问应答者本人的就业状况，还会询问家庭其他成员的就业状况，在一定程度上可以避免抽中非就业群体比例大的可能性。

（三）总体来看 2014 年城镇地区就业状况仍然较好

2014 年是我国经济面临“三期叠加”，增长速度下行压力较大的一年，增长速度下行也对就业带来一定影响，中国民生调查特别关注了经济下行期就业状况的变化。

1. 宏观来看有不利于就业的因素，也有减解就业压力的因素

经济增长速度显著降低，部分行业就业吸纳能力减弱。2012 年前，我国经济增长速度长期稳定在 10% 左右的较高水平，但 2012 ~ 2014 年平均增速分别仅为 7.7%、7.7% 和 7.4%，与 2011 年前相比下降了约 2 个百分点。尽管我国在 1989 年、1998 年和 2008 年也分别遭遇了经济增速的短期大幅下行，但 2011 年以来的本轮经济下行并不是一个短期现象，而更可能是一个长期转折性变化，“十三五”期间也很可能仅维持在 6% ~ 7% 之间的中高速增长水平上。

经济增速显著下行也带来了部分行业就业吸纳能力的减弱，特别是短期内面临较大化解过剩产能压力的行业。例如 2012 年末与 2011 年末相比，规模以上工业企业中有色金属矿采选业、

纺织业和文教工艺美术制品业的从业人数分别比上年同比下降了 0.05%、1.25% 和 2.46%。

“十二五”期间我国首次出现劳动年龄人口持续减少现象，这有助于缓解就业压力。新中国成立以后，我国人口总量快速增长，从 1950 年的 5.44 亿人持续增长到 2010 年的 13.6 亿人，同期 15 ~ 59 岁劳动年龄人口从 3.17 亿人增长到 9.44 亿人。在此期间，随着我国实施了严格的人口政策，以及经济发展水平提高带来的医疗保健和生育行为转变，我国生育率水平持续大幅度下降，劳动年龄人口比重持续降低。按照国家统计局统计，2012 年我国 15 ~ 59 岁的劳动年龄人口为 93727 万人，比 2011 年末减少 345 万人，2013 年和 2014 年分别是 93500 万人和 92982 万人，分别比上年减少 227 万人和 518 万人[①]，这是新中国成立以来除少数自然灾害特别严重年份外，首次出现劳动年龄人口持续下降的现象。

2. 一些指标显示 2014 年我国就业情况总体较好

随着就业吸纳能力较强的服务业比重持续提升和经济规模扩张，经济增长对就业的吸纳能力保持在较高水平。2014 年全年新增就业约 1330 万人，比 2013 年多增 20 万人（图 5.1）[②]。自 2009 年以来，保持了就业稳定增长的态势。这一趋势与国家统计局公布的非农就业人数增长趋势相一致，根据中国统计年鉴 2014，同样是经济增长速度较低的 2013 年，中国二、三产业就业人员总数增长了 1875 万人，经济增长对就业的带动作用显著增强。

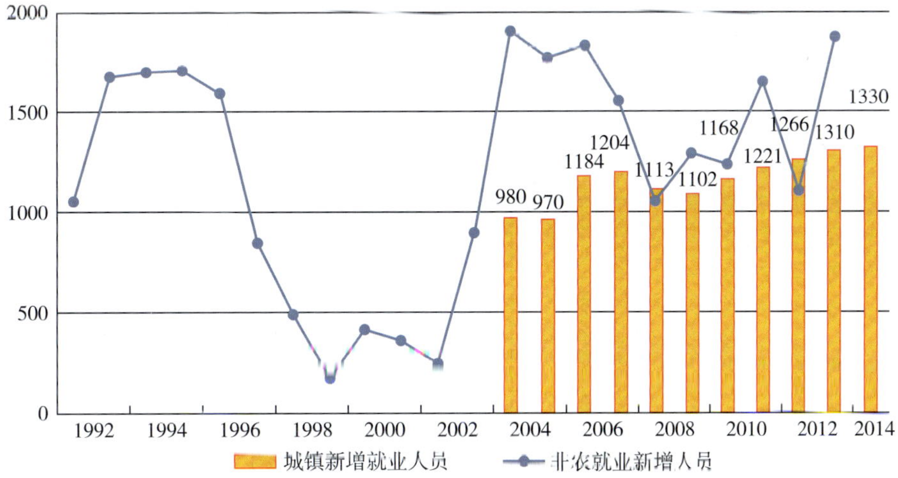

图5.1 20世纪90年代以来我国就业增长情况（万人）

注：城镇新增就业人数指报告期内城镇累计新就业人数减去城镇累计自然减员人数。城镇累计新就业人员数是指报告期内城镇各类单位新就业的人数总和。既包括初次就业的各类人员，也包括实现再就业的下岗、失业人员，但不包括从其他单位调入的人员。自然减员人数是指报告期内按照国家政策规定办理正式退休手续人员和因伤亡减员的人数。具体参照《关于印发〈城镇就业人员变动数据测算暂行办法〉的通知》（劳社部发〔2004〕9号）以及《关于开展城镇就业人员变动数据测算有关指标解释的函》（劳社厅函〔2004〕140号）。

数据来源：中国统计年鉴 2014，历年人力资源和社会保障事业发展统计公报，人力资源和社会保障部季度新闻发布会。

---

① 数据来源：2012 ~ 2014年国民经济和社会发展统计公报。另2013年我国16 ~ 59岁劳动年龄人口为91954万人，2014年为91583万人，2014年比2013年减少371万人。

② 此为估算数据，截至前3季度，城镇新增就业总数共为1082万人，比2013年前3季度高16万人。

3. 与 2011 ~ 2013 年调查数据相比较，2014 年就业情况总体仍然较好

为了对 2014 年城镇地区就业形势有一个总体比较和判断，我们将 2014 年电话调查数据与 2011 ~ 2013 年相比较。由于在 2011 ~ 2013 年的电话调查问卷中，对就业类型，特别是未就业的原因没有进一步区分，因此无法比较 2011 ~ 2013 年和 2014 年的失业率，本报告因此对这几年的就业比重进行对比分析。如果劳动参与率保持总体稳定，且当经济形势变化时，主要是在就业和失业两种状态之间变动，就业比重的变化近似等于失业率的变化。

在电话调查中，2014 年城镇地区共访问 18 ~ 74 岁居民 31153 人，其中就业人员 21099 人，占受访人员比重为 67.7%[①]（指就业人员占全部受访人员的比重），比上年下降了 3.8 个百分点。入户调查显示了类似的现象，2014 年城镇地区 18 ~ 59 岁居民就业率是 70.1%，而 2013 年是 74.4%，也下降了 3.3 个百分点。

根据数据统计结果，2014 年的就业比重低于 2011 和 2013 年，但与 2012 年差不多，仍处于较好水平。2011 ~ 2014 年，城镇地区就业比重分别为 69.2%、66.7%、68.7% 和 67.7%，2014 年的就业比重低于 2013 年 1 个百分点，但比 2012 年高 1 个百分点。2011 年，中国经济增长速度是 9.5%，2012 年是 7.7%，2013 和 2014 年分别是 7.7% 和 7.3%，因此 2012 年就业比重下降约 2.5 个百分点，但后面 3 年基本保持稳定，说明就业情况仍处于较好水平。

就业比重变化大的主要是女性。分性别看，2011 ~ 2014 年，男性的就业比重分别是 75.4%、73.4%、74.3% 和 74.3%，仍然保持相对稳定；女性就业比重变化较大，2011 ~ 2014 年分别为 63.5%、60.6%、63.4% 和 60.4%，高值与低值之间相差近 3 个百分点（图 5.2）。

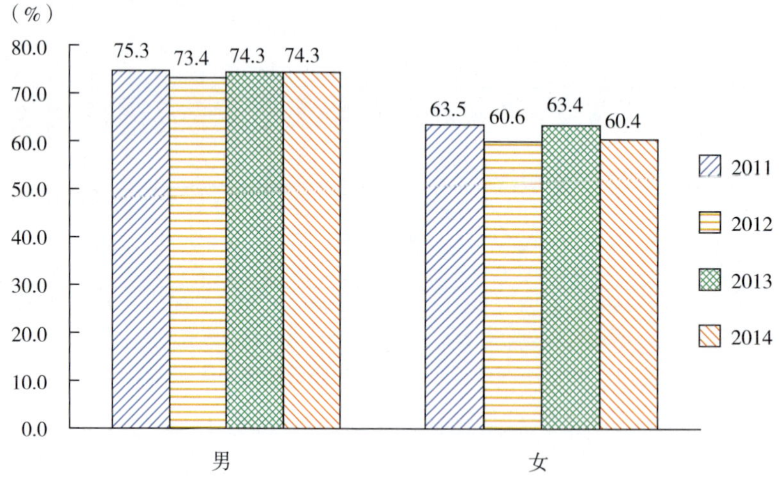

图5.2 城镇分性别18 ~ 74（75）岁受访人员就业比重（%）

数据来源：2011 ~ 2014 年“中国民生调查”电话调查数据。

① 由于城镇地区的就业状况不易划分，农村居民基本不计算为失业人员，因此本报告主要关注城镇地区的就业失业问题，包括从农村转移到城镇的劳动力。

二、受教育程度低群体的就业压力大，受经济下行的影响也更大

1. 就业压力较大的主要是初中及以下文化和 40 岁以上高中文化的劳动力

从本次调查的情况来看，不同爱教育群体和不同年龄阶段城镇居民的失业率差异较大，明显表现出受教育水平较低群体，特别是其中年龄相对较大部分的劳动力就业压力较大的特征（见表 5.5，表 5.6）。根据电话调查，初中及以下受教育程度男性和女性的调查失业率（宽口径）是 18.8% 和 19.6%，而且各个年龄段的失业率均较高。高中和中专水平的失业率明显低于初中及以下受教育程度的群体，男性和女性分别是 12.1% 和 10.85，但是不同年龄的群体有较大差别。例如 20 ～ 39 岁之间高中文化程度男性的失业率显著低于 40 岁及以上群体的失业率，女性也有类似的趋势，大学生群体的失业率相对要低得多。

表5.5　2014年城镇电话调查样本的宽口径失业率统计（男性）

年龄	失业率（%，宽口径）					样本数量（个）				
	初中及以下	高中、中专或技校	大学专科	本科\硕博	小计	初中及以下	高中、中专或技校	大学专科	本科\硕博	小计
18 ~ 19	21.6	15.0	3.1	0.0	12.2	40	138	59	48	285
20 ~ 24	13.5	10.1	9.2	9.1	10.1	177	337	368	387	1269
25 ~ 29	19.8	8.7	4.9	2.6	7.0	298	519	592	773	2182
30 ~ 34	18.5	10.8	6.0	2.6	8.1	409	507	534	780	2230
35 ~ 39	19.5	9.9	3.0	2.0	7.4	356	505	504	567	1932
40 ~ 44	19.3	14.5	4.6	1.9	10.1	539	618	514	534	2205
45 ~ 49	17.8	15.2	3.9	2.3	10.1	467	455	348	396	1666
50 ~ 54	19.6	12.7	3.6	3.1	9.8	360	516	354	330	1560
55 ~ 59	18.1	16.2	6.3	0.0	12.6	260	353	179	78	870
60 ~ 64	24.5	11.8	4.9	10.5	17.2	477	262	145	75	959
65 ~ 69	15.2	11.8	0.0	11.1	12.0	315	169	112	63	659
70 ~ 74	14.3	0.0	0.0	0.0	8.3	262	178	86	86	612
Total	18.8	12.1	5.0	2.9	9.2	3960	4557	3795	4117	16429

数据来源：2014 年“中国民生调查”电话调查。

调查还显示刚毕业大学生的失业率相对较高。例如 20 ～ 24 岁大学和研究生学历的男性失业率是 9.1% 左右，显著高于 20 岁及以后群体的失业率，这与刚毕业大学生正处于找工作或者工作磨合期，摩擦性失业的比例较大有关，并不表示这一部分群体很难就业。但与一般认识相反，本调查中刚毕业女大学生的失业率较低，其中本科 / 研究生学历的女性失业率是 6.0%，虽然高于 25 岁及以上女性，但显著低于同学历和同年龄的男性失业率。

表5.6　　2014年城镇电话调查样本的宽口径失业率统计（女性）

年龄	失业率（%，宽口径）					样本数量（个）				
	初中及以下	高中、中专或技校	大学专科	本科\硕博	小计	初中及以下	高中、中专或技校	大学专科	本科\硕博	小计
18 ~ 19	10.0	14.3	0.0	35.7	12.7	30	120	48	54	252
20 ~ 24	12.5	4.7	5.0	6.0	5.9	132	310	462	394	1298
25 ~ 29	13.4	6.1	3.8	1.7	4.5	254	423	620	661	1958
30 ~ 34	14.7	8.1	3.4	1.8	5.6	406	523	518	653	2100
35 ~ 39	18.8	8.9	4.6	1.9	8.2	417	498	424	319	1658
40 ~ 44	20.5	14.4	4.0	0.9	10.3	575	578	477	333	1963
45 ~ 49	24.0	16.8	7.0	2.2	14.0	455	438	254	185	1332
50 ~ 54	24.6	17.3	3.5	1.0	13.0	404	532	241	118	1295
55 ~ 59	18.9	13.8	0.0	0.0	12.3	270	324	97	43	734
60 ~ 64	33.9	5.0	0.0	0.0	23.5	557	257	93	47	954
65 ~ 69	27.6	16.7	0.0	0.0	21.4	393	153	65	25	636
70 ~ 74	29.2	25.0	0.0	0.0	25.8	303	153	54	34	544
Total	19.6	10.8	4.2	2.3	8.5	4196	4309	3353	2866	14724

数据来源：2014 年“中国民生调查”电话调查。

窄口径失业率同样显示初中及以下文化和 40 ~ 54 岁高中文化的劳动力就业压力较大。窄口径失业率主要包括明确回答正在找工作和正在准备创业这两部分群体，而不包括回答“找不到合适的工作”这部分群体。根据分年龄和分教育程度的窄口径统计数据，无论是男性还是女性，初中及以下文化程度的劳动力就业压力都显著大于其他群体，但在高中文化程度群体中，仅有 40 ~ 54 岁之间劳动力的就业压力较大，与宽口径相比较，55 岁以上高中文化程度的群体失业率较小，显示 55 岁以上群体中不少人由于找不到合适的工作，而放弃了寻找工作（附表 5.1 和附表 5.2）。

2. 经济下行期受教育程度低的群体受的就业冲击较大

男性劳动力中 30 ~ 49 岁之间初中及以下和 40 ~ 59 岁高中文化的就业比重有显著下降，显示这部分群体在经济下行期寻找工作的难度更大。由于 2011 ~ 2013 年数据不能计算失业率，因此本报告比较了 2011 ~ 2014 年不同受教育群体的就业率变化情况。2014 年与 2011 年相比较，初中及以下文化程度男性受访者中，30 ~ 34 岁的就业率从 88.0% 下降到 77.5%，下降了 10.5 个百分点，45 ~ 49 岁的就业率从 77.6% 下降到 70.4%，下降了 7.2 个百分点（表 5.7）。高中文化程度的受访者显示了类似趋势，例如 40 ~ 44 岁之间男性的就业率从 87.2% 下降到 80.3%，下降了近 7 个百分点。

表5.7　　2011年以来不同年龄群体就业比重的变化（男性 %）

年龄	初中及以下				高中、中专或技校			
	2011	2012	2013	2014	2011	2012	2013	2014
18 ~ 19	52.0	70.6	62.5	72.5	19.7	20.1	15.3	37.0
20 ~ 24	78.0	77.0	86.4	83.6	79.8	81.2	75.4	78.9
25 ~ 29	78.9	88.5	90.5	76.2	87.9	89.4	91.1	89.0
30 ~ 34	88.0	84.7	87.4	77.5	91.7	87.0	93.2	86.6
35 ~ 39	81.3	85.5	87.8	74.4	88.1	87.7	93.2	86.9
40 ~ 44	83.7	78.7	87.0	73.8	87.2	85.6	87.5	80.3
45 ~ 49	77.6	79.6	80.4	70.4	83.9	81.5	84.3	76.3
50 ~ 54	63.2	63.7	67.7	66.1	76.8	73.9	77.3	74.4
55 ~ 59	51.3	44.2	51.6	50.4	66.9	54.6	61.7	61.5
60 ~ 64	33.5	16.7	20.8	22.6	29.9	17.4	19.6	25.6
65 ~ 74/75	16.9	3.9	9.1	9.9	20.0	4.5	6.0	5.5
Total	60.7	56.0	57.4	56.7	72.8	67.9	69.1	69.9

数据来源：2011~2014 年“中国民生调查”电话调查。

相同受教育程度和相同年龄段女性的就业比重变化表现出类似的趋势。例如 30 ~ 34 岁之间初中文化女性的就业率从 2011 年的 63.3% 下降到 2014 年的 55.9%，下降了 7.4 个百分点，而 40 ~ 44 岁之间高中文化女性的就业率从 2011 年的 75.9% 下降到 2014 年的 67.0%，下降了 8.9 个百分点（参见表 5.8）。

表5.8　　2011年以来不同年龄群体就业比重的变化（女性，%）

年龄	初中及以下				高中、中专或技校			
	2011	2012	2013	2014	2011	2012	2013	2014
18 ~ 19	40.0	62.8	73.7	60.0	20.6	20.5	16.2	40.0
20 ~ 24	69.2	73.1	76.1	68.9	74.9	81.2	76.0	84.5
25 ~ 29	61.1	67.1	75.7	61.0	76.9	76.0	85.1	79.7
30 ~ 34	63.3	59.1	71.2	55.9	75.5	76.7	83.7	73.4
35 ~ 39	59.9	60.0	70.4	55.9	73.3	71.1	81.5	76.3
40 ~ 44	55.7	59.0	63.8	55.3	75.9	69.1	77.0	67.0
45 ~ 49	49.2	49.2	59.7	48.1	64.4	60.2	69.3	61.0
50 ~ 54	32.6	25.0	33.2	31.2	38.4	36.6	37.0	34.2
55 ~ 59	18.3	11.0	15.2	15.9	29.7	14.4	17.9	15.4
60 ~ 64	11.6	3.9	6.8	6.6	19.5	6.2	10.3	7.4
65 ~ 74/75	8.8	2.2	3.5	5.5	17.5	2.6	5.8	2.6
Total	41.3	37.2	41.0	35.9	59.4	54.8	56.6	53.9

数据来源：2011 ~ 2014 年“中国民生调查”电话调查。

经济下行期大学生所受的就业冲击较小，就业比重的变化不大。例如2011 ~ 2014年，35 ~ 39岁男大专生的就业比重从95.1%微降到94.8%，同年龄段男本科及研究生的就业比重从98.0%下降到97.4%，下降的幅度都很小，女性群体的情况也大体类似（附表5.3和附表5.4）。

调查还显示经济下行期低年龄段群体的就业比重有上升趋势，反映出新就业群体减少培训或找工作的时间，而更多选择提前参加工作。例如初中及以下文化18 ~ 19岁男性的就业比重从2011年的52%提高到2014年的72.5%，提高了20个百分点，而高中文化男性的就业比重则从19.7%提高到37%，也提高了17.3个百分点。

三、不同地区的就业状况差别很大

（一）不同地区失业率有很大差别，经济增长慢的地区失业压力大

2014年我国GDP增长率为7.4%，但各省份经济增长率分化明显。东北地区的辽宁、吉林、黑龙江GDP增长率分别为5.8%、6.5%和5.6%，全国GDP增速最低的山西省仅为4.9%，而天津、重庆、新疆和贵州GDP增速都在10%以上。

受经济增长率分化等因素的影响，各省份就业情况差别很大。在2014年“中国民生调查”的电话调查样本中，东部地区的就业形势较好。例如江苏、浙江、福建、山东、广东、广西和海南等省的失业率（窄口径）小于3%，但也有不少地区的失业率较高，例如内蒙古、东北三省、河南、贵州和甘肃的失业率（窄口径）在6%以上，这与经济下行致使不少以重化工或资源密集型地区经济受冲击更大，而东部地区由于发展转型较早，不少企业仍面临“招工难”的情况相吻合。

在失业率较高的地区，就业最困难群体仍然是初中及以下文化程度的劳动力。根据调查数据，在失业率较高的7个省中，共有被访问的经济活动人口（就业 + 失业）4648人，其中失业人员计368人，平均失业率为7.9%（窄口径）。在这7个省中，初中及以下文化程度的经济活动人口共1010人，其中失业人口计151人，失业率为15.0%，显著大于文化程度较高的其他群体。

（二）不同地区就业比重的变化也反映部分地区就业压力较大

虽然从总体就业比重看，2014年全国总的就业状况与2012年差不多，仍处于较好水平，但分地区看显示出较大的差别。

由于2011年我国经济增长形势较好，当年增速达到9.5%，自2011年以后经济增速显著下降，因此本报告将2014年的就业与2011年相比分析就业的变化。东部地区和西部地区的就业人员占总人员的比重下降了2.0~2.4个百分点，中部地区上升了3.2个百分点，从就业比重看，也基本在65%以上的水平，总体就业形势相对较好。

东北地区就业率下降的情况比较显著，而且就业比重明显低于其他地区。东北地区的电话

受访人群中，就业率从2011年的59.3%下降到2014年的53.0%，下降了6.4个百分点，其下降幅度在四大板块中最大。另外从就业比重的绝对值看，2014年，东北地区就业人员占受访样本总体的比重是53.0%，远远低于东部地区的67.3%、中部的68.7%和西部的71.4%，这可能是由于不少人由于缺乏工作机会而退出了就业市场（参见表5.9）。

表5.9　不同地区城镇受访人员就业比重的变化（2011～2014）

指标	年份	东部	东北	中部	西部	总体
就业率	2011	69.6	59.3	65.5	73.4	69.2
	2012	68.6	55.5	64.1	69.3	66.7
	2013	66.3	59.8	68.5	73.6	68.7
	2014	67.3	53.0	68.7	71.4	67.7
	2014与2011相比较	–2.4	–6.4	3.2	–2.0	–1.5
样本数	2011	10461	3066	5807	11637	30971
	2012	11448	2847	6599	10930	31824
	2013	11715	2820	6626	11112	32273
	2014	10856	2802	6604	10891	31153

注：按照国家统计局规定，东部地区包括北京、天津、河北、上海、江苏、浙江、福建、山东、广东和海南等共10个省市，东北包括黑龙江、辽宁和吉林，中部地区包括山西、安徽、江西、河南、湖北和湖南，西部地区包括其余的内蒙古、广西、重庆、四川、贵州、云南、西藏、陕西、甘肃、青海、宁夏和新疆等共12个省区市。

数据来源：各年“中国民生调查”电话调查数据。

四、部分流动人口的就业压力更大

（一）从户籍类型看本市（县）农业户口的失业率最高

分户籍状态看，就业压力最大的群体主要是非本市（县）的农业劳动力，也即本地的农业转移劳动力，其次是本市（县）非农劳动力，再次是来自同一省份但不同市县的农业和非农业劳动力，而来自外省的劳动力失业率最低。例如本市（县）农业户口的失业率（宽口径）是11.6%，而本地非农业户口的失业率是8.9%（见图5.3）。

来自本市（县）的转移劳动力的失业率大于来自省内市（县）外和外省的转移劳动力，其原因很可能是远距离迁移的劳动力，或者能力更强，因此在经济下行时更容易找到工作，或者远离迁移劳动力的流动性更高，当经济形势不好时，更可能转移到其他城市或回到户籍所在地工作，而本县市的转移劳动力，即使在城镇找工作有困难，但也并不愿意回到农村，因此表现出较高的失业率。

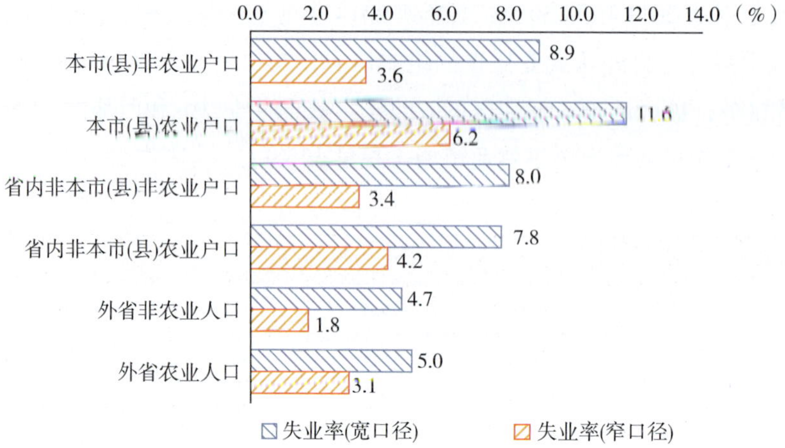

图5.3　不同户籍类型的失业率分布（%）

数据来源：2014年“中国民生调查”电话调查。

（二）本市（县）转移劳动力失业率高的原因主要是受教育程度较低

本市（县）农业户口的失业率高于非农业户口的失业率，其直接原因可能是受教育程度的差别。由表5.10可见，在本地非农业户口的劳动力中，初中、高中、大专和大学及以上劳动力的分布较为均匀，基本上各占1/4左右；而本市（县）农业户口的转移劳动力，初中及以下受教育程度的比重即高达44.5%，再加上高中文化程度，合计达76.5%，远远超过城镇本地非农业户口的劳动力。而从前文表5.5和表5.6的不同年龄、不同受教育程度劳动力失业率的分布看，初中及以下劳动力恰恰是失业率最高的群体，因此本市（县）农业户口失业率较高，主要是由于受教育程度较低而造成的。

表5.10　　不同户籍类型受访者的受教育程度分布

户口状况	频数（个）				比重（%）				
	初中及以下	高中中专或技校	大学专科	本科及以上	初中及以下	高中中专或技校	大学专科	本科及以上	小计
本市（县）非农业户口	4577	5982	5331	5577	21.3	27.9	24.8	26.0	100.0
本市（县）农业户口	2121	1524	743	380	44.5	32.0	15.6	8.0	100.0
省内非本市（县）非农业	276	351	367	421	19.5	24.8	25.9	29.8	100.0
省内非本市（县）农业	327	269	204	145	34.6	28.5	21.6	15.3	100.0
外省非农业户口	190	264	267	317	18.3	25.4	25.7	30.5	100.0
外省农业户口	665	476	236	143	43.8	31.3	15.5	9.4	100.0
合计	8156	8866	7148	6983					

数据来源：2014年“中国民生调查”电话调查。

五、非正规就业比重较高，就业质量有待进一步提高

随着经济社会不断发展，不仅要求提高就业率，还要进一步提高就业的质量，只有高质量的就业才能更好地为劳动者提供较高的收入水平，进而提高生活质量。“中国民生调查”中设计了反映就业质量的多个指标：一是就业类型，反映就业者的岗位特征，比如是自由职业者，还是在企业或者政府机关工作；二是设计了社会保障情况的指标，主要是缴纳各种社会保险的情况。

（一）不少就业者缴纳社会保险的比重仍然不高

根据入户调查数据，近一半的劳动者没有完全缴纳“三险”①。因为有大量非正式就业的存在，所以受访者中由单位帮助缴纳养老和医疗保险的比例较低，只有一半左右（表5.11）。其中单位缴纳养老保险的比率为50.0%，如果去除农业从业人员，则这一比重会上升到53.5%；单位缴纳医疗保险的比率也仅为52.3%，缴纳住房公积金的比重为27.7%，去除农业从业人员也仅为29.9%，还不到30%。另外还有43.3%的劳动者没有缴纳任何社会保险（非农就业群体为40.0%），说明近一半的劳动者没有能够按照国家规定享受到单位所应承担的社会保障，不能获得充分的保障与社会福利。

表5.11　城镇受访者获得单位缴纳保险与公积金的情况（%）

	总频数	养老保险	医疗保险	失业保险	工伤保险	生育保险	住房公积金	现单位没有缴纳任何保险
专业务农	162	5.6	8.6	3.1	4.3	2.5	3.1	90.7
兼业农民	93	11.8	9.7	6.5	8.6	5.4	6.5	86.0
农村自营业者	122	13.1	24.6	1.6	4.9	0.0	0.8	67.2
党政机关从业人员	266	79.3	82.7	60.9	53.4	47.0	59.8	11.3
教科文卫事业单位	297	87.5	89.2	78.1	69.7	62.0	67.7	8.1
社会团体（工青妇等）	187	71.1	71.1	61.5	47.1	44.9	34.2	25.7
国有企业职工	606	94.9	94.9	82.2	75.7	61.1	71.1	3.0
民营/私企职工	1176	59.4	60.7	41.2	43.4	29.7	21.6	34.8
合资外资港澳台员工	139	93.5	93.5	79.1	61.9	48.9	67.6	3.6
民非企业非营利组织	101	69.3	72.3	49.5	44.6	23.8	21.8	22.8
个体工商户	884	12.2	17.8	4.2	5.3	3.1	2.8	78.2
自由职业者	250	22.8	23.6	11.2	7.6	4.8	5.6	69.2
非固定单位临时务工	413	16.7	19.4	10.4	10.4	4.6	1.9	73.8
其他	44	47.7	43.2	34.1	25.0	20.5	25.0	43.2
合计	4740	50.0	52.3	37.7	35.4	27.0	27.7	43.3

数据来源：2014年“中国民生调查”入户调查（本表仅包括回答者本人及其配偶的情况）。

① “三险”指养老保险、医疗保险和失业保险。

（二）本次调查的非正规就业总比重约在40%左右。

有许多指标可以反映就业质量，比如就业的稳定性、就业的专业匹配程度、就业的正规性等。在本报告中，主要用非正规就业比重来反映就业质量。关于非正规就业的定义和统计相对较为困难。吴要武、蔡昉（2006）根据国际劳工组织建议发展中国家政府通过“岗位特征”而不是传统的“单位特征”来定义非正规就业，并结合中国的情况，定义了8种情况为非正规就业者，但其分类较细，本文的数据无法细分到相应的程度上。薛进军和高文书（2012）关于非正规就业的定义为：①非正规部门的从业人员，包括个体工商户、自由职业者和家庭部门的从业人员；②正规部门的非正规从业人员，所谓正规部门包括机关团体事业单位、国有企业、集体企业、民营企业、私营企业等，所谓非正规就业是指没有同时享受养老保险和医疗保险的就业人员（不论是否签订了合同）。

本报告根据数据情况对非正规就业进行重新界定。由于中国的新农合和新农保已经基本实现了全覆盖，但保障水平非常低，因此如果在社会保险中包括新农合和新农保，无法准确地反映对职工的保障程度。因此本报告中所指的正规就业是指享受了高层次养老和医疗保障的就业，即包括城镇职工基本养老保险和城镇职工基本医疗保险（含公费医疗和商业医疗），由于现行制度要求职工养老保险和职工医疗保险要同时缴纳，因此我们定义只要享受了其中一种高层次社会保险即认为该劳动力实现了正规就业。

根据入户调查，在城镇地区4740名总就业人员中[①]，非正规就业的比重约为39.2%，不同行业差异明显。例如党政机关从业人员、事业单位从业人员、国有企业、外资企业的非正规就业比重较高，都只有个位数以下的水平。而在有些就业类型，例如民营企业的非正规就业水平达到31.8%，非固定单位临时务工的高达69.2%（表5.12）。

表5.12 城镇就业劳动力的非正规就业情况（%）

	总频数	城镇职工医疗保险	公费医疗	商业医疗保险	现单位缴纳养老保险	现单位缴纳医疗保险	非正规就业
专业务农	162	8.6	0.0	0.0	5.6	8.6	87.0
兼业农民	93	8.6	2.2	0.0	11.8	9.7	84.9
农村自营业者	122	8.2	0.8	3.3	13.1	24.6	63.1
党政机关从业人员	266	71.8	6.4	1.1	79.3	82.7	5.6
教科文卫事业单位	297	74.1	3.7	1.0	87.5	89.2	6.4
社会团体（工青妇等）	187	56.7	0.5	4.8	71.1	71.1	20.3
国有企业职工	606	87.0	1.0	2.1	94.9	94.9	1.5
民营/私企职工	1176	44.7	1.2	1.5	59.4	60.7	31.8
合资外资港澳台员工	139	75.5	0.7	2.9	93.5	93.5	2.9
民非企业非营利组织	101	66.3	1.0	0.0	69.3	72.3	13.9

① 由于受访者不一定对家庭其他成员的社会保障情况非常清楚，因此这里只包括了受访者本人和其配偶的数据，共4740人。

续表

	总频数	城镇职工医疗保险	公费医疗	商业医疗保险	现单位缴纳养老保险	现单位缴纳医疗保险	非正规就业
个体工商户	884	12.6	0.5	4.2	12.2	17.8	71.2
自由职业者	250	17.6	2.0	4.8	22.8	23.6	62.4
非固定单位临时务工	413	18.9	0.2	0.2	16.7	19.4	69.2
其他	44	31.8	0.0	2.3	47.7	43.2	43.2
合计	4740	42.6	1.4	2.2	50.0	52.3	39.2

数据来源：2014 年“中国民生调查”入户调查。

受教育程度越低的群体非正规就业程度越高。分受教育程度看，低学历人群的就业非正规比重显著较高。例如，大专、本科学历的非正规就业比重为 5.3% [illegible] 13.7%，而小学和未上学群体的非正规就业比重超过 75%（见图 5.4）。

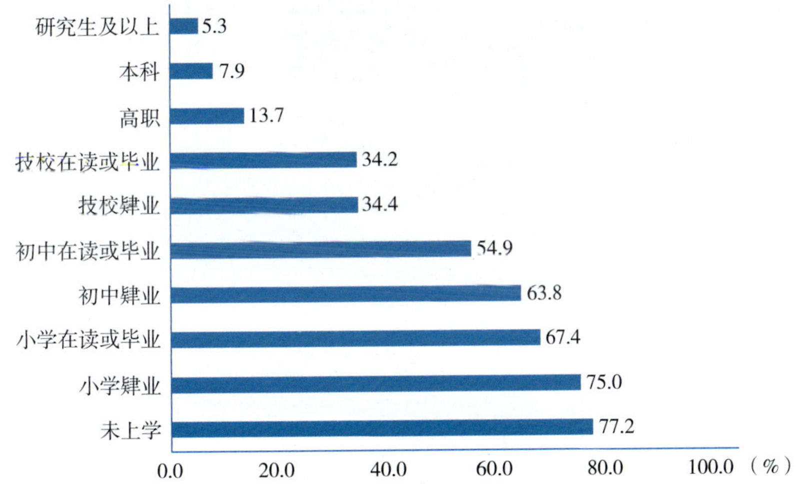

图5.4　分受教育水平的非正规就业比重分布（%）

数据来源：2014 年“中国民生调查”入户调查。

六、受访民众对就业的满意度比上年有所提升

（一）超 1/3 的居民对于就业状况较为满意，不同群体有较大差别

1. 约 4/5 的受访者对就业状况表示“满意”或“一般”

就业状况，特别是就业质量是影响居民生活满意度的重要基础。只有高质量的就业和相应的收入水平，才能支撑居民的生活水平提高。而我国由于劳动力众多，就业压力大，劳动者与就业单位处于相对不平等的位置，因此对就业状况的不满意程度往往较低。但近年来，特别是 2010 年左右以后，我国不少地区先后出现了“招工难”和“用工荒”现象，随着农村地区剩余

劳动力的转移压力大幅度减轻，劳动者的工资和福利水平有了显著提升，工作环境和相应的社会保障也更加健全，因此居民的就业质量有所改善。

就业质量的改善反映在受访民众对就业的满意度上。根据调查统计，受访民众对目前就业状况（包括工作的稳定性、劳动强度、收入等）表示“非常满意”、“比较满意”和“一般”的分别占 9.9%、27.6% 和 41.9%，合计为 79.4%，对就业状况表示“不太满意”和“非常不满意”的分别占 14.7% 和 6.0%，合计为 20.7%（参见图 5.5）。也就是说，大约 4/5 的居民对于就业状况表示基本满意。

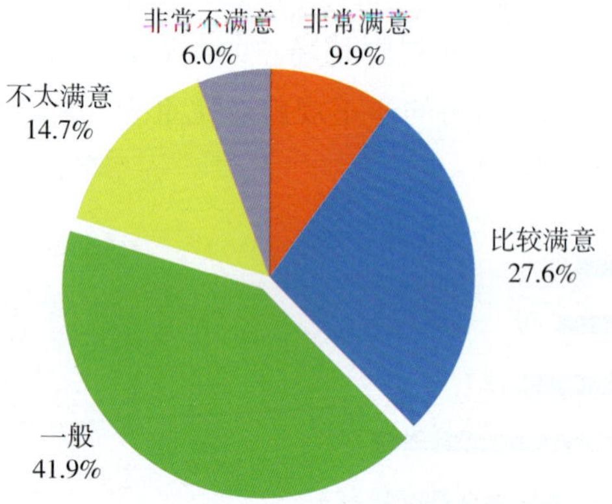

图5.5　2014年全部受访人员（城乡）对于就业状况的总体评价

数据来源：2014 年“中国民生调查”电话调查。

2. 城镇居民对就业状况的满意程度略高于乡村居民

在城镇居民的 31153 个样本中，对就业状况表示“非常满意”、“比较满意”和“一般”的共有 19808 人，占比为 80.0%，略微高于乡村居民的 78.4%。其中城镇居民对就业状况表示“比较满意”和“一般”的比重分别高于乡村居民 2.4 和 3.0 个百分点，但乡村居民对工作表示“非常满意”的比重要高于城镇居民 3.7 个百分点（参见图 5.6）。

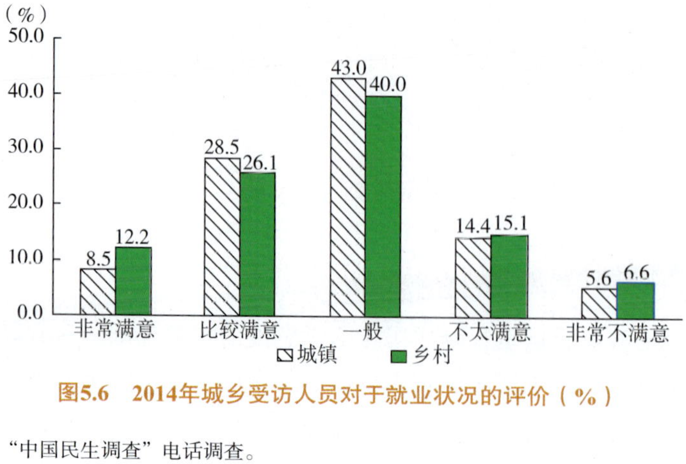

图5.6　2014年城乡受访人员对于就业状况的评价（%）

数据来源：2014 年“中国民生调查”电话调查。

3. 受教育程度越高群体的就业满意度越高

受教育程度对于就业满意度有着直接的影响。一方面，随着受教育程度提高，居民的工作能力增强，越可能获得较高质量的工作，从而获得更好的收入和更好的个人发展机会等。但另一方面，受教育程度提高也往往意味着个人对工作的要求也提高了，比如高教育程度的群体可能更加看重工作的环境、工作的意义、工作的挑战性等，因此也可能由于个人对工作期望的提高而降低满意度。

根据调查统计，随着受教育程度提高城乡居民对就业的满意度有显著提高趋势。例如对工作表示“比较满意”和“一般”的比重从不识字群体的 51.5%，而小学和初中文化程度分别是 59.9% 和 66.7%，而大专，本科和研究生分别是 72.8%、74.5% 和 77.4%，上升趋势非常显著，当然其中表示“非常满意”的比重显著下降，例如文盲或半文盲中，有 26.5% 的居民表示“非常满意”，而小学文化程度的有 17.0% 的受访者表示“非常满意”，这一比率到了研究生群体只剩下 8.0%，这也说明了高学历群体的就业期望较高。

从不同受教育水平群体对工作的不满意情况看，学历水平越低，对工作表示“不太满意”或“非常不满意”的比重就越高。例如“不识字或识字很少”的群体中，有 22.0% 的受访者表示“不太满意”或“非常不满意”，而大专、本科和研究生群体中，这一比重分别是 19.0%、16.8% 和 14.6%，下降的趋势非常明显（参见表 5.13）。

表5.13　不同教育程度对目前就业状况的总体评价（%）

	不识字或识字很少	小学	初中	大学专科	本科	硕士或博士研究生
非常满意	26.5	17.0	10.5	8.1	8.7	8.0
比较满意	20.3	23.6	25.0	29.3	32.5	32.6
一般	31.2	36.3	41.7	43.5	42.0	44.8
不太满意	13.0	15.0	15.8	14.2	12.7	9.9
非常不满意	9.0	8.1	7.0	4.8	4.1	4.7
合计	100.0	100.0	100.0	100.0	100.0	100.0

数据来源：2014 年“中国民生调查”电话调查。

（二）受访民众对就业的满意度比 2013 年有所提高

与 2013 年相比较，2014 年居民对就业的满意度有一定提高。2014 年城镇居民对就业状况表示“非常满意”和“比较满意”的共占 38.7%，比 2013 年的 30.8% 大幅度提高了 7.9 百分点；乡村居民对就业表示“非常满意”和“比较满意”的比重也从 2013 年的 34.0% 提高到 2014 年的 39.3%，提高了 5.3 个百分点。与此相对应，对就业状况表示“不太满意”和“非常不满意”的比重也相应减少（参见表 5.14）。

表5.14 2013和2014年民众对就业的满意情况（仅就业人员）

满意情况	2013年				2014年			
	城镇（人）	乡村（人）	城镇（%）	乡村（%）	城镇（人）	乡村（人）	城镇（%）	乡村（%）
非常满意	1371	605	6.4	9.3	1799	1527	8.9	12.4
比较满意	5182	1606	24.4	24.7	6036	3310	29.8	26.9
一般	9140	2769	43.0	42.6	8748	4951	43.2	40.2
不太满意	4039	1108	19.0	17.0	2730	1781	13.5	14.5
非常不满意	1539	416	7.2	6.4	957	735	4.7	6.0
不清楚	898	313			602	1561		
小计	22169	6817	100.0	100.0	20872	13865	100.0	100.0

注：计算满意百分比时没有考虑表示对此“不清楚”的观测值。

数据来源：2013 ~ 2014 年“中国民生调查”电话调查。

七、政策建议

虽然近年来随着劳动年龄人口总量减少和全国经济总量扩大，经济增长对就业的拉动能力增强，但在当前经济下行的背景下，也出现了部分群体和部分地区就业压力大的现象，值得高度重视，根据“中国民生调查”的结果，当前在就业方面最重要的工作有如下三个方面。

一是加快推进社会保障的统筹层次，促进跨省转移就业。在本轮经济下行中，全国各地经济增长形势差别很大，有一些地区的失业率有显提升，就业压力显著增加，但东部和中部不少省份保持了很高的就业率，就业机会相对较多，甚至还存在一定的招工难现象。因此，有必要大力加强跨区域的劳动力信息服务工作，发展人力资源服务业，积极推进社会保障的跨区接续，实现跨省份就业的便利化，促进劳动力的合理流动，减轻困难地区的就业压力。

二是加强对就业困难群体，特别是受教育程度较低群体的就业支持力度。根据调查情况，对就业状况最不满意和就业压力大的群体主要是受教育程度较低的居民，特别是初中及以下文化程度以及 40 岁以上的高中文化劳动者。建议采取有针对性的措施，健全完善并深入实施积极的就业政策，重点加强对就业困难群体的技能培训和就业促进工作，着力做好对就业困难群体的社会保障和托底工作。

三是进一步提高社会保险的保障水平，提高城乡保障制度的衔接与统一，提高就业质量。目前我国已经基本实现了社会保障的全覆盖，当前需要进一步着力提高社会保障水平，特别是要将转移劳动力中稳定就业部分纳入城镇职工的养老和医疗保障体系，提高这部分群体的保障水平。

附表

附表5.1　　2014年城镇电话调查样本的失业率统计（窄口径，男性）

年龄	失业率（%，宽口径）					样本数量（个）				
	初中及以下	高中、中专或技校	大学专科	本科\硕博	小计	初中及以下	高中、中专或技校	大学专科	本科\硕博	小计
18～19	9.4	10.5	3.1	0.0	7.1	40	138	59	48	285
20～24	6.9	6.3	7.8	7.7	7.2	177	337	368	387	1269
25～29	12.0	6.7	3.0	1.9	4.6	298	519	592	773	2182
30～34	11.5	4.4	3.0	1.4	4.2	409	507	534	780	2230
35～39	9.9	4.4	1.6	1.6	3.7	356	505	504	567	1932
40～44	9.8	7.5	3.3	1.0	5.2	539	618	514	534	2205
45～49	6.3	6.5	1.8	0.8	3.8	467	455	348	396	1666
50～54	5.6	5.2	1.8	0.3	3.2	360	516	354	330	1560
55～59	4.4	2.7	1.3	0.0	2.4	260	353	179	78	870
60～64	2.7	1.5	0.0	5.6	2.1	477	262	145	75	959
65～69	4.9	0.0	0.0	0.0	2.7	315	169	112	63	659
70～74	5.3	0.0	0.0	0.0	2.9	262	178	86	86	612
Total	8.4	5.6	2.9	1.7	4.3	3960	4557	3795	4117	16429

数据来源：2014 年“中国民生调查”电话调查。

附表5.2　　2014年城镇电话调查样本的失业率统计（窄口径，女性）

年龄	失业率（%，宽口径）					样本数量（个）				
	初中及以下	高中、中专或技校	大学专科	本科\硕博	小计	初中及以下	高中、中专或技校	大学专科	本科\硕博	小计
18～19	10.0	9.4	0.0	30.8	9.6	30	120	48	54	252
20～24	8.1	2.6	4.5	5.6	4.7	132	310	462	394	1298
25～29	6.1	2.6	1.8	0.3	1.9	254	[illegible]	[illegible]	[illegible]	1938
30～34	7.7	4.5	2.3	0.6	3.0	406	523	518	653	2100
35～39	7.5	3.1	1.9	0.3	2.9	417	498	424	319	1658
40～44	8.9	2.8	2.0	0.6	3.5	575	578	477	333	1963
45～49	7.2	5.0	1.8	1.1	4.1	455	438	254	185	1332
50～54	6.7	5.7	1.2	0.0	3.7	404	532	241	118	1295
55～59	2.3	0.0	0.0	0.0	0.8	270	324	97	43	734
60～64	11.9	0.0	0.0	0.0	7.1	557	257	93	47	954
65～69	4.5	0.0	0.0	0.0	2.9	393	153	65	25	636
70～74	5.6	0.0	0.0	0.0	4.2	303	153	54	34	544
Total	7.6	3.6	2.3	1.3	3.3	4196	4309	3353	2866	14724

数据来源：2014 年“中国民生调查”电话调查。

附表5.3　2011年以来不同年龄大学生就业比重的变化（男性，%）

	大学专科				本科\硕士或博士研究生			
	2011	2012	2013	2014	2011	2012	2013	2014
18 ~ 19	30.0	45.0	31.3	52.5	28.0	0.0	12.5	39.6
20 ~ 24	63.8	76.3	81.2	77.4	47.0	61.9	54.9	62.3
25 ~ 29	91.7	93.6	94.6	94.1	92.4	95.5	95.9	95.2
30 ~ 34	95.3	96.5	95.1	91.8	97.3	96.9	98.9	96.8
35 ~ 39	95.1	95.8	95.7	94.8	98.0	99.0	98.8	97.4
40 ~ 44	96.0	94.9	94.7	92.4	98.5	97.3	98.5	96.6
45 ~ 49	93.9	91.1	95.0	92.8	96.8	96.9	98.1	95.7
50 ~ 54	88.9	86.5	90.1	91.2	94.9	95.5	94.6	93.6
55 ~ 59	78.7	76.3	85.6	82.7	85.1	80.0	82.9	85.9
60 ~ 64	38.5	29.4	24.6	26.9	38.2	38.4	40.0	22.7
65 ~ 74/75	20.7	5.1	5.5	8.1	16.7	3.5	7.1	9.4
Total	82.8	82.4	82.4	83.4	85.2	87.9	88.6	87.6

数据来源：2011 ~ 2014 年“中国民生调查”电话调查

附表5.4　2011年以来不同年龄大学生就业比重的变化（女性，%）

	大学专科				本科\硕士或博士研究生			
	2011	2012	2013	2014	2011	2012	2013	2014
18 ~ 19	17.1	30.8	58.8	58.3	7.1	16.7	0.0	16.7
20 ~ 24	70.3	76.6	80.2	81.8	47.9	57.6	61.0	63.7
25 ~ 29	91.2	90.6	92.9	90.5	93.6	93.0	93.4	95.9
30 ~ 34	89.5	89.6	91.8	88.4	96.7	93.9	95.7	93.9
35 ~ 39	89.9	88.3	92.9	87.3	97.1	94.8	95.6	95.0
40 ~ 44	90.2	88.7	91.8	90.4	97.8	95.4	96.6	96.1
45 ~ 49	86.3	84.8	90.1	84.3	96.2	94.7	97.3	95.1
50 ~ 54	76.3	62.3	69.5	69.3	85.6	80.7	87.6	83.9
55 ~ 59	31.3	22.0	23.5	23.7	42.4	40.4	35.3	27.9
60 ~ 64	21.1	9.4	10.8	5.4	25.7	13.6	9.3	8.5
65 ~ 74/75	19.6	3.4	5.9	4.2	15.6	3.8	7.2	8.5
Total	79.9	78.2	79.7	78.7	83.2	83.8	86.9	84.6

数据来源：2011 ~ 2014 年“中国民生调查”电话调查。

参考文献

[1]张车伟.失业率的国际比较及中国的城镇失业率.世界经济，2003（5）：47-54

[2]吴要武，蔡昉.中国城镇非正规就业：规模与特征.中国劳动经济学，2006（2）：67-82

[3]薛进军，高文书.中国城镇非正规就业：规模、特征和收入差距.经济社会体制比较，2012（6）：59-69

（执笔：许召元　来有为）

第六章
医疗卫生专题研究报告

2014 年，国务院发展研究中心“中国民生调查”课题组对全国 8 省（市）约 9700 户居民进行了入户问卷调查，调查都询问了医疗卫生保障和服务方面的情况。调查表明，我国医药卫生体制改革已经取得积极进展，成就不断巩固。但随着医改进入深水区，一些深层次矛盾不断暴露，医药卫生体制改革面临一些新的挑战，值得高度关注。

一、医疗费用上涨过快，患者家庭负担仍然较重

（一）医疗费用特别是住院费用增长较快

在 2245 户有住院患者的家庭中（有多位家庭成员住院，则只回答支出最大的一名），住院发生的总费用平均为 20077 元，比上年调查增长 14.5%，远高于 CPI 和居民收入增长速度。调查得出的次均住院费用高于卫生计生委统计的 2013 年全国三级医院和二级医院平均住院费用（为 11752 元和 5044 元），除了样本不同的原因外，还可能是由于医院应对医保监管采用分解住院、降低次均住院费用指标。从宏观数据看，全国卫生总费用从 2009 年的 1.61 万亿元上涨到 2013 年的 3.17 万亿元，四年即翻了一番，年均增长 18.4%，远高于居民收入增长速度。

（二）住院费用报销比例低

在每次住院发生的 20077 元总费用中，家庭实际支付的医疗费用为 11492 元，通过各类医疗保险报销的医疗费用 7649 元，看护、交通、食宿、红包、礼品等间接费用 1411 元。总起来看，医疗保险实际报销比例（不计看护等间接费用）只有 40.0%。如果考虑间接费用，则医保报销费用只占住院总支出的 38.1%。

按住院患者的报销类型看：城镇职工医保患者平均住院总费用 24209 元，其中医疗费用 22805 元，医疗费用中报销 11859 元；城镇居民医保患者平均住院总费用 18866 元，其中医疗费用 18152 元，医疗费用中报销 7990 元；新农合患者平均住院总费用 18594 元，其中医疗费用 17742 元，医疗费用中报销 6353 元。城镇职工医保、城镇居民医保和新农合三种主要保险项目的住院实际报销比例分别为 52.0%、44.0%、35.8%。这同 2013 年问卷调查的结果（53.8%、

44.9%、38.0%）十分接近，也验证了两次调查的结果是一致和稳定的（见表 6.1）。

表6.1 2013年调查患者人均住院费用及报销情况

患者保险类型	覆盖人数	报销费用（元）	总费用（元）	报销比例（%）
（1）城镇职工基本医疗保险	444	11859	22805	52.0
（2）城镇居民基本医疗保险	336	7990	18152	44.0
（3）城乡居民大病医疗保险	42	11225	22414	50.1
（4）公费医疗	10	13470	21970	61.3
（5）商业医疗保险	27	3320	8444	39.3
（6）新农村合作医疗	1522	6353	17742	35.8

注：（3）（5）指的是只回答购买城乡居民大病医保或商业保险的人群，但由于大病医疗保险主要是在基本医保的基础上购买，所以这 42 户回答可能有误，数据仅供参考。

（三）医疗费用给患者家庭带来很大压力

在回答“您感觉家庭支出压力最大的一项是什么”的问题时，选择“医疗”的家庭最多，占 27.2%，以下依次是教育（19.9%）、食品（16.9%）、住房（12.8%）（见表 6.2）。

表6.2 您感觉家庭支出压力最大的一项

	人数	比例（%）
食品	1648	16.9
服装	43	0.4
住房	1243	12.8
教育	1942	19.9
交通通信	84	0.9
文化休闲娱乐	70	0.7
医疗	2650	27.2
人情送礼	879	9.0
赡养老人	194	2.0
没压力	633	6.5
经营性支出	176	1.8
子女抚养	95	1.0
生活开销	50	0.5
债务	8	0.1
都有压力	25	0.3
其他	1	0.0

在有住院经历的 2245 户居民中，有 273 户一次住院自付费用大于家庭该年全部收入，占 12%，其中 141 户居民一次住院自付费用大于家庭该年全部收入的 2 倍，占 6.2%；44 户居民一

次住院自付费用大于家庭该年全部收入的5倍，占2%。

在全体样本中，有17.6%的家庭（1685户）在2013年曾经因为看病而向外筹措资金，其中绝大多数（1600户）筹资方式是向人借款。可能的原因，一方面是医疗费用过高，另一方面是医保报销不及时，患者只有先借钱垫付费用（见表6.3）。

表6.3 2013年以来家庭因为看病需要向外筹措资金的情况

	人数	比例（%）
没有	7873	82.4
有，找人借款	1600	16.7
有，家庭财产抵押贷款	26	0.3
有，变卖家庭资产	10	0.1
赊账/高利贷	10	0.1
亲属资助	38	0.4

（四）因经济原因该住院不住院的比例仍然较高

在2895户医生建议住院的居民家庭当中，有738户没有住院，占25.5%。同这一数据类似的调查包括，2003年第三次全国卫生服务总调查时的应住院未住院率为29.6%，2008年第四次全国卫生服务总调查得出的应住院未住院率为21%，尽管调查方法不同，但也可看出，应住院未住院率仍处在较高水平。对应住院未住院的原因，有56.8%回答“没钱住院”，另外28.8%认为没有必要住院，6%认为没有时间住院。因为经济原因应住院未住院的患者，医保类型主要是：新农合235户，城镇居民医保73户，城镇职工医保59户，没有医疗保险的19户（见表6.4）。

表6.4 过去两年以来医院建议住院而未住院原因

	人数	比例（%）
没钱住院	393	56.8
没有时间住院	40	5.8
床位紧张，住不进去	18	2.6
住院环境太差	11	1.6
不信任医生	23	3.3
自己认为不需要	199	28.8
其他	8	1.2

二、医疗服务体系结构调整仍有待深化

（一）分级就医格局正在形成，但仍有待加强

在询问“您和您的家人平时感觉身体不舒服需要看医生时，一般最先去哪个医疗机构”时，

25.9% 选择去村卫生室 / 诊所，11.12% 选择去社区卫生服务中心（站），12.58% 选择去乡镇卫生院，16.66% 选择去区县医院，9.43% 选择去区域里最好的大医院。这表明，基层医疗卫生机构已经发挥了一定作用，但直接去大医院就诊的仍然占人群的 26%，分级就医和社区首诊发挥的作用仍有待加强。另外，还有 24.2% 的患者选择自我医疗（自己买药），表明基本医疗的便利性和可及性仍有待提高（见表 6.5）。

表6.5 门诊首诊医疗机构

	人数	比例（%）
自己买药	2361	24.2
村卫生室/诊所	2534	25.9
社区卫生服务中心（站）	1086	11.1
乡镇卫生院	1229	12.6
区、县医院	1627	16.7
区域内最好的大医院	921	9.4

（二）民营（私立）医院的社会声誉低

为了解群众对社会办医和民营医院的看法，专门询问了“您和家人更信任当地的公立医院还是民营（私立）医院”，并具体询问了不信任的原因。在回答该问题的 9753 位居民中，76.6% 选择“更信任公立医院，不信任民营（私立）医院”；11.8% 选择“都信任”，只有 3.4% 的居民选择“更信任民营（私立）医院，不信任公立医院”。在进一步询问“为何不信任民营（私立）医院时”，回答依次为：医生和设备水平低、费用太贵、诊疗行为不规范，为了挣钱损害患者利益、医生责任心不强等（见表 6.6、表 6.7）。

表6.6 受访者对公立医院和民营医院信任情况

	人数	比例（%）
更信任公立医院，不信任民营（私立）医院	7470	76.6
更信任民营（私立）医院，不信任公立医院	331	3.4
都不信任	181	1.9
都信任	1145	11.7
不知道	626	6.4

表6.7 不信任民营医院的理由 单位：人

	理由一	理由二	理由三	理由四	理由五	合计	比例
费用太贵	2306	306	76	10		2698	37.1
医生和设备水平低	2793	834	89	7	2	3725	51.2
诊疗行为不规范为了挣钱损害患者利益	1181	1197	285	1		2664	36.6
挂号难、排队长	78	153	67	8	3	309	4.2
医生责任心不强	208	574	444	36	6	1268	17.4

续表

	理由一	理由二	理由三	理由四	理由五	合计	比例
服务差	6	1				7	0.1
医保报销没有或不完善	366	93	12	2		473	6.5
本地没有民营医院/交通不便	81	3				84	1.2
没有去过或不了解	175	5	1			181	2.5
不信任/社会声誉差	44	17	3			64	0.9
其他	35	3				38	0.5

二、对问题的分析和建议

调查表明，我国医药卫生体制改革当前面临的主要矛盾是，医疗保障体系的改革和医疗卫生服务体系的改革不匹配，医院改革滞后，医疗卫生费用过快上涨，抵消了医疗卫生投入的效果。建议以控制卫生总费用过快上涨为重点，聚焦公立医院改革，规范社会办医行为。

一是进一步明确“保基本、强基层、建机制”的改革方向。调查表明，我国基层医疗和基本医保的水平还不高，还远远不能满足群众对基本医疗卫生服务的需要。应正确处理基本和非基本的关系，把“保基本、强基层、建机制”作为主攻方向，加强基层医疗卫生服务，提高基本医保筹资和管理水平。

二是把控制卫生总费用过快上涨作为当前医改重点。把“控成本”作为医改的主要目标，对卫生总费用长期增长趋势做出规划。明确对控制医疗总费用负首要责任的部门，统筹当前分散在财政、人保和卫生等多部门的医疗资金管理权限。对公立医院和纳入医保的民营医院实行收支预算管理，对超出预算的公立医院院长进行问责。探索由财政或医保基金直接支付医生工资，并与绩效挂钩，引导医院由追求收入的竞争转变为追求综合绩效和成本控制的竞争。

三是进一步加快公立医院改革。控制医疗费用过快上涨，首要的是控制公立医院费用过快上涨。尽快推广福建三明、陕西子长等地试点的成功经验，取消以药补医、实行符合医务人员行业特点的薪酬制度、规范药品生产流通秩序。

四是规范社会办医行为。尽快制定《非营利组织法》或《非营利性医院管理条例》，把非营利性医院不得分红的约束落到实处。落实区域卫生规划，清理规范地方政府出台的对民营医院的税收减免和优惠政策，加强对社会办医的质量监管。

（执笔：江 宇）

第七章
教育专题研究报告

国务院发展研究中心“中国民生调查”课题组对全国 8 省（市）近万户[①]居民进行了入户问卷调查，对 5 万多户家庭进行了电话调查，两个调查都询问了子女教育方面的情况。调查表明，城乡居民对教育的满意程度较高，但教育支出压力仍然较大，多层次、选择性教育需求较为强烈。

一、城乡居民对教育状况总体满意，对教育总体评价稳步提升

从 2014 年电话调查情况来看，全国范围内有 47.1% 的被访者对居住地教育状况的总体评价表示满意。其中，14.6% 的表示“非常满意”，32.5% 的表示“比较满意”。另有 30.2% 的被访者表示“一般”。被访者表示不满意的总占比为 15.3%，其中，“不太满意”的占 10.0%，“非常不满意”的占 5.3%。另有 7.5% 的被访者表示“不清楚 / 不了解 / 不评价”。总体来看，被访者对教育的满意程度较高。

与 2013 年电话调查情况进行比较可以发现，被访者对居住地教育状况的总体评价稳步提升，表示满意的总占比提高 5.7 个百分点。其中，表示“非常满意”的提高 3.7 个百分点，表示“比较满意”的提高 2.0 个百分点。表示“一般”的占比下降 2.0 个百分点。被访者表示不满意的总占比下降 1.0 个百分点，其中，“不太满意”的下降 1.2 个百分点。此外，表示“不清楚 / 不了解 / 不评价”的也下降 2.7 个百分点，换言之，更多的被访者愿意表达自己的态度（见图 7.1）。

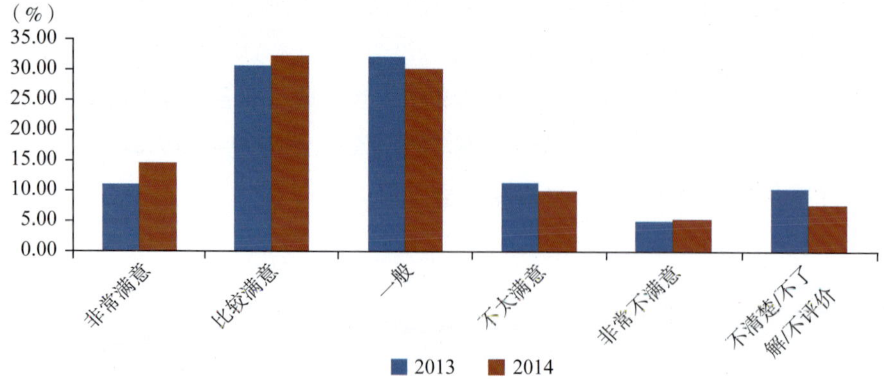

图7.1 城乡居民对居住地教育状况的总体评价（%）

① 在2014年开展的近万户入户问卷调查中，有上学（含幼儿园）子女的家庭为4896户，若无特殊说明，本报告以此为基数进行家庭教育需求的统计分析。

分城乡来看，农村被访者对居住地教育状况的总体评价略高于城镇被访者。具体来看，有48.4%的农村被访者表示满意。其中，18.5%的表示“非常满意”，29.9%的表示“比较满意”。而城镇被访者表示满意的占比低于农村被访者2.2个百分点，为46.2%。其中，12.1%的表示“非常满意”，34.1%的表示“比较满意”（见图7.2）。

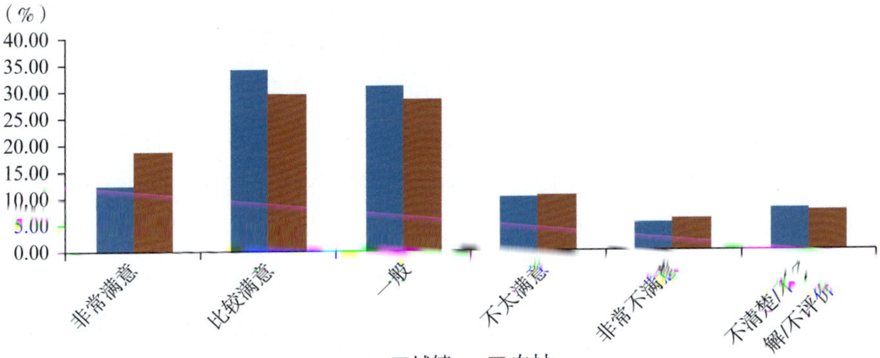

图7.2　不同区域的被访者对居住地教育状况的总体评价（%）

分户籍来看，本地户籍[①]的被访者对居住地教育状况的总体评价明显高于非本地户籍[②]的被访者。其中，本市（县）农业户口的被访者表示满意的占比最高，为49.0%；外省非农业户口的被访者表示满意的占比最低，为36.6%。其他从高到低依次为本市（县）非农业户口47.4%、省内非本市（县）非农业户口44.9%、省内非本市（县）农业户口41.8%、外省农业户口37.6%。

分收入来看，家庭年收入在“5万～10万元”的被访者对居住地教育状况的总体评价表示满意的占比最高，为48.1%；家庭年收入在“25万～50万元”的被访者表示满意的占比最低，为44.4%。其他从高到低依次为“10万～15万元”47.6%、“3万～5万元”47.5%、“1万～3万元”47.1%、“15万～25万元”46.3%、“1万元以下”和“50万元以上”均为46.2%（见图7.3）。

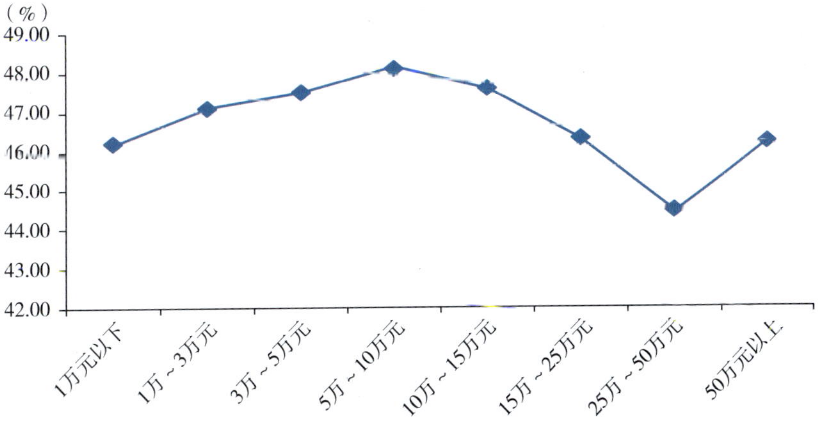

图7.3　不同家庭年收入的被访者对居住地教育状况的满意度（%）

---

① 包括“本市（县）非农业户口”和“本市（县）农业户口”。

② 包括“省内非本市（县）非农业户口”、“省内非本市（县）农业户口”、“外省非农业户口”和“外省农业户口”。

二、家庭子女教育支出压力较大，不同学段、城乡之间存在差异

（一）子女教育仍然是家庭支出压力最大的选项

从 2014 年的入户问卷调查情况来看，有 66.3% 的家庭全年子女教育总支出[①]占家庭生活总支出的比例超过 10%，有 40.2% 的超过 25%，有 11.6% 的超过 50%，更有 3.6% 的超过 75%。从“家庭支出压力最大的选项”来看，有 37.0% 的被访者认为教育是第一位的，占比远高于排在第二位的医疗（18.8%）、第三位的食品（12.8%）和第四位的住房（12.5%）。其中，子女处于本科及以上阶段的家庭中，有 61.0% 的认为教育是“家庭支出压力最大的一项”，占比为各学段最高；子女处于学前阶段的家庭中，有 17.3% 的持相同看法，占比为各学段最低；其他从高到低依次为高中 57.3%、高职 57.1%、中职（中专、技校、职高，下同）45%、初中 41.9%、小学 28.3%（见图 7.4）。

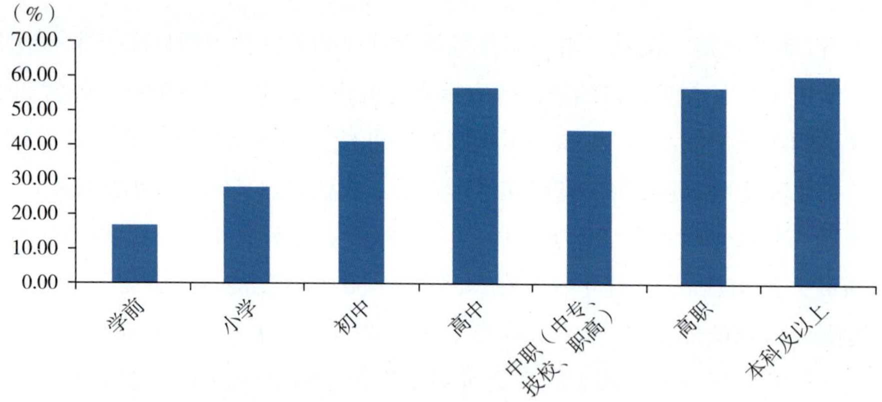

图7.4 不同学段反映教育支出压力最大的比例（%）

目前，中职、高职、本科及以上三个学段的家庭教育支出主要集中在学费和生活费方面，其他方面的支出相对较少。随着近些年国家财政投入力度进一步加大，包括奖学金、助学金、助学贷款、学费减免、伙食补贴等在内的国家资助政策体系进一步完善，因学费和生活费带来的家庭教育支出压力有望逐渐缓解[②]。而其他几个学段除学费和生活费外，家庭教育支出的构成相对更加复杂和多元。因此，这里重点分析影响学前、义务教育（小学、初中）、高中几个学段家庭教育支出压力较大的可能因素。

分学段来看，子女处于义务教育阶段的家庭中，仍有 33.2% 的认为教育是“家庭支出压力

① 不包括子女在家的生活费，但包括赞助费、捐资助学费等类似费用。

② 据教育部网站2015年8月18日公布的《2014年中国学生资助发展报告》，2014年，全国资助学前教育（幼儿）、义务教育、中职学校、普通高中和普通高校学生8543.78（不包括义务教育免费教科书、营养改善计划资助）万人次，较上年增长约6.86%；累计资助金额1421.28亿元，比上年增加236.13亿元，增幅19.92%。

最大的一项”①；而子女处于学前和高中阶段的家庭中，持相同看法的比例也分别占到 17.3% 和 57.3%。如图 7.5 所示，无论是哪一个学段，这部分家庭的年收入都主要集中在“1 万 ~ 3 万元”、“3 万 ~ 5 万元”和“5 万 ~ 8 万元”。换言之，上述学段认为教育是“家庭支出压力最大的一项”的被访者主要来自中低收入家庭。

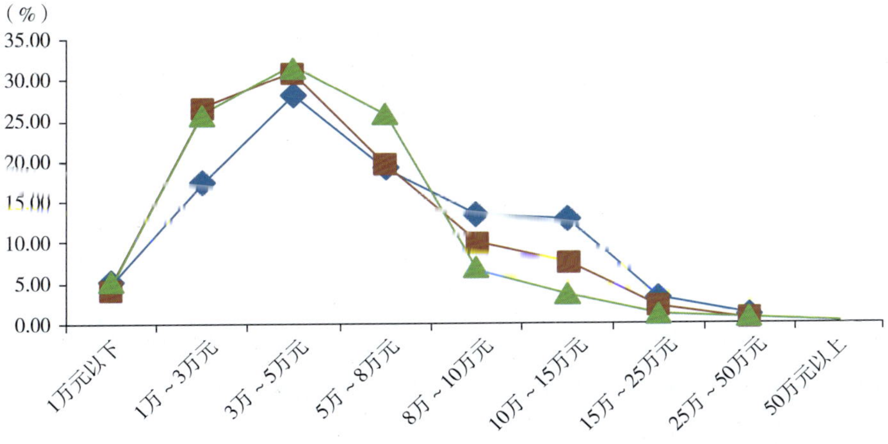

图7.5　不同学段认为教育支出压力最大的家庭年收入占比（%）

进一步分析可以发现，上述认为教育支出压力最大的家庭中，子女参加课外辅导或培训班的在各自学段的占比普遍较高。其中，义务教育为 35.8%，学前和高中分别为 22.5% 和 31.0%。在子女就读民办学校（含幼儿园，下同）方面，学前的占比远高于其他两个学段，达到 64.0%。在非本地户籍方面，学前的占比也比其他两个学段高出 7 ~ 8 个百分点，达到 20.5%。但在学校周边租房和购置学区房方面，三个学段的占比差异较小（见表 7.1）。

表7.1　不同学段认为教育支出压力最大的家庭情况

	学前		义务教育		高中	
	频次	占比（%）	频次	占比（%）	频次	占比（%）
子女参加课外辅导班或培训班	39	22.5	[illegible]	35.8	97	31.0
为了陪子女上学，在学校周边租房	14	8.1	72	9.6	30	[illegible]
为了子女能上好的学校，购置学区房	3	1.6	20	2.7	8	2.6
子女就读民办学校	112	64.0	114	15.2	34	10.9
非本地户籍	40	20.5	100	13.3	39	12.4

注：表中的“占比”指的是，认为教育是“家庭支出压力最大的一项”的被访者在其子女所处学段全部被访者中所占的比例。

① 值得一提的是，子女处于义务教育阶段民办学校的家庭中，也有45.1%的认为教育是“家庭支出压力最大的一项”。在我国现有的义务教育阶段公办资源较为充足、基本能够满足城乡居民子女教育需求的大背景下，对于入户问卷调查反映的这一结果应当具体分析。首先，因当地公办教育资源不足、不得不选择民办学校而带来的家庭负担，需要通过加大公办教育资源或普惠性民办教育资源供给加以解决，当然，此类地区在全国仅为少数。其次，对于那些主动放弃已有的公办教育资源，为了子女能够获得更加优质、个性化、多样化的教育服务而选择“贵族学校”等高端民办学校而带来的家庭负担，政府无须过多干预。

可见，除了户籍因素影响外，多层次、选择性教育需求是这部分家庭子女教育支出压力较大的主要原因。但对于不同学段而言，造成家庭教育支出压力较大的原因既有相似之处，例如子女参加课外辅导班或培训班带来的费用负担；也存在差异，例如子女就读民办学校带来的费用负担在学前阶段更为突出。

（二）不同学段、城乡之间的子女教育支出差异明显

从全年子女教育总支出情况来看，有57.4%的家庭超过5000元，有29.9%的超过1万元，更有10.1%的超过2万元。

分学段来看，高中及以上的教育总支出超过1万元的占比最高，从低到高依次为高中39.1%、中职41.2%、高职55.7%、本科及以上66.1%。高中以下的教育总支出在5000元以下的占比最高，从低到高依次为学前48.8%、初中49.7%、小学60.1%。

需要指出的是，虽然国家已逐步实现义务教育阶段学杂费全面免除，但因择校费、课外辅导或培训班费以及“撤点并校”后不得不陪读而产生费用等类似支出仍然给家庭带来不小的经济负担。从入户问卷调查情况来看，子女处于义务教育阶段的家庭，教育总支出超过5000元的占到43.7%，超过1万元的也占到19.1%，更有5.9%的家庭超过2万元。

分城乡来看，城区的教育总支出超过1万元的占比最高，达到37.0%，而镇区、乡村的分别为27.0%和25.5%；教育总支出在5000元以下的占比，镇区、乡村的相对较高，分别为48.1%和48.4%，而城区的为32.1%。

三、多层次、选择性教育需求较为强烈，既有合理因素，也有不合理因素

（一）少数家庭通过在学校周边租房①或购置学区房获得优质教育资源

从入户问卷调查情况来看，为了陪子女上学，在学校周边租房的家庭共计296个，占比为6.7%；为了子女能够上好的学校，购置学区房的家庭共计106个，占比为2.2%。

从在学校周边租房的费用来看，超过2000元的占到71.9%，超过5000元的也占到39.7%，更有15.4%的超过1万元。分学段来看，高中的占比最高，为9.5%，其他依次为小学8.5%、初中6.6%和学前6.5%。分城乡来看，乡村的占比最高，为8.7%，城区、镇区的分别为5.3%和5.4%，这在一定程度上是与“撤点并校”分不开的。

从购置学区房的费用来看，超过30万元的占到55.9%，超过50万元的也占到36.3%，更有10.8%的超过100万元。

---

① 之所以在学校周边租房，有些家庭是为了子女能够获得优质教育资源，但也有部分家庭是出于“撤点并校”后不得不陪读的考虑。本报告对此并未做详细区分。

（二）基础教育阶段参加课外辅导或培训班情况较为普遍

从入户问卷调查情况来看，子女参加课外辅导或培训班的家庭共计 1019 个，且主要集中在基础教育阶段（949 个），占比为 23.4%。分学段来看，初中的占比最高，为 31.1%，其他依次为小学 30.3%、高中 28.0%、学前 15.7%。

从每周去课外辅导或培训班的总时长来看，平均为 6.11 小时。其中，小学为 6.62 小时，初中为 5.84 小时，高中为 5.80 小时。值得注意的是，学前阶段也达到 5.11 小时。从参加课外辅导或培训班的全年总支出来看，超过 5000 元的占到 27.4%，超过 1 万元的也占到 9.3%，更有 2.6% 的超过 2 万元。从参加课外辅导或培训班的途径来看，经学校或老师推荐的共有 302 个，占比为 29.6%。

（三）现有的小学及以上公办教育资源较为充足，基本能够满足城乡居民子女教育需求，民办教育主要集中在学前阶段

从入户问卷调查情况来看，子女就读民办学校的共计 796 个，占比为 18.0%。分学段来看，子女就读民办园的占比较高（54.2%），超过就读公办园的（45.8%）；而其他学段则主要是以选择公办学校为主，选择民办学校的占比从低到高依次为本科及以上 7.9%、小学 10.5%、高中 10.8%、初中 12.3%、中职 18.4%、高职 19.6%。

分城乡来看，子女就读民办学校占比最高的区域，超过最低的近 7 个百分点。其中，城区的占比最高，为 21.3%；其次为乡村的，占比为 17.3%；而镇区的这一占比相对较低，为 14.5%。分户籍来看，本地户籍人口的子女就读民办学校占比为 80.2%，远高于非本地户籍人口的这一占比（19.8%）。其中，本市（县）农业户口的这一占比最高，为 51.9%；省内非本市（县）非农业户口的最低，为 1.5%。其他从高到低依次为本市（县）非农业户口 28.3%、外省农业户口 12.6%、省内非本市（县）农业户口 4.0%、外省非农业户口 1.8%。分收入来看，家庭年收入在“3 万 ~ 5 万元”的被访者，子女就读民办学校占比最高，为 24.4%；家庭年收入在“25 万 ~ 50 万元”的被访者这一占比最低，为 1.6%。其他从高到低依次为“1 万 ~ 3 万元”为 22%、“5 万 ~ 8 万元”为 20.9%、“8 万 ~ 10 万元”为 12.7%、“10 万 ~ 15 万元”为 10.2%、“15 万 ~ 25 万元”为 4.3%、“1 万元以下”为 4%（见图 7.6）。

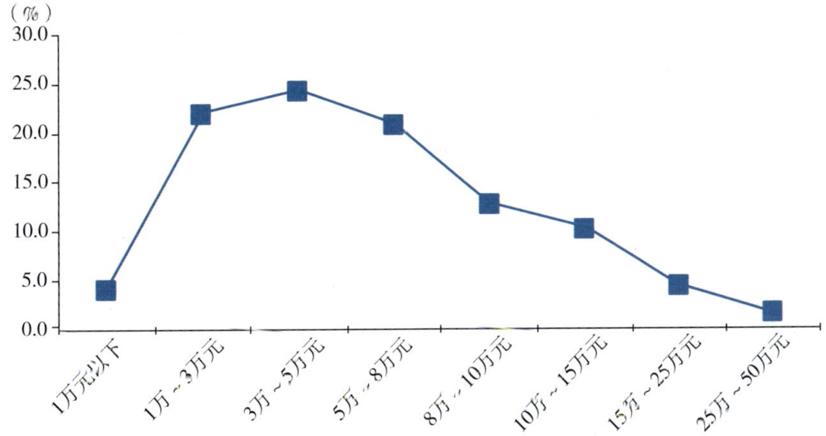

图7.6　不同家庭年收入的被访者子女就读民办学校的占比

可见，子女就读民办学校的主要是本地户籍的中低收入家庭，且主要集中在学前阶段。从选择民办学校的理由来看，“民办的离家近，交通方便”是最主要的原因，占比为 28.1%，“因不符合条件（如证件不齐）无法进入公办的”、“公办的资源紧缺，学位不足”和“民办的教学质量高”分列二、三、四位，占比依次为 16.5%、15.9% 和 13.7%。从首选理由来看，排在前四位的依然是上述四项，占比依次为 31.1%、22.0%、16.3% 和 15.4%（见表 7.2）。

表7.2 选择民办学校的理由

	第一位	第二位	第三位	合计	占比（%）
不符合条件（如证件不齐）无法进入公办的	169	6	1	176	16.5
公办的资源紧缺，学位不足	125	43	2	170	15.9
民办的离家近，交通方便	239	54	7	300	28.1
民办的入学手续简便	39	56	14	109	10.2
民办的教学质量高	118	24	4	146	13.7
民办的教学方式更加灵活多样	36	43	13	92	8.6
民办的升学时能进入更好的学校	10	15	3	28	2.6
民办的更有利于孩子以后出国	1	2	2	5	0.5
其他	31	9	0	40	3.8
合计	768	252	46	1066	99.9

四、若干建议

（一）高度重视教育民生问题，进一步提高人民群众对教育的满意度

随着经济社会发展和国情深刻变化，我国教育事业发展也呈现出新的阶段性特征，教育保障能力显著增强，财政对教育的投入不断加大，“有学上”的问题已基本解决，正在向“上好学”的方向发展；而且，随着收入水平提高，人民群众对高质量、多样化教育的期盼越来越高，对子女教育的关注和重视程度也越来越高。因此，应进一步加快推进教育事业改革和发展，努力提高教育质量，大力促进教育公平，及时回应群众需求，努力办好让人民满意的教育。

（二）均衡发展义务教育，严格执行就近入学原则，推进基本公共教育服务均等化

围绕教师轮岗、财力均等和学生资源均等三方面建立完善的配套制度，推进义务教育均衡发展。按照《义务教育法》要求，严格执行划片就近入学政策，切实减轻家庭因择校而来的教育支出压力。消除择校现象，从根本上说，仍在于加快推进义务教育学校标准化建设，在区域内均衡配置教师、设备、图书、校舍、生源等资源，努力缩小校际差距，推进基本公共教育服

务均等化。鉴于“两基达标”只是基本解决了中小学的校舍问题，下一步应继续加大公用经费向偏远地区、农村地区的倾斜力度，按照“缩差距、抬底部、补短板”的原则，合理选择财政教育投入的方向、力度和重点，建立满足基本公共教育服务均等化需要的公共财政体制和分配方式。此外，在合理配置教育资源的基础上，还要改进农村学校和薄弱学校管理，提升教师教学水平，发挥每一位校长教师的积极性，引导和帮助学校提高教育教学质量，走内涵式发展道路，促进学生成长，实现真正的均衡发展。

与此同时，必须坚持方便学生就近入学的原则，进一步做好农村义务教育学校布局以及完善相关配套制度，特别是因地制宜保留并办好村小学和教学点。针对因不合理的布局调整造成的农村学生上学路程普遍变远、上学交通安全存在隐患、寄宿制学校办学条件不到位和留守儿童教育等新问题，要切实办好教学点，保障低年级小学生就近入学，在条件成熟的小学高年级段和初中阶段适度开展农村寄宿制学校建设，建立寄宿学生月假、半月假制度，完善公共交通服务体系。

（三）采取有效措施，切实保障进城务工人员随迁子女基本享受平等接受义务教育的权利

落实地方“两为主”责任，降低入学条件。一方面，需要通过增加公办学校供给、简化公办学校准入条件、规范公办学校的管理和收费来完善以公办学校为主的政策，扩大公办学校接收进城务工人员随迁子女的数量，增加这一群体平等接受义务教育的机会。另一方面，也可通过政府购买学位的方式，对符合条件（即质量、安全等达到相关标准）、吸纳进城务工人员随迁子女的民办学校予以补贴及相关政策优惠，防止公办学校扩张可能带来的资源浪费；同时，积极通过加大投入等措施帮助此类民办学校改善办学条件，并通过开展教师培训、共同开展教研等多种途径帮助其提高教育质量。此外，考虑到进城务工人员随迁子女的流动类型，以及政策执行的难易程度，先解决省内流动（含县市域范围）的这一群体在流入地同等享受普通高中教育（以及参加高考），同时，在个别城市解决跨省流动的随迁子女同等享受普通高中教育的问题。

切实保障进城务工人员随迁子女基本享受平等接受义务教育的权利，破解“两为主”政策执行过程中的财政困局，最关键的仍在于理顺中央与地方、地方政府之间财政分权关系，提高中央和省级政府在教育支出中的分担比例，特别是义务教育支出分担比例。一方面，充分利用已初步建立的全国联网的中小学学籍管理信息网络、公安部身份认证、税务社保等系统，准确把握进城务工人员随迁子女的区域流动情况；另一方面，充分借鉴安徽省义务教育阶段电子教育券的做法，先实现省内流动的生均公用经费“钱随人走”，再稳步实现跨省流动的“钱随人走”。从长远来看，实现义务教育生均教育事业费“钱随人走”应是未来的改革方向。

（四）合理引导校外教育需求，切实减轻学生负担

为了真正达到教育减负的目的，必须转变学校及家长的教育观念。一方面，要加快推进教

育教学质量评价、考试招生制度等相关改革，及时研究解决改革中遇到的新情况、新问题，认真总结各地经验，调整、完善相关政策措施；另一方面，要加强家长与学校的沟通配合，引导家长树立正确的教育观念，合理安排学生课外学习活动，切实减轻学生负担，进而也减轻家长经济负担。

同时，还要规范各类社会补习机构和教辅市场，特别是进一步加大对教师参与举办校外文化课补习行为的专项治理。首先，按照审批程序和设置标准，规范社会补习机构的审批登记；其次，加强对此类机构的日常考核与监管；第三，引导其提供更加符合素质教育要求的校外教育服务。

（五）在非义务教育阶段，鼓励民办教育发展，增强教育选择性

义务教育阶段，必须坚持政府办学为主体；在非义务教育阶段，应大力鼓励支持民办教育发展，引导民办教育提供多层次、多样化的教育服务，增强教育选择性。考虑到我国现有的小学及以上公办教育资源较为充足，这些学段也不宜盲目发展民办教育，特别是那些缺乏特色、与公办学校雷同的民办学校。鉴于教育事业发展必须坚持的公益属性以及世界各国的经验、教训，民办教育的发展方向应该明确为鼓励和引导社会力量重点兴办公益性教育事业。针对民办园占比过高的现状，以及学前阶段兼有保育和教育的双重任务，加之“入园难、入园贵”问题仍未得到有效缓解，应在继续增加公办园数量、提高公办园占比的同时，鼓励和引导民办园提供普惠性学前教育服务。

考虑到不同学段的特殊性，高中及以上将是未来民办教育发展的重点领域。总体来说，义务教育阶段应以公办学校以及部分非营利性民办学校为主体，给营利性民办学校留有的发展空间有限，即便有，也是发挥其在提供多样化、个性化需求方面的作用。而且，针对不同类型的民办学校（或幼儿园），公共财政的投入范围和重点，以及具体的管理办法、措施和扶持政策等也需要加以明确①。这也是一些教育发达国家比较成熟的经验，是国际上管理民办教育的通行做法。

（执笔：余　宇）

---

① 例如，在法人属性上，营利性民办学校是企业单位，非营利性民办学校是民办非企业单位，考虑到民政部民间组织管理局正在修法（已列入人大立法议程），方向是将最接近国际上非营利性机构概念的民办非企业单位明确为非营利性机构，非营利性民办学校的法人属性将更加明确；在教师身份上，随着《机关事业单位养老保险改革决定》的颁布，机关事业单位与企业单位养老保险在制度上实现并轨，同时政府要正确履行教育行业管理职能，继续推动落实民办学校教师在职称评定、工龄计算等方面享受与公办学校教师同等待遇，民办学校与公办教师的身份界限将逐步打破；在税收优惠上，根据营利性和非营利性民办学校的不同属性，按照《企业所得税法》《公益事业捐赠法》《民间非营利组织会计制度》等分别执行；在财政资助上，仍可采取政府购买服务、学生资助、财政奖补等方式统筹解决，继续推动落实民办学校学生在升学、国家助学贷款、国家奖学金、生活困难补助、就业等方面与公办学校学生享有同等权利。

第八章
住房专题研究报告

2014年，国务院发展研究中心开展了关于中国民生问题的入户调查，涉及河北、黑龙江、上海、浙江、安徽、广东、四川、陕西等8个省（市）9768户家庭。其中，与住房有关的问题包括8大类：房屋权属、住房面积、拥有其他住房情况与空置率、住房支出压力、住房满意度、购房意愿、住房公积金缴存、政策诉求。通过本次调查，既了解到我国住房的主要特点，也反映出当前我国住房面临的一些突出问题，可为进一步改善我国住房公共政策提供相关支持。

一、住房自有率情况

通过对现居所的权属调查发现：受访家庭的总体住房自有率[①]高，但不同户籍家庭的住房自有率差异较大，且在特殊区域[②]、城乡结合部地区租房比例较高。

一是总体住房自有率较高。在受访对象中，有84.2%的家庭居住在自有住房（包括父母的住房）中，与主要国家的住房情况相比，我国总体住房自有率处于较高水平。究其原因：既有历史上公房改革出售的原因，也有我国农村宅基地使用制度的原因，还有近年我国住房市场持续高位运行背景下，广大城镇居民购房消费倾向偏高的原因。

二是常住人口中住房自有率差异较大。本地非农户籍家庭的住房自有率88.5%，本地农业户籍家庭的住房自有率更是高达97.1%，而外省非农户籍家庭和农业户籍家庭的住房自有率分别为24.9%和15.5%（见图8.1）。这表明，大部分非本地常住人口并未购买住房，而是通过租赁市场或租赁型住房保障渠道解决住房问题。这些数据印证了在城镇化过程中，人口转移导致常住人口购房潜力增加的基本判断，这部分群体住房需求将成为支撑下一阶段住房建设的重要力量之一。

三是住在非自有住房中的家庭以市场租赁住房为主，城乡结合部与特殊区域中，租赁住房的家庭比例较高。从非本地户籍家庭的租房渠道看，以市场租赁住房为主，占到非本地户口租房家庭的78.7%，还有6.1%的受访家庭是租住在单位公寓和宿舍中。另外，在城乡结合部与特殊区域中的受访者租房比例较高，分别为34.9%和38.9%，这与这些地区外来人口集中，距离就业地点相对较近，房租水平相对较低有关（见图8.2）。

---

① 住房自有率=（居住在自有产权住房的家庭户数/受调查家庭总户数）×100%。

② 特殊区域是指在城区、镇中心区、镇乡结合区以外，不隶属乡级行政区域，且常住人口在3000人以上的工矿区、开发区、科研单位、大专院校、农场、林场等。

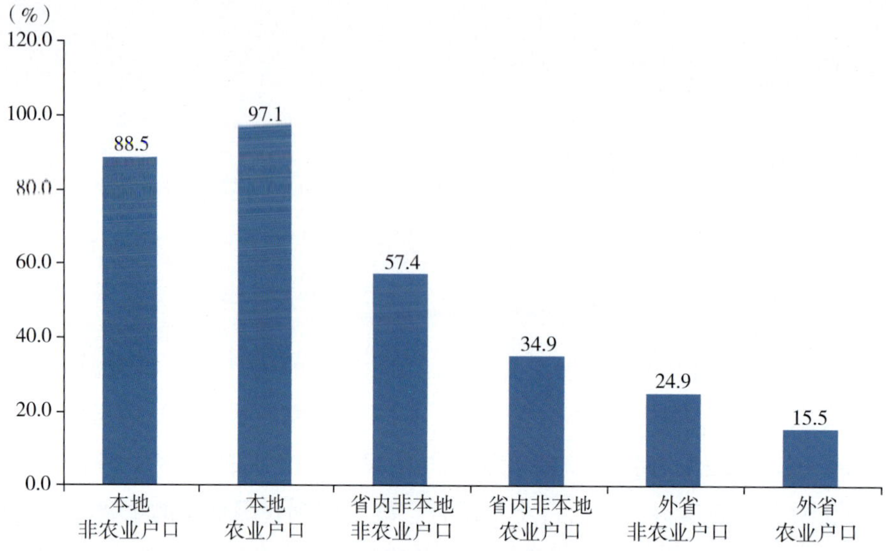

图8.1 不同户籍家庭的住房自有率（%）

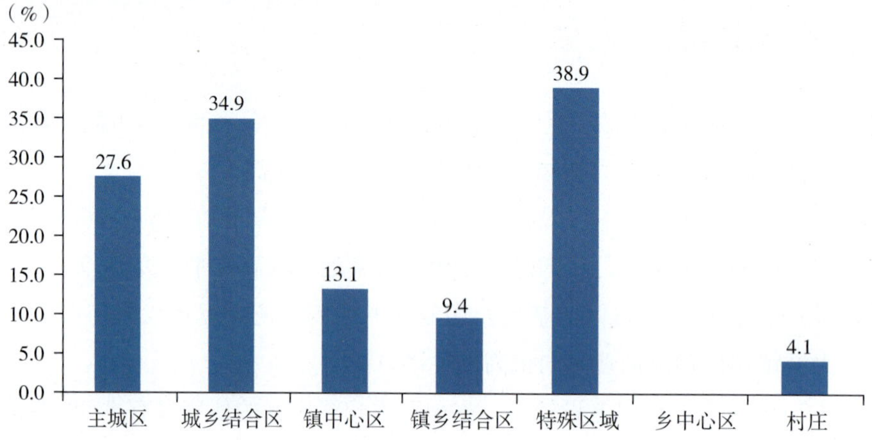

图8.2 住在不同区域家庭的租赁比例（%）

二、现居所的住房建筑面积情况

受访家庭的住房建筑面积均值为105.2平方米，中值为90平方米，从数据看，得到以下几个特征。

一是本地农业户籍家庭的住房面积最大，且本地户籍家庭住房面积高于外地户籍家庭。本地农业户籍家庭的住房建筑面积均值为126.0平方米，中值为100.0平方米。从住房建筑面积的中值水平看，本地农业户籍家庭住房面积是本地非农业户籍家庭的1.3倍，是外省非农业户籍家庭的1.7倍，与外省农业户籍家庭的差距更大，本地农业户籍家庭住房面积相当于外地农业户籍家庭的3.3倍（见图8.3）。这并非是说本地户籍家庭拥有的住房面积一定更大，而是意味着在受访家庭常住地区，本地与外地家庭的住房条件尚存在较大差距。

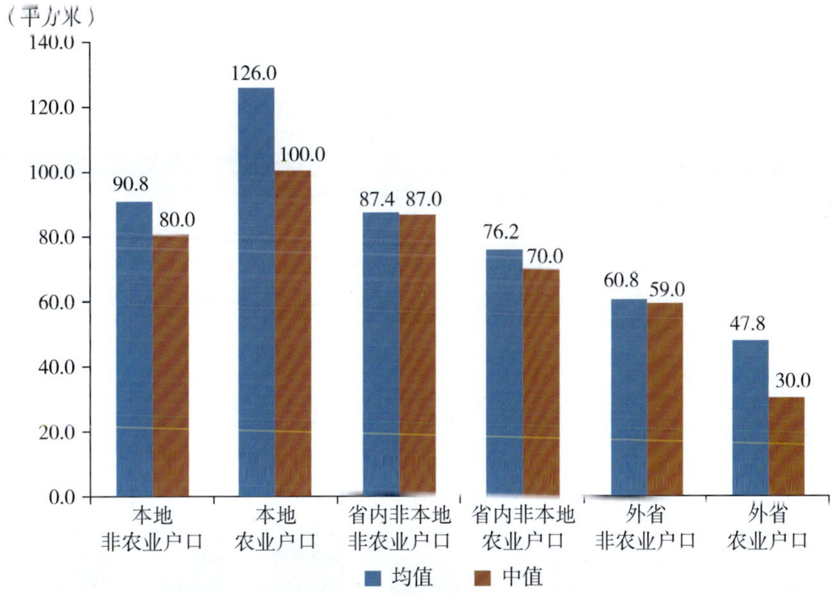

图8.3　不同户籍的家庭住房建筑面积（平方米）

二是主城区的住房建筑面积最小，乡中心区的住房建筑面积最大。主城区住房建筑面积的均值为 77.6 平方米，中值为 69.0 平方米。乡中心区住房建筑面积的均值为 138.2 平方米，中值为 109.0 平方米。特殊区域的住房建筑面积也相对较低，该类区域住房建筑面积的均值为 82.8 平方米，中值为 80.0 平方米（见图 8.4）。可见主城区由于人口多、房价高，住房供需矛盾明显高于其他类型地区。而对于特殊区域来说，区域位置相对独立，房地产市场商业程度相对不高，过去“三线”建设项目区域以及工矿区、林垦区、农垦区留下大量的老旧住宅，因此，这些地区的住房面积相对较小。

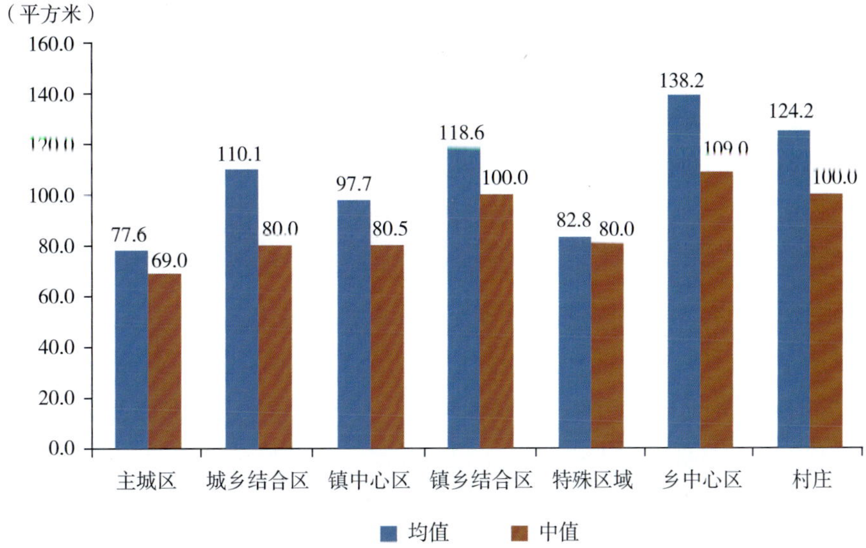

图8.4　住在不同区域的家庭住房建筑面积（平方米）

三是单位社区和农场住房面积较小。在城市中，别墅区和高级住宅区的住房建筑面积较大，均值和中值分别为126.8平方米和95平方米。单一或混合式的单位社区住房建筑面积较小，均值和中值分别为68.2平方米和60平方米。值得注意的是，部分保障性住房社区住房面积具有偏大倾向，该类社区住房建筑面积均值为80.8平方米，明显高于国家有关部门出台的廉租房50平方米和经济适用房60平方米的建设标准[①]（见图8.5）。出现这种情况的主要原因有两个，一个是有些地方前两年保障性住房建设标准控制确有不严的问题，另一个是一些地方将“两限房、共有产权房”等具有政府补贴性质的商品房纳入了住房保障体系，使得保障性住房面积的均值水平有所提高。另外，农场的家庭住房建筑面积最小，仅是农村家庭的一半左右，因此，继续加快垦区棚户区住房改造工作，进一步提高农场居民的住房质量。

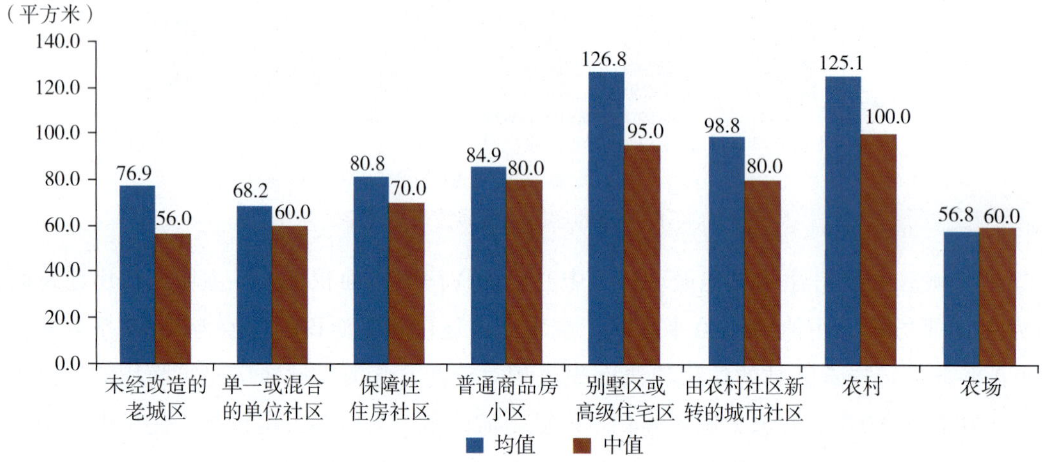

图8.5 住在不同社区家庭的住房建筑面积（平方米）

三、拥有其他住房情况与空置率

除了受访家庭现住所（包括自有房屋和租赁房屋）以外，本次入户调查还了解了受访家庭拥有其他住房的情况，以及这些住房的使用状态。

一是受访家庭拥有的其他住房主要位于户籍所在地。调查数据表明：除了现住所以外，受访家庭拥有的其他住房位于户籍所在地的比例最高。例如，在当地非农业户籍家庭拥有其他住房中，位于本地的比例为17.3%，而在外省农业户籍家庭拥有其他住房中，位于本地的比例仅为3.6%（见图8.6）。同样道理，在外省非农业户籍家庭拥有其他住房中，位于其他市（县、区）的比例则为30.7%，在外省农业户籍家庭拥有的其他住房中，位于农村的比例更是高达72.1%。这反映出，一方面住房作为典型的不动产，其资产流动性较低，相当一部分人都保留着原居地的住房资产；另一方面，由于非本地户籍常住人口流动性相对较高，职业稳定性较差，以及农村宅基地使用权存在制约等一系列原因，农民住房资产的流转比例较低。

---

① 《国务院关于解决城市低收入家庭住房困难的若干意见》（国发〔2007〕24号）。

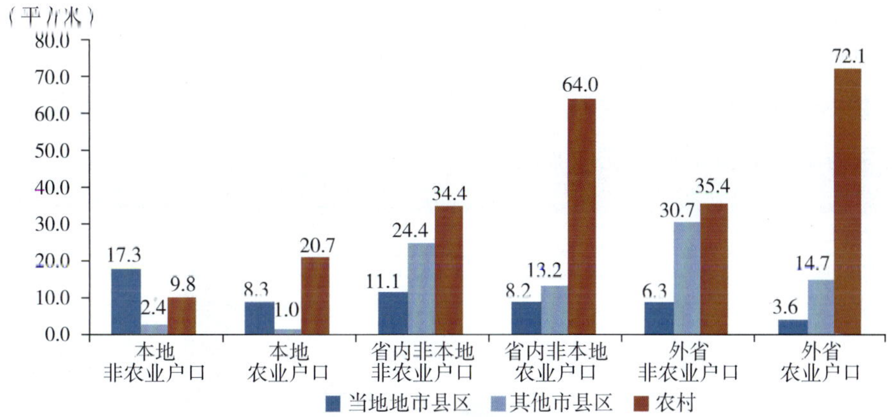

图8.6 不同户籍家庭拥有其他住房的比例（平方米）

二是家庭收入水平与拥有其他住房比例呈正相关。住房作为家庭财富的重要组成部分，越是高收入家庭拥有其他住房的比例越高。在家庭收入在50万元以上的受访者中，有70%在当地市（县、区）拥有其他住房，有10%在外地（县、区）拥有其他住房，而在家庭收入在5万～8万元受访者中，这两个比例分别下降为13.0%和3.7%。这也从另一方面反映出，当前住房资源在高收入家庭中配置比例较高的现实情况。

三是住房空置率已接近正常状态的上限，且农村住房空置率高于城镇地区。根据调查数据测算：我国城镇地区[①]的住房空置率为10.5%。按照国际上住房空置率的经验数据，大多数房地产市场化程度较高国家的住房空置率一般在5%上下波动，其上限在10%左右。因此初步判断，目前我国城镇住房空置率已经接近正常状态的上限，我国住房已从总量供不应求向供求基本平衡转变，下一步住房调控的重点不再是通过大规模建设弥补住房短缺，而是控制好住房开发投资节奏，防止形成大的供给过剩，促进供求关系平衡和市场健康平稳运行。另外，农村住房的空置率为13.0%，但由于我国农村住房建设资金自筹比例高，大部分农业转移人口尚未完全割断与农村的经济联系，以及农房流转范围的特殊性等原因，农村住房空置率较高所形成的潜在风险反而会低于城镇地区。

四、住房支出压力情况

在家庭支出压力调查中，有12.7%的受访者认为最大家庭支出压力来自住房贷款和房租，有27.1%和16.9%的受访者分别认为家庭支出压力最大的是医疗和教育，排在住房支出压力的前面。这表明，在我国住房自有率较高和租售比较低的背景下，对于相当一部分家庭来说，医疗与教育的支出压力要高于居民住房的支出压力。

一是外省户籍家庭的住房支出压力较大。在外省户籍家庭中，有47.0%的非农业户籍家庭认为家庭支出中住房压力最大，而农业户籍家庭中则有35.4%的受访者认为住房压力最大。究

① 统计范围包括市县的中心区、市县城区以外的镇（街道）、城乡结合部。

其原因，尽管常住人口在户籍所在地大都拥有自己的住房，但在常住地却不得不重新购置或租用住房，这是导致该类群体住房负担较大的主要原因。与之相对应的是本地户籍人口的住房支出压力相对较小。在本地户籍家庭中，非农业户籍家庭和农业户籍家庭认为住房是最大支出压力的比例分别为13.3%和6.9%（见图8.7）。

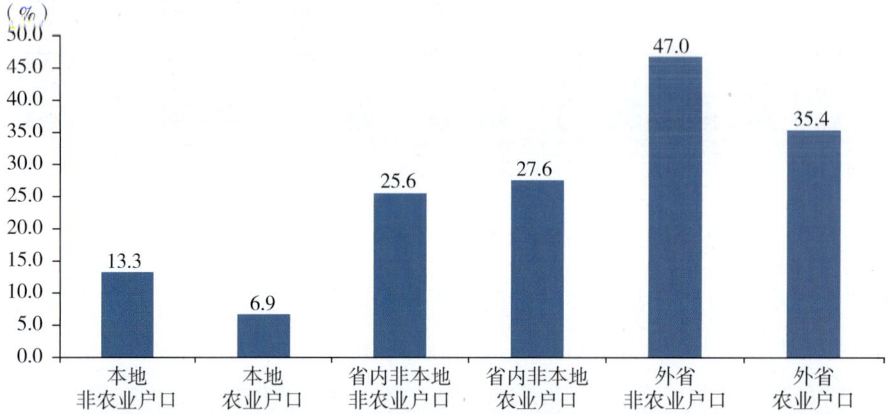

图8.7 不同户籍家庭认为住房是最大家庭支出压力的比例（%）

二是住房支出压力与收入呈倒U型关系。在家庭收入1万元以下的受访者中，仅有4.5%的人认为住房是最大的家庭支出压力。这是因为，第一，这部分家庭中在家务农比例较高，住房并非家庭支出主要问题。第二，低收入家庭的消费仍处于衣食消费为主阶段，还没有进入住行消费阶段，住房消费基本处于较强的抑制状态。第三，近年来我国不断加强住房保障体系建设，快速推进保障性安居工程建设，中低收入家庭住房困难问题得到显著缓解。随着家庭收入水平提高，家庭住房消费支付能力不断增强，住房消费需求开始进入集中释放阶段，家庭在租房、购房方面的支出不断增加，自然也加大了家庭支出负担。例如，家庭收入在15万～25万元之间的受访者中，有30.3%的人认为家庭支出最大压力来自住房（见图8.8）。当家庭收入达到一定水平以后，住房支出占整个支出比重又会重新下降，具体表现为高收入家庭的住房压力感受开始减弱。

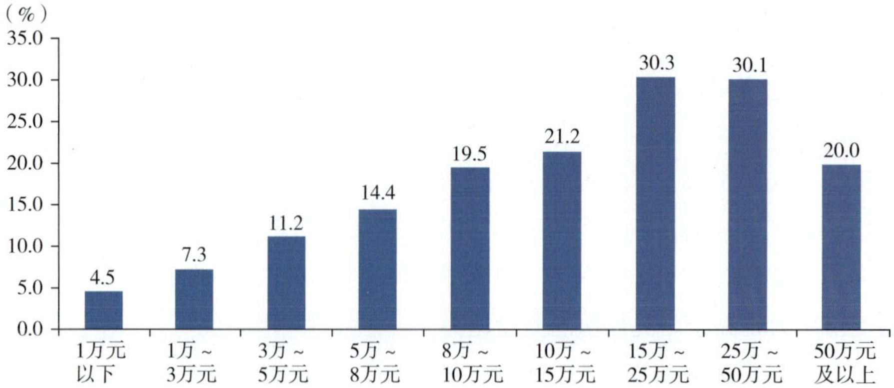

图8.8 不同收入家庭认为住房是最大家庭支出压力的比例（%）

三是居住在特殊区域和主城区的家庭住房支出压力较大。特殊区域的受访者中，有37.8%

的人认为住房支出压力最大。对相关数据进行结构化分析发现，在特殊区域中，外省户籍的受访者较多，其中，外省农业户口比例为 36.7%，分别比城乡结合部和主城区高出 15.6 个百分点和 25.8 个百分点。其次，主城区居住的家庭中，认为住房支出压力最大的比例达到 18.8%，这主要是主城区的房租水平和房屋售价均比较高造成的（见图 8.9）。

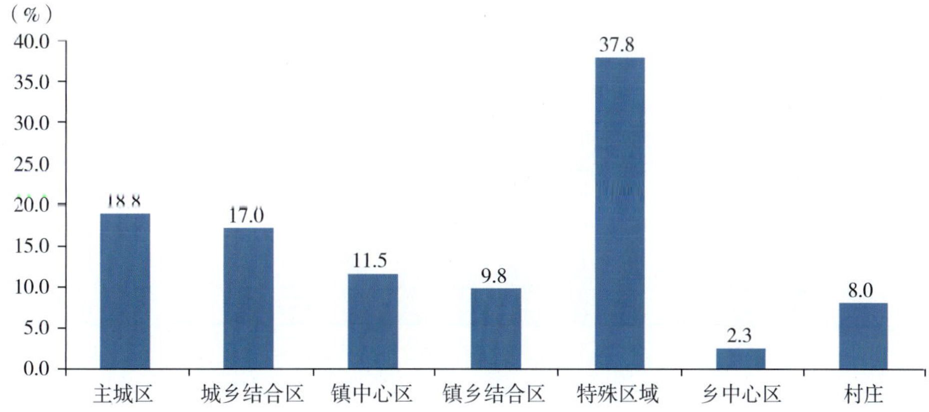

图8.9　不同区域家庭认为住房是最大家庭支出压力的比例（%）

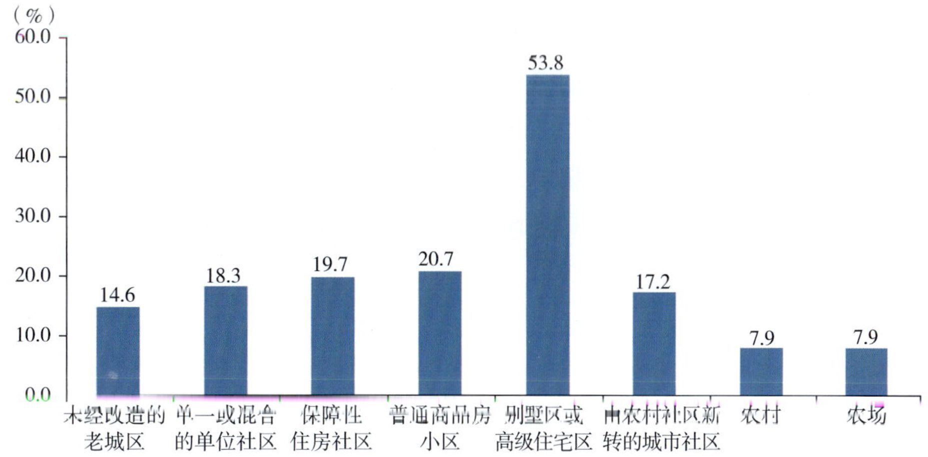

图8.10　不同社区家庭认为住房是最大家庭支出压力的比例（%）

四是社区质量与住房支出压力正相关。其中，在别墅区或高级住宅区中家庭的住房支出压力最大，这类社区的受访者中有 53.8% 的人认为住房是最大家庭支出压力，这与该类社区居住成本高昂有直接关系，而在农村和农场生活的家庭住房支出压力相对较小，只有 7.9% 的受访者认为住房是最大的家庭支出压力（见图 8.10）。

五、住房满意度情况

本课题在家庭收入、就业与工作、子女教育、医疗卫生、养老、住房、生活环境、公共安全、收入分配等方面进行了不满意调查。在所有不满意见中，有 8.9% 的不满意见是针对住房问题，其比例排在收入、医疗、食品安全和养老之后（见图 8.11）。对住房不满意群体进行分析，得到以下几个结论。

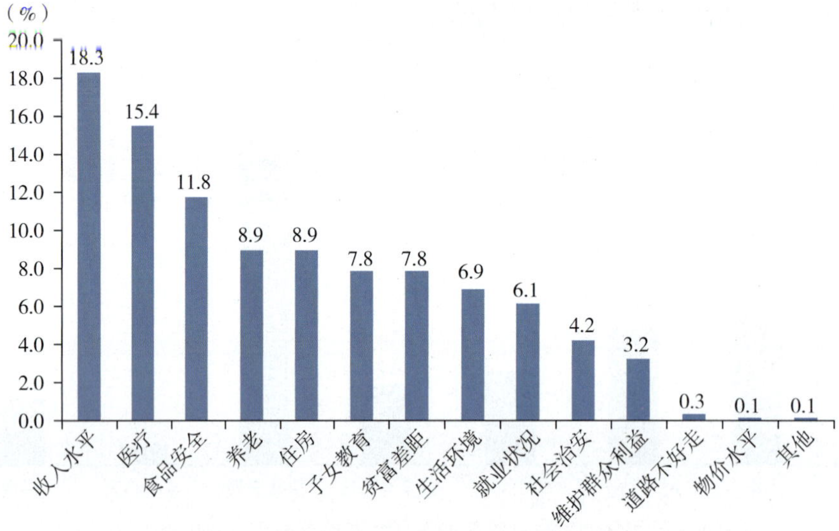

图8.11　在受访者不满意见中各类民生问题的比例（%）

一是外省户籍家庭对住房不满意率较高。按户籍类型分析，在外省农业户籍和非农户籍受访者中，对住房不满意的比例分别为 34.1% 和 33.1%，而本地农业户口受访者的不满意比例最低，占同类型受访者的比例为 11.0%（见图 8.12）。这表明，随着城镇化进程推进和人口流动性增加，一些外来常住人口的改善性需求较为集中，特别是外省（市）的常住人口，受迁移距离较远、迁移成本较高、就业和居住稳定性较低等原因影响，住房条件相对较差，住房改善能力相对较弱，对住房不满意程度也较高。

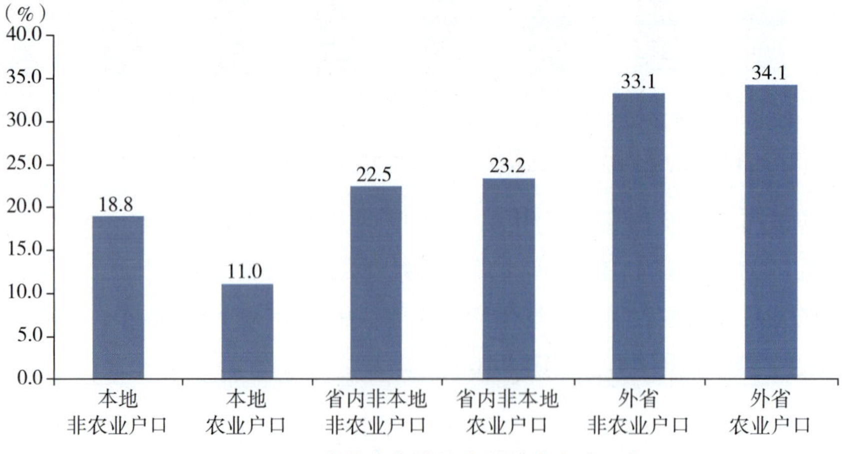

图8.12　不同户籍家庭的住房不满意率（%）

二是所谓“夹心层”家庭对住房不满意比例较高。按收入水平分析，住房不满意比例最高的是收入在 8 万 ~10 万元之间的家庭，占比达到 24.2%（见图 8.13），而收入较低和收入较高的家庭反而没有表达出更强烈的不满意。这是因为，一方面高收入家庭住房负担能力较强，住房质量也较好，住房满意度较高。另一方面，对于农村低收入家庭，住房条件相对宽松，对于城镇低收入家庭，随着 2007 年“24 号文”出台实施，以及“十二五”以来大规模保障性安居工程集中建设，其住房困难问题已得到显著缓解。因此，较高和较低收入家庭对住房不满意比例较低，反而是收入在 8 万 ~ 10 万元的所谓“夹心层”家庭，既无法纳入住房保障体系，又难以通过市场渠道改善住房条件，对现在住房条件的不满意程度较高。

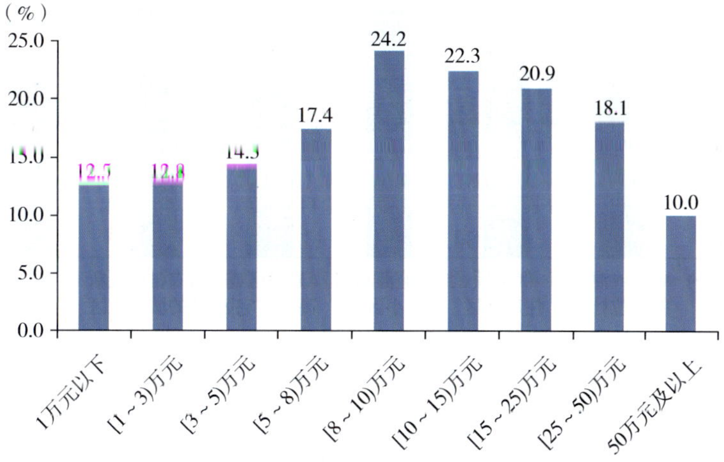

图8.13 不同收入家庭的住房不满意率（%）

二是住房不满意比例较高的是特殊区域和主城区。特殊区域和主城区中，受访家庭不满意现在住房条件的比例分别为 26.7% 和 23.0%（见图 8.14）。在特殊区域中，有些住房位置较为偏远，道路、商业、教育、医疗等配套设施建设不足，有些住房建设年代较长，建筑成套率较低，居住功能不够完善，还有些住房的权属单位出现经营效益下滑或已经改制，房屋管理与运行维护经费严重短缺。这些问题导致了特殊区域家庭住房不满意比例较高。而主城区是人口吸引力强、就业机会丰富、公共设施和服务配套完善的区域，住房需求较为旺盛，住房市场价格高于其他类型区域，家庭住房改善难度相对较大，不满意比例也因之上升。

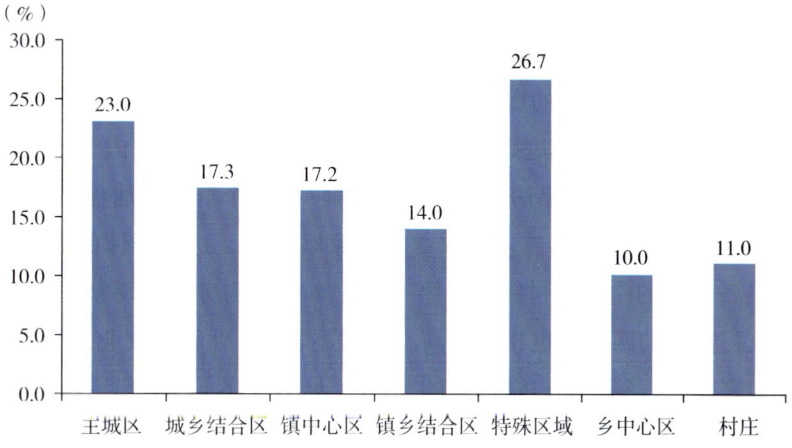

图8.14 不同区域家庭的住房不满意率（%）

八、政策诉求情况

在所有受访者的公共政策诉求中，排在前三位的是降低房价、保护宅基地使用权与住房财产权，以及农村危旧房改造，所占比重分别为22.2%、17.0%和16.4%。进一步结构化分析也表明，不同类型户籍家庭的住房政策诉求各有侧重。

一是非农业户籍家庭的主要政策诉求是降低房价和扩大保障房覆盖范围。例如，在本地非农业户籍家庭的政策诉求中，有44.9%的受访者希望通过政策降低房价，有24.1%的受访者希望进一步扩大住房保障覆盖范围。导致这两个选项比例较大的原因在于，一方面，非农业户籍家庭大都居住在城区甚至是主城区。近年来全国城镇住房价格普遍上涨，非农业户籍家庭感到住房支出压力也更大。另一方面，房地产市场和住房保障实际是一个跷跷板，当居民通过市场渠道释放住房需求受阻时，必然会增加对住房保障的需求规模。同时，调查也发现，本地非农业户籍家庭在选择住房保障形式时，特别倾向于产权型的保障性住房，如限价房、共有产权住房等。另外，外省非农业户籍家庭希望进一步扩大住房保障覆盖面的比例达到29.3%，对扩大住房保障覆盖面的政策诉求更为迫切。

二是农村户籍家庭的主要政策诉求围绕在宅基地使用权和危房改造方面。例如，在本地农业户籍家庭的政策诉求中，有26.6%的受访者要求保障农民的宅基地使用权和住房财产权不受侵害，有16.5%的受访者希望分家之后能够分到宅基地，做到“一户一宅”，有15.3%的受访者希望赋予农村住房完全产权，实现可抵押、可转让，提高农村家庭住房资产化程度。另外，在本地农业户籍家庭的政策诉求中，有25.2%的受访者希望加快农村危旧房屋改造，这表明农村住房质量仍需进一步提高。

九、政策建议

根据对8省（市）9700户调查数据所反映的情况，建议从以下几个方面完善住房政策。

①住房调控政策的核心是促进供求关系基本平衡。当前我国住房供求关系进入新的发展阶段，已经从过去的供不应求向总量基本平衡转变。调查发现，城乡住房空置率均达到正常范围的上限，如果继续盲目拉动房地产投资，必然加剧供给过剩矛盾，将会诱发更大的房地产市场波动风险。但是另一方面，调研也表明：在特定群体或特定区域中，住房需求仍旧旺盛，即存在结构性的住房短缺问题。因此，下一轮住房调控政策可在供求总量平衡的基础上，对于非本地户籍常住人口、夹心层群体、住房质量水平较差区域等重点人群、重点区域，有针对性出台房地产调控政策，进一步促进住房供求关系的结构性平衡。

②加快完善多层次、多元化的城乡住房保障体系。有条件地区应逐步将非本地户籍常住人口纳入住房保障体系，扩大住房保障体系覆盖面。加大对中低收入住房困难家庭支持力度，具体的住房保障形式要因地制宜，根据本地住房保障实际需求，将租金补贴与产权型保障性住房相结合，建立“宜租则租、宜售则售”的住房保障体系。另外，可将住房保障体系建设与各类

棚户区改造、老旧小区改造、农村危旧房改造有机结合起来，实现“一石多鸟”的效果。

③促进合理的住房需求释放，稳定住房市场运行。调查表明，购房需求较为旺盛的群体主要来自在住房质量较差的中心城区、旧城区和棚户区家庭，以及住房自有率较低的非本地户籍家庭和“夹心层”家庭，而这些购房意愿较强的家庭基本属于首套置业和改善性需求。应利用优惠的信贷和税收政策来促进改善性住房需求释放。降低首付比例和贷款利率，提高首套置业和改善性置业家庭的住房支付能力。减少交易环节税收，提高存量房的资源配置效率。

④扩大住房公积金缴存面，提高制度的公平性。加强住房公积金缴存的强制性，重点将非公企业职工纳入缴存范围。提高住房公积金制度的公平性，降低住房公积金使用和贷款门槛，重点支持中低收入的首套置业和改善性置业。对于从未使用住房公积金贷款的职工，可给予一定存款利率补偿。在严格控制风险的前提下，减少不必要的业务流程，缩短批贷时间，提高服务效率和便利化程度。

⑤严格保护农村宅基地权益，探索农民住房财产权的实现方式。在推进农民进城落户过程中，严格保障农民原有权益，允许农民自愿保留农村宅基地的使用权，不能将剥夺宅基地使用权作为农民进城落户的前置条件。在农民住房不动产确权发证的基础上，赋予农民更完整的住房财产权，探索农民住房财产权抵押、担保、转让的方式，不仅要让住房成为农民的重要生活资料，也要让住房成为农民的发展资料，提高农民住房的资产化程度，进一步挖掘和利用农民住房的资产价值。

（执笔：刘卫民）

第九章
食品安全专题研究报告

在我国，食品足量供应早已不是问题，但食品安全问题却日渐突出并成为公众、媒体的关注焦点。为回应公众不断提高的食品安全要求和关注，减缓公众的食品不安全感，十八大后政府对食品安全工作进行了更全面的部署，相关工作成效并不明显，目前的食品安全状况可以归纳为以下两点：食品安全在公众心目中的状况很差且无好转；食品安全的现状和发展态势与公众感觉都呈现比较明显的反差。由此，要在食品安全上“给老百姓一个满意的交代”，还需探究公众对政府食品安全工作的主观感受特点，找出食品安全现状与公众主观评价之间反差的原因所在，明确食品安全工作的未来方向。

一、食品安全在民生中的重要性

多数发达国家，在恩格尔系数大幅下降后，食品安全就很难成为公众关注的焦点了。改革开放以来中国的恩格尔系数有了大幅下降，如农村居民家庭恩格尔系数由 1978 年的 67.7% 下降到 2013 年的 37.7%；同期城镇居民家庭恩格尔系数下降了 21.2%。但公众对食品安全的关注并没有降低，反而出现了增长。图 9.1 为 2006 年至今，公众对食品安全的电脑终端百度搜索指数[①]，在 2011 年与 2012 年出现大幅波动[②]，总体保持高位。这种高位关注及大幅波动，都反映了公众对食品安全的关注度仍在增长。百度指数的情况并非孤证，据《小康》杂志近年连续发布的“中国综合小康指数”报告，2012~2014 年食品安全在全面建设小康进程中所受关注度均居榜首：2011 年位列第三，2010 年位列第四，2009 年位列第二[③]。2014 年中国经济实验研究院发布的城市生活质量报告显示，在其调查的 35 个城市中，有 18 个城市的受访者把食品安全视为影响生活质量最重要的因素[④]。可见食品安全在决定公众生活质量中所占份额之重。

---

① 百度指数：以百度海量网民行为数据为基础的数据分享平台，其中搜索指数是以网民在百度的搜索量为数据基础，以关键词为统计对象，科学分析并计算出各个关键词在百度网页搜索中搜索频次的加权和。根据搜索来源的不同，搜索指数分为PC搜索指数和移动搜索指数。

② 这种大幅波动往往和突发事件和媒体报道有关。

③ 鄂璠：“2014最受关注十大焦点问题：食品安全令人心忧 持续反腐振奋人心”，《小康》，2014年第16期，第56～61页。

④ 张连城、赵家章、张自然等：“生活质量指数趋升 空气质量食品安全堪忧——2014 中国 35 个城市生活质量报告”，《经济学动态》，2014年第8期，第3页。

质量也较好，住房满意度较高。另一方面，对于农村低收入家庭，住房条件相对宽松，对于城镇低收入家庭，随着 2007 年“24 号文”出台实施，以及“十二五”以来大规模保障性安居工程集中建设，其住房困难问题已得到显著缓解。因此，较高和较低收入家庭对住房不满意比例较低，反而是收入在 8 万 ~ 10 万元的所谓“夹心层”家庭，既无法纳入住房保障体系，又难以通过市场渠道改善住房条件，对现在住房条件的不满意程度较高。

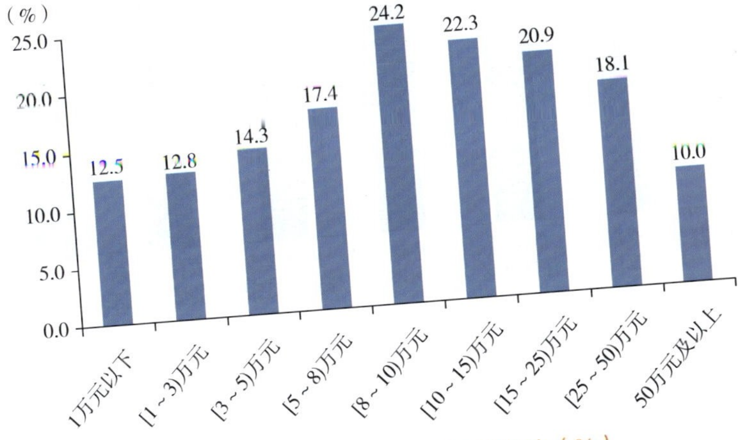

图8.13　不同收入家庭的住房不满意率（%）

三是住房不满意比例较高的是特殊区域和主城区。特殊区域和主城区中，受访家庭不满意现在住房条件的比例分别为 26.7% 和 23.0%（见图 8.14）。在特殊区域中，有些住房位置较为偏远，道路、商业、教育、医疗等配套设施建设不足，有些住房建设年代较长，建筑成套率较低，居住功能不够完善，还有些住房的权属单位出现经营效益下滑或已经改制，房屋管理与运行维护经费严重短缺。这些问题导致了特殊区域家庭住房不满意比例较高。而主城区是人口吸引力强、就业机会丰富、公共设施和服务配套完善的区域，住房需求较为旺盛，住房市场价格高于其他类型区域，家庭住房改善难度相对较大，不满意比例也因之上升。

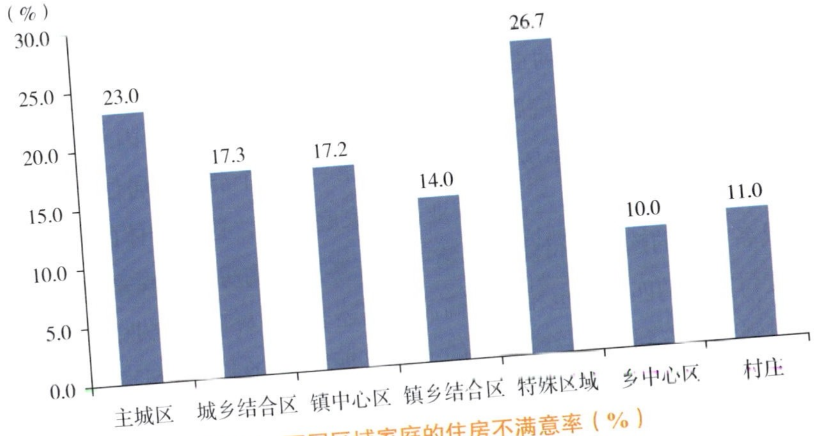

图8.14　不同区域家庭的住房不满意率（%）

中毒事件数、中毒人数和死亡人数呈现递减规律，一定程度上反映了食品安全监管工作成效（图9.4、图9.5、图9.6）[①]。这样的数字也得到了官方说法的验证：国家食品药品监督管理总局新闻发言人发言，“十二五”这几年没有发生重大的、系统性的食品安全事件。

总之，考虑制度建设、财政投入、日常工作等方面，结合食品中毒方面的数据变化和重大食品安全事件的发生情况，可以认为，客观上，中国的食品安全工作稳中有好，只是改善的速度还赶不上公众期待。

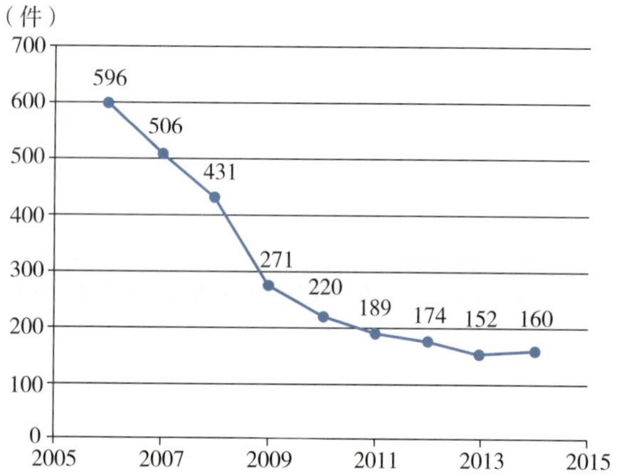

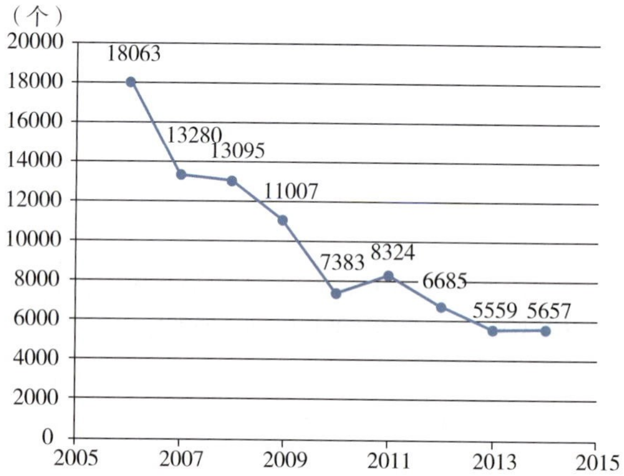

图9.4　食品中毒事件数（件）　图9.5　食品中毒人数（个）

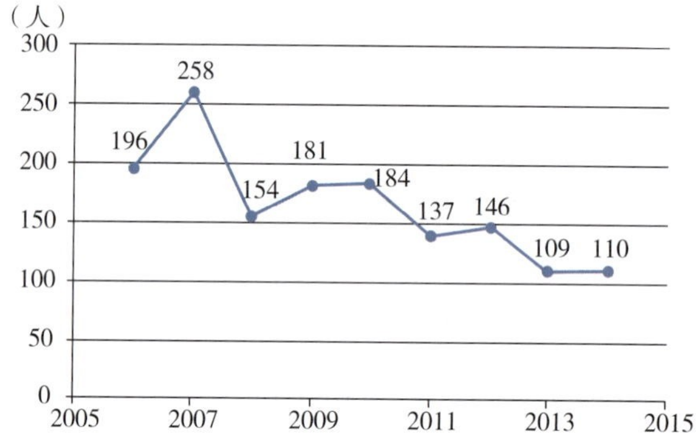

图9.6　食品中毒死亡人数（人）

（二）食品安全主观满意度状况

中国民生指数指标体系分为客观指数和主观指数两部分，其中客观指标又分为民生水平指标和民生改进指标两部分，目前客观指标部分没有与食品安全相关的指标。主观指数通过问卷的形式呈现，其涵盖了被调查者的基本特征、民生工作满意度、总体生活状况等多个领域。其中，包含3项测量总体生活状况的项目、12项民生工作的满意度。调查中，受访者对以上项目的满

① 卫计委：《国家卫生计生委办公厅关于全国食物中毒事件情况的通报（2006–2014）》，[EB/OL] http：//www.nhfpc.gov.cn/yjb/s3585/201402/f54f16a4156a460790caa3e991c0abd5.shtml，–/2015-07-12。

质量也较好，住房满意度较高。另一方面，对于农村低收入家庭，住房条件相对宽松，对于城镇低收入家庭，随着 2007 年“24 号文”出台实施，以及“十二五”以来大规模保障性安居工程集中建设，其住房困难问题已得到显著缓解。因此，较高和较低收入家庭对住房不满意比例较低，反而是收入在 8 万 ~ 10 万元的所谓“夹心层”家庭，既无法纳入住房保障体系，又难以通过市场渠道改善住房条件，对现在住房条件的不满意程度较高。

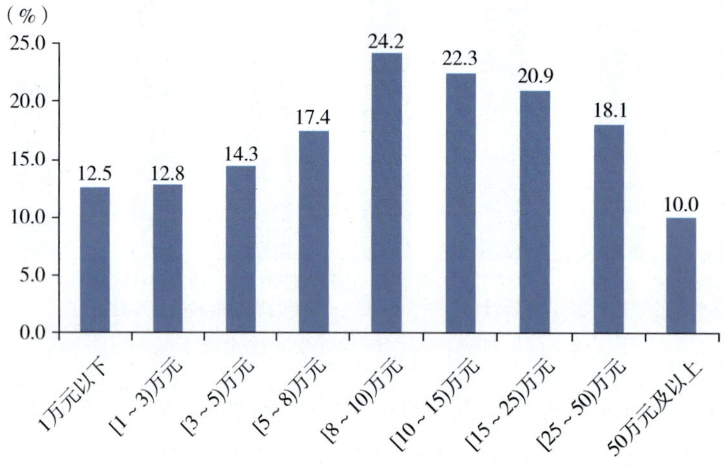

图8.13　不同收入家庭的住房不满意率（%）

三是住房不满意比例较高的是特殊区域和主城区。特殊区域和主城区中，受访家庭不满意现在住房条件的比例分别为 26.7% 和 23.0%（见图 8.14）。在特殊区域中，有些住房位置较为偏远，道路、商业、教育、医疗等配套设施建设不足，有些住房建设年代较长，建筑成套率较低，居住功能不够完善，还有些住房的权属单位出现经营效益下滑或已经改制，房屋管理与运行维护经费严重短缺。这些问题导致了特殊区域家庭住房不满意比例较高。而主城区是人口吸引力强、就业机会丰富、公共设施和服务配套完善的区域，住房需求较为旺盛，住房市场价格高于其他类型区域，家庭住房改善难度相对较大，不满意比例也因之上升。

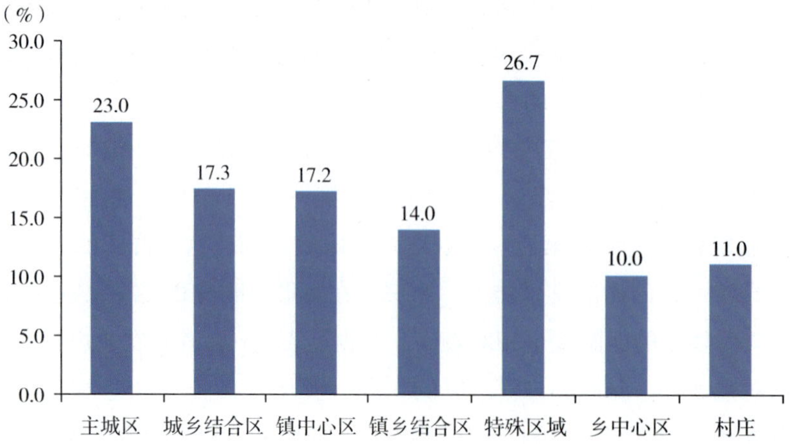

图8.14　不同区域家庭的住房不满意率（%）

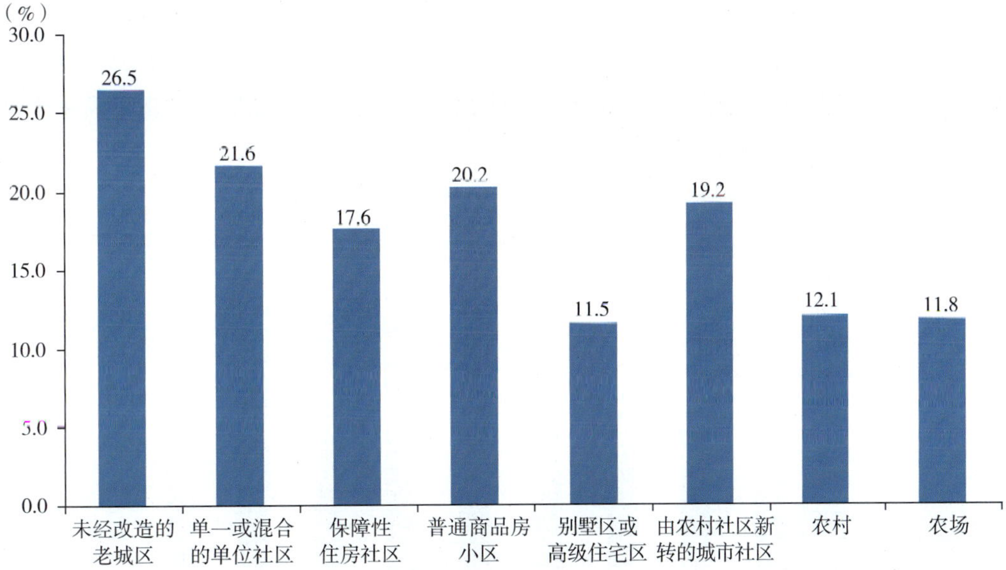

图8.15　不同社区家庭的住房不满意率（%）

四是住房不满意比例排在前三位的分别是未经改造过的老城区、单位社区以及普通商品房小区。在老城区、单位社区以及普通商品房小区中，不满意家庭比例分别为26.5%、21.6%和20.2%（见图8.15），这说明有些旧城区和单位社区的住房质量和居住功能已经不能满足广大居民需求，亟需加大旧城改造力度，重新规划和优化城市空间，并将旧城改造与城市功能改善有机地结合起来。在由农村社区新转过来的城市社区中，住房不满意率也达到19.2%，因此，应重视整建制"村改居"、"村居合并"地区的住房质量提升，使住房成为农民市民化过程中的重要支撑。

六、购房意愿情况

在未来两三年内有购房意愿的受访者比例为14.4%，其中，希望购买商品房的比例为7.1%，希望购买政策性住房的比例为3.4%，两者之和占受访者比例为10.5%，如何让合理的潜在购房需求释放出来将是房地产调控政策的重点。

一是省内非本地非农业户籍家庭购买住房的意愿最为强烈。在省内非本地非农业户籍家庭中，有22.0%的受访者希望购买商品房。原因在于：第一，这个群体在居住地缺少长期稳定住所，对自有产权住房需求较为迫切。第二，与农业户籍家庭不同，这个群体的家庭财富积累和收入水平相对较高，具备一定的购房支付能力。第三，在本省内购房和实现家庭迁移具有地缘便利，住房成本与家庭支付能力的匹配度也相对较高。数据还表明：外省非农业户籍家庭对于购买政策性住房的意愿相对强烈，占到同类户籍家庭的5.7%（见图8.16）。另外，在购买城镇住房的农业户籍家庭中，除了60%左右是用于自己居住以外，还有20.5%的住房是为了子女居住而购买，体现了我国家庭财富代际转移的特有模式。

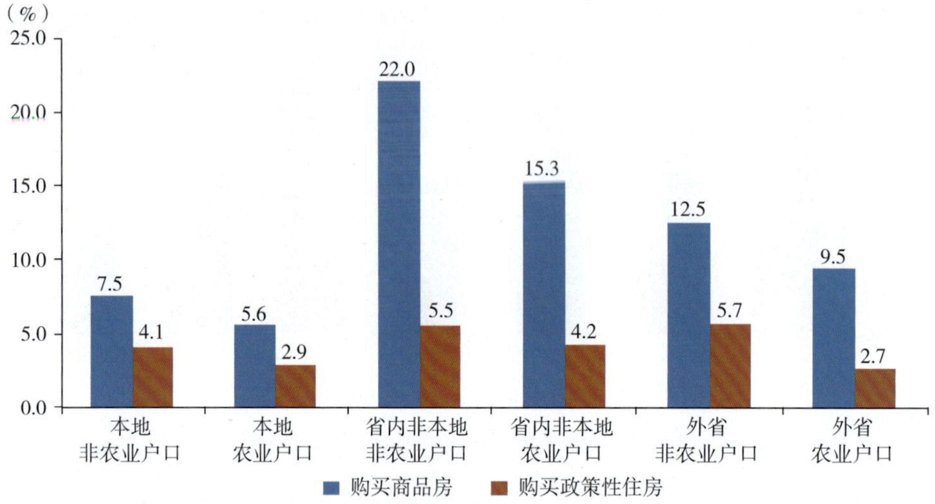

图8.16　不同户籍家庭的购房意愿比例（%）

二是高收入家庭仍有较强的购买商品房意愿，“夹心层”希望购买政策性住房的比例较高。随着家庭收入水平的不断增加，购买商品房意愿有所增强。例如，在家庭收入 25 万 ~50 万元之间的受访者中，有 24.7% 的人在两三年之内有购买商品房意愿。而家庭收入 10 万 ~15 万元之间的受访者中，购买商品房的意愿下降至 11.8%，但在这个家庭收入水平的受访者中，希望购买政策性住房的比例为 6.4%，高于其他收入水平的受访者（见图 8.17）。由此可见，“夹心层”对限价商品房、共有产权房等政策性住房的需求还是较为集中的。

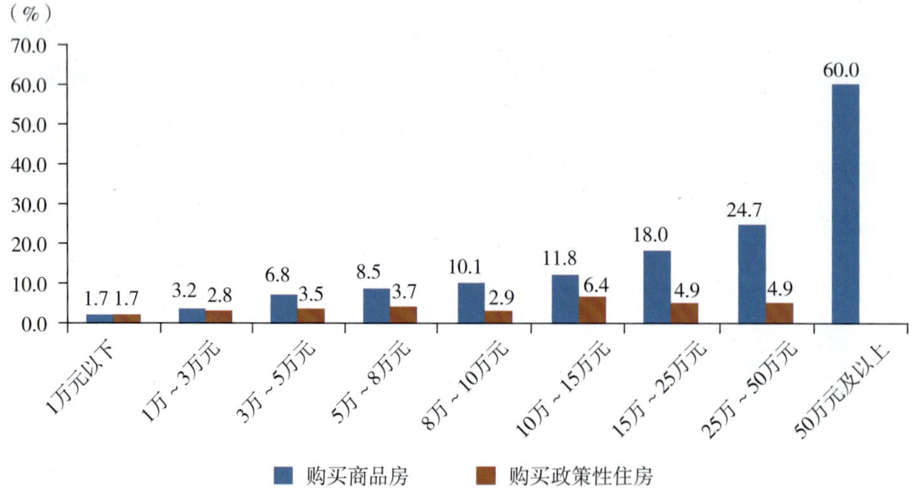

图8.17　不同收入家庭的购房意愿比例（%）

三是主城区家庭购买商品房的意愿较强，而特殊区域对政策性住房需求较多。在主城区的受访家庭中，希望购买商品住房的比例为 9.6%，居各类区域之首。这主要是主城区人均建筑面积较小，改善型需求家庭较多所致。在特殊区域的受访家庭中，希望购买政策性住房的比例为 10.5%，远高于其他类型区域（见图 8.18）。这不仅与特殊区域的住房质量较差、棚户区改造量大有关，而且也与这部分地区家庭收入水平较低有关。

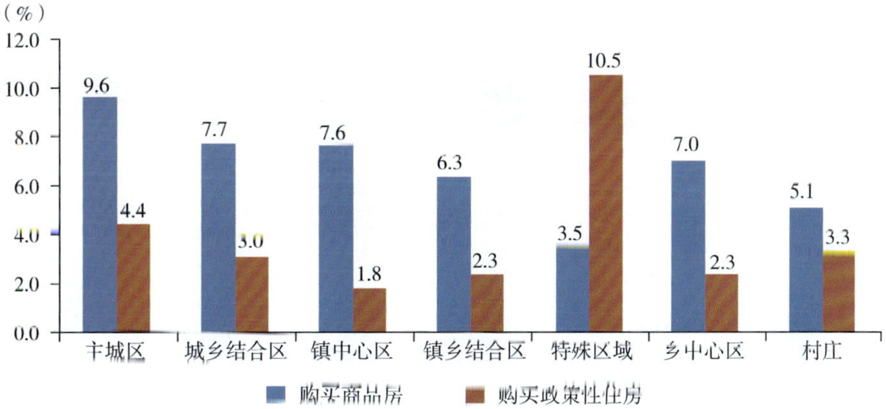

图8.18　不同区域家庭的购房意愿比例（%）

七、住房公积金缴存情况

在有工作的受访者中，缴存住房公积金的比例为13.4%。另据住建部和国家统计局公布的数据测算，全国就业人员的住房公积金缴存比例为14.3%，与本次调查数据基本吻合①。从就业机构性质、行业门类以及收入水平看，住房公积金缴存比例具有以下特点。

一是机关事业单位、国有企业以及外资企业的住房公积金缴存比例较高。教科文卫事业单位、国有企业、合资外资港澳台企业、党政机关中，职工缴存住房公积金的比重均超过60%，而民营企业和私营企业的缴存比重为15.8%（见图8.19）。大部分民企和私企为职工缴存住房公积金积极性不高的原因：第一，由于大部分中小企业的经营成本压力较大，一旦为职工缴存住房公积金，将会增加劳动力的成本刚性，降低企业经营的灵活性。第二，这些企业员工流动性大，住房公积金又不像社保那样可以转移接续，离职率较高的职工更愿意直接转为当期工资。第三，虽然从《住房公积金管理条例》上讲，为职工缴存住房公积金具有强制性，但实际政策执行力度相对薄弱。由此可见，下一步住房公积金制度扩面重点将是民营企业和私营企业。

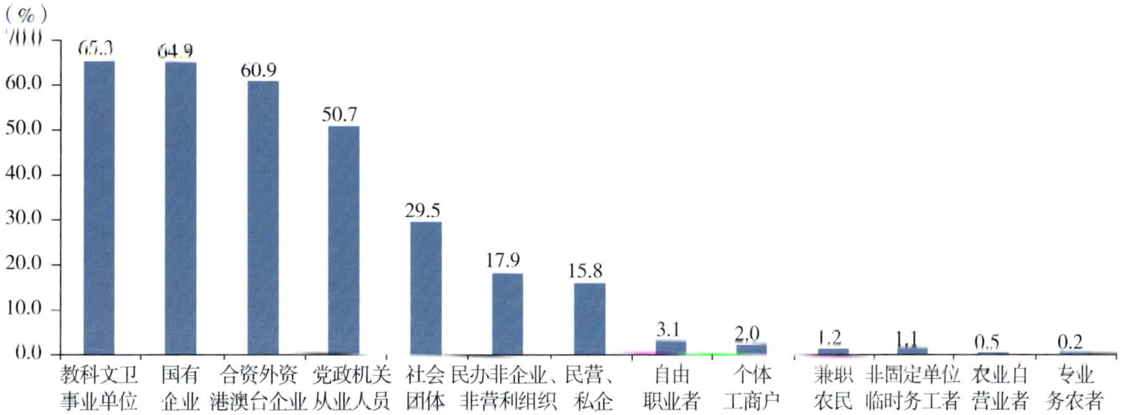

图8.19　不同性质机构职工缴存住房公积金的比例（%）

① 2014年底，全国住房公积金缴存职工达到1.1亿人，全国就业人员7.7亿人。

二是不同行业的住房公积金缴存情况差别较大。住房公积金缴存比例排在前三位的是教育业、金融业和科学研究、技术服务和地质勘察业，职工缴存比例分别为 56.4%、54.6% 和 49.5%。而缴存比例排在后三位的是住宿和餐饮业、建筑业、农林牧渔业，职工缴存比例分别是 7.0%、6.7% 和 0.7%（见图 8.20）。主要是因为在这三个行业中，农民、农民工以及中小民营企业比例较高。

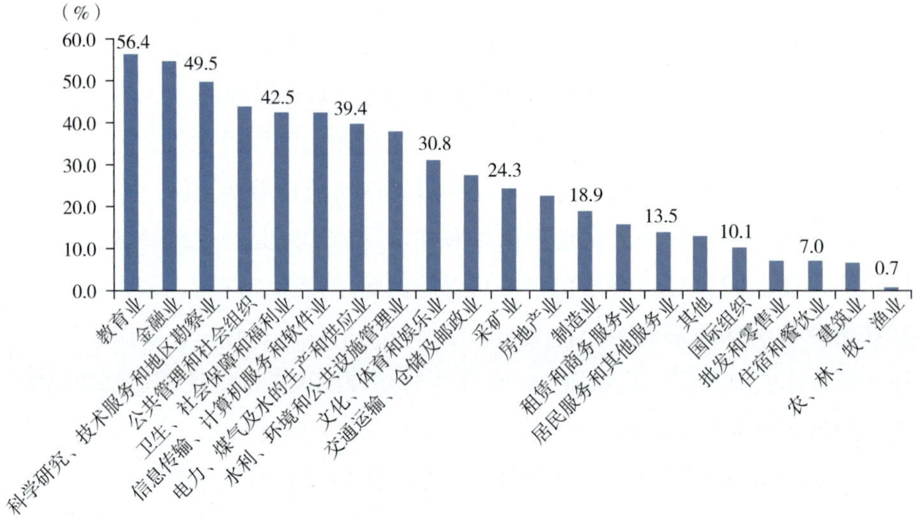

图8.20 不同行业职工缴存住房公积金的比例（%）

三是在收入水平较高的群体中，缴存住房公积金的人员比例也较高。例如，每月税后收入在 6000~8000 元之间的群体中，缴存住房公积金的比例为 45.1%，而月收入在 2000~4000 元之间的群体中，缴存住房公积金的比例为 25.8%（图 8.21）。这表明：较高收入群体中住房公积金覆盖率也比较高，而且高收入群体能够更好、更容易地利用住房公积金"低存低贷"制度优势，降低住房的融资成本，提高住房支付能力。而低收入职工纳入住房公积金体系的比例较低，即使纳入缴存体系，也可能由于住房支付能力薄弱，缺少使用低成本资金的机会，产生所谓的"逆向补贴"问题。

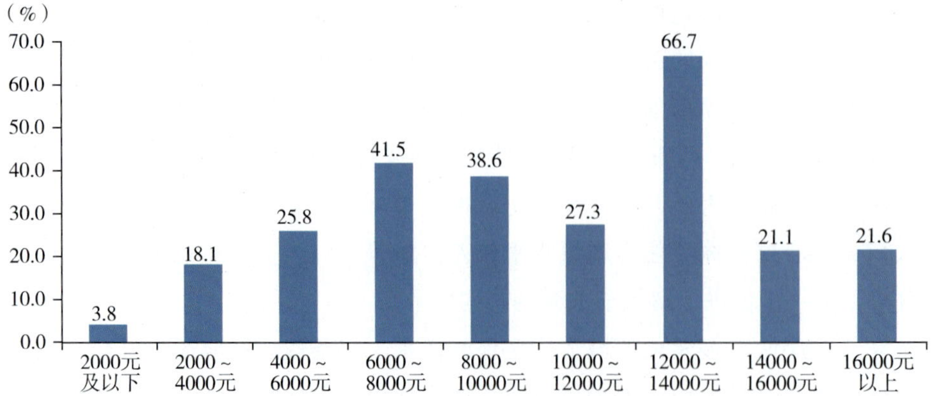

图8.21 不同月收入水平职工缴存住房公积金的比例（%）

八、政策诉求情况

在所有受访者的公共政策诉求中，排在前三位的是降低房价、保护宅基地使用权与住房财产权，以及农村危旧房改造，所占比重分别为22.2%、17.0%和16.4%。进一步结构化分析也表明，不同类型户籍家庭的住房政策诉求各有侧重。

一是非农业户籍家庭的主要政策诉求是降低房价和扩大保障房覆盖范围。例如，在本地非农业户籍家庭的政策诉求中，有44.9%的受访者希望通过政策降低房价，有24.1%的受访者希望进一步扩大住房保障覆盖范围。导致这两个选项比例较大的原因在于，一方面，非农业户籍家庭大都居住在城区甚至是主城区。近年来全国城镇住房价格普遍上涨，非农业户籍家庭感到住房支出压力也更大。另一方面，房地产市场和住房保障实际是一个跷跷板，当居民通过市场渠道释放住房需求受阻时，必然会增加对住房保障的需求规模。同时，调查也发现，本地非农业户籍家庭在选择住房保障形式时，特别倾向于产权型的保障性住房，如限价房、共有产权住房等。另外，外省非农业户籍家庭希望进一步扩大住房保障覆盖面的比例达到29.3%，对扩大住房保障覆盖面的政策诉求更为迫切。

二是农村户籍家庭的主要政策诉求围绕在宅基地使用权和危房改造方面。例如，在本地农业户籍家庭的政策诉求中，有26.6%的受访者要求保障农民的宅基地使用权和住房财产权不受侵害，有16.5%的受访者希望分家之后能够分到宅基地，做到"一户一宅"，有15.3%的受访者希望赋予农村住房完全产权，实现可抵押、可转让，提高农村家庭住房资产化程度。另外，在本地农业户籍家庭的政策诉求中，有25.2%的受访者希望加快农村危旧房屋改造，这表明农村住房质量仍需进一步提高。

九、政策建议

根据对8省（市）9700户调查数据所反映的情况，建议从以下几个方面完善住房政策。

①住房调控政策的核心是促进供求关系基本平衡。当前我国住房供求关系进入新的发展阶段，已经从过去的供不应求向总量基本平衡转变。调查发现，城乡住房空置率均达到正常范围的上限，如果继续盲目拉动房地产投资，必然加剧供给过剩矛盾，将会诱发更大的房地产市场波动风险。但是另一方面，调研也表明：在特定群体或特定区域中，住房需求仍旧旺盛，即存在结构性的住房短缺问题。因此，下一轮住房调控政策可在供求总量平衡的基础上，对于非本地户籍常住人口、夹心层群体、住房质量水平较差区域等重点人群、重点区域，有针对性出台房地产调控政策，进一步促进住房供求关系的结构性平衡。

②加快完善多层次、多元化的城乡住房保障体系。有条件地区应逐步将非本地户籍常住人口纳入住房保障体系，扩大住房保障体系覆盖面。加大对中低收入住房困难家庭支持力度，具体的住房保障形式要因地制宜，根据本地住房保障实际需求，将租金补贴与产权型保障性住房相结合，建立"宜租则租、宜售则售"的住房保障体系。另外，可将住房保障体系建设与各类

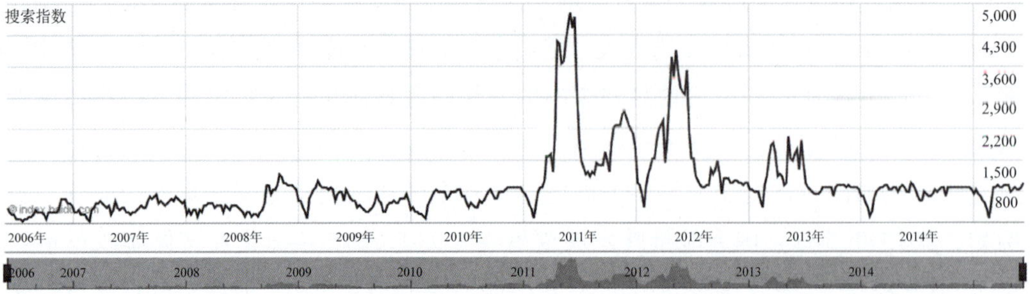

图9.1　食品安全的百度搜索指数变化情况

公众不断升高的食品安全关注度，使国家领导人对食品安全工作也有了超乎寻常的重视。习近平总书记在 2013 年的中央农村工作会议上的讲话中曾指出："能不能在食品安全上给老百姓一个满意的交代，是对我们执政能力的重大考验。"不过，民意并不一定完全反映客观情况（正如食品安全的百度指数可能因为对突发事件的媒体报道出现大幅波动一样），要"给老百姓一个满意的交代"，还必须了解食品安全的客观状况及其与主观评价间的差异，然后分析成因，才可能谋定而动。

二、食品安全的客观情况与主观评价的差异

（一）食品安全的客观发展情况

针对食品安全现状和发展，有研究者从食品安全的要素入手，分析食物数量、质量、营养状况以及食品的全过程环境①；也有从监管角度出发，分析食品安全的政策法规系统，食品的生产、加工、销售链等②。在食品安全评价的方法选择上，有指标分析法，即筛选出能够评价食品安全的指标建立综合指标模型，对食品安全问题进行评价；有计量模型分析，如模糊评价法，灰色评价法，回归评价法等；此外还有基于检测试验的评价方法，即通过检测确定食物中的有害物质。对食品安全的讨论已经较为深入，但对如何综合评价食品安全还未形成权威的技术路线及代表性广泛的特征指标，很多研究仅针对食品安全状况中的某一方面进行评价，其中有些方法复杂，难操作，也难以评价总体状况和发展状况。事实上，对一个发展中国家来说，评价食品安全的发展状况，不仅应从客观角度评价，还应评价政府在食品安全方面的主观努力并将食品安全与其他民生领域工作进行比较，这样才能了解这项工作的需求、短板和进展。考虑这些方面，对食品安全工作的进展情况以及食品安全现状的综合评价，可以从食品安全的相关主要工作入手，如制度建设、财政投入、日常工作等。通过梳理食品安全相关工作的成果，结合一些客观指标的变化，可得出现阶段我国的食品安全较为全面的客观发展状况。

① 郗伟东、石玉月、田巍："国内外食品安全评价综述"，《食品工程》，2007年第2期，第3～5页。

② 邓聪文、朱雪冬、王俊能："食品安全评价及其方法简述"，《畜禽业》，2009年第6期，第8～10页。

①首先看制度建设。为应对公众日益增长的食品安全要求，国家在食品安全的法制建设上力度空前：2015 年 4 月 24 日经全国人大常委会审议通过的新修订的《食品安全法》，被称为“史上最严”的食品安全法，其中将食品安全中的责任归属具体化，对特定的食品类型进行了更为严格的质量和标准把控，新增了对网络食品交易的规范并初步构建了防范预警机制。国家在加大立法力度的同时，也加大了相关制度建设和全国范围内食品安全事件的监管、查处力度。例如，2015 年 5 月，国务院批转发展改革委《关于 2015 年深化经济体制改革重点工作的意见》，其中明确了 2015 年要进行的 8 个方面 39 类改革，第 17 项就是试点建设食品安全责任保险制度。

②在财政投入上，各项目下的食品安全相关投入逐年增长，且在财政支出中占比稳定（见表 9.1）。

表9.1　食品安全财政投入额　单位：亿元/人民币

		2010	2011	2012	2013
全国公共财政支出		89874.16	109247.79	125952.97	140212.10
医疗卫生	食品和药品监督管理事务	114.71	133.71	150.41	170.32
农林水事务	农产品质量安全	39.75	40.24	47.96	49.03
商业服务业等事务	食品流通安全补贴	0.14	0.43	0.61	0.71

数据来源：中国财政统计年鉴 2010 ~ 2013。

③日常工作。尽管食品安全监管工作没有涵盖全面的指标来表征，但国家食品药品安全监督总局“十二五”期间每年都有年度抽检并及时发布结果。以“2015 年上半年食品安全抽检情况”为例，在抽检的 24 类食品中（样品量 16.8 万），粮、油、肉、蛋、乳等 5 类大宗日常消费品的合格率都高于平均水平（96.3%）；2014 年的样品合格率是 94.7%（样品量是 16.68 万）。近五年来的食品质量抽查合格率保持在 90% 以上，其中乳制品的合格率大幅提高，多省市乳制品的合格率已经达到 100%。图 9.2 是近年来我国食品质量抽样合格率化情况，总体呈上升趋势。对食品进行不定期的抽查是把握食品安全的重要方法之一，与此同时，对食品相关产品的抽查也尤为重要，食品相关产品如食品用塑料包装容器工具、餐具洗涤剂、食品用纸包装及容器的质量提升是食品安全的重要保障。国家质检总局负责此项抽查以及进出口食品的抽查。图 9.3 是国家质检总局五年来全国范围内抽查食品相关产品的质量抽查合格率，呈上升趋势，2014 年合格率达到 98.5%。此外，在出口食品方面，抽查合格率多年来保持在 99% 以上。

尽管进步显著，但按国家食品药品监管总局对 2015 年上半年的抽检总结，这个领域仍存在五方面问题：①禁限用农兽药残留超标，占不合格样品总数的 2.8%；②非法添加非食用物质和超范围、超限量使用食品添加剂，占不合格样品的 19.3%；③微生物指标不合格，占不合格样品的 35.0%；④重金属指标不合格，占不合格样品的 12.7%；⑤品质指标不合格，占不合格样品的 31.9%。其中，有些问题相对突出，如农兽药超标。但这类问题主要源自食品安全的监管工作没有适应快速城镇化中食品生产、运输、销售方式的巨大变化。例如，我国规范化、标准化的养殖还比较少，养殖过程中难以实施较高强度的监管，也难以根据订单科学合理地使用兽药，这

就使得养殖产品的合格率虽居低但不下，始终难以达到发达国家的水平。

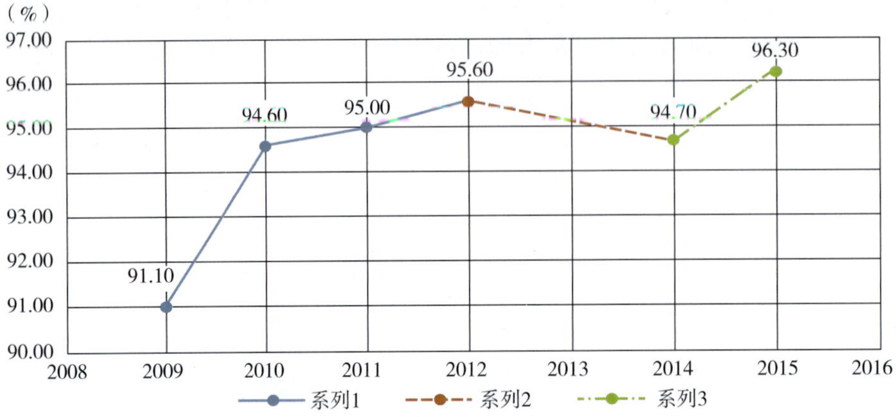

图9.2 近年食品安全抽检合格率（%）

注：2009 ~ 2012 年数据来源于国家质量监督总局公告，2013 年数据缺失，2014 ~ 2015 年数据来自国家食品药品监督总局上半年公告，图中以不同线形表示相应数据段。

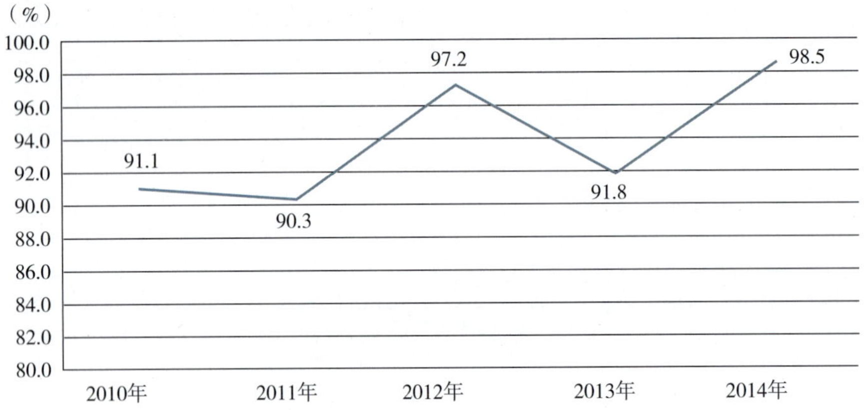

图9.3 近五年食品安全相关产品抽样合格率（%）

注：数据及图片源于国家质检安检总局 2014 年产品质量抽检公告。

由于食源性致病菌是导致我国食物中毒的主要原因之一，“十一五”以来，全国食源性疾病的监测工作力度显著加大，至 2014 年底，全国共设置监测点 2489 个、食源性疾病哨点医院 1956 家，实现了监测点覆盖 80% 县级区域的年度目标①。2013 年监测的食源性疾病例为 1001 起，涉及 14413 人次患者，该年度食源性疾病监测哨点医院建成 1600 家；2012 年为 917 起，涉及患者 13679 人，该年度食源性疾病监测哨点医院建成 950 家；2011 年共监测到 809 起，涉及 14057 患者②。食源性疾病检测系统日渐成熟，监测点每年监测的食源性疾病例逐年增加，已将更多食源性疾病纳入检测和研究。

在遏制食品中毒事件危害上面，考察 2006 ~ 2014 年的食物中毒情况变化情况，发现食品

① 国家卫生计生委办公厅：《关于2014年食品安全风险监测督查工作情况的通报》。
② 数据来源：《中国卫生与计划生育统计年鉴》2014、2013。

中毒事件数、中毒人数和死亡人数呈现递减规律，一定程度上反映了食品安全监管工作成效（图9.4、图9.5、图9.6）[①]。这样的数字也得到了官方说法的验证：国家食品药品监督管理总局新闻发言人发言，“十二五”这几年没有发生重大的、系统性的食品安全事件。

总之，考虑制度建设、财政投入、日常工作等方面，结合食品中毒方面的数据变化和重大食品安全事件的发生情况，可以认为，客观上，中国的食品安全工作稳中有好，只是改善的速度还赶不上公众期待。

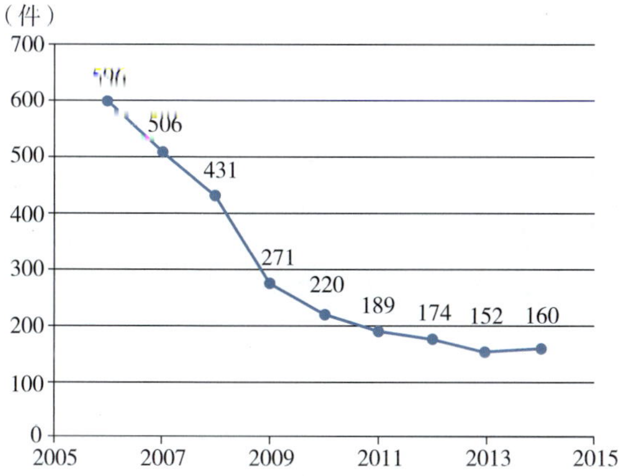

图9.4　食品中毒事件数（件）

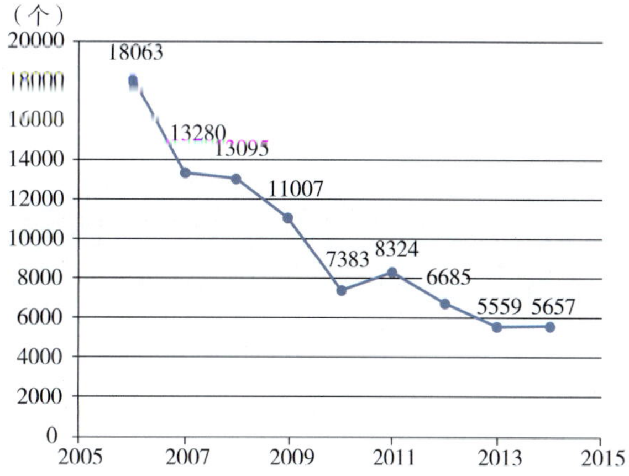

图9.5　食品中毒人数（个）

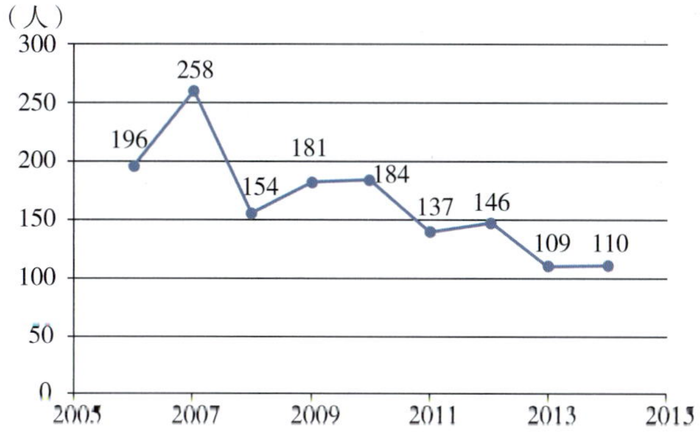

图9.6　食品中毒死亡人数（人）

（二）食品安全主观满意度状况

中国民生指数指标体系分为客观指数和主观指数两部分，其中客观指标又分为民生水平指标和民生改进指标两部分，目前客观指标部分没有与食品安全相关的指标。主观指数通过问卷的形式呈现，其涵盖了被调查者的基本特征、民生工作满意度、总体生活状况等多个领域。其中，包含3项测量总体生活状况的项目、12项民生工作的满意度。调查中，受访者对以上项目的满

① 卫计委：《国家卫生计生委办公厅关于全国食物中毒事件情况的通报（2006-2014）》，[EB/OL] http://www.nhfpc.gov.cn/yjb/s3585/201402/f54f16a4156a460790caa3c991c0abd5.shtml，-/2015-07-12。

意度状况和对部分项目政府工作改善状况进行评价，对应于不同答案，评价结果按1～5分定量。以改善状况为例，其赋值所应对的答案分别是“明显不如以前”、“比以前差一些”、“和以前一样”、“有一定改善”和“有明显改善”。民生主观指数基于民生电话和入户调查结果编制，民生满意度电话调查从2011年开展至今，覆盖了31个省（自治区、直辖市），对象为18～75岁之间，在当地居住两年以上的居民。“中国民生调查”电话调查分为农村和城镇两大块，调查的主要内容有：公众对交通状况、社会治安、食品安全、行政效率、教育、医疗卫生服务、环境、社会保障、就业、利益诉求及生活状况的评价，另外包含对个体人口统计特征的调查，如个体所在地、户口性质、性别、年龄、教育程度、职业、家庭情况等，2014年加入了个体宗教信仰等变量。其中2011～2014年“中国民生调查”电话调查中与食品安全最直接相关的项目如表9.2。

表9.2 2011～2014电话调查食品安全相关项

年份	2011	2012	2013	2014
指标	食品安全满意度	食品安全满意度	食品安全满意度	食品安全满意度
			政府食品安全工作改善	

2013年开始增加了“中国民生调查”入户调查，入户调查使对电话调查的深化和补充，如更深入探究受访者家庭构成情况。2013年开展入户调查的省市为辽宁、上海、浙江、安徽、江西、广东、云南、甘肃，2014年调查省市为安徽、广东、河北、黑龙江、陕西、上海、四川、浙江。其中食品安全相关项设置如表9.3。

表9.3 2013～2014入户调查食品安全相关项

年份	2013	2014
指标	食品安全满意度	食品安全改善度

食品安全满意度在每一年电话调查中都有体现，有较好的连贯性。2013年“中国民生调查”电话调查中出现公众对食品安全工作的改善满意度，拓宽对公众的食品安全认知。在入户调查中，2014年有公众对食品安全改善的评价，该项目是对2013年食品安全满意度的延伸，即改善度包含了公众对食品安全现状以及食品安全工作的认知。

政府对食品安全工作的投入以及取得的成果是值得肯定的，但从“中国民生调查”的调查结果中发现：公众的食品安全满意度与此相悖，且长期如此[①]。图9.7为2011～2014年“中国民生调查”电话调查的食品安全满意度得分（以李克特五级量表计）。

由图9.7可见，近四年来的食品安全满意度偏低，且前三年持续下滑，2014年出现小幅度提升，但仍然达不到满意水平。从表9.4可见食品安全在民生各领域中的排名情况。

① “中国民生调查”在主观指数调查（电话调查和入户调查）和客观指数的指标中都安排了与食品安全相关的内容，但调查内容较为简单，具体参见本文附件。

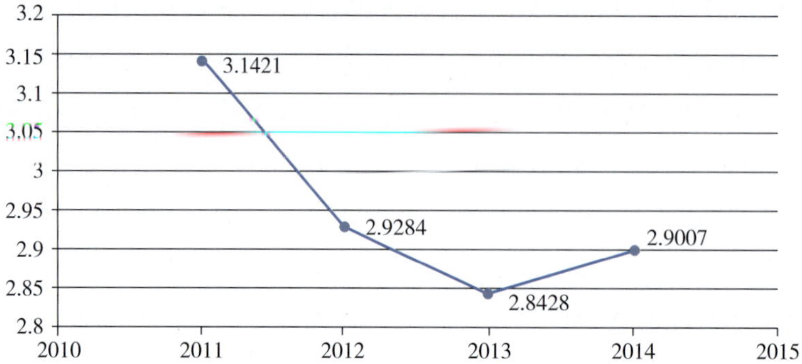

图9.7 2011～2014年全国食品安全满意度

注：1，非常不满意；2，比较不满意；3，一般；4，比较满意；5，非常满意

数据来源：此处使用2011～2014年"中国民生调查"电话调查数据。

表9.4 食品安全满意度排名

指数	2011	2012	2013	2014
社会治安满意度	1	1	1	1
义务教育满意度	2	2	7	6
生态环境满意度	3	4	2	2
交通状况满意度	4	3	3	3
社会保障满意度	5	5	4	5
食品安全满意度	6	7	8	9
医疗卫生服务满意度	7	6	5	7
社会服务满意度	8	8	6	4
政府行政效率满意度	9	9	9	8

数据来源：2011~2014年"中国民生调查"电话调查数据。

从2011~2014年，食品安全满意度相较于其他方面的满意度，总体排名在下降且处于末尾。而近两年入户调查的结果也佐证了这一点：2013年"中国民生调查"入户调查的食品安全满意度在民生领域的排名为倒数第一；2014年食品安全满意度在公众最不满意的民生项目中排行第二。

"中国民生调查"的主观调查是大样本、广覆盖的，连续4年的调查排名结果都如此，说明公众心目中的食品不安全感是普遍的、长期的，且这个结论也得到了其他调查研究的佐证。赵源等（2012）对我国近年来的公众风险认知考察中发现，公众普遍认为食品安全危机严重，存在很大危害，对此感到较为忧虑①。赵玲（2013）以上海为研究背景，分析了转型期中国城市公共安全感，发现上海市民的食品安全感从2000～2013年间出现了大幅度的下滑，而且食品安全在各类安全感中一直处于最低或较低水平②。由《小康》杂志联合清华大学媒介调查实验室进行的"2014中国综合小康指数"调查显示，53.3%的受访者表示对食品安全状况不满意。

公众食品不安全感居高不下与食品安全工作客观进步之间，形成了明显反差。当然，在民

---

① 赵源、唐建生、李菲菲："食品安全危机中公众风险认知和信息需求调查分析"，《现代财经》，2012年第6期，第61～70页。

② 赵玲："转型期中国城市公共安全感研究"，复旦大学2013年博士毕业论文。

生领域，这种反差并不鲜见，这是因为公众对民生提升速度的要求高于实际改善速度。如2011年，中国城市生活质量课题组对中国30个省会城市（直辖市）的生活质量指数进行了分析，表明我国经济高速增长过程中存在着“两大反差”：一是高速的经济增长与居民生活质量的提高存在反差；二是居民实际生活质量与居民主观感受存在反差①。2014年中国35个城市生活质量报告显示35个城市生活质量满意度指数平均值为51.57，而生活质量客观指数均值为57.87；同样的反差也表现在生活水平的主客观指数上。环保领域这种反差也很明显②。

可见，这种反差并非特殊情况。但因为民以食为天（中国尤甚），且自媒体时代的信息传播速度和非客观加工现象，加剧了这种食品安全的主客观评价反差。不少食品热点问题并非真正缘于食品安全事件，而是由于消费者和科学真相之间的信息真空造成的误读、误解和误信，最终加深了公众对于食品安全的忧虑，削弱了消费者的信心，并显著影响到了我国食品产业的正常发展③。这就要求食品安全工作能把握公众的食品安全主观评价特征，并明晰媒体等公众主要的信息获得渠道对食品安全主观评价的干扰。

三、主客观反差的成因分析——基于“中国民生调查”入户调查

（一）食品安全主观评价体系探究

“中国民生调查”电话及入户调查对样本个体的特征反应较为全面，基于2014年“中国民生调查”电话调查的食品安全满意度数据，有图9.8、图9.7、图9.10所示，表征了部分个体特性下对应的食品安全满意度均值。

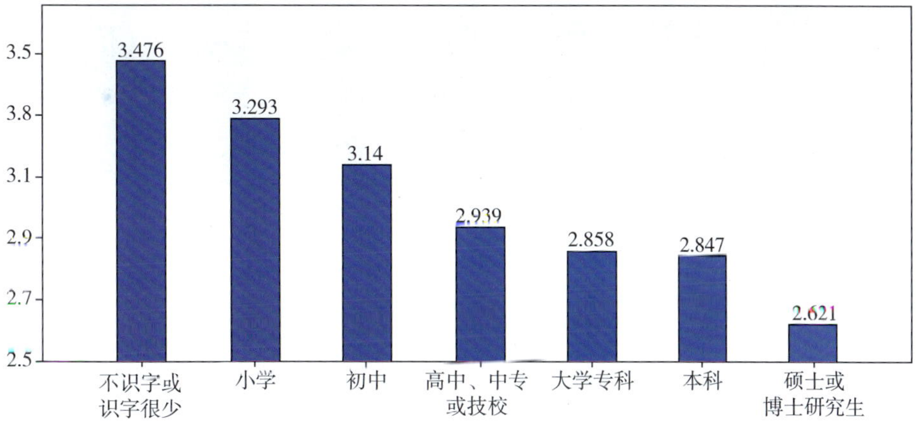

图9.8　不同学历的食品安全满意度（%）

---

① 张自然、袁富华、赵家章：“中国经济发展中的两个反差——中国30个城市生活质量调查报告”，《经济学动态》，2011年第7期，第2页。

② 苏杨、席凯悦：“环境质量与公众认知比较：自民生指数观察”，《改革》，2014年第9期，第95～104页。

③ 徐蔚冰：“食品行业应当反思为何屡被网络谣言击中”，http://news.hexun.com/2015-05-28/176251064.html，2015-05-28/2015-7-12。

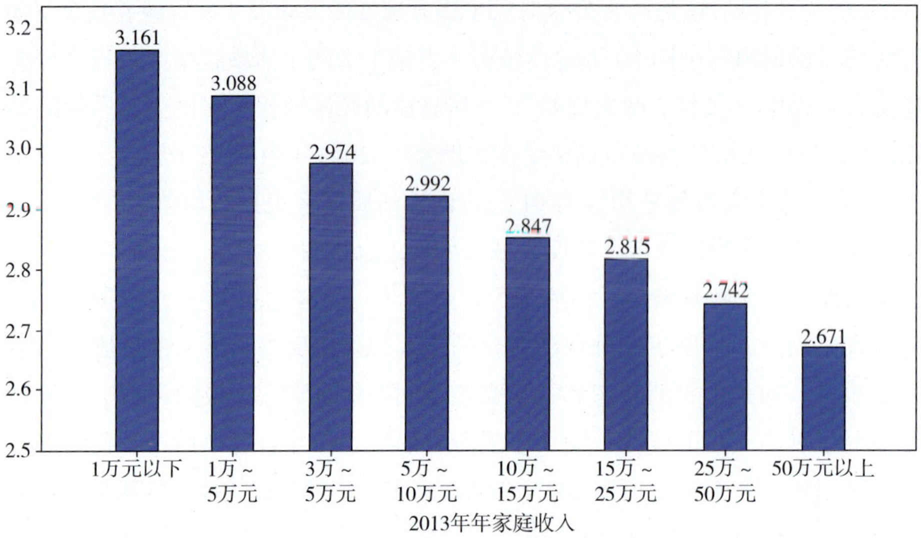

图9.9 不同家庭收入组的食品安全满意度（%）

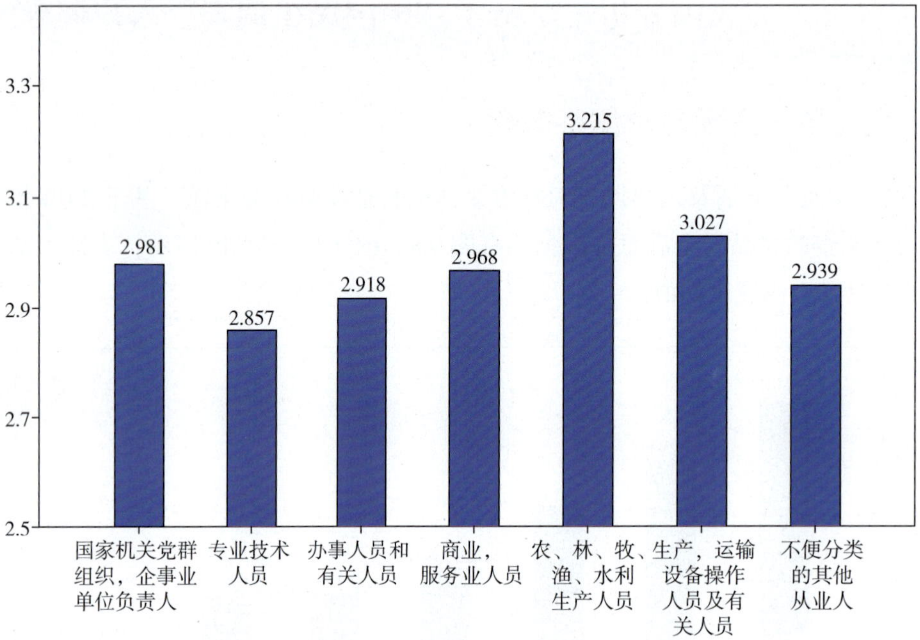

图9.10 不同职业类型下的食品安全满意度（%）

数据来源：2014 年“中国民生调查”电话调查数据。

可以看出不同特征的人群对食品安全的确有不同的评价：①受教育程度与家庭收入越高，食品安全满意度越低；②对食品生产和运输的信息获得率越高，食品安全满意度越高。由此显然可以探究满意度背后的公众食品关注特征。

公众的食品安全改善感受是对食品安全工作的直接反映，但由于个体特征和所处外界环境的差异，不同个体对食品安全工作的感受不一，致使对食品安全改善的感受也不同。在此基础上工作的政府食品安全工作改善度与食品安全满意度之间存在一定变化关系，可进一步考察食品安全改善工作与公众食品安全满意度的反差原因所在。公众对食品安全工作的认知到形成最终食品安全满意度如图 9.10。

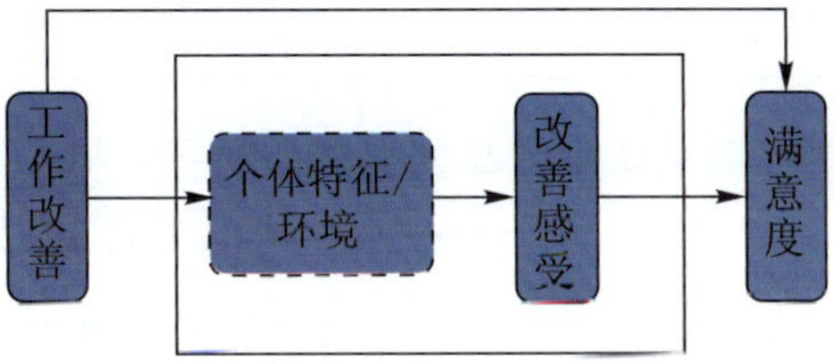

图9.11　个体食品安全主观评价形成过程

可分两个阶段讨论食品安全主观评价特征，第一阶段通过讨论不同特征个体的食品改善感受差异，探究食品安全工作可能存在的盲点和难点，以明确未来食品安全及工作的改善方向和可能。2014 年“中国民生调查”入户调查对个体的人口统计特征、家庭特征和所在地特征反应较为全面，符合讨论不同特征个体的食品改善感受差异的变量要求，又因食品安全改善度是有序因变量，可采用有序回归方法来探究个体特征与食品安全改善度的关系。表 9.5 是以食品安全改善度为因变量的有序回归部分结果表，比较方程的拟合度，发现方程（2）到方程（4）依次放入了个体对居住地的生态改善评价、政府行政满意度和生活服务配套，拟合优度得到提升，其中政府行政满意度的加入后模型拟合度明显提升，且各变量显著，说明政府在影响民众食品安全改善度方面具有决定性作用。由回归系数的显著性可知不同特征的群体对食品安全改善的体会不同，结合 OR 值可分析不同特征人群对食品安全改善的评价情况。

表9.5　　有序回归结果（1）

		方程（1）	方程（2）	方程（3）	方程（4）	方程（5）	方程（5）OR值
阈值	截距1	-4.002***	-2.112***	-2.725***	-2.743***	-.721***	
	截距2	-2.230***	-.276	-.896***	-.945***	1.171***	
	截距3	-.902***	1.098***	0.502**	0.415*	2.609***	
	截距4	2.022***	4.082***	3.522***	3.389***	5.687***	
位置	生态改善度		0.604***			0.463***	1.59
	政府行政满意度			0.402***		0.326***	1.36
	生活服务配套				0.359***	0.216***	1.24

注：① 考虑篇幅问题，部分控制变量没有列出，包括权重变量、婚姻状况、所在社区类型等；此处 OR 值表示自变量每改变 1 单位相应食品安全改善度的改变（下同）。② “*”、“**”、“***” 分别表示 10%，5%和 1%的显著性水平。

由于五个方程的 OR 值接近，此处只列出方程（5）的 OR 值进行分析（见表 9.5、表 9.6）。由表可知政府行政满意生态改善评价及生活服务配套便利度的 OR 值大于 1，随着这三类满意度水平的提升，食品安全改善度提升的可能性增大，民众更可能对食品安全做出正面评价。由“中国民生调查”电话调查可知，2014 年民众对政府行政满意度出现增长，该年度的食品安全满意度也较 2013 年上升 2.3%（见图 9.7），这种结果并非偶然，而是民众对政府有信心的情况，对政府食品安全工作有更高认可度。

表9.6　　有序回归结果（2）

自变量	流动人口	教育程度	是否工作	年支出	家有老人	地区经济	佛教	基督教	伊斯兰教	道教	民间信仰	无信仰
OR值	1.25	0.96	0.94	0.9	0.87	0.81	0.84	0.83	0.25	0.43	2.06	1

在自身特征方面，男性更倾向于认为食品安全有所改善；年龄对应的OR值为1，说明在各个年龄段对食品安全改善的感受差别不大。个体工作方面，有无工作对食品安全改善情况影响亦不显著。流动人口变量系数在五个方程中显著性强，且OR值大于1，说明个体加入流动人口群体后，认为食品安全有所改善的概率变大。考查2014年入户调查中的流动人口构成，流动人口中跨省流动的人群学历在初中及以下的占比达60%以上，多为外地户口的未婚人群，带有一定的农民工群体特征，较低学历以及农民工背景使得他们在地区流动中对暂时性的食品环境并没有太多敏感度和认知能力，存在食品安全改善度虚高的可能性，非常值得警惕。个体教育水平提高后，其食品安全改善度降低的概率增大，与之前的流动人群相反，教育水平高的人群对食品安全风险存在一定的高估。针对高学历人群和流动人群的食品安全风险评判标准差异，有必要进行科学的引导，杜绝对食品安全的误判。近年来由国家食药监总局指导发行的各类食品安全知识读本，就起到了一定社会引导作用，且读本发行覆盖了家庭和学校范围。

除去以上的个体统计特征，宗教信仰影响人们的餐饮习惯，从而将其纳入讨论（见图9.12）。回归发现不同宗教信仰的人群对食品安全的改善有不同评价，有宗教信仰的人群比没有宗教信仰的人群出现食品安全改善度偏低的概率大，其中信仰伊斯兰人群偏低的概率最大，而其主要食用清真食品，根据我国首份《清真饮食与食品安全研究报告》①，我国2400多个县市中，近98%的市县都有清真食品、用品生产企业，饮食、副食、食品经营户12多万户，清真食品产业每年以10%的速度增长，但报告指出，在一些地方，存在个别餐厅和企业打着“清真”的招牌，从事非清真的经营生产，这种行为违反了清真食品管理条例，也给清真食品注入了不安全隐患，食品产业的规范化和标准化未得到很好执行。

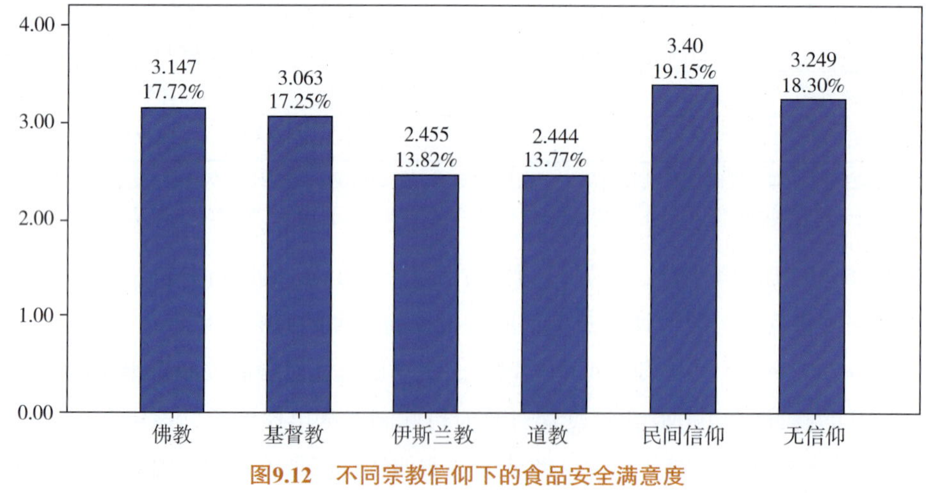

图9.12　不同宗教信仰下的食品安全满意度

① 马明良：《清真食品安全研究报告》，西北民族大学伊斯兰文化研究所，2013年。

所处的家庭特征对个体的食品安全改善感受也有影响，家庭年支出水平越高的个体认为食品安全没有得到改善的概率越大。随着我国家庭消费水平的提高，民众对食品有更多选择的空间，对食品工作有更高的要求，食品工作如何应对这种家庭食品消费新浪潮是关键。在家有老人的情况下，个体对食品安全的改善不乐观，这与近年来我国进入老龄化社会不无关系，做好老年人食药卫生是未来食品工作的重要方向。对家庭是否有 12 岁以下幼儿方面，家有儿童人群的食品改善度均值为 3.20，家庭中没有儿童的人群为 3.25，前者的食品安全改善度偏低，而差距不大的原因可能是近年来我国对婴幼儿食品尤其是幼儿食用奶制品加大监督，并取得一定成效，但针对老人和幼儿的专供食品安全工作不能放松。

在社会环境方面，越是经济发展好的地区的食品安全改善度降低的概率越大，一方面，在经济发展较好的地方聚有更多高教育水平人群聚集，其对食品安全的期望较高；另一方面，经济发展水平高的地方多为城市，城市食品消费者消费的食品多处在食品链的末端，且随着生活水平和生活方式的改变，更多的城镇居民选择在外就餐，这种日渐拉长的食品链加重了公众的食品不安全感。公众的这种不安全并非无根据，如频频出现的用“瘦肉精”饲养“健美猪”，用地沟油制油等食品安全丑闻打击了公众对食品生产过程的信心。目前食品全过程监管可实现范围仅限于某些大型的食品工业园，相关监管技术很难应对我国食品产业长期以来小作坊林立的现象，全过程监管主体之间也有待进一步的合作。在受访者所处社区环境方面，除去居住在别墅区的人群，其他人群相较于生活在农村和农场的群体有更低的食品安全改善度，这与远离食品源不无关系，公众对自己种养之外的食品信息无处可寻。

（二）食品安全主观评价模型

（1）模型设定和数据选取

公众食品安全改善评价与公众对政府食品安全工作改善评价有较高相关性，2013 年民生电话调查中有民众对政府食品安全工作改善评价的直接变量，一定程度上反映食品安全满意度与食品安全改善度之间的关系，也是对公众食品安全主观评价的进一步探究，相关计量方程设定如下：

$$Sf = \alpha + \gamma * Jm + \varepsilon i \quad (2)$$

其中，Sf 为食品安全满意度，Jm 为公众对目前食品安全工作改善的满意度，γ 为估计系数。由于 2014 年缺少食品安全满意度的数据，本计量部分的数据来自 2013 年“中国民生调查”电话调查数据，且 2013 年有反应政府食品安全工作改善的变量，可以更好的探究两者之间的数量关系。此处 Sf 与 Jm 都可看做有序变量，从而选用 OLS 回归方法。

（2）食品安全工作改善度与满意度分析

通过对 2013 年食品安全政府工作改善的公众评价和公众食品安全满意度分析，相关回归结果如下：

$$Sf = 0.233 * Jm + 2.087 \quad (3)$$

（64.5）（163.8）$R^2 = 0.76$

由以上方程可知，当公众对政府食品安全工作改善满意度（Jm）每提升一个单位，食品安全满意度（Sf）仅提高0.233个单位，即公众食品安全满意度提升程度远低于食品安全工作的改善。2013年“中国民生调查”电话调查显示公众对政府食品安全工作改善满意度水平达3.6，但是同年食品满意度均值为2.84，未达到一般水平，仅有不到30%的调查对象对食品安全感到满意，如图9.13、图9.14显示。可见公众的食品安全满意度与政府的食品安全工作并不同步，这一定程度上导致了食品安全满意度与食品安全工作之间的反差。这种反差也体现在其他领域，如政府行政效率的改善度与满意度也存在这种差异，基于2013年“中国民生调查”电话调查数据显示当政府行政效率改善度上升一个单位，民众对政府的满意度上升0.41个单位，相比较政府行政效率，食品安全改善工作在提高民众的食品安全满意度上有更大挑战。由此，有必要进一步探究影响食品安全工作改善度与满意度的趋同因素，其中媒体因素是不可忽视的。

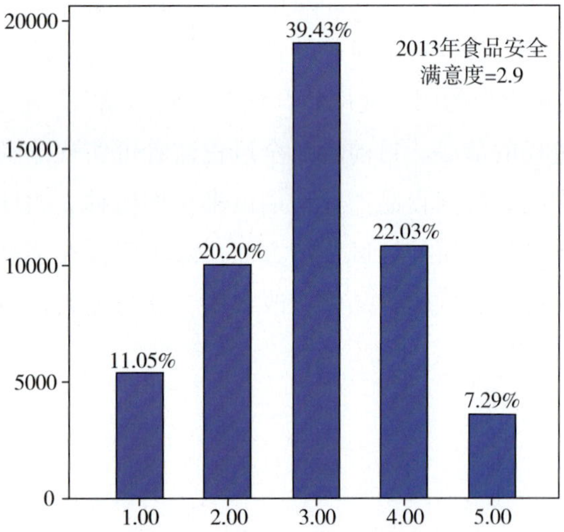

图9.13　2013年食品安全满意度分布

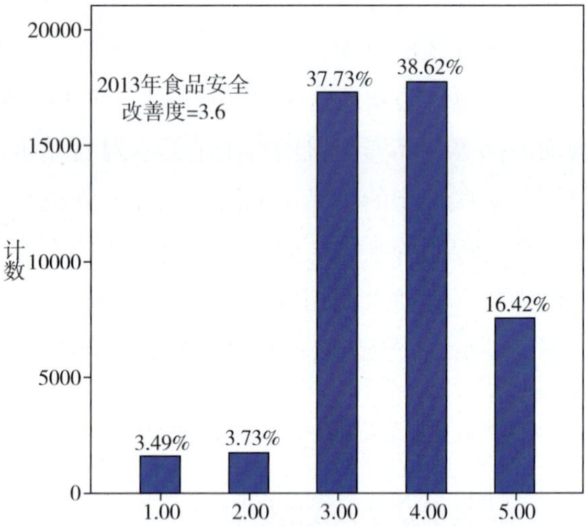

图9.14　2013年食品安全改善度分布

（三）媒体报道对公众认知干扰分析

媒体是指传播信息的媒介，传统媒体包括电视、广播、报纸和周刊；自媒体包括博客、微博、微信、论坛/BBS等网络社区。媒体对公众的食品安全评价体系相当于一个外生变量，对公众的食品安全评价体系具有两面性影响。表9.7是近年来媒体曝光的“瘦肉精”食品安全事件。

表9.7　近年媒体曝光“瘦肉精”事件

年份	事件	电脑终端搜索指数/年均值
2015	金锣肉制品检出“瘦肉精”	1100/208
2011	双汇“瘦肉精”事件	45894/3057
2009	广州“瘦肉精”中毒事件	9943/319

数据来源：数据取自百度指数。

一旦媒体曝光食品安全重大事件后，公众会迅速提高对相应食品问题的关注，如表9.6中所示，“瘦肉精”食品事件曝光后，公众对瘦肉精的电脑终端搜索指数远超当年的平均值。针对受众的这种心理，媒体争先报道食品安全的相关新闻以获得更多的关注。从图 9.15 可以看出，公众对食品安全的搜索与媒体的报道基本是同步的，公众极易受到媒体影响。

受众在关注的过程中对相关食品问题缺乏科学认知及理性，如 2015 年北京的夏日草莓就遭遇到了“冰霜”，在央视报道北京草莓用违禁农药超标之后，很多民众对草莓望而却步，北京地区乃至全国的草莓面临巨大滞销压力。事后有关部门对北京产的草莓进行抽样检测，并未发现媒体说的农药违禁超标问题，而草莓种植户却因这类报道蒙受了严重损失。同样有学者点评 2012 年媒体报道的螺旋藻铅超标报导指出，是媒体误用标准，做出不当判断，不经核实即公布，并非食品安全事件[①]。

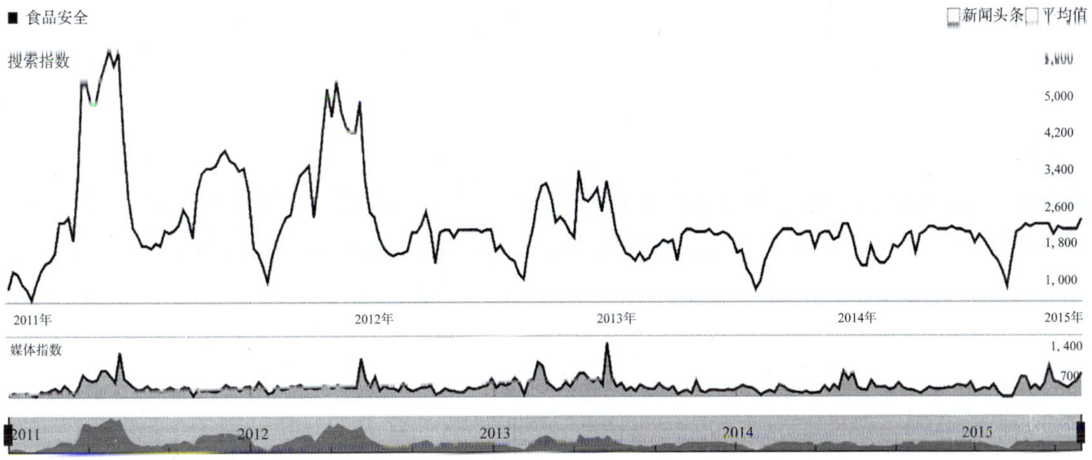

图9.15 2011年至今食品安全搜索指数和媒体搜索指数

可见，作为食品安全事件报道的源头，媒体对食品安全问题的评估并不总是专业和科学的，其对食品安全事件的报道多存在“选择性夸大”的做法，比如对食品添加剂，有学者指出符合标准的添加剂不会对消费者的健康构成伤害，但为了引人眼球，这种科学的分析往往被媒体省略，这对还原食品安全事件本身十分不利[②]。又因公众对诸多食品问题知之甚少，在食品安全问题出现后往往求证于媒体报道，媒体报道在一定程度上弥补了食品消费者对相关食品认知的空白区，但目前媒体还原食品安全问题的能力还有待加强。

以上分析的是传统媒体对公众食品安全满意度的影响，自媒体虽然也是媒体的重要组成部分，但有其突出特征。自媒体具有重构公共话语平台的现实功能，能够拓展食品安全信息的传播和监督空间，已经成为公众参与食品安全监督的新方式。自媒体的主体民主化、高度交互性，以及碎片即时性等特点使得自媒体的监督有很大困难[③]，如 2015 年娃哈哈集团就针其“饮料中含有肉毒杆菌”、“喝饮料会导致白血病”等谣言提起上诉，而这些谣言主要出现于微信、微博等

① 中国经济网，专家：2012年食品安全热点多数不属食品安全事件[EB/OL] http://news.xinhuanet.com/finance/2013-01/06/c_124191865_2.htm。

② 陈君石：“我国应尽快建立食品安全风险评估框架”，《科学决策》，2007年第2期。

③ 兰英、单飞跃、赵文焕：“食品安全自媒体监督:现状、问题及其法律规制”，《宏观质量研究》，2014年第1期，第76~83页。

社交网络平台。据集团内部检测数据显示，谣言从 2015 年 3 月散发，在 4 月初开始集中散播，4 月 8 ~ 11 日，微博原发信息超过 700 条，微信账号发文 450 条，仅相关微信的阅读量就将近 200 万次，对企业的形象和产品售卖极为不利。同年，肯德基也就“怪鸡”谣言提起诉讼。

随着自媒体的日渐流行，民众对自媒体承载的食品相关信息关注度提高，如 2012 年的“45 天速成鸡”事件，微博帖数超 160 万，“白酒添加塑化剂”事件微博总帖数达 194 万、论坛总帖数达 250 万。另外，由于自媒体具有信息的快速生成和传播的特点，是谣言最易发生领域：仅以微信自媒体平台为例，2015 年，微信每天收到用户发起的谣言举报已有 3 万次，谣言样本库积累的种子量达到 30 万个，日均谣言拦截量达到 210 万次，谣言主要集中在食品安全、人身安全和疾病三大类①。公众对这种似真似假的消息没有足够的知识去辨析，使得他们对不得不消费的食品有了极大的恐慌感，极大地降低了食品安全满意度。这就要求在食品生产者、消费者及有关机构之间构建风险交流机制。

风险交流的定义为“向需要适当信息以便采取预防措施的人发布有关风险的信息”，这就说明需要有信息的提供者和需求者，而信息必须以技术或科学为根据，在信息传输的过程中又必须保证不失真且能到位。媒体作为信息传播媒介，只有真实呈现食品安全风险的原型，才能促使公众的食品安全主观评价与食品安全客观发展趋同。但还原食品安全风险原型仅靠媒体是远远不够的，还需要建立食品安全风险交流的“大圈子”，并就该风险交流圈的目的意图构建合适的风险交流机制。目前我国的食品安全风险交流工作起步不久，有分析者认为由于该项工作起步晚、基础薄弱、系统性不够、机制不健全等原因，导致社会各方对食品安全问题的看法不尽一致②。很多时候食品安全风险信息的需求者和提供者没有衔接上，而衔接了的又缺乏获得有效信息的科学技术，使得媒体中的不实食品安全信息有了生成和传播的空间，这也是目前食品安全主观评价与食品安全客观发展之间出现反差的原因之一。

公众感知的风险与经科学手段评估的风险之间有较大的差异，要想将两者的认知逐渐地弥合到一起，就需要风险交流来搭建桥梁，使两个风险认知逐渐接近。风险交流关键的作用，就是公众在遇到任何食品安全问题的时候，会有一个理性的分析、判断，不会再被谣言左右③。随着新《食品安全法》的出台，食品安全风险交流被提升到更为重要的位置，食品安全风险交流的大圈子也有进一步完善的可能。新的《食品安全法》明确了各个主体在风险交流中的主要工作，其中媒体在风险交流中的职责要求为“应当开展食品安全法律、法规以及食品安全标准和知识的公益宣传”，“对食品安全违法行为进行舆论监督”，“有关食品安全的宣传报道，应当真实和公正”。

作为政府与公众间的重要媒介，媒体积极投身食品安全风险交流，为公众提供真实、科学的

① 人民日报：“微信朋友圈成健康类谣言重灾区”，[EB/OL].http://www.farmer.com.cn/sh/fz/fzxw/201504/t20150409_1024289_1.htm，2015-04-09/2015-06-27。

② 湖北省食品药品监管局曹本锋：“关于加强食品安全风险交流的几点思考”，《中国食品安全报》，2015-05-23A02。

③ 陆悦：“防范风险始于风险认知与交流”，《中国医药报》，2015-05-07。

食品安全报道，对减少民众的食品安全主观评价与食品安全客观发展之间的反差具有重大意义。

通过对民众食品安全主观评价的两阶段分析以及媒体的影响特点，有如图 9.16 的主观评价体系，民众依据自身特征对食品安全改善做出评价，也依赖于公众对政府的认可态度，政府在这阶段的影响是决定性的。食品安全改善体现食品安全工作的改善，从食品安全工作改善度到达最终的食品安全满意度，个体的自身特质、家庭以及社会环境特征等因素仍然起作用。但食品安全工作改善度与满意度之间存在较大差距，说明公众虽然能够感知政府食品安全工作上的改善，但在形成最终满意度的过程中受到外界因素的影响，尤其是媒体对食品安全的不实报道和自媒体的食品安全谣言极大地降低了公众的食品安全感，进而出现了反差。

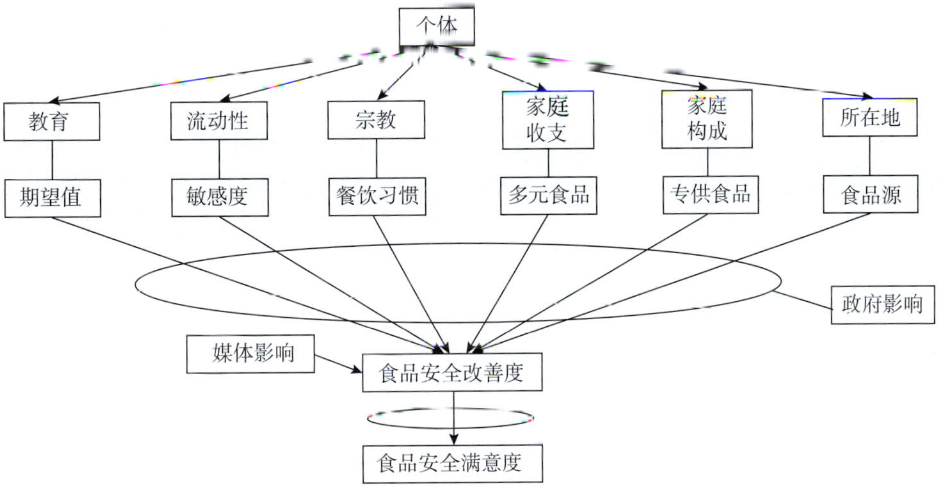

图9.16 食品安全主观评价特征体系

据 2014 年“中国民生调查”入户调查显示，已经有近一半的受访者感受到食品安全有改善，但食品安全工作要向更高的目标迈进，使更多的公众感受到食品更安全。只有使食品安全工作满足不同群体的需求，才能促进公众的食品安全感，与此同时更要找出制约食品安全改善度和满意度趋同的因素，以降低食品安全工作改善度与食品安全满意度之间的差距。

四、减小食品安全主客观评价反差的对策

2012 年由国务院办公厅印发的《国家食品安全监管体系“十二五”规划》提出要不断完善国家食品安全监管体系，保障人民群众身体健康和生命安全，促进食品行业健康发展，期间食品安全工作有了较为全面的部署，而未来如何有针对地展开相关工作将是我国“十三五”规划的关键，也是全面建成小康社会的题中之意。只有使食品安全工作满足不同群体的需求，才能促进公众的食品安全感，与此同时更要找出制约食品安全改善度和满意度趋同的因素，以降低食品安全工作改善度与食品安全满意度之间的差距，最终从总体上提升公众对政府的认可度。对此，本文提出以下的食品安全工作政策建议。

1. 提升全过程监管，尤其是薄弱和敏感领域监管

在大力推进规范的规模化种养殖的同时，要加强对问题较为突出的种养殖产品的全过程监管，并加强食品安全责任保险制度等配套制度建设，加大监管技术研发，使现代化的农业生产有现代化的食品监管保驾护航。培育或引入一批权威食品安全评估机构，延伸政府的食品安全全面监管职能。另外，还需严格监查专供食品，保障敏感人群，这是因为特殊人群在食物选择上有其特殊性，如有老人或小孩的家庭对食品会有更多考虑和关注，这就需要加强针对敏感人群的特殊食品监管，如对婴儿奶粉的监管。

2. 促进食品产业的透明规范，关注食品消费变迁

随着城镇化建设加快，家庭食品消费的多元化，以及不同人群的特殊餐饮需求，要求食品安全工作能积极做出回应。促进食品源和生产过程透明化，是消除城镇化中公众食品安全疑虑的关键，这需要建立食品追溯机制公开制度，借助现代化技术如通信、物联网，使处在食品链末端的消费者对所食能知根知底。目前食品消费者日益注重食品品质，但食品生产厂家生产“品质食品”时往往忽视食品安全，单方面追求食品的色泽、口味，给社会造成了严重的食品后患，这就要各个食品产业设定行业规范，严打违法违规者。

3. 加强媒体监管，堵住惑众源头

媒体对食品安全主观感觉有重要影响，在新修订的《食品安全法》施行后，需要加大司法和执法力度，如打击媒体的不实报导、惩治谣言发生者和机构等。对涉嫌炒作者予以惩罚，令其对经受媒体不实报道或谣言影响的企业损失负责。加大对媒体和自媒体食品安全报导的指导和监督，谨防因知识盲区而造成的不实信息传播。

4. 加强风险交流，引导合理预期

考虑公众认知规律，公众的食品安全敏感度和期望值对食品安全满意度有较大影响，而这些期望值和敏感度并不完全合理，这就需要尽快完善食品安全风险交流机制，对公众在各个食品领域的预期做出一定引导，并做到第一时间对社会公布抽检信息，同时进行风险解读和消费提示，使全面、科学的信息能及时填充公众可接触的媒体平台。积极拓宽并规范公众参与食品安全风险交流的渠道，形成线上线下的参与格局，注重食品安全风险交流圈的构建。

（执笔：苏　杨　荣薇薇*）

* 注：荣薇薇，清华大学公共管理学院。

第三部分

省域民生发展报告

第十章

黑龙江省民生发展报告

为了解当前民生状况、把握民众需求，黑龙江省政府发展研究中心按国务院发展研究中心“中国民生调查”课题组的要求开展了黑龙江省民生问题专项调研。本课题采取实地调研和问卷调查相结合的方法，深入黑龙江省资源型城市、老工业基地、产粮大县等典型地区及省直民政、人社、住建、教育、医疗等相关部门进行座谈调研。并赴哈尔滨市的香坊区、呼兰区、延寿县，牡丹江的爱民区，佳木斯市的前进区、桦南县，鹤岗市的绥滨县，双鸭山市的友谊县，绥化市的肇东市和青冈县等 10 个县（区）所辖的 40 个村（社区）对 1327 户居民进行问卷访谈。利用 SPSS 软件对问卷采集数据进行定性定量分析，结合全省宏观数据，客观公正地反映了黑龙江省当前民生现状、问题及民众诉求。

一、黑龙江省民生发展基本情况

（一）财力优先用于民生事业发展，支出总额逐年提升

近两年，黑龙江省经济面临下行压力，但各级地方公共财政支出都优先安排保障民生事业发展。2013 年黑龙江省级、地级和县级民生支出分别占本级财政支出的 86.3%、76.6%、82.6%。各级财政全年累计用于保障和改善民生支出 2763.7 亿元，同比提高 7.3%，占公共财政支出 82.0%，同比提高 0.8%（详见表 10.1）。

表10.1　民生支出情况①

类　别	2010年	2011年	2012年	2013年
地方公共财政支出（亿元）	2253.3	2794.1	3171.5	3369.2
民生支出②（亿元）	1762.7	2206.4	2573.8	2763.7
民生支出占地方公共财政支出之比（%）	78.2	79.0	81.2	82.0

注：①本课题未经说明的数据均来自于黑龙江省统计年鉴、中国统计年鉴及实地调研。

②民生支出数据参照财政部统计口径计算，包括：教育、科学技术、文化体育与传媒、社会保障和就业、医疗卫生、环境保护、城乡社区事务、农林水事务、交通运输、商业服务业等事务、国土资源气象等事务、住房保障支出、粮油物资储备管理事务，共 13 项。

（二）城乡居民收入稳步增长，生活水平不断提高

近年来，黑龙江省城镇居民可支配收入、农村人均纯收入均保持年均两位数增长，2013 年分别同比增长 10.3% 和 12.0%，高于同期人均 GDP 增速（5.0%）。城镇居民人均消费性支出 14162 元，农村居民人均生活消费支出 6813.6 元，同比增长 9.1% 和 19.2%。城镇恩格尔系数为 35.8%，农村恩格尔系数为 35.2%，同比下降 0.3% 和 2.7%（详见表 10.2）。2013 年城镇居民人均住房面积 30.0 平方米，比上年增长 3.4%。农村居民为 23.7 平方米，比上年下降 4.4%。商品房屋销售价格同比上涨 19.1%，农村新建（购）住房价值上涨 32.4%（详见表 10.2）。

表10.2　　城乡居民收入和人民生活情况

类　别		2010年	2011年	2012年	2013年
城镇居民人均可支配收入	实际值（元）	13857	15696	17760	19597
	指数（上年=100）	110.3	113.3	113.1	110.3
农村居民人均纯收入	实际值（元）	6211	7591	8604	9634
	指数（上年=100）	119.3	122.2	113.3	112.0
人均GDP	实际值（元）	27076	32819	35711	37509
	指数（上年=100）	120.6	121.2	108.8	105.0
城镇居民人均消费性支出	实际值（元）	10683.9	12054.2	12984.4	14162.0
	指数（上年=100）	110.9	112.8	107.7	109.1
农村居民人均消费性支出	实际值（元）	4391.2	5333.6	5718.0	6813.6
	指数（上年=100）	103.5	121.5	107.2	119.2
城镇居民恩格尔系数（%）		35.4	36.1	36.1	35.8
农村居民恩格尔系数（%）		33.8	35.1	37.9	35.2
城市人均住房面积（平方米）		25.7	26.4	29	30
农村人均住房面积（平方米）		22.8	24.8	24.8	23.7
商品房屋销售价格（元/平方米）		3491.9	3706.6	3725.5	4435.5
农村新建（购）住房价值（元/平方米）		957.7	1139.4	1251.7	1657.2

注：商品房屋销售价格按商品销售额 / 销售面积计算。

（三）就业形势相对稳定，职工工资逐年提高

黑龙江省城镇登记失业率近年来一直保持在 4% 以上，就业形势依然严峻。全省各级财政用于就业和保障方面的支出逐年提高，2013 年达到 542.3 亿元，占公共财政支出的 16.1%。2013 全年城镇新增就业 78.8 万人，下岗职工失业再就业人员 61.5 万人，分别同比增长 1.94%、4.24%，困难群体再就业人员 27.3 万人，同比下降 2.5%。黑龙江省城镇职工工资水平处于全国低位，但近年增幅也达到了两位数，2012 年和 2013 年同比分别增长 16.3% 和 12.1%。最低工资水平在 2012 年进行了调整，增幅达 41.7%，2014 年全省企业退休人员基本养老金每月上调 224 元，增幅达 13.4%，居全国首位（详见表 10.3）。

表10.3　就业情况和工资情况

类　别		2010年	2011年	2012年	2013年
城镇登记失业率（%）		4.27	4.38	4.15	4.43
城镇登记失业人数（万人）		36.2	35.0	41.3	41.4
全省社保和就业支出	实际值（亿元）	306.1	392.1	458.2	542.3
	占公共财政支出比（%）	13.6	14.0	14.4	16.1
就业人数（万人）	新增就业	75.8	72.0	77.3	78.8
	下岗再就业	61.0	58.0	59.0	61.5
	困难群体再就业	20.0	25.0	28.0	27.3
城镇职工年均工资	实际值（元）	27735	31302	36406	40794
	指数（上年=100）	111.8	112.9	116.3	112.1
最低工资标准（元）		7200	7200	7200	10200

注：最低工资标准取最低值。2010 ~ 2012 年：黑龙江省最低工资标准分六档，分别是 880 元 / 月、720 元 / 月、700 元 / 月、670 元 / 月、620 元 / 月、600 元 / 月。2013 年为四档，分别是 1160 元 / 月、1050 元 / 月、900 元 / 月、850 元 / 月。

（四）社会事业全面发展、保障体系日趋完善

2013 年底黑龙江省教育支出占公共财政支出的 14.9%，全省中等职业教育农村户籍学生和城镇家庭困难学生学费全部免除，学前三年毛入园率大幅提升，达 70.8%，比 2010 年提高了 20.3 个百分点。黑龙江省公办基层医疗机构全部实行基本药物制度，医务人员工资全部纳入财政预算管理。启动乡镇卫生院医务人员补充计划，3 年引进 3000 名大专、本科学历医学毕业生，2013 年全省每万人拥有卫生技术人员数、床位数同比提高 3.3% 和 6.2%。全省公共文化场所全部免费开放，乡镇文化站实现全覆盖，文化馆（站）共组织文艺活动 19250 次，为历年最高，公共图书馆共流通人次达 822 万。截至 2013 年，黑龙江省新型农村和城镇居民社会养老保险实现全覆盖，城乡低保实现应保尽保。年末参加基本养老保险 1062.1 万人，比上年增长 4.8%。参加失业保险 477.4 万人，增长 0.2%。参加城镇职工基本医疗保险 868.1 万人，与上年持平。城乡最低生活保障标准逐年提升，2013 年城镇为 316 元 / 月，农村为 2181 元 / 年，分别提高 24.9% 和 26.9%。设立城乡困难群众救助帮扶基金，做到普遍性救助、专项救助和临时性救助相结合，保障困难群众基本生活。2012 年黑龙江省保障性安居工程新开工 52.9 万套，竣工 48 万套，为全国第一，改造农村泥草房 26 万户。2013 年开工建设保障房 15.44 万套，竣工 16.45 万套，改造农村泥草房 22 万户（详见表 10.4）。

表10.4　社会事业和社会保障情况

类　别	2010年	2011年	2012年	2013年
学年前三年毛入园率（%）	50.5	65.0	69.4	70.8
每万人拥有卫生技术人员（人）	49.3	49.9	51.4	53.1
每万人拥有卫生机构床位数（张）	41.8	43.1	46.5	49.4

续表

类　别		2010年	2011年	2012年	2013年
群众艺术馆、文化馆组织文艺活动（次）		17351	17507	18834	19250
公用图书馆总流通人次（千人次）		6219	6939	8357	8220
参加城镇基本养老保险人数（万人）		952.2	981.0	1013.0	1062.1
参加城镇职工基本医疗保险人数（万人）		873.7	881.0	867.8	868.1
参加领取失业保险金人数（万人）		472.9	474.5	476.2	477.4
城市最低生活保障	标准（元/月）	221	266	301	376
	人数（万人）	151.2	155.6	152.5	143.7
农村最低生活保障	标准（元/年）	1200	1491	1718	2181
	人数（万人）	112.7	121.4	119.4	121.5

（五）生态环境持续改善，生产安全事故同比下降

2013年全省造林面积达24.0万公顷，森林覆盖率比上年增长0.4%，达46.1%，城镇建成区绿化率42.7%。全省13个地级市中，12个城市空气质量达到二级标准。全年生产安全事故死亡1471人，比上年下降4.3%。亿元GDP生产安全事故死亡率为0.10，比上年下降9.1%；工矿商贸企业就业人员10万人生产安全事故死亡率为1.69，下降8.2%；道路交通安全事故万车死亡率为2.19，下降9.1%；煤矿百万吨安全事故死亡率为0.661，下降25.5%（详见表10.5）。

表10.5　　生态和安全方面情况

	2010年	2011年	2012年	2013年
全省森林覆盖率（%）	45.2	45.7	45.7	46.1
城市建成区绿化率（%）	42.5	43.0	42.8	42.7
生产安全事故死亡（人）	1776	1626	1517	1471
亿元GDP生产安全事故死亡率	0.17	0.13	0.11	0.10
10万人生产安全事故死亡率	2.47	2.15	1.77	1.69
道路交通安全事故万车死亡率	3.18	2.72	2.34	2.19

二　改善民生的主要政策举措及成效

（一）教育方面

1. 出台完善一系列教育管理制度

黑龙江省教育体制改革领导小组办公室与相关部门协调推进教育体制改革，制定《2013年教育体制改革试点项目推进方案》《黑龙江省教育信息化十年行动计划》《黑龙江省实施“中国

少数民族汉语水平等级考试”方案》《黑龙江省教育督导条例》《关于进一步加强学校、家庭、社会三结合教育的意见》《关于进一步加强初中小学教研工作的指导意见》《关于进一步加强学校体育工作的若干意见》《中职教师专业骨干教师培训项目实施意见》和《黑龙江省校车安全管理条例实施办法》等政策文件。一些地市也出台了有关文件，如牡丹江市制定《关于进一步推进县域义务教育均衡发展的若干意见》和《关于进一步推进县域义务教育均衡发展规划》。鹤岗市出台《标准化示范学校和薄弱学校建设的实施意见》《城乡教育一体化工作方案》和《进城务工人员随迁子女及参加升学考试的具体实施办法》，这些政策、文件有力地推动了义务教育均衡发展，保障了教育体制改革顺利推行。

2. 不断增强教育综合保障能力

一是增加教育收入的同时，加大教育经费投入。2013 年，黑龙江省教育部门总收入 85.7 亿元，同比增长 23.11%。在提高城市义务教育公用经费标准的同时，大幅提高特教学校生均公用经费，补助标准由 1000 元提高到 2650 元，省属高校生均经费达到国家标准。为支持困难弱势学生顺利上学，全部免除中等职业教育农村户籍学生和城镇家庭困难学生学费，全年发放各类助学资金累计达 12.7 亿元，资助大中小学生 72 万人。新建和改扩建公办幼儿园 1598 所，完成 946 所学校小火炉改造任务和农村义务教育薄弱学校的一些改造项目，农村学校办学条件不断改善。哈尔滨市将义务教育作为财政支出重点领域予以优先保障，2013 年，义务教育经费投入 63.59 亿元，比上年增长 8%，并保证每年教育费附加主要用于标准化学校建设。投入 2000 多万元，资助家庭困难学生 6.6 万人。佳木斯市连续 2 年对市区中小学投入 2 亿多元，全面维修改造 92 所学校、127 个校区的校舍，铺设塑胶球场和跑道，为 1811 间教室更换 LED 护眼灯；为 49 所农村义务教育薄弱学校安装现代化教学设备 591 套。

二是组织业务培训，教师队伍整体水平不断提升。黑龙江省认真贯彻落实《国务院关于加强教师队伍建设的意见》等相关文件，继续实施中小学（幼儿园）教师“国培计划”、“省培计划”和扩大“特岗计划”，重点加强中小学教师队伍建设，启动实施国家关于边远地区、边疆民族地区和革命老区人才支持计划教师专项计划。2013 年度，全省培训农村中小学教师达 8 万余人次，“特岗计划”招聘教师达 1025 名。配合国家实施“长江学者奖励计划”，评聘龙江学者 41 人，省属高校 2 人成为长江学者特聘教授。哈尔滨市实施中小学教师全员免费培训，每年培训农村教师 1 万名，每年选派 600 名城镇教师支援农村教育，发挥了较好的传帮带作用。佳木斯市教育局与上海市徐汇区和北京市朝阳区等地合作建立学校管理干部培训基地，先后选派 82 名校级领导培训挂职学习。实施《校长教师培训三年规划》，开展国家和省各类培训项目 13 个，培训中小学教师 17024 人，阶梯式培训机制已形成。绥化市选派 10173 名中小学教师参加“国培计划”和省级培训，参加各类专项培训 2 万多人次，农村中小学教师专业化水平大幅度提升。

三是推进教育信息化建设成效显著。黑龙江省启动“龙学网”建设项目，实现“龙学网”教育管理公共服务平台与国家教育管理公共服务平台的对接和省、市、县（区）、学校四级应用。截至 2013 年底，全省共有 342 个教学点和 486 所项目学校的 6685 个班级配备多媒体远程教学设备。依托“龙学网”信息化学习空间，教师的教学方式、知识的呈现方式、学生的学习方式、师生的互动方式呈现出新面貌，实现了优质教育资源的共享。牡丹江市制定实施《教育信息化三年行动计划》，加快推进优质教育资源“三通两平台”建设，积极探索城乡同步课堂、网络直播课堂、“云课堂”和“空中课堂”建设。积极创建“精品课堂”、开展联合备课、打造“名师讲堂”和“百堂网络精品课”，实现教学资源均等化。

3. 推进教育资源均衡配置

一是加强义务教育标准化学校建设。黑龙江省贯彻落实教育部《关于全面改善贫困地区义务教育薄弱学校基本办学条件的意见》，坚持教育的公益性和普惠性，保障公民依法享有平等接受良好教育的机会，整合专项资金，加大对农村、贫困地区薄弱学校的倾斜力度，扩大公共资源面向薄弱学校的覆盖范围，促进城乡、区域、学校之间优质教育资源共享，实现区域教育一体化发展。2013 年，全省建设完成 235 所义务教育标准化学校。佳木斯义务教育标准化学校建设完成率达到 75% 以上，居于全省前列。鹤岗市完成 56 所标准化学校建设任务，完成率 63.6%。哈尔滨平房区等 5 个县（区）通过国家县域义务教育发展基本均衡的评估验收。

二是建立实施教师交流制度。教育均衡的重要标志之一是教师资源的均衡，为加强薄弱学校建设，促进教师资源均衡，黑龙江省大力推进义务教育学校校长、教师县（区）域内交流轮岗工作机制。鹤岗市组建“教育人才库”，建立优秀教师（校长）定期交流机制。2013 年，共有 34 名优秀教师（校长）到薄弱学校支教，其中有 9 名教师到绥滨县支教，优秀教师流动带动了学校发展，促进教育资源均衡。佳木斯市从 5 所优质初中选派 56 位名师到 5 所薄弱学校支教，让更多的学生享受到优秀的教师资源。

三是推进教育办学模式改革。黑龙江省推广学区制、联盟式、城乡一体化改革成功经验，鼓励强校带弱校，实现共同发展。牡丹江市采取城乡一体集团化办学、名校领办新校、名校帮扶弱校策略，带动城市薄弱学校、新区新建学校和农村学校快速提升办学水平。积极探索推动宁安市城乡学校结盟的“联合体”模式、海林市城乡结对“一体联动”模式、穆棱市大镇大村“辐射式”办学模式改革，实现义务教育较高层次的均衡发展。鹤岗市在第五中学和新华镇中心校等 9 所学校实行了九年“一贯制”，通过建立学校联盟共同体，以优带弱，强弱联合，实现各类教育资源共享，推动薄弱学校提升教育教学水平。

（二）医疗卫生方面

1. 进一步深化公立医院改革

黑龙江省卫生厅下发《黑龙江省县级公立医院综合改革试点工作指导意见》，按照《指导意见》要求部署，各县市积极完善县域公立医院改革任务，明确县级公立医院功能定位，推行基本药物制度，改善提升医疗服务能力。鹤岗市萝北县作为全省第一批、国家第二批县级公立医院改革试点单位，先后投入 1100 余万元用于公立医院改革，县医院、中医院全部药品实行零差率销售，累计让利于患者608万元。同时，开展了人事和分配制度改革，形成了按岗取酬、岗变薪易的用人新机制，得到了国家和省相关部门充分肯定。佳木斯同江市公立医院完善财政保障机制，每年列入预算1750万元，将职工的“三险一金”、人才培养费、住房公积金纳入财政预算。医院基本建设、房屋维修、大型设备购置、设备维护、政府指定性医疗救治和应对突发公共卫生事件等费用按照“一事一议”原则，根据实际需要由财政核拨，保证了县级公立医院的科学健康发展。

2. 推进国家基本药物制度实施

黑龙江省全面贯彻落实《中共中央、国务院关于深化医药卫生体制改革的意见》和《建立和规范政府办基层医疗卫生机构基本药物采购机制指导意见》，制定了《黑龙江省巩固完善基本药物制度和基层机构运行新机制实施方案》和《黑龙江省进一步加强政府办基层卫生机构基本药物集中采购监督管理的意见》，继续推进国家基本药物制度的实施。省里实行基本药物网上集中招标采购让价格大幅“缩水”，第二轮基本药物招标采购价格总体比国家公布的零售指导价平均下降62%，比第一轮下降43.4%。2013年，基本药物制度实施延伸到全省的村卫生所（室），基层医疗卫生机构基本药物有效采购额达9.46亿元，是2010年的28倍。基本药物达到426种，基本满足了基层医疗卫生机构临床用药和人民群众用药需求，让百姓更充分的享受国家基本药物制度带来的实惠。绥化市176家乡镇卫生院、23家社区卫生服务中心、1329家村卫生所全面推行国家基本药物制度，基本药物价格总体降幅30%，基本药物全部纳入新农合报销范围。鹤岗市39个基层医疗卫生机构、256个村卫生所实施基本药物制度，取消15%药品加成，累计让利群众1420余万元。牡丹江市在全省率先推行社会力量办社区卫生服务机构实施基本药物制度。

3. 不断提高公共卫生服务均等化水平

黑龙江省开展公共卫生服务坚持“预防为主”原则，城乡居民“晚得病、少得病”目标初步实现。2013年末，哈尔滨市公共卫生服务项目增至11类43项，累计建立居民健康档案835.7万份，高血压、糖尿病和重性精神疾病患者规范管理人数分别达到54.3万人、13.4万人和2.5万人，累计为63.2万名65岁以上老年人进行免费体检，累计完成农村妇女“两癌”检查3.5万人、农村孕产妇补服叶酸6.1万人、落实住院分娩补助4.3万人。绥化市人均基本公共卫生服务经费补助标准由15元提高至30元，全市城乡居民健康档案建档率、65岁以上老年人免费体检、慢性病患者管理等基本和重大公共卫生服务项目均达到或超过省定指标。

（三）社会保障方面

1. 出台完善相关政策，推进社会保障工作有序开展

近两年，黑龙江省陆续出台《进一步加强和改进最低生活保障工作的实施意见》《城乡低保审核审批办法》《城乡低保资金管理办法》《全省低收入家庭的财产种类、货币化标准和核算办

法》《关于退役士兵安置改革工作的实施意见》《关于加强和改进流浪未成年人救助保护工作的实施意见》《关于进一步加强民政工作的意见》《城乡养老保险制度衔接暂行办法》《黑龙江省人民政府关于建立社会救助和保障标准与物价上涨挂钩联动机制的实施意见》《黑龙江省人民政府关于进一步加强和改进最低生活保障工作的实施意见》和《贫困失能老年人护理补贴制度》等政策文件。各地市也对应出台一系列文件，如哈尔滨市先后出台《中共哈尔滨市委关于保障和改善民生的实施意见》《哈尔滨市民生发展纲要》《哈尔滨市城市居民最低生活保障办法》《哈尔滨市农村居民最低生活保障办法（试行）》《哈尔滨市城乡困难群众医疗救助暂行办法》《哈尔滨市关于建立城市低保和低收入困难家庭标准动态调整机制的意见》等政策性文件。牡丹江市相继出台《城市居民最低生活保障实施办法》《农村居民最低生活保障办法》《城乡医疗救助实施办法》《五保供养实施办法》《低收入家庭认定管理办法》《牡丹江市临时救助实施办法》《城市居民收入和财产信息核对机制》《牡丹江市关于进一步加强和改进最低生活保障工作的意见》等政策文件，有力地推进社会救助体系建设，也有力地推动了社会保障事业规范运行。

2. 提高养老和医疗保险保障水平、扩大覆盖面

黑龙江省在稳步提高社会保障水平的同时，积极探索城乡居民养老保险衔接办法和基本医疗保险异地居住人员跨省就医报销机制。2013 年全省参加城镇职工基本养老保险达 1062 万人，比 2010 年增长 11.6%。企业退休人员基本养老金月平均水平达 1748 元，比 2010 年提高 52.3%。全省城镇职工和居民参加医保人数达到 1580.4 万人，参保率达到 98.2%。职工和居民医保住院报销比例分别达 80.6% 和 70.8%。全省农村居民参加新农合总人数达到 1521 万人，参合率达 99.4%。新农合人均筹资标准由 2011 年每人每年 230 元提高到 2013 年的 390 元，纳入新农合大病保障范畴重大疾病由 8 种增加到现在的 22 种，最高封顶线由 6 万元提高到 8 万元以上，县域范围内政策性报销比例提高到 75% 以上，新农合保障能力不断提升，初步缓解了患重特大疾病农民群众“因病致贫、因病返贫”的问题。另外，省直、哈尔滨、佳木斯等市与海南省三亚市建立了城镇职工基本医疗保险异地居住人员跨省就医报销机制，并在此基础上，又尝试将异地居住人员纳入三亚市定点药店范围。

3. 提高城乡低保标准，完善社会救助制度

黑龙江省以加强社会救助工作管理为切入点，在稳步提高城乡最低生活保障标准的同时，重点推进医疗救助“一站式”服务，规范实施临时性救助工作。城乡低保水平明显提高。2012 年，全省城乡低保标准分别增长 25.3% 和 27.3%；财政补助水平分别增长 19.3% 和 18%；农村五保集中供养、分散供养标准分别增长 35.8% 和 31.6%，是低保、五保建制以来标准提高幅度最大的一年。2013 年，城乡低保标准分别提高 25% 和 27%、财政补助水平各提高 20%，是历年来提高幅度最大的一次，也是省级财政投入最多的一次，惠及了全省 276 万城乡低保对象。哈尔滨市实施“阶梯式”分类式救助办法，对低收入困难家庭给予普惠型定期定量救助，救助标准为月人均 40 元，缓解了低保边缘群体的困难。对城市高中以下在校学生、60 ~ 80 岁以上老年人、重度残疾人、

孤儿等7种有特殊困难的低保对象，每月加发10～100元不等的低保金。医疗救助能力明显提升。2013年，全省城乡医疗救助资金支出达13.5亿元，共救助398.5万人次。政策范围内救助比例达70%以上，最高封顶线达到8万元。医疗救助"一站式"服务结算由上年度83%覆盖面提高到94%。日渐完善减灾救灾工作机制。2013年，建成600个社区防灾减灾工程，开展系列化的防灾减灾知识宣传普及活动，培训4500多名基层灾害信息员，积极推进救灾物资储备库等基础建设，全面提升了全省防灾减灾能力。2013年，在应对"三江流域"特大洪涝灾害时，保证近10万件救灾物资及时到位、30多万转移群众生活无忧、10多亿元救灾资金准确拨付、11万多间因灾损毁房屋有序恢复重建，把省委省政府确保"无一名受灾群众受冻、挨饿、流浪乞讨"的要求落到了实处。

4. 以加强养老服务为重点，发展社会福利事业

黑龙江省开展养老服务体系建设推进年活动，启动实施"敬老爱老助老工程"，建立了全省城乡贫困家庭失能、半失能老人护理补贴制度，通过大力推进城市社区居家养老服务、公办养老服务机构向社会开放的服务，引导民办养老服务机构"连锁加盟"经营、探索城市家庭"互助养老"新模式等途径，养老服务体系建设实现快速发展。2013年，全省城市各类养老机构达1378个，养老床位达9.2万张，每千名老人拥有养老床位达25张，进一步缓解了老年人的养老需求。另外，城市社区日间照料室覆盖率达到50%，开展居家养老服务的社区覆盖面达到80%。农村社区居家养老服务覆盖率达到22.5%。牡丹江市通过公益性岗位招聘550名"4050"下岗人员担任居家养老助老专管员，以市社会福利院"居家福"虚拟养老院为示范引领，在全市范围内推进居家养老服务项目。目前全市84个城市社区中，开展居家养老服务的有81个，普惠型居家养老服务成为全省的典型。

5. 加强信息化建设，提高社会保障服务水平

黑龙江省提高救助能力建设的一项重点工作，就是要加快完善社会救助信息系统建设，在2013年底建成覆盖省、市、县、乡（街道）的四级网络系统，并全面投入运行。2013年，哈尔滨市社会救助管理信息系统功能包括救助对象审批系统、居民家庭经济状况核对系统、医疗救助"一站式"即时结算系统及数据库管理系统等。该系统横向连接到市级相关部门，纵向延伸到区、街道（乡镇），实现低保等救助信息的申请、登记、核对、审核、审批、制证、查询、统计、资金监管等日常救助业务的信息化、网络化、专业化管理。牡丹江市依托12349便民服务热线，建立为老人服务的平台，为老人提供应急反应和紧急救援服务、亲情关怀服务、生活协助服务、老人电子化健康档案管理、GPS定位服务、专家志愿服务等六大系列服务。为"三无"人员免费发放一键通手机，并提供一键通呼叫服务。绥化市自行开发网络版的低保信息管理系统，涵盖基础信息管理系统、城乡低保人员信息管理系统、城乡低保人员收入比对管理系统、低保台账管理系统、医疗救助即时结算系统和综合查询及报表统计模块系统，实现城乡低保的网上审批、医疗"一站式"服务和网上查询，通过规范化管理，提高低保服务效率。

（四）住房保障方面

1. 制定完善相关法规、政策和规划，保障住房建设有序开展

近两年，黑龙江省制定出台《黑龙江省城乡规划条例》《黑龙江省物业条例》《黑龙江省城镇保障性安居工程建设管理办法》《黑龙江省住房公积金提取暂行规定》《黑龙江省百镇建设末位淘汰实施办法》等规范性文件。推进第四轮城市总体规划修编，强化了对哈尔滨、大庆等现代化国际化大城市建设规划指导，编制完成《县（市）域村镇体系规划》25个、《小城镇总体规划》783个、行政村建设规划4349个、《县（市）域镇村居民点空间布局规划》64个，还编制《黑龙江省因灾损毁房屋恢复重建规划》，有力地保障全省住房建设有序开展。

2. 稳步推进保障房建设

2012和2013年度，黑龙江省累计完成投资额1007.9亿元（2013年占19.4%），建设完成保障性安居工程达87万套（2013年占43.7%），惠及城镇居民100多万户。全省有24个（2013年为5个）保障房项目被评为国家A级住宅，受检工程综合符合率和工程实体质量符合率居全国前列。2012年以来，桦南县共改造棚户区19.71万平方米，新建配建廉租住房300套，发放廉租房补贴资金1410万元，惠及住房困难家庭3500户以上。青冈县累计向上争取资金3.6亿元，改造棚户区43.25万平方米，建成廉租住房2500套，发放廉租住房租赁补贴1245.6万元，惠及居民户达10380户。

3. 泥草房、农危房改造实现新突破

黑龙江省在泥草房和农危房改造时坚持与城镇化、新农村建设相结合，坚持整村推进、沿线辐射、农村社区建设和节能改造并举，全省累计完成投资额376亿元（2013年占47.9%），改造泥草房达48万户（2013年占45.8%），其中节能型住房达93%以上。近两年，桦南县改造农村泥草房1103户、危房7828户，建设现代化的土龙山镇金龙湾社区、腰营子新村、永昌村民族风情园，安置回迁村民830户，切实改善居民的住房条件。青冈县完成农村危房改造7503户，解决7500余户居民住房困难问题。在财力十分紧张的情况下，县政府对靖河贫困片区714户居民进行异地安置，切实改善贫困居民的生活条件。

4. 及时有序开展救助型住房建设

2013年，黑龙江省加大对特困群体的帮扶力度，建设一批五保家园、幸福大院、农村公屋，改善6000多户贫困群体的住房条件。又迅速开展水毁房屋修复重建工作，指导各地新建因灾损毁房屋9820户，修缮严重损坏房屋29212户，维修一般损坏房屋26843户，帮助25万农民重返家园安全越冬，5万受灾群众得到妥善安置。

（五）就业方面

1. 出台完善相关法规政策，就业创业总体稳定

近两年，黑龙江省制定出台《黑龙江省促进就业“十二五”规划》《黑龙江省对外劳务合作经营资格管理规定》《黑龙江省领军人才梯队管理办法（暂行）》《黑龙江省劳务派遣用工管理暂行办法》《黑龙江省高校毕业生就业见习管理办法（试行）》《黑龙江省人民政府关于退役士兵安置改革工作的实施意见》《关于做好保障农民工工资支付工作意见》《关于进一步促进普通高等学校毕业生就业工作的通知》《黑龙江省人民政府办公厅关于做好厂办大集体改革工作的通知》《黑龙江省人民政府关于调整全省最低工资标准的通知》等政策、法规文件。各地市也相应出台一系列政策，如牡丹江市相继出台《牡丹江市普通高校毕业生就业见习工作管理办法》《关于做好随军配偶就业安置工作的实施意见》《关于在高校建立大学生就业创业指导服务中心实施意见》《关于促进退役士兵就业创业若干政策实施意见》《牡丹江市普通高校毕业生就业见习工作管理办法（试行）修订意见》《关于联合开展特殊人群创业服务专项行动通知》等多项支持就业文件，为促进就业提供政策保障。

2. 加强培训和服务，提高农民就业创业水平

黑龙江省各级人社部门始终把确保就业局势稳定作为一项重要职责，按照公平对待、合理引导、完善管理、搞好服务的原则，突出抓好转移农村劳动力群体就业创业工作。重点围绕“五大规划”和“十大产业”发展战略，开发就业岗位，2013 年，全省转移农村劳动力 540.3 万人，其中各类产业园区、工业园区共吸纳农村劳动力就业 36.4 万人，城镇就业比重比 2010 年底提高 2.5 个百分点。

一是组织农民参加职业技能培训，提高就业能力。按照《国务院办公厅关于进一步做好农民工培训工作的指导意见》要求，积极落实《人力资源社会保障部关于印发农民工职业技能提升计划——“春潮行动”实施方案的通知》，结合农村劳动者就业愿望和职业生涯发展需要，建立以就业技能培训、岗位技能提升培训为主要内容的职业培训工作体系。2013 年，全省共组织 15.45 万名农村转移就业劳动者参加就业技能培训，培训后实现就业 11.23 万人，发放职业培训补贴 4812.5 万元；2.17 万名在岗农民工参加岗位技能提升培训，发放职业培训补贴 97.8 万元，有效促进农村劳动力转移。

二是开展农村劳动力创业培训，以创业带动就业。2013 年，全省各类创业培训定点机构一律向农民开放，省里共组织 7858 名农村劳动力参加创业培训，有 5151 名农村劳动力实现成功创业。哈尔滨市实施百万农民工技能培训增收（阳光工程）项目。2013 年全市完成技能性培训任务 6.3 万人，举办各类技能培训班 939 期，累计转移农村劳动力 143.1 万人，占农村劳动力的 59.6%。实现劳务收入 185.6 亿元，人均收入 13040 元，比上年增加 1724 元。农民自主创业和开办企业累计达 5.4 万个，带动农民就业 31.5 万人，培训创业能人 1.04 万人，培育先进典型 59 个，建立 22 个市级农民创业示范（实习）基地，实现年产值 88.6 亿元。

二是加强对农民工综合服务平台建设，增加农民就业机会。2013年底，全省建设农民工综合服务中心36个，农民工综合服务（站）所600余个，在省内各级人力资源市场基本都设立了农民工服务窗口，为农民工顺利在城镇实现就业做好服务工作。哈尔滨市依托农民工招聘网和村屯服务站等平台的功能，及时发布更新企业和市场用工信息，确保农民稳定就业。目前，为农民推荐诚信企业788家，诚信服务机构182家，促进14万农民就业。2013年，组织大小规模对接会67场，市级规模用工对接会8场，参与农民49.6万人次。10人次以上规模外出务工人数约45万人。

3. 广泛推介宣传，搭建就业平台，提高大学生就业水平

黑龙江省围绕高校毕业生就业创业工作，因地制宜，创新理念，探索实行政校企联合服务大学生创业工作模式，最大限度地促进高校毕业生就业创业。2013年，高校毕业生初次就业率达80.9%，连续10年高于全国平均水平。牡丹江市为帮助高校毕业生缩短适应期，尽快实现就业，选择全市50个规模以上重点企业建立毕业生见习基地，为应届高校毕业生提供2000个见习岗位，累计发放津贴补贴700多万元，6167名高校毕业生选择到基层和企业就业。为成就大学生创业梦想，在全市7所高校全部建立大学生创业指导中心，并与院校合作开辟大学生创业园，通过开办创业讲堂、搭建创业平台、内外联动创业等措施，先后帮助1246名大学生实现成功创业，全市高校毕业生就业率始终保持在90%以上。鹤岗市对高校毕业生实行实名制登记管理和跟踪服务。今年已有865名高校毕业生登记报到，个人信息全部录入“金保工程”信息库，通过开发公益性岗位、“村村大学生”和“三支一扶”计划、举办大学生招聘活动月和专场招聘会，使高校毕业生实现就业；通过推进企业聘用见习大学生，有74人在人民医院等9家单位实现就业见习；通过“彩虹工程”使107名高校毕业生顺利到基层服务平台工作，全市高校毕业生就业率达到85%以上。

4. 创新就业创业工作模式，开发居民就业创业机会

黑龙江省在优化创业环境，激发创业热情的同时，不断创新促进就业创业工作手段，提高就业水平。2013年，城镇新增就业78.83万人，城镇登记失业率为4.43%。近两年，哈尔滨市共举办“春风行动”、“新春招聘大篷车”、“民营企业招聘周”、“送岗位进灾区”等各类招聘会3000多场，为6万多家用工单位100余万求职者搭建了用工求职平台，提供用工岗位95万个，签订意向性协议49万份。2013年，成功举办哈尔滨创业（就业）博览会，共有8万余人入场交流，为求职者提供2万个以上就业岗位，现场签约5187人次，引进项目36个，被国务院评为“全国创业先进城市”。牡丹江市抓住被列为国家跨境贸易电子商务试点城市的契机，在全省率先启动电子商务创业培训计划，筹建对俄电子商务平台，建立电子商务实训基地，为全市个体工商户、大学生等创业人员免费提供电子商务（网络创业）培训，并吸纳创业人员进驻创业。目前，累计培训2680人，计划用三年时间免费培训6000名电子商务专业人员，满足牡丹江跨境电子商务需求。绥化市通过创业带动就业，推行“创业培训+小额贷款+后续服务”三位一体的创业

培训模式，切实帮扶广大创业者自主创业，提高创业成功率。

（六）生活环境方面

1. 城乡环境综合整治成效显著

全省县级以上城市治理裸土 563 万平方米、清理绿化超高土 211 万平方米，清理积存垃圾近 400 万吨，文明施工达标率达到 92%；全省城市建成区新增绿地面积 3450 公顷、公园 13 个，七台河、佳木斯和海林市获得国家园林城市称号。

2. 城市“三供两治”项目建设快速推进

2012 年、2013 年度，全省完成投资达 350.1 亿元（2013 年度占 43%），全年开复工项目 769 项（2013 年度占 47.2%）。目前，全省正式运行的污水处理厂 45 座、垃圾处理场 7 座，新增污水日处理能力 270.4 万吨、垃圾日处理能力 10352 吨，新增集中供热面积 3.35 亿平方米、城市供气用户 211.1 万户、日供水能力 256 万吨，完成老旧供热管网改造 1797 公里，拆除分散供热小锅炉 1588 台，城市功能不断完善，承载能力大幅提高。

三、对本次调查问卷的分析

按照给定的抽样原则，此次调查问卷共访问了黑龙江省 6 个地级市 10 个县区的 1327 户居民（家庭成员共 4294 名，具体情况见表 10.6）。访问内容涵盖就业收入、社会保障、公共事业、住房及生活环境等方面。通过对所有问卷进行统计和分析，一定程度上客观反映了黑龙江省民生现状。

表10.6　受访者及其家庭成员基本情况

类别		受访者（1327人）	家庭成员（含受访者）（共计4294人）
性别比例（%）	男	59.3	50.6
	女	40.7	49.4
年龄比例（%）	20周岁以下	0.5	16.8
	21～30周岁	5.7	13.6
	31～40周岁	16.6	15.2
	41～50周岁	30.1	20.3
	51～60周岁	27.1	17.7
	61～70周岁	16.5	11.6
	71周岁以上	3.5	4.8
户籍比例（%）	非农业户口	35.8	31.1
	农业户口	64.2	68.9

（一）工作与就业情况

本次问卷访问对象及其家庭成员中，16 周岁以上的就业人口[①]为 3725 人。其中，正在从事有收入工作（含上学兼职）的占就业人口比例为 65.4%，不工作的占 32.4%，上学的占 2.2%。从就业类型看，近 2/3 为专业或兼业务农（见表 10.7），除去务农人员外，就业类型较为集中的是临时工、国企职工和私企 / 民营职工，分别占比 9.4%、9.0% 和 4.7%。分城乡看，城镇户籍人口就业类型主要集中在国企、临时工及私企；农村户籍人口则主要集中在专业、兼业务农占总数的 81.3%，这也和实地调研情况相符，即多数农村劳动力举家外出务工，留在农村的多以务农为主。从就业行业上看，除农业外，城镇居民主要集中在居民服务业、批发零售业及交通运输业，农村居民集中在建筑业和居民服务业（见表 10.7）。系统比较分析数据显示，黑龙江省在工作与就业方面具有以下特点。

表10.7　　受访者及其家庭成员基本情况（%）

类　型	全部从业人员	其中：	
		非农业户籍	农业户籍
专业务农	49.7	5.6*	64.0
兼业农民	13.9	3.2	17.3
农村自营业者	2.9	0.5	3.7
党政机关从业人员	2.0	6.1	0.7
教科文卫事业单位	1.3	3.6	0.6
社会团体（工青妇等）	0.8	2.5	0.2
国有企业职工	9.0	33.0	1.2
民营/私企职工	4.7	10.0	3.0
合资外资港澳台员工	0.3	0.5	0.3
民非企业非营利组织	0.2	1.0	0.0
个体工商户	3.8	9.6	1.9
自由职业者	1.7	4.6	0.8
非固定单位临时务工	9.4	19.1	6.3
其他	0.2	0.7	0.1
总计	100.0	100	100

注：* 非农业户籍从事专业或兼业务农的主要集中在友谊县（友谊农场），该地被访者及其家庭成员虽是城镇户籍，但实际从事农业生产。

一是总体工作量、收入水平同比变化不大，但近 1/4 从业人员收入并不稳定。将问卷中工作量及收入变化情况进行加权（大幅增长 =100，小幅增长 =50，不变 =0，小幅减少 =-50，大幅减少 =-100）测算后，发现本次问卷从业人员工作量与收入水平同比有所下降，其中建筑业工作量下降幅度最大，房地产业收入下降幅度最大，但总体趋势不明显。从收入稳定性角度看（部分

① 因本次问卷为了考察老年人继续工作劳动的情况，故"就业人口"年龄上不设上限。

行业从业人员数量少，不具有代表性，在此不作比较），有 23.2% 认为近三年收入并不稳定（详见表 10.8），其中最不稳定的依次是建筑业、制造业及居民服务业。

表10.8 各行业就业基本情况

行　业	从业人员比例（%）	其中		工作量变化幅度（取值范围 ±100）	收入变化幅度（取值范围 ±100）	其中
		城镇户籍（%）	农村户籍（%）			收入不稳定人员比例（%）
农、林、牧、渔业	62.5	29.8	73.1	-1.2	-1.8	21.9
采矿业*	0.0	0.0	0.1	0.0	0.0	—
电力、煤气及水的生产和供应业*	0.6	2.0	0.2	0.0	10.7	—
交通运输、仓储及邮政业	4.0	8.0	2.7	-2.1	4.0	21.9
制造业	3.5	5.9	2.7	-1.2	2.5	26.8
信息传输、计算机服务和软件业*	0.4	1.2	0.2	15.0	8.3	—
批发和零售业	4.6	8.8	3.2	-1.8	-1.2	22.5
建筑业	6.5	6.3	6.5	-19.2	-5.2	44.2
水利、环境和公共设施管理业*	0.2	0.5	0.1	0.0	0.0	—
住宿和餐饮业	3.6	5.4	3.0	-2.4	-10.0	22.6
房地产业*	0.2	0.7	0.1	8.3	-33.3	—
科学研究、技术服务和地质勘察业*	0.2	0.2	0.2	12.5	16.7	—
租赁和商务服务业*	0.7	1.2	0.6	-2.8	0.0	—
金融业*	0.5	1.2	0.3	4.5	0.0	—
卫生、社会保障和福利业*	1.4	3.9	0.6	-3.0	1.6	—
文化、体育和娱乐业*	0.4	1.2	0.1	-5.6	12.5	—
教育业*	0.8	1.5	0.5	7.9	6.3	—
居民服务和其他服务业	6.8	14.4	4.3	0.6	0.0	25.5
公共管理和社会组织*	1.8	5.2	0.7	8.1	11.9	—
国际组织*	1.2	2.2	0.9	-13.8	-13.9	—
其他*	0.2	0.5	0.1	10.0	30.0	—
合计	100.0	100.0	100.0	-2.1	-1.1	23.2

注：标 * 的为该行业就业人员数量小于 50，不具代表性，未比较。

二是总体薪酬水平低，专业务农户普遍为低收入群体。月收入在 3000 元以下的从业人员比例占 90.1%（见表 10.9），说明黑龙江省整体薪酬水平不高。分城乡看，城镇居民月收入多集中在 1001~2000 元档，农村居民则集中在月 1000 元以下，低收入从业人员明显多于城市。分就业类型看，专业务农人员普遍收入较低，而从业人口较为集中的临时工、国企职工和私企 / 民营职工则多处在 3000 元以下的中低档水平（见表 10.10）。其中值得关注的是友谊县场县合一的体制，被访户多为国企农垦职工、城镇户籍，但从事农业生产，收入较低，拉低了城镇居民、国企职工的整体收入水平。

表10.9 从业人员月收入水平（%）

收入组别		<1000元	1001~2000元	2001~3000元	3001~4000元	4001~5000元	>5001元	总计
整体比例		43.7	31.1	15.3	4.7	2.5	2.0	100
其中	城镇	30.0	38.1	20.3	6.5	2.2	2.9	100
	农村	48.0	28.8	13.6	4.2	2.5	2.8	100

表10.10 不同收入档次从业人员集中的就业类型（%）

类 型	<1000元	1001~2000元	2001~3000元	3001~4000元	4001~5000元	>5001元	总计
专业务农	60.1	25.5	9.2	2.0	1.3	1.9	100.0
兼业农民	33.1	36.7	20.0	3.9	2.4	3.9	100.0
农村自营业者	26.8	32.4	15.5	5.6	12.7	7.0	100.0
党政机关从业人员	10.4	31.3	47.9	2.1	4.2	4.2	100.0
教科文卫事业单位	9.4	18.8	56.3	12.5	0.0	3.1	100.0
社会团体	31.6	63.2	5.3	0.0	0.0	0.0	100.0
国有企业职工*	32.9	37.0	18.1	7.9	2.3	1.9	100.0
民营/私企职工	8.9	36.6	33.9	11.6	4.5	4.5	100.0
合资外资员工	25.0	12.5	25.0	12.5	0.0	25.0	100.0
民非企业非营利组织	50.0	50.0	0.0	0.0	0.0	0.0	100.0
个体工商户	23.6	29.2	18.0	13.5	4.5	11.2	100.0
自由职业者	48.8	29.3	7.3	9.8	2.4	2.4	100.0
非固定临时务工	25.9	44.2	16.1	9.4	3.6	0.9	100.0
其他	33.3	16.7	33.3	0.0	16.7	0.0	100.0

注：* 国企职工中包含农垦职工，下同。

三是务农户可自由支配时间多，个体工商户工作强度相对较高。黑龙江省专业务农户多从事粮食种植，且现代化农机服务体系相对完善，农户每年实际工作时间很少，问卷分析显示有76.7%的专业务农户平均每周工作时间不足20小时（详见表10.11），可自由支配的时间较多。机关、团体、事业单位、国企及外企职工每周工作时间大多数不超过40小时，能够达到我国劳动法的工时制度规定。但个体工商户、农村自营业者及部分私企职工工作强度相对较高，每天接近12小时。

表10.11 不同就业类型每周工作时间（%）

	<20小时	21~40小时	41~60小时	61~80小时	81小时以上	总计
专业务农	76.7	16.7	3.4	2.7	0.5	100.0
兼业农民	20.2	42.6	27.5	8.2	1.5	100.0
农村自营业者	7.0	14.1	38.0	29.6	11.3	100.0
党政机关从业人员	0.0	83.3	14.6	2.1	0.0	100.0
教科文卫事业单位	6.3	75.0	18.8	0.0	0.0	100.0

续表

	<20小时	21~40小时	41~60小时	61~80小时	81小时以上	总计
社会团体（工青妇等）	5.3	89.5	0.0	5.3	0.0	100.0
国有企业职工	44.3	35.3	17.9	1.5	1.0	100.0
民营/私企职工	0.9	30.7	43.0	16.7	8.8	100.0
合资外资港澳台员工	0.0	87.5	12.5	0.0	0.0	100.0
民非企业非营利组织	0.0	83.3	16.7	0.0	0.0	100.0
个体工商户	3.3	13.2	30.8	33.0	19.8	100.0
自由职业者	7.3	29.3	39.0	19.5	4.9	100.0
非固定单位临时务工	13.9	30.0	36.8	12.1	7.2	100.0
其他	0.0	50.0	50.0	0.0	0.0	100.0

（二）基本民生问题

多数被访户认为当前家庭生活水平同去年相比改善不多（见图 10.1），5.6% 的被访户生活水平明显下降，其中有 67.6% 为农村居民。对当前家庭生活状态的总体满意程度和政府在改善民生、保障居民基本公共服务各项选项进行加权（很满意 =100，基本满意 =80，一般 =60，不太满意 =40，很不满意 =20）计算后得到，被访户对当前生活满意指数为 62.6，对当地政府改善民生、保障基本服务方面的满意指数为 72.8。分城乡看，在民生方面，城市居民最不满意的前三项分别是收入水平、医疗和养老，农村居民选项相同，但医疗和收入水平顺序调换（见表 10.12）。另外，城乡居民分别有 47 人和 63 人选择对“任何方面”都满意，占被访户的 9.9% 和 7.4%。

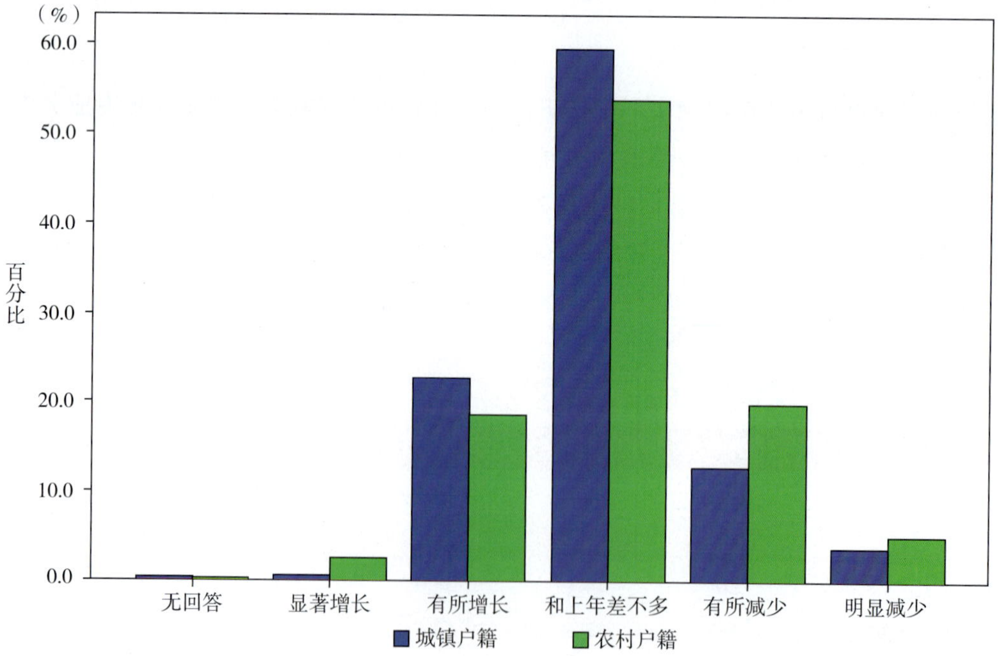

图10.1　城乡居民生活水平变化概况（%）

表10.12　　城乡居民最不满意的民生问题

排序	城市居民		农村居民	
	类别	频数	类别	频数
1	收入水平	208	医疗	372
2	医疗	152	收入水平	367
3	养老	89	养老	278
4	住房	75	子女教育	155
5	就业状况	66	生活环境	95
6	子女教育	53	贫富差距	66
7	没有不满意的	47	就业状况	64
8	食品安全	44	没有不满意的	63
9	贫富差距	37	食品安全	45
10	生活环境	30	维护群众利益	45
11	维护群众利益	22	住房	31
12	社会治安	11	社会治安	11

（三）收入与消费情况

调查问卷显示，收入方面，2013 年访户中 68.4% 的城镇家庭和 63.0% 的农村家庭年收入处于 1 万 ~5 万元的中低水平（见图 10.2），其中年收入低于 1 万元的城镇家庭占 8.6%，农村家庭占 12.7%。消费支出方面，城乡家庭 2013 年支出多集中在 1 万 ~3 万元区间（见图 10.3）。按收入组别划分，各个收入组均认为医疗和教育支出压力最大，在收入低于 1 万元的群体中，有 15.9% 的温饱尚成问题，选择食品支出压力最大（见表 10.13）。全部访户共获得过 166 次（多选项）社会和支持救助，按收入组别看，家庭收入不足万元的群体中有 34.1% 的获得过救助，其中最主要的救助类别是城乡低保（详见表 10.14），2013 年的平均救助资金为 3200 元左右。

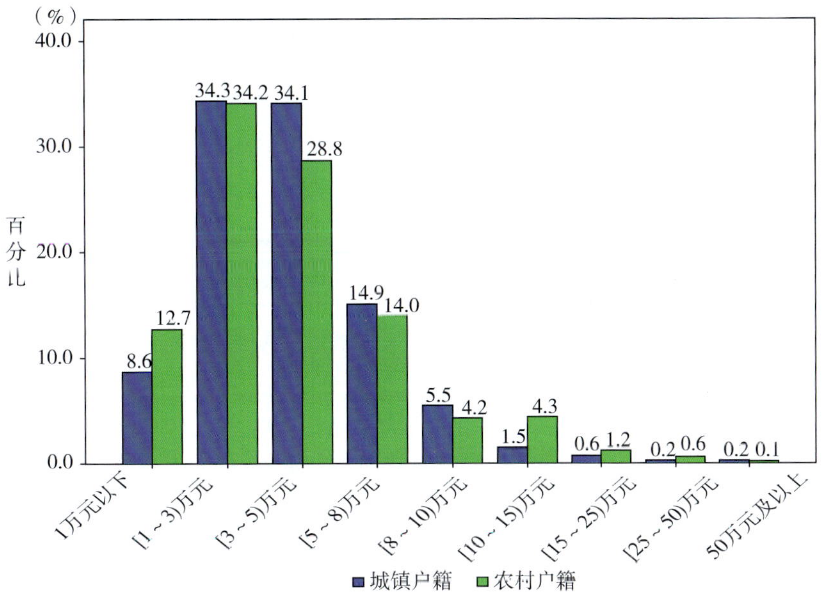

图10.2　城乡居民收入概况（%）

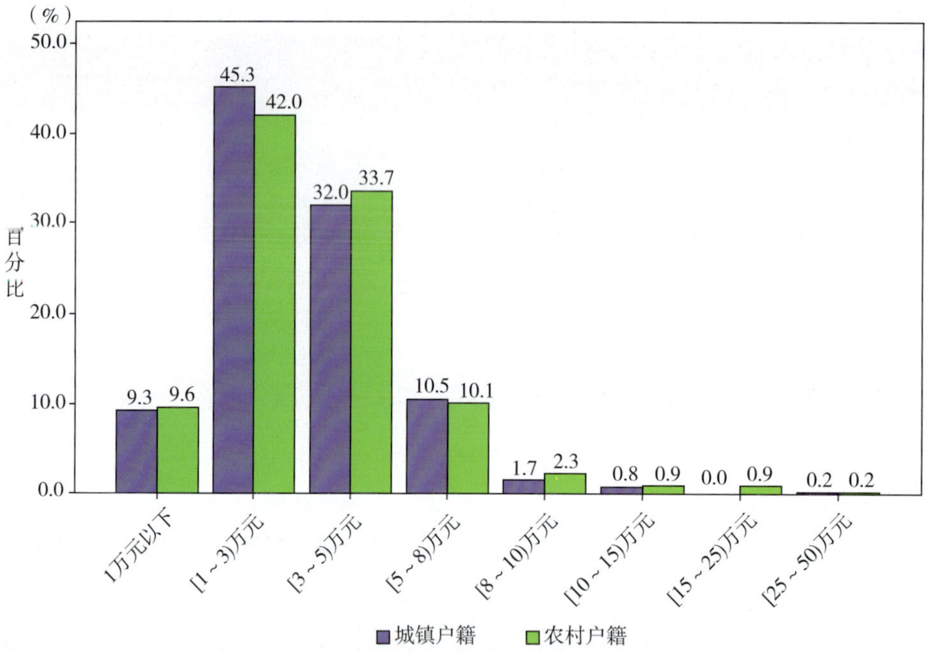

图10.3 城乡居民生活消费支出概况（%）

表10.13 不同收入组别家庭支出压力情况（%）

2013年家庭年收入*	家庭支出压力最大的选项及选择比例（按关注度排序）		
1万元以下	医疗	食品	人情送礼
	58.7	15.9	7.9
[1~3）万元	医疗	教育	人情送礼
	42.2	19.7	9.2
[3~5）万元	教育	医疗	人情送礼
	37.6	30.1	10.7
[5~8）万元	教育	医疗	人情送礼
	31.6	27.2	12.5
[8~10）万元	医疗	教育	住房
	32.1	21.4	10.7

注：* 高收入群体数量过少，不具典型性，在此不比较。

表10.14 各收入层次获得社会救助的比例（%）

收入组别	城乡最低生活保障	农村五保供养	农村特困户生活救助	城乡医疗救助	社区的社会互助	养老补助	学校补助	其他	总计
1万元以下	26.2	2.4	3.2	0.0	2.4	0.0	0.0	0.0	34.1
[1~3）万元	9.1	0.2	1.4	0.3	0.9	0.2	0.0	0.2	12.2
[3~5）万元	6.6	0.0	0.5	0.0	1.1	0.2	0.2	0.0	8.7
[5~8）万元	5.9	0.0	0.0	0.0	0.7	0.7	0.0	0.0	7.4

（四）教育方面情况

本次调查共有 589 名被访户家中有正在就读的子女。其中，学前教育阶段的占 20.2%（107 名），义务教育阶段占 49.4%（291 名），高中阶段占 11.9%（70 名），职业教育阶段占 8.0%（47 名），本科及以上阶段占 12.6%（74 名）。绝大多数被访户都将孩子送至公办学校（详见表 10.15），进一步分析看，选择上民办校的居民，其孩子多数处在学前教育阶段，这反映出公办学前教育资源配置还有待提高。部分居民选择民办学校的理由按主次排序排前三位的分别是民办离家近、交通方便、公办资源紧缺学位不足和民办入学手续简便（见表 10.16）。有 7.5% 的家庭为了陪孩子上学选择在学校周边租房，年租金平均 7113 元。有 7.5% 的家庭为了子女能够就读更好的学校购置了学区房，平均花费 20.1 万元。有 29.0% 的孩子参加课外辅导班，其中，有 33.8% 是由学校或老师推荐的。2013 年全年被访户子女参加课外辅导班平均花费为 4567.9 元，平均每周 2.5 次，每次 2.5 小时。2013 年，被访户平均教育支出为 11789.2 元，其中城镇户籍家庭为 11427.8 元，农村家庭略高于城镇家庭，为 11934.0 元。

表10.15 不同类别群体择校情况（%）

类别		选择公办校	选择民办校	总计
按城乡分	城镇户籍	90.1	9.9	100.0
	农村户籍	84.1	15.9	100.0
按教育阶段分	学前（幼儿园）	24.1	75.9	100.0
	小学	97.7	2.3	100.0
	初中	94.1	5.9	100.0
	高中	98.6	1.4	100.0
	中职中专技校职高	100.0	—	100.0
	高职	85.7	14.3	100.0
	本科院校及以上	100.0	—	100.0

表10.16 城乡居民择校原因（%）

类别		民办离家近交通方便	公办资源紧缺学位不足	民办入学手续简便	不符合进入公办条件	民办教学质量高	民办校学费低	民办教学方式灵活	民办更能升入好学校
全部		35.3	23.3	11.2	8.6	8.6	6.0	5.2	1.7
其中	城镇	50.0	4.5	9.1	4.5	13.6	9.1	9.1	4.5
	农村	32.3	28.0	11.8	9.7	7.5	5.4	4.3	1.1

（五）医疗方面情况

调查问卷显示，在感觉身体不舒服时，约有一半的城乡被访家庭首选就诊方式是自己买药，约 1/5 居民考虑就近就诊（村卫生所或区县医院），有 15.9% 的城镇居民选择去区域内最好的大医院，而农村居民只有 3.9% 选此项（详见表 10.17）。虽然城乡居民分别将医疗列为民生方面最不满意的问题之一，但在问及更信任当地的公立医院还是私立医院时，90.2% 的居民选择更信任公立医院。从问卷看，城乡不信任私立医院的原因一致，按主次排序分别为私立医院医生和设备水平低、为挣钱损害患者利益及费用太贵（详见表 10.18）。从实地调研看，还有一个原因是，县乡绝大多数私立医院（诊所）不符合新农合报销条件，农户不愿去。2012~2014 年共有 178 名被访户经医院建议住院却未住院，绝大多数是因为没钱住院（见表 10.19）。2013~2014 年有 456 个被访问家庭曾经有成员住过院，这些家庭住院户均花费为 21034.0 元（具体比例，详见表 10.20），其中有 89.3% 的家庭通过各类医疗保险进行过报销，户均报销额为 7623.8 元。2013 年所有被访户户均医疗总支出（住院、门诊及购药）为 10047.7 元。

表10.17　城乡居民首选就诊地点（%）

类别	自己买药	村卫生室/诊所	社区卫生服务中心（站）	乡镇卫生院	区、县医院	区域内最好的大医院	总计
城镇户籍	48.3	1.7	8.5	7.0	18.6	15.9	100.0
农村户籍	47.9	21.4	1.4	9.9	15.5	3.9	100.0

表10.18　城乡居民更信任公立（民营）医院原因（%）

类别	城镇户籍			农村户籍		
	更信任公立医院院	更信任民营医院	都不信任	更信任公立医院院	更信任民营医院	都不信任
费用太贵	17.8	50.0	37.5	16.3	41.8	38.9
医生和设备水平低	36.4	12.5	12.5	38.8	9.0	5.6
为挣钱损害患者利益	25.5	—	25.0	25.2	14.9	27.8
挂号难排队长	2.0	25.0	—	0.4	17.9	5.6
医生责任心不强	11.1	12.5	25.0	10.5	13.4	22.2
医保和报销困难	3.5	—	—	4.3	—	—
附近没有民营医院	0.5	—	—	2.4	1.5	—
没有去过或不了解	2.9	—	—	1.7	1.5	—
不信任/声誉差	0.5	—	—	0.4	—	—
总计	100.0	100.0	100.0	100.0	100.0	100.0

表10.19　应住而未住院原因（%）

未住院原因	选择比例
没钱住院	87.9
没有时间住院	3.0
床位紧张，住不进去	1.5
住院环境太差	0.8
不信任医生	1.5
自己认为不需要	5.3

表10.20　　2013～2014年住院家庭总费用情况（%）

住院家庭诊疗费用	占总数比例
<5000元	21.1
5001～10000元	30.5
10001～20000元	23.2
>20000元	25.2
总计	100.0

（六）养老保障方面情况

多数农村居民对资金当前[①]及今后的养老经济保障有所担心，而城镇居民则表现出两极性（详见图10.4），其中有39.2%表示很担心，而32.0%的则认为不担心。在养老选择上，城乡差异大。问卷显示，城市居民首选的养老安排/方式[②]为社保养老金或退休金，农村居民则选择由儿女养老或社保养老金（详见表10.21）。进一步细分看，51岁以上城镇中老年居民实际养老方式是以退休金为主，而农村则还是由儿女养老为主（详见表10.22）。另外，城市大部分年轻居民已意识到社保养老的重要性，而相当一部分农村年轻居民从未对自己养老问题进行过打算。被访户中有470户家庭有老人需要照顾，2013年赡养老人的费用户均5686.2元；有44户自己养老，户均花费5720.5元；有52户需要老人给予经济帮助，户均获得资助额为8242.3元。

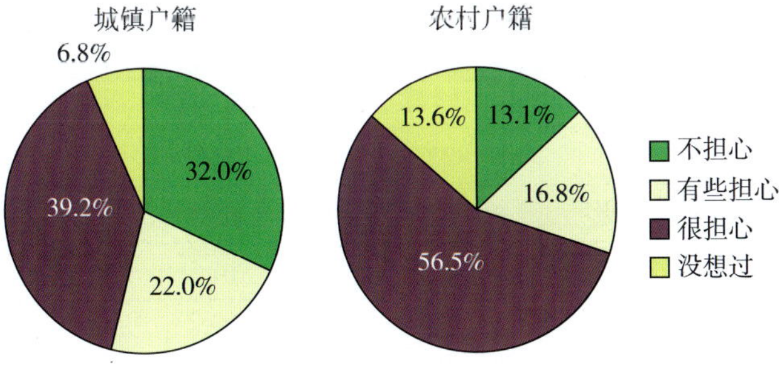

图10.4　城乡居民对养老保障态度

表10.21　　城乡居民养老选择（主次排序，取前五项）（%）

分城乡	养老安排/方式、选择频次				
城镇居民	社保养老金	退休金	储蓄	由儿女养老	没想过
	34.4	26.7	10.2	9.5	9.4
农村居民	由儿女养老	社保养老金	务农或靠自营	储蓄	没想过
	26.9	20.7	14.6	13.5	13.4

① 如访问对象为60岁以上或已退休的问题是“您对当前的养老经济保障是否担心”。

② 如访问对象为60岁以上或已退休的问题是“您当前是拿什么钱来养老”。

表10.22　　分城乡分年龄结构养老选择（主次排序，取前五项）（%）

分城乡	年龄段	养老安排/方式、选择频次				
城镇	>20	社保养老金	没想过	—	—	—
		50.0	50.0	—	—	—
	21～30	社保养老金	储蓄	退休金	没想过	以房养老
		33.3	20.8	16.7	16.7	8.3
	31～40	社保养老金	没想过	退休金	储蓄	商业保险
		35.6	16.8	15.8	12.9	6.9
	41～50	社保养老金	退休金	没想过	儿女养老	储蓄
		42.0	14.4	11.7	10.6	9.6
	51～60	退休金	社保养老金	储蓄	儿女养老	没想过
		32.3	29.7	11.5	9.	6.3
	61～70	退休金	社保养老金	儿女养老	储蓄	没想过
		47.9	27.1	13.5	5.2	4.2
	>70	退休金	社保养老金	儿女养老	无资金来源	储蓄
		43.2	35.1	8.1	8.1	5.4
农村	>20	社保养老金	没想过	储蓄	儿女养老	—
		42.9	28.6	14.3	14.3	—
	21～30	没想过	务农	储蓄	社保养老金	儿女养老
		21.5	17.2	15.1	17.2	11.8
	31～40	没想过	储蓄	儿女养老	社保养老金	务农
		23.6	22.2	20.8	16.2	6.9
	41～50	儿女养老	社保养老金	储蓄	务农	没想过
		28.4	20.6	14.6	14.3	12.8
	51～60	儿女养老	社保养老金	务农	储蓄	没想过
		28.0	22.7	16.5	11.8	9.1
	61～70	儿女养老	社保养老金	务农	没想过	储蓄
		32.6	23.3	19.4	7.5	6.6
	>70	儿女养老	社保养老金	务农	退休金	没想过
		55.0	15.0	10.0	10.0	10.0

（七）住房保障情况

本次调研城镇户籍居民当前住房以自购商品住房居多，农村居民以自建住房为主（详见表10.23）。从产权类别上看，有17.5%城镇户籍家庭当前住房无产权（含父母、亲友住房、租赁房等），农村居民则有5.2%。城镇居民住房建筑面积61.4平方米，农村居民为88.6平方米。值得注意的是黑龙江省属高寒地区，城市住房建筑面积与使用面积（套内面积）之比（建筑系数）可达1.5

左右，因此上述数据换算成使用面积（套内面积）仅为 40 平方米左右。有 82 名被访户在本市（县）有第二套房产，其中有 47.6% 为自己（家人、亲朋）居住，23.8% 的为出租，19.0% 正在闲置。有 75 名农村居民在县城购置了房产，其中 46.7% 是为了自己居住，24.0% 是留给子女居住，17.3% 是为了子女教育。只有 16 名被访户在其他城市有住房。所有被访户中有 87.7% 在未来两三年内不打算购置房产，只有 5.2% 打算购买商品房，预购买政策性住房的更少，仅为 2.1%。在对住房政策的期待上，城镇居民最大的政策诉求是限购限价、降低房价，农村居民最大的政策诉求是保障农民的宅基地使用权和住房财产权不受侵害（详见表 10.24）。

表10.23　　城乡居民住房情况（%）

	城镇户籍	农村户籍
自购商品住房	39.4	5.0
父母住房	5.9	2.0
购买的政策性住房	7.4	0.7
单位福利分房	16.8	0.2
租住单位房/公寓/宿舍	1.3	0.1
廉租房（或公租房）	0.6	—
市场租赁房	8.4	2.2
自建住房	12.2	84.9
拆迁安置房	6.7	3.8
其他亲朋好友	1.1	0.8
其他	0.2	0.1
总计	100.0	100.0

表10.24　　城乡居民对住房的政策诉求（%）

城镇户籍		农村户籍	
政策诉求	选择比例	政策诉求	选择比例
限购限价，降低房价	43.3	保障农民的宅基地使用权和住房财产权不受侵害	29.6
扩大保障房覆盖范围	32.1	农村危旧房屋改造	20.3
农村危旧房屋改造	4.6	赋予农村住房完全产权（可抵押、转让）	19.5
提高租金补贴水平	4.1	确保分家之后能够分到宅基地建房（做到“一户一宅”应保尽保）	10.8
没有期待	3.7	没有期待	6.4

（八）生活环境情况

分别对城乡生活环境各项指标进行加权（非常好 / 明显改善 =100，比较好 / 有所改善 =80，一般 / 没有变化 =60，不太好 / 有所恶化 =40，非常差 / 严重恶化 =20，说不清 / 不知道不计算）计算后得出各项指标。整体看，城乡各项指标都能达到中等以上水平（详见表 10.25，在生态方面城乡都处于较好水平。分城乡看，农村的给排水、垃圾处理、交通、生活配套等基础建设水平较城市还有一定差距。但在生态环境及治安方面要优于城市。从农村地区农业污染看，污染治理相对较好的依次是地膜、农膜、化肥农药、污水和粪便（得分分别为 77.4、74.4、72.3 和 71.1）。在食品安全问题上，城市得分 66.8、农村得分 66.4，意味着城乡居民普遍认为近年来食品安全问题没什么改善。其中，23.1% 的农村居民选择了“不知道”项，这类居民认为食品自给率较高，不需要去外面购买。

表10.25　城乡居民生活环境满意程度　单位：分

类　别	城镇户籍	农村户籍
空气质量	74.5	77.8
生活用水质量	72.9	68.6
生活垃圾处理	76.1	68.4
生活污水处理	74.8	68.6
安静	77.5	79.4
绿化环境	79.9	83.2
交通出行	79.8	73.5
生活服务配套	75.2	68.6
文化活动	74.3	69.0
治安状况	79.9	81.5

四、黑龙江省民生发展存在的几个突出问题

（一）经济形势不乐观，地方财政增收难度大，用于保障和改善民生方面的财力明显不足

近两年，受多种因素影响，黑龙江省经济增速大幅下滑，2014 年增速仅为 5.6%，比 2013 年下降 2.4%。产业结构单一的城市受冲击尤为明显。2013 年，鸡西、鹤岗、双鸭山、七台河四个城市公共财政收入负增长，分别同比下降 22.7%、24.5%、9.9% 和 13.2%，鹤岗和大庆财政支出负增长，分别同比下降 5.3% 和 0.3%，收支矛盾十分突出（详见表 10.26）。受此影响，投入民生的财力十分有限，教育办学条件、医疗卫生服务水平，以及就业、住房、养老、困难群众生活等社会保障程度难以满足实际需要。如七台河市 2013 年初以来经济持续下滑，主要经济指标已经连续 6 个季度出现负增长，2014 年财政收入完成 17.4 亿元，仅为 2012 年的 79.8%，只能保证基本运转。鸡西市是黑龙江省四个煤城中唯一没有享受到资源枯竭型城市转移支付政策的城市，自 2012 年起全市城镇职工基本医疗保险和工伤保险连续三年赤字运行，且有逐年加大趋势。2012 年赤字达 3105 万元，2013 年达 7102 万元，2014 年预算基金缺口达 1.2 亿元。老工业基地齐齐哈尔市，居民医保每年需市本级地方配套资金达 3352 万元，但市本级以前年度欠账

还有 8000 万元，城乡低保金每年需匹配 3635 万元，做实个人养老金账户地方配套资金尚欠账 1 亿元。2014 年按政策要求，全市市本级应匹配资金约 2.2 亿元，欠以前年度匹配资金已累计 1.9 亿元，由于财力有限，缺口达 2.5 亿元。

表10.26　　2012、2013年黑龙江省各市地财政收支情况

	公共财政收入（亿元）			公共财政支出（亿元）		
	2012年	2013年	同比增长（%）	2012年	2013年	同比增长（%）
哈尔滨	354.7	402.3	13.4	643.6	709.8	10.3
齐齐哈尔	55.0	64.4	17.1	263.8	282.2	7.0
鸡西	43.3	33.4	−22.7	116.5	119.4	2.5
鹤岗	27.1	20.5	−24.5	79.7	75.5	−5.3
双鸭山	32.2	29.0	−9.9	99.4	102.9	3.5
大庆	140.3	143.6	2.3	234.9	234.3	−0.3
伊春	12.4	14.8	19.9	81.7	99.7	22.1
佳木斯	37.9	41.8	10.3	160.7	183.7	14.3
七台河	21.8	18.9	−13.2	60.9	63.1	3.7
牡丹江	70.3	80.9	15.1	182.9	199.8	9.3
黑河	21.2	23.1	8.9	115.2	132.5	15.0
绥化	55.4	64.4	16.2	254.5	278.1	9.3
大兴安岭	9.2	11.7	27.0	53.1	66.3	24.8

（二）城镇居民生活水平低，低收入群体较多

2013 年黑龙江省城镇居民人均可支配收入为 19597 元，比全国平均水平低 7358 元，全国排名倒数第三位。13 个地市中只有大庆市比全国高 800 元，最低的伊春市仅为全国平均水平的 57.0%（详见表 10.27）。城镇就业人员年均工资极低，2013 年仅为 40794 元，是全国平均水平的 79.2%，全国排名倒数第二位。受此轮能源价格下滑影响，加工企业甚至一些市地政府机关工资发放都已成问题。如龙煤集团是黑龙江省最大国企之一，在岗职工 24 万人，离退休职工 18 万人，旗下鸡西、鹤岗、双鸭山、七台河 4 个煤炭公司已欠付工资 8.2 亿元，目前井下一线生产工人月平均工资不足 2000 元，地面人员月平均工资不足 1000 元。黑龙江城市困难群体较多，2014 年全省城镇低保人数达 127.3 万人，占城镇总人口的 5.8%，在全国位居第 5 位（见表 10.28）。鸡西市低保人口占全市城镇人口 12.0%，绥化市占 9.2%，七台河市占 8.3%。

表10.27　　2013年黑龙江省城镇居民可支配收入情况

	城镇居民可支配收入（元/年）	相当于全国平均水平（%）
全国	26955	—
黑龙江省	19597	72.7
哈尔滨	25197	93.5

续表

	城镇居民可支配收入（元/年）	相当于全国平均水平（%）
齐齐哈尔	19064	70.7
鸡西	17697	65.7
鹤岗	16001	59.4
双鸭山	18734	69.5
大庆	27755	103.0
伊春	15370	57.0
佳木斯	17863	66.3
七台河	18134	67.3
牡丹江	19320	71.7
黑河	19693	73.1
绥化	17684	65.6
大兴安岭	16656	61.8

表10.28　2014年城镇低保人数占城镇总人口比例（按高低排序）

序号	地　区	比例（%）	序号	地　区	比例（%）
1	新疆	8.75	17	河南	2.88
2	甘肃	7.92	18	辽宁	2.75
3	青海	7.28	19	安徽	2.51
4	西藏	6.36	20	重庆	2.37
5	黑龙江	5.78	21	海南	2.36
6	云南	5.32	22	广西	2.20
7	吉林	5.07	23	河北	1.78
8	宁夏	4.96	24	天津	1.12
9	内蒙古	4.81	25	上海	0.87
10	四川	4.75	26	山东	0.85
11	江西	4.45	27	福建	0.64
12	湖南	4.20	28	江苏	0.60
13	山西	3.81	29	北京	0.49
14	贵州	3.59	30	广东	0.44
15	湖北	3.39	31	浙江	0.18
16	陕西	2.99			

数据来源：民政部统计数据，民政部计划财务司 2014 年 4 季度各省社会服务统计数据（http://files2.mca.gov.cn/cws/201501/20150126145241251.htm）。

（三）城镇登记失业率较高，就业形势严峻

2013 年黑龙江省城镇登记失业率 4.44%，为全国最高，2014 年进一步上升至 4.47%。特别在一些煤炭资源型城市，如七台河市涉煤职工占职工总数的 58.6%，2013 年以来受龙煤七台河分子公司的桃山矿和东风矿资源濒临枯竭以及地方部分企业停产限产影响，新增下岗失业人员 3.1 万人，社会就业压力较大，城乡居民增收更加困难。鸡西市 2014 年上半年全市 229 处地方矿井仅开工 19 处，自“8.14”城子河安之顺煤矿透水事故后地方煤矿全部停产，5 万多矿工处于失业边缘。2014 年全市新增就业转失业人员平均较往年多出近 2 万余人，年安置就业岗位缺口近 7 万人。失业人员中，矿区失业职工占到 58% 以上，这部分人员文化水平低，绝大部分是小学和初中文化，具有高中以上文化水平的仅占 11%；大龄就业困难群体占 45%；劳动技能单一，学习新知识能力弱，很难实现再就业。一些先期进入矿区的农民工，由于是农村户籍，无法享受公益性岗位、灵活就业社保补贴、小额担保贷款等政策。受经济大环境影响，产业项目建设乏力，岗位开发后劲不足；群众收入增长缓慢，消费能力不足，第三产业发展滞后，吸纳就业能力进一步减弱，就业岗位供求矛盾十分尖锐，对社会稳定造成巨大的压力。

（四）城乡居保扩面难，养老保险兼容性不足

一是黑龙江省城乡居民基本养老保险待遇水平偏低。城乡居民养老保险政策已实施 3 年，基础养老金标准仍是最初的 55 元①，而一些经济欠发达的省份都有所调整，比如青海省，已经进行了两次调整，2014 年已提高到 110 元。上海市提高到 540 元，比黑龙江省高约 10 倍。同时，黑龙江省缴费档次也不高，2013 年 9 月份才在原来的 100 元 ~ 1000 元十个档次的基础上，增加了 1500 元和 2000 元两个档次，不能满足部分参保人员多缴多得的愿望，城乡居民参保积极性不高。二是当前养老保险兼容性不足。因身份、地区、行业等不同，不同群体参加的养老保险制度类型也不同，退休后的养老保险待遇差别较大。并且，由于养老保险制度采取按群体设计、分部门管理的方式，导致出现参保群体分割、地区分割、城乡分割的状况。由于人员流动规模不断扩大，相关制度衔接不够、信息系统建设滞后等原因，参保人员跨制度和跨地区流动仍有不少障碍。

（五）医疗保险个人负担过重，基本药物制度执行时有一定偏差

一是医保居民个人负担重。黑龙江省城镇医疗保险按医保目录报销比例为 70% 左右，个人负担 30% 左右，但由于医保目录所列项目和用药均为最基本治疗方式和药物，对于一些疑难杂症治疗用药和住院费用均不在报销之列，都要由个人付费。因此个人医疗支付额度实际上仍然偏大。新型农村合作医疗也是如此，在县（市）级医疗机构就医，可报销 70% 以上，个人负担

① 收稿时，《关于提高全国城乡居民基本养老保险基础养老金最低标准的通知》（人社部发〔2015〕5号）文件已下发，从2014年7月1日起，全国城乡居民基本养老保险基础养老金最低标准提高至每人每月70元，即在原每人每月55元的基础上增加15元。

30% 左右，但大病重病在当地无法施治的情况下，一旦转入上一级医疗机构，报销比例就降至 50% 左右，个人医疗支付额度同样过重。看不起病、因病致贫问题依然较为突出。二是基本药物制度未能达到政策设计初衷。本次问卷调查中，很多农村居民反映基层医疗机构缺药，不能接诊。调查后发现，主要原因是国家实行基本药物限价政策后，药品生产及配送企业利润不高，基层卫生机构常地处偏远，物流成本高，尤其是卫生机构与配送企业结算不及时，企业认为押款严重，没有积极性。另外，实施基本药物制度前，基层医疗服务机构存在以药养医的现象，自药品零差率销售后，基层卫生机构由“经营部门”变成了“纯粹服务部门”，医护人员工作量和工资收入不成正比，出现了干多干少一个样的现象，工作积极性下降。从本次调研看，基本药物制度并未充分实现国家旨在基层医疗机构普惠的政策初衷。

（六）国企办社会遗留大量的民生问题，单凭一省之力无法解决

央企与地方政府存在财税管理体制不顺，共享税种少，额度大，企业实现的资源税、矿产资源补偿费等没有与地方分享。2013 年，大庆地区实现全口径财政收入 1175.9 亿元，其中上缴中央 797.2 亿元，占 67.8%；划拨省级财政 170.5 亿元，占 14.5%；上交市级 208.2 亿元，不足 18%。这种财税管理体制，直接影响到地方经济社会发展。央企并没有增加地方的财政收入，而社会包袱却留在了地方，沉积的遗留问题很多，单凭一省之力无法解决。一是养老负担比较重。森工、农垦、煤炭、石油等国企职工比重为全国最高，还有大量的为解决计划用工不足和保障开发人员生活问题所招用的集体工、五七工、家属工，致使黑龙江省养老负担过重，全省离退休人员比重高达 40%，而全国仅为 24%。据 2013 年 11 月中央财经大学权威发布，2011 年全国城镇职工基本养老保险负担系数为 0.3165，黑龙江省养老负担系数为 0.6324，全国最高。经黑龙江省社科院测算，该系数 2013 年达 0.7 左右，意味着全国大约 10 名在职人员供养 3 名退休人员，而黑龙江约 10 名在职人员供养 7 名退休人员，而排名的第一的广东省仅为 0.1087，意味着 10 名在职职工只供养 1 名退休人员。城镇职工养老保险备付月黑龙江仅为 7.86 个月，全国排倒数第二位，全国平均水平为 18.46 个月。2012 年，黑龙江省剔除财政补助的养老金收支缺口为 209.28 亿，全国最多。鸡西市 2014 年全面接收龙煤集团企业办社会职能，在医疗机构移交过程中，企办 14 家医院在职职工 1897 人，而离退休人员达 1900 多人，年养老金缺口为 7500 多万元，地方政府难以承担。承接龙煤集团社保经办、退管机构移交，社保机构工作人员工资套改为机关事业工资，加上其他工作经费（初步估算，人均年工资达 4.5 万元，五年后将达 7 万元），地方财政将出现较大缺口。鸡西矿业集团年收缴养老保险费为 7.2 亿元，年拨付养老金为 13 亿元，缺口资金近 6 亿元。按照省政府规定，养老金缺口由地方政府分担 70%，地方财政将难以承担。二是分离企业办社会成本比较高。近年来，黑龙江省将国企、央企“剥离办社会”作为一项改革重任，开始将煤矿、铁路、石油等系统中的社会功能如中小学向地方移交。但由于地方财政不足，分离企业办社会遗留大量历史问题。如大庆市油田、石化、炼化三家大企业承担全市相当一部分的教育、医疗、文化、公交等社会职能，涉及职工 48.42 万人，2013 年市本级财政补

贴支出123.68亿元。三家企业现有有偿解除劳动合同、离退休、退养家属、待业子女各类群众20.41万人，成为影响地方稳定的重大因素。如鸡西市自2001年以来共接收原矿业集团破产矿移交地方包括学校、公安、医院、环卫以及供水供热居委会等机构347个，共接收人员8894人。按照国家核定的基数，鸡西接收企业办社会运营资金32.1亿元，实际拨付12.9亿元，缺口19.2亿元；“三供一业”一次性改造资金缺口16亿元。鹤岗市自2001年以来接收原矿务局煤矿学校和分离企业办社会移交学校共34所，教师4179人。截至目前，已累计支出17.6亿元，而省级部门拨付的中央和省补贴资金仅为6.9亿元，缺口达到10.7亿元。三是体制问题造成社会事业发展难。伊春市属于政企合一的体制，大部分教师属于企办教师。目前企办教师队伍结构不合理、专业化水平不高、平均年龄大，出现“既多又缺”的结构性矛盾，但森工企办控制教师编制，自然减员缓慢，出口打不开、进口没有编，不合格的下不去，大学毕业生进不来。鹤岗市因鹤矿集团学校划归市政府，导致中小学教师严重超编，近十年来没有补充新教师，导致教师结构性缺编严重，一线教师缺乏，学科教师结构不合理，部分学科教师紧缺，教师老龄化、断层现象突出，已不能满足正常教育教学需要。

（七）生态环境保护压力大，恢复形势紧迫

黑龙江省资源型城市、老工业基地点源、面源污染严重。长期的煤炭开采，对生态环境产生严重破坏。地下水大面积疏干，被污染的矿井水50%直接排放，不仅污染了地表水，也使地下水环境遭到严重破坏。煤矸石大量堆积，仅鸡西市堆存煤矸石近1亿吨，并且以每年850万吨的速度增加。鸡西市采煤沉陷区沉陷面积达193平方公里，随着开采，新的沉陷不断形成，对道路桥梁、房屋建筑、田地等造成严重损坏，有7.2万户居民房屋严重受损。大庆市多年来的油田开发，使全市生态环境破坏严重，市区和生产区建筑物大量占压油气管线，恢复生态环境形势比较紧迫。按照“谁开发、谁保护，谁受益、谁补偿，谁污染、谁治理，谁破坏、谁修复”的原则，复垦也困难重重，按照《土地复垦条例》规定，复垦每公顷土地需要资金6.96万元，而企业、矿主交纳的地质环境保证金只有4.5万元，远低于实际复垦资金，许多企业、矿主宁愿赔偿也不愿复垦。另外历史原因造成的一些受损土地现已找不到实施主体，需要政府投入。

五、政策诉求和建议

（一）政策诉求

1. 加大对黑龙江省财政扶持力度，改善地方财政现状，保障对民生投入标准不降低

一是以粮食产量为依据加大对黑龙江省财政扶持力度。具体为粮食存量和增量补偿两项内容，⑴粮食存量财政补偿以黑龙江省2010~2014年的平均粮食产量为基础，每斤粮食补贴0.1元。

②粮食增量补偿应以黑龙江省粮食净调出量为依据，每调出一斤粮食补偿 0.2 元，新增奖励资金部分专项用于“三农”和民生事业。

二是有针对性地完善和出台改善资源型城市财政现状政策措施。①建议改进矿产资源补偿费收入分成政策。根据 1994 年国务院《矿产资源补偿费征收管理规定》（150 号令），矿产资源补偿费实行中央和地方 5 ： 5 分成，建议国家加大矿产资源补偿费地方分成比例，将中央分成的 60% 下划地方，即按中央和地方 2 ： 8 比例进行分成，由资源型城市进行恢复矿区生态环境建设。②建议提高资源税征收比例。按照国务院关于修改《中华人民共和国资源税暂行条例》规定，原油和天然气税率按销售收入的 5% ~ 10% 进行征收。目前黑龙江省按 5% 的比例征收，从节约资源利用、保护地方生态考虑，建议国家同意将黑龙江省原油和天然气资源税征收比例提高到 7.5%。③建议支持资源型城市建立矿山地质环境保证金。为加强矿山地质环境保护与管理，黑龙江省财政厅、国土资源厅和环境保护局等单位联合制定发布了《黑龙江省矿山地质环境保证金管理暂行办法》（黑财建〔2007〕85 号），要求有关矿山企业分年预提并缴纳矿山地质环境保证金，专项用于矿山地质环境的恢复治理。这一政策囿于多种原因迄今仍一直没有施行。建议国家和省有关部门协调中石油争取重新启动这一办法，黑龙江省大庆市如按 4300 平方公里矿区面积、每平方米 5 元的标准征收，则将收取 215 亿元；如征收 20 年，每年可筹集 10.75 亿元。④建议支持资源型城市建立可持续发展准备金。国发〔2013〕45 号中明确要求建立可持续发展准备金制度。按照财政部办公厅《关于征求资源型企业可持续发展准备金财务管理试行办法修改意见的函》（财办企〔2008〕106 号）拟定的征收标准，按开采资源规模从量计提一定额度，黑龙江省大庆市如原油每吨计提 40 元，天然气每千立方米计提 10 元，则每年可筹集 16 亿元，建议国家和省进一步修订和完善相关政策措施，支持资源型城市尽快建立可持续发展准备金，专项用于矿山关闭善后工作和发展接续产业。

2. 强化对黑龙江省民生发展的政策、资金支持，完善顶层设计，确保民生发展环境不断改善

政策、资金支持是解决民生需求的有利保障，近期，国家出台一系列扶持中西部落后地区民生发展政策措施，建议国家在确保政策尽快落地生根的同时，应积极听取地方意见和建议及时调整和修改相关政策措施，确保政策实施效果。

一是加大落实《国务院关于近期支持东北振兴若干重大政策举措的意见》（国发〔2014〕28 号）中关于中央财政进一步加大对东北地区一般性和专项转移支付力度，在基础设施、生态建设、环境保护、扶贫开发和社会事业等方面安排中央预算内投资时，比照西部地区补助标准执行力度。

二是减免棚改税费。根据《国务院关于加快棚户区改造工作意见》和《黑龙江省中央下放地方煤矿棚户区改造工程项目暂行管理办法》规定，对棚户改造偿还原搬迁面积房屋部分应免征营业税、城市维护建设税及教育附加税。但按照省税务部门要求，凡是居民出资部分均需征税，综合税率 5.6%，政策法规之间有冲突，优惠政策落实不到位，增加地方政府资金压力，国家和省里应积极帮助协调税费减免相关问题。

三是建议提高中西部落后地区棚户区改造中央补助资金，将对中西部落后地区棚改中央补助资金提高到1000元/平方米，确保棚改任务的完成。

四是加大对矿山基础设施建设和沉陷区治理改造支持力度。建议国家、省在政策、资金等方面给予强力支持。一方面，下发专项贷款用于矿山基础设施建设与沉陷区治理，并给予沉陷区治理项目贷款贴息、土地出让金留成部分返还等政策支持。另一方面，提高采煤沉陷区治理补助标准，由50%提高到70%以上，破解地方资金不足难题，加快治理改造进程，确保人民群众生命财产安全。

五是国家和省应尽快出台地方接收企业办社会相关政策，明确移交人员范围、编制、社保关系移交办法等具体内容，对于移交工作中的“养老保险金支出缺口较大”，“医疗保险、生育保险资金、工伤保险资金一次性划转”等难度较大或争议较大的事项，及时出台相关意见，尽快推进移交工作有效开展。

3. 健全完善优秀人才到中西部地区创业就业政策措施，筑牢民生之基，为民生事业发展提供智力支撑

人才是民生发展事业的根本动力，而人才流失是黑龙江省面临的重要问题，主要原因一方面是黑龙江省基础建设水平低，在待遇和公共服务方面无法满足优秀人才的需求，另一方面是黑龙江省知名企业或是普通企业数量均不多，无法为优秀毕业生提供就业机会。建议国家继续健全完善引进人才到中西部地区工作的机制，鼓励更多人才和优秀毕业生到欠发达地区工作，对中西部地区高技能人才基地建设和高级工以上人才培养给予专项补助。为黑龙江省源源不断地注入动力源泉和智力源泉。

（二）对策建议

1. 创新完善就业政策和机制，保障居民生活水平和收入逐步提高

一是建议增加公益性岗位数量，并逐步提高相应待遇。黑龙江省因产业结构调整，有相当一部分“4050”人员需要重新安置，建议国家和省通过就业专项资金等方式，支持开发公益性岗位安置这部分人员。

二是进一步发挥小额担保贷款的重要作用，从就业专项资金中拿出一部分作为担保基金，放宽贷款额度，扶持更多创业者。

三是继续拨付资源型城市工业企业职工培训费。黑龙江省资源型城市停产后，生产一线职工及辅助人员面临转岗分流，一方面，急需对重新走入新岗位的生产一线职工进行岗位技能培训，另一方面，对有创业意愿的职工进行创业培训。

2. 提升社会保障水平，解决人民群众后顾之忧

一是进一步完善基本养老保险政策，对城镇企业过去的临时用工未参保人员尽快出台补缴

养老保险政策，使这部分群体尽快能够享受到养老待遇，切实解决生活难题。建立城乡居民养老保险基础养老金调整机制，尽快调整基础养老金领取标准和缴费档次，体现“多缴多得、多缴多补、长缴多得”，激发城乡居民参保、续保的积极性。

二是进一步完善被征地农民参加养老保险相关政策，解决好遗留问题，维护被征地农民的合法权益。同时，建议规范征地过程中解决失地农民养老保险资金的筹集、参保等问题。

三是及时修订《失业保险管理条例》。逐步扩大失业保险参保范围，合理划定失业保险覆盖面，建立不分经济类型和用工方式的参保模式，逐步提高失业保险待遇标准。

四是为养老服务业提供必要的经费保障，建议国家出资建立公办养老机构和居家养老服务站，将养老服务所需经费列入财政预算，完善财政投入机制，并明确将福彩公益金的 50% 用于发展养老服务业，提高对民营养老机构的补贴标准。

3. 推进医疗卫生改革，确保医疗公共服务均等化

一是明确公立医院抓医疗管理和服务的责任，保证对公立医院的投入，严格控制公立医院的医疗服务价格，把原本由患者负担的人员工资等医疗成本转由国家来负担。

二是加大对社区卫生投入，对社区医疗卫生服务机构投入必要的防保经费，促进其面向社区居民开展相关的防保服务工作。在投入上要明确国家、省、市、县各级的责任和比例，同时，国家投入要注重向中西部地区和中小城市倾斜。

三是现有的医疗保障体制报销比例偏低，难以发挥对群众大病的保障作用，应适当增加对欠发达地区医疗保障转移支付投入，提高报销比例，使个人负担的医疗费比例控制在总支出的 20% 左右。完善大病救助机制，设立国家大病救助基金，对大病患者实施有效救助，防止出现因病致贫、因病返贫和有病难医的问题。

四是加快建立疑难重症的网上会诊、治疗机制，促进全国优质医疗资源的共享，努力实现医疗资源的均衡。

4. 推进基层社区管理体制创新，准确掌握民生信息第一手资料

一是建议将社区建设专项资金明确纳入各级财政预算，明确各级财政投入标准，同时鼓励企事业单位、社会团体、个人和外资以多种形式捐赠或兴办社区服务事业，建立多元化投入分担机制和长效机制，使社区发展有动力、有保障。

二是在人才队伍建设上要搭建平台，将社区工作者培训纳入市、县（市）、区干部培训整体规划。

（执笔：黑龙江省政府发展研究中心子课题组）

第十一章
四川省民生发展报告

一、四川省民生发展总体情况

2013 年，四川全省公共财政支出中民生支出 3970.5 亿元，占 64.1%，其中，实施“十项民生工程”（包括就业促进、扶贫解困、民族地区帮扶、教育助学、社会保障、医疗卫生、百姓安居、民生基础设施、生态环境、文化体育）共投入资金 1683.8 亿元，是计划安排总额的 134.8%。新增实施了八项民生事项，启动藏区“六大民生工程”（包括藏区新居建设项目、教育发展振兴项目、医疗卫生提升项目、社会保障促进项目、文化发展繁荣项目和扶贫解困行动项目）。继续推进“四大片区”（包括乌蒙山片区、大小凉山彝区、秦巴山片区、高原藏区）扶贫攻坚行动，实施了 611 个整村推进和 76 个连片扶贫开发项目，解决了 4.3 万户的用电问题和 292.6 万农村人口饮水安全问题，125 万农村扶贫对象脱贫解困。

2013 年，全省城镇新增就业 93.5 万人，城镇登记失业率控制在 4.1%，城镇基本医疗保险参保率 97% 以上，新农合参保率达 99.2%；努力增加城乡困难群众收入，提高了最低工资和企业退休人员基本养老金标准，加大了对 670 多万城乡低保、农村五保对象等特殊困难群体的扶助，对 786 万人次困难群众进行了医疗救助。推进义务教育均衡发展，学前教育深入发展，现代职业教育体系加快构建，高等教育质量工程深入实施，去年大学毕业生就业率达 86.3%。取消县级公立医院药品加成，启动城乡居民大病保险试点，建立了疾病应急救助制度。广播电视村村通等重点文化惠民工程稳步推进，公共文化服务单位全部免费开放。体育事业蓬勃发展，全民健身活动取得新进展。加强和创新社会管理，有力维护了社会安定、治安稳定。狠抓了安全生产，全年生产经营性事故起数和死亡人数比上年减少 13.5% 和 11.2%。加强了食品药品安全监管，全年没有发生重大食品药品安全事故。

（一）居民生活

1. 收入分配

城乡居民收入增速超过人均 GDP。2013 年，四川省经济总量达到 26260.77 亿元，全省人均 GDP 为 32516.25 元，同比增长 9.8%；城镇居民人均可支配收入达 22368 元，同比增长 10.1%，农民人均纯收入达 7895 元，同比增长 12.8%。

最低工资标准有所上调。2013 年四川省最低工资标准，月标准调整为 1000 元、1070 元、

1140 元、1200 元，小时标准调整为 10.4 元、11.1 元、12.1 元、12.6 元。城镇就业人员平均工资为 41795 元，比上年增加 5922 元，增长 16.5%，扣除物价因素，实际增长 13.3%。

2. 消费水平

城乡居民人均消费性支出增加。2012 年城镇居民人均消费性支出为 15050 元，2013 年达到 16343 元，增加 1293 元；2012 年农村居民人均生活消费支出为 5367 元，2013 年达到 6127 元，增加 760 元。

3. 就业状况

城镇新增就业稳步增长。2013 年城镇新增就业 93.45 万人，比 2012 年多增 27.65 万人。通过各项举措，四川省 30.14 万城镇失业人员实现再就业，四川省总工会落实下岗人员再就业 4.81 万人，就业困难人员再就业 10.15 万人。

登记失业率保持较低水平。2013 年四川省城镇登记失业率为 4.21%，比全国平均水平高 0.1 个百分点，但仍控制在 4.5% 的年度目标之内。

职业介绍成功率逐渐提高。2013 年全年办理失业或求职登记高校毕业生 9 万人，实现就业 8.1 万人，占登记总数的 89.9%，比上年提高 3 个百分点；组织 9.2 万人参加创业培训，比上年增加 0.8 万人，培训后创业成功率 59.6 %。

4. 居住状况

农村居民居住消费支出大幅上涨，增速约是城镇居民的 7 倍。2013 年四川省城乡居民人均住房建筑面积 36.6 平方米，全年农村居民居住消费支出增长 20.2%，城镇居民居住支出增长 2.9%。

房价收入比有所回落，但仍略显偏高。2013 年四川省房价收入比为 7.4，全国排名第 8 位，与 2012 年相比下降 0.4 个百分点，但是仍然略高于 6 ~ 7 的合理区间。

（二）公共服务

1. 文化教育

学前教育、高等教育等方面的入学率获得进一步提高。2013 年，全省在园幼儿达到 231.5 万人，学前三年毛入学率 72.51%；全省高等教育总规模达到 196.24 万人（包括研究生、普通本专科、成人本专科、网络本专科），比上年增加 10.54 万人，高等教育毛入学率为 29.52%。

教育投入逐步向农村倾斜。2013 年，财政共下达农村义务教育经费保障机制改革资金 76.2 亿元，下拨总额比 2012 年增加 6.2 亿元，主要包括公用经费补助、寄宿学生生活补助、校舍维修改造补助、免费教科书补助等。补助标准也比上年有所增加。其中，公用经费补助标准每人每年增加 60 元；校舍维修改造资金补助标准每平方米增加 200 元。

文化事业繁荣发展。2013 年，四川省每万人拥有公共文化设施面积达 234.5 平方米；年末共有公共图书馆 194 个，万人均公共图书馆总流通 1738 人次；年末共有博物馆 153 个，万人均博物馆参观人数 4834 人次。

2. 医疗卫生

医疗卫生支出快速增加。2013 年，四川省全年医疗卫生支出 205.37 亿元，比 2012 年增长 24.4%，增速较上年同期扩大。

平均医疗服务普及度略有下降。2012 年四川省平均每千人拥有的执业（助理）医师数为 2.02 人，2013 年下降为 1.9 人，但是 2013 年四川省城市地区每千人拥有的执业（助理）医师数为 2.84 人，农村地区每千人拥有的执业（助理）医师数为 1.56 人，分别比 2012 年上升 0.21 人、0.07 人。

妇幼卫生指标明显改善，但儿童健康水平在城乡还存在明显差别。四川省五岁以下儿童死亡率从 2001 年的 35.30‰降至 2013 年的 11.77‰，已达到国家 2020 年 13‰目标。但是 2013 年四川省农村五岁以下儿童死亡率为城市的 2.37 倍，新生儿死亡占五岁以下儿童死亡率比例的 44.72%。

3. 社会保障

养老金待遇差异大。2013 年，全年共有 561.9 万参保企业离退休人员领取了养老金，比上年增加 53.6 万人，全年月人均领取水平达到 1521 元，比上年增加 133 元，增长 9.6%。有 1090.2 万人享受城乡居民养老保险待遇，比上年增加 62.7 万人，月人均领取待遇水平为 71.7 元，仅仅是企业离退休人员养老金的 4.7%。

城镇居民医疗支出快速上涨。2013 年，四川省城镇居民人均医疗保健支出为 1019 元，比 2012 年增长 246 元，增长 31.7%，增速较上年同期扩大。城镇居民人均医疗支出占消费支出的 6.24%。

民生支出保障有力。2013 年，四川省社保就业和医疗卫生两项主要的民生支出均实现 20% 以上的增长，其中社会保障和就业支出 480.02 亿元，增长 21%。

4. 社会服务

最低生活保障人均补助水平有所提高。四川省 2013 年全年纳入城市低保人员 183.5 万人，农村低保人数 438.6 万人，城市和农村最低生活保障人均补助水平分别比上年提高 17 元和 10 元。

初步建立较为完善的社区服务设施、服务内容、服务队伍。2013 年，四川省城市社区服务设施综合覆盖率达到 90%，基本公共服务项目覆盖到所有社区，每个社区至少拥有一名大学生或一名社会工作专业人员。

5. 交通状况

大城市主城区道路交通供需矛盾日益尖锐。成都市区每年新增流动人口达到 40 万人，平均每天净增汽车 1500 辆左右。截至 2013 年 2 月，全市机动车总量为 309.22 万辆，汽车保有量 227.89 万辆，中心城区汽车约 110 万辆，但与此同时中心城区所有道路只有 2600 公里，中心城区主要路口、路段交通趋于饱和。市区公共交通出行分担率为 25%。

（三）公共安全

1. 公共安全

交通安全有所好转，但是火灾事故增加。2013 年道路交通万车死亡 2.15 人，同比下降 8.5%。2013 年火灾事故（一般事故）发生 19981 起，比上年的 6899 起增加近 3 倍。

2. 生产安全

生产安全呈现出“四个下降”。2013 年，全省生产安全事故起数、亿元 GDP 生产安全事故死亡率、工矿商贸就业人员十万人生产安全事故死亡率、煤矿百万吨死亡率持续下降。全年亿元地区生产总值生产安全事故死亡 0.13 人，同比下降 13.3%；工矿商贸就业人员十万人生产安全事故死亡 1.73 人，同比下降 21.4%；煤矿百万吨死亡 0.967 人，同比下降 56.2%。

3. 卫生安全

传染病发病率得到有效控制。2013 年全年甲乙类法定报告传染病发病率为 198.2925/10 万人，比 2012 年发病率 216.7329/10 万人下降 18.44。

4. 质量安全

质量安全水平平稳发展。2013 年，四川工业产品质量省检合格率 93.12%，同比稳中略升；未发生一起重大农产品质量安全事件，农产品例行监测总体合格率达 98.7%，同比提升 0.4 个百分点。

（四）生态文明

1. 空气质量

空气质量恶化。2013 年，四川城市环境空气平均优良天数为 325 天，89.2% 的城市环境空气质量达标（优于国家二级标准），但比 2012 年下降 7.6%。

2. 垃圾处理

城市生活污水处理率、生活垃圾无害化处理率达到 85% 和 92%。四川工业危险废物处置量 0.5 亿吨，主要为尾矿。

3. 水质达标

水质总体轻度污染。2013 年，城市集中式生活饮用水水源地水质达标率为 99.2%，县城集中式生活饮用水水源地水质达标率为 98%，乡镇集中式生活饮用水水源地水质达标率为 86.5%。另外，全省开展监测的水源地 2844 个，其中达到 III 类及以上水质标准的 2336 个，水源水质达标率 82.14%。达不到 III 类水质（未达标）的水源地有 508 个，服务人口 233.4 万人，其中：劣 V 类水源地还有 95 个，占 3.34%，服务人口 80 万人。

4. 绿化水平

2013 年，四川森林覆盖率为 35.5%，城市建成区绿化覆盖率为 39.43%。

5. 农村环境

农村环境优化发展。2013 年，四川省农村自来水普及率、卫生厕所普及率分别比上年提高 1.7 和 2.6 个百分点。

二、当前民生领域存在的突出问题

（一）总体满意度高，经济收入和医疗是当前主要矛盾

根据四川省的入户访谈数据来看，老百姓对自己家庭目前生活状况的总体满意程度较高。很满意和基本满意的家庭占 67.1%，只有 8.4% 的被访者觉得不太满意（见表 11.1）。

表11.1　对自己家庭目前生活状况的总体满意程度

	有效样本数	百分比（%）
很满意	261	19.7
基本满意	627	47.4
一般	325	24.5
不满意	111	8.4
总计	1324	100.0

在民生问题的主要方面，最不满意的是收入水平（占 20.3%），其次是医疗（占 19.5%），两项加起来占了四成。而包括住房、食品安全、养老、生活环境、教育等在内的其他 10 个方面相对并不突出，分布比较平均，都没有超过 10%（见表 11.2）。这说明就四川省的情况来说，应重点关注如何提高老百姓的收入，以及如何改善医疗方面的问题。

表11.2　在民生问题的主要不满意方面

	有效样本数	百分比（%）
收入水平	190	20.3
医疗	183	19.5
住房	86	9.2
食品安全	74	7.9
养老	71	7.6
生活环境	68	7.3
子女教育	65	6.9
贫富差距	62	6.6
其他	138	14.7
总计	937	100.0

（二）家庭收入分布较合理，但总体水平偏低

四川省被访户的家庭收入结构比较合理，以中间段收入群体为主，中等收入家庭（年收入在 3 万 ~ 8 万元之间）占 47.2%。没有出现底层大量聚集的贫富分化现象。但是总体收入水平偏低，最低收入家庭（年收入低于 1 万元）占 12.1%，低收入家庭（年收入在 1 万 ~ 3 万元之间）占 25.7%。而家庭年收入超过 8 万元的并不多，只有 7.4% 的家庭收入在 8 万 ~ 10 万元之间，收入在 10 万元以上的家庭只占到 7.5%（见表 11.3）。

表11.3 2013年家庭年收入

	有效样本数	百分比（%）
1万元以下	149	12.1
[1~3）万元	318	25.7
[3~5）万元	332	26.9
[5~8）万元	251	20.3
[8~10）万元	92	7.4
10万元以上	93	7.5
总计	1235	100.0

（三）消费支出偏低，医疗和教育是两大支出

相对于收入水平来说，家庭消费支出比较低。主要集中在 1 万 ~ 3 万元之间（占 42.9%）。消费支出在 8 万元以上的家庭只占到 5.1%（见表 11.4）。

表11.4 2013年家庭年消费支出

	有效样本数	百分比（%）
1万元以下	165	13.3
[1~3）万元	530	42.9
[3~5）万元	324	26.2
[5~8）万元	155	12.5
[8~10）万元	39	3.2
10万元以上	23	1.9
总计	1236	100.0

家庭支出压力最大的方面主要集中在医疗和教育，食品支出排在其后。这一方面说明老百姓整体生活水平提高，食品支出在家庭消费结构中不再占主导地位，恩格尔系数下降。另一方面也说明，医疗卫生和子女教育的成本急剧增大，成为当前最重要的民生问题。在四川省的访谈户中，56.3% 的家庭消费支出用于医疗和教育。值得注意的是住房（主要是指房租或房贷，而不是购房这类财产性支出）支出的压力并不大（见表 11.5）。

表11.5　　2013年家庭消费支出中压力最大的一项

	有效样本数	百分比（%）
医疗	406	35.1
教育	245	21.2
食品	195	16.9
人情送礼	122	10.6
住房	99	8.6
其他	89	7.7
总计	1156	100.0

从支出金额上看，也证实了前面的分析。有孩子上学的家庭平均花费在每个孩子身上的教育支出为 7288.4 元，占当年家庭收入的 26.3%。而用在医疗卫生上的平均开支为 8137.7 元（见表 11.6）。

表11.6　　2013年家庭教育和医疗支出金额　　单位：元

	有效样本	最小值	最大值	均值	标准差
每个孩子平均教育支出	596	2	40000	7288.4	7669.3
家庭教育总支出占家庭收入的比例（%）	564	1	95	26.3	23.4
家庭医疗总支出	1227	30	226000	8137.7	14873.3

（四）养老保障体系基本形成，城乡养老保障不均等

四川省 60 岁以上老年人将占全省总人口的 19%，老年群体呈现基数大、增速快、寿龄高、空巢多等特点。养老保障越来越成为民生重点。在四川省被调查的样本中，有近一半被访者表示对养老的经济保障有些担心或很担心（占 45%）（见表 11.7）。在问到以何种方式作为养老的首选时，有 39% 的被访者选择社保养老金，这成为当前最主要的养老模式，说明四川省的养老保障体系基本形成。但是值得注意的是，仍然有 23.1% 的被访者必须依靠儿女来养老，而这里面大部分是农村居民。总体上有 15.7% 的被访者选择退休金养老，而这里面又主要是城市居民（见表 11.8）。考虑到以退休金为主体的养老模式是未来发展的方向，就四川省目前的情况来看，退休金制度还有待进一步完善，这也是城乡养老保障不均等的主要原因。

表11.7　　对养老的经济保障是否担心

	有效样本数	百分比（%）
不担心	595	48.2
有些担心	310	25.1
很担心	246	19.9
没想过	84	6.8
总计	1235	100.0

表11.8 未来（或当前）养老的首选方式

	总计		非农业户口		农业户口	
	有效样本数	百分比（%）	有效样本数	百分比（%）	有效样本数	百分比（%）
社保养老金	482	39.0	223	41.9	259	36.8
由儿女养老	285	23.1	43	8.1	242	34.4
退休金	194	15.7	168	31.6	26	3.7
储蓄	118	9.5	42	7.9	76	10.8
没想过	115	9.3	40	7.5	75	10.7
其他	42	3.4	16	3.0	26	3.7
总计	1236	100.0	532	100.0	704	100.0

（五）城市居民的住房呈现多元化格局，农村居民的住房仍以自建为主

城市居民的住房形式呈现多元化格局，值得注意的是在本市非农业户口的被访家庭中，有29.4% 的家庭住在自建住房中。这部分人口主要是在快速城镇化过程中从城郊农村转移过来的。他们的户籍变了，但是仍然保留了原来的居住形式。有 29% 的城市居民家庭是自购商品房。有24.7% 的城市居民家庭享受了福利性或政策性住房，包括 15.3% 的单位福利分房，6.1% 的购买政策性住房，以及 3.3% 的廉租房或公租房。农业户口家庭的住房形式比较单一，仍然以农村的自建住房为主（占了 82.5%）。非本市户口家庭则主要采用市场租赁房的形式（占 34.1%）（见表11.9）。

表11.9 家庭目前居住的住房性质

	本市非农业户口		本市农业户口		非本市户口	
	有效样本数	百分比（%）	有效样本数	百分比（%）	有效样本数	百分比（%）
自建住房	150	29.4	562	82.5	10	24.4
自购商品住房	148	29.0	31	4.6	11	26.8
父母或亲友住房	41	8.0	48	7.0	1	2.4
单位福利分房	78	15.3	4	0.6	2	4.9
市场租赁房	20	3.9	14	2.1	14	34.1
购买政策性住房	31	6.1	11	1.6	1	2.4
廉租房或公租房	17	3.3	5	0.7	1	2.4
拆迁安置房	18	3.5	3	0.4	0	0.0
租住单位房/宿舍	8	1.6	3	0.4	1	2.4
总计	511	100.0	681	100.0	41	100.0

在对政府住房保障政策的期望上，城市家庭和农村家庭差别较大。农村家庭主要是希望在涉及宅基地和农村住房的保障上有更多更有利的政策，保护农民的合法权益，实现宅基地和农村住房的财产权（占 35.4%）。同时，加大对农村危旧房屋的改造也是一大民生诉求（占37.1%）。对城市家庭来说，限购限价、降低房价则是最为迫切的期望，有 42.7% 的家庭希望政府在这方面有所作为。另有 23.3% 的家庭希望进一步扩大保障房的覆盖范围（见表 11.10）。

表11.10　　对政府在住房保障政策上最大的期望

	本市非农业户口		本市农业户口		非本市户口	
	有效样本数	百分比（%）	有效样本数	百分比（%）	有效样本数	百分比（%）
农村危旧房屋改造	42	10.2	200	37.1	4	11.1
限购限价，降低房价	176	42.7	51	9.5	13	36.1
保障农民宅基地和住房权能	26	6.3	191	35.4	3	8.3
扩大保障房覆盖范围	96	23.3	28	5.2	6	16.7
政策性保障措施（租金补贴、公积金、贷款）	19	4.6	27	5.0	5	13.9
征地拆迁和新村建设	20	4.9	24	4.5	0	0.0
准予组织自建房，并给予优惠条件	24	5.8	13	2.4	4	11.1
住房设施规划和环境改善	9	2.2	5	0.9	1	2.8
总计	509	100	680	100	41	100

（六）食品安全有所好转，环境污染问题区位差异大

在四川省的被访者中，多数认为近两三年的食品安全问题有所改善或有明显改善（占65.5%），有18.3%的被访者认为没有变化，但是仍然有16.1%的被访者认为食品安全问题有所恶化或严重恶化（见表11.11）。

表11.11　　近两三年食品安全问题的主观感受

	有效样本数	百分比（%）
明显改善	110	9.7
有所改善	631	55.8
没有变化	207	18.3
有所恶化	145	12.8
严重恶化	37	3.3
总计	1130	100.0

在生活垃圾处理和生活污水处理这两个主要检测指标上，课题组发现四川省的被访者普遍持乐观态度。但是课题组也发现一些区位上的差异。城区住户的满意程度最高，集镇和农村住户次之，最不满意的是城乡结合部的被访者。这从一个方面说明城镇化进程的复杂性，城中村或棚户区是城乡结合地带的主要特征，这里往往成为管理的空白区。值得注意的是，农村居民对生活污水处理和垃圾处理有很高的满意度，这与农村的实际情况形成强烈的反差。从四川省的公开数据来看，农村生活污水处理率极低，农村饮用水源面源污染严重，农村水污染治理设施建设平均不到应建的20%。从访谈调查中，课题组发现，很多被访农民（多数是留守的妇女和老人）并没有很强的环境意识，还不能完全理解生活垃圾处理和生活污水处理的意义。因此在认知上有所偏差（参见表11.12）。

表11.12 不同区位之间生活垃圾和生活污水处理的满意程度

	城区		城乡结合		集镇		农村	
	有效样本数	百分比（%）	有效样本数	百分比（%）	有效样本数	百分比（%）	有效样本数	百分比（%）
生活垃圾处理								
好	224	71.1	39	54.9	153	63.5	401	66.3
一般	64	20.3	13	18.3	53	22.0	114	18.8
差	27	8.6	19	26.8	35	14.5	90	14.9
总计	315	100.0	71	100.0	241	100.0	605	100.0
生活污水处理								
好	209	69.7	20	29.4	132	55.9	346	57.7
一般	58	19.3	14	20.6	63	26.7	137	22.8
差	33	11.0	34	50.0	41	17.4	117	19.5
总计	300	100.0	68	100.0	236	100.0	600	100.0

三、四川省改善民生的政策举措及成效

2013 年，四川省各地各部门按照省委、省政府的统一部署，深入贯彻落实党的十八大、十八届三中全会和省委十届三次全会精神，大力推进十项民生工程和八项新增民生事项，切实解决群众最急最盼的民生问题，通过全省上下共同努力，圆满完成了全年目标任务。

（一）工作就业

①促进毕业生就业创业。高校毕业生签约率 86.3%，完成目标 113%；建立 1489 个高校毕业生就业见习基地，完成目标 149%；促进 4406 名高校毕业生实现创业，完成目标 125%；为青年提供 6 万个就业岗位，完成目标 120%。

②加强农民工职业技能培训。培训农民工 123.11 万人，完成目标 123%。在岗培训 32.86 万人，品牌培训 4.48 万人，农村劳动者技能培训 42.83 万人，劳务扶贫培训 6.12 万人，新型农民培训 36.82 万人，分别完成目标 129%、128%、122%、102%、123%。开展农民实用技术培训 2499.75 万人次，完成目标 125%；开展农村青年技能培训 2.63 万人，完成目标 264%。

③全力以赴帮助 2010 级藏区“9+3”学生就业。深入实施“9+3”免费教育计划，确保 2010 级“9+3”毕业生初次就业率。开展选征优秀“9+3”学生到部队训练入伍工作。指导三州藏区制定专门方案，公开、公平地选拔优秀“9+3”学生到藏区基层工作。督促指导中职学校、行业企业为“9+3”学生收集、提供就业岗位，开展人岗对接。落实扶持政策，指导、帮助“9+3”学生取得相应行业的从业资格证书，加强住房保障，帮助“9+3”学生在内地稳定就业。指导藏区进一步挖掘州内就业岗位潜力，帮助回州内学生就业。加强“9+3”学生就业后续管理服务。截至目前，全省 2010 级藏区“9+3”学生就业率已达 98.6%。有 407 人光荣入党，团员数达 80% 以上，117 名学生被评为四川省优秀中职毕业生，314 名学生光荣入伍（另有 39 名 2009 级学生

入伍），高职单招录取 541 人，三州藏区乡镇机关事业单位录用 679 人。

（二）义务教育

推进义务教育均衡发展，重点向农村、边远、贫困、民族地区倾斜，切实改善办学条件，提高家庭经济困难学生资助水平。2013 年初，四川省在 10 项民生工程基础上，新增 4 项教育民生项目，全年累计投入学生资助资金 143 亿元，惠及约 2709 万人次。

①继续实施“两免一补”政策。安排资金 71.82 亿元，其中为 131.9 万城市学生免费提供教科书。全面实施营养改善计划，惠及学生 418.7 万人。解决 29.4 万名高海拔地区学生取暖问题。在此基础上，四川省在民族地区义务教育学校全面实施了营养改善计划，将民族地区 60 个县城的义务教育学校纳入营养餐实施范围，对民族地区义务教育学校 26.35 万名学生全面实施营养改善计划；民族地区幼儿园全面实行保教费减免资助政策，资助民族地区幼儿园幼儿 18.9 万名；实施农村教师免费定向培养计划，首批招录 2001 名；开工建设 34.2 万平方米农村义务教育学校食堂。

②实施《四川省民族地区教育发展十年行动计划（2011–2020 年）》。民族地区义务教育阶段寄宿制学生人数达到 43 万名，完成目标 101%；完成藏区“9+3”免费教育计划年度任务。在贫困地区修建希望小学 12 所，建设农村留守学生之家 427 所，分别完成目标 100%、142%。

（三）医疗卫生

自 2009 年 3 月四川省全面启动新一轮医改 5 年后，国家和省委确定的医改目标任务全面完成，全省覆盖城乡的基本医疗卫生制度框架初步建立。过去的 5 年，是四川卫生事业“投入最大、发展最快、群众得实惠最多”的时期。

①卫生投入年均增长率达 22.1%，比同期全省公共财政支出增速高 7.5 个百分点。2013 年底，全省每千人口占医疗卫生机构床位数、执业（助理）医师和注册护士数较 2008 年分别增长 75.33%、43.29%、102.48%。群众个人卫生支出占卫生总费用的比例由 2008 年的 40.72% 下降到 2012 年的 33.05%。

②全省法定传染病报告发病率连续 7 年低于全国平均值，婴儿死亡率连续 6 年低于全国平均值，孕产妇死亡率比 2008 年下降 49.02%，人均期望寿命监测达到 75.65 岁。

③全省三项基本医保（城镇职工医保、城镇居民医保和新农合）参保参合人数达 8735 万，比改革前增加 1112 万人，参保参合率达到 97% 以上，其中新农合参合率达 99.23%，基本实现“应保尽保”。

（四）养老

通过新增养老床位，建设城乡社区日间照料中心和开展居家养老服务，形成以居家养老为基础、社区养老为依托、机构养老为支撑的养老服务体系。

①全省新建、改（扩）建敬老院 73 所，新增敬老院床位 5525 张，“五保”对象集中供养率

达到 52.1%，创建养老服务示范社区 100 个，资助集中托养服务机构 145 家，居家托养智力、精神和重度残疾人 5.39 万人，实施残疾人家庭无障碍改造 1.52 万户。

②新型农村和城镇居民社会养老保险覆盖人数达到 3001.56 万人，参保缴费人数达到 1573.31 万人。城乡居民社会养老保险实现自由转移接续，把农村户籍灵活就业人员纳入职工基本养老保险覆盖范围。

（五）住房保障

①缓解城镇居民住房困难。启动改造了城市棚户区和危旧房 25.6 万户，新开工建设保障性住房 8.82 万套，棚户区改造 13.57 万户。

②实施竣工公租房房源的 30% 面向农民工供应制度，全省 10 万农民工受益。

③新村建设和农村居民住房安全。新村基础设施建设按计划推进，组织开展了“百镇建设试点行动”和幸福美丽新村建设，建成新村聚居点 9483 个，实施农村危房改造 23.2 万户。

（六）公共安全

①地质灾害防治。组织开展 246 处重大地质灾害治理，分散安置地质灾害防灾避险搬迁 2.14 万户。

②农村无害化卫生厕所改造。完成 16 万户农村无害化卫生厕所改造。新建农村户用沼气池 20.05 万口。

③饮水安全问题。解决 292.61 万农村人口饮水安全问题。

④安全社区建设。建成 10 个国家级安全社区和 137 个省级安全社区。

（七）生态环境

面对日趋突出的环境问题，四川省进一步强化和落实了政府责任。

①推进了高耗能高污染行业改造，预计单位工业增加值能耗下降 6% 左右，单位 GDP 能耗下降 3.5% 以上，主要污染物排放年度控制目标任务基本完成。

②积极开展灰霾污染治理、饮用水源保护、危险废物防治和农村环境连片整治。对 115 家企业实施了强制性清洁生产审核，实施了 80 个重金属污染防治项目；8 个全国环保重点城市按新标准发布 PM2.5 等监测数据，对 25 个省控城市实行了空气质量排名。

③城市生活污水处理率、生活垃圾无害化处理率达到 85% 和 92%。建设乡镇小型垃圾处理设施和小型污水处理设施 180 个。

④加快长江上游生态屏障建设，管护国有林 18252 万亩，完成营造林 941 万亩，巩固退耕还林 1336 万亩，补偿集体公益林 8313 万亩。治理沙化土地 12 万亩、石漠化土地 528 平方公里，森林覆盖率提高到 35.5%。落实草原生态保护补助奖励政策。实施草原禁牧补助 7000 万亩，草畜平衡奖励 14200 万亩，牧草良种补贴 860 万亩，牧民生产资料综合补贴 45.2 万户。

⑤耕地质量建设。实施“金土地工程”，建成高标准基本农田 660 万亩，新增耕地 18 万亩；建成高标准农（粮）田 86 万亩。实施 10 个重金属污染综合整治项目；实施 58 个县农产品产地土壤重金属污染防治普查及监测采集，检测土壤样品 3.23 万个。

四、国家层面的政策诉求和建议

（一）进一步加大农村义务教育转移支付力度，义务教育管理主体由“以县为主”改为“以省为主”

从义务教育均衡推进与政府财政能力的关系来看，农村义务教育发展仅依靠地方政府的财政能力是难以实现的。中央政府对贫困地区义务教育的财政转移支付，在推进义务教育均衡发展过程中起着不可替代的积极作用。对克服农村经费保障水平低，确保中西部地区寄宿生最低生活费标准起重大作用。建议中央财政对西部地区农村义务教育经费承担主要责任，对中部地区农村义务教育经费承担部分责任；东部地区和中部地区的省级政府也应承担本地区农村义务教育的部分经费。通过明确各级财政主体的投入责任，为农村地区义务教育的发展提供可靠的经费保障，真正将农村义务教育纳入公共财政体系。

我国现行的义务教育经费投入体制是实施“由地方政府负责，分级管理，以县为主”的管理体制。首先，从目前的情况来看，在县域经济发展不平衡，相当部分县乡财政困难的情况下，农村义务教育经费仅依靠县乡的财力很难保证。其次，随着我国城镇化进程快速推进，农业转移人口越来越向城市聚集，四川省的人口大县往往是农村劳动的输出大县。在农业转移人口市民化背景下，越来越多的农村学龄子女离开本县。原有的义务教育“以县为主”的管理体制难以适应新的形势。因此，建议把“以县为主”管理体制改为“以省为主”（最终实现“以中央为主”）的管理体制，从而从制度上真正实现义务教育均等化。

（二）进一步加大城镇保障性住房建设，推动以居住地为核心的管理和服务

在以人为本的新型城镇化背景下，农业转移人口的市民化是当前的重要任务。阻碍进城农民工留在城市的一大因素就是住房问题。

一方面，进城农民工在农村的宅基地和农村住房难以进入市场交易，不能成为真正的资产，无法用来支付城市化的成本（特别是住房上的成本）。另一方面，城市住房存在福利房体系和商品房体系。福利房（或政策性经济适用房）体系对应的是城市正规劳动力市场，往往是政府机关或国有企事业单位，农民工在人力资本和社会资本这两个方面都存在劣势，难以获得这类福利待遇较好的工作。在商品房这一块，相对于农民工的工资水平来说，房价高不可攀。

因此，建议根据常住人口规模，进一步加大城镇保障住房建设，推动以居住地为核心的管理和服务，这是解决农业转移人口市民化的可行之策。中央应加大转移支付力度，把保障性住

房建设纳入公共财政，有针对性地对西部地区倾斜。

（三）进一步提高基层医疗服务供给，加强基层医疗人才培育

目前，四川省农村地区每千人拥有的执业（助理）医师数为1.56人，不仅低于全省平均水平，而且与城市地区每千人拥有的执业（助理）医师数相差较大，差1.28人，专业技术人员总数偏低。再加上乡镇一级，基层工作环境、生活环境艰苦，待遇差，乡镇卫生人才进不来，也留不住，导致近年各基层医疗卫生机构人员严重缺乏。因此，在“看病难，看病贵”这一普适性难题上政府应首要解决乡镇地区“看病难”的问题，通过加强基层医疗服务供给和基层医疗人才培育，调节医疗供需平衡，从而最终解决“看病贵”的目的。

首先，要整合医疗机构，引导医疗资源下沉到基层医疗机构，使其承担好医疗服务的公益性责任，并合理运用市场调节手段引导资源配置，同时满足居民的个性化医疗需求。

其次，切实落实“管办分开、政事分开”的原则，让公立医疗机构与卫生行政部门脱离行政隶属关系，强化基层医疗卫生机构的法人主体地位，切实落实用人自主权，建立能上能下、能进能出的竞争性用人机制。

最后，给予基层医疗卫生机构在同等条件下可优先聘用获得执业（助理）医师资格乡村医生的权利，同时出台相关政策措施提高偏远、艰苦以及少数民族等特殊地区执业乡村医生待遇水平，并鼓励乡镇卫生院在职执业医师参加全科医生转岗培训。

（四）进一步加强环境综合整治，以法治手段推动环境保护生态建设

日益严重的大气、水污染，以及农村土壤污染不仅直接影响人们饮水安全和农产品安全，还会通过农产品流通等渠道影响城市食品安全。因此，环境污染已成为城乡居民共同关心，急盼解决的重要问题之一。然而，我国的法律法规体系在自然保护区、土壤环境、生物多样性保护、农村生态环境等领域还处于缺位状态，《大气污染防治法》《环境噪声污染防治法》等施行多年的法律亟待修订和完善，急需用严格的法律制度保护生态环境，提高环境综合整治效率。

首先，建设环境法治体系。按“依法治国”的理念，对现有的环保法律法规加以修改完善，填补立法空白，加快立法进程，形成完整的环境法律框架体系。

其次，加强对农业污染源的监测预警。国家应统筹有关部门采取措施，防治土壤污染和土地沙化、盐渍化、贫瘠化、石漠化、地面沉降以及防治植被破坏、水土流失、水体富营养化、水源枯竭、种源灭绝等生态失调现象，推广植物病虫害的综合防治。

最后，建立、健全国家生态保护补偿制度。国家应加大对生态保护地区的财政转移支付力度，同时应指导受益地区和生态保护地区人民政府通过协商或者按照市场规则进行生态保护补偿，落实生态保护补偿资金。

（执笔：四川省社会科学院子课题组）

第十二章
陕西省民生发展报告

“民为贵，社稷次之，君为轻。”民生问题历来都是国家、社会和公众十分关注的重大问题。十八大提出要从五个层面加强民生建设：努力办好人民满意的教育、推动实现更高质量的就业、千方百计增加居民收入、统筹推进城乡社会保障体系建设和提高人民健康水平。本次调查主要围绕上述这五方面展开调研与分析研究。

本章主要包括三方面：陕西省民生事业发展政策措施及成效、2014 年陕西省民生入户调查研究、陕西省对国家层面的政策诉求和建议。

一、陕西省民生事业发展政策措施及成效

陕西省从“十一五”开始便提出要推动实施陕西省“八大民生工程”。2008 年 1 月，在陕西省十一届人大一次会议上，时任省长袁纯清在《政府工作报告》中指出，今后五年陕西省将整体上推进和实施教育、公共卫生、就业和再就业、住房保障、社会保障、公益性文化体育设施、农村基础设施和城乡社区服务体系建设等民生八个方面的系列大工程。确定实施的工程共包含项目 40 项，已在 2008 年度全部启动，且按照原有安排有序进行。

陕西省民生八大工程建设的总体目标是：五年内，通过民生八大工程建设，确保全省在扩大公共服务、改善民生方面实现“四个明显改善”，即实现社会保障明显改善、城乡就业状况明显改善、文化体育设施明显改善、基础设施明显改善；要全面地达到“四个显著提高”，即全面达到公共卫生服务水平显著提高、低收入群众住房保障水平显著提高、城乡基础教育和职业教育水平显著提高、社区服务水平显著提高。陕西省“民生八大工程”及 40 个子项目如图 12.1 所示。

自陕西推出建设八大民生工程以来，各市也纷纷推动民生工程实施的计划和方案。2010 年陕西省制定了十部地方法规，督查民生八大工程的落实和进展情况。2008 ~ 2012 年期间，陕西省财政投入民生建设的力度持续加大，如图 12.2 所示。

2008 ~ 2012 年的五年，是陕西省财政投入民生建设特色彰显的五年，是财政投入民生建设高速增长的五年。全省财政民生支出从 2007 年的 754 亿元，增加到 2012 年的 2662 亿元，年均增长 28.7%。除了实现 2008 年制定的五年民生工程目标外，陕西省多项民生政策措施实施进展情况处于全国前列，民生政策的覆盖面也越来越宽。实现了“学有所教、老有所养、病有所医、住有其所、劳有所得”。2011 年，陕西省实现了贫困生资助和各级学校公用经费两个全覆盖；基

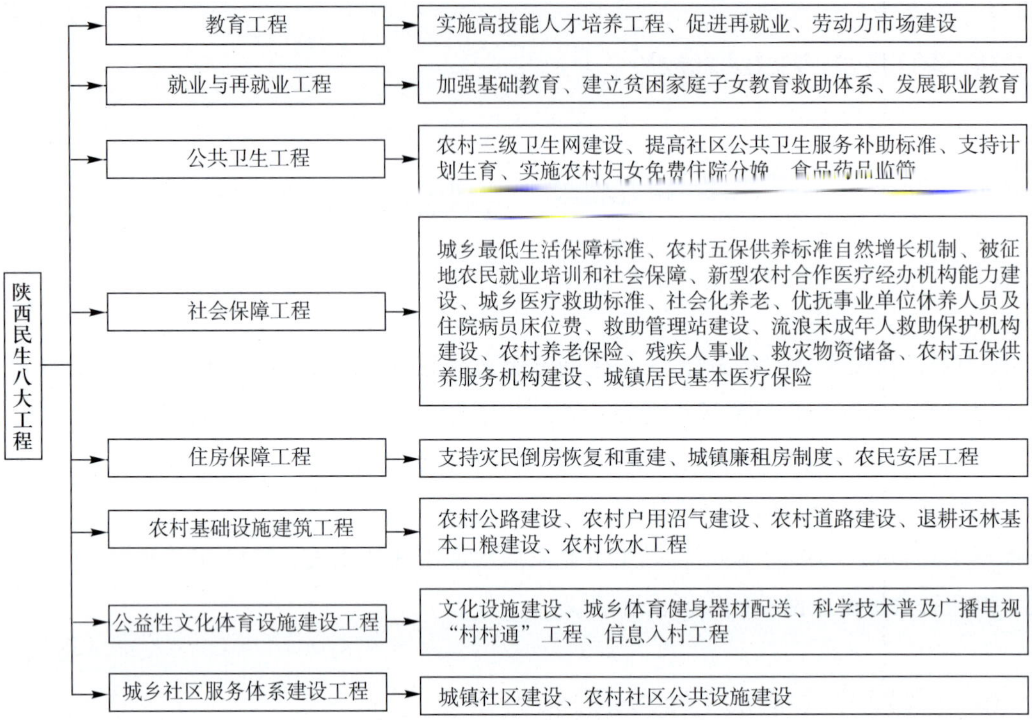

图12.1 陕西省八大民生工程

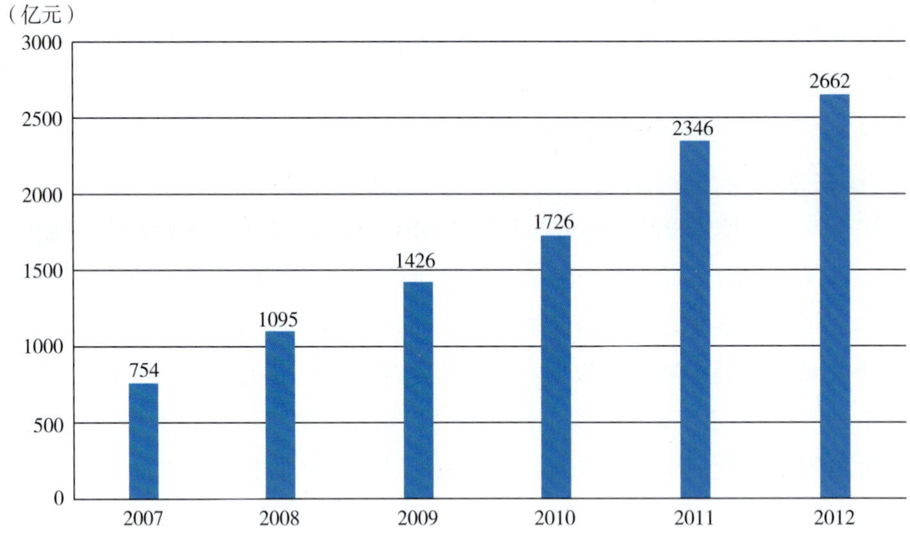

图12.2 陕西省2008～2012年民生投入情况（亿元）

本实现了城镇职工医保、城镇居民医保、新农合等“全民医保”，三项基本医疗保险制度覆盖城乡居民近3600万人；连续8年提高企业退休人员基本养老金；提高城乡低保、农村五保和优抚对象的生活补助标准，城乡居民社会养老保险制度走在全国前列；全省保障性住房建设开工率居全国前列，提前6个月实现年底前开工率100%的任务。在财政民生投入逐年加大的基础上，陕西省还加快了民生预算制度化建设步伐，率先在全国试编了民生工程中期预算，使解决民生问题由临时性、分散性向系统化、长期化安排转变，一系列重大民生问题得到了制度化保障，民生政策的覆盖面也越来越宽。2012年由陕西省发展改革委牵头，联合陕西省财政厅、陕西省统计局起草了《陕西省民生工程白皮书（2008–2012）》，对此前五年陕西省“民生八大工程”的实施效果进行了总结。通过政府财政向民生的大投入，陕西人民得到的实惠越来越多。

为进一步扩大民生工程的覆盖面与受益面，2013年6月陕西省发展改革委与省财政厅按照年度财政预算和项目实施情况，研究制定了《陕西省2013年民生工程实施方案》。

2013年，陕西省民生工程建设在促进就业、收入倍增、全民社保、教育提升、卫生健康、文化惠民、住房保障、消除贫困、改善环境、生产服务等十大领域基本建设类项目和政策性补助项目中，总投资达1042.11亿元，其中：中央投资576亿元，省级投资259.72亿元，市县配套182.16亿元，其他投资24.23亿元。

在全面实施十大领域民生项目的基础上，2013年陕西省还着重推动城乡居民社会保障体系建设、保障性住房建设、陕南陕北移民搬迁和连片特困地区扶贫攻坚、特殊群体利益问题解决、妇女儿童合法权益保护等重点民生工程。围绕这些重点民生工程制定了四项配套措施：一是加强民生工程组织领导，明确相关责任，建立长效机制；二是抓足额资金落实配套，优先保证民生工程需求；三是加强民生工程项目管理，确保工程建设质量；四是加大考核力度，务求民生工程建设取得实效。省政府继续将民生工程纳入全省目标责任考核体系，作为年度考核的主要内容予以重点督查考核。

陕西省民生工程不断取得突破与良好效果。近两年在民生保障方面坚持“两个80%”不动摇，民生保障水平持续提高，主要体现在以下10个方面。

一是就业基本稳定。登记失业率控制在4%以内，新增城镇就业86.6万人，转移农村劳动力1391.3万人，大学生初次就业率平均在88%以上。

二是保障房建设继续走在全国前列，避灾扶贫搬迁深入实施。保障房开工和建成均超额完成年度任务，秦岭北麓和渭北旱塬搬迁启动实施。

三是社会保障体系更加完善。企业退休人员养老金月均增加388元。开展了居民大病保险试点，医疗救助“一站式”服务县级覆盖率达100%。居民基本养老保险补贴标准从最高80元提高到200元，失业、工伤、生育保险在全国率先减半缴费，统一提高了22个特殊群体的社会保险待遇，城镇居民医保和新农合人均财政补助水平高出国家标准30元。

四是出台了针对特殊群体的一系列新政策。建立部分群体养老金最低保障和正常调整机制，向企业有重大贡献的退休专家发放生活补贴，为参加养老保险死亡职工和退休人员遗属发放抚恤金，在事业单位实行工伤保险制度，向失独家庭发放一次性补助1.84亿元，建立了艾滋病感染儿童基本生活保障制度。广泛开展社会救助。拨付救助资金近70亿元，实施医疗救助41.2万人次、临时救助16.6万户次。

五是教育公平得到更好体现。学前教育三年行动计划圆满完成，规范中小学、幼儿园办学工作全面启动，高考录取率进一步提高。公办幼儿园发展到2178所，毛入园率达96.9%。新建改建中小学校舍162万平方米，义务教育校长教师交流轮岗和大学区制改革全面铺开。普通高中特色化、多样化步伐加快，中职教育资源优化整合深入实施，高等教育内涵发展积极推进。营养改善计划在全国率先实现全省覆盖，惠及学生 230.8 万人。

六是卫生服务能力有效提升。县级公立医院改革全面展开，县乡村和社区全部实现药品“三统一”和零差价销售。西北妇女儿童医院等重点项目建成投用，延安医疗集团、宝鸡医疗联合体正式组建，172 所县级公立医院与 367 所镇卫生院实行了一体化管理，定向为基层招聘的医学本科生达 3436 名，市以上医疗单位全部实行药品质量追溯制度，大病保障病种达到 22 种，省内异地就医和新疆、青海、海南跨省就医实现即时结算。

七是计划生育、妇女儿童和老龄事业得到加强。2014 年计生特殊困难家庭扶助金标准实现城乡统一，单独两孩政策平稳实施。完善儿童福利机构 25 个，新建留守儿童成长家园 21 所。截至 2014 年底，全省已建成运营各类养老机构 3850 个（民办养老机构 240 个、公办养老机构 555 个、城乡社区居家养老服务机构 3055 个），共有床位 17.45 万张，老年人床位拥有率为 30.09‰，提前一年完成了“十二五”规划 30‰的目标任务。老年人床位拥有量高出全国平均水平 4.7 个千分点。西安市被民政部、国家发展改革委确定为 42 个全国养老服务业综合改革试点地区之一。

八是文化事业更加繁荣。完成 201 万户广播电视户户通工程，农家书屋实现行政村全覆盖，成功申办第 27 届世界佛教徒联谊会（简称“第 27 届世佛联大会”）和 2016 年中国艺术节，电视剧《聂荣臻》等精品力作获得好评，一批市县文化体育场馆建成投用，群众文化和全民健身活动广泛开展，购买公共演出服务 3600 余场。首次在省会之外举办省艺术节和省运会，7 处遗迹和 12 个项目分别入选世界文化遗产和国家非物质文化遗产名录，十二届全运会获 9 金 11 银 11 铜历史最好成绩，在第 17 届亚运会上创 8 金 2 铜最佳战绩。

九是抗洪重建取得重大进展。2013 年面对 23 个县区特别是延安的暴雨洪水灾害，全省及时启动应急响应，转移群众 78 万人，妥善安置 23.9 万人，多方筹资 17 亿元开展恢复重建，4.1 万户群众已搬入永久性住房。

十是平安陕西建设不断加强。安全生产工作居全国前列，2013 年较大事故次数下降 29.6%，2014 年各类安全事故起数和死亡人数分别下降 9.1%、6.9%，打击食品安全违法犯罪力度加大，一批多年积累的信访问题得到解决，公众安全感和满意度继续提升。

总体来看，陕西省在充足的民生财政投入与健全的管理监督政策保障下，不断推动民生工程的建设与完善，取得了显著成果，给全省居民带来了巨大的便捷与实惠。

二、2014 年陕西省民生入户调查研究

（一）调研设计

本次调查样本遵循经济有效的抽样原则，采用多阶段分层整群随机抽样的方法进行抽取。抽取后样本覆盖陕西省 8 个市、10 个县（区）、20 个乡（镇、街道办事处）、40 个村（居委会）。陕西省 2014 年“中国民生问题调查”最终的抽样单位是户，在每个样本村（居委会）中随机抽

取 30 户，全省共抽取 1200 户，见表 12.1。

表12.1 2014年陕西省民生入户调查抽样分布

市	县（区）	乡（镇、街道办事处）	村（居委会）
西安市	灞桥区	纺织城街道	枣园刘社区、四棉社区
		新筑街道	兰家村、贺韶村
	蓝田县	蓝关镇	蓝丰社区、冯林寨村
		汤峪镇	圪瘩村委会、巨三村委会
宝鸡市	金台区	西关街道办事处	宝工社区、西关社区
		东风路街道办事处	东风路东社区、石油社区
咸阳市	乾县	梁村镇	南郭村、西堡子村
		临平镇	高杜村委会、舒蔡家村委会
渭南市	蒲城县	椿林镇	万兴村、石道村
		罕井镇	唐塬村、北白堤村
延安市	洛川县	旧县镇	上桐堤、西村
		朱牛乡	尧科、贾寨
汉中市	汉台区	汉中路街道办事处	南大街社区、明珠社区
		河东店镇	瞿鲁营村、陕西汉江机床有限公司
安康市	汉滨区	恒口镇	恒远社区、行政村
		新城办事处	教场社区、安火路社区
商洛市	丹凤县	峦庄镇	马家坪村、元潭村
		庾岭镇	太白村、花椒沟口村
	镇安县	东川镇	高河村、西川村
		云盖寺镇	云镇村、黑窑沟村

（二）调查结果分析

1. 样本家庭成员人口学特征

（1）样本家庭居住的社区类型与地区类型

从调查样本家庭居住的地区类型来看，67.29% 的样本家庭居住在农村，这与本次调查的抽样设计有很大的关联；其次 25.17% 的样本家庭居住在市 / 县城的中心城区；另外有少数的样本家庭居住在市 / 县城区以外的镇（4.92%）和市 / 县城的郊区（2.63%）。统计结果如图 12.3 所示。

从调查样本家庭居住的社区类型来看，居住农村的样本家庭占绝大多数，为 67.86%；其次 16.86% 的样本家庭居住在单一或混合的单位社区，8.35% 的样本家庭居住在普通商品房小区；仅有 0.67% 的样本家庭是居住在保障性住房社区，如图 12.4 所示。

（2）样本家庭成员基本情况

本次调查中，共抽取 1200 户样本家庭，家庭成员共有 4698 人，即平均每户样本家庭有 3.92 人。样本家庭成员人口学特征如表 12.2 所示。

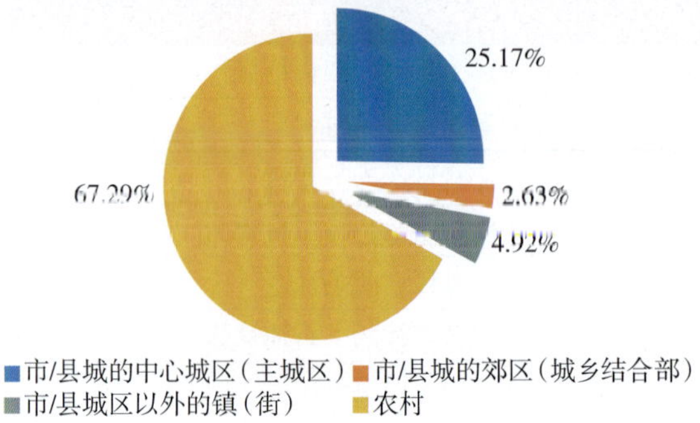

图12.3 陕西省样本家庭居住的地区类型

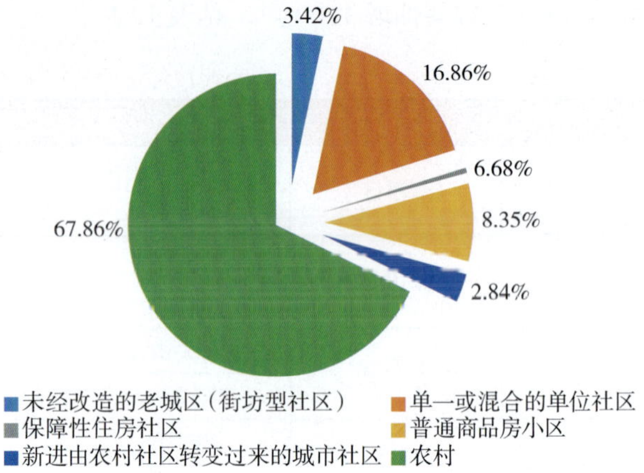

图12.4 陕西省样本家庭居住的社区类型

表12.2 样本家庭成员人口学特征

类别	样本数（%）	类别	样本数（%）
性别		健康状况	
男	2408（51.26）	健康	3745（79.77）
女	2290（48.74）	有疾病残疾仍有劳动能力	552（11.76）
年龄		无劳动能力但生活可自理	297（6.33）
14岁及以下	733（15.60）	需要别人照料	101（2.15）
15~64岁	3529（75.12）	工作状况	
65岁及以上	436（9.28）	工作	2549（56.15）
婚姻状况		不工作	1471（32.40）
未婚	1488（31.75）	上学有兼职	19（0.42）
同居	6（0.13）	上学无兼职	501（11.04）
已婚	2939（62.72）	工作地点	
离婚或丧偶	253（5.4）	本市（县、区）	2097（82.79）
户口性质		省内其他市（县、区）	250（9.87）
农业户口	3273（69.66）	外省（直辖市、自治区）	186（7.34）
非农户口	1425（30.34）	医疗保障参加项目数	
		医疗保障参加情况	
		城镇职工基本医疗保险	485（10.33）
受教育状况		城镇居民基本医疗保险	688（14.65）
未上学	720（15.36）	城乡居民大病医疗保险	18（0.38）
小学（在读/毕业/肄业）	1039（22.17）	公费医疗	9（0.19）
初中（在读/毕业/肄业）	1601（34.15）	商业医疗保险	31（0.66）
高中/中专/技校	810（17.28）	新型农村合作医疗	3416（72.76）
大专/高职	269（5.74）	村集体二次报销福利	4（0.09）
本科/研究生及以上	249（5.31）	没参加任何医保	85（1.81）

统计结果显示，样本家庭内成员男女性别比为 1.05 ：1；15~64 岁样本家庭成员占比为 75.12%，样本家庭抚养约比为 33.13%；样本家庭成员婚姻状况以已婚和未婚为主，分别占比 62.72% 和 31.75%。从户口性质来看，样本家庭成员以农业户口为主，占 69.66%，非农户口仅占 30.34%；样本家庭成员中，79.77% 身体健康，11.76% 虽然有疾病或残疾，但仍有劳动能力，6.33% 因为疾病或残疾失去劳动能力，但生活可以自理，另外也有 2.15% 的样本家庭成员生活不能自理，需要别人照料。从受教育情况来看，15.36% 的样本家庭成员未上学，22.17% 属于小学教育水平，34.15% 属于初中教育水平，17.28% 属于高中教育水平，5.74% 属于大专教育水平，另外有 5.31% 的样本家庭成员达到本科及以上教育水平。从工作状况来看，56.15% 的样本家庭成员有工作，而 32.40% 的样本家庭成员不工作，另外有极少数（0.42%）的样本家庭成员虽然在上学但从事兼职工作；绝大多数（82.79%）的样本家庭成员工作地点在本市（县、区），也有少数（9.87%，7.34%）的样本家庭成员工作地点在省内其他市（县、区）和外省。从医保参保状况来看，将近实现全覆盖（98.19%），仅有个别（1.81%）的样本家庭成员未参加任何医疗保障项目，其中以新型农村合作医疗保险的参保人数最多（72.76%），其次为城镇居民基本医疗保险（14.65%）和城镇职工基本医疗保险（10.33%）。

2. 样本家庭成员工作与就业情况

本小节主要分析样本家庭工作成员就业与行业类型、工作职位、工作量、工作收入、“五险一金”参加情况、不工作原因等情况。

表 12.3 为样本家庭工作成员就业与行业类型前十位排序结果。结果显示，从就业类型来看，36.44% 的样本家庭工作成员为专业务农，即大部分时间从事农业生产，15.99% 为兼业农民，即农闲期间定期不定期打工，14.88% 为非固定单位的临时务工，除这些外，还有从事其他诸如企业职工、个体工商户、教科文卫单位职工、农村自营业者等；就行业类型而言，41.79% 的样本家庭工作成员所在行业为农、林、牧、渔业，11.75% 为建筑行业，还有诸如制造业、居民服务和其他服务业等。

表12.3 样本家庭工作成员就业与行业类型（TOP 10）

就业类型	样本数（%）	行业类型	样本数（%）
专业务农，大部分时间都从事农业生产	916（36.44）	农、林、牧、渔业	1049（41.79）
兼业农民，农闲期间打各类定期、不定期零工	402（15.99）	建筑业	295（11.75）
非固定单位的临时务工	374（14.88）	制造业	192（7.65）
民营/私营企业职工	248（9.86）	居民服务和其他服务业	178（7.09）
国有（国有控股）企业职工	176（7.00）	交通运输、仓储及邮政业	116（4.62）
个体工商户	107（4.26）	卫生、社会保障和福利业	68（2.71）
教科文卫等事业单位职工	86（3.42）	电力、煤气及水的生产和供应业	59（2.35）
农村自营业者	59（2.35）	教育业	48（1.91）
党政机关从业人员	56（2.23）	采矿业	39（1.55）
自由职业者	54（2.15）	公共管理和社会组织	39（1.55）

图 12.5 为样本家庭工作成员工作职位情况。由于存在专业务农人员，所以 45.66% 的样本家庭工作成员不适用于该工作职位分布，除此外，分布最多的为临时聘用人员，占 16.79%，另外有 7.52% 的样本家庭工作成员为单位、部门负责人或者一般管理人员，一线生产人员也较多，占 11.24%。

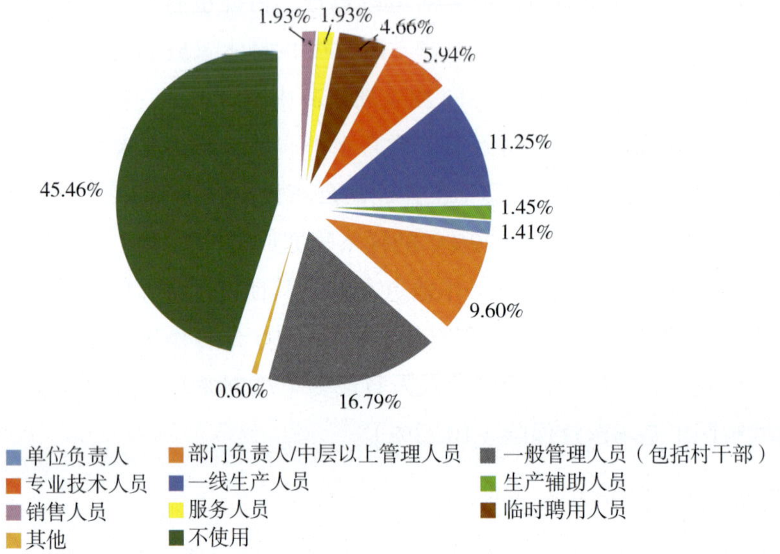

图12.5　样本家庭工作成员工作职位

统计结果显示，75.24% 的样本家庭工作成员既无专业技能，也无相关证书；仅 14.59% 的样本家庭工作成员既有技能又有证书，如图 12.6 所示。

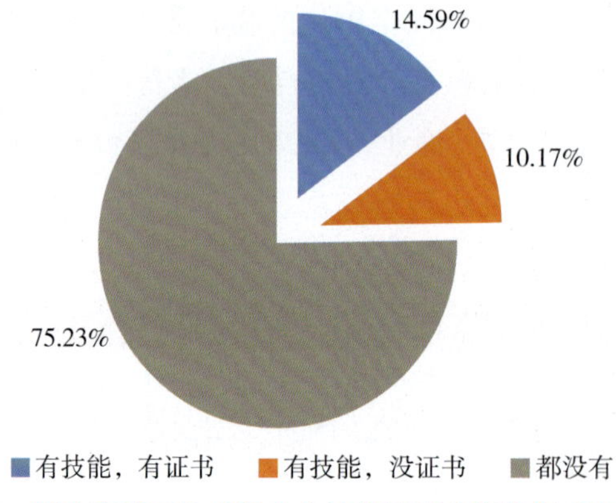

图12.6　样本家庭工作成员专业技能及职业资格证书获得情况

总体来看，相比于 2013 年，2014 年 68.47% 的样本家庭工作成员工作量没什么变化，12.62% 的样本家庭工作成员认为工作量增加，也有 18.91% 的样本家庭工作成员认为工作量在减少，如图 12.7 所示。

总体来看，53.25% 的样本家庭工作成员近 3 年收入稳定不变，其余 46.75% 的样本家庭工作成员认为收入不稳定，其中 10.37% 的样本家庭工作成员认为收入在增长，而 20.13% 的样本家庭工作成员认为收入在下降，如图 12.8 所示。

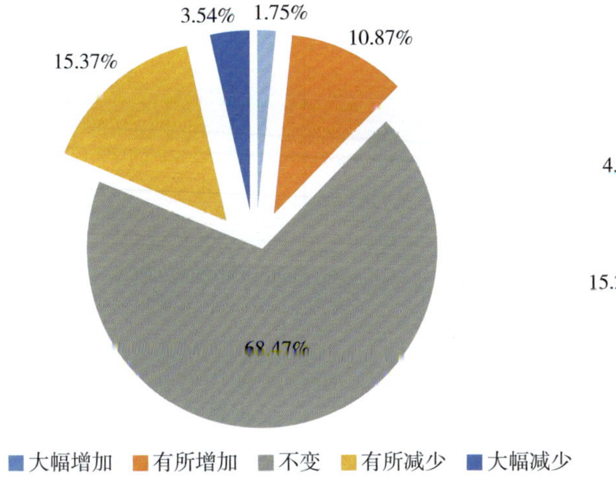

图12.7　相比2013年，样本家庭工作成员2014年工作量变化情况

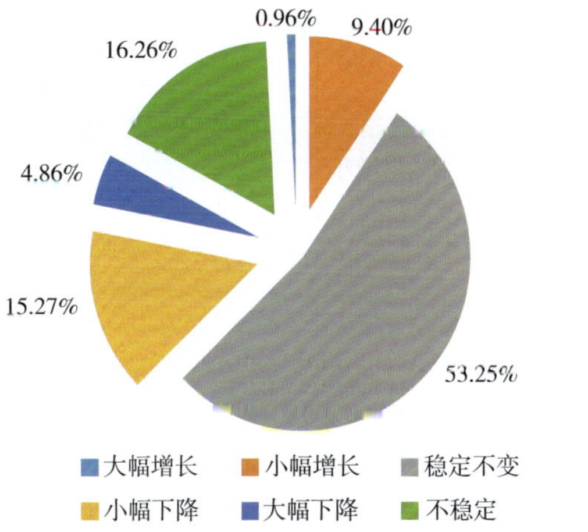

图12.8　样本家庭工作成员近3年收入波动情况

此外，调查结果显示，66% 的样本家庭工作成员签订了劳动合同，而其余 34% 的样本家庭成员均未签订劳动合同。

表 12.4 为样本家庭工作成员“五险一金”参加情况，统计结果显示 80.30% 的样本家庭工作成员没参加“五险一金”，仅 11.61%~18.22% 的样本家庭工作成员参加了“五险一金”的某一种。此外，93.40% 的样本家庭工作成员没有通过任何其他的方式来缴纳保险或住房公积金。

表12.4　样本家庭工作成员“五险一金”参加情况

五险一金	样本数	百分比（%）
养老保险	442	17.70
医疗保险	455	18.22
失业保险	334	13.38
工伤保险	358	14.34
生育保险	290	11.61
住房公积金	301	12.05
没参加	2005	80.30

对于以上有工作的样本家庭工作成员，97.31% 的不再同时从事其他工作，也有 2.69% 的样本家庭成员在从事其他兼职工作，主要是兼职从事生产建筑、农林牧渔劳动及个体经营等。

而对于不工作的样本家庭成员，其原因主要是丧失劳动能力、需要照顾家庭以及正常退休等。经统计，这些不工作的样本家庭成员持续不工作时间均值可达到 7.5 年。对于因下岗、被裁员 / 单位停工、停产 / 提前退休不工作的样本家庭工作成员，50% 的不再继续缴纳社保或住房公积金，也有 26.19% 的自己缴纳。

图 12.9 为样本家庭工作成员平均每周工作时间分布直方图，从图中可以看出，样本家庭工作成员平均每周工作时间为 48.51 小时，少数样本家庭工作成员平均每周工作时间达到 100 小时左右。

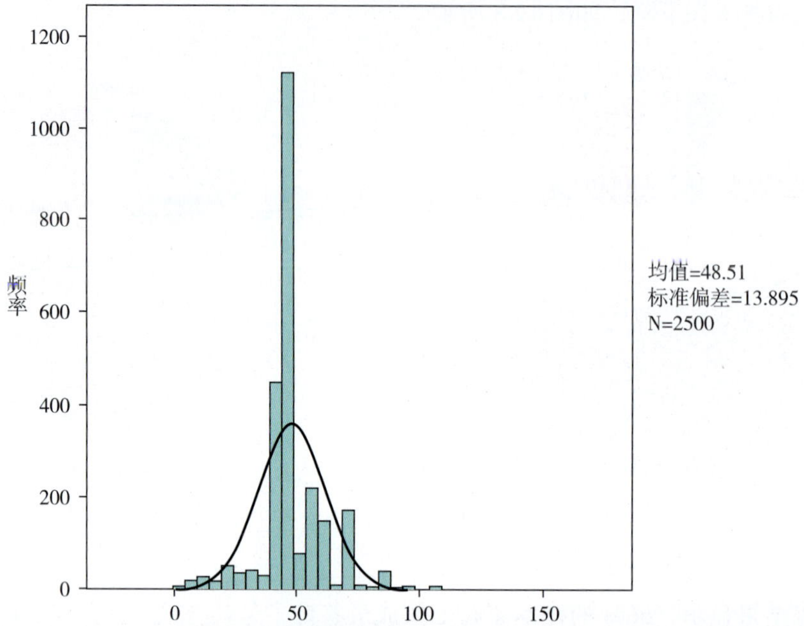

图12.9 样本家庭工作成员平均每周工作时间分布直方图（小时）

尽管样本家庭工作成员平均每周工作时间不短，但其平均税后月收入却相对较低，均值仅为 1573.16 元，如图 12.10 所示。收入水平低来自于两方面原因，首先是绝大多数的样本家庭工作成员为专业务农，其次与非农就业工作人员的就业类型、行业类型及工作职位也有密切的关系。

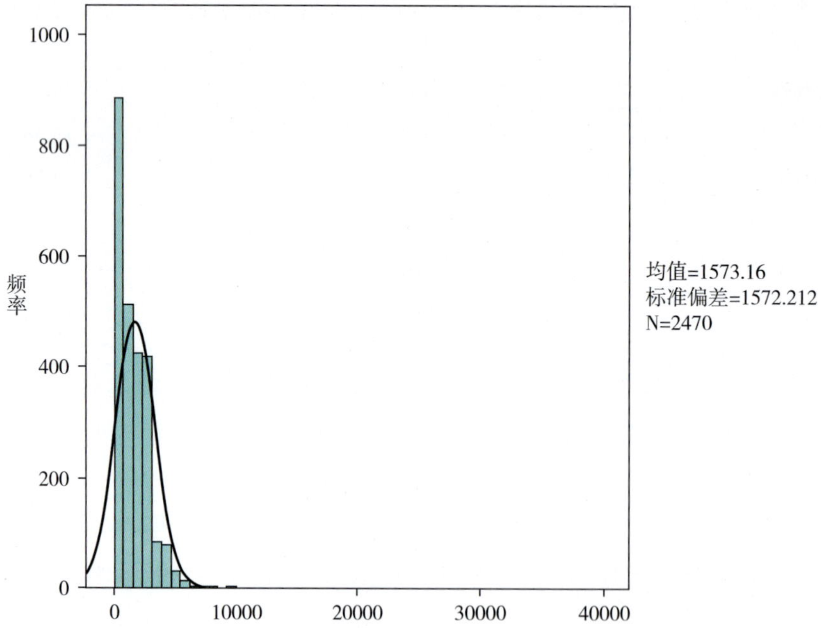

图12.10 样本家庭工作成员平均税后月收入分布直方图（元）

3. 样本家庭基本民生问题情况

本小节主要评价样本家庭对当前基本民生问题的宏观感受与满意度。

统计结果显示，陕西省样本家庭中有 53.84% 的对目前生活状况总体满意，有 20.42% 的样本家庭表示满意度一般，有 25.42% 的样本家庭对目前生活状况不太满意甚至很不满意，如图 12.11 所示。总体来看，目前陕西省样本家庭对生活状况的满意程度仍不太高。

相比于 2013 年，仅有 17.95% 的样本家庭表示 2014 年家庭生活水平有所提高，超过一半的样本家庭认为 2014 年生活水平与 2013 年差不多，甚至有 27.46% 的样本家庭受访者认为家庭生活水平有所下降，如图 12.12 所示。

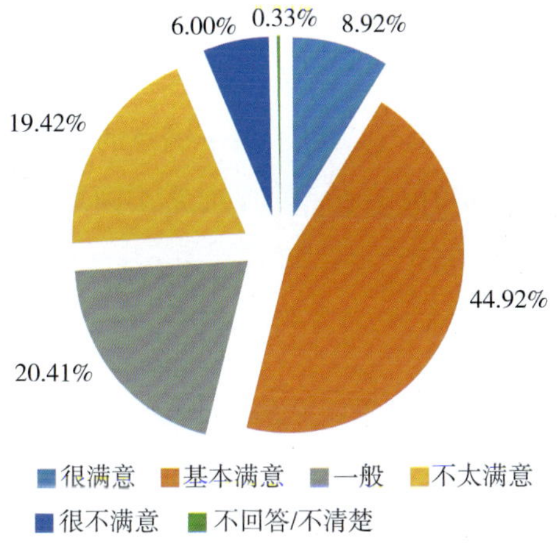

图12.11　对目前生活状况总体满意程度

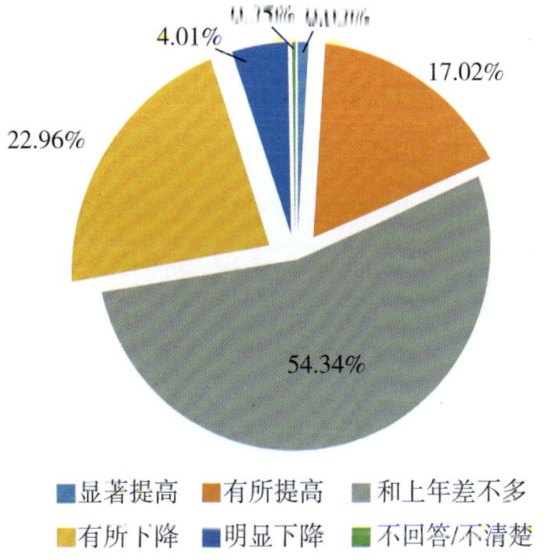

图12.12　2014年家庭生活水平相比于2013年的变化情况

统计结果显示，约 60% 的样本家庭对当前所在地政府在改善民生、保障居民基本公共服务方面持基本满意或非常满意的态度，仅 16.92% 的样本家庭持不满意态度，如图 12.13 所示。总体来看，政府在改善民生、保障居民基本公共服务方面取得了良好的效果。

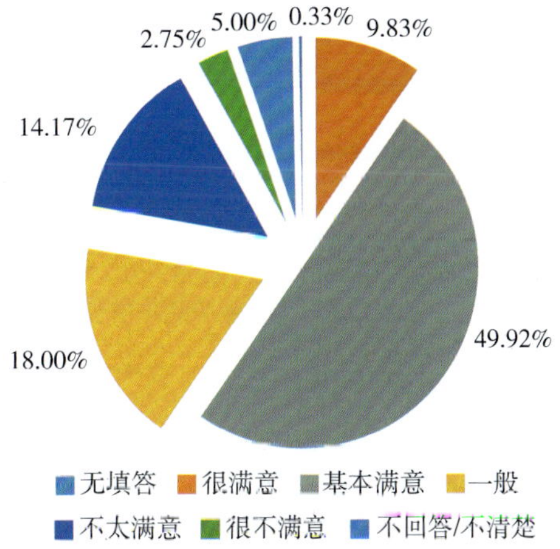

图12.13　对当地政府改善民生、保障居民基本公共服务方面的总体满意程度

尽管满意度较高，但调查中发现仅有约 21% 的样本家庭对民生问题无任何不满意的方面，

即 79% 的样本家庭对当前民生问题或多或少有一些不满意之处，如表 12.5 所示。

表12.5　　样本家庭对民生问题的不满意方面（N，%）

民生问题不满意方面	民生问题不满意程度		
	高	中	低
1	收入水平（321，27.07%）	收入水平（88，7.42%）	贫富差距（27，2.28%）
2	医疗（137，11.55%）	医疗（76，6.41%）	食品安全（23，1.94%）
3	子女教育（99，8.35%）	就业状况（49，4.13%）	收入水平（23，1.94%）
4	就业状况（77，6.49%）	子女教育（44，3.71%）	医疗（23，1.94%）
5	住房（56，4.72%）	食品安全（39，3.29%）	子女教育（19，1.60%）

注：有效样本家庭数 N=1186。

从表中的统计结果可以看出，对于民生涉及的收入、医疗、教育、就业、住房、食品安全、贫富差距等七方面，均有相应的样本家庭持不满意态度。其中，对于最不满意的民生问题，排序最高的为收入水平，27.07% 的样本家庭受访者反映对当前的收入水平非常不满意，其次依次为医疗、子女教育、就业状况与住房。

4. 样本家庭收入与消费情况

本小节主要分析陕西省样本家庭的收入水平、收入变化趋势、支出水平等。

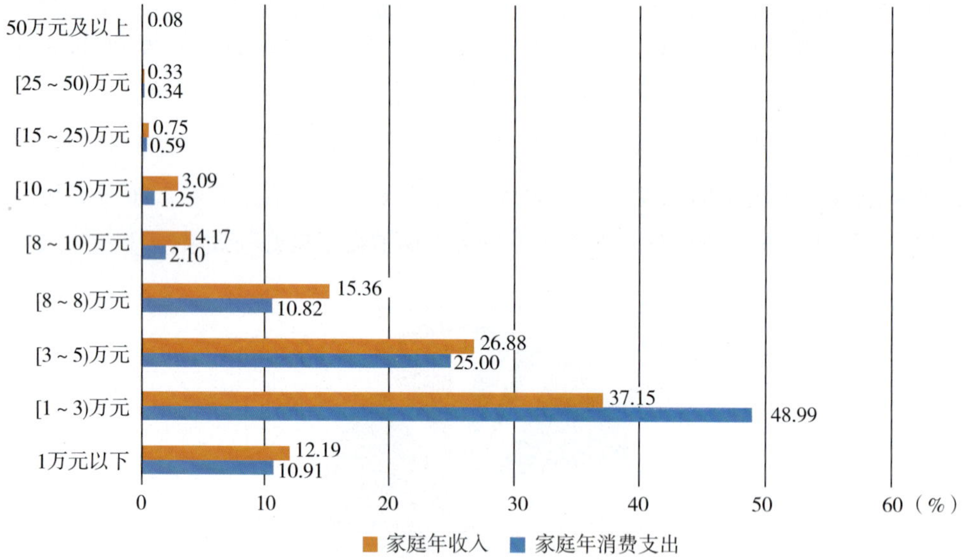

图12.14　样本家庭2013年家庭年收入（万元）与家庭年消费支出情况（%）

从图 12.14 可以发现，76.22% 的样本家庭年收入在 5 万元以下，这与本次调查的样本主要来自于农村地区有显著关系，其中 37.15% 的样本家庭年收入为 1 万 ~ 3 万元，另外有少数的样本家庭（4.25%）年收入在 10 万元及以上。而家庭年消费支出分布状况与家庭年收入状况基本类似。近一半（48.99%）的样本家庭年消费支出为 1 万 ~ 3 万元，另外有 2.19% 的样本家庭年消费支出在 10 万元及以上。

进一步分析发现，家庭年收入与家庭年消费支出两者相关性系数为 0.484，且在 0.01 水平（双侧）显著相关。通过简易有序 Logistic 回归结果进一步验证了家庭年收入对家庭年消费性支出有显著的正向影响作用，即家庭年收入越高，家庭年消费支出也趋于提高。

相比于 2013 年，仅有 16.27% 的样本家庭认为 2014 年家庭总收入会有所增长，近一半（45.62%）的样本家庭认为 2014 年与 2013 年家庭总收入没什么变化，甚至有 38.12% 的样本家庭认为 2014 年家庭总收入会有所减少，如图 12.15 所示。

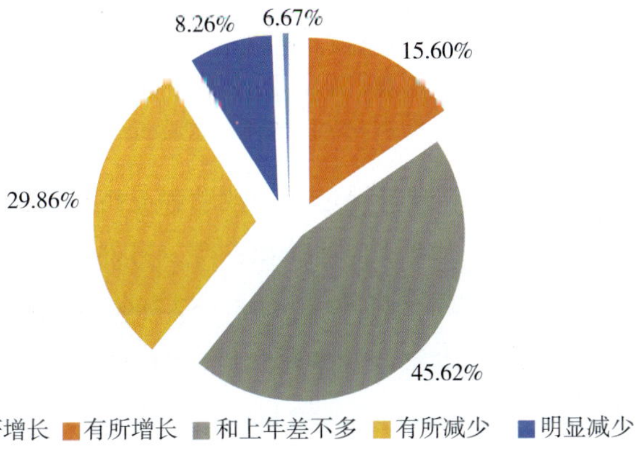

图12.15　相比于2013年，样本家庭2014年家庭总收入变化趋势

调查结果显示，仅 5.75% 的样本家庭受访者认为自己家庭收入在所在地区处于中上层，36.42% 的样本家庭受访者认为自己家庭收入在所在地区处于中层水平，而 57.83% 的样本家庭受访者认为自己家庭收入处于社会的中下层甚至下层水平，如图 12.16 所示。

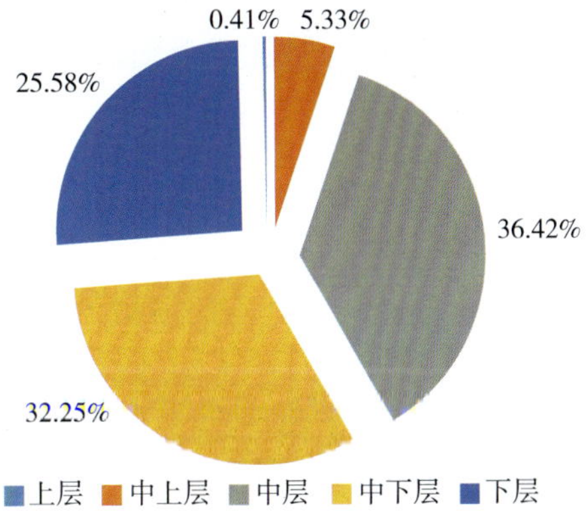

图12.16　样本家庭受访者认为家庭收入在所在地区所处层次情况（N=1200）

此外，47.68% 的样本家庭受访者认为自己家庭与其他家庭收入差距一直很大，其中 21.22% 认为该差距仍在继续扩大，7.61% 认为该差距在逐渐缩小，18.85% 认为该差距没什么变化；另外有 52.32% 的样本家庭受访者认为自己家庭与其他家庭收入差距不大，其中 31.36% 的认为该差距没什么变化，9.64% 的认为该差距在逐渐缩小，11.33% 的认为该差距有扩大的趋势，如图 12.17 所示。

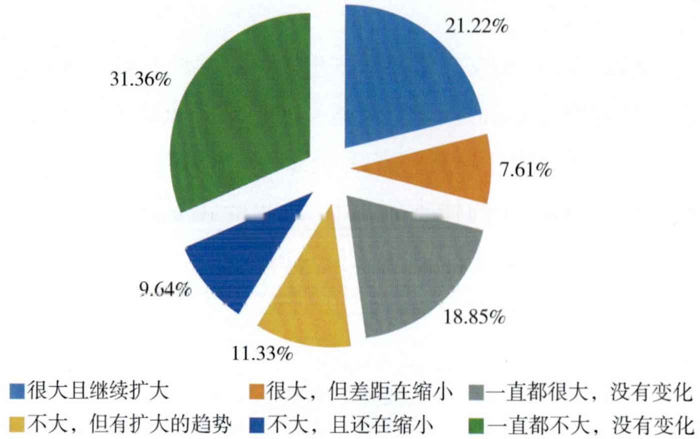

图12.17　样本家庭受访者认为自己家庭与其他家庭收入差距变化趋势（N=1183）

此次调查中，229 户样本家庭曾经获得过社会救助和支持，其中 217 户样本家庭获得 1 项社会救助或支持，7 户样本家庭获得 2 项社会救助和支持，另外有 1 户家庭同时获得过 3 项社会救助和支持。在获得过社会救助和支持的样本家庭中，57.78% 的获得过城乡最低生活保障，其他补助形式则占少数，如 9.78% 的样本家庭获得过农村特困户生活补助，7.11% 的样本家庭获得过城乡医疗救助，5.33% 的样本家庭获得过养老补助等，如图 12.18 所示。

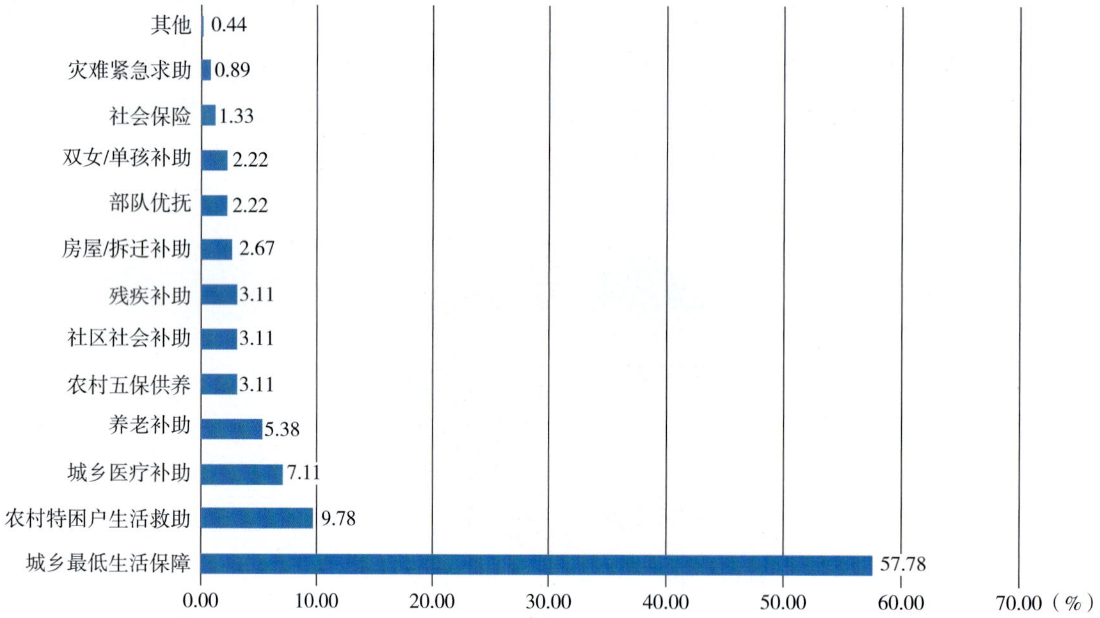

图12.18　样本家庭获得的社会救助或支持内容（N=225）（%）

调查结果显示，2013 年共有 197 户样本家庭获得救助资金。图 12.19 是这 197 户样本家庭获得社会救助资金的频率直方图，从图中可以看出，社会救助资金主要集中于 10000 元以内，极个别样本家庭获得过 50000 元左右的救助资金，总体来看，样本家庭平均获得了 3298.3 元的社会救助资金。

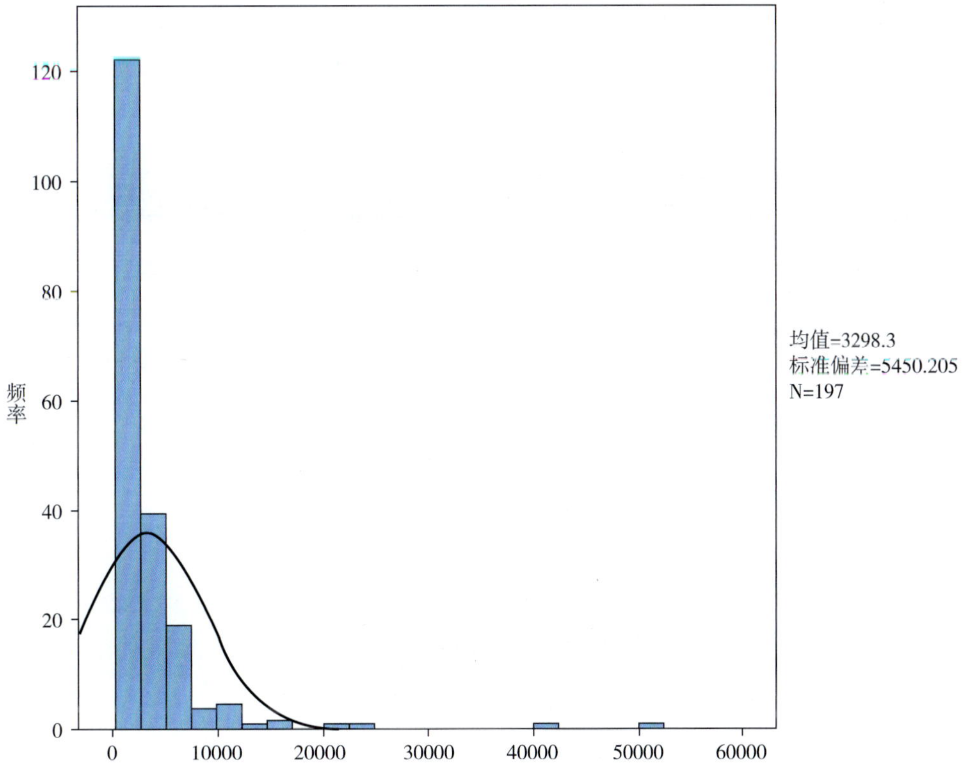

图12.19 样本家庭获得的社会救助资金频率直方图

仅有 32 户样本家庭受访者表示目前家庭支出没有造成任何经济压力，而其余 1168 户样本家庭则有不同方面的经济压力，如图 12.20 所示。其中，34.93% 的样本家庭最大的家庭支出压力来源于医疗，其次 24.66% 的样本家庭最大的家庭支出压力来源于子女教育，14.33% 的样本家庭最大的家庭支出压力来源于食品开支，另外有 7.28% 和 7.11% 的样本家庭最大的家庭支出压力分别来源于住房和人情送礼。

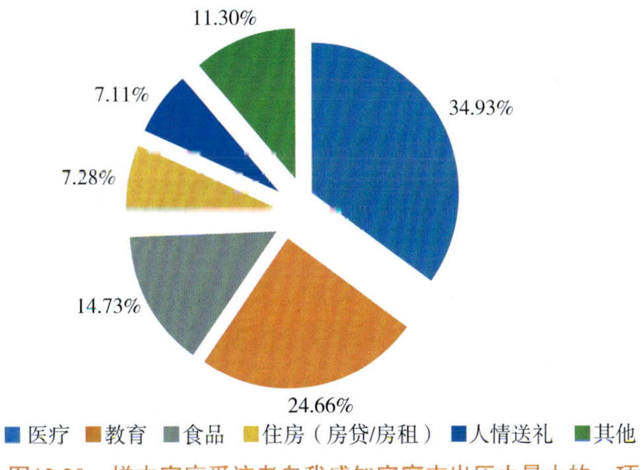

图12.20 样本家庭受访者自我感知家庭支出压力最大的一项

5. 样本家庭子女教育情况

本小节主要分析样本家庭子女的教育阶段分布、教育机构选择、参加课外辅导或培训班以及教育支出等情况。

（1）样本家庭子女所处教育阶段分布情况

统计结果显示，40.30% 的样本家庭中没有处于教育阶段的子女，而其余 59.70% 的样本家庭中均包含处于不同教育阶段的子女。其中，子女处于小学阶段的样本家庭最多，占包含有处于教育阶段子女样本家庭的 31.00%，其次为学前（幼儿园）阶段，占 24.26%，另外有 10.10% 的包含有处于教育阶段子女样本家庭，其子女处于本科院校及以上教育阶段，如图 12.21 所示。

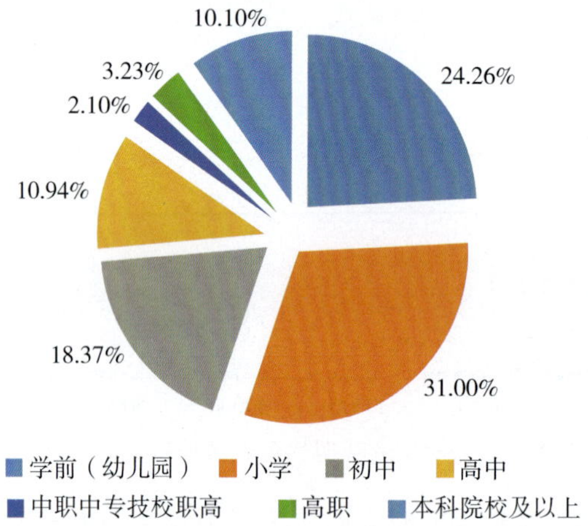

图12.21　样本家庭内子女所处教育阶段分布

（2）样本家庭子女就读学校机构类别及选择原因

81.22% 的包含有处于教育阶段子女的样本家庭，选择让子女在公办学校接受教育，而 18.78% 的选择让子女在民办学校接受教育。对于这些选择让子女在民办学校接受教育的样本家庭，其决策理由也各不相同。其中，最主要的理由依次有四点：民办学校离家近，交通方便（30.56%），民办教学质量高（13.89%），公办资源紧缺，学位不足（11.11%），不符合条件无法进入公办学校（9.72%）。

（3）样本家庭子女参加课外辅导或培训班情况

约 1/5（21.57%）的包含有处于教育阶段子女样本家庭的子女参加了课外辅导或培训班，而将近 4/5 的样本家庭子女未参加任何课外辅导或培训班。

在子女参加课外辅导或培训班的样本家庭中，75.35% 是家长自主决定让子女参加辅导的，24.65% 是在学校或老师的推荐下参加的课外辅导或培训班。

对于这次子女参加课外辅导或培训班的样本家庭，2014 年该类支出均值约为 3944.26 元，其中支出最多的已达 40000 元，最少的为 100 元；平均每周参加次数均值为 2.32 次，最多为每周要参加 7 次培训班；平均每次时长为 2.43 个小时，最多每次可达 8 个小时，最少的为 1 个小时，如表 12.6 所示。

表12.6　　样本家庭子女参加课外辅导或培训班支出情况

	2014年参加课外辅导或培训班总支出（元）	平均每周参加次数（次）	平均每次时常（小时）
均值	3944.26	2.32	2.43
最大值	40000	7	8
最小值	100	1	1

（4）样本家庭子女教育总支出情况

调查结果显示，2013 年，平均每个包含有处于教育阶段子女的样本家庭有 1.23 个上学的子女，其中，72.50% 的样本家庭拥有 1 个上学的小孩，25.60% 的样本家庭拥有 2 个上学的小孩，仅 1.91% 的样本家庭拥有 3 个上学的小孩。

经估算，2013 年，样本家庭平均教育总支出为 10070 元，教育总支出平均占到家庭生活总支出的 28.26%。

（5）样本家庭因子女教育而租房或购房情况

调查结果显示，为了陪孩子上学，有 14.04% 的样本家庭选择在学校周边租房，平均每年租房费用为 4000 元；为了孩子能够上好的学校，有 1.52% 的样本家庭选择购置了学区房，平均购房成本为 37.9 万元。

6. 样本家庭医疗卫生情况

本小节主要分析样本家庭日常患病时对医疗机构的选择、对公立与民营医院的态度以及样本家庭内成员住院情况等。

在日常患病时，20.83% 的样本家庭选择自己买药治疗，而 43.50% 的样本家庭则会选择去村卫生室 / 诊所就诊，这与本调查选取的样本范围主要来源于农村地区有很大关系，其次有 14% 的样本家庭选择区或县医院就诊，11.25% 的样本家庭选择乡镇卫生院就诊，7% 的样本家庭选择区域内最好的大医院就诊，3.42% 的样本家庭选择社区卫生服务中心（站）就诊，如图 12.22 所示。该统计结果并不能有效反映陕西省所有居民日常患病时的医疗机构选择趋势，只在一定程度上反映出农村居民日常患病时的医疗机构选择情况。

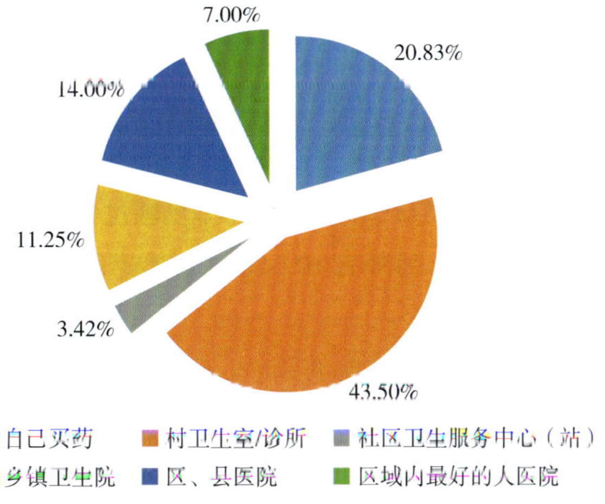

图12.22　样本家庭日常选择医疗机构情况

调查发现，约 9.42% 的样本家庭受访者无法正确区分或判断更信任公立医院还是民营（私立）医院。此外，68.06% 的样本家庭更信任公立医院，仅少数（5.09%）的样本家庭更信任民营（私立）医院而非公立医院，另外有 16.51% 的样本家庭对于公立或民营（私立）医院都信任，还有极少数（0.92%）的样本家庭对于公立或民营（私立）医院都不信任，如图 12.23 所示。

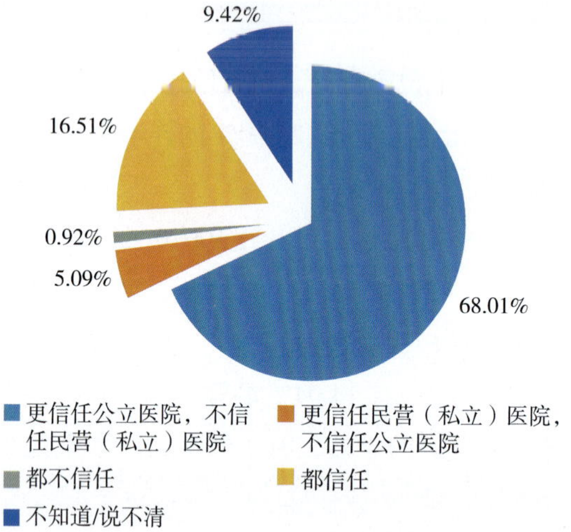

图12.23　样本家庭对公立医院或民营（私立）医院的信任情况

对于公立医院或民营（私立）医院不信任的原因有多方面，如表 12.7 所示。如谈及不信任民营（私立）医院的原因，主要有四方面，即民营（私立）医院的医生和设备水平低、费用太贵、为挣钱损害患者利益及医保报销困难，这几点也正是当前民营医院确实存在的问题；当谈及为何不信任公立医院时，主要原因有费用太贵、挂号难、排队长、医生和设备水平低及医生责任心不强，对于样本家庭反映的这四方面，费用太贵（费用增长太快）与挂号难、排队长确实已成为当前公立医院发展的顽疾与阻碍，这也是国家卫生部门在公立医院改革中重点考虑的问题。

表12.7　对医院不信任原因（样本数）

主要原因	不信任民营（私立）医院	不信任公立医院	都不信任
1	医生和设备水平低（406）	费用太贵（31）	医生责任心不强（10）
2	费用太贵（189）	挂号难、排队长（8）	费用太贵（6）
3	为挣钱损害患者利益（84）	医生和设备水平低（7）	为挣钱损害患者利益（6）
4	医保报销困难（41）	医生责任心不强（5）	挂号难、排队长（4）

对于家庭成员近两年住院情况，54.05% 的样本家庭反映过去两年内无任何家庭成员住过院，35.41% 的样本家庭内有成员住过院，另外有 10.54% 的样本家庭内存在应住院而未住院的现象，如图 12.24 所示。

对于这些样本家庭成员应住院而未住院的原因，64.57% 的样本家庭反映是因为没钱住院，这可以从两方面进行分析，首先是样本家庭收入比较低，其次为医疗机构医疗费用昂贵，将给样本家庭带来巨大的家庭经济压力，对于这部分群体，卫生部门在医疗保障或医疗救助政策方面应给予一定程度的倾斜。另外则有少数的原因是没时间住院（5.51%）、床位紧张而住不进去（0.79%）、住院环境太差（0.79%）及不信任医生（0.79%）。此外还有 26.77% 的是因为自己认为不需要从而不住院，如图 12.25 所示。

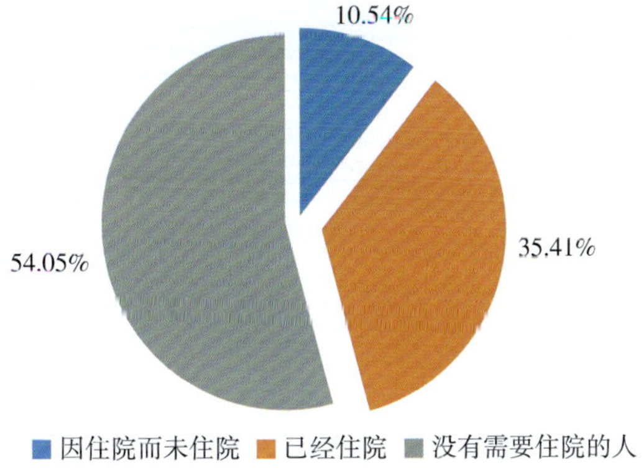

图12.24　样本家庭过去两年内家庭成员住院情况

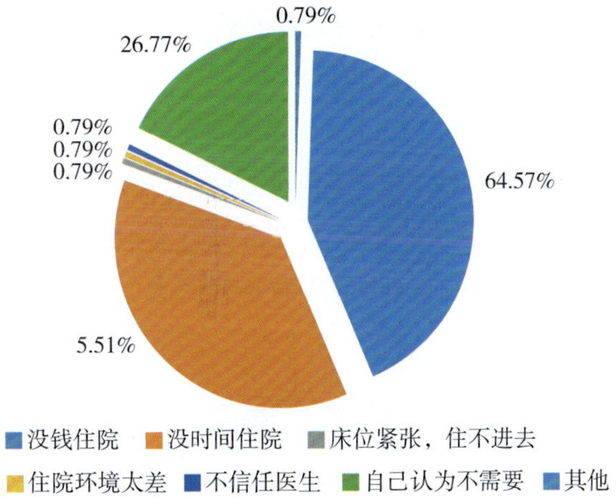

图12.25　样本家庭成员因住院未住院原因

由于住院费用情况（住院总费用、个人支付、医保报销及其他费用数据）存在较多错误与纰漏，本报告不再做具体展示，只对医保报销比例进行粗略测算。测算结果显示，住院费用医保报销比例最低为 0，最高为 93.90%，而平均医保报销比例仅为 34.96%。

当家庭成员患病时，绝大多数的样本家庭（65.64%）并未因病向外筹资，而其余 34.36% 的样本家庭则通过多种方式向外筹资。其中 31.88% 的样本家庭通过找人借款来筹资，还有个别样本家庭通过家庭财产抵押贷款、变卖家庭资产、赊账 / 高利贷、亲属资助的方式筹资。

图 12.26 为样本家庭 2013 年家庭医疗总支出的频率直方图。平均每户样本家庭 2013 年家庭医疗总支出为 10085.02 元，有少数样本家庭 2013 年家庭医疗总支出达到 15 万元左右。此外，本小结结合前文样本家庭年支出情况，粗略测算得出 2013 年样本家庭平均医疗总支出占家庭年支出比例为 30.19%。

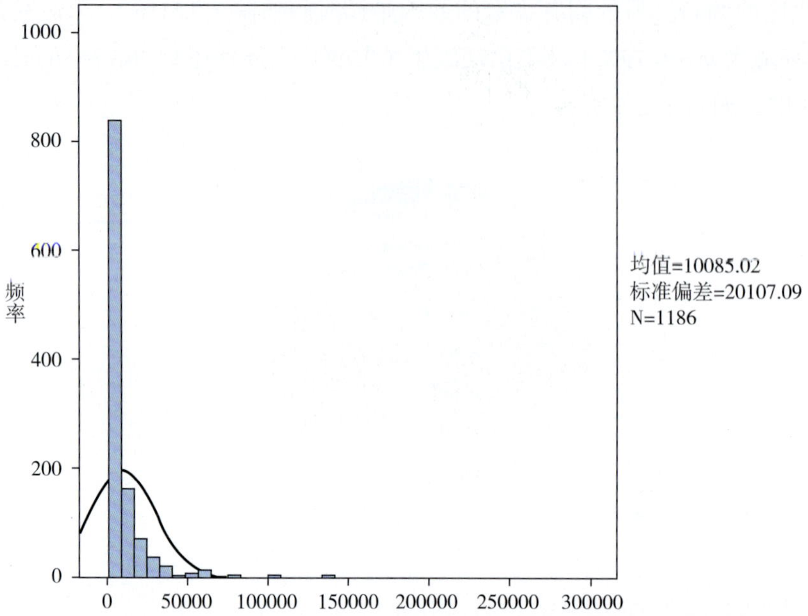

图12.26 样本家庭2013年家庭医疗总支出频率直方图

7. 样本家庭养老保障情况

本小节主要分析样本家庭受访者对于养老保障的态度以及家庭养老的情况。

近 52.41% 的样本家庭受访者对于未来的养老经济保障不担心,甚至还未考虑过养老的问题;而其余 47.59% 的样本家庭受访者则反映或多或少有一些压力，其中，22.33% 的样本家庭受访者非常担心养老的经济保障，如图 12.27 所示。

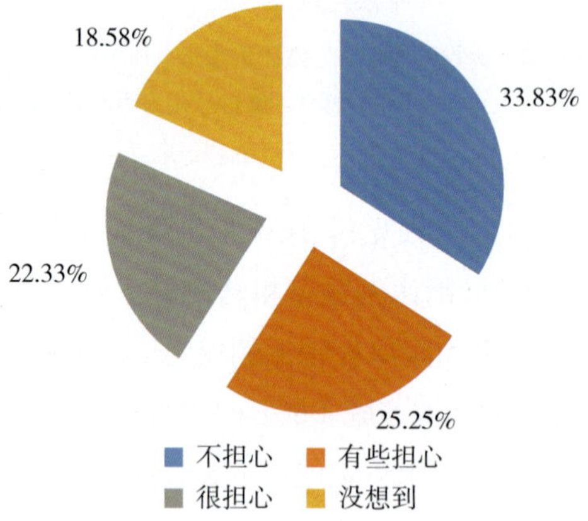

图12.27 样本家庭受访者对养老经济保障的态度

对于未来的养老问题，15.78% 的样本家庭受访者反映暂时没想法，而 27.38% 的样本家庭受访者反映未来主要由儿女养老，23.37% 的样本家庭受访者反映由社保养老金养老，17.78% 和 11.60% 的样本家庭受访者分别反映依靠退休金和个人储蓄来养老。

本次调查中，41.69% 的样本家庭内没有需要赡养和照顾的 60 岁及以上老人，其余 58.31%

的样本家庭均有 60 岁及以上的老人需要照顾。其中，15.68% 的样本家庭只给予经济支持，不需要提供生活照顾，29.07% 的样本家庭需要同时提供经济支持与生活照顾，也有 9.32% 的样本家庭不需要提供资助和照顾，如图 12.28 所示。

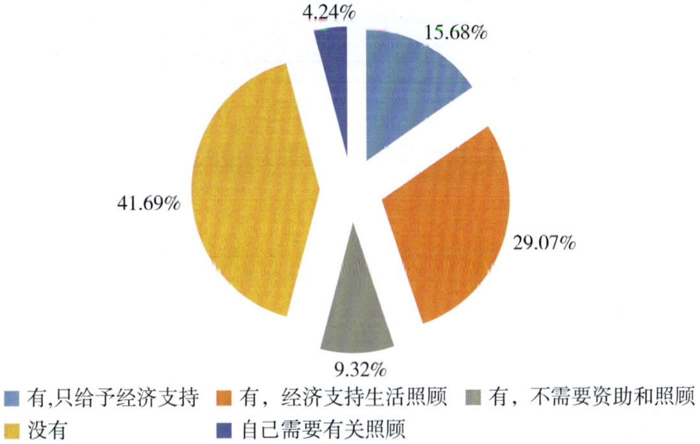

图12.28　样本家庭中需要赡养和照顾的60岁及以上老人情况

2013 年，含 60 岁及以上需要赡养和照顾老人的样本家庭养老支出均值为 4379.25 元，如图 12.29 所示。此外，针对 60 岁以上需要赡养和照顾的受访者，本研究分析了 2013 年由其家人给予的经济资助总额占其养老费用的比例，最少为 0，即受访者养老费用全部由自己承担，最多的有家人给予的经济资助总额远远超过受访者养老费用所需，最高能达到 2.4 倍。总体平均来看，样本家庭中子女提供的经济资助总额占老人养老费用的 71.54%。

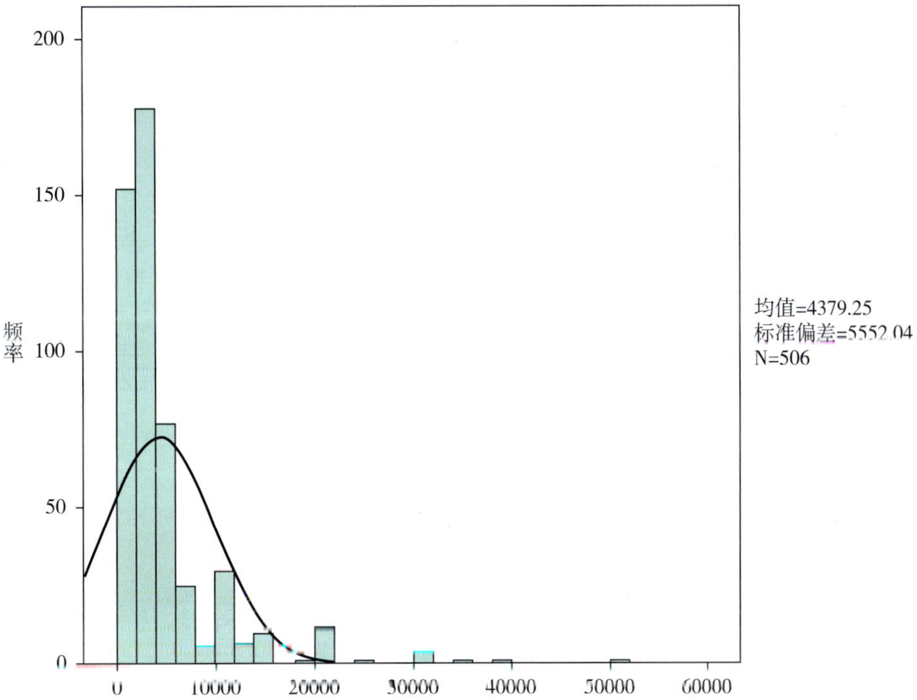

图12.29　2013年含60岁以上需要赡养和照顾老人的样本家庭养老支出直方图

8. 样本家庭住房保障情况

本小节主要分析样本家庭的住房类型、多套房情况、购房意愿及住房保障政策期望等情况。

调查发现，65.16% 的样本家庭住房为自建住房，这与农村地区的住房主要为家庭自建住房相符合。其他住房类型分布则比较平均，如单位福利分房、自购商品住房、父母住房、政策性住房等。

从样本家庭住房面积频率分布直方图来看，由于超过 60% 的样本家庭为自建住房（建筑面积会非常大），所以导致陕西省样本家庭住房面积平均为 120.39m^2，从图中也可以看到，有些住房面积达到将近 400m^2。

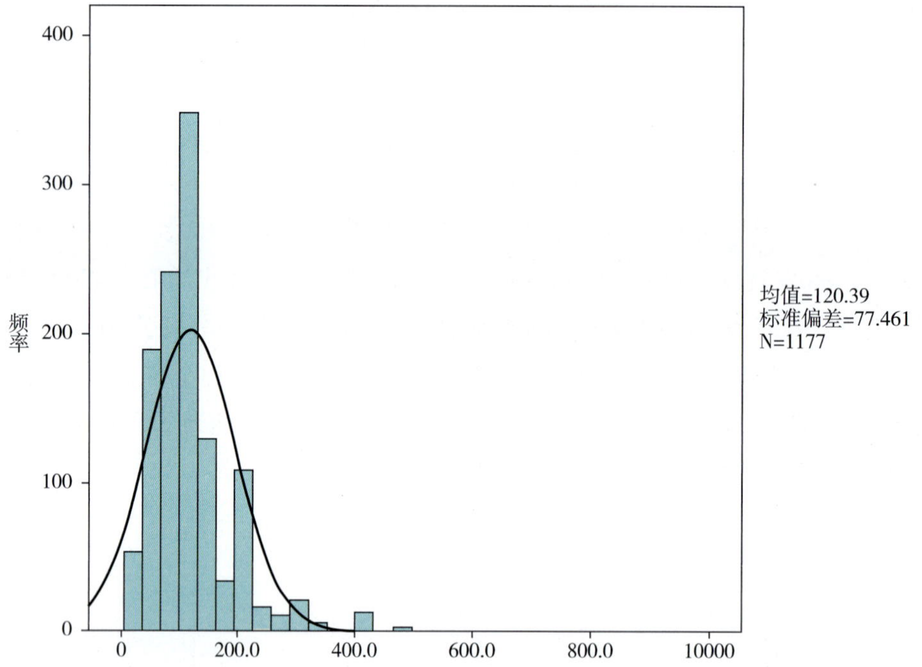

图12.30 样本家庭住房面积频率分布直方图

表 12.8 和 12.9 为样本家庭多套住房及其他住房所处状态统计情况，其中，9.24% 的样本家庭在本市还拥有其他住房，本市其他住房所处状态主要是自己或家人居住（35.11%）、闲置（27.66%）、未交付（15.96%）或者出租（11.70%）；0.93% 的样本家庭在外市拥有其他住房，这些住房也主要是自己或家人居住（44.44%）；另外，有 15.03% 的样本家庭在农村拥有多套住房，这些住房主要是自己和家人居住（65.36%），或者闲置（18.30%）。

表12.8 样本家庭多套住房情况

多套住房	是否拥有（%）		均值（套）
	是	否	
本市其他住房	9.24	90.76	1.18
外市其他住房	0.93	99.07	1.22
农村住房	15.03	84.97	1.02

表12.9　　样本家庭多套住房所处状态（%）

状态	本市其他住房	外市其他住房	农村住房
自己（家人）居住	35.11	44.44	65.36
间歇性回去居住	—	—	6.54
交给亲戚或朋友看管	—	11.11	—
出租	11.70	11.11	—
闲置	27.66	22.22	18.30
未交付在建或装修	15.96	—	5.88

对于未来两三年的购房打算或计划，82.72% 的样本家庭表示不打算购房，另外有 7.21% 的样本家庭准备购买商品房，5.20% 的样本家庭准备购买政策性住房，少数 1.91% 的样本家庭准备买房用来投资。

另外，本研究还调查了样本家庭希望政府在住房保障政策方面的最大保障。25.20% 的样本家庭表示对政府的住房保障政策无任何期待或根本没想过，而其余约 75% 的样本家庭对住房保政策的期望则不尽相同，其中，17.91% 的样本家庭希望政府能够限购限价，降低房价，14.85% 的样本家庭希望政府在农村危旧房屋改造方面出台相关保障措施或政策，9.99% 和 9.36% 的样本家庭希望政府能做到“一户一宅”应保尽保以及保障农民的宅基地使用权与住房财产权不受侵害，7.92% 的样本家庭希望政府能进一步扩大保障房覆盖范围等。

除上述调查分析之外，本研究对于样本农业家庭在城市购置房屋的目的也进行了调查。其中，40.91% 的样本农村家庭是为了自己居住而在城市购房，36.36% 的样本农村家庭在城市购置房屋是为了子女居住，另外也有 18.18% 的样本农村家庭是为了陪子女读书从而在城市购房，统计结果如图 12.31 所示。

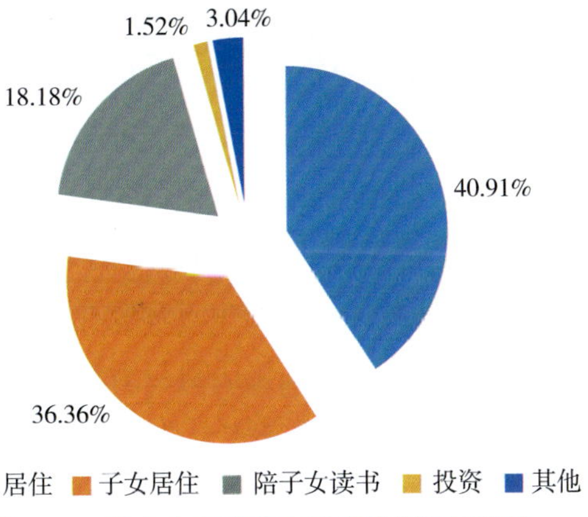

图12.31　样本农业家庭在城市购置房屋目的

9　样本家庭对所居住生活环境评价情况

本小节主要分析样本家庭对所居住地区生活环境的质量、生态环境的变化情况、生活方便程度、农业污染处理及食品安全等问题的评价情况。

本次调查从空气质量、生活用水质量、生活垃圾处理、生活污水处理、安静与绿化环境等六方面对居住生活环境质量进行评价，如图 12.32 所示。① 75.25% 的样本家庭认为所居住环境的空气质量比较好或非常好，也有 21% 的样本家庭认为空气质量不太好甚至非常差；② 65.66% 的样本家庭认为居住环境的生活用水质量比较好或非常好，也有 18% 的样本家庭认为生活用水质量不太好甚至非常差；③ 52.17% 的样本家庭认为居住环境的生活垃圾处理比较好或非常好，也有 28.55% 的样本家庭认为生活垃圾处理不太好甚至非常差；④ 49% 的样本家庭认为居住环境的生活污水处理比较好或非常好，也有 27.18% 的样本家庭认为生活污水处理不太好甚至非常差；⑤ 71.92% 的样本家庭认为居住环境的安静程度比较好或非常好，也有 14.67% 的样本家庭认为安静程度不太好甚至非常差；⑥ 68.58% 的样本家庭认为居住环境的绿化处理比较好或非常好，也有 12.50% 的样本家庭认为绿化环境不太好甚至非常差。

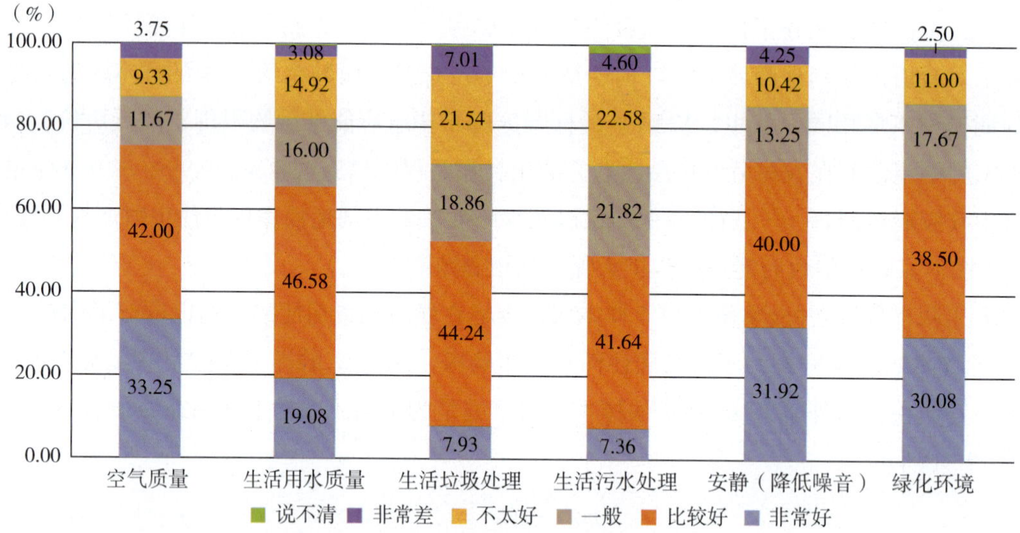

图12.32　样本家庭居住生活环境质量评价（%）

相比较而言，样本家庭对于生活污水处理的好评不足半数，而其他五项的好评则均超过半数，其中尤以空气质量的好评比例最高，达到 75.25%。

总体来讲，47.9% 的样本家庭认为居住地生态环境在好转，40.41% 的样本家庭认为生态环境相对稳定，也有 10.70% 的样本家庭认为居住地生态环境在恶化，如图 12.33 所示。

本次调查从交通出行、生活服务配套、文化活动与治安状况等四方面对居住生活方便程度进行评价，如图 12.34 所示。① 80.28% 的样本家庭认为所居住地区的交通出行比较好或非常好，也有 11.12% 的样本家庭认为交通出行不太好甚至非常差；② 63.69% 的样本家庭认为居住环境的生活服务配套比较好或非常好，也有 14.39% 的样本家庭认为生活服务配套不太好甚至非常差；③ 33.22% 的样本家庭认为居住环境的文化活动比较好或非常好，也有 37.74% 的样本家庭认为文化活动不太好甚至非常差；④ 75.52% 的样本家庭认为居住环境的治安状况比较好或非常好，

表13.7 收入层次自评与就业类型、教育状况的交互表

<table>
<tr><th>收入层次</th><th>就业类型</th><th>收入层次</th><th>教育状况</th></tr>
<tr><td rowspan="4">中层</td><td>党政机关从业人员</td><td rowspan="3">中层</td><td>大专/高职</td></tr>
<tr><td>教科文卫事业单位</td><td>本科</td></tr>
<tr><td>国有企业职工</td><td>研究生及以上</td></tr>
<tr><td>合资外资港澳台员工</td><td rowspan="7">中下层</td><td>未上学</td></tr>
<tr><td rowspan="9">中下层</td><td>专业务农</td><td>小学肄业</td></tr>
<tr><td>农村自营业者</td><td>小学在读或毕业</td></tr>
<tr><td>社会团体（工青妇等）</td><td>初中肄业</td></tr>
<tr><td>民营/私企职工</td><td>初中在读或毕业</td></tr>
<tr><td>民非企业非营利组织</td><td>高中/中专/技校肄业</td></tr>
<tr><td>个体工商户</td><td>高中/中专/技校在读或毕业</td></tr>
<tr><td>自由职业者</td><td rowspan="4">下层</td><td>大专/高职</td></tr>
<tr><td>非固定单位临时务工</td><td rowspan="3">小学肄业</td></tr>
<tr><td>其他</td></tr>
<tr><td>下层</td><td>兼业农民</td></tr>
</table>

注：子课题组自定。

从表 13.7 中可以看出，不同属性的群体对自己经济地位的评价是不同的，当然，所选取的职业和教育两个变量之间也是有相关性的，所以，我们只做单一的描述和判断。

一个社会成员或社会群体从一个社会阶级或阶层转到另一个社会阶级或阶层，从一种社会地位向另一种社会地位，从一种职业向另一种职业的转变的过程叫做社会流动。比如，问卷中 D02. C02 题中，回答“显著提高”和“有所提高”的被访者家庭，就是社会向上流动的一种表现。

每一个社会成员都希望能够向上流动。能够为社会成员提供更多向上流动机会的社会才是良性发展的社会，能够为社会成员提供更多向上流动帮助的政府才是以人为本的政府。良性健康的、开放弹性的社会流动对一个社会的发展极为重要，是社会进步和发展的动力。

如果绝大部分社会成员的地位能够靠个人努力而获得，这样的社会才有利于社会公平的实现，有利于和谐社会的构建；相反，如果各阶层之间流动受阻，即如果大部被访者回答“有所下降”和“明显下降”则称为阶层固化或退化，阶层固化将对社会发展与稳定产生严重危害，不仅抑制个人的发展，而且阻碍中国梦的实现。

四、民生问题之社会态度

层次或者地位的自我评估、生活满意度，对未来信心、政府工作评价等都可以归纳为是居民社会态度的各个方面，社会态度是个体或家庭对社会存在所持有的一种协调一致的、有组织

的、习惯化和稳定的心理倾向。社会态度源于社会生活的感受和评价，并会随之变化和改变。图 13.8 说明了被访居民对于几项民生问题的社会态度。

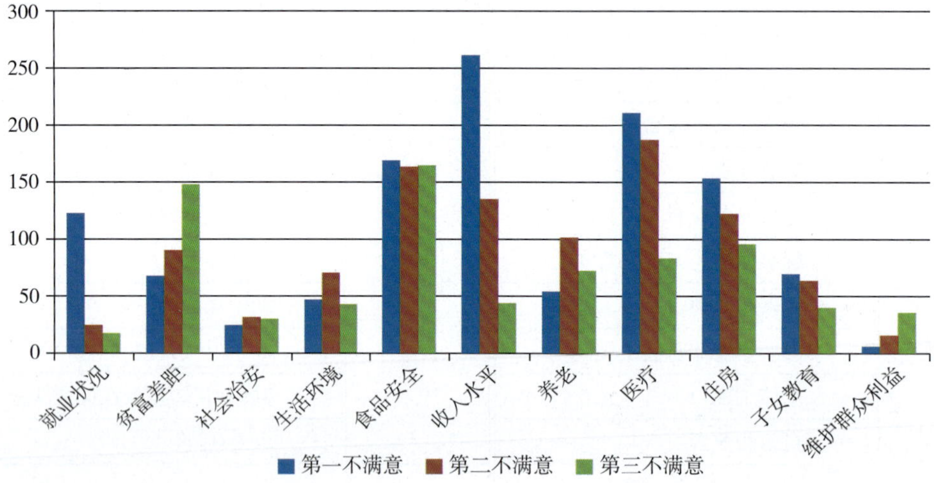

图13.8　民生问题和满意度交互分析

数据来源：调查问卷 C04 题。

表13.8　民生问题和满意度交互分析

第一不满意	频数	百分比（%）	第二不满意	频数	百分比（%）	第三不满意	频数	百分比（%）
收入水平	261	21.75	医疗卫生	187	15.58	食品安全	165	13.75
医疗卫生	210	17.50	食品安全	163	13.58	贫富差距	148	12.33
食品安全	169	14.08	收入水平	135	11.25	住房	96	8.00
住房	153	12.75	住房	122	10.17	医疗卫生	83	6.92
就业状况	122	10.17	养老	102	8.50	养老	72	6.00
子女教育	69	5.75	贫富差距	90	7.50	收入水平	44	3.67
贫富差距	68	5.67	生活环境	71	5.92	生活环境	42	3.50
养老	54	4.50	子女教育	64	5.33	子女教育	40	3.33
生活环境	47	3.92	社会治安	31	2.58	维护群众利益	35	2.92
社会治安	25	2.08	就业状况	24	2.00	社会治安	30	2.50

数据来源：调查问卷 C04 题。

从图 13.8 和表 13.8 中可以看出，被访居民对于民生问题最不满意的三项主要集中在收入水平、医疗卫生和食品安全方面，其中，食品安全是近年来绝大部分居民最为关切的民生问题。

结合图 13.8 和图 13.9，可以看出，被访居民对于食品安全问题的关切是通过近几年来的对比后所表达的社会态度。

以上数据也充分说明了，食品安全仍然是最大的民生问题，不仅关系当下的民生，还关系到代际民生。解决好食品安全这个民生之本，不仅需要相关法律的制定和完善，更需要全社会的参与和监督。

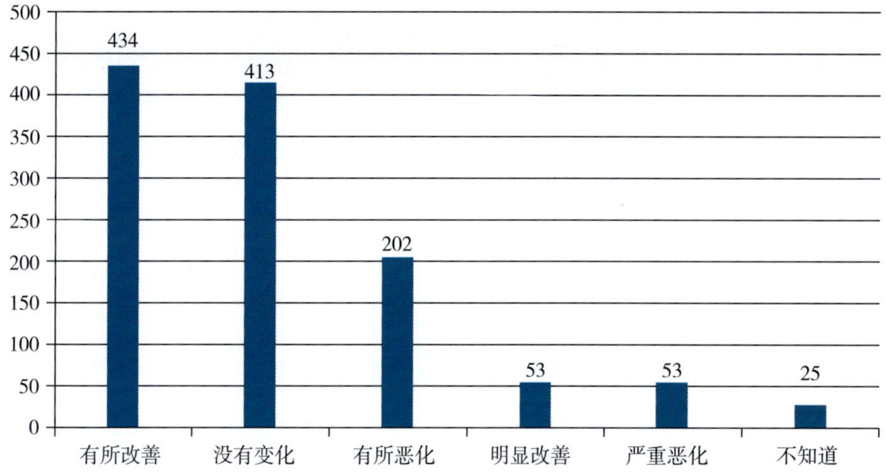

图13.9 近两三年来食品安全问题的改善状况

数据来源：调查问卷 I05 题。

五、民生问题之消费压力

消费是家庭非常重要的经济活动，也是衡量生活满意度的一个重要维度。通常，消费压力的大小受到实际支付能力的影响，而实际支付能力与实际物价、工资水平、家庭财富、理财能力等息息相关。从收入层面来看，低收入者对于消费水平的敏感度要大于高收入者，也就是说，物价的高低对于较低收入群体的影响程度更加明显；从职业层面上来看，每种职业群体把医疗消费、住房消费和食品消费作为影响家庭生活质量的三大消费因素，也是支出压力最大的三项，如图 13.10 所示。

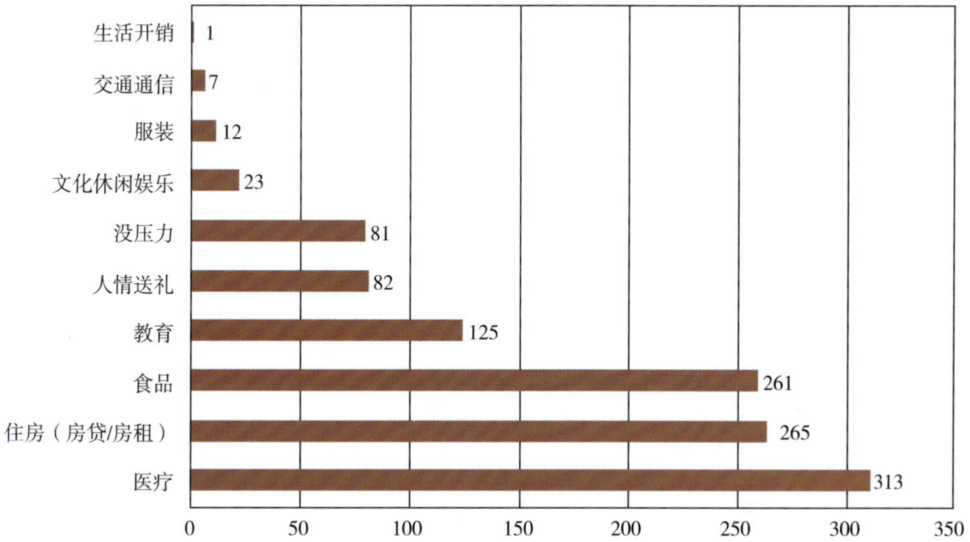

图13.10 被访者感觉家庭支出压力最大的一项

表13.9　2013年和2014年问卷中被访者感觉家庭支出压力最大一项对比

排序	2013年问卷数据		排序	2014年问卷数据		次序变化
1	食品	27.30%	1	医疗	26.08%	4—1
2	住房（贷款、房租等）	25.00%	2	住房（房贷/房租等）	22.08%	2—2
3	子女教育/培养	22.25%	3	食品	21.75%	1—3
4	医疗	14.15%	4	教育	10.42%	3—4
5	没压力	5.00%	5	人情送礼	6.83%	6—5
6	人情送礼	1.65%	6	没压力	6.75%	5—6
7	其他	1.25%	7	赡养老人	2.08%	8—7
8	赡养老人	1.15%	8	文化休闲娱乐	1.92%	11—8
9	服装	0.75%	9	服装	1.00%	9—9
10	交通通信	0.70%	10	交通通信	0.58%	10—10
11	文化休闲娱乐	0.40%	11	其他	0.08%	7—11

从图13.10和表13.9中可以看出，2014年被访居民认为医疗消费的支出是压力最大的因素之一，说明“看病贵”在百姓实际生活中仍然是一个很大的民生问题。而这个问题在问卷的医疗卫生部分也有印证，其中对医院不信任的主要原因中，“费用太贵”不仅排在首位，而且所占比例远远超出其他选项，这也是居民对医疗卫生状况的满意度和信任度不高的原因之一，这一分析结果在表13.8、表13.9、表13.11和图13.10中均有所综合体现。

六、民生问题之住房保障

将住房保障单独拿出来做分析，一是关于住房的调查数据比较完备整齐；二是住房与消费、教育、养老均有交集，尤其是与问卷中的“生活环境”部分有强烈的相关性。

住房兼具有消费品和投资品的双重属性，一方面是提供和改善居住条件，另一方面是积累和增加财富。拥有住房不仅能为整个家庭带来短期和长期的经济收益，而且，住房的价值已经无可厚非地成为整个家庭财富来源的重要组成部分。大量研究表明，中国城镇家庭具有较高的住房自有率，拥有自己的住房，仍然是大多数家庭追求的目标。

另外，住房作为家庭最大的财富，它的代际转移会影响到下一代的生活机会和生活成本。从这个角度来讲，住房的市场化不仅并未从根本上缓解原有住房分配制度的不公平，甚至延续和固化了这种拥有财富机会的不公平性，住房在社会民生体系的延续和变动中扮演着及其重要的角色。

表13.10　被访者住房属性一览表

住房属性	频率	百分比（%）
市场租赁房	308	25.67
自购商品住房	285	23.75

续表

住房属性	频率	百分比（%）
廉租房（或公租房）	128	10.67
自建住房	116	9.67
购买的政策性住房	108	9.00
单位福利分房	107	8.92
父母住房	59	4.92
拆迁安置房	51	4.25
租住单位房/公寓/宿舍	31	2.58
其他	6	0.005

数据来源：调查问卷 H01 题。

表13.11　　被访者对政府在住房保障政策上的最大期望

对政府在住房保障政策上最大的期望——选项排序-1	频率	百分比（%）
限购限价，降低房价	407	33.92
扩大保障房覆盖范围	342	28.50
赋予农村住房完全产权（可抵押、转让）	76	6.33
准予组织自建房，并给予优惠条件	64	5.33
保障农民的宅基地使用权和住房财产权不受侵害	53	4.42
确保分家之后能够分到宅基地建房	52	4.33
提高租金补贴水平	47	3.92
没有期待	45	3.75
农村危旧房屋改造	43	3.58
开征房产税	24	2.00
移民拆迁分房，新农村改造	15	1.25
住房设施规划环境改善	7	0.58
政府资金补贴，公积金使用，贷款保障	4	0.33
没想过	2	0.17

数据来源：调查问卷 H06 题。

表13.12　　被访者对政府在住房保障政策上的最大期望

对政府在住房保障政策上最大的期望——选项排序-2	频率	百分比（%）
限购限价，降低房价	244	20.33
提高租金补贴水平	95	7.92
保障农民的宅基地使用权和住房财产权不受侵害	81	6.75
扩大保障房覆盖范围	71	5.92
准予组织自建房，并给予优惠条件	68	5.67
开征房产税	49	4.08
确保分家之后能够分到宅基地建房	37	3.08
农村危旧房屋改造	30	2.50

续表

对政府在住房保障政策上最大的期望——选项排序-2	频率	百分比（%）
赋予农村住房完全产权（可抵押、转让）	17	1.42
没有期待	1	0.08

数据来源：调查问卷 H06 题。

从表 13.10 可以看出，被访居民的住房属性主要集中在购买的商品房和市场租赁房这两大类上。表 13.11 反映出被访者对政府在住房保障政策上的最大期望集中在增加“两限房”和“保障房”这两类房屋供给上，而这两类房屋在很大程度上又受到户籍等因素的制约。所以，政府在住房保障的政策上还是需要综合考虑各项因素，让居民的住房民生问题有所改善。

七、民生问题之生活环境

生活环境是居民最为切身感受的民生问题，不仅与健康、职业、文化等息息相关，也是检验政府服务好坏的标尺之一。好的生活环境可以促进居民之间的社会融合，提高生活质量。坏的生活环境却容易形成恶性循环的怪圈，甚至触发治安案件的发生。

表13.13　被访者居住区生活环境质量评价

空气质量	频数	百分比（%）	绿化环境	频数	百分比（%）
比较好	486	40.50	一般	478	39.83
一般	382	31.83	比较好	461	38.42
不太好	217	18.08	不太好	117	9.75
非常差	66	5.50	非常好	114	9.50
非常好	46	3.83	非常差	28	2.33
交通出行	频数	百分比	治安状况	频数	百分比
比较好	609	50.75	比较好	527	43.92
非常好	280	23.33	一般	430	35.83
一般	236	19.67	非常好	137	11.42
不太好	65	5.42	不太好	89	7.42
非常差	9	0.75	非常差	10	0.83

数据来源：调查问卷 I01 题。

表13.14　被访者居住区生活环境质量评价

生活用水质量	频数	百分比（%）	生活服务配套	频数	百分比（%）
一般	517	43.08	比较好	558	46.50
比较好	500	41.67	一般	441	36.75
不太好	89	7.42	非常好	118	9.83
非常好	79	6.58	不太好	71	5.92
非常差	12	1.00	非常差	7	0.58
说不清	1	0.08	说不清	3	0.25

续表

生活垃圾处理	频数	百分比（%）	生活污水处理	频数	百分比（%）
一般	518	43.17	一般	512	42.67
比较好	491	40.92	比较好	469	39.08
不太好	109	9.08	不太好	86	7.17
非常好	64	5.33	非常好	76	6.33
非常差	13	1.08	说不清	37	3.08
说不清	2	0.17	非常差	14	1.17
安静（降低噪音）	频数	百分比（%）	文化活动	频数	百分比（%）
非常好	104	8.67	非常好	116	9.67
比较好	418	34.83	比较好	479	39.92
一般	422	35.17	一般	455	37.92
不太好	195	16.25	不太好	75	6.25
非常差	58	4.83	非常差	17	1.42
说不清	2	0.17	说不清	56	4.67

数据来源：调查问卷 I01 题。

八、民生问题之政府服务

政府服务水平是影响居民民生质量的一个重要变量，居民对政府服务的满意度是衡量其服务水平的最直接的指标之一，也是检验城市管理优劣的标准之一。此次问卷调查主要侧重于官员的失职渎职和居民的反腐信心两大方面。

表13.15　　被访者对当地政府服务总体评价以及对政府官员部分行为改善评价

总体评价	频数	百分比（%）	不办事/推诿	频数	百分比（%）
基本满意	605	50.42	有所改善	527	43.92
一般	362	30.17	不变	308	25.67
很满意	105	8.75	不清楚	173	14.42
不太满意	76	6.33	明显改善	149	12.42
不回答/不清楚	29	2.42	有所恶化	39	3.25
搞形象工程	频数	百分比（%）	公款吃喝	频数	百分比（%）
有所改善	543	45.25	有所改善	478	39.83
不变	284	23.67	不清楚	288	24.00
不清楚	239	19.92	明显改善	255	21.25
明显改善	108	9.00	不变	169	14.08
有所恶化	24	2.00	有所恶化	9	0.75
脱离群众	频数	百分比（%）	吃拿卡要	频数	百分比（%）
有所改善	552	46.00	有所改善	492	41.00
不变	312	26.00	不清楚	324	27.00
不清楚	158	13.17	不变	212	17.67
明显改善	144	12.00	明显改善	157	13.08
有所恶化	28	2.33	有所恶化	13	1.08

数据来源：调查问卷 J01、J02 题。

表13.16　被访者对官员的评价和治理腐败的信心

您对当官的看法	频数	百分比（%）	治理腐败的信心	频数	百分比（%）
大多数官员是好的	541	45.08	比较有信心	644	53.67
好坏各参半	381	31.75	非常有信心	276	23.00
大多数官员有问题	169	14.08	一般	204	17.00
不清楚	106	8.83	不太有信心	56	4.67

数据来源：调查问卷 J03 题。

九、民生问题之满意度评价

满意度评价是在客观生活质量的基础之上，通过自身的认知和情感的角度来衡量自己的生活，满意度评价可以测量民生问题的动态性和多变性。人们对民生问题的感受是社会环境、文化层次和个人内心共同作用的结果。目前，学界研究较多的是职业、收入、财富、性别和健康等与满意度之间的关系，这些客观变量在本次调查中均已涉及，所以，下面将有所选择进行一一表达。

从对当地政府满意度的总体评价上来看，绝大部分被访者给出的是“中性”的评价，根据以往的研究经验，收入、职业和阶层这三大变量对生活满意度和政府满意度的评价影响较大。但是，由于本次问卷调查样本量较小，所以，满意度评价对其他变量的差异性和敏感度不高，故不做具体分析。除了个人属性的几个客观变量以外，还有被访者主观心态这一重要变量，因此，将“生活满意度”和“政府满意度”进行对比后发现，两者的相关性很高，如图 13.11 所示。

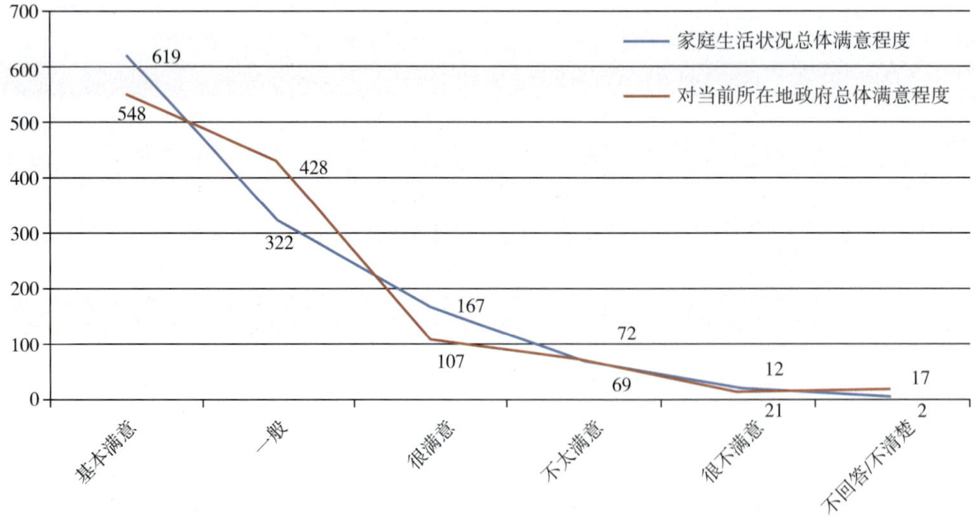

图13.11　被访者对家庭生活状况满意度与对当地政府满意度对比

从图 13.11 中可以看出，两者具有极高的拟合度，但是，这些数据反映的仅仅是一种相关性或者趋同性，并不能反映其因果关系。所以，不能确定两者之间谁是自变量，谁是因变量。

有学者指出，当前，引起住房不均等的因素很多，主要是两个：一是市场性的收入因素，二是政策性的户籍因素。家庭在住房不均衡体系中的结构性位置是否会影响到其社会心态，即社会满意度的评价。如表 13.17 所示，在排除个人属性和生活环境等变量的前提下，居住在不同属性房屋的被访居民，对于同一民生问题的满意度也是不同的。

表13.17　住房属性与民生问题

	就业状况	收入水平	子女教育	医疗	养老
自购商品住房	20	53	21	73	13
父母住房	5	19	2	8	3
购买的政策性住房	7	21	1	18	8
单位福利分房	9	11	2	17	1
租住单位房/公寓/宿舍	5	7	4	5	0
廉租房（或公租房）	11	18	0	20	10
市场租赁房	35	87	35	41	10
自建住房	25	35	4	17	5
拆迁安置房	4	8	0	11	4
自购商品住房	11	7	49	14	19
父母住房	1	1	7	4	9
购买的政策性住房	5	3	26	8	7
单位福利分房	4	2	37	4	13
租住单位房/公寓/宿舍	2	0	2	2	4
廉租房（或公租房）	7	2	15	8	37
市场租赁房	9	5	13	15	56
自建住房	7	3	3	11	4
拆迁安置房	1	2	15	1	3

数据来源：C04 和 H01 题。

从表 13.18 可以看出，不同年龄段的被访居民对不同民生问题的满意度是不同的，大体上看，20 ～ 49 岁的大部分被访居民主要对收入水平不满意，55 ～ 59 岁的大部分被访居民对食品安全不满意，60 岁以上的大部分被访居民对医疗卫生不满意。

表13.18　年龄属性与民生问题

	20～24	25～29	30～34	35～39	40～44	45～49	50～54	55～59	60～64	65+
就业状况	9	11	7	7	21	11	14	20	12	9
收入水平	16	29	32	26	23	25	40	28	23	15
子女教育	4	16	7	14	11	4	2	5	4	2
医疗卫生	6	14	17	13	15	16	17	30	43	38
养老	1	1	1	2	8	5	5	8	7	15
住房	9	20	15	12	12	9	20	21	23	11
生活环境	2	3	3	2	1	4	8	9	11	3
社会治安	2	0	1	3	1	1	4	7	3	3
食品安全	0	12	9	17	8	17	20	34	28	24
贫富差距	2	9	4	4	5	7	7	14	10	6

数据来源：C04 和 A01.b 题。

表13.19 教育属性与民生问题

	未上学	小学肄业	小学在读或毕业	初中肄业	初中在读或毕业	高中/中专/技校肄业	高中/中专/技校在读或毕业	大专/高职	本科	研究生及以上
就业状况	5	3	17	8	50	7	13	14	5	0
收入水平	11	7	19	11	89	26	34	35	26	3
子女教育	1	1	4	4	26	5	14	6	8	0
医疗	5	14	15	8	60	15	38	30	20	5
养老	2	1	6	4	14	5	12	6	2	2
生活环境	0	0	2	4	13	3	16	5	2	2
社会治安	0	0	2	2	6	1	10	3	0	1
食品安全	0	3	7	4	36	16	44	31	19	9
贫富差距	1	3	8	1	19	11	12	6	6	1
住房	0	2	10	2	47	15	39	15	21	2

数据来源：C04 和 A01.i 题。

（执笔：上海市政府发展研究中心子课题组）

第十四章
广东省民生发展报告

一、广东省民生发展总体情况

（一）失业率稳定在较低水平，就业情况较好

近年来，由于国际国内形势的变化，我国经济发展进入新常态，经济增长速度不断下滑、就业形势比较复杂，很多中小企业出现经营困难和裁员现象，就业成为经济发展中的关键问题，成为当前民生问题的焦点。

为应对复杂的就业形势，广东实施就业优先战略和更加积极的就业政策，完善公共就业服务体系，千方百计增加就业岗位，2013 年 2 季度始将城镇登记失业人员就业率列入“建设人力资源强省目标体系”并将目标设为“超过 60%”。2013 年，公共就业机构职介成功率平均在 39.97%，年末广东城镇登记失业人员的就业率为 75.4%。

与国内、国际就业情况相比较，近年来广东失业率持续下降、就业状况较为乐观（如表 14.1 所示）。2013 年，广东年末城镇登记失业率为 2.43%，而全国城镇登记失业率为 4.05%，广东为全国水平的 60% 左右。

表14.1　　广东年末城镇登记失业率

指 标	2011年	2012年	2013年
年末城镇登记失业人数（人）	388345	396062	370119
年末城镇登记失业率（%）	2.50	2.48	2.43

数据来源:《2014 广东统计年鉴》。

（二）收入水平稳步增长，最低工资标准显著提高

近年来，广东省按照稳中求进的工作总基调，努力稳增长、调结构、促改革、惠民生；虽然经济增长速度有所放缓，但居民收入继续保持稳步增长势头。2013 年，城镇居民人均可支配收入和农村居民人均纯收入分别比上年增长 6.9% 和 7.8%；广东城乡居民人均收入分别达 33090.05 元和 11669.31 元，城乡居民人均收入差距由 2010 年的 3.03 ：1 缩小为 2.84 ：1，但差距仍然明显（如表 14.2 所示）。

表14.2　广东城乡居民人均收入水平及人均GDP

指标	绝对数（元）			实际增速（%）		
	2011年	2012年	2013年	2011年	2012年	2013年
城镇居民人均可支配收入	26897.48	30226.71	33090.05	6.9	9.3	6.9
农村居民人均纯收入	9371.73	10542.84	11669.31	11.9	9.3	7.8
人均GDP	50807	54095	58540	8.0	7.4	7.8

数据来源：《2014 广东统计年鉴》。

城镇职工工资继续保持稳步增长势头。近年来，虽然广东省经济增长速度有所放缓，但职工工资仍然保持较快增长。2012 年、2013 年，城镇单位在岗职工年平均工资分别比上年增长 12.0% 和 6.0%，而同期人均 GDP 增长速度分别为 7.4% 和 7.8%（如表 14.3 所示）。

表14.3　广东分地区类别最低月工资标准及城镇职工年平均工资

当地最低工资标准	2011	2012	2013
第一类地区（元）	1300	1300	1550
第二类地区（元）	1100	1100	1310
第三类地区（元）	950	950	1130
第四类地区（元）	850	850	1010
城镇单位在岗职工年平均工资（元）	45152	50577	53611
增长速度（%）	11.88	12.01	6.0

数据来源：《2014 广东统计年鉴》。

调整最低工资标准是提高劳动者，特别是低收入劳动者劳动报酬的重要手段。广东省政府 2013 年 5 月 1 日起较大幅度提高企业职工最低工资标准和非全日制职工最低工资标准（深圳除外）；本次最低工资标准的调整是在 2011 年的基础上进行的，最高 1550 元 / 月，最低 1010 元 / 月，平均增幅 19.1%（如表 14.3）。另外，2013 年深圳最低工资标准上调至 1600 元 / 月，仍然是全国最高。

（三）消费水平有明显提高，但城乡居民消费差异大

2013 年，城镇居民人均消费性支出为 24133.3 元，农村居民人均生活消费支出为 8343.5 元，分别比上年增长 5.3%、9.0%；城镇居民恩格尔系数为 36.7%，达到比较富裕水平，农村居民恩格尔系数为 49.0%，刚达到宽裕水平。相对于 2012 年，2013 年城乡居民的恩格尔系数都有所下降（如表 14.4 所示）。

表14.4　广东城乡居民人均消费支出及恩格尔系数

指标	绝对数（元）			实际增速（%）		
	2011年	2012年	2013年	2011年	2012年	2013年
城镇居民人均消费性支出	20251.82	22396.35	24133.3	4.0	7.6	5.3
恩格尔系数（%）	36.9	36.9	36.7	—	—	—
农村居民人均生活消费支出	6725.55	7458.56	8343.5	15.5	7.8	9.0
恩格尔系数（%）	49.1	49.1	49.0	—	—	—

数据来源：《2014 广东统计年鉴》。

虽然近年来广东城乡居民的生活水平有了相当大的提高，但是城乡收入差距依然较大，导致城乡居民消费支出差异明显。2013 年，城乡居民人均收入比为 2.84 ：1，城乡居民人均消费性支出比为 2.89 ：1，城乡收入差异直接体现为城乡消费支出差异。

城乡居民消费差距在家庭耐用消费品拥有率上表现明显。以冰箱为例，2013 年城镇居民家庭平均每百户拥有 101.88 台，而农村家庭只拥有 72.33 台（表 14.5）。从作为交通工具的摩托车和家用汽车来看，城镇家庭已经开始普及家用汽车。2013 年平均每百户拥有 37.07 辆，绝大多数农村家庭的交通工具还是摩托车。作为上网娱乐和办公的家用电脑的差距也非常明显，2013 年城镇居民家庭平均每百户拥有 134 台，而农村家庭只拥有 40.35 台。

表14.5　　广东城乡居民家庭平均每百户耐用消费品年末拥有量

耐用消费品	农村			城镇		
	2011年	2012年	2013年	2011年	2012年	2013年
摩托车（辆）	107.90	108.16	108.42	44.35	42.58	40.88
家用汽车（辆）	5.86	6.60	—	30.71	36.63	37.07
洗衣机（台）	50.84	55.16	60.55	98.07	98.55	99.21
电冰箱（台）	60.94	66.39	72.33	97.56	99.15	101.88
彩色电视机（台）	116.94	118.32	117.53	142.44	141.07	139.18
计算机（台）	29.52	31.68	40.35	104.13	113.89	134.00
空调器（台）	50.58	55.29	60.43	211.55	226.89	231.86

数据来源：《2014 广东统计年鉴》。

（四）居住条件有较大改善，但房价仍然偏高

2013 年，城镇居民人均住房建筑面积为 34.57 平方米，比 2000 年的 24.6 平方米增长了 40.5%；农村居民人均生活住房面积为 33.0 平方米，比 2000 年的 22.42 平方米增长了 47.2%（如表 14.6 所示）。

表14.6　　广东城乡居民住房面积与人均家庭收入

指标	2011年	2012年	2013年
城镇居民人均住房建筑面积（平方米/人）	34.40	34.40	34.57
农村居民人均生活住房面积（平方米/人）	30.73	31.67	33.0
城镇人均家庭总收入（元）	30218.76	34044.38	36503.91
城镇平均每户家庭人口（人）	3.20	3.19	3.15
农村居民人均总收入（元）	11080.22	12521.37	13842.6
农村家庭平均每户常住人口（人）	4.84	4.82	4.82

数据来源：《2014 广东统计年鉴》。

随着生活水平的提高，城乡居民对住房配套设施的要求也越来越高，房屋配套设施逐渐得到完善。2012 年，广东城镇居民住房 100% 有独用自来水，99.6% 有厕所浴室，34.47% 炊用燃料是管道天然气，90.44% 接入互联网。

但是，住房条件得到较大改善的同时，由于房价的快速上涨限制了城乡居民的住房消费。根据省统计局的统计，2010 年、2011 年、2012 年、2013 年的商品房屋销售价格分别为每平方米 7485.59 元、7879.17 元、8112.19 元、9090 元；2011 年、2012 年、2013 年的商品房屋销售价格分别比上年增长 5.3%、3.0%、12.1%。

从家庭年收入与房价比来看，2013 年城镇居民家庭房价收入比是 8.61，农村居民家庭收入房价比是 21.67[①]；按照国际惯例，房价收入比在 3 ~ 6 倍之间为合理区间。显然，广东城乡居民房价收入比都过高，特别是对于那些居住在房价高的大中城市中的中低收入家庭，目前的房价相对家庭收入来说也是难以承受的，而改善居住条件是他们最为关切的。

（五）文教体育卫生事业发展较快，公共服务条件明显改善

广东历年来重视教育事业的发展，近年来更是加强基础教育设施的建设，促进城乡基础教育均衡协调发展。全省基础教育普及率高，基本公共教育服务均等化程度有所提高。2013 年，小学附段城乡义务教育生均公用经费补助标准已提高至 750 元、初中提高至 1150 元，广东学前三年毛入园率、学龄儿童入学率、高中毛入学率分别为 95.49%、99.97%、96.0%（如表 14.7 所示）。

城乡文化体育事业发展较快。近年来广东不断加大建设力度，新建、改建各级文化馆、图书馆、文化站、文化室、电影院以及各种体育健身工程设施，推进农家书屋提升工程。2013 年，每万人拥有公共文化设施面积达到 542 平方米、公共图书馆总流通 6912 万人次、公共文化馆站共服务 4254 万人次。

表14.7　　广东文化教育基本情况

指 标	2011年	2012年	2013年
学前三年毛入园率（%）	89.37	95.00	95.49
学龄儿童入学率（%）	99.96	99.94	99.97
高中毛入学率（%）	90.30	95.00	96.00
每万人拥有公共文化设施面积（平方米/万人）	499	527	542
公共图书馆总流通人次（万人次）	6072	6418	6912
公共文化馆站服务人次（万人次）	4627	4253	4254

数据来源：相关部门提供。

医疗卫生事业方面保持稳步发展。近年来广东继续加强各种医疗卫生工程建设，推进基本卫生公共服务均等化，拥有较多大型医疗机构，医疗卫生设施不仅服务本地居民、还服务相邻省份甚至全国。2013 年，卫生技术人员数为 54.56 万人、比上年提高 6.92%，千人医院、卫生院床位数为 3.96 人、比上年多 0.2 人，千户籍人口卫生技术人员数 6.34 人、比上年增加 0.32 人。儿童死亡率是一个国际公认的反映医疗卫生状况的指标，2013 年广东 5 岁以下儿童死亡率为 4.08‰，比上年下降 0.42 个千分点（见表 14.8）。

① 每户住房总价=人均住房面积×每户家庭平均人口数×单位面积住宅平均销售价格，每户家庭年总收入=每户家庭平均人口数×家庭人均全部年收入。

表14.8 广东医疗卫生服务基本情况

指 标	2011年	2012年	2013年
卫生技术人员数（万人）	—	51.03	54.56
千户籍人口医院、卫生院床位数（张）	—	3.76	3.96
千户籍人口执业（助理）医师数（人）	2.16	—	1.98
千户籍人口卫生技术人员数（人）	5.63	6.02	6.34
个人卫生支出占卫生总费用的比重（%）	34.45	32.78	31.98
5岁以下儿童死亡率（%）	4.93	4.5	4.08

资料来源：相关部门提供。

（六）社会保障覆盖面不断扩大，但保障水平有待提高

广东社会保障事业发展迅速，近年来不断加大保障力度，社会保障体系初步建成，城乡居民的社会保障覆盖面不断扩大。2013 年，广东社会保障和就业预算支出为 746.97 亿元，占财政一般预算支出 8411 亿元的 8.88%。2013 年，广东五大险种参保人数实现新增长，城乡居民社会养老保险、医疗保险基本实现全覆盖，流动就业人员基本医疗保险关系实现省内转移接续；城镇职工基本养老保险参保人数增长 3.7%，失业保险参保人数增长 34.6%，医疗保险参保人数增长 9.0%，工伤保险参保人数增长 3.2%，生育保险参保人数增长 9.1%（如表 14.9 所示）。

表14.9 广东社会保险参保情况

指标		城镇职工基本养老保险	失业保险	医疗保险	工伤保险	生育保险
参保人数（万人）	2012年	4034.08	2009.12	8421.81	2962.77	2484.93
	2013年	4137.14	2705.09	9182.42	3057.25	2711.59
2013年比上年增长（%）		3.7	34.6	9.0	3.2	9.1

资料来源：《2013 广东统计年鉴》。

广东社会保障覆盖面较高，但保障水平还有待提高。2013 年，广东城镇居民最低生活保障标准为每人每月 380.4 元，农村居民最低生活保障标准为 269.4 元；城镇职工基本养老保险养老金平均水平为每人每月 1958 元，农村基本养老保险养老金平均水平为每人每月 109.8 元。相对高速增长的物价和城乡居民人均消费水平来说，保障水平仍然很低（如表 14.10 所示）。

表14.10 广东社会保障水平基本情况 单位：元

指标	2011年	2012年	2013年
城镇职工基本养老金	1721	1821	1958
农村基本养老养老金	74.8	87.5	109.8
城镇居民最低生活保障标准	291	324	380.4
农村居民最低生活保障标准	215	262	269.4

资料来源：相关部门提供。

（七）社会治安持续好转，卫生食品等公共安全问题仍然突出

作为改革开放的前沿地区，在改革开放之初，由于外来人口的增加、社会环境的改变，广东社会治安情况不容乐观，各种案件频发。近十年来，广东加大了社会治理力度，社会治安持续好转。

如表 14.11 所示，2012 年，广东刑事案件立案数为 64.83 万起，比 2011 年减少 20.2%；治安案件查处数 100.73 万起，比 2011 年少 10.09 万起，社会治安状况明显改善。

表14.11　广东公共安全基本情况

指标	2011年	2012年	2013年
刑事案件立案数（万起）	81.26	64.83	—
治安案件查处数（万起）	110.82	100.73	—
食物中毒人数（人）	1132	1037	—
亿元GDP生产安全事故死亡率（人）	0.13	0.11	0.10
甲乙类法定报告传染病发病率（人/10万）	202.13	317.55	317.12
火灾事故发生数（起）	—	8101	21100
交通事故发生数（起）	26582	25719	25416

资料来源：相关部门提供。

在加大力度治理社会治安问题的同时，广东也重视生产、公共卫生、食品和司法等其他领域的公共安全问题的监管，及时处置突发性公共安全事件，使城乡居民生活得放心、开心。

总体来看，广东近年来生产安全、交通安全等公共安全问题有所改观，但各种安全问题依然存在，尤其是公共卫生、火灾和食品安全问题较为突出。2013 年，广东亿元 GDP 生产安全事故死亡率为 0.10 人，比 2005 年的 0.51 减少了 0.41，下降了 80.4%，交通事故发生数为 25416 起，比 2005 年的 67756 起下降 62.5%。2013 年，广东甲乙类法定报告传染病发病率为每十万人 317.12 人，比 2010 年的 225.15 增加明显；发生火灾事故 21100 起，比 2010 年的 6065 起增加 2 倍多。2012 年，广东食物中毒人数仍处于较高水平，为 1037 人（如表 14.11 所示）。

（八）生活环境逐渐改善，环境保护投入力度还有待加强

改革开放以来，广东经济发展走在全国的前列，但由此也带来了严峻的环境治理与保护问题。近年来，广东虽然增加了环境保护的投入，生活环境逐渐改善，但是相对 GDP 来说，环境保护的投入还是太低，很多环境问题还有待进一步改善。

2013 年广东环保投资占 GDP 比重为 0.20%，2005 年为 2.5%；与 2005 年相比，虽然环保投资总量有所增长，但比例下降很多。从环境监测指标来看，全省各地市城区空气质量均达二级以上；2013 年，工业危险废物综合利用处置率为 99.56%，城市生活垃圾无害化处理率为 84.6%，城镇污水处理率为 92%，城镇人均绿地面积略有增加（如表 14.12 所示）。

表14.12　　广东环境保护基本情况

指标	2011年	2012年	2013年
环保投资占GDP比重（%）	0.36	0.47	0.20
空气质量二级标准城市数（个）	21	21	21
城市生活垃圾无害化处理率（%）	72.8	79.1	84.6
城镇污水处理率（%）	77.6	88.0	92.0
工业危险废物综合利用处置率（%）	99.64	99.69	99.56
集中式饮用水水源地水质达标率（%）	100.00	100.00	100.00
地表水监测段面劣五类的比例（%）	7.70	8.10	8.90
城市人均公园绿地面积（m^2）	14.38	15.82	15.94
森林覆盖率（%）	57.3	57.7	58.2
农村自来水普及率（%）	84.3	86.7	88.4
农村无害化卫生厕所普及率（%）	78.8	81.1	83.2

资料来源：《2014 广东统计年鉴》。

在农村生态环境、居住环境保护方面，近年来广东通过美丽乡村建设，加强农村生态和居住环境保护，取得了一定的效果，生态环境得到了保护，农村居住环境有所改善。如表 14.12 所示，森林覆盖率较为稳定并有所提高，2013 年为 58.2%。2013 年，农村自来水普及率为 88.4%，比 2011 年提高 4.1 个百分点；农村无害化卫生厕所普及率为 83.2%，比 2011 年提高 4.4 个百分点。

二、近年来改善民生的政策举措

广东省委、省政府历年高度重视民生工作，坚持把加快发展社会事业，更好地保障和改善民生作为社会建设的重点，注重解决民生突出问题与建立普惠共享长效机制相结合，有力推动了民生工程和幸福广东建设。近年来，广东更是不断加强民生工作的投入力度，2011 年、2012 年、2013 年、2014 年连续四年将十件民生实事写入政府工作报告，制定一系列政策并采取一系列有效措施，集中力量为人民群众办实事，民生状况显著改善。

（一）落实就业优先战略，促进充分体面就业

一是实施更加积极就业政策。实施更加有利于促进就业的财税政策，建立就业预算资金逐步增长机制，实现由保障型支出向促进型支出转变；实施更加有利于促进就业的金融支持政策，支持促进产业转型升级和扩大社会就业；实施更加有利于促进就业的对外贸易政策，通过促进外贸全面协调可持续发展进一步带动就业；实施鼓励劳动者多渠道、多形式就业的扶持政策，通过优惠政策和就业服务扶持劳动者自谋职业、自主就业。

二是做好重点群体就业工作。完善和落实大学生创业扶持政策，做好高校毕业生就业工作，实施未就业高校毕业生就业见习制度，落实高校毕业生职业培训和鉴定补贴政策；完善农村劳动力转移就业政策和制度体系，推进农村富余劳动力转移就业，健全服务、培训、维权三位一体

的转移就业工作机制；加强对困难群体的就业援助，建立健全城乡就业援助制度，形成对就业困难人员、零就业家庭的动态管理和针对性帮扶工作机制；做好淘汰落后产能企业职工安置工作，积极稳妥地做好职工社会保险关系接续和转移，扶持企业开展职工转岗转业培训，稳定就业，减少失业。

三是做好公共就业服务工作。加快建立健全统一规范的人力资源市场，健全各级公共就业服务体系，营造公平、有序的人力资源市场环境；加快人力资源服务信息化建设，开发建设“广东就业 e 地图”等新型就业信息服务平台，提升公共就业服务效率，促进供求有效对接；加强职业教育和技能培训，提高就业人员就业能力；加强失业预防和调控，完善就业与失业登记管理办法和城镇调查失业率统计，建立完善失业预警和调控机制。

（二）完善社会保障体系，提高底线民生保障水平

一是深化社会保险制度改革、健全覆盖城乡的社会保险体系。扩大养老保险覆盖面，提高养老保险待遇，完善养老保险关系转移接续政策体系；建立居民医疗保险待遇与经济增长同步增长机制，引入商业保险机构承办大病二次补偿，建立完善城镇职工和城乡居民医疗保险搁置机制和跨地区转移接续政策，建立基层医疗机构首诊、双向转诊制度；完善预防、补偿、康复“三位一体”的工伤保险体系，强化失业和工伤保险综合保障功能。

二是完善社会救助制度、健全社会福利体系。建立低保核查联动机制，构建救助申请家庭经济状况信息平台，建立大病救助机制；建立城乡低保标准、“五保”供养标准和城镇“三无人员”供养标准自然增长机制，提高低保、“五保”、重点优抚对象补助标准；建立和完善对独生子女死亡家庭的医疗求助和养老服务制度；切实保障残疾人权益，财政资助城乡特困和重度残疾居民参加城乡居民养老保险，健全残疾人社会保障和服务体系；探索建立城市贫困人口帮扶制度，逐步将符合求助条件的非户籍常住城市贫困人口纳入专项社会求助覆盖范围。

（三）推进社会事业协调发展、推动基本公共服务均等化

一是促进各类教育协调发展。做好全国义务教育均衡发展试点，推进义务教育均衡优质发展，优化教育资源配置，推进城乡教育一体化；推进小学到高中 12 年，巩固提升高中阶段教育普及水平；加快发展现代职业教育，将中等职业技术教育免学费实施范围扩大到所有农村（含县、镇）户籍全日制在校生；扶持发展特殊教育，加快推进特殊教育学校建设工程；完善和推广电子教育券制度，实现非户籍常住人口子女平等接受义务教育；加大少数民族地区的扶持力度，研究出台少数民族地区民族家庭子女上大学的资助政策。

二是加快发展公共医疗卫生事业。全面提升基本公共卫生服务均等化，提高基本公共卫生服务经费标准，继续开展基本和重大公共卫生服务项目，扩大公共卫生服务项目和范围；完善城乡医疗卫生服务体系，加强基层医疗卫生机构建设，推进镇村卫生服务一体化管理，巩固基层卫生机构综合改革成果；深化医药卫生体制改革，完善基本药物制度和基层运行新机制，创建平

价医院、开设平价诊室、推广使用平价药包；加快卫生信息化建设，推进城乡居民电子健康档案工作、区域内卫生信息共享和医学检查、影像检查结果互认。

（四）优化基层文体服务、提升城乡居民的生活品质

一是实施重点文化惠民工程。巩固和完善覆盖城乡的公共文化设施网络，扶持欠发达地区新、改扩建县级图书馆、文化馆和博物馆以及乡镇（街道）综合文化站、完善相关设施设备；实施全国文化信息资源共享工程、公共电子阅览室建设和数字图书馆推广工程，进一步推进公共数字文化服务；完成全省有线网络未通达地区广播电视户户通工程建设，建立一批农村电影固定放映点，继续推进“三馆一站”免费开放工作；推进实施农家书屋提升工程，加快推进县级多厅数字影院建设；实施公共文化配送工程，组织文艺演出进基层，定期组织送展览、送图书等文化下乡活动。

二是提高基本公共体育服务水平。加快公共体育设施建设，完善覆盖城乡的基本公共体育服务体系，加快推进市、县（市、区）、乡镇（街道）、村（社区）全民健身组织、场地、活动和服务四个网络建设，推动各级各类公共体育设施向社会优惠或免费开放，抽调体育设施利用率；开展全民健身运动，建立健全全民健身公共服务体系，加强社会体育指导队伍建设，完善基层国民体质测定网络建设，指导居民健身。

（五）保障异地务工人员合法权益、推进农业转移人口市民化

一是逐步将异地务工人员纳入基本公共服务覆盖范围。出台实施按积分享受公共服务制度。对异地务工人员减免技能培训费用；逐步提高异地务工人员随迁子女义务教育阶段入读公办学校比例，认真解决异地务工人员随迁子女义务教育后升学问题；实现符合条件并在本省就读的异地务工人员子女可参加学校所在统筹地区城乡居民基本医疗保险，享受同等财政补助和由学校统一参保缴费手续的政策。

二是促进异地务工人员融入当地。落实省委办公厅、省政府办公厅《关于加强异地务工人员服务管理工作的指导意见》，进一步放宽地域、户籍等限制，落实异地务工人员“积分制”入户城镇、参加社会管理等制度；强化异地务工人员工资支付、劳动法律法规执行执法检查，构建和谐劳动关系；制定农业转移人口市民化实施方案，制定随迁子女参加高考实施细则、随迁子女参加中考方案，推进农业转移人口市民化。

三、民生问题调查问卷分析

（一）受访者基本情况

1. 基本属性情况

本次民生调查共收回有效问卷 1205 份，受访者男女性别比分别为 47.7%、52.1%（无回答

0.2%），受访者中未婚比例为 17.2%，外省户籍的占 9.6%，大学 / 高职以上学历的占 18.7%，从事有收入工作的占 72.3%，不工作的占 23.9%。

受访者居住的社区类型如图 14.1 所示[①]，农村的占 51.8%，中心城区占 22.7%，城郊占 15.3%，城区以外的其他镇街占 10.3%。

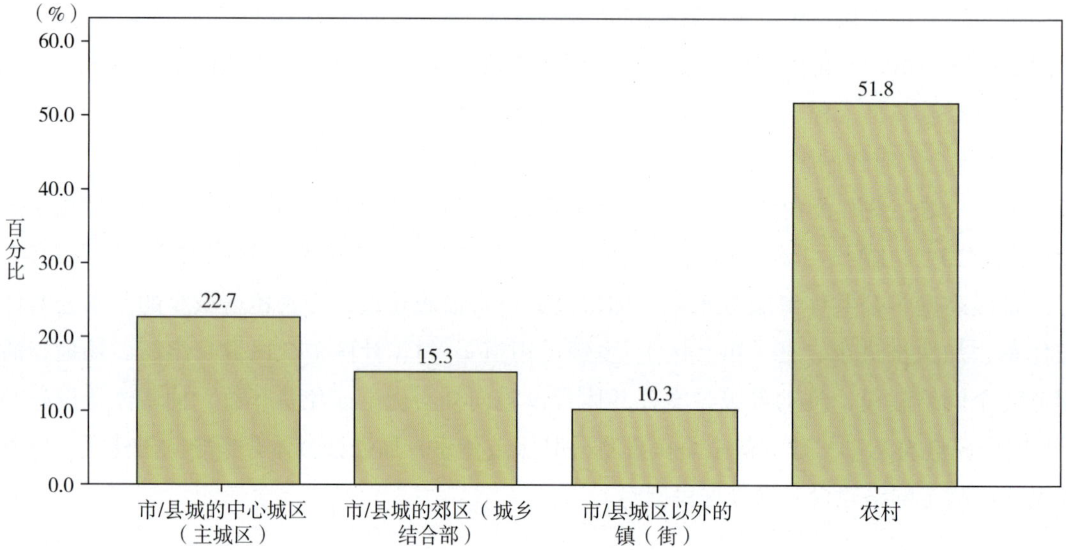

图14.1　受访者居住的社区类型（%）

受访者医疗保障情况如表 14.13 所示，没有参加任何医疗保险的受访者只占 8.4%，参加新农村合作医疗的最多，占 52.1%，商业医疗保险占比较低，为 2.4%。

表14.13　受访者医疗保障情况

	响应		受访者
	次数	百分比（%）	百分比（%）
（1）城镇职工基本医疗保险	201	16.4	16.8
（2）城镇居民基本医疗保险	227	18.5	19.0
（3）城乡居民大病医疗保险	12	1.0	1.0
（4）公费医疗	28	2.3	2.3
（5）商业医疗保险	29	2.4	2.4
（6）新农村合作医疗	624	50.8	52.1
（7）村集体二次报销福利	7	0.6	0.6
（8）没有任何医疗保险	101	8.2	8.4
总计	1229	100.0	102.7

① 本报告中所有图形都是使用统计软件SPSS制作。

2. 工作就业情况

受访者从事有收入工作人员共 873 人，有专业技能并有证书的占 21.7%，有专业技能但没有证书的占 13.6%，没有专业技能的占 64.7%（如图 14.2 所示）。

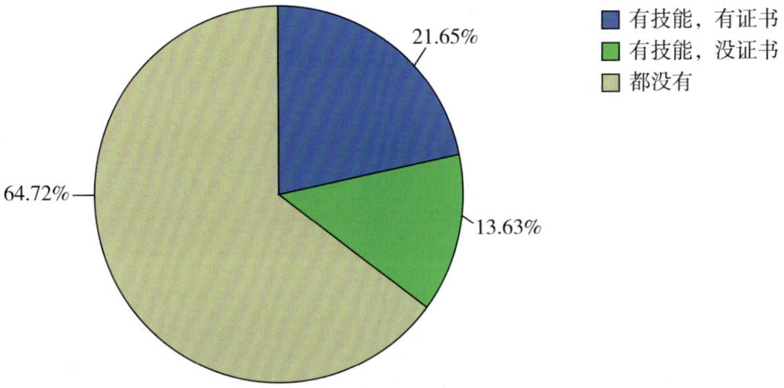

图14.2　受访者从事有收入工作人员专业技能情况

受访者就业类型如表 14.14 所示，个体工商户最多，占 22.6%，其次为民营 / 私企职工，占 17%，机关事业单位及社会团体就业合计占 16.7%，国有企业职工占 2.5%，农业就业占 26.9%。

表14.14　受访者就业类型

	频数	百分比（%）
专业务农	139	15.9
兼业农民	36	4.1
农村自营业者	60	6.9
党政机关从业人员	53	6.1
教科文卫事业单位	51	5.8
社会团体（工青妇等）	42	4.8
国有企业职工	22	2.5
民营/私企职工	148	17.0
合资外资港澳台员工	8	.9
民非企业非营利组织	20	2.3
个体工商户	197	22.6
自由职业者	45	5.2
非固定单位临时务工	37	4.2
其他	15	1.7
合计	873	100.0

如表 14.15 所示，在非农就业的受访者中，签订了劳动合同的比例为 42.7%（2013 年为 41.5%）。总体来说，劳动合同制还不完善，劳动用工行为还不够规范。

表14.15　　非农就业者签订劳动合同情况

	响应		受访者
	次数	百分比（%）	百分比（%）
没有签订劳动合同	223	35.3	35.6
签有固定期限劳动合同	219	34.7	35.0
签有无固定期限劳动合同	44	7.0	7.0
签订了试用期劳动合同	5	0.8	0.8
签订了其他合同（注明）	1	0.2	0.2
不需要签劳动合同	34	5.4	5.4
不适用	105	16.6	16.8
总计	631	100.0	100.8

受访者职业与是否签订劳动合同相关关系显著。在各类企业从业人员中，合资外资或港澳台企业员工 100% 签订了劳动合同，31.3% 的民营 / 私营企业职工没有签订劳动合同，4.5% 的国有（国有控股）企业职工没有签订劳动合同。

（二）基本民生问题

1. 居民家庭生活状况总体满意程度较高，生活水平比上年显著提高

居民对自己家庭目前生活状况总体满意度如图 14.3 所示，很满意占 12.5%，基本满意占 43.6%，一般占 28.4%，不太满意占 11.1%，很不满意占 4.1%，说不清楚占 0.4%。

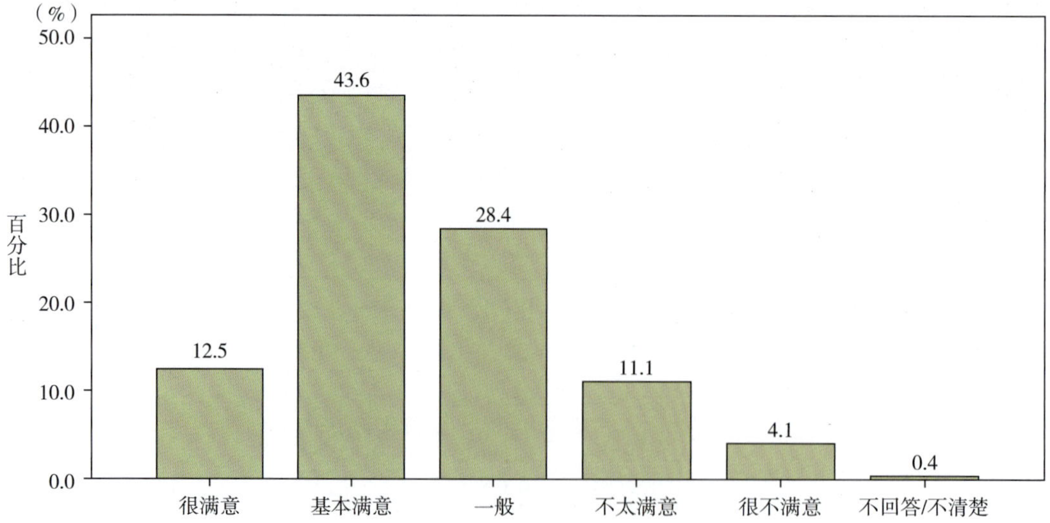

图14.3　家庭生活状况总体满意度（%）

从累积百分比来看，居民对自己家庭目前生活状况总体满意程度较高，根据图 14.3 的频数

分布数据计算可得总的满意度指数为 69.9（2013 年为 69.6）[①]。

与去年（2013 年）相比，居民家庭生活水平变化情况如表 14.16 所示，显著提高的只占到 2.3%，有所提高的占 31.4%，和上年差不多的占 51.3%，有所下降的占 11.8%，明显下降的占 2.6%，说不清楚的占 0.5%。

表14.16　　与去年（2013年）相比家庭生活水平变化情况

	显著提高	有所提高	和去年差不多	有所下降	明显下降	不回答/不清楚	合计
频数	28	377	616	142	31	6	1200
百分比（%）	2.3	31.4	51.3	11.8	2.6	0.5	100.0
累积百分比（%）	2.3	33.8	85.1	96.9	99.5	100.0	

从累积百分比来看，居民家庭生活水平与去年差不多或提高的占 85.1%，有 14.9% 的居民家庭生活水平比去年下降或说不清。

2. 基本公共服务满意程度一般，最不满意的方面是收入水平

居民对政府提供的基本公共服务的满意程度如表 14.17 所示，很满意占 6.8%，基本满意占 32.6%，一般占 34.4%，不太满意占 14.7%，很不满意占 4.8%，说不清楚占 6.8%。

表14.17　　基本公共服务满意度

	很满意	基本满意	一般	不太满意	很不满意	不回答/不清楚	合计
频数	81	390	411	176	57	81	1196
百分比（%）	6.8	32.6	34.4	14.7	4.8	6.8	100.0
累积百分比（%）	6.8	39.4	73.7	88.5	93.2	100.0	

总体来看，居民基本公共服务总体满意程度较高，根据表 14.17 的频数分布表计算可得总的满意度指数为 64.7（2013 年为 68.1）。

居民对基本民生问题不满意的方面如表 14.18 所示，最不满意的是收入水平，有 35.5% 的居民选择了这一项；食品安全和医疗也是居民不满意程度较高的两个方面，分别有 34.2% 和 31% 的居民选择了这两项；维护群众权益和就业状况方面不满意程度较低，分别只有 9%、12.3% 的居民选择了这一项；生活环境、子女教育、养老、住房、社会治安等不满意程度的差异不大，分别有 14% ~ 20% 的居民选择了这一项；但住房和贫富差距方面也有多于 20% 的居民选择了这两项。

① 按下面方法获得总的满意度指数：很满意＝100，基本满意＝80，一般＝60，不太满意＝40，很不满意＝20，不考虑选择“说不清楚”的群体，并按选择人数进行加权的方式加总得出满意度指数。下同。

表14.18 民生问题不满意的方面

选项	响应		受访者
	次数	百分比（%）	百分比（%）
就业状况	142	5.5	12.3
收入水平	408	15.7	35.5
子女教育	204	7.8	17.7
医疗	357	13.7	31.0
养老	192	7.4	16.7
住房	233	9.0	20.3
生活环境	170	6.5	14.8
社会治安	164	6.3	14.3
食品安全	393	15.1	34.2
贫富差距	232	8.9	20.2
维护群众利益	104	4.0	9.0
物价水平	3	0.1	0.3
总计	2602	100.0	226.3

（三）居民生活与社会保障

1. 收入有所提高但基本消费压力仍较大，城乡差距也明显

半数以上受访者感觉今年（2014 年）家庭年收入与去年（2013 年）差不多，近 3 成的受访者今年家庭年收入相比去年有提高，但有 16.9% 的受访者家庭感觉今年年收入有下降（表 14.19）。

表14.19 家庭总收入增长情况（%）

	受访地城乡类型				合计
	市/县城的中心城区（主城区）	市/县城的郊区（城乡结合部）	市/县城区以外的镇（街）	农村	
显著增长	1.5	1.6		1.6	1.4
有所增长	25.4	24.6	12.9	31.3	27.0
和去年差不多	53.3	54.6	54.0	55.4	54.7
有所减少	17.3	14.2	29.0	9.5	14.0
明显减少	2.6	4.9	4.0	2.2	2.9
合计	100.0	100.0	100.0	100.0	100.0

感觉家庭年收入变化情况与受访者城乡类别相关关系显著。与 2013 年相比，农村居民家庭年收入提高的百分比明显高于乡村居民。

城镇居民支出压力最大的是住房，农村居民则是食品支出。如表 14.20 所示，综合城乡居民看，在各项家庭开支中，受访者感觉压力最大方面是食品支出，有 26.9% 的受访者选择了该项；其次为住房和教育支出，分别有 21.6% 和 20.9% 的受访者选择了该项；排在第四位的是医疗，有

15.3% 的受访者选择了该项。分城乡看，农村居民感觉支出压力最大的是食品，城镇居民选择最多的是住房，而教育支出不管是农村居民还是城镇居民都是选择第二多的选项。

表14.20　　感觉家庭支出压力最大的项目占比城乡差异（%）

	受访地城乡类型				合计
	市/县城的中心城区（主城区）	市/县城的郊区（城乡结合部）	市/县城区以外的镇（街）	农村	
食品	19.9	10.9	34.1	33.3	26.9
服装	0	0.5	0.8	0.2	0.3
住房（房贷/房租）	32.7	39.3	14.6	12.9	21.6
教育	17.3	23.0	23.6	21.4	20.9
交通通信	1.5	0.5	2.4	1.4	1.4
文化休闲娱乐	4.0	1.1	0	1.1	1.7
医疗	15.4	9.8	16.3	16.7	15.3
人情送礼	0.4	1.6	3.3	2.7	2.1
赡养老人	1.1	2.2	0	2.9	2.1
没压力	6.3	9.8	4.9	5.5	6.3
经营性支出	0.7	0.5	0	0.6	0.6
子女抚养	0	0	0	0.2	0.1
生活开销	0.7	0	0	0.5	0.4
债务	0	0	0	0.2	0.1
都有压力	0	0.5	0	0.3	0.3
合计	100.0	100.0	100.0	100.0	100.0

2. 住房条件改善但城市租赁住房比例不低，居民期望限购限价

如图 14.4 所示，受访者现居住在自建住房的比例最高，占 45.5%；其次是自购住房占 14.4%；还有 24.0% 的受访者现在的住房是租住房屋，其中市场租赁住房的比例达到 13.1%。所有受访者家庭在本市还有其他住房的比例为 12.2%，在其他城市（县、区）还有住房的比例为 6.8%，在农村还有住房的比例为 34%。

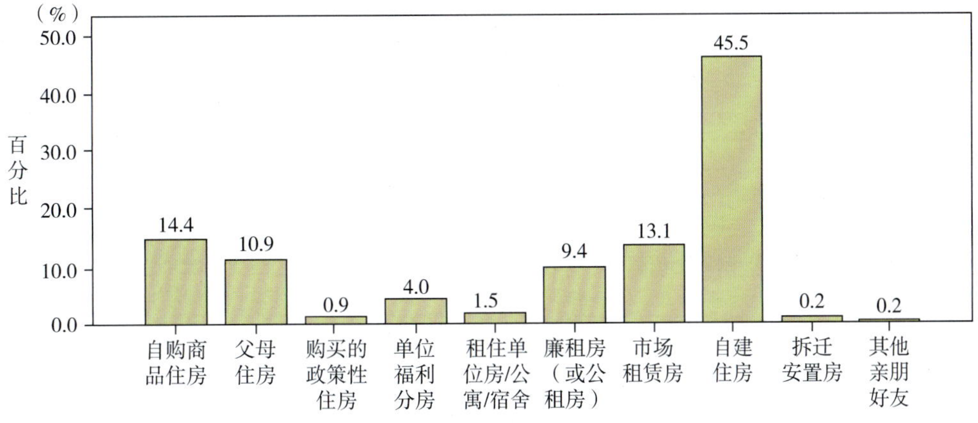

图14.4　受访者目前居住的住房性质（%）

农村居民的受访者现居住在自建住房的比例最高，占 71.1%，其次是父母住房，占 14.1%；城镇居民的受访者现居住在自购商品住房和市场租赁房的比例较高，市 / 县城的中心城区（主城区）的受访者中这两项的比例分别为 30.1% 和 23.5%。

受访者家庭目前居住房屋室内面积大多数在 120 平方米以内，中位数是 81.9 平方米，平均数为 92.3 平方米（表 14.21）。目前居住房屋室内面积右偏分布较严重，偏度系数为 3.597。

表14.21　　不同城乡类别的受访者家庭目前居住房屋建筑面积统计

受访地城乡类型	均值	N	标准差	分组中值
市/县城的中心城区（主城区）	71.311	257	49.8720	69.000
市/县城的郊区（城乡结合部）	92.963	160	76.3933	84.444
市/县城区以外的镇（街）	72.528	125	56.0892	71.385
农村	105.294	601	57.3398	90.941
总计	92.343	1143	60.5801	81.875

受访者目前住房建筑面积城乡差异明显，乡村居民的受访者家庭目前居住房屋室内面积平均比城镇居民多。其中，农村居民的受访者家庭目前居住房屋建筑面积比中心城区多约 34 平方米。

受访者家庭未来三年不打算购房的比例为 79.7%，打算购买商品房的比例为 9.7%，打算购买政策性住房的比例为 3.2%，还有 6.9% 的受访者家庭在条件允许或子女需要的情况下打算购房（图 14.5）。

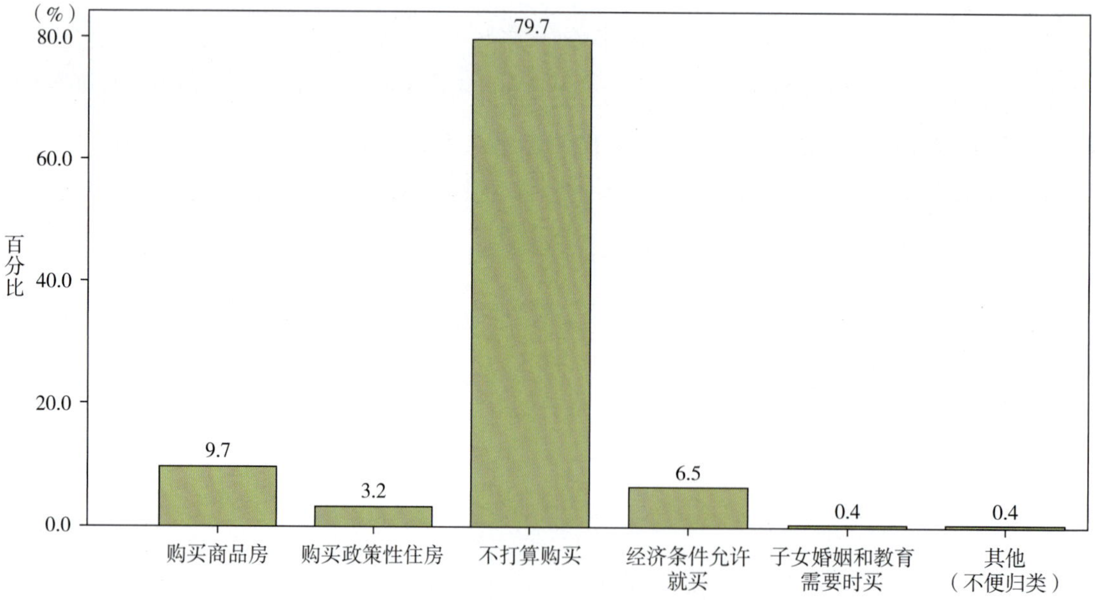

图14.5　受访者未来三年购房计划（%）

受访者家庭对政府在住房保障政策上的最大期望排在第一位的是限购限价、降低房价，达到 30.9%；第二位、第三位的分别是农村危房改造和保障农民宅基地使用权，占比分别为 14.9%

和 13.2%（图 14.6）。

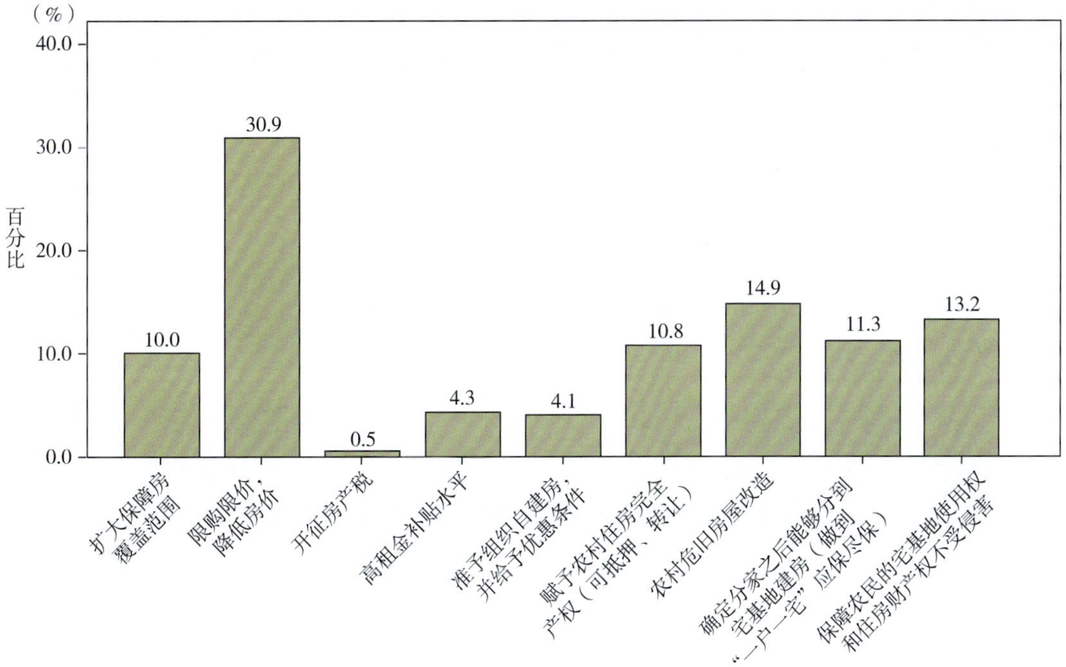

图14.6　受访者对政府在住房保障政策上的最大期望（%）

3. 教育医疗等公共服务均等化水平低、城乡差异大

如表 14.22 所示，708 名受访者对孩子就读的是公办学校还是民办学校（或幼儿园）进行了选择，公办占 76.8%，民办占 23.2%。受访者家庭孩子就读学校性质与受访者城乡类别相关关系显著：农村居民家庭孩子就读民办学校比例显著低于城镇居民家庭；其中，农村居民家庭孩子就读民办学校的比例比中心城区低 15.4 个百分点。

表14.22　　孩子就读学校性质占比城乡差异（%）

	受访地城乡类型				合计
	市/县城的中心城区（主城区）	市/县城的郊区（城乡结合部）	市/县城区以外的镇（街）	农村	
公办	65.4	75.5	78.3	80.8	76.8
民办（含民办公助）	34.6	24.5	21.7	19.2	23.2
合计	100.0	100.0	100.0	100.0	100.0

受访者家庭孩子选择民办学校就读的理由主要是不符合条件无法进入、民办离家近交通方便、公办资源紧缺学位不足。另外，民办入学手续简便、民办教学质量高也是选择民办学校的重要因素（表 14.23）。

表14.23　受访者家庭孩子就读选择民办学校的理由

	响应		受访者
	次数	百分比（%）	百分比（%）
不符合条件无法进入	49	23.2	31.4
公办资源紧缺学位不足	41	19.4	26.3
民办离家近交通方便	43	20.4	27.6
民办入学手续简便	24	11.4	15.4
民办教学质量高	23	10.9	14.7
民办教学方式灵活	18	8.5	11.5
民办更能升入好学校	10	4.7	6.4
民办有利孩子出国	3	1.4	1.9
总计	211	100.0	135.3

如表 14.24 所示，受访者看病首选村卫生院 / 诊所的比例最高，为 22.11%；其次是乡镇卫生院和区县医院，比例分别为 14.55% 和 14.38%；比例最低的是区域内最好的大医院，为 11.55%。

表14.24　受访者看病首选医疗机构城乡差异（%）

	受访地城乡类型				合计
	市/县城的中心城区（主城区）	市/县城的郊区（城乡结合部）	市/县城区以外的镇（街）	农村	
自己买药	28.3	31.7	20.8	27.9	27.8
村卫生室/诊所	5.9	11.5	20.0	32.7	22.1
社区卫生服务中心（站）	14.0	16.4	20.0	3.5	9.6
乡镇卫生院	4.4	8.2	16.8	20.4	14.5
区、县医院	18.0	15.8	16.8	11.9	14.4
区域内最好的大医院	29.4	16.4	5.6	3.5	11.6
合计	100.0	100.0	100.0	100.0	100.0

受访者看病首选医疗机构与受访者城乡类型存在显著相关。如表 14.24 所示，农村居民选择最多的是村卫生院 / 诊所，中心城区居民选择最多的是区域内最好的大医院。

4. 社会保障水平仍然较低，农村居民对养老保障的担心程度高

受访者对以后养老保险经济保障的担心程度仍然较高，感觉担心的有 57.5%（2013 年为 63.0%），感觉不担心的有 23.4%，还有 19.1% 的受访者选择没想过（见表 14.25）。

受访者对以后养老保险经济保障的担心程度存在显著城乡差异。如表 14.25 所示，农村居民对以后养老的经济保障很担心的比例比中心城区居民高 9.0 个百分点。

受访者未来养老问题的打算主要是由儿女养老、储蓄、社保养老金；另外，退休金也是未来养老问题的打算的重要因素（表 14.26）。

表14.25　　受访者对以后养老的经济保障担心程度城乡差异（%）

	受访地城乡类型				合计
	市/县城的中心城区（主城区）	市/县城的郊区（城乡结合部）	市/县城区以外的镇（街）	农村	
不担心	25.5	25.4	26.4	21.4	23.4
有些担心	33.6	35.4	23.2	32.0	31.9
很担心	19.6	24.9	24.0	28.6	25.5
没想过	21.4	14.4	26.4	18.0	19.1
合计	100.0	100.0	100.0	100.0	100.0

表14.26　　受访者未来养老问题的打算

	响应		受访者
	次数	百分比（%）	百分比（%）
退休金	294	13.5	24.6
储蓄	496	22.7	41.5
社保养老金	395	18.1	33.1
投资理财	90	4.1	7.5
购买商业养老保险	46	2.1	3.8
以房养老	58	2.7	4.9
由儿女养老	660	30.3	55.2
没想过	142	6.5	11.9
总计	2181	100.0	182.5

受访者未来养老问题的保障途径与受访者城乡类型存在显著相关。如表 14.27 所示，农村居民未来养老问题主要是打算由儿女养老和依靠自己储蓄，中心城区居民未来养老保障的主要来源是退休金、储蓄和社保金。

表14.27　　受访者未来养老问题的打算的城乡差异（%）

	受访地城乡类型				总计
	市/县城的中心城区（主城区）	市/县城的郊区（城乡结合部）	市/县城区以外的镇（街）	农村	
退休金	23.7	17.0	12.4	8.6	13.5
储蓄	21.5	23.8	16.9	23.9	22.7
社保养老金	21.3	18.1	19.4	16.7	18.1
投资理财	3.9	5.9	4.0	3.7	4.1
购买商业养老保险	2.9	3.1	1.0	1.7	2.1
以房养老	0.9	4.0	2.5	3.0	2.7
由儿女养老	16.2	19.8	28.9	39.1	30.3
没想过	9.6	8.2	14.9	3.3	6.5
总计	100.0	100.0	100.0	100.0	100.0

（四）生活环境与公共安全

1. 人居生活环境不乐观，生态环境满意度不高

受访者对居住社区生活污水处理和生活垃圾处理评价较差，分别有 31.3% 和 29.1% 的受访者认为不太好或非常差；对噪声污染的评价也不太好，有 25.8% 的受访者认为不太好或非常差（表 14.28）。

表14.28　受访者对居住社区的生活环境质量评价（%）

	空气质量	生活用水质量	生活垃圾处理	生活污水处理	安静（降低噪声）	绿化环境
缺失（无回答）	0.7	0.7	0.9	1.5	0.8	0.8
非常好	14.4	10.5	6.0	5.6	14.3	16.1
比较好	35.0	35.4	28.9	25.6	31.8	36.4
一般	28.3	34.3	34.9	33.1	26.9	29.7
不太好	13.9	12.8	21.1	20.8	17.3	12.4
非常差	7.3	5.9	8.0	10.5	8.5	4.0
说不清	0.2	0.4	0.3	2.9	0.4	0.5
合计	100.0	100.0	100.0	100.0	100.0	100.0

如图 14.7 所示，受访者对近 3 年来居住地生态环境变化有所担忧，感觉在恶化的有 26.4%，感觉在好转的只有 11.7%，还有 62% 的受访者认为相对稳定或说不清楚（图 14.7）。

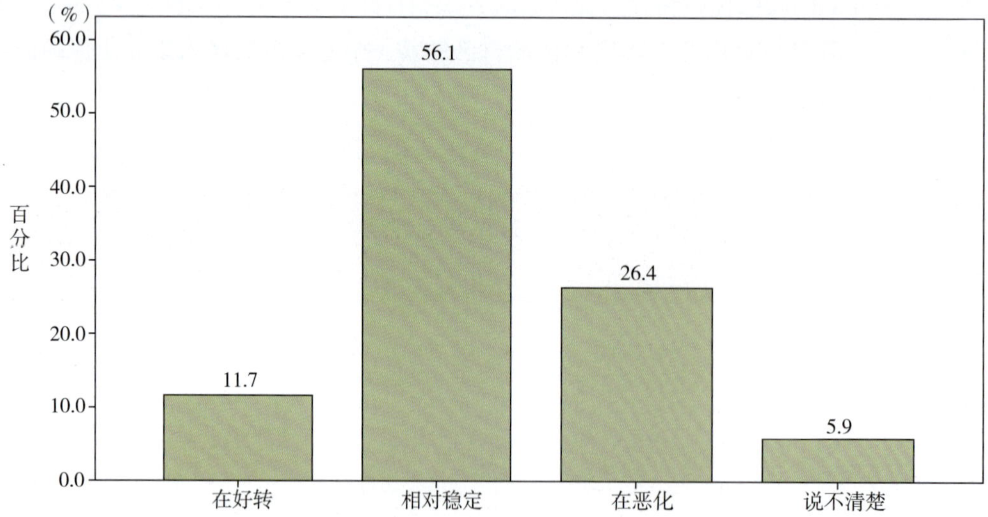

图14.7　受访者对居住地生态环境变化的评价（%）

受访者对居住社区生活方便程度满意程度最高的是交通出行，只有 15.5% 的受访者认为不太好或非常差；对于生活服务配套设施的评价比较好，认为不太好或非常差的受访者占比为 20.6%；对文化活动的评价较差，有 31.3% 的受访者认为不太好或非常差（表 14.29）。

表14.29　受访者对居住地区生活方便程度评价（%）

	交通出行	生活服务配套	文化活动
缺失（无回答）	0.7	0.7	0.9
非常好	14.8	6.1	4.8
比较好	47.7	35.0	22.9
一般	20.9	36.1	37.0
不太好	11.3	17.4	25.4
非常差	4.2	3.2	5.9
说不清	0.4	1.3	3.1
合计	100.0	100.0	100.0

2. 社会治安满意度不高，食品安全问题较突出

如表 14.30 所示，受访者对居住地社会治安评价较一般，感觉非常好的有 6.9%，感觉比较好的有 34.3%，感觉一般的有 36.2%，感觉不太好的有 15.7%，感觉非常差的有 6.4%，还有 0.4% 的受访者选择说不清。

表14.30　被访者对居住地社会治安评价的城乡差异（%）

	受访地城乡类型				合计
	市/县城的中心城区（主城区）	市/县城的郊区（城乡结合部）	市/县城区以外的镇（街）	农村	
非常好	7.4	6.6	2.4	7.8	6.9
比较好	43.8	24.0	29.6	34.2	34.3
一般	32.4	44.3	39.2	34.8	36.2
不太好	11.4	15.3	20.8	16.7	15.7
非常差	4.8	9.8	7.2	6.0	6.4
说不清	0.4	0	0.8	0.5	0.4
合计	100.0	100.0	100.0	100.0	100.0

被访者对居住地社会治安的评价与居民城乡类别相关关系显著。城郊居民对居住地社会治安感觉不好的比例高于城镇居民和农村居民，中心城区居民感觉较好。

如表 14.31 所示，受访者对居住地食品安全的总体评价较低，认为近两三年来食品安全问题有所恶化或严重恶化的占到 38.2%。

表14.31　被访者对居住地食品安全问题评价的城乡差异（%）

	受访地城乡类型				合计
	市/县城的中心城区（主城区）	市/县城的郊区（城乡结合部）	市/县城区以外的镇（街）	农村	
明显改善	1.6	2.2	0	2.1	1.8
有所改善	18.5	18.1	18.4	30.0	24.5
没有变化	22.8	24.2	30.4	23.7	24.3
有所恶化	31.5	26.9	26.4	23.5	26.1

续表

	受访地城乡类型				合计
	市/县城的中心城区（主城区）	市/县城的郊区（城乡结合部）	市/县城区以外的镇（街）	农村	
严重恶化	16.1	25.3	8.0	7.4	12.1
不知道	9.4	3.3	16.8	13.2	11.3
合计	100.0	100.0	100.0	100.0	100.0

受访者对居住地食品安全的总体评价与居民城乡类别相关关系显著，农村居民对居住地食品安全不满意程度比城镇居民低。

（五）政府服务

1. 政府行政服务满意度仍然不高，但受访者认为官员行为有所改善

如表 14.32 所示，受访者在政府行政效率与服务方面满意程度仍然不高，根据频数分布数据计算可得总的满意度指数为 64.2（2013 年为 62.5）。

表14.32　被访者对居住地的政府服务效率评价的城乡差异（%）

	受访地城乡类型				合计
	市/县城的中心城区（主城区）	市/县城的郊区（城乡结合部）	市/县城区以外的镇（街）	农村	
很满意	6.6	3.8	0	7.6	6.0
基本满意	38.2	35.7	29.8	34.2	34.9
一般	30.9	30.8	23.4	28.4	28.8
不太满意	9.2	19.8	17.7	15.8	15.1
很不满意	3.3	6.0	12.9	6.5	6.3
不回答/不清楚	11.8	3.8	16.1	7.6	8.8
合计	100.0	100.0	100.0	100.0	100.0

受访者在政府行政效率与服务方面满意程度与居民城乡类别相关关系显著。农村居民在政府行政效率与服务方面不满意的百分比比中心城区居民高约 9.8 个百分点。

如表 14.33 所示，受访者认为居住地政府官员搞形象工程等不良行为有所改善的比例较高，30% ~ 40% 的受访者认为有所改善或明显改善，但对不办事 / 推诿、脱离群众行为的评价相对较差。

表14.33　受访者对居住地政府官员行为的评价（%）

	搞形象工程	公款吃喝	吃拿卡要	不办事/推诿	脱离群众
缺失（无回答）	0.4	0.4	0.7	0.4	0.5
明显改善	7.4	8.0	7.6	8.0	8.5
有所改善	29.0	29.4	24.8	30.0	26.7
不变	24.4	16.3	17.6	26.3	24.6

续表

	搞形象工程	公款吃喝	吃拿卡要	不办事/推诿	脱离群众
有所恶化	5.6	5.6	4.3	9.5	8.6
严重恶化	1.0	1.2	0.9	1.8	2.4
不清楚	32.2	39.0	44.1	23.8	28.6
合计	100.0	100.0	100.0	100.0	100.0

2. 腐败问题较突出，但居民对治理腐败信心较强

如图 14.8 所示，受访者对政府官员的评价不够好，认为大多数官员是好的有 31.7%，认为好坏参半的有 33.8%，认为大多数官员有问题的占到 20.4%，还有 14.1% 的受访者选择不清楚。

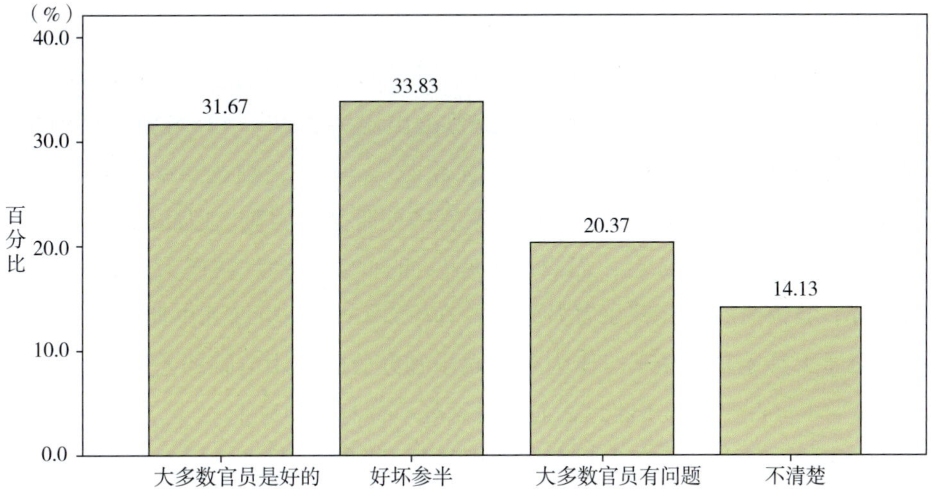

图14.8 受访者对官员的看法（%）

如图 14.9 所示，受访者对我国治理腐败的信心较强，非常有信心的有 21.2%，比较有信心的有 41.2%，一般的有 26.8%，不太有信心的只有 7.2%，还有 3.7% 的受访者没有信心。

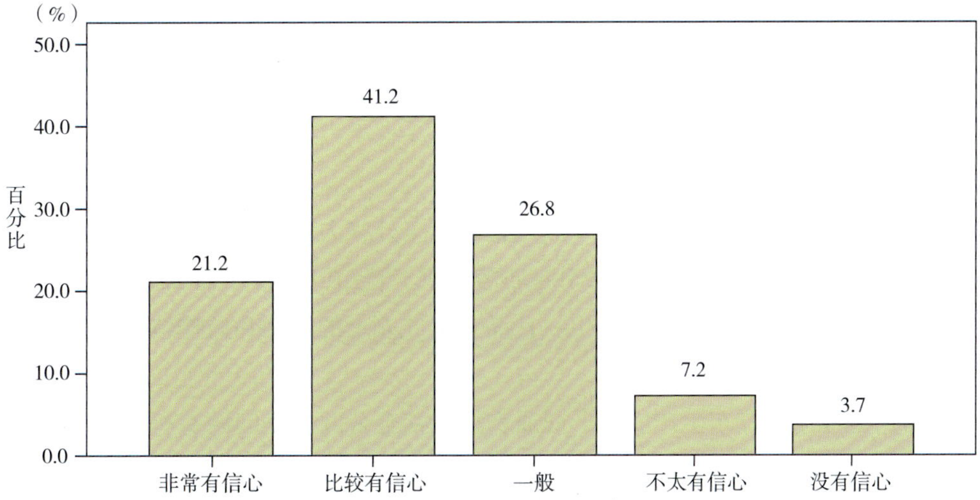

图14.9 受访者对我国治理腐败的信心（%）

根据图 14.9 的频数分布计算可得受访者对我国治理腐败的信心指数为 73.9[①]。

四、民生领域存在的突出问题

（一）城乡居民的民生状况差异大

改革开放以来，广东省城乡居民收入随着经济的快速增长有了很大提高，居民生活水平也有了相当大的提高。但是，收入增长并没有明显缩小城乡收入差距。2013 年，广东城乡居民收入分别达 33090.05 元和 11669.31 元，城乡居民收入差距由 2010 年的 3.03 ∶ 1 缩小为 2.84 ∶ 1，收入差距仍然明显，导致城乡居民的民生状况差异较大。

从城乡居民生活消费差异来看，2013 年，城镇居民人均消费性支出为 24133.3 元，农村居民人均生活消费支出为 8343.5 元，城乡居民消费支出比为 2.89 ∶ 1。城镇居民恩格尔系数为 36.7%，已经达到比较富裕水平，农村居民恩格尔系数为 49.0%，刚达到宽裕水平。在家庭耐用消费品的拥有率上，农村居民家庭与城镇居民家庭的差距甚为明显。以冰箱为例，2013 年城镇居民家庭平均每百户拥有 101.88 台，而农村家庭只拥有 72.33 台。从作为交通工具的摩托车和家用汽车有来看，城镇家庭已经开始普及家用汽车、2013 年平均每百户拥有 37.07 辆，绝大多数农村家庭的交通工具还是摩托车。作为上网娱乐和办公的家用电脑的差距也非常明显，2013 年城镇居民家庭平均每百户拥有 134 台，而农村家庭只拥有 40.35 台。

城乡居民民生状况的差异，在主观感知上也得到了印证。调查显示，城镇居民对自身家庭生活状况总体满意度明显高于农村居民。农村居民感觉支出压力最大的选项选择最多的是食品，城镇居民选择最多的是住房；农村居民家庭孩子就读民办学校比例显著低于城镇居民家庭；农村居民看病时医疗机构选择最多的是村卫生院 / 诊所，中心城区居民选择最多的是区域内最好的大医院；农村居民对以后养老的经济保障很担心的比例比中心城区居民高 9.0 个百分点；农村居民未来养老问题的打算主要是由儿女养老、储蓄，中心城区居民未来养老问题的打算主要是退休金、储蓄和社保金。

（二）卫生食品等公共安全问题较突出

作为改革开放的前沿地区，在改革开放之初，由于外来人口的增加、各种不和谐的因素逐渐增多，各种社会问题不穷，广东的社会环境不容乐观。近 10 年来，广东加大了社会治理力度，出台了各种法规制度，建立并完善了卫生、食品和生产安全的监测和监控体系，社会环境有了明显的好转。

总体来看，近年来，广东生产安全、交通安全等社会公共安全问题有所改观，但各种公共

① 按下面方法获得总的信心指数：非常有信心＝100，比较有信心＝80，一般＝60，不太有信心＝40，没有信心＝20，并按选择人数进行加权的方式加总得出信心指数。

安全问题依然存在，尤其是突发性事件、公共卫生和食品安全问题较为突出。2013 年，广东甲乙类法定报告传染病发病率为每十万人 317.12 人，比 2010 年的 225.15 增加明显，发生火灾事故 21100 起，比 2010 年的 6065 起增加 2 倍多；2012 年，广东食物中毒人数为 1037 人，仍处于较高水平。

调查显示，受访者对居住地社会治安、食品安全的感知满意程度都不高。受访者对居住地社会治安评价较一般，感觉非常好的只有 6.9%，感觉比较好的有 34.3%，感觉一般的有 36.2%，感觉不太好的有 15.7%，感觉非常差的有 6.4%，还有 0.4% 的受访者选择说不清；受访者对居住地食品安全的总体评价较低，认为近两三年来食品安全问题有所恶化或严重恶化的占到 38.2%。

（三）异地务工人员及底线民生保障程度有待进一步提高

近年来，广东不断加大社会保障投入力度，社会保障事业发展迅速，社会保障体系初步建成。但是，在社会保障覆盖面不断扩大的同时，广东社会保障水平仍然较低，特别是异地务工人员及底线民生保障程度有待进一步提高。

作为改革开放的前沿地区，广东人口流动性大、外来务工人口多。2013 年末，全省常住人口 10644 万人，比上年增长 0.47%，户籍人口 8759.46 万人，占常住人口的比重为 82.29%，户籍人口净迁入 185773 人。外地务工人员较多的情况给广东民生保障带来了一定的压力。近年来，虽然出台了不少政策，但外地务工人员的民生保障程度仍然较低，如社会保险参保比例低、子女义务教育入学难、居住条件差等民生问题较严重。2012 年，广东随迁子女入读义务教育阶段公办学校占随迁子女总数的 52.7%，即有近半数仍在民办学校就读。

在底线民生[①]保障方面。2013 年，广东城镇居民最低生活保障标准为每人每月 380.4 元，农村居民最低生活保障标准为 269.4 元。2014 年，月人均城镇和农村低保补差水平分别为 370 元和 170 元；农村五保集中供养标准为人均 7500 元 / 年，比 2013 年增加 800 元；城乡低保等救助对象政策范围内住院自负医疗费用救助比例均提高至 70% 以上，全省各县（市、区）城乡居民月基础养老金水平全部达到或超过 80 元 / 人，残疾人生活津贴标准每人每年 100 元，重度残疾人护理补贴标准每人每年 600 元。虽然，各项保障标准都有所提高，但相对高速增长的物价和城乡居民人均消费水平来说，保障水平仍然太低。

（四）居民对政府行政服务与官员行为满意度不高

政府公共行政服务的效率对城乡居民生活有直接影响，也关系到政府在人民群众心目中的形象和社会的安全稳定。近年来，广东大力实施“阳光行政”，坚持“便民、高效、廉洁、规范”的宗旨，建立公开、透明、高效、廉洁行政体制，营造良好的政府行政服务环境，政府行政效率有较大提高，城乡居民和企事业单位办理生活、生产相关事项更加方便。但是，由于生活质

① 底线民生具体涵盖的项目为城乡低保、五保供养、城镇“三无”人员、孤儿、残疾人保障、医疗救助等6类12项。

量的提高，城乡居民办理各种行政事务和证件越来越多，而行政服务机构和工作人员相对较少，城乡居民对行政服务效率和官员行为的满意度并没有相应提升。

调查显示，受访者在政府行政效率与服务方面满意程度仍然不高，满意度指数为 64.2，特别是城镇居民对政府行政效率与服务方面不满意的比重较高。另外，受访者认为居住地政府官员行为有所改善的比例较高，但对不办事 / 推诿、脱离群众行为的评价相对较差。

调查显示，受访者政府官员的评价不够好，认为大多数官员是好的有 31.7%，认为好坏参半的有 33.8%，认为大多数官员有问题的占到 20.4%，还有 14.1% 的受访者选择不清楚。但是，受访者对我国治理腐败的信心较强，非常有信心的有 21.2%，比较有信心的有 41.2%，一般的有 26.8%，不太有信心的只有 7.2%，还有 3.7% 的受访者没有信心。

五、关于民生问题的政策诉求和建议

1. 关注低收入群体，提高底线民生保障水平

在经济增速放缓的“新常态”下，加上物价波动过大、上涨过快，群众生活将受到较大影响，特别是低收入群体受到影响将更大。因此，更加关注低收入群体的生活、提高底线民生保障水平是新常态下民生工作的重要任务。

特别是要提高低收入者收入水平，使低收入群众能不断分享到发展和改革的成果。针对收入分配差距问题，除了政府已经采取的减免农业税，提高最低工资标准、不断扩大城市居民低保范围等一系列措施外，还要从农民增收减负的长效机制上增加农民收入，不断提高农民收入水平，在经济发展的过程中不断扩大就业，为低收入者提供更多的收入渠道。另外，还要提高底线民生保障标准，切实保障好困难弱势群体基本生活，包括做好低收入群体的住房保障工作。

2. 完善公共服务体系，提高居民生活质量

第一，建立基本医疗卫生制度，提高全民健康水平。坚持公共医疗卫生的公益性质，坚持预防为主、以农村为重点、中西医并重，实行政事分开、管办分开、医药分开、营利性和非营利性分开，强化政府责任和投入，完善国民健康政策，鼓励社会参与，建设覆盖城乡居民的公共卫生服务体系、医疗服务体系、医疗保障体系、药品供应保障体系，为群众提供安全、有效、方便、价廉的医疗卫生服务。加强农村卫生服务网络和城市社区卫生服务体系建设，深化公立医院改革。建立国家基本药物制度，保证群众基本用药，扶持中医药和民族医药事业发展。加强医德医风建设，提高医疗服务质量，确保食品药品安全。

第二，加大教育制度改革力度，实现全民教育机会公平化。合理分配教育资源，坚决杜绝人民群众反映强烈的教育收费高、乱收费、入学难等不合理现象。坚持教育公益性质，加大财政对教育投入，规范教育收费，扶持贫困地区、民族地区教育，健全学生资助制度，保障经济困难家庭、进城务工人员子女平等接受义务教育。优化教育结构，重视学前教育，关心特殊教育。

加强教师队伍建设，提高农村教师素质。

第三，建立基本住房保障机制，改善居住环境。加大住房制度改革，加大对普通老百姓提供保障性住房、经济适用房、廉租房建设，实行问责机制，首先满足贫困群体的住房条件，同时使中收入群体也享有保障性住房，逐步缓和高房价所带来的社会不稳定因素。规范土地管理，坚决遏制房产投机现象的发生，让人民成为征地的受益者，调控开发商在地产开发过程中的利润空间，把部分利润用于改善中低收入群体的住房条件。

3. 以推进农民工市民化，进一步健全社会保障体系

广东人口流动性大、外来务工人口多。近年来，虽然出台了不少政策，但异地务工人员的民生保障程度仍然较低，如社会保险参保比例低、子女义务教育入学难、居住条件差等民生问题较严重。因此，广东民生工作的一项重要任务就是不断改善外来务工人员的民生状况，为来粤务工人员实现有尊严地工作、过上更体面的生活创造有利条件，最终实现市民化。

一是逐步将各类群体纳入社保覆盖范围，实现城乡统筹与应保尽保。继续完善城镇养老、医疗、失业、工伤、生育等方面的保险制度，逐步把各类职工与流动人员都纳入社保覆盖范围，同时尽快建立城镇居民医疗保险全覆盖及农民工社会保险制度，加紧研究制定城镇没有参加养老保险的困难集体企业和无工作老年人的基本生活保障办法；全面建立农村最低生活保障制度，进一步推进新型农村合作医疗，探索农村社会养老保险制度，建立与家庭保障、土地保障相结合的保障体系；健全社会救助体系。

二是提高社会保障水平，逐步实现城乡居民社保一元化标准。完善城乡居民最低生活保障制度，逐步提高保障水平，完善失业、工伤、生育保险制度。加大政府财政投入力度，为社保提供资金支撑，并加强基金监管力度，提高基金运用效率；加快社会保障法制化建设，为社会保障事业健康发展提供法律保障。提高统筹层次，制定全国统一的社会保险关系转续办法，采取多种方式充实社会保障基金，加强基金监管，实现保值增值。

4. 强化公共安全治理、营造安全和谐的生活环境

近十年来，广东加大了公共安全治理力度，出台了各种法规制度，建立并完善了卫生、食品和生产安全的监测和监控体系，社会环境有了明显的好转，但各种公共安全问题依然存在，尤其是突发性事件、公共卫生和食品安全问题较为突出。因此，广东民生工作应加强公共安全治理，为城乡居民营造安全和谐的生活环境。

一是加强安全生产监督管理，加强突发公共事件应急处置能力建设，进一步完善各类应急预案体系，加强专业化与社会化相结合的应急救援队伍建设，建立健全集中领导、统一指挥、反应灵敏、运转高效的工作机制。

二是进一步深入开展危险化学品、海上捕捞运输、建筑施工等重点行业、领域的安全专项整治，强化安全监管，加大对安全生产违法行为的查禁力度，遏制重特大恶性安全生产事故的发生，确保安全生产事故总数、死亡人数和直接经济损失三项指标继续保持零增长，力争有所

下降。

三是加强和改进对大型群众性活动的安全管理，推行风险等级化管理制度，力争不发生群死群伤重特大事故，最大限度地减少突发公共事件造成的危害，最大限度地保障人民群众的生命财产安全。

四是依法建立起安全责任体系，它既包含安全生产的行政法律责任、刑事法律责任和民事法律责任，也包括立法责任、行政责任和司法责任，形成相互衔接的风险责任链条，使其能各守其责，各司其职，避免责任事故的出现。要转变公共管理人员的工作作风，保障权力在法律的轨道上运行，防止可能出现的管理不善和不作为现象。

五是加强与公共安全有关的各个环节的建设，加大对各种危害公共安全行为的打击力度；完善信息发布制度和监督机制，保障人民群众的知情权和参与权，积极开展有效的舆论监督工作，完善其他社会监督途径；进一步健全突发事件应急机制，建立监测、预报和快速反应系统，完备信息发布、共享和使用制度，最终为全社会编织一张防范严密的安全网。

（执笔：广东省政府发展研究中心子课题组）

第十五章 浙江省民生发展报告

一、近两年浙江民生发展总体情况

浙江省委、省政府高度重视民生工作，不断深化民生领域改革创新，进一步加大财政投入力度，着力提高保障和改善民生的质量和效益，努力在保障和改善民生中促进社会公平，民生事业总体发展水平稳步提高。

（一）建立民生导向型财政政策，增加民生财政支出

近年来，浙江财政民生支出年均占财政总支出的 70% 以上，增幅始终高于同期财政总支出，民生领域投入不断加大，逐步建立健全覆盖城乡、功能齐全的公共服务体系，民生状况持续改善。

① 文化教育。按照建设文化强省的要求，加强对文化活动工作的管理和推动力度，多项工作走在全国前列。2013 年，有线电视用户 1452.3 万户，比 2012 年增加 67.7 万户，增长 4.9%；广播、电视综合覆盖率两年分别为 99.5%、99.6% 和 99.6%、99.65%。全年广播影视经营收入 256.7 亿元，比 2012 年增长 36.7 亿元，增长 21.3%。教育方面，努力推动学前教育上等级，义务教育高水平均衡发展，高中段教育特色化多样化发展，中职教育现代化建设深入实施。2013 年，全省学前三年入园率为 97.6%，比 2012 年提高 2.2 个百分点；高中段教育毛入学率为 94.5%，比 2012 年提高 0.7 个百分点。义务教育中小学农民工随迁子女在校生为 139.8 万人，比 2012 年增加 9.01 万人，增长 6.9%。

② 医疗卫生。深入实施具有浙江特色的健康发展战略，优质医疗资源和卫生人才“双下沉”工程持续深化，服务群众能力和水平进一步提升。2013 年，各类医院床位数、卫生技术人员、医院年诊疗数分别为 19.7 万张、35.2 万人、22211 万人次，分别比 2012 年增加 2.1 万张、4.6 万人、1817 万人次，同比增加 9%、7.1%、7.59%；全年甲乙类传染病发病率分别为 219.32/10 万、192.46/10 万，比上年下降 16.2%、7.98%；孕产妇为 6.20/10 万，比上年增加 2.19/10 万；5 岁以下儿童死亡率为 5.87‰，比上年下降 0.65‰。

③ 社会保障。全面实施城乡居民社会养老保险制度，落实被征地农民的基本生活保障。积极推进社会保障制度的城乡统筹和区域协调，加强同类社会保险制度间的整合衔接，完善各项社会保险关系跨区域转移接续政策，推进区域统筹和异地协作。2013 年参加企业基本养老保险人数 2272.5 万人，参加城镇职工基本医疗保险人数 1790.5 万人，参加失业保险人数 1144.3 万人，

参加工伤保险人数 1826.1 万人，参加生育保险人数 1173.1 万人，分别比 2012 年增加 189.2 万人、119.5 万人、78.8 万人、94.4 万人、88.3 万人。企业退休人员基本养老金月人均水平超过 2300 元，比上年增加 300 元，位居全国省区前列。年末新型农村合作医疗参合人数 2855.1 万人，较上年减少 17.8 万人，参合率为 97.8%，同比增加 0.1%；人均筹资标准为 557 元，比上年增加 74.5 元。

④ 援助和养老服务。按照“守住底线、突出重点、完善政策、引导舆论”的要求，确保守住困难群众基本生活的底线，织牢困难群众基本生活保障安全网。2013 年，在册低保对象 62.9 万人，比 2012 年减少 4.6 万人，低保资金支出 23.1 亿元，比 2012 年增加 5.1 亿元，增长 12.1%；城乡低保平均标准分别为每人每月 515.49 元、393.42 元，分别比上年增加 38.71 元、43.39 元，增幅为 8%、12%；获得生活补助的城乡低收入家庭持证重度残疾人 8.9 万名，发放补助金额 4.0 亿元，比 2012 年增加 1.2 万名和 1.7 亿元，分别增长 36.5% 和 28.2%。投入资金 23.8 亿元，新建成社区居家养老服务照料中心 3491 个，分别比 2012 年增加 4.1 亿元、2193 个，新增各类养老机构床位数 2.8 万张。

⑤ 交通状况。按照实施大投入、建设大交通、促进大发展的目标要求，近年来交通投资逆势上扬，大港口、大路网、大航空、大水运、大物流等五大建设齐头并进取得新突破，有力促进了经济平稳较快增长。2013 年，交通运输、仓储和邮政业增加值为 1277 亿元，比 2012 年增加 49 亿元，增长 4.7%。全年铁路、公路和水运完成货物周转量 9183 亿吨公里，比上年增加 684 亿吨公里，增长 7.4%；港口完成货物吞吐量 13.2 亿吨，比上年增加 0.6 亿吨，增长 4.6%。

（二）城乡居民收入稳中有升，生活满意度较高

省第十三次党代会以来，浙江毫不动摇地坚持“建设物质富裕精神富有的现代化社会”战略部署，城乡居民就业比较充分，收入普遍提高，家庭财产普遍增加，消除绝对贫困现象，生活品质明显改善。

① 收入分配。近年来，收入逐年增加但增速比以往有所减缓，生活感受总体满意。根据抽样调查，2013 年全省城镇居民人均可支配收入为 37851 元，比 2012 年增加了 3301 元，农村居民人均纯收入为 16106 元，比 2012 年增加了 1554 元，扣除价格因素，分别比上年实际增长 7.1% 和 8.1%。城镇居民人均可支配收入连续 13 年居全国第 3 位，农村居民人均纯收入连续 29 年居各省（自治区）第 1 位。

② 消费水平。城乡居民收入连年增加，目前依然处于恩格尔系数 30% ~ 40% 的小康生活阶段，生活消费结构基本合理。2013 年，城镇居民人均消费支出为 23257 元，比 2012 年增加了 1712 元，比上年实际增长 7.9%；农村居民人均消费支出为 10208 元，比 2012 年增加了 1552 元，实际增长 10.4%。城镇居民家庭恩格尔系数两年分别为 35.1%、34.4%，农村居民家庭恩格尔系数为 37.7%、35.6%。

③ 就业状态。坚持把稳定就业作为优先目标，促进充分就业全民创业。落实好促进高校毕业生就业创业的政策措施，开发更多适合毕业生的就业岗位，多渠道促进就业创业。落实政府

责任，强化职业培训和公共服务，统筹做好“机器换人”、淘汰落后产能过程中失业人员再就业，城镇化过程中农村富余劳动力转移就业以及就业困难人员再就业工作。2013 年，全年新增城镇就业人数为 104.3 万人，其中 46.3 万名城镇失业人员实现再就业，分别比 2012 年增加 5.6 万人和 4.1 万人，连续两年年末城镇登记失业率为 3.01%。

④ 居住状态。创新城乡住房保障模式，逐步推进实物保障向货币保障转变，大力推动社会力量参与保障房建设运营，推进公共租赁住房和廉租住房并轨运行，城乡居民尤其是困难群众居住条件不断改善。2013 年，城镇居民人均住房建筑面积为 38.82 平方米，农村居民人均居住面积为 60.82 平方米，分别比 2012 年增加 1.72 平方米和减少 0.68 平方米。

（三）生态立省环境优先，积极建设“两美”浙江

近年来，浙江牢牢把握稳中求进、转中求好的工作基调，以治水为突破口推进转型升级，着力削减排污总量、腾出环境容量、改善环境质量，为干好“一三五”、实现“四翻番”提供有力的环境保障。

① 空气质量。建立大气污染防治目标责任制，实施了环境空气质量管理考核，出台大气污染应急预案，落实大气污染协同防治的措施。2013 年，69 个县级以上城市环境空气质量总体良好，有 69.6% 的城市达到国家二级标准，比 2012 年下降 29%。两年的空气质量综合污染指数范围分别为 0.65 ~ 2.35 和 0.78 ~ 2.35。二氧化硫年平均浓度为 $7\mu g/m^3$~$49\mu g/m^3$ 和 $8\mu g/m^3$~$54\mu g/m^3$，二氧化氮年平均浓度为 $7\mu g/m^3$~$54\mu g/m^3$ 和 $11\mu g/m^3$~$51\mu g/m^3$，可吸入颗粒物年平均浓度为 $39\mu g/m^3$~$107\mu g/m^3$ 和 $47\mu g/m^3$~$124\mu g/m^3$。

② 垃圾处理。积极推进生活垃圾源头减量和资源化利用，稳步推进生活垃圾分类处理，着力提高生活垃圾无害化处理能力，促进城镇人居环境持续改善和资源节约型、环境友好型社会建设。2013 年，县以上城市生活垃圾无害化处理率为 99.32%，全省工业固体废物产生量 4404 万吨，工业固体废物综合利用率达到 93.2%，分别比 2012 年增长 1.54%、下降 130 万吨、增长 2.8%。

③ 水质达标。建立“五水共治”工作推进机制、督促检查机制、考核奖惩机制，确立最严格的水资源管理制度。2013 年，全省累计创建合格、规范饮用水源保护区 570 个，县级以上集中式饮用水源地水质达标率为 86.1%，11 个区市主要饮用水水源地水质达标率为 92.5%，分别比 2012 年增加 30 个、下降 0.6% 和 0.2%。据浙江省监控断面监测结果统计，2013 年水质达到或优于地表水环境质量Ⅲ类标准的断面分别占 63.8%，Ⅳ类占 15.4%，Ⅴ类占 8.6%，劣Ⅴ类占 12.2%，分别比 2012 年下降 0.5%、1.8%，增加 4.6%，下降 2.3%。

④ 绿化水平。紧紧围绕生态文明和美丽浙江建设的目标，全面落实“五年绿化平原水乡，十年建成森林浙江”的战略部署，优化生态建设布局，生态环境持续改善。2013 年，城市建成区绿化覆盖率达 39.88%，人均公园绿地面积 12.35 平方米，比 2012 年增加 0.42%、0.09 平方米。2013 年全省完成造林面积 39455 公顷，加快平原绿化和绿色通道建设步伐，平原新增绿化面积 30427 公顷，建设森林通道 5925 公里，森林覆盖率达到 60.82%（含灌木林），同比下降 0.15%。

⑤ 农村环境。统筹推进“三改一拆”、“四边三化”、“1818”平原绿化和“两清”等行动，整乡整镇推进美丽乡村。2013 年，生活污水治理的行政村覆盖率达到 65%，生活垃圾集中收集处理的行政村覆盖率达到 95%，分别比 2012 年增加 3% 和 2%。2013 年，深入实施美丽乡村建设四级联创，1840 个村开展环境综合整治，创建美丽乡村样本户 18.3 万户、美丽乡村精品村（特色村）312 个。

（四）发挥法治引领、保障作用，提升平安浙江建设水平。

近年来，浙江坚持和发展“枫桥经验”，创新社会治理方式，深化司法制度改革，持之以恒地推进平安浙江、法治浙江建设，有力地维护了社会和谐稳定，为全省经济社会发展做出了重要贡献。

① 社会安全。坚持以法治引领工作，注重运用法治思维和法治方式解决工作中遇到的重点难点问题，完善维护群众权益机制，把矛盾纠纷解决在基层、当地和萌芽状态，社会安全形势总体平稳、群众满意。2013 年，刑事案件立案数 43.85 万起，破案数 23.03 万起，破案率达到 52.52%，分别比上年减少 1.86 万起、0.49 万起，增加 1.07%。近两年来，浙江公众安全感满意率分别为 95.95% 和 95.79%。

② 生产安全。严格落实事故查处分级挂牌督办、跟踪督办、警示通报、诫勉约谈和现场分析的制度，严格落实相关防范措施，安全生产形势出现了稳定向好的发展态势。2013 年，发生各类安全事故 18933 起，死亡 5518 人，直接经济损失 28531.4 万元，分别比 2012 年下降 4433 起、192 人、9253.6 万元，下降 5.0%、2.2% 和 8.4%。道路交通共发生事故 18298 起，死亡 4860 人，直接经济损失 7522.8 万元，分别比上年下降 972 起、102 人、531.2 万元，下降 5.0%、2.1% 和 6.2%。

③ 食品安全。食品药品监管系统扎实履行监管职责，不断强化监管举措，严厉打击违法违规行为，食品安全形势总体保持稳定，民众饮食安全得到有力保障。2013 年，在 11 个市监督抽检餐饮食品 10112 批次，合格率为 94.2%，比 2012 年增长 7543 批次、3.5%。餐饮服务环节两年共报告食物中毒事故分别为 5 起、13 起，中毒 61 人、259 人，无死亡病例和Ⅳ级以上食物中毒事故，中毒起数、中毒人数较以往下降幅度较大，食品安全状况总体良好。

二、近年来浙江改善民生的政策举措

浙江省委、省政府围绕全面改善民生，制定出台并具体实施了一系列的政策措施，努力在保障和改善民生中促进社会公平，极大地改善了居民的生活水平和生活质量。

（一）改善居民物质生活的相关政策

2012 年 6 月，省第十三次党代会提出“两富”战略部署，要求努力实现城乡居民就业比较充分，收入普遍提高，家庭财产普遍增加，中等收入者占多数，绝对贫困现象完全消除，社会保障、基础设施和公共服务日臻完善，人人享有良好的生活环境和生态环境。

① 居民生活水平。2013 年 3 月，省委、省政府印发《关于促进农民收入持续普遍较快增长的若干意见》(浙委发〔2013〕8 号)，加快推动农民增收方式转变，努力在促进“普遍增长”、“较快增长”中实现“持续增长”，确保农村居民人均纯收入实际增长 8% 以上。2014 年 11 月，省政府印发《关于促进城乡居民收入持续普遍较快增长的若干意见》(浙政发〔2014〕41 号)，坚持教育优先、就业为基、创业带动、政策兜底，全面提高城乡居民的工资性收入、经营性收入、财产性收入和转移性收入，努力实现居民收入增长和经济发展同步、劳动报酬增长和劳动生产率提高同步，促进城乡居民收入持续普遍较快增长。在惠民政策的大力支持下，城乡居民生活水平不断提高，2013 年城镇居民人均可支配收入比全国平均水平高出 10896 元，农村居民人均纯收入比全国平均水平高 7210 元。

② 就业政策。2012 年 11 月，省人力资源和社会保障厅等四部门出台《关于做好当前就业工作促进企业转型升级的意见》，推行技术工种就业准入制度，实行高技能人才培养补贴制度、劳动预备制培训生活费补贴制度、创业补贴政策、小微企业新招用高校毕业生岗前培训补贴和社会保险补贴政策、小微企业贷款扶持政策等。2013 年 7 月，省政府办公厅下发《关于促进普通高等学校毕业生就业创业的实施意见》(浙政办发〔2013〕91 号)，提出进一步拓宽高校毕业生就业渠道，大力开发就业岗位，鼓励小微企业吸纳就业，鼓励高校毕业生到基层和欠发达地区就业。结合推进新型城市化和社会主义新农村建设，探索通过政府购买服务的方式，开发城乡基层特别是城市社区和农村公共管理及社会服务工作岗位，引导高校毕业生到基层就业。目前，积极的就业政策体系基本形成，统筹城乡的市场就业机制不断健全，就业规模不断扩大，就业结构逐步优化。城镇零就业家庭实现“基数归零、动态归零”；离校未就业高校毕业生实名登记和就业帮扶等工作成效显著，初次就业率达到 95.77%，位居全国前列。

③ 发展交通事业。2011 年 12 月，省发展和改革委和省交通运输厅联合印发《浙江省公路水路民用机场交通运输“十二五”发展规划》，提出推进大港口、大路网、大物流建设。2012 年 3 月，省人大常委会通过《浙江省道路运输条例》。目前，五大建设齐头并进取得新突破，大港口建设进展迅速，建成宁波—舟山港穿山港区中宅煤码头等 12 个万吨级以上的泊位和东霍山锚地，宁波—舟山港黄泽山石油中转储运项目和乐清湾进港航道等项目前期工作进展顺利。大路网建设扎实推进，全面完成普通国省道 14 项 257 公里改建任务，建成农村联网公路 1386 公里。大航空建设谋划启动，实施省政府与民航局战略合作协议，成为全国通用航空综合试点省、低空空域管理改革试点区。大水运建设顺利开局，省政府颁布《浙江省内河水运复兴行动计划(2011 ~ 2015 年)》，启动杭平申线(浙江段)航道改造工程，正式开建富春江船闸扩建工程。大物流建设重点突破，加快建设浙江牵头的国家交通运输物流公共信息平台。

(二)公共服务的相关政策

浙江在大力推进人民生活富裕的同时，积极改善文化教育、医疗卫生、社会保障、公共服务，使更多发展成果公平惠及全体人民。

① 文化建设。2011 年 11 月，省委通过《关于贯彻十七届六中全会精神推进文化强省建设的决定》，不断加大文化投入。目前，基层文化设施网络建设，县级文化馆、县级图书馆、乡镇综合文化站和文化信息资源共享工程基本实现全覆盖，村级文化活动室覆盖率达 87%；全省“文化信息资源共享工程”基层服务站点达 4 万余个，其中乡镇覆盖率达 100%，村覆盖率达 98.5%。深入实施“新农村文化建设十项工程”、“文化低保”工程以及基本公共文化服务提升计划，组织大规模的送文化下乡活动，全省文化系统平均每年送戏下乡 2 万场，送图书 200 万册。

② 教育发展。2010 年，发布《浙江省中长期教育改革和发展纲要（2010–2020 年）》，提出实现学前教育上等级，义务教育高水平均衡发展，普通高中教育多样化发展，提高职业教育发展水平，提高高等教育办学水平和竞争力，全面加强特殊教育，全面推进继续教育和终身教育体系建设。2013 年，省政府印发《关于促进民办教育健康发展的意见》（浙政发〔2013〕47 号），优化民办教育事业发展环境，完善各项管理机制，充分发挥民办教育体制机制优势，形成民办公办学校共同发展、和谐发展的格局，努力满足群众对教育的多样化、多层次选择需要。目前，浙江学前三年幼儿入园率、小学、初中入学率、初中毕业生升高中段学校比例均达较高水平。全省建成国家重点实验室 14 个、教育部重点实验室 10 个、国家工程（技术）研究中心、工程实验室 12 个、教育部工程（技术）研究中心 10 个。

③ 公共卫生。2013 年 5 月，省卫生厅印发《关于进一步深化卫生系统“阳光工程”建设的意见》（浙卫发〔2013〕122 号），部署了阳光用药、阳光采购、阳光审批、阳光招聘等四大“阳光工程”。2013 年 6 月，省政府办公厅转发《省卫生厅等 5 部门关于推进城市优质医疗资源下沉实施意见的通知》（浙政办发〔2013〕85 号），在城市医院与基层医院合作办医的地区，同步推进分级诊疗制度建设，确保病人有序就医和医疗资源的有效利用。通过不断推进城市优质医疗资源下沉，促进优质医疗资源的有效配置，加强县域医疗服务能力建设，有效提升医疗服务体系整体能力，逐步缓解基层群众“看病难、看病贵”问题。目前，公共卫生网络体系日趋健全，省、市、县级建有疾病预防控制机构、卫生监督机构及乡镇派出机构、妇幼保健机构，“20 分钟医疗卫生服务圈”基本形成。实施基本药物制度，积极推动基本药物制度向一体化管理村卫生室、非政府办基层医疗机构及公立医院延伸，纳入全省基本药物制度的村卫生室比例达 64.88%。

④ 社会保障。2011 年 3 月，省政府下发《关于加快实施城乡居民社会养老保险制度的意见》，提出适时适度调整基础养老金，增加缴费年限养老金档次，建立高龄老人补贴制度。2014 年 7 月，省政府下发《关于进一步完善城乡居民基本养老保险制度的意见》，坚持覆盖城乡、惠及全民，实现人人享有基本养老保障的目标。到 2013 年底，企业基本养老保险、城镇职工基本医疗保险、在册低保等社会保险，基本做到应保尽保。

⑤ 社区服务。2012 年 6 月，印发《浙江省城乡社区发展“十二五”规划》，提出以发展社区服务为重点，着力健全社区管理和服务体制，把全省社区建设成为管理有序、服务完善、文明祥和的社会生活共同体。2012 年 5 月，新修订公布的《浙江省实施〈中华人民共和国村民委

员会组织法〉办法》，明确了农村社区的职能定位，农村社区要建立社区服务中心，办理公共事务、组织农村社区居民活动、提供社区服务。农村社区要建立由本社区居民和驻在社区的单位组成的社区议事协商组织，协商决定社区建设的重大事务，规定农村社区基础设施、公共服务设施建设和开展社区服务所需经费，可以通过政府财政、村集体经济、村民筹资筹劳等方式解决。到 2013 年底，城乡社区服务基本实现全覆盖。

（三）公共安全的相关政策

近年来，浙江坚持系统治理、依法治理，坚持法治思维和法治方式，不断完善社会治安、食品安全、安全生产、环境保护等方面相关法律法规，全面提升平安浙江建设规范化水平，有力地维护了浙江的社会和谐稳定。

① 社会治安。省委政法委牵头政法各部门在充分调研基础上，出台《关于依法处理利益诉求群体实施违法犯罪行为的指导意见》，明确七大类 19 种违法犯罪的行为及其依法予以打击处理的原则意见、法律适用、犯罪管辖、协同配合等。省综治办牵头省法院、省政府法制办、省司法厅、省公安厅等部门参加的矛盾纠纷排查调处协调小组，制定下发《关于进一步规范矛盾纠纷排查调处有关工作的通知》，进一步完善了矛盾纠纷排查化解协调机制，了解群众诉求，掌握各类苗头隐患。省综治委制定了《关于建立健全社会治安重点地区排查整治长效工作机制的意见》，从排查发现、研判报告、打击整治、源头治理、考评奖惩、组织保障等六个方面建立了常态化的工作机制，完善社会治安重点地区排查整治季报分析制度，有力推进了排查整治各项工作措施的落实。近年来，全省刑事立案数尤其是严重刑事案件立案数连续保持下降态势。社会治安总体状态保持平稳，主要违法犯罪活动得到有效遏制，人民群众安全感较强。

② 食品安全。2011 年 7 月，省人大通过并发布《浙江省实施〈中华人民共和国食品安全法〉办法》。根据《餐饮服务食品安全百千万示范工程建设指导意见》和《浙江省药品和餐饮安全“十二五”规划》，省食品药品监督管理局印发《浙江省餐饮服务食品安全“321 示范工程”建设实施方案》，在全省开展餐饮服务食品安全“321 示范工程”建设活动，即从 2011 年开始到“十二五”期末，全省将创建国家级和省级餐饮服务食品安全示范县（市、区）30 个、餐饮服务食品安全示范街 200 条、餐饮服务食品安全示范单位 1000 家，形成示范群体，同时建起县、乡、村三级食品安全监督网，建立 3 万多个村级监督点。近年来，全省无食物中毒死亡病例，食物中毒发生起数、中毒人数连年呈下降趋势，餐饮服务食品安全状况总体良好。

③ 生产安全。2012 年 12 月，省政府通过《浙江省生产安全事故报告和调查处理规定》，对事故报告和处理作了明确规定。2014 年 2 月，浙江省委、省政府印发《关于加强安全生产促进安全发展的意见》（浙委发〔2014〕5 号），明确牢固树立安全发展的理念，坚持“生命至上、安全第一”的方针、坚守“发展决不能以牺牲人的生命为代价”这条不可逾越的红线，按照“党政同责、一岗双责、齐抓共管”，“管行业必须管安全、管业务必须管安全、管生产经营必须管安全”和“所有企业必须认真履行安全生产主体责任，做到安全投入到位、安全培训到位、基础管理到位、

应急救援到位”的要求，完善安全生产责任体系，明确党委、政府、部门、企业的安全生产责任。2013 年，浙江省连续第 10 年实现事故起数、死亡人数和直接经济损失三项指标“零增长”。

④ 环境保护。2012 年 2 月，省政府印发《关于进一步加强环境保护工作的意见》，提出坚持生态省建设方略，走生态立省之路。2014 年 5 月，省委十三届五次会议审议通过了《中共浙江省委关于建设美丽浙江创造美好生活决定》，以走在前列为总要求，提出加快建设全国生态文明示范区和美丽中国先行区，在优化开发格局、加快产业升级、节约能源资源、倡导生活文明节俭、创新生态文明制度等方面实现全方位突破，经过较长时间努力，实现天蓝、水清、山绿、地净，建成富饶秀美、和谐安康、人文昌盛、宜业宜居的美丽浙江。目前，浙江省累计建成国家级生态示范区 45 个、国家生态县 6 个、国家环保模范城市 7 个、国家级生态乡镇 450 个和一大批国家级、省级绿色细胞。

第一，水环境。2013 年 11 月，省委十三届四次全会提出，要以治污水、防洪水、排涝水、保供水、抓节水为突破口倒逼转型升级，“五水共治”，吹响了浙江大规模治水行动的新号角。2014 年 12 月，省政府印发《浙江省综合治水工作规定》，加强综合治水工作，保障人民群众健康安全，促进经济社会持续健康发展。据省控断面监测结果统计，目前水质达到或优于地表水环境质量Ⅲ类标准的断面占 63.8%。水库水质总体优良，主要为Ⅱ类；湖泊水质相对较差，主要为Ⅲ类。

第二，空气质量。2012 年 7 月，省政府办公厅印发《浙江省大气复合污染防治实施方案的通知》《浙江省大气复合污染防治实施方案》。2013 年 4 月，省环保厅、公安厅、交通运输厅下发《关于进一步加强机动车排气污染防治工作的意见》。2013 年 6 月，省政府办公厅印发《浙江省环境空气质量管理考核办法（试行）》，进一步明确城市政府大气污染防治主体责任，加强大气综合防治。2014 年，全省 69 个县级以上城市环境空气质量总体良好，59 个城市达到国家二级标准。

第三，垃圾处理。2012 年 7 月，省政府印发《关于进一步加强城镇生活垃圾处理工作的实施意见》，提出加快推进生活垃圾分类，健全收运体系，提高处理能力。2013 年 12 月，省政府办公厅印发《关于进一步加强危险废物和污泥处置监管工作的意见》，加强基础设施规划和建设，建立健全覆盖危险废物和污泥产生、贮存、转运、处置全过程的监管体系，大力推进危险废物和污泥的减量化、无害化和资源化，切实解决突出的污染问题。到 2013 年底，全省共有生活垃圾无害化处理设施 94 座，年无害化处理能力为 1360.87 万吨，生活垃圾无害化处理率达 97.8%。全省已建成医疗废物处置设施 12 座，建成工业危险废物处置设施 13 家，全省危险废物年回收处理能力 247.3 万吨。

第四，农村环境。深入实施美丽乡村建设四级联创，开展村庄环境综合整治。2013 年 8 月，省环保厅印发《关于建立和推进农村环境监督员制度建设的意见》。到 2013 年底，全省农村生活垃圾集中收集行政村覆盖率达到 95% 以上，农村区域性的突出工业污染得到有效治理，建有生活污水处理设施的行政村比率达到 65% 以上，94% 的行政村完成了村庄整治。

三、民生入户调查情况

9 月份，在西湖区、余杭区、鄞州区、宁海县、龙湾区、永嘉县、瑞安市、秀洲区、嘉善县和莲都区，开展入户问卷调查，每地调查样本 120 个，全省总计 1200 个，涉及城乡居民 4170 人。

（一）当前生活总体满意

城乡居民对政府在改善民生、保障居民基本公共服务方面的满意率为 94.6%，较上年提升 0.9 个百分点，其中，选择“很满意”的占 12.2%，“基本满意”的占 52.3%，“一般”的占 30.1%。城乡居民对家庭目前生活状况总体满意，其中，选择“很满意”的占 20.0%，较上年提升 11.6 个百分点；选择“基本满意”的占 49.6%，较上年提升 0.5 个百分点。城乡居民家庭生活水平进一步提升，其中，认为较去年有“显著提高”的占 1.3%，认为“有所提高”的占 29.3%，认为“和去年差不多”的占 57.9%，仅 11.4% 的城乡居民认为自己的生活水平较上年有所下降。

（二）就业压力有所缓减

本次调查中，就业人员有 2429 人，不工作的有 1008 人。不工作的群体中，需要照顾家庭的占 29.8%，退休的占 23.4%，准备学习、深造的占 17.2%，丧失劳动能力的群体占 15.9%，无业 / 失业的占 12.5%，不想工作的仅占 1.1%。就业人员中，就业类型排在前三位的是民营 / 私营企业职工、个体工商户和专业务农，分别占 39.4%、17.8% 和 10.7%；所属行业排在前三位的是制造业、批发零售业和农林牧渔业，分别占 33.3%、16.5% 和 13.1%；所在工作岗位排在前三位（不含务农、个体工商户）的是一线生产人员、服务人员和专业技术人员，分别占 19.6%、13.4% 和 10.3%。14.7% 的受访者具有专业技能，并具备相关职业资格证书；10.0% 的受访者表示有专业技能，没有证书；75.3% 的受访者表示两者皆无，就业人员的职业技能培训亟待加强。

（三）收入总体平稳

82.2% 的就业人员表示收入稳定，就业人员的平均税后收入（包括工资、奖金、经营收入）为 3285.5 元。22.5% 的就业人员表示近三年的收入保持稳定增长，59.7% 表示稳定不变，仅有 17.8% 表示收入不稳定或有下降。84.8% 的就业人员表示工作量与去年相比有所减少和不变，每周的平均工作时间也由 2013 年的 52.5 小时下降为 51.3 小时，就业人员的劳动时间和劳动量较上年有所下降。从劳动合同签订率来看，有 42.8% 的就业人员表示签订了劳动合同（不含非雇佣劳动者，包括农民），较 2013 年的 50.4% 下降 7.6 个百分点，签订率水平较低。进一步的分析表明，在劳动权益保障方面，不同性质的劳动单位也有很大的差别。国有企业和三资企业的劳动合同签订率较高，分别有 84.2% 和 88.2% 的雇员签订了劳动合同；私营企业的签订率为 61.7%；个体工商户中的雇工更低，仅有 11.8% 的人签订了合同（参见表 15.1）。

表15.1　　2014年分就业类别劳动合同签订情况（%）

类别	签订率
专业务农	0.8
兼业农民	25.6
农村自营业者	7.8
党政机关从业人员	86.5
教科文卫等事业单位职工	94.7
社会团体（指工会、青年团、妇联）	50.0
国有（国有控股）企业职工	80.4
民营/私营企业职工	61.7
合资、外资或港澳台企业员工	88.2
民办非企业单位、非营利组织	43.8
个体工商户	11.8
自由职业者	4.9
非固定单位的临时务工	22.5
其他（请在问卷中注明）	47.6
合计	42.8

注：不含非雇佣劳动者，包括农民。

从缴纳“五险一金”的情况看，42.9% 的就业人员缴纳了医疗保险，39.0% 缴纳了养老保险，31.1% 缴纳了工伤保险，27.4% 缴纳了失业保险，23.6% 缴纳了住房公积金，另有 50.6% 表示没有任何保险（见表 15.2）。

表15.2　　2014年企业分就业类型缴纳养老保险情况（%）

类别	养老保险参保率	医疗保险参保率
专业务农	5.0	10.8
兼业农民	9.4	11.5
农村自营业者	16.7	36.2
党政机关从业人员	89.5	86.8
教科文卫等事业单位职工	89.6	90.9
社会团体（指工会、青年团、妇联）	66.7	66.7
国有（国有控股）企业职工	91.7	88.9
民营/私营企业职工	53.6	54.1
合资、外资或港澳台企业员工	90.9	100.0
民办非企业单位、非营利组织	54.8	66.7
个体工商户	22.0	26.2
自由职业者	21.4	22.4
非固定单位的临时务工	12.5	17.2
其他（请在问卷中注明）	61.7	61.7
合计	39.0	42.9

进一步的分析表明，社会保障状况与就业单位有紧密的关联。在党政机关、国有企业、三资企业中，城镇养老险的覆盖率都在 90.0% 左右，而私营企业中就业人员享有的比例只有 53.6%，就业于个体机构的雇员享有城镇养老险的还不足 25.0%，其他社会保险险种也有类似的分布趋势。

（四）中等以上收入家庭比例上升

调查显示，低收入家庭（年收入小于 5 万元）的占比为 28.9%，中等收入家庭（年收入 5 万 ~ 15 万元）的占比为 64.8%，高收入家庭（年收入 15 万元以上）的占比为 6.3%。其中，中等收入家庭的比例较上年上升 11.8 个百分点，低收入家庭比例较上年减少 9.9 个百分点，高收入家庭较上年减少 1.5 个百分点，中等收入家庭的比例提升明显（见表 15.3）。

表15.3 家庭年收入情况（%）

收入区间	2014年	2013年	±
1 万元以下	2.8	2.8	0
[1 ~ 3）万元	8.7	14.3	-5.6
[3 ~ 5）万元	17.4	21.7	-4.3
[5 ~ 8）万元	26.8	24	2.8
[8 ~ 10）万元	19.8	18.5	1.3
[10 ~ 15）万元	18.2	10.9	7.3
[15 ~ 25）万元	4.9	5.1	-0.2
25 万元及以上	1.4	2.7	-1.3

注：2014 年调查的是 2013 年收入，2013 年调查的是 2012 年收入。

在收入预期方面（见表 15.4），表示家庭收入“显著增长”或“有所增长”的受访者比例占 26.9%，表示“和去年的差不多”的占 55.1%，仅 18.0% 的受访者表示“有所减少”或“明显减少”。但与上年相比，收入预期有所下降，表示收入增长的受访者比例比上年下降 10.1 个百分点，表示收入减少的受访者比例比上年增加 8.9 个百分点。

表15.4 家庭收入信心预期（2014年、2013年）（%）

选项	2014年比2013年	2013年比2012年	±
显著增长	0.9	0.41	0.5
有所增长	26.0	36.58	-10.6
和去年差不多	55.1	53.9	1.2
有所减少	14.1	7.29	6.8
明显减少	3.9	1.82	2.1

在收入感受方面（见表 15.5），表示家庭收入层次在中层以下的受访者占 47.7%，较上年上升 11.9 个百分点，表示在中层的占 46.5%，与上年基本保持不变，表示中层以上的仅占 5.8%，较上年下降 7.2 个百分点。在与周围家庭的收入差距感受上，32.6% 的受访者表示很大，67.4%

表示不大。在家庭日常开支方面，4.0% 的家庭支出在 1 万元以下，24.6% 的家庭支出在 1 万 ~ 3 万元，34.3% 的家庭支出在 3 万 ~ 5 万元，23.8% 的家庭支出在 5 万 ~ 8 万元，仅 13.3% 的家庭支出大于 8 万元。调查显示，13.8% 的低收入家庭（年收入小于 5 万元）获得过社会救助和支持，城乡最低生活保障和农村特困户生活救助成为获得最多的社会救助和支持，分别占 28.1% 和 21.1%，年均获得各类物资救助约为 2686.5 元。

表15.5　家庭收入层次（2014年、2013年）（%）

选项	2014年	2013年	±
上层	0.3	0.62	−0.3
中上层	5.5	12.42	−6.9
中层	46.5	51.13	−4.6
中下层	37.9	27.62	10.3
下层	9.8	8.21	1.6

（五）公办学校依然是大多数学生首选

调查对 625 名不同教育阶段学生就读分析（见表 15.6），77.8% 就读于公办学校，22.2% 就读于民办。其中，学前教育（幼儿园）阶段，44.0% 的学生就读于公办学校，56.0% 就读于民办学校，但在其他教育阶段，就读民办学校的学生比例明显低于公办学校。在选择就读民办学校的主要理由方面，25.6% 的受访者表示“民办的离家近，交通方便”，20.9% 表示“因不符合条件（如证件不齐）无法进入公办学校”，18.4% 表示“公办的资源紧缺，学位不足”，14.5% 表示“民办的入学手续简便”，9.8% 表示“民办的教学质量高”，6.4% 表示“民办的升学时能进入更好的学校”，另有 4.3% 的受访者选择“其他”原因。进一步分析看，交通方便和入学资格受限是大多数受访者选择民办学校的主要理由，仅有不到 10.0% 的受访者因为教育质量选择民办学校。

表15.6　各教育阶段入学情况（2014年）（%）

选项	公办	民办
学前（幼儿园）	44.0	56.0
小学	85.7	14.3
初中	87.0	13.0
高中	79.3	20.7
中职（包括中专、职高、技校）	81.8	18.2
高职	83.9	16.1
本科院校及以上	90.0	10.0
平均	77.8	22.2

（六）基层医疗机构成为大多数居民看病首选

83.7% 的受访者表示在自己和家人感觉身体不舒服需要看医生时，选择去医疗机构就医；16.3% 的受访者选择自己买药。在选择去医疗机构就医的群体中，27.0% 选择社区卫生服务中心（站），24.3% 选择乡镇卫生院，19.8% 选择村卫生室 / 诊所，仅有 17.4% 和 11.5% 选择区、县医院或区域内最好的大医院。选择基层医疗机构就医的受访者比例达到 71.1%，比 2013 年的 68.1% 提高 3.0 个百分点，表明受深化公立医院综合改革，建立社区医疗体系方面的影响，居民的就医习惯也在逐渐变化。在对医疗机构的信任感方面，79.5% 受访者表示“更信任公立医院，不信任民营（私立）医院”，仅有 1.5% 表示“更信任民营（私立）医院，不信任公立医院”，还有 1.5% 表示“都不信任”，17.5% 表示“都信任”。综合来看，81.0% 的受访者表示不信任私立医院，而仅有 3.0% 不信任公立医院，民营医院的信任感较低。进一步分析，不信任医疗机构的原因中，排在第一位的是“诊疗行为不规范，为了挣钱损害患者利益”占 29.3%；其次是“医生和设备水平低”和“费用太贵”，分别占 26.9% 和 24.9%；还有 14.0% 和 4.9% 表示“医生责任心不强”和“挂号难、排队长”。因此，医疗机构要首先从提升诊疗规范和诊疗水平等方面着手，积极消除“短板”，努力提升群众信任感。

（七）看病住院费用下降明显

2013 年平均家庭医疗总支出（包括住院、门诊和自己买药等）为 5282.3 元。在有家庭成员住院的家庭中，人均住院费用（包括医疗、护工、红包、礼品、陪护等各种实际支出）为 18664.0 元，较上年的人均 23466.7 元下降 20.5%。仅有 2.3% 的家庭存在有医院建议住院而没有住院的情况，较上年下降 14.9%。在没有住院的情况中，其中有 28.6% 因为“没钱住院”，有 28.6% 因为“自己认为不需要”，有 21.4% 因为“没时间住院”，仅有 7.1% 和 3.6% 是因为“床位紧张，住不进去”和“不信任医生”。在看病筹资方面，95.4% 的受访者表示没有因为看病而需要向外筹措资金的情况，仅有 4.4% 表示需要“找人借款”，还有 0.1% 和 0.1% 的表示需要“家庭财产抵押贷款”和“变卖家庭资产”。

（八）养老信心有所上升

在对以后养老的经济保障方面（见表 15.7），37.6% 的受访者表示“不担心”，较上年上升 6.3 个百分点，48.1% 表示“有些担心”和“很担心”，较上年下降 5.0 个百分点，居民对养老保障的信心有所上升。

表15.7　是否担心养老的经济保障（2014年、2013年）（%）

选项	2014年	2013年	±
不担心	37.6	31.3	6.3
有些担心	33.4	39.9	-6.5
很担心	14.7	13.2	1.5
没想过	14.3	15.6	-1.3

在问及具体的养老途径时（见表 15.8），有 26.7% 的受访者表示靠“儿女养老”，有 26.3% 表示靠“社保养老金”，还有 19.4% 表示靠“储蓄”养老，以“退休金”“投资理财”“以房养老”

和“购买商业养老保险”仅占 9.4%、4.5%、4.1% 和 1.9%，进一步分析，通过对养老方式和养老信心的对比中发现，选择社保养老的比例越高，对未来养老越有信心，而选择由儿女养老的比例越高，信心却越低。这也反映出，城乡居民对“社保养老”的信心强于“子女养老”。

表15.8 是否担心养老的经济保障（2014年、2013年）（%）

	退休金	储蓄	社保养老金	投资理财	购买商业养老保险	以房养老	由儿女养老
不担心	13.1	18.1	28.9	5.3	1.1	3.7	25.6
有些担心	7.4	22.0	25.8	3.8	2.1	5.2	27.2
很担心	7.0	17.8	26.5	3.8	4.7	3.8	32.7
没想过	5.6	17.8	19.2	4.9	1.0	2.8	21.7

（九）家庭养老仍然是主要方式

55.6% 的家庭有 60 岁以上的老人需要赡养和照顾。其中，14.8% 的家庭只给予老人经济支持；20.0% 的家庭表示既经济上支持，又生活上照顾；20.8% 的家庭表示不需要给予经济支持和生活照顾；另外有 2.2% 的受访者表示自己需要其他人（包括家庭和其他责任人）的赡养和照顾。在需要给予老人经济支持的家庭中，2013 年平均养老支出为 5831.2 元；在自己需要养老照顾的家庭中，老人自己支付的养老费用平均为 5145.5 元，家人给予的经济资助平均为 7556.0 元。

（十）绝大部分家庭拥有自有住房

调查数据表明，96.1% 的家庭拥有自有住房，32.9% 的家庭拥有 2 套及以上的住房。65.9% 的受访家庭目前所居住的是自有住房，34.1% 的家庭居住的为租赁房。受访家庭所居住房屋的平均建筑面积为 132.7 平方米，其中城市居民家庭当前居住的房屋平均建筑面积为 91.4 平方米（中位数为 66.5 平方米）；农村居民家庭当前居住的平均建筑面积为 144.4 平方米（中位数为 120.0 平方米）。13.2% 的家庭在本市（县、区）拥有其他住房；9.8% 的家庭在其他城市（县、区）拥有住房；42.0% 的家庭在农村拥有住房。这些房屋中（见表 15.9），用于自己（家人）居住率为 50.3%，间歇性居住率为 12.7%，出租率为 11.7%，而闲置率和荒废率分别为 16.8% 和 2.3%。

表15.9 房屋状态（2014年）（%）

	本市	外市	农村	合计
自己（家人）居住	45.3	45.3	56.3	50.3
间歇性回去居住	16.2	16.2	12.7	12.7
交给亲戚或朋友帮忙看管	1.7	1.7	4.6	3.6
出租	12.8	12.8	4.8	11.7
闲置	23.1	23.1	15.4	16.8
荒废	0	0	3.6	2.3
其他（请注明）	0.9	0.9	2.6	2.6

（十一）农村家庭的购房需求比城市家庭高出一倍

在购房需求上（见表 15.10），12.6% 的家庭在未来两三年有购房的打算或计划。其中，7.6% 打算购买商品房，5.0% 打算购买政策性住房。分城乡看，4.2% 的城市家庭有购买打算，8.4% 的农村家庭有购买打算，农村家庭的购房需求比城市家庭高出一倍。在购买目的上，65.9% 的家庭为自己居住，13.1% 为给子女居住，还有 8.3% 和 6.7% 的购房目的为陪子女读书和出租。

表15.10　　购房需求和目的（2014年）（%）

选项	购房需求				购房目的				
	购买商品房	购买政策性住房	不打算购买	看情况	自己居住	子女居住	陪子女读书	出租	投资
城市	3.2	1.0	18.7	2.1	22.2	1.6	2.0	2.8	2.0
农村	4.4	4.0	60.8	5.9	43.7	11.5	6.3	4.0	1.6
平均	7.6	5.0	79.4	8.0	65.9	13.1	8.3	6.7	3.6

在对政府住房保障政策的期望上（见表 15.11），城市居民方面，37.3% 的城市家庭希望能限购限价，降低房价，有 22.5% 的家庭希望准予组织自建房，并给予优惠条件，有 22.2% 的家庭希望扩大保障房覆盖范围，仅有 12.0% 和 6.0% 的家庭希望提高租金补贴水平和开征房产税。农村居民方面，32.3% 的农村家庭希望确保分家之后能够分到宅基地建房（做到“一户一宅”应保尽保），31.0% 希望赋予农村住房完全产权（可抵押、转让）。

表15.11　　购房需求和目的分城乡（2014年）（%）

选项		百分比
城市	限购限价，降低房价	37.3
	准予组织自建房，并给予优惠条件	22.5
	扩大保障房覆盖范围	22.2
	提高租金补贴水平	12.0
	开征房产税	6.0
农村	确保分家之后能够分到宅基地建房（做到“一户一宅”应保尽保）	32.3
	赋予农村住房完全产权（可抵押、转让）	31.0
	农村危旧房屋改造	28.0
	保障农民的宅基地使用权和住房财产权不受侵害	8.7

（十二）生态环境状况平稳趋好

在对近 3 年来居住地的生态环境状况进行评价时，28.1% 的受访者表示“在好转”，51.0% 的受访者表示“相对稳定”，两者合计为 79.1%；仅有 20.9% 的受访者表示“在恶化”，生态环境状况总体好转。生活污水处理、噪音成为居民反映最突出的环境问题，满意率最低，分别为 72.7% 和 79.0%。相对而言，生活用水质量和绿化环境的满意率较高，分别为 86.7% 和 83.7%；空气质量和生活垃圾处理满意率均为 80.2%。对农村地区农业污染的处理或治理的评价方面，“牲畜粪便”的处理满意率最高，为 84.6%；其次是“地膜、农膜”和“农药化肥”的处理，满意率分别为 83.0% 和 78.7%；“农业污水”处理满意率最低，仅为 67.0%（见表 15.12）。

表15.12　对所居住的社区（村庄）生活环境质量的评价（2014年）（%）

选项	空气质量	生活用水质量	生活垃圾处理	生活污水处理	安静（降低噪音）	绿化环境
非常好	14.6	12.5	8.3	7.7	12.8	13.4
比较好	33.8	39.1	35	29.7	35.5	37.1
一般	31.8	35.1	36.9	35.3	30.7	33.2
不太好	12.3	8.5	16.5	18.9	14.4	13.4
非常差	7.5	4.8	3.3	8.3	6.6	2.8
满意率	80.2	86.7	80.2	72.7	79.0	83.7

（十三）居民文化活动需求进一步提高

城乡居民对居住地的生活便利程度评价方面（见表 15.13），“交通出行”的满意率最高，为 89.4%；其次为“生活服务配套”和“治安状况”，分别为 88.2% 和 87.2%；“文化活动”的便利程度满意率最低，为 81.2%。这也反映出，当前城乡居民对文化活动场所的需求进一步的提高。

表15.13　居民对生活方便程度进行评价（2014年）（%）

选项	交通出行	生活服务配套	文化活动	治安状况
非常好	23.8	10.0	9.5	13.4
比较好	47.8	35.4	28.0	39
一般	17.8	42.8	43.7	34.8
不太好	7.9	10.4	15.1	11.1
非常差	2.6	1.3	3.7	1.7
满意率	89.4	88.2	81.2	87.2

在对近年来食品安全问题的评价中，4.7% 的受访者表示“明显改善”，41.8% 表示“有所改善”，28.2% 表示“没有变化”，还有 16.6% 和 8.7% 表示“有所恶化”和“严重恶化”。总体来看，城乡居民对食品安全改善情况表示认可，但同时，食品安全仍有较大改善空间。

（十四）对居住地政府服务和办事效率的满意率较高

城乡居民对当地的政府服务和办事效率的满意率为 93.5%，较上年提升 2.0 个百分点（见表 15.14），其中，选择“很满意”和“基本满意”的受访者比例分别提升 7.8 和 0.3 个百分点，选择“不太满意”和“很不满意”的比例下降 1.6 和 0.3 个百分点。

表15.14 对当地政府服务和办事效率的满意率（2014年、2013年）（%）

选项	2014	2013
很满意	13.3	5.5
基本满意	54.4	54.1
一般	25.8	31.9
不太满意	5	6.6
很不满意	1.6	1.9
满意率	93.5	91.5

对当地政府官员形象改善评价方面（见表15.15），排在第一位的是“整治公款吃喝”，67.4%的受访者表示有改善。其次是“吃拿卡要”和“不办事/推诿”，分别有64.0%和61.8%的受访者表示有改善。值得关注的是，城乡居民对政府官员形象改善的评价中，选择“不清楚”的人数比例较高，这说明，应进一步提高政府工作的信息透明度，完善信息公开，加强群众监督，进一步提升城乡居民对政府官员形象的满意度。

表15.15 当地官员形象改善情况（2014年）（%）

选项	搞形象工程	整治公款吃喝	吃拿卡要	不办事/推诿	脱离群众
明显改善	24.9	32.8	29.4	22.3	22.6
一定改善	35.9	34.6	34.6	39.5	38.4
不变	13.3	7.3	8.3	13.8	13.8
有所恶化	2	1.3	1.5	2.3	1.7
严重恶化	0.3	0.4	0.3	0.8	0.7
不清楚	23.6	23.6	25.9	21.3	22.8

（十五）多数受访者对未来惩治腐败有信心

62.5%的受访者认为大多数官员是好的，27.2%认为好坏参半，仅有10.3%的受访者表示大多数官员有问题。对我国治理腐败的信心上看，77.2%的受访者表示有信心，仅有7.8%表示不太有信心和没有信心。

四、民生领域存在的突出问题

近年来，浙江坚持每年实施“民生十件实事”，极大地促进了民生状况的改善。但是，对照中央提出的构建社会主义和谐社会的目标要求，对照全省人民日益提高的经济政治文化需求，在就业收入、食品安全、住房结构性矛盾等民生工作领域依然存在一定的问题和差距。

（一）就业压力依然较大

浙江就业局势总体保持平稳，城镇登记失业率近年来虽然有所下降，但是基本保持在3%以上。当前，就业结构性矛盾依然延续，技能人才缺口较大。高校毕业生就业压力非常突出，2014年本省高校毕业生达27.2万，加上历年未就业3万人，外省来浙求职的10余万人，预计总量超过40万人，就业形势比较严峻。

（二）收入增长难度较大

浙江老百姓在逐步富裕的同时，在城乡之间，以及内部之间收入差距还较大，少数居民尤其是农村欠发达地区居民仍然生活贫困。当前，农民收入持续普遍较快增长难度加大，经营性收入增长面临农产品价格波动、农民创业难度加大的挑战，工资性收入增长面临从依靠就业规模扩大向就业层次提升的转换，财产性收入增长面临财产增值渠道不多的难题，转移性收入增长面临财政收入增长放缓的制约。

（三）食品安全监管分散，问题依然相当突出

当前餐饮企业规模小，低、小、散的问题仍然十分突出，从业人员整体文化素质不高。上游积累的食品安全风险都会在餐饮环节暴露，处于矛盾的凸显期和风险的高发期，食物中毒事件仍有发生，餐饮服务环节食品安全保障基础还是很脆弱，形势依然严峻。餐饮服务监管部门特别基层监管力量不足，基础设施建设滞后，技术支撑能力薄弱。餐饮服务食品安全科学技术研究、监管法律法规、标准规范和相关规定还不够完善，行业自律仍需加强，餐饮服务食品安全形势严峻，监管任务繁重而艰巨。

（四）住房、教育、人情送礼等开支过大，民众生活压力较大

近年来，浙江房价在高位运行，2014年以来尽管下跌不断，金华、温州、台州、杭州也上榜房地产下跌风险排行榜前15城，但是2014年杭州成交均价依然高达15601元/平方米，普通工薪阶层不少没有能力购房。城乡居民教育、人情送礼等支出居高不下，年度家庭人均教育支出比上年提升13.2%，人情送礼位于家庭开支压力前三，不满意率比上年提升了3.4%，这些较高的支出都挤压着增速原本比较缓慢的收入增长，民众反响较大。

（五）医疗卫生本身需求不足，卫生医疗体制改革不配套引发新的矛盾

医疗卫生事业投入总体不足，虽然近年来规模不断扩大，数量也在逐步增长，但是由于布局总体不够合理，医疗卫生资源不平衡，质量和效率相对滞后，难以满足民众日益增长的需求，导致收费价格过高，多数居民觉得看病不是难就是贵。当前，医药、医疗等资源没有很好形成合力，绩效工资制度、人才招聘制度也一定程度地制约了医疗卫生事业的发展，同时分级诊疗制度建

设当前也还有较大阻力。

（六）维护生态安全任务繁重，亟需各地通力合作

浙江七山一水二分田，生态环境比较脆弱，维护生态安全任务极其繁重。当前，平原河网水质污染严重，近岸海域赤潮频发，酸雨污染时有发生，污染物排放总量还比较大，局部区域污染继续加剧，环境压力有增无减，环境保护形势依然非常严峻。维护生态安全是一项系统工程，过程漫长，任务艰巨，浙江虽然作了很多努力，进行“五水共治”、大气治理、土壤修复等诸多努力，但任重道远，而且水和大气具有一定的流动性，这些都需要与周边地区合作，协同治理才能取得成效。

五、政策诉求和建议

解决好目前民生领域的突出问题，需要省委、省政府做出更大的努力进行更多的探索，但有些问题的解决局限于浙江自身的客观条件限制，需要从国家层面提供坚强有力的措施保障，具体如下。

（一）加强结构性减税

中央应该以有增有减的方式，实现有选择的税收优惠，同时对接税制改革安排，“放水养鱼”，以激发民间经济之活力。比如对小微企业的税收扶持，属于规模较小的减税，对整个国民经济影响不大，可以继续扩大减税规模，让小微企业、个体户减负，安居乐业。个人所得税跟老百姓的收入直接关联，被赋予调节国民收入分配的功能，改革要慎重，既要照顾低收入的人，当然也不能赶跑富人，未来改革的方向可以走综合与分类相结合的道路，可以借鉴国外以家庭为单位征收的方式。

（二）加强食品药品广告管理

当前食药违法广告还比较多，甚至出现在中央媒体，容易误导消费者。甚至有处方药违规在大众媒介发布广告，严重篡改审批内容进行违法宣传，夸大产品适应症、扩大产品疗效，诱导消费者购买。违法保健食品广告严重篡改审批内容，且利用专家的名义进行违法宣传，夸大产品的保健功能等，需要尽快加强整治。

（三）加强区域污染联合防治

污染防治事关民生、事关全局，需要全社会共同努力。大气、水具有一定的流动性，因此，需要中央政府进行强有力的调控和监管，建立跨部门协调机制，协调各行各业一致行动，推动

各个区域联合协作，把治理工作落在实处。坚持源头治理，加强区域和流域统筹协调，推进环境质量持续改善。统筹区域生态建设布局，做好各省市生态建设规划对接，推动沿江、沿海、沿湖、沿湾、沿交通干线的生态廊道建设，共同构建区域生态安全屏障。加强大气污染联防联控，完善大气污染防治协作机制，健全区域预测预报体系，强化工业污染、黄标车治理、船舶污染的跨境污染联防联控。深化流域污染联防联治，加强长江、太湖、千岛湖及新安江流域等水环境的综合治理与保护。

（执笔：浙江省政府发展研究中心子课题组）

第十六章
安徽省民生发展报告

一、安徽省近年来民生发展总体情况

民生建设是社会建设的重要内容，是全面实现小康社会和构建社会主义和谐社会的重要目标与途径，它涉及千家万户的切身利益。党和国家历来高度重视民生建设，历届党代会报告中均将民生问题做了详细部署。党的十八大报告中进一步指出，加强社会建设，必须以保障和改善民生为重点。要多谋民生之利，多解民生之忧，解决好人民最关心最直接最现实的利益问题，在学有所教、劳有所得、病有所医、老有所养、住有所居上持续取得新进展，努力让人民过上更好生活。

安徽省委省政府十分重视民生问题，并于2007年正式启动民生工程建设。不仅开了全国之先河，也成为推动科学发展、加速安徽崛起的重要政策平台，赢得了百姓的好口碑。七年来，省委省政府省坚持安排好“基本民生”，保障好“底线民生”，解决好“热点民生”，如“学有所教”、“劳有所得”、“病有所医”、“老有所养”、“住有所居”问题。对民生工作积极而为、量力而行，探索以项目化手段、工程化措施发展民生事业，创造性实施民生工程，持续“提标扩面”的民生工程解决了一批群众最关心、最直接、最现实的利益问题。

（一）民生工程投入加大

安徽民生工程从实施到推进已有7年。2007年，安徽省正式启动了民生工程计划，公布了《安徽省人民政府关于实施十二项民生工程促进和谐安徽建设的意见》，并计划实施12项民生工程，此后民生工程资金投入和受惠人口数量逐年增加，人均收益金额逐年提高。2013年，安徽省民生项目，全年民生支出3487亿元，增长9.9%，全面完成33项民生工程建设任务，支出605.6亿元，增长7.1%（见图16.1）[①]。

① 数据来源：安徽省民生工程网。

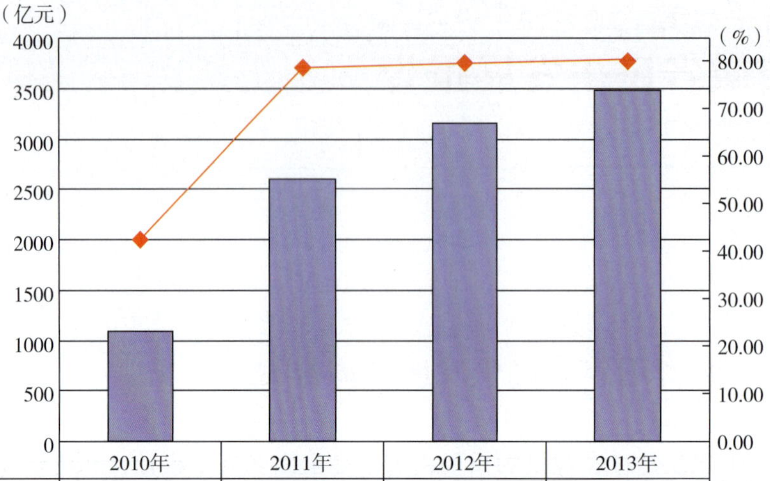

	2010年	2011年	2012年	2013年
投入资金(亿元）	1096	2600.7	3161.2	3487
占全省财政支出比重（%）	42.40	78.70	79.90	80.20

图16.1　2010～2013年国家民生投资总金额（亿元）及所占财政支出比重（%）

表16.1　历年安徽省民生及民生工程投入情况一览表

年份	项目数（个）	投入资金（亿元）	惠及人口（万）	人均收益（元）
2007	12	120	4000	200
2008	18	176	5000	350
2009	28	254	6000	420
2010	33	345	6000	570
2011	33	468	6000	780
2012	33	540	6000	900
2013	33	605.6	6000	1059

数据来源：安徽省人民政府工作报告（2011–2014），安徽民生工程网站。

（二）居民收入和消费水平不断提高

居民收入的快速增长，为物质生活质量的整体改善提供了重要的物质基础。统计资料显示，2010 年全省城镇居民家庭人均消费性支出 11513 元，2011 年为 13181 元，2012 年为 15012 元，2013 年为 16285 元。农村居民家庭平均每人生活消费支出从 2010 年的 4013 元，增长至 2013 年的 5725 元，其中 2011 年为 4957 元，2012 年为 5556 元[①]。生活水平的提高不仅体现在消费支出的数量增长，更表现在消费档次和消费结构发生的新变化。消费档次已从一般家庭必需品的生活消费向服务、旅游、保健、信贷、小轿车和住房甚至收藏等高档消费延伸；消费结构从温饱型转向享受型和发展型。

① 数据来源：安徽省统计年鉴（2013）。

（三）城乡居住条件总体上有所改善

安徽省 2013 年累计投入 108.1 亿元。加快推进保障性住房建设，开工廉租住房和公共租赁住房 16.8 万套；保障农村困难群众住房安全，完成农村危房改造 19.7 万户。保障性住房建设步伐加快，为解决城乡困难群众住房问题奠定了基础[①]。但随着安徽省推行廉租房、公租房制度，使得城镇的居住面积以及居住环境都得以不断提升。

就农村地区居住条件而言，家庭平均每人居住面积 2009 ~ 2011 年逐渐增加，居住状况不断改善。其中农村居住面积增加更为明显，一方面与农村居民年均收入不断增长，可供改善居住环境的资金增加有关，另一方面也与全省各地区新农村建设，改善居民生活环境有很大关系。此外，安徽省城镇居民人均住房面积增幅缓慢，但是与全国城镇居民人均 30.1 平方米相比，安徽省满足温饱型及小康型住房标准方面有较大优势。

（四）基本社会保障体系不断完善

2010 年全省基本养老、基本医疗、失业保险参保人数分别达 669.5 万人、1529.4 万人和 384 万人，首批新型农村社会养老保险试点参保人数达 349.4 万人。社会救助整体合力不断增强，城乡低保、五保集中供养、大病医疗救助和孤儿救助等工作加快推进。20.9 万户城市低收入家庭享受廉租房住房保障，并完成城市及国有工矿棚户区住房改造 22.6 万户、农村危房改造 4.3 万户。实施采煤塌陷区村庄搬迁应急工程建设，惠及 25.7 万人。

2011 年在 2010 年基础上继续扩大社会保障覆盖面，五大保险均超额完成全年任务，城乡居民养老保险试点县（市、区）达到 67 个。开工建设各类保障性住房 42.9 万套，基本建成 20.5 万套[②]。

2012 年实现城乡居民社会养老保险制度全覆盖，企业退休人员养老金人均月增加 175 元，农村居民最低生活保障、农村五保户供养补助和重度残疾人生活救助标准均提高 10% 以上。政策范围内新农合、城镇职工医疗保障住院费用报销比例进一步提高。开工建设各类保障性住房 43.8 万套，基本建成 34.4 万套[③]。

2013 年安徽省累计投入 236.9 亿元，占总投入比的 39.1%。新农合、城镇居民医疗保障财政补助标准由 240 元提高到 280 元，政策范围内报销比例超过 70%，医疗保险待遇提高，进一步深化了医疗卫生体制改革；城镇居民养老保险参保人数达 3308.7 万人，当年参（续）保率达到 100.2%，符合待遇领取条件的人员养老金发放率 100%。推进社会保障扩大覆盖面以及提高标准，城镇居民医疗保险、新农合补助标准均提高 40 元，实现城镇基本医疗保险省内异地就医即时结算，企业退休人员养老金实现九连增，城乡最低生活保障标准分别提高 11.8% 和 18.4%，困难群体社

---

① 数据来源：安徽民生工程网站。
② 数据来源：安徽省政府工作报告（2012）。
③ 数据来源：安徽省政府工作报告（2013）。

会救助制度实现城乡全覆盖[①]。

（五）教育投入逐年增加，文化服务建设稳健发展

安徽省预算内教育经费支出逐年增加，自 2011 年起，全省实施学前教育三年行动计划，加快义务教育学校标准化建设，提高农村义务教育阶段学生人均公用经费补助标准，加固改造中小学校舍 944 万平方米。在此基础上，2012 年新建、改扩建公办幼儿园 800 所，完成 2314 所城乡义务教育标准化学校建设。

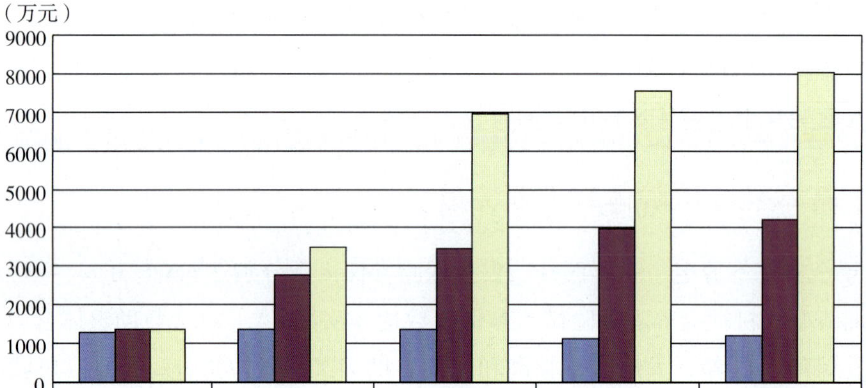

	2009年	2010年	2011年	2012年	2013年
省级	1301	1360	1383	1132	1189
地市级	1360	2755	3436	3975	4234
县级	1383	3484	6946	7535	8045

图16.2　安徽省各级教育资金投入（万元）

数据来源：安徽省民生工程网，安徽省统计年鉴。

2013 年，安徽省做到努力办好人民满意的教育，全面完成学前教育三年行动计划，持续推进义务教育均衡发展，启动高等教育质量提升工程，健全家庭困难学生资助体系，义务教育学校标准化覆盖率达 60.9%，高校学科专业结构调整优化，省部共建高水平大学取得积极进展，发放家庭经济困难学生补助金 20.3 亿元，99.4 万名农村学生享受到免费营养餐。此外，进一步完善公共文化服务体系，省滨湖文化艺术中心开工建设，图书馆和文化馆（站）全部免费开放，完成 9500 个自然村广播电视村村通建设，群众文化辅导员队伍逐步壮大，获全国性重要文艺奖项 138 个，文物和非遗保护成效显著，新闻出版、广播影视、参事文史、档案、地方志工作得到加强。

二、安徽省 2013 年改善民生的政策举措及成效

2013 年社情民意调查结果显示，全省群众对民生工程满意度达到 85.5%，比上年提高 0.3 个百分点[②]。

① 数据来源：安徽省政府工作报告（2014）。

② 数据来源：安徽民生工程网站。

（一）基本公共教育与公共文化类

安徽省 2013 年基本公共教育与公共文化累计投入 83.2 亿元，占总投入比例的 13.7%。深化义务教育经费改革，惠及 700 多万城乡学生，资助困难学生 95.5 万人次，完成 441 个乡镇公办幼儿园建设任务，推进了教育资源均衡发展。完成广播电视“村村通”、公共文化服务信息化建设任务，免费开放公共文化场馆，保障群众基本公共文化需求。

表16.2　基本公共教育与公共文化类项目的实施情况

基本公共教育与公共文化类项目	完成情况
城乡义务教育经费保障机制改革	推进义务教育经费保障机制改革，补助公用经费和免除学杂费39.05亿元、补助免费教科书资金6.8亿元，补助困难家庭寄宿生生活费1.89亿元
高校、中职和普通高中家庭经济困难学生资助制度	向65.6万人次学生发放各类奖助学金13.3亿元，对29.9万人次学生免学费5.9亿元
乡镇公办幼儿园	乡镇公办幼儿园完工441个，完工率100%
广播电视“村村通”	广播电视村村通工程完成9500个村的建设任务，完工率100%
公共文化服务信息化建设	完成559个公共文化服务信息化建设任务，完工率100%
农村文化建设专项补助	农村文化建设专项补助支持开展各类文体活动30.6万次，农家书屋更新出版物172.4万册
公共文化场馆开放	1629个公共文化场馆全部免费开放

数据来源：安徽民生工程网站。

（二）劳动就业服务类

劳动就业服务类累计投入 3.6 亿元，占总投入比例的 0.6%。对农民、进城务工人员、未就业毕业生等进行培训，提高了就业能力和就业层次。据不完全统计，受训农民人均收入达到 12410.8 元。

表16.3　劳动就业服务类项目实施情况

劳动就业服务类项目	完成情况
新型农民培训	完成新型农民培训39.1万人，完成率101.3%
就业技能培训	就业技能培训完成36万人，完成率120.1%

数据来源：安徽民生工程网站。

（三）社会保险类

安徽省 2013 年民生工程社会保险类累计投入 236.9 亿元，占总投入的 39.1%。新农合、城镇居民医保财政补助标准由 240 元提高到 280 元，政策范围内报销比例超过 70%，医疗保险待遇提高，进一步深化了医疗卫生体制改革；城镇居民养老保险参保人数达 3308.7 万人，当年参（续）保率达到 100.2%，符合待遇领取条件人员的养老金发放率为 100%。

表16.4 社会保险类项目实施情况

社会保险类项目	完成情况
新型农村合作医疗	新农合参合5149.3万人，已支付资金170.4亿元
城乡居民养老保险	当年缴费人数达2328.9万人，符合待遇领取条件的人员养老金发放率100%
城镇居民基本医疗保险制度	全省城镇居民参保率达到98%以上，政策范围内住院费用报销比例达到70.56%

数据来源：安徽民生工程网站。

（四）基本社会服务类

民生工程中的基本社会服务类2013年累计投入57.8亿元，占总投入比的9.6%。农村低保、五保供养、重度残疾人救助标准提高10%，城乡困难群众生活保障问题得到有效缓解；城乡养老服务机构、流浪乞讨人员救助场所建设步伐进一步加快，社会化参与程度加深，服务能力和保障水平进一步提升。

表16.5 基本社会服务类项目实施情况

基本社会服务类项目	完成情况
农村居民最低生活保障	保障农村低保对象215.6万人，覆盖面达到4.13%，人均补差水平提高10%，发放资金35.6亿元
城乡养老服务体系建设	农村五保供养机构完工239个，建成床位2万张，新建社区办养老机构242个，新建社会养老机构143个，各级财政资助社会养老机构3984.7万元。保障农村五保供养对象43.9万名，分散供养水平年人均1992元，集中供养水平年人均3252元，补助标准提高10%，发放11.1亿元
计划生育家庭奖励扶助	全省累计确认奖励扶助对象20.4万人，向符合条件的计生家庭90万人次发放资金7.2亿元
贫困重度残疾人生活特别救助	全省共救助贫困残疾人52.4万人，一、二级贫困重度残疾人救助标准提高10%，由每人每年660元提高到726元，三级贫困残疾人纳入保障范围，每人每年补助360元，累计发放资金3.5亿元
生活无着人员社会救助	流浪乞讨人员救助场所建成56个，完工率100%。救助流浪乞讨人员12.4万名、发放1.1亿元，补助孤儿2.7万名、发放2亿元
城乡医疗救助	开展城乡医疗救助335.3万人次、支出9.6亿元

数据来源：安徽民生工程网站。

（五）基本医疗卫生类

县级公立医院所有药品全部实行零差率销售，促进城乡居民逐步享有均等化的基本公共卫生服务。贫困残疾人康复、重大传染病救治力度进一步加大，提高妇女儿童健康水平各项任务超额完成。

表16.6 基本医疗卫生类项目实施情况

基本医疗卫生类项目	完成情况
县级公立医院药品零差率补助	全省74个县（市、区）所辖148所县级公立医院所有药品全部实行零差率销售，实现全省全覆盖

续表

基本医疗卫生类项目	完成情况
基本公共卫生服务	城乡居民健康档案电子建档4598.2万人，高血压规范管理449.1万人，Ⅱ型糖尿病患者健康规范管理105.6万人，老年人健康规范管理487.5万人
重大传染病病人医疗救治	重大传染病医疗救治20278人，拨付资金1.1亿元
贫困残疾人康复工程	完成白内障手术12280人，完成率123%；精神残疾人药费补助完成70978人，完成率104.4%；残疾儿童抢救性康复完成8661例，完成率102.6%
提高妇女儿童健康水平	免费婚前检查113.3万例，补助农村住院分娩孕产妇57.2万例，免疫规划接种1604.9万剂次，妇幼保健机构规范化建设完工5所

数据来源：安徽民生工程网站。

（六）基本住房保障类

累计投入 108.1 亿元，占总投入比例的 17.8%。加快推进保障性住房建设，开工廉租住房和公共租赁住房 16.8 万套；保障农村困难群众住房安全，完成农村危房改造 19.7 万户。保障性住房建设步伐加快，为解决城乡困难群众住房问题奠定了基础。

表16.7　　基本住房保障类项目实施情况

基本住房保障类项目	完成情况
廉租住房与公共租赁住房保障	开工廉租住房18372套，开工率100.4%；开工公共租赁住房150485套，开工率101.1%
农村危房改造	农村危房改造项目完工20.4万户，完工率100%

数据来源：安徽民生工程网站。

（七）农村基本生产生活改善类

累计投入 89.9 亿元，占总投入比的 14.9%。从美好乡村、农业保险、供水、环保、水利、交通、文化、村级公益事业等八个方面改善农村生产生活环境。农村饮水安全工程、病险水库除险加固等农村基础水利工程扎实推进，切实减轻了旱涝灾害对农业生产和农民生活带来的影响。

表16.8　　农村基本生产生活改善类项目实施情况

农村基本生产生活改善类项目	完成情况
政策性农业保险	承保农作物10463万亩，承保牲畜167.6万头
农村饮水安全工程	农村饮水安全工程完工1165个，完工率100%
农村沼气建设工程	完成2012年下达农村户用沼气52120口，服务网点396个，大中型沼气工程15处，完工率100%
病险水库除险加固	完成2012年下达的病险水库除险加固工程727座，完工率100%，完成2013年新开工水库数400个，开工率100%
农村清洁工程	农村清洁工程完工246个，完工率100%
农村公路危桥加固改造	完成2012年下达的农村公路危桥加固改造工程216座，完工率100%，完成2013年下达任务674座，完成率100%
“一事一议”财政奖补	全省共实施“一事一议”财政奖补项目18327个，完成率100%
建设美好乡村公共服务体系奖补	拨付美好乡村建设省级专项资金10亿元

数据来源：安徽民生工程网站。

三、安徽省民生问题调查问卷分析

（一）个人及家庭情况

本次调查采用 PPS 抽样方案，确定家庭户和户内最了解家庭情况者确定被调查者的抽样方法，严格按照统计学中随机抽取调查对象的方法，因此获得的被调查者在年龄、性别、教育程度和就业状况等方面分布较为广泛以及确保调查内容的真实性。

1. 被调查者中女性所占比例较高，以中年人居多，受教育程度偏低，健康状况较好

按照调查要求，被调查者年龄在 18 ~ 69 周岁之间，而处于此年龄段中 30 岁及以下青壮年人外出学习或打工者居多，因此本次被调查对象多为 31 岁及以上人口，并且婚姻稳定者居多。虽然本次调查覆盖皖北、皖中、皖南十个区县，但农村的受访对象多于城镇，从而使得 18 ~ 60 周岁的被调查者中，女性居多，主要由于该年龄段的男性多外出务工，女性留在家中照顾家庭，留守妇女以及留守老人现象较为明显。此外，由于农村的经济水平、教育设施落后等因素，从而使得被调查者受教育程度以高中及以下居多，大专、本科和研究生相对较少。具体数据比例分布详见表 16.9、图 16.3。

表16.9　　调查者个人基本情况（N=1200人）

个人情况	分组	数量（人）	百分比（%）
性别	男	563	46.90
	女	637	53.10
年龄分组	18 ~ 30	106	8.83
	31 ~ 40	201	16.75
	41 ~ 50	397	33.08
	51 ~ 60	272	22.67
	61 ~ 69	221	18.42
婚姻状况	未婚	46	3.83
	同居	1	0.08
	初婚有配偶	1077	89.75
	再婚有配偶	2	0.17
	离婚	17	1.42
	丧偶	57	4.75
受教育状况	未上学	224	18.67
	小学肄业	74	6.17
	小学 在读或毕业	187	15.58
	初中肄业	20	1.67
	初中在读或毕业	410	34.17

续表

个人情况	分组	数量（人）	百分比（%）
受教育状况	高中/中专/技校肄业	34	2.83
	高中/中专/技校在读或毕业	118	9.83
	大专/高职	78	6.50
	本科	42	3.50
	研究生及以上	13	1.08
健康状况	健康	1074	89.50
	有病或残疾但有劳动能力	79	6.60
	丧失劳动能力但能自理	41	3.40
	不能自理需人照顾	4	0.50

数据来源：中国民生问题调查安徽省调查原始数据（下同）。

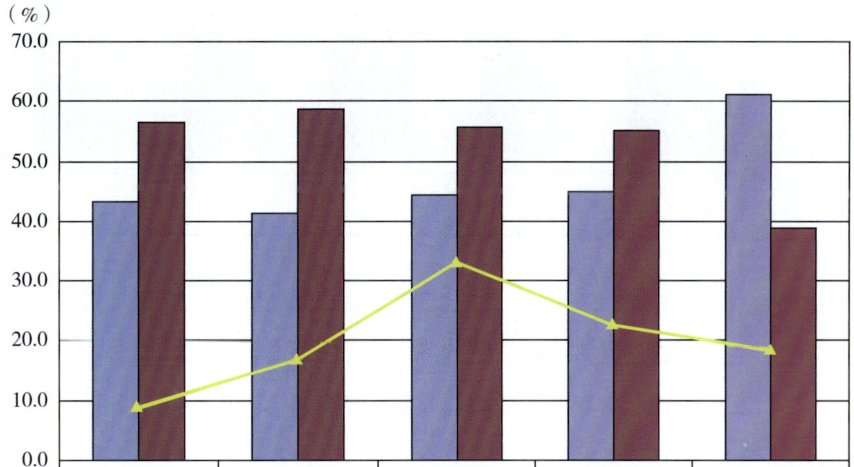

	18～30岁	31～40岁	41～50岁	51～60岁	61～69岁
男（%）	43.4	41.3	44.3	44.9	61.1
女（%）	56.6	58.7	55.7	55.1	38.9
总计（%）	8.83	16.75	33.08	22.67	18.42

男　女　总计

图16.3　调查者的年龄、性别比例分布（%）

2. 农业户口被调查者占较大比例，流动人口比例较低

本次调查中，被调查者为本市（县、区）的农村户口者约61.50%，本市非农户口（城镇户口）比例为34.50%，省内非本市（区、县）非农业户口比例为1.42%，省内非本市（县、区）农业户口比例为2.17%，外省非农业户口为0.17%，外省农业户口为0.25%。

从图16.4可看出，该调查流动人口（省内非本市农业或非农业户口、外省农业或非农业户口）被调查者女性所占比例明显高于男性，这主要是由于婚嫁等原因。

3. 被调查者家庭结构以三人户居多，婚姻状况稳定

通过对家庭成员与本人关系的统计分析，发现被调查对象所在家庭的家庭规模类型为：单

人户 40 户，双人户 289 户，三人户 344 户，四人户 256 户，五人及以上户为 271 户（其中五人户 184 个，六人户 65 个，七人户 9 个，八人户 12 个，九人户 1 个），其中单人户绝大部分为老年人由于丧偶所形成的家庭，平均户规模人数为 3.46 人（见图 16.5）。

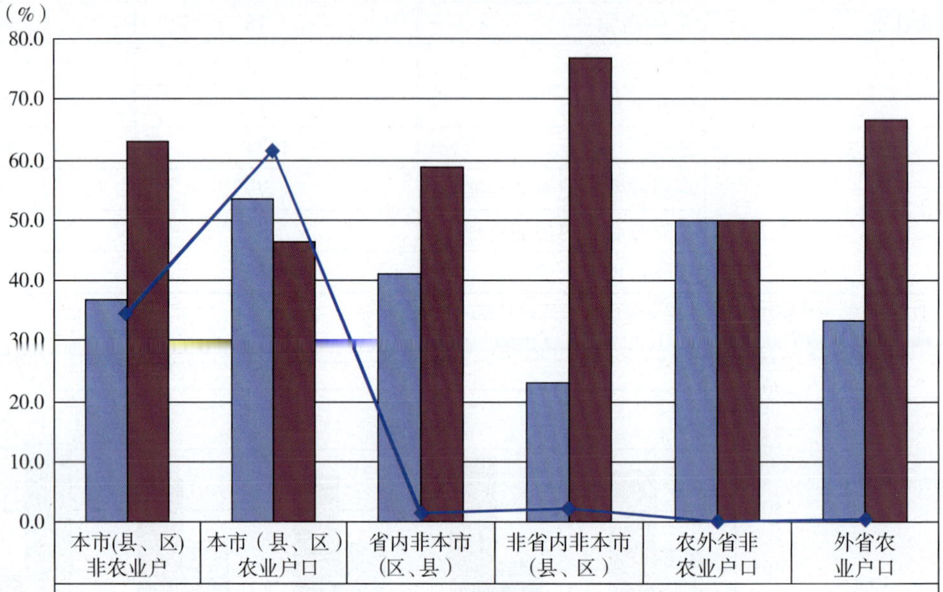

	本市(县、区)非农业户	本市（县、区）农业户口	省内非本市(区、县)	非省内非本市(县、区)	农外省非农业户口	外省农业户口
男（%）	37.0	53.5	41.2	23.1	50.0	33.3
女（%）	63.0	46.5	58.8	76.9	50.0	66.7
总计（%）	34.50	61.50	1.42	2.17	0.17	0.25

图16.4　性别、户口性质状况比例图（%）

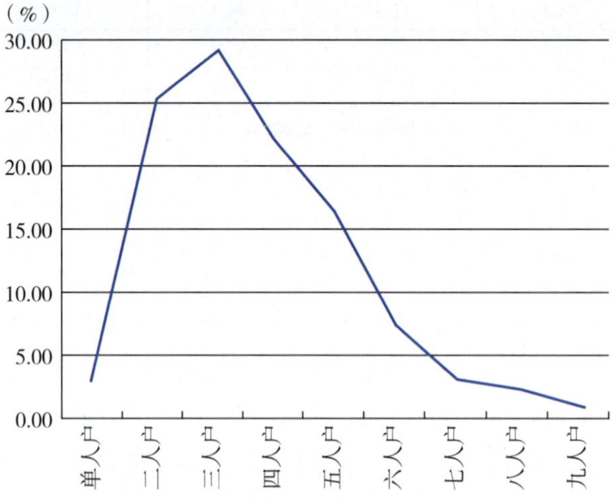

	单人户	二人户	三人户	四人户	五人户	六人户	七人户	八人户	九人户
比例（%）	3.33	24.08	28.67	21.33	15.33	5.42	0.75	1.00	0.08

图16.5　家庭户规模图（%）

就婚姻状况而言，初婚有配偶所占比例最大（为 89.75%），从而判定被调查者的婚姻状况相对较稳定。但丧偶比例达 4.75% 不容忽视，这主要是由于农村地区劳动强度大，医疗水平较低（见图 16.6）。

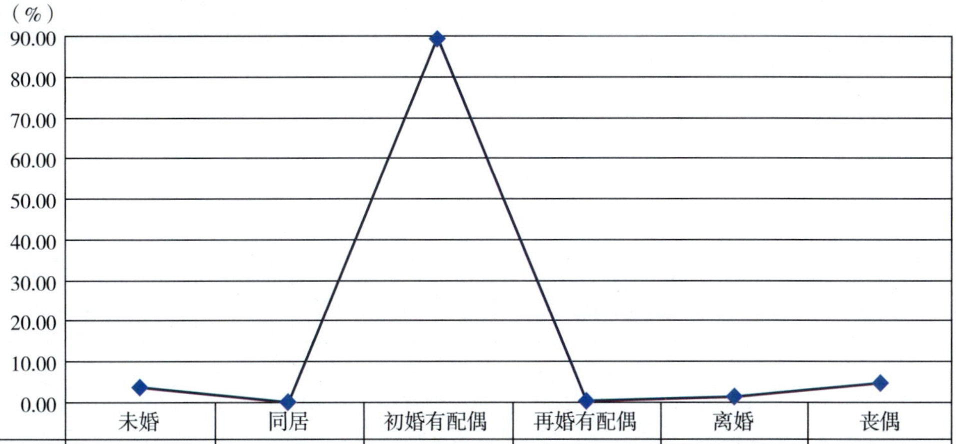

	未婚	同居	初婚有配偶	再婚有配偶	离婚	丧偶
比例（%）	3.83	0.08	89.75	0.17	1.42	4.75

图16.6　家庭婚姻状况图（%）

（二）就业和收支情况

1. 就业情况

（1）被调查者在业居多，多从事一线生产工作

就调查者本人来说，从事有收入的在业人员（包括在校有兼职的人员）达 69.33%，各个行业均有所涉及，没有工作收入的人所占比例达 29.75%。就不工作的原因做具体分析可得，照顾家庭（40.3%）、正常退休（36.1%）以及丧失劳动能力（10.1%）所占比例较大。

在就业群体中，主要集中在专业务农（50.00%），个体工商户（12.62%），民营、私营企业职工（9.01%），其中专业务农人口占据绝对主体，占总调查人口的一半，各种就业类型所占比例详见图 16.7。具体到人员的工作职位状况，除去 69.1% 不适用（务农、个体工商户）的群体，被调查对象的工作职业主要为一般管理人员、一线生产人员、服务人员以及专业技术人员，比例分别为 6.5%、6.1%、4.5% 和 4.3%。

（2）非农就业者劳动合同签订率不高，技能型人才缺失，工作量与上年相当

调查结果显示，非农就业者中选择不适用（70.7%）选项的比例占调查总量半数以上，签订劳动合同的比例仅为 12.9%，一定程度上反映出被调查者工作正规性状况不理想，不利于劳动者劳动权益的维护。在技能和证书方面，大部分被调查者两者都没有，仅有很少部分被调查者既有技能又有证书（详见图 16.8）。与上年同期相比，过半的被调查者认为工作量较为稳定的，没有多大变化，小部分被调查者认为工作量有所增加或减少（图 16.9）。

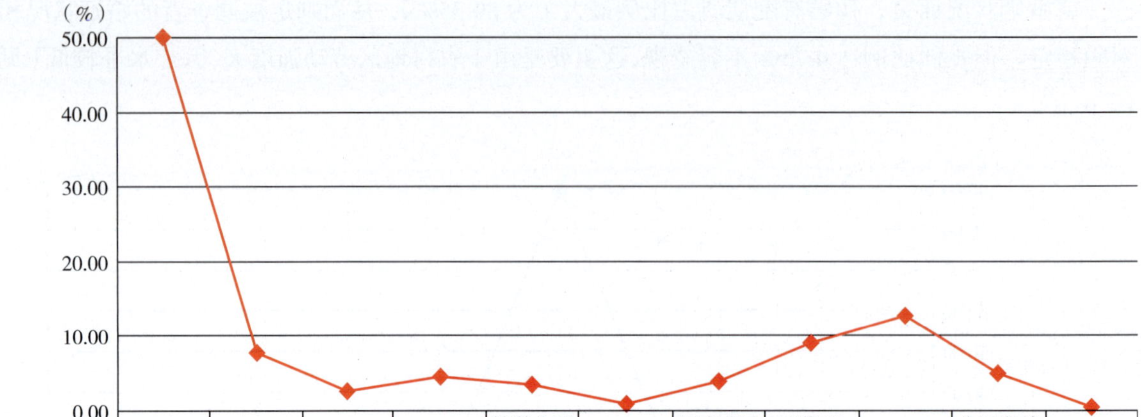

	专业务农	兼业农民	农村自营业者	党政机关从业人员	教科文卫等事业单位职工	社会团体	国有（国有控股）企业职工	民营/私营企业职工	个体工商户	非固定单位的临时务工	其他
百分比	50.00	7.81	2.52	4.57	3.37	0.84	3.85	9.01	12.62	5.05	0.36

图16.7　就业类型所占比例（%）

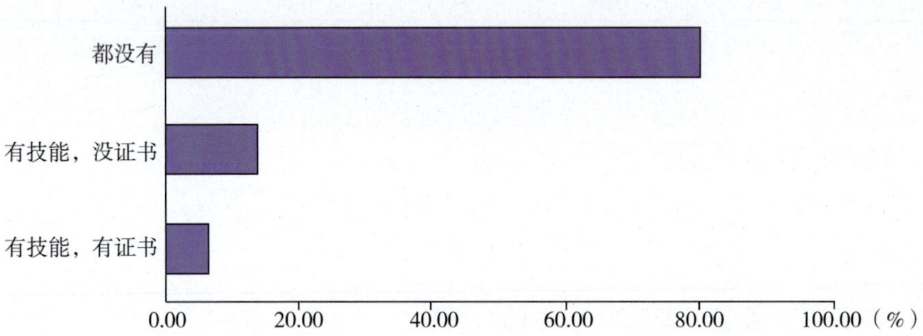

	有技能，有证书	有技能，没证书	都没有
百分比（%）	6.37	13.7	79.93

图16.8　被调查者技能证书状况（%）

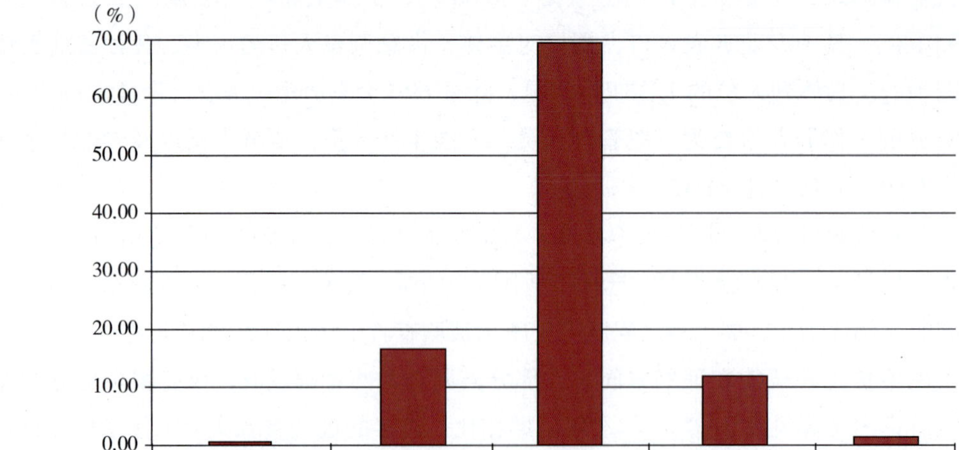

	大幅增加	有所增加	不变	有所减少	大幅减少
百分比（%）	0.60	16.61	69.55	11.79	1.44

图16.9　工作量较上年同期相比变化情况（%）

2. 收入情况

对于被调查对象的家庭收入状况的调查，主要是从绝对家庭年平收入水平以及对上年相比收入变动感知度情况进行全面了解。

（1）总体收入水平仍呈中下等但与上年整体相比有所提高

近 1/3 的被调查者家庭年收入为 3 万 ~ 5 万元（2013 年），占调查总量的比例最大，其次为家庭年收入为 1 万 ~ 3 万元和 5 万 ~ 8 万元。就家庭整体全年收入水平情况与上年同期（2012 年）收入对比可得，3 万元以下收入所占比例下降 21.51 个百分点，但 3 万 ~ 5 万元所占比例与上年相比，上升了 21.49 个百分点，其中家庭年收入为 5 万 ~ 8 万元所占比例比上年同期增加了 12.36 个百分点（见图 16.10）。从对比数据可得出，安徽省人民收入水平较上年同期相比，中等及以上收入层次有了较大的提高。但今年家庭年收入 25 万 ~ 50 万元和 50 万元以上各仅有 1 人，表明安徽省大部分人民收入水平维持在中游偏下，高收入群体所占比重较小，民众的收入水平有待从中等水平向高收入水平提高一个层次。

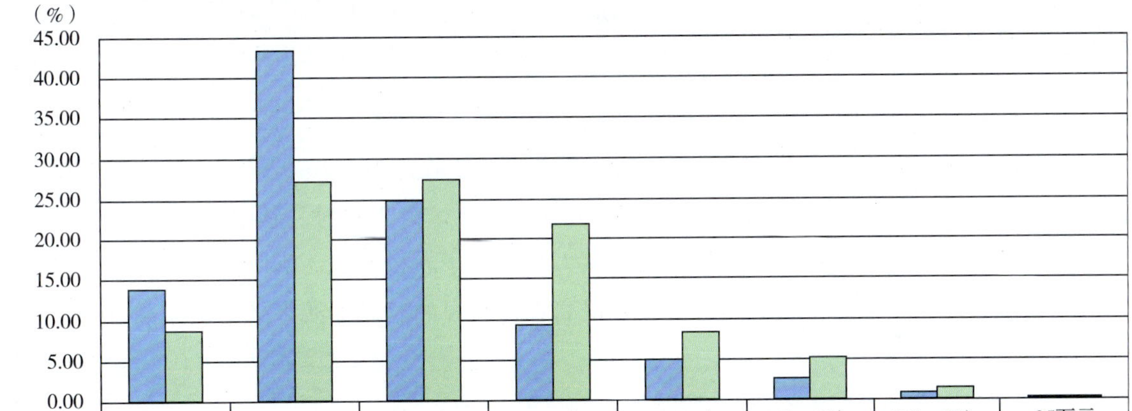

	1万元以下	[1 ~ 3）万元	[1 ~ 3）万元	[1 ~ 3）万元	[8 ~ 10）万元	[10 ~ 15）万元	[15 ~ 25）万元	25万元及以上
2012年	13.91	43.43	24.82	9.39	4.90	2.60	0.80	0.20
2013年	8.75	27.08	27.33	21.75	8.25	5.25	1.42	0.16

图16.10　全家年收入水平及与上年对比状况（%）

（2）总体家庭收入与上年相比稳中有升，收入差距变化不大，但有扩大趋势，收入水平大多处于中层及以下

大部分被调查者表示今年家庭总体收入与上年差不多，近 1/4 被调查者表示收入比上年呈增加趋势（若视“显著增加”和“有所增加”为增加），但仍有小部分被调查者表示收入比上年减少了。进一步分析可得，家庭收入水平增加（若视“有所增加”和“显著增加”为增加）的所占比例要高于表示家庭收入减少（若视“有所减少”和“显著减少”为减少）8 个百分点（参见图 16.11）。从这一个角度来说，可以推测安徽全省的家庭经济发展状况总体上处于一个稳定且逐步上升的良好趋势。

就近两年收入差距而言，43.8% 的被访者表示一直都不大，没有变化，16.1% 的被访者表示很大，且差距还在继续扩大，15.9% 表示不大，但有扩大趋势，仅有 8.1% 的表示差距不大，且还在缩小，4.1% 表示差距很大，但在缩小。说明近两年来的家庭收入，除去和上年相当，没有变化所占的部分，表示差距在扩大趋势的比例要高于差距在缩小的趋势 19.7 个百分点。问及收入水平处于所在的地区哪个层次时，大部分被访者（50.6%）表示处于所在地区中层水平，29.9% 表示处于中下层，9% 处于下层，仅有 10.3% 表示处于中上层和 0.2% 处于上层水平。

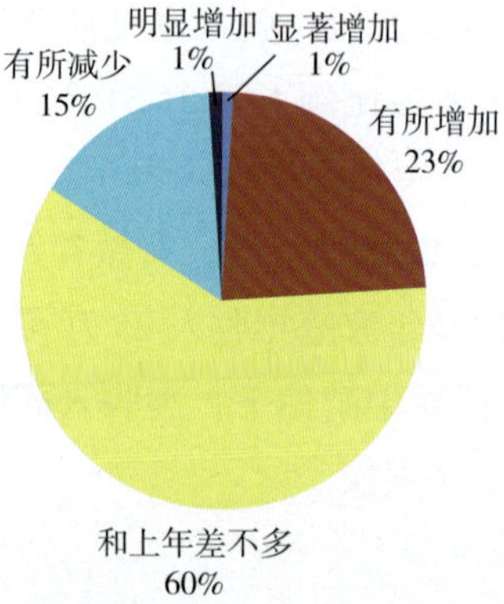

图16.11 家庭收入水平与上年相比变化情况（%）

（3）城乡家庭经济收入水平差距仍然较大

就各个层次家庭年收入水平的城乡对比来看，家庭年收入为 1 万 ~ 10 万元的农村被访户比例要高于城市，城市家庭年收入为 10 万元以上的比例要远大于农村，其中年收入为 15 万元及以上的全是城市家庭，且城市家庭的平均家庭人数要小于农村家庭，所以农村家庭的经济水平远低于城市。加大安徽地区农村经济发展，提高农村人民的经济生活水平仍是安徽省当前亟需解决的问题。

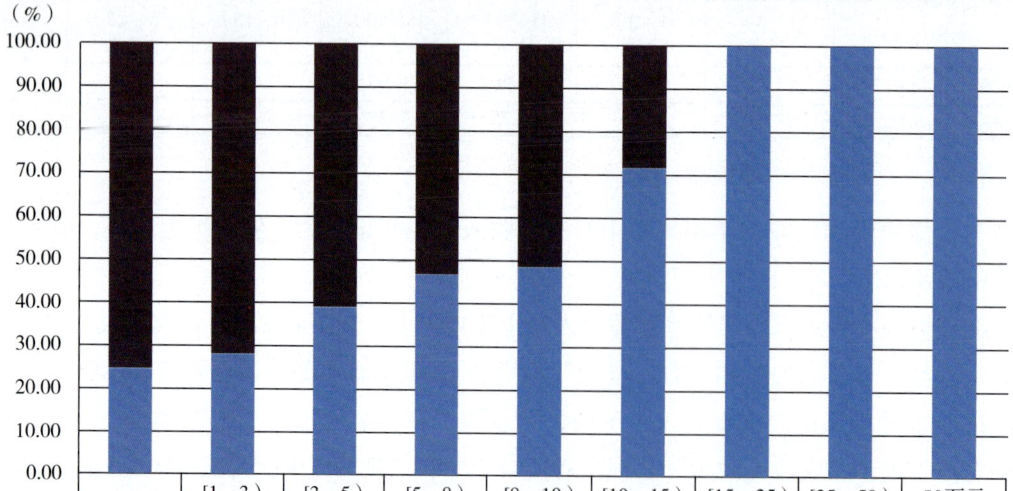

	1万元以下	[1 ~ 3）万元	[3 ~ 5）万元	[5 ~ 8）万元	[8 ~ 10）万元	[10 ~ 15）万元	[15 ~ 25）万元	[25 ~ 50）万元	50万元及以上
■农村	76.20	71.40	61.00	54.00	53.50	30.20	0.00	0.00	0.00
■城市	23.80	28.60	39.00	46.00	46.50	69.80	100.00	100.00	100.00

图16.12 家庭年收入城乡对比（%）

（4）整体消费处于中下层水平，城乡消费水平差距较大

家庭总体消费水平大多集中在 1 万 ~ 3 万元和 3 万 ~ 5 万元，高消费群体所占比例较少。这主要与收入水平集中在中下层有直接关系，具体到城乡比较而言，家庭消费为 1 万 ~ 5 万元的农村人口所占比例要高于城市，但家庭消费为 5 万 ~ 50 万元群体中，城市所占比例要明显高于农村地区。所有农村地区的被访者中无家庭年消费为 50 万元及以上的人员（见图 16.13）。城乡消费水平差距仍比较大。

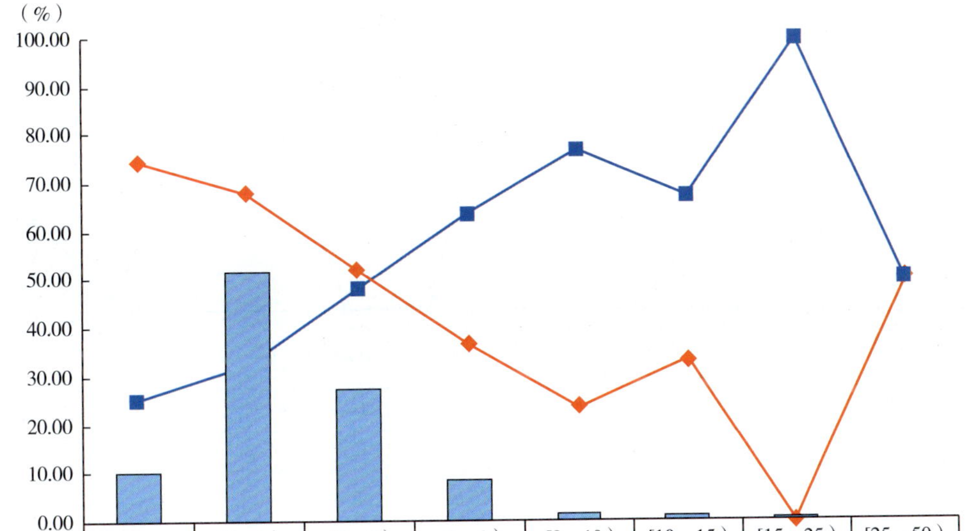

	1万元以下	[1 ~ 3）万元	[3 ~ 5）万元	[5 ~ 8）万元	[8 ~ 10）万元	[10 ~ 15）万元	[15 ~ 25）万元	[25 ~ 50）万元
总计（%）	10.00	51.50	27.17	8.42	1.42	1.00	0.33	0.17
城市（%）	25.00	32.20	47.90	63.40	76.50	66.70	100.00	50.00
农村（%）	75.00	67.80	52.10	36.60	23.50	33.30	0.00	50.00

图16.13　城乡消费水平对比情况（%）

（5）总体上食品、教育、医疗压力大，城乡压力差别显著

在各种家庭开支中，被调查者认为压力最大的开支项目依次是：食品支出、子女教育、医疗、人情送礼、住房（房贷、房租）、赡养老人、服装、交通通信、文化休闲娱乐，其中又以食品支出、子女教育和医疗三项排在前三位。此外也有 7.50% 的被调查者表示没压力（见图 16.14）。由此可以看出，食品支出压力较大，参考恩格尔系数的内涵，则说明家庭的家庭收入水平依然不是很高，还有待进一步提高。此外安徽省子女教育投入成本是有子女家庭面对的主要开支压力，虽然全省范围内已免除城乡义务教育阶段学杂费，但高中以上学校的费用依然较高，各种辅导班等培训机构、学习用品的购买等一系列家长为提高孩子综合素质所付出的额外教育支出也比较高。结合家庭各种开支与上年作比较，可以得出，医疗压力明显上升，教育住房压力在一定程度上有所下降，同时没压力群体比例稍有上升。

另外从家庭开支压力其他项的补充说明中（主要为农村地区），农业农资成本支出和婴幼儿抚养成本是反映最为集中的选项，当然这必然是农村地区存在的问题。农业作为农村地区主要

的收入来源，降低农业农资支出，是增加农民收入的最好方式。因此，在“三农”问题的应对过程中，降低农业农资成本和加大种植业保险保费补贴是值得重视的问题。此外，农村地区男性青壮年大多外出务工，留守妇女在家照顾家庭以及孩子，随着孩子抚养成本的逐步提高，这无疑对农村家庭造成巨大的压力。

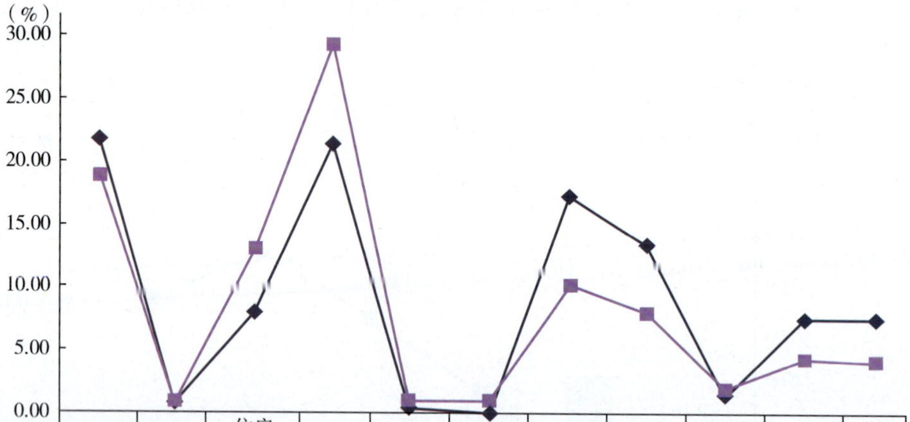

	食品	服装	住房（贷款、房租）	教育	交通通信	文化休闲娱乐	医疗	人情送礼	赡养老人	没压力	其他
2012年（%）	19.00	0.67	13.00	29.33	0.67	0.67	10.33	8.00	1.67	4.33	4.00
2013年（%）	21.75	0.83	8.00	21.67	0.42	0.17	17.42	13.42	1.33	7.50	7.42

图16.14　家庭支出压力与上年对比（%）

就家庭支出压力城乡对比来看，城市在服装、文化休闲、赡养老人方面的压力要普遍大于农村，农村地区食品、教育、交通通信、医疗、人情送礼压力均高于城市地区（见图16.15）。说明农村地区对基本生活开支压力较大，城市地区较农村地区相比，家庭经济收入等各方面优势较为明显，所以城市地区支出的压力在服装及文化休闲娱乐等产品上要高于农村，此外城市地区大多为独生子女，且不与父母住在一起，赡养老人的成本也相对较高，故压力大于农村。

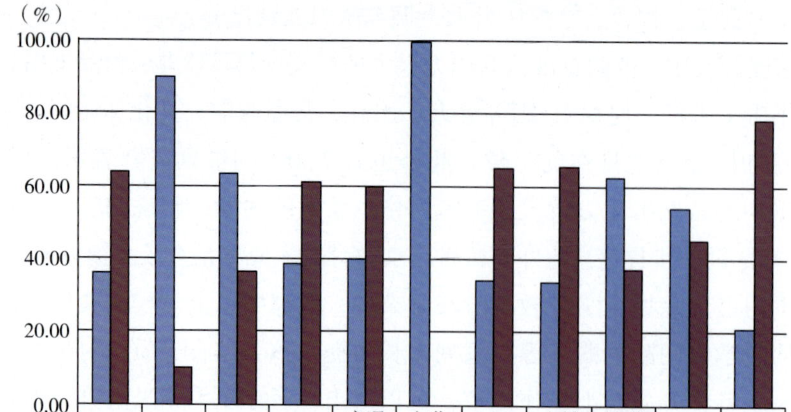

	食品	服装	住房	教育	交通通信	文化休闲	医疗	人情送礼	赡养老人	没压力	其他
城市（%）	36.00	90.00	63.50	38.80	40.00	100.00	34.40	34.20	62.50	54.40	21.30
农村（%）	64.00	10.00	36.50	61.20	60.00	0.00	65.60	65.80	37.50	45.60	78.70

图16.15　家庭支出压力城乡对比（%）

（三）子女教育

1. 子女上民办学校所占比例较少，公办资源紧缺以及学校离家近成为少部分家庭青睐民办家庭的主要原因

就其子女所处的上学阶段而言，除去61.8%被调查者不适用之外，主要集中在小学（14.4%）、高中（6.8%）、初中（6.4%）（见表16.10）。大部分家庭选择去公办学校就读，仅有不到两成的家庭选择民办学校。究其原因主要是公办资源紧缺，学位不足，离家近，交通方便，不符合条件无法进入公办学校以及民办学校教学质量高。此外，有小部分被调查者认为民办学校教学方式灵活多样，入学手续简便，升学能进入更好学校。

表16.10　子女教育阶段和就读学校性质比例

项目	类别	比例（%）
子女教育阶段	学前（幼儿园）	4.29
	小学	14.12
	初中	6.39
	高中	6.81
	中职（包括中专、职高、技校）	0.50
	高职	1.68
	本科及以上	4.37
	不适用	61.85
就读学校性质	公办	82.96
	民办	17.04

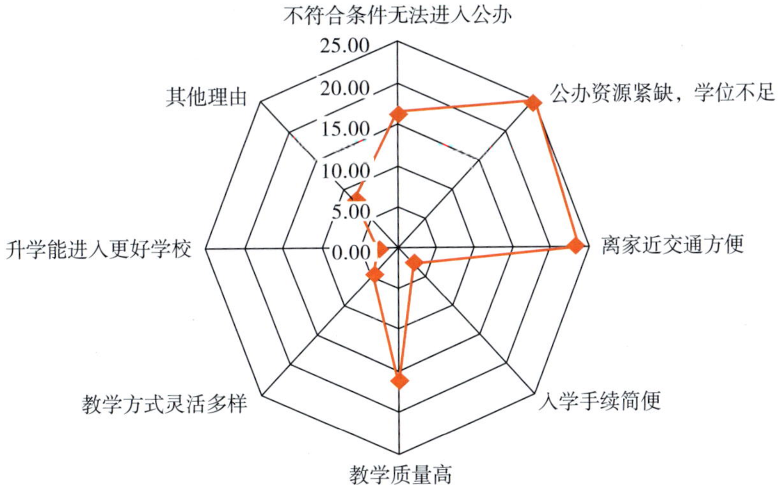

图16.16　选择民办学校原因（%）

2. 适龄受教育子女参加辅导班比例较小，且城乡差距大

本次调查除去不适用对象之外，共有452户被调查者符合现有适龄子女在上学，就其452

户有子女在上学家庭分析可得，仅有 20.30% 的家庭参加了课外辅导班，其中有小部分（26.90%）是老师推荐去参加辅导班的。具体到城乡划分来看，城市家庭受教育适龄子女参加辅导班的比例要高于农村地区 38.4 个百分点，这说明安徽省教育资源城乡差距仍然比较大（见图 16.17）。

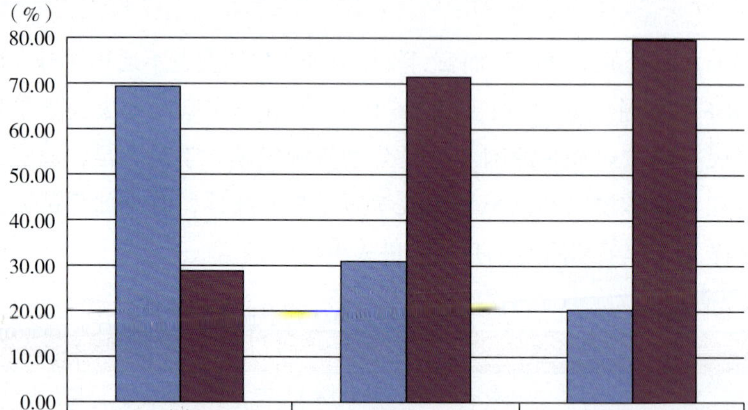

	城市	农村	总计
参加辅导班比例（%）	69.20	30.80	20.30
未参加辅导班比例（%）	28.60	71.40	79.70

图16.17　适龄受教育子女参加辅导班比例及城乡差异对比（%）

3. 教育支出差异性较为明显，租 / 买学区房的比例不是很高

对子女教育支出的调查主要针对家中有适龄子女在校的家庭。从调查数据来看，除去不适用的部分，共有 452 个样本符合条件，平均每个家庭有 1.26 个适龄子女上学，其中上年在孩子身上的教育支出（不包括在家生活费用）均值为 7611 元，教育支出占家庭总支出平均比例为 23.27%。教育支出均值较去年（2012 年）相比，有一定程度的下降。其中孩子参加辅导班的支出平均为 4490 元，其中最大值为 30000 元，最小值为 200 元，数值跨度较大，从标准差值来看，每个家庭在子女身上的教育支出存在比较大的差异性，这其中可能是受到不同受教育阶段教育成本差异较大的影响，比如大学的就学成本明显就要高于小学，此外教育的成本投入主要取决于家庭经济收入，所以城市家庭的教育参加各种辅导班的比例要高，其教育成本投入要大于农村家庭，城乡教育成本也具有很大的差异性。由此，可以认为不同教育阶段的子女肯定在教育支出方面存在很大的差异性，受教育阶段以及受教育地域和教育支出之间存在一定的关联性。

在有适龄子女在上学的家庭，为了孩子上学，在学校周边租房的比例较小，为 9.80%，年房费均价为 5702 元。此外，有 35% 的家庭为了孩子能够上好的学校，购置了学区房，购置的学区房均价为每套 41.19 万元。

（四）医疗卫生

“看病难、看病贵”的问题广受社会各界批评指责，一直是民生领域重点解决和关注的问题，事关千家万户。本次调查主要是了解群众的主要就医场所、就医意识及花销负担情况。

1. 就近就医是主要的选择方式，公立医院更受信任

调查数据显示，村卫生室或诊所和社区卫生服务中心是群众首选的就医场所，方便快捷是其中的主要原因。但众所周知，基层卫生医疗机构基础设施、人才队伍、服务能力和技术水平有限，与公立医院相比有较大差距。因此，为了有效服务群众，提升基层医疗卫生机构的人员素质和设备水平很有必要。同时，对比城乡地区居民的就医情况，可以发现存在较大差异。城镇地区的居民更倾向于到区域内最好的大医院、自己买药和区、县医院等就医场所。而在农村地区，村卫生室或诊所（56.40%）是最为主要的就医场所，其次则为乡镇卫生站（22.60%），说明农村地区更倾向于就近就医（见图 16.18）。

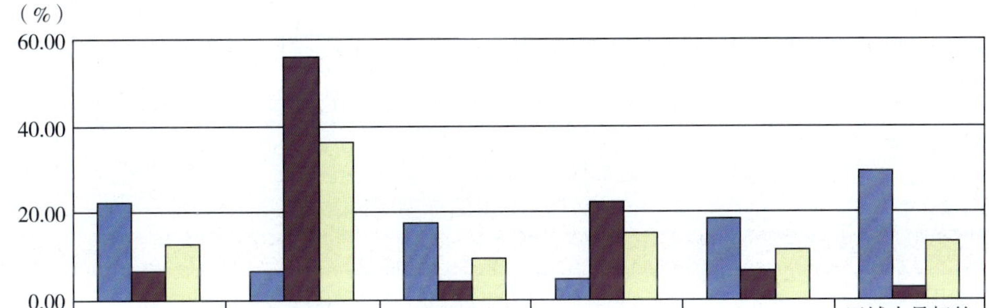

	自己买药	村卫生室或诊所	社区卫生服务中心	乡镇卫生站	区、县医院	区域内最好的大医院
城市（%）	22.50	6.50	17.70	4.80	18.70	29.70
农村（%）	6.80	56.40	4.30	22.60	6.90	3.00
所有（%）	13.00	36.70	9.60	15.60	11.60	13.60

图16.18　群众就医方式选择情况（%）

关于对何种性质的医疗机构更信任的问题调查，群众的意见比较统一，有 87.00% 的人选择信任公立医院，仅有 1.80% 的选择信任私立医院。对不信任私立医院的原因进一步分析得知，医生和设备水平低是群众最为担忧的原因，比例高达 48.90%，此外则是费用太贵（18.00%）的问题（参见图 16.19）。作为借鉴，今后公立医院的建设方向主要就是既要让群众看病放心，又要让群众看得起病。同时，私立医院的硬件水平也须亟待提高，加强品牌公信力和忠诚度，以高质量和优质服务吸引老百姓，成为公立医院的后备军。

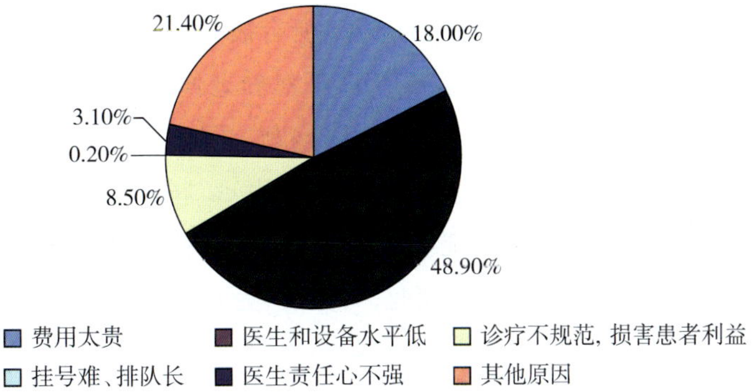

图16.19　不信任私立医院的原因分析（%）

2. 就医意识逐步提高，家庭就医负担仍然较重

调查中，对于群众的就医意识也进行了调查，在1200户被调查对象中，有293户医生建议住院，其中261户住院治疗，住院率为89.1%。仅有32户没有听从建议住院，而其中19户被调查者不住院的原因是没钱住院，这在一定程度上能反映出住不起院现象在部分家庭中依然存在。

调查中对于群众就医住院的花销和负担也进行了具体调查。被调查家庭2013年平均医疗总支出为5263.65元。在1200户被调查对象中，有270户家庭在2013年中有住院经历且对住院花销进行了登记，平均住院总费用为17878.89元，实际支付医疗费平均为9622.73元，报销费用平均为7093.89元，其他费用平均为1135.53元。从平均费用看，社会成员个体在目前安徽省的医疗保障体制下，主要承担个人的医疗费用比例为60.30%，社会保障比例为39.70%。无论是从所有家庭2013年的医疗总支出还是有住院经历家庭的医疗费用支出的负担情况来看，家庭就医负担仍然较重。

表16.11 2013年家庭医疗费用花销 单位：元

费用类型	数量	最小值	最大值	Std. Deviation
住院总费用	270	500	300000	29550.569
实际支付医疗费	264	0	200000	18574.683
报销费用	262	0	100000	13253.035
其他费用	257	0	20000	2135.197
家庭医疗总支出（2013年）	1189	0	200000	13815.395
Valid N （listwise）	253			

（五）养老保障

养老保障问题在我国当前的人口发展形势下有着重大现实意义，调查中根据被调查对象的年龄和就业情况差异，分别对60岁以上、已退休和未退休的人员进行了意见调查，主要包括经济保障来源、养老负担和养老规划等几个方面。

1. 养老经济保障形势不容乐观，社保养老金为主要养老期待

从图16.20数据来看，对于养老经济保障的考虑，所有被调查人员认为“有些担心（30.10%）”和“很担心（13.40%）”的累计比例为43.40%，高于对养老经济保障“不担心（37.50%）”，同时还有近1/5的被调查对象没有考虑过养老经济保障问题。同时，进一步对比“60岁及以上（260人）”和“60岁以下（940人）”两组人员的数据，可以发现“60岁以下”人员对未来的养老经济保障更为担忧；已进入养老阶段人员的现实养老经济保障的情况也是不容乐观，不到一半的被调查对象对养老经济保障认为“不担心”。因此，可以认为安徽省在当前和将来的养老经济保障形势不容乐观。

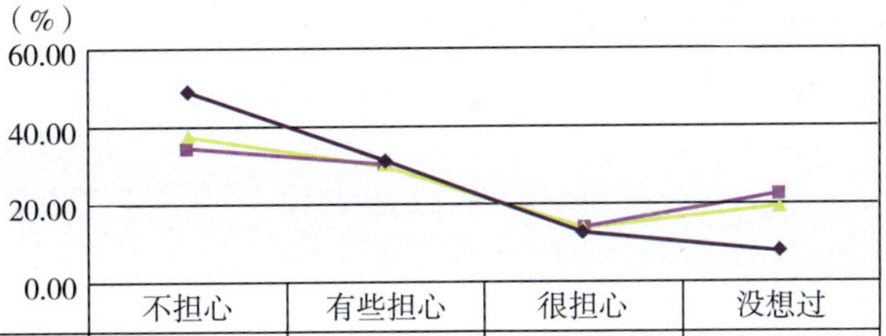

	不担心	有些担心	很担心	没想过
60岁及以上（%）	49.00	30.90	12.40	7.70
60岁以下（%）	34.40	29.90	13.70	22.00
全部人员（%）	37.50	30.10	13.40	18.90

60岁及以上　60岁以下　全部人员

图16.20　不同年龄组队今后或当前养老经济保障的担心状况（%）

至于养老经济保障的来源问题，本题为多选题。数据发现，社保养老金、子女养老、退休金和储蓄成为最主要的几个依赖方式，此外还有 15.20% 的没有考虑过养老经济来源问题（图 16.21）。社保养老金优先于子女养老成为主要的养老经济期待来源，这一定程度上体现出我国养老理念发生变化，社会养老将逐渐取代家庭养老方式。当前，人口老龄化形势在我国日益严峻，安徽省的老龄化水平且高于全国平均水平，加大养老资金投入和完善养老保障制度设计，有着很强的现实性和必要性。

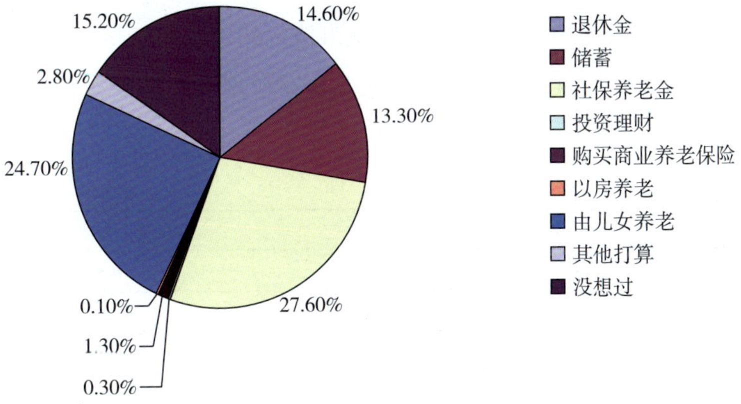

图16.21　养老经济保障主要规划

2. 绝大部分老年人主要依靠自己养老，经济支持是青年人主要的养老负担

在关于 60 岁及以上的养老方式的调查中，仅有极小部分被调查者认为自己需要他人照顾（包括家庭和其他责任人），超过八成的被访者认为自己既不需要赡养和照顾长辈，也不需要其他人照顾，仅有 8.20% 的 60 岁及以上的需要在生活和经济上照顾其他长辈。这就说明，绝大部分老年人在目前主要依靠自己养老，同时结合调查过程的见闻，绝大部分老年人只有在失去自我劳动和自我照顾能力的情况下才会考虑向子女要求经济支持和生活照料。

在关于 60 岁以下人员的养老负担和支持的调查中，39.90% 的被调查对象目前没有老年人需要照顾，17.50% 的虽然有老年人，但不需要在经济上和生活上照顾。在需要照顾老年人的部分中，23.50% 的需要在经济上给予支持，17.50% 的则需要经济支持和生活照顾。在经济支持方面，平均的经济支持是 3794 元 / 年（见表 16.12）。

表16.12　　养老支持类型表（%）

人员类型	有，只给予经济支持，别人（或老人自己）照顾	有，经济支持，并生活上照顾	有，但不需要给予经济支持和生活照顾	没有	自己需要他人（包括家庭和其他责任人）赡养和照顾
60岁及以上	5.10	8.20	2.70	81.20	2.70
60岁以下	23.50	18.50	17.50	39.90	0.50
全部人员	19.60	16.30	14.40	48.80	1.00

（六）住房保障

1. 城乡地区住房类型差异明显，且户均建筑面积差异大

本次调查对象包含城镇居民和农村居民，在住房类型方面，城乡住房类型差异比较明显，在农村地区 91.30% 的为自建住房，仅有一小部分由于拆迁安置等原因而购买政策性住房。在城镇地区，住房类型比较多样，自购商品房比例最高为 40.20%，其次则为购买政策性住房、自建住房和市场租赁房（见图 16.22）。

此外，从户均建筑面积来看，首先就是家庭之间建筑面积差异十分明显，全省平均建筑面积为 116.85 平方米，标准差为 103.7。特别是在城市地区的市场租赁房，居住面积小和居住条件差是主要问题；城乡之间建筑面积差异也较明显，在农村地区户均建筑面积达到 129.2 平方米，而城市则为 98 平方米。

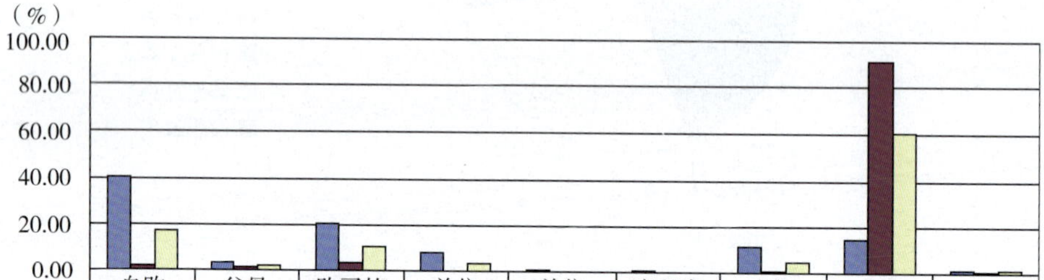

	自购商品房	父母住房	购买的政策性	单位福利分房	单位租住房	廉租房或公租房	市场租赁房	自建住房	其他
城镇（%）	40.20	3.40	20.60	7.60	0.80	0.60	10.90	14.30	1.50
农村（%）	2.30	1.40	3.40	0.00	0.00	0.10	0.70	91.30	0.70
所有地区（%）	17.30	2.20	10.20	3.00	0.30	0.30	4.80	60.80	1.00

城镇　农村　所有地区

图16.22　调查户家庭住房类型（%）

2. 单户拥有多套住房比例不高，其他住房的使用状态主要是家人居住

对于被调查对象是否拥有多套住房的情况也进行了调查，在 1200 户调查对象中，在本市拥有其他住房的有 150 户，在其他城市住房拥有住房的有 18 户，其中部分农村流入城市的人口，其在农村拥有住房的为 90 户。从以上数据看，被调查家庭拥有多套住房的比例较低，占比为 21.5%。

进一步分析拥有多套住房户的房屋使用状态，自己或家人居住是其他住房的主要状态，其

次则是闲置和出租状态，详见图 16.23。对于部分农村家庭到城市购置房屋的目的，自己或者子女居住的比例更是高达 78.10%。

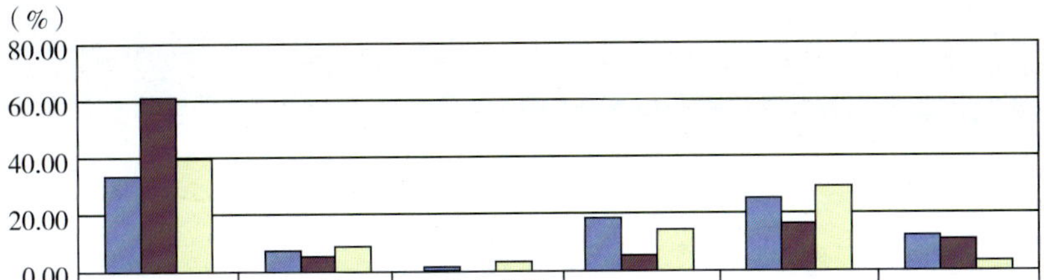

	自己（家人）居住	间歇性回去居住	交给亲戚朋友帮忙看管	出租	闲置	其他
本地其他住房（%）	33.80	7.90	1.30	18.50	25.80	12.60
其他城市住房（%）	61.10	5.60	0.00	5.60	16.70	11.10
农村住房（%）	39.80	9.10	3.40	14.80	29.50	3.40

图16.23 其他住房使用状态比例图（%）

3. 调查户购房欲望不高，限购降价成为最主要的住房政策期望

对被调查对象未来几年的购房计划进行调查，其中近九成的被调查者不打算购房，仅有 6% 的有购房计划。问卷中进一步对住房保障政策期望进行了调查，分析发现，无论是在农村地区还是在城镇地区，限购限价、降低房价成为最主要的政策期望，比例为 28.20%（见图 16.24、表 16.13）。在农村地区，“农村危旧房屋改造”和“保障农民的宅基地使用权和住房财产权不受侵害”是比例最高的两项政策期望。

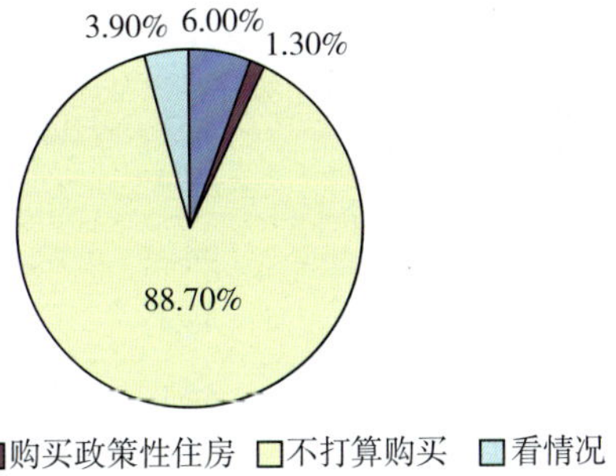

图16.24 未来购房计划占比饼图

表16.13 住房保障政策期望比例（%）

期待类型	频数	百分比	有效百分比
扩大保障房覆盖范围	56	5.50	5.50
限购限价，降低房价	287	28.10	28.20
开征房产税	4	0.40	0.40
提高租金补贴水平	10	1.00	1.00
准予组织自建房，并给予优惠条件	42	4.10	4.10
赋予农村住房完全产权	101	9.90	9.90

续表

期待类型	频数	百分比	有效百分比
农村危旧房屋改造	155	15.20	15.20
做到“一户一宅”应保尽保	97	9.50	9.50
保障农民的宅基地使用权和住房财产权不受侵害	135	13.20	13.30
其他	136	13.30	13.40

（七）生活环境

本次调查中对于生活环境的调查主要从生态环境质量、生活方便程度、农村的农业污染处理以及食品安全问题等方面来反映。

1. 居住地生态环境质量总体评价较好，环境状况总体稳定

从表 16.14 的数据中可以发现，被调查对象对于居住地周围的生态环境质量总体评价比较高，其中对于生活用水质量和绿化环境总体评价为两个较好的方面，生活垃圾处理和生活污水处理总体评价最低，有 6% 以上认为非常差，需要引起重视和加强治理力度。

在关于近 3 年来居住地生态环境变化情况的调查中，认为生态环境相对稳定和在好转所占比例较大，但也有 13.3% 的被调查对象认为生态环境在恶化。调查中，对于城乡之间的生态环境变化也进行了数据分析，从调查情况看，城乡之间的生态环境变化趋势没有明显差异（见图 16.25）。

表16.14　　居住地生活环境评价（%）

环境质量类型	非常好	比较好	一般	不太好	非常差	说不清
空气质量	17.3	49.4	16.2	12.5	4.0	0.5
生活用水质量	10.3	58.3	17.2	9.5	4.3	0.2
生活垃圾处理	7.0	48.4	25.8	12.5	6.1	0.2
生活污水处理	6.2	45.1	25.9	15.4	6.5	0.9
安静（降低噪音）	19.2	47.7	16.6	12.9	3.5	0.2
绿化环境	24.3	45.8	19.9	8.0	1.5	0.4

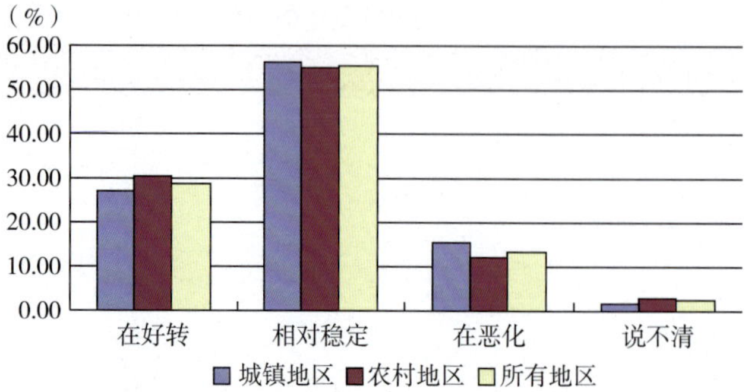

图16.25　居住地生态环境状况变化评价（%）

2. 文化活动成为生活服务中的软肋，食品安全现状依然不容乐观

在关于目前居住地的各类生活服务类型调查中，文化生活成为其评价度最低项，仅有 5% 认为非常好，分别有 23.4% 和 5.7% 认为文化活动“不太好”和“非常差”。而在治安状况、交通出行和生活服务配套等方面，评价为“非常好”和“比较好”的累加比例分别达到 67.1%、78.1% 和 62.9%（见表 16.15）。被调查对象对于文化活动评价度不高，既有群众在当前的经济社会发展形势下对于文化需求提升的原因，当然也有基层组织文化活动供给不足的原因，全省在今后的民生服务领域需要有所重视。

表16.15　　居住地生活服务方便程度评价（%）

生活服务类型	非常好	比较好	一般	不太好	非常差	说不清
交通出行	28.2	49.9	9.8	9.1	2.8	0.2
生活服务配套	14.3	48.6	23.3	11.7	1.5	0.6
文化活动	5	32	32	23.4	5.7	1.8
治安状况	16.3	50.8	19.9	10.4	2	0.6

在关于食品安全问题是否有所改善的调查中，从被调查对象个人反映情况看，食品安全的现状依然不容乐观。不到一半的调查者认为食品安全问题有所改善，依然还有 24.8% 的人认为食品安全问题没有变化，有 20.3% 的人认为食品安全问题有所恶化。同时进一步分析发现，城镇居民对于食品安全问题更为重视和敏感，有 36% 的城镇居民认为食品安全问题恶化，远高于农村居民（10.1%）（见图 16.26）。众所周知，在当前信息不对称的市场环境下，食品质量问题的甄别需要依托于高科技检测设备，消费者往往很难甄别食品质量的优劣。城市居民的总体文化水平相对高于农村居民，对于食品安全问题能获得更多信息，在心理上也更为重视和敏感。因此，国家整治食品安全问题的行动依然不能松懈，同时加强农村地区的食品监管也很有必要，防止城市地区的劣质食品流向广大农村地区。

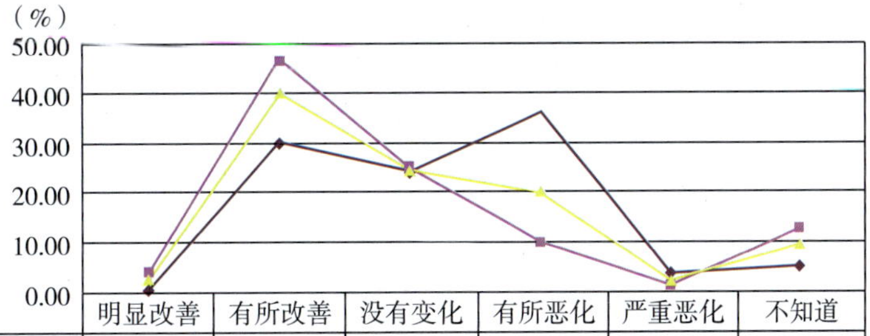

	明显改善	有所改善	没有变化	有所恶化	严重恶化	不知道
城镇（%）	0.60	30.10	24.40	36.00	3.80	5.10
农村（%）	3.90	46.90	25.00	10.10	1.40	12.80
所有地区（%）	2.60	40.20	24.80	20.30	2.30	9.80

图16.26　食品安全问题变化评价（%）

3. 农业污染普遍存在，处理情况不佳

关于农业污染治理的问题，问卷中共涉及 725 人被调查对象。结合调查组的调查走访见闻

和调查结果，可以肯定的是在广大农村地区，农业污染问题普遍存在。至于污染处理情况，在牲畜粪便、地膜农膜、农药化肥、农村污水处理等各个方面，认为处理“比较好”和“非常好”的累计比例均不超过40%，其中农村污水问题既是最为普遍也是反映情况最集中的问题（见表16.16）。因此，在当前全省的新农村建设进程中，要强化农业污染的治理意识。

表16.16　　农业污染处理评价（%）

污染类型	非常好	比较好	一般	不太好	非常差	说不清
牲畜粪便	2.6	33.4	29.4	18.3	11.0	5.2
地膜农膜	2.3	29.8	36.7	17.1	6.1	8.0
农药化肥	2.3	27.2	38.6	18.3	6.8	6.8
农村污水	3.6	28.1	29.7	21.8	10.5	6.3

（八）政府服务

1. 对政府服务工作总体满意，政府官员形象改善明显

对于居住地政府的服务工作和办事效率的评价（见图16.27），很满意（16.2%）和基本满意（50.7%）累计比例为66.9%，不到10%的被调查者对于政府工作不满意，这就表明绝大部分被调查者对于政府的工作给予了肯定。同时进一步对比城乡居民分别对政府工作满意度的数据，可以很明显地发现城镇地区的居民满意度明显低于农村地区。这其中或许存在多种影响因素，但就调查情况看，加强城镇地区的政府服务和工作效率是必须的。

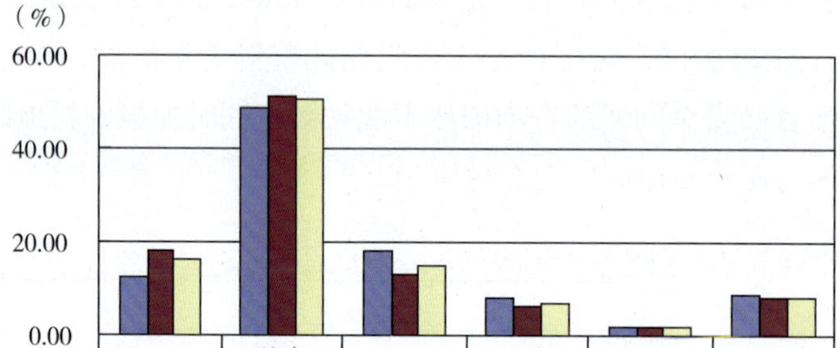

	很满意	基本满意	一般	不太满意	很不满意	不回答或不清
城镇（%）	12.80	49.30	18.10	8.60	2.30	8.80
农村（%）	18.30	51.60	13.50	6.30	1.90	8.30
所有地区（%）	16.20	50.70	15.30	7.20	2.10	8.50

图16.27　居住地政府服务和办事效率的总体评价（%）

谈到政府官员形象改善问题，主要从搞形象工程、公款吃喝、吃拿卡要、不办事/推诿和脱离群众几个维度来看。除了占到近30%的被调查对象表达对此类行为不清楚之外，超过50%以上的被调查者认为政府官员的上述行为得到了改善，政府官员的形象在群众心目中改善明显（见表16.17）。

表16.17 政府官员相关行为的改善情况（%）

政府行为	明显改善	一定改善	不变	有所恶化	严重恶化	不清楚
搞形象工程	14.8	40.6	7.8	1.4	0.4	34.9
公款吃喝	19.4	41.9	5.8	0.8	0.2	31.8
吃拿卡要	15.7	43.0	8.3	1.0	0.2	31.9
不办事/推诿	18.8	44.8	8.8	2.0	0.1	25.5
脱离群众	20.8	42.9	7.3	1.8	0.3	26.8

2. 公务员队伍总体得到肯定，反腐工作群众信心强

关于“官员好坏的评价”以及“国家治理腐败信心”的问题调查，都属于被调查对象的个人主观意向问题。从调查数据看，66.8% 的认为我国大多数官员是好的，10.7% 的认为好坏参半，但也有 8.9% 的认为大多数官员有问题。这就可以看出，我国的公务员队伍总体得到群众肯定，但依然还有一部分群众对于公务员队伍存在怀疑和否定。这也一定程度上说明加强廉政建设在当前阶段依然还有群众呼声。

这也就涉及治理腐败问题，至于群众对于以国家为主体开展治理腐败的信心问题，从整个调查的见闻和调查数据来看，群众对于新一代领导集体治理腐败的行为信心很足。49.2% 的对于治理腐败非常有信心，31.2% 的则比较有信心。这就体现出群众对于国家的反腐工作信心很强。

（九）基本民生问题总况

1. 被调查者对现有家庭基本生活状况满意，不满意比例较上年有所提升，生活水平较上年稳中有进

调查数据显示，1200 名被访者中有近一半的选择基本满意，其次为一般和很满意，但仍有小部分被访者选择不太满意和很不满意。由此看来，绝大部分被调查对象对于家庭目前的生活状况满意状况良好，个人家庭主观满意程度感受较好。若将不大满意和很不满意视为不满意，则与上年同期相比，被访者对现有家庭的生活状况满意度下降了 6.09 个百分点。基本满意度与上年持平，但令人欣慰的是很满意比例是上年的两倍，相信随着民生工程不断深入人心，愈来愈多的基层百姓享受到政策的福泽，群众满意度将会更上一个层次。

通过让被调查者的家庭生活水平与上年对比得出，56.5% 认为和上年差不多，31.08% 认为有所提高，10.08% 认为有所下降，1% 认为显著提高，0.92% 认为显著下降，若将显著提高和有所提高视为提高，有所下降和显著下降视为下降，则认为今年家庭生活水平比去年（2013 年）生活水平有所提高所占比例比有所下降的被调查者所占比例要高 21.08 个百分点（见图 16.29）。这可以说明，半数以上的被访者认为家庭生活水平变化幅度不大，家庭状况较为稳定，而认为有所提高的家庭明显多于有所下降的家庭，这也可以推断，安徽省居民的生活水平总体处于平稳发展且稍有进步的趋势。

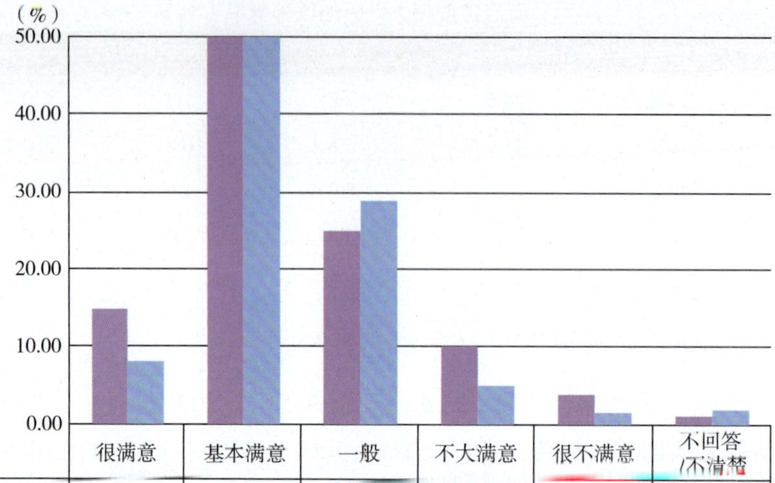

	很满意	基本满意	一般	不大满意	很不满意	不回答/不清楚
2013年（%）	14.00	49.67	24.00	8.92	3.17	0.17
2012年（%）	7.00	49.67	28.00	5.33	0.67	1.00

■2013年 ■2012年

图16.28　生活状况总体满意度（%）

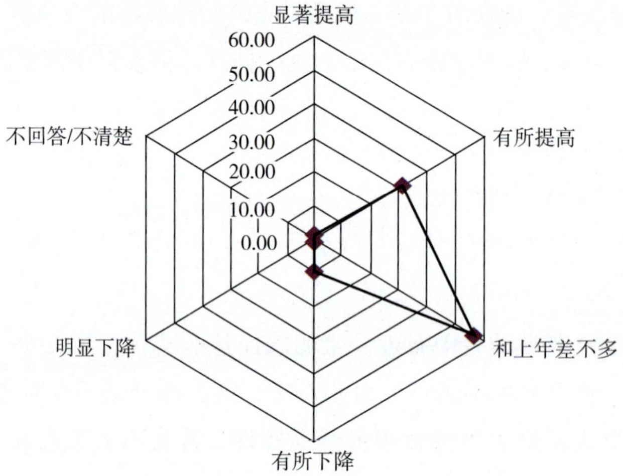

图16.29　生活水平变化情况（%）

2. 群众对政府在改善民生、保障居民基本公共服务方面满意度较高

对于政府目前所提供的各项基本公共服务，包括义务教育、养老医疗、社会保障、住房保障、环境保护和公共安全等方面，绝大多数被调查者给予了肯定。表示很满意和基本满意的共计 67.24%，不太满意和很不满意的比例合计不到 10%，其余表示一般，仅有小部分表示说不清楚（见图 16.30）。总体来看，群众对政府在改善民生、保障居民基本公共服务方面满意度较高，表明群众对惠民政策寄予很高期望并对近一年以来政府在民生方面的业绩给予较高的肯定，也给民生政策的制定者和执行者带来莫大的信心。

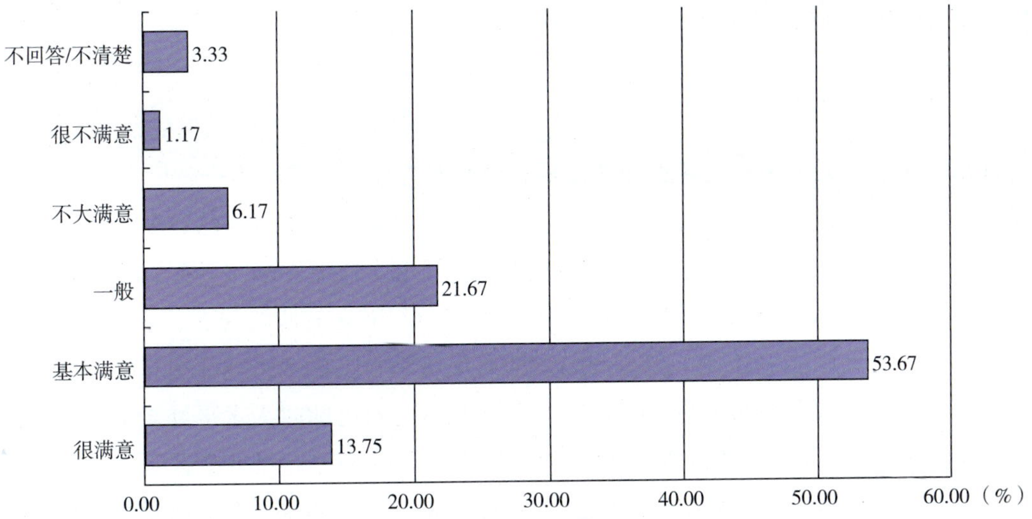

图16.30　基本公共服务满意度（%）

3. 在民生问题中最不满意的为收入水平、医疗和住房

此次调查数据统计，对于国家民生问题表示不满意的群众，其不满意按比重由大到小依次为：收入水平、医疗、住房、食品安全、子女教育、养老、就业状况、贫富差距、环境和治安。选择其他不满意选项，问题最为集中的是没有不满意的地方和交通方面。收入水平、医疗和住房位居前三位，成为最影响群众满意度的三大因素（见图 16.31）。折射出安徽省民众在普遍享受着社会经济增长带来福祉上升的同时，也在普遍承受着社会发展与“一部分人先富起来”带给自身的相对压力。如何提高居民收入水平，保障普通民众就医问题和住房问题，一直是民生工程需要持久关注的话题。

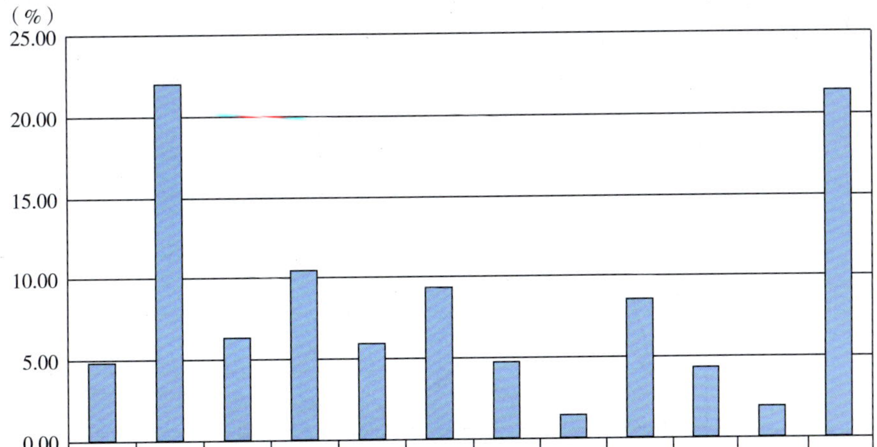

	就业状况	收入水平	子女教育	医疗	养老	住房	生活环境	社会治安	食品安全	贫富差距	维护群众利益	其他
■百分比（%）	4.80	22.00	6.40	10.40	5.90	9.30	4.70	1.40	8.50	4.30	1.90	21.40

图16.31　民生问题不满意状况（%）

（十）调查主要结论

1. 居民生活状况稳中有进，总体收入水平不高

调查结果显示，无论是从主观感知还是从客观收益方面，都反映出全省民众的生活状况在逐步提高。63.7% 的被调查者对家庭目前的生活状况表示满意，有 32.1% 的城乡居民认为，他们的生活水平与上年同期相比有所上升，56.5% 的居民认为和上年差不多，只有 10.1% 的城乡居民认为自己的生活水平有所下降，由此反映出人们对生活水平状况有所改善表示了充分肯定。

但与居住地的周围居民相比，仍有 50.6% 的居民认为自己的收入水平处于中下层，29.9% 的居民认为自己的收入水平处于中下层，9.0% 的居民认为自己的收入水平处于下层。35.9% 的居民年收入在 3 万元以下，年收入水平在 10 万元以上的仅占 6.9%，可见全省人口总量居前、经济总量居中、人均水平靠后的省情还未改变，居民总体收入水平不高，贫富差距仍然较大。

2. 收入水平、医疗、子女教育、养老和生活环境是最为突出的社会问题，城乡居民感受差异明显

在给出的 11 个民生问题中，全省居民目前最不满意的方面主要集中于收入水平（21.7%）、医疗（10.3%）、住房（9.2%）、食品安全（8.4%）、子女教育（6.3%）这个五个方面，其次为养老（5.9%）、就业情况（4.8%）和生活环境（4.7%）和贫富差异（4.3%）。

城镇和农村居民由于所处的经济社会环境有所差异，生活追求不同，所面对和感知的社会民生问题也会不同。与农村人口相比，城镇居民认为“食品安全”和自我切身利益最相关，有 26.2% 的城镇居民把他们排在最不满意的民生问题的首位，而农村居民中仅有 2.8% 的人如此认为，排在农村居民最不满意民生问题的第九位。相反，在农村居民看来，“收入水平”（26.5%）和“医疗”（10.5%）是他们急需解决的民生问题，虽然城镇居民也认为收入水平是目前亟待解决的民生问题之一，但比农村居民少 5.8 个百分点，他们的生活环境也远好于农村居民（见图 16.32）。

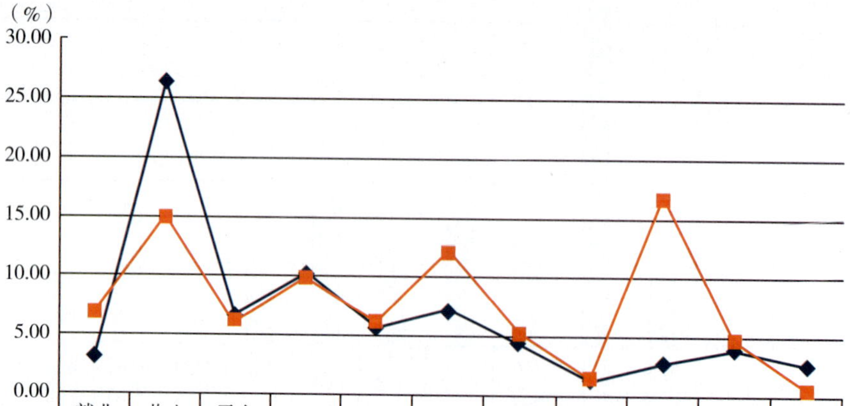

	就业状况	收入水平	子女教育	医疗	养老	住房	生活环境	社会治安	食品安全	贫富差距	维护群众利益
农业（%）	3.30	26.50	6.60	10.50	5.70	7.30	4.30	1.30	2.80	3.90	2.70
非农业（%）	7.00	14.90	5.90	9.90	6.20	12.10	5.30	1.50	16.70	4.80	0.70

图16.32 居民最不满意的民生问题城乡差异（%）

总体而言，农村居民最不满意的民生问题依次为收入水平、医疗、住房、子女教育和养老，城镇居民最不满意的民生问题依次为食品安全、收入水平、住房、医疗和就业状况，可见，收入水平、医疗和住房是全省民生工作仍需再接再厉的主要方面。

3. 过半被调查者政府服务表示满意，民众的反腐信心较高

53.7% 的被调查对象对于政府服务表示基本满意，13.8% 表示很满意。当问及对当地政府办事效率是否满意时，群众满意度仍然较高，52.1% 的民众表示基本满意，11.8% 的民众表示很满意。而在全民关心的治理腐败问题上，52.6% 的民众对我国治理腐败非常有信心，28.5% 的民众表示比较有信心。总体来说，目前群众对于国家治理腐败的工作给予了充分肯定和期待，并认为腐败现象正逐步得到控制和改善。

四、安徽省民生领域存在的突出问题

中国社科院最新发布的《城市竞争力蓝皮书：中国城市竞争力报告 No.12》指出长三角地区已经在原有基础上浮现出一个更大范围的包括沪、苏、浙、皖 40 个地级及以上城市的世界超级经济区。此次规划将安徽省正式纳入长三角城市群中，合肥的地位提高到与南京、杭州并列，这对安徽省尤其是合肥将带来更大的发展空间。因此，对安徽而言，应该抓住机遇，因势利导，继续承接产业转移的同时，依托沿江城市的黄金水道，做好东、中、西部的横向贯通，大力发展现代交通和现代产业。但是安徽省的经济水平与长三角核心地区还有很大差距，近几年安徽省发展速度较快，但是基数小底子薄，纵向比进步大，横向比差距大。人口总量居前、经济总量居中、人均水平靠后的省情还未改变，特别是由于发展不平衡等原因，人民群众“生活难、看病难、上学难”等问题仍旧比较突出。安徽实施的 33 项民生工程，解决了一大批人民群众最关心、最直接、最现实的利益问题，但依据此次民生调查结果，考量未来全省民生发展的趋势，全省民生工作仍存在一些亟待解决的问题。

（一）民生政策举措缺乏对劳动者权益的保障

2014 年安徽省新增四项民生工程，其中之一就是就业促进工程，投入资金 6.2 亿元，并出台了促进就业创业的体制机制，实施就业技能培训，促进城乡劳动者素质就业和稳定就业；加强公益性岗位开发管理，保障困难群众稳定就业和基本生活；积极开发基层社会管理和服务岗位，吸纳普通高等学校毕业生基层就业；实施就业见习计划，提升未就业高校毕业生就业能力，促进就业困难离校未就业高校毕业生尽早实现就业等一系列的政策措施。这些政策措施都极大地改善了安徽省劳动力的就业状况，解决了高校毕业生、农村转移劳动力和城镇就业困难人员的就业问题，但这部分群体就业后的权益保障将逐渐成为安徽省民生遇到的主要问题。

如在劳动权益保障方面，不同性质的劳动单位有很大的差别。七成以上的非农就业者选择不适用，仅有 12.9% 的签订劳动合同。一方面，多数未签劳动合同的就业者自我维权意识比较

淡薄，特别是部分岗位要求不高，流动性较大，从业者受教育程度不高等因素导致就业者不懂得如何签订劳动合同，劳动权益保障更无从谈起；另一方面，也反映了企业有规避承担劳动者权益保障义务的倾向。

（二）收入水平不高很大程度上影响着全省居民幸福指数

民生调查结果显示，在“基本民生最不满意的方面”中“收入水平”的比例达到22%，而收入水平直接关系到居民的生活水平和生活质量，进而影响居民的幸福指数。在当前调结构、扩内需的背景下，如何尽快提高全省居民收入意义重大。一方面，提高全省居民的收入水平是刺激消费、转变经济发展方式的迫切需求。另一方面，是维护社会公平正义，保持社会和谐稳定的关键举措。收入公平分配是社会稳定的基础，如果公众对收入差距的不满意度居高不下，普遍对社会贫富分化现象心存不满，弱势群体相对剥夺感强烈，无疑将加剧社会的矛盾与冲突，从而影响到社会的稳定和谐。

（三）民生“短板”制约着安徽省民生满意度的提升

虽然问卷调查反映出安徽省居民对改善民生、保障居民基本公共服务方面的总体满意度达到67.24%，但要想进一步提升则较为困难，因为补齐民生“短板”一方面需要较长的过程，比如环境污染治理；另一方面，居民需求会发生变化。安徽省居民不仅关注生存需求，而且日益关注发展需求。比如，在关于未来养老问题的调查中，超过40%的人倾向于社会养老，转变了传统家庭养老的理念。因此对于民生“短板”问题除了有清晰的认识和足够的重视以外，更重要的是建立健全基本公共服务，真正做到补短板惠民生。

（四）教学资源紧缺与城乡分配差异是安徽省教育遇到的主要问题

城乡义务教育阶段免除学杂费让越来越多的孩子有学可上，满足了人民群众对孩子上学的需求，一定程度上解决了“上学难、上学贵”的问题，但随着人们物质生活水平的提高，计划生育政策使得家庭孩子数量减少,家长们对优质教育资源的要求也随之提高。公办学校数量有限，如何让子女接受更好的教育，引发出另一个“择校难”的问题。在公办资源紧缺和自身条件不符合情况下被迫选择民办学校，从有学上到上好学正是我国教育资源分配不均的重要体现，优质的硬件设施和师资水平集中于公立学校，影响社会民众对民办学校资质的质疑和政府对教育资源的投放比例。

教育资源的非均衡配置也是城乡教育成本投入差距日益扩大的重要原因之一。调查结果显示，城市家庭受教育适龄子女参加辅导班的比例是农村地区的两倍，但是农村地区教育支出压力占家庭总支出压力的60%以上，城市地区占30%，是农村地区的一半。无论城乡其教育投入均占到一定比例，但是城乡差距仍旧较大。究其原因，城市收入普遍高于农村是部分原因，关键是教育资源分配不均衍生出学区房的拼房热和租房热，对农村家庭而言更是一笔不小的开支。

（五）看病难、看病贵、实际报销比例低是群众普遍诉求

调查结果显示，看病难成了群众面对的首要难题，群众就医方式选择上，公立医院备受信任，私立医院在医疗水平和卫生设施的安全性上落后于公立医院，加之公立医院供不应求，部分家庭没钱住院使看病难问题再次凸显。虽然安徽省医疗保险参保率较高，特别是“新农合”的参保率正逐渐增加，但是对就医住院的花销报销范围和比例有限，大病医保也有一定条件限制，这一医疗实际问题与现有医疗报销制度存在一定的脱轨。特别是在农村地区，很多留守老人无法达到“只有住院才能报销”的隐性要求，只能自己支付平时的门诊费用和药物费用，再加上本身收入水平不高，无形中提高了他们的看病费用，造成“看病贵”的难题。即使住院治疗，在现有的社会保障政策下，个人承担的医疗负担也达到60%以上，医生为患者尽快痊愈考虑，低价药、可报销药使用比例不高，从而降低了人民群众实际的报销比例。

（六）养老的经济保障状况亟待加强

当前城乡居民的社会保障覆盖面正在不断扩大，城镇养老保险的覆盖率增加，农村地区也有了“新农保”。但是当前或未来养老的经济保障仍是2/5以上人一直担心的养老问题，尤其是60岁及以上群体，表明安徽省养老的经济保障形势不容乐观。

对养老保障的担忧主要由于养老经济保障的来源较为单一，标准偏低。社会养老保障存在城乡差异，在城镇人口中，就业于公有制机构和三资企业的人员，享有各类社会保障的比例较高；而农村居民除了新农保以外多数靠子女养老，“新农保”的保障水平偏低。对年轻人来说，即使大多数老人生活上可以自理，但是来自父母的养老经济负担也是一项较大的压力。

（七）县域民生发展滞后

完善保障和改善民生的制度安排，推进基本公共服务均等化。顺应人民的新期待，要把保障和改善县域民生作为出发点和落脚点。县域是城乡的结合体，既是农村通向城市的必经地，更是宏观与微观、工业与农业、城市与农村的连接点，也是城乡统筹发展的重点。县域经济是促进人民群众安居乐业和不断富裕的一种“民生经济”。作为一种全新的经济社会发展模式，民生经济即是县域经济发展的归宿和题中之义。安徽省的地域范围广泛、各县域发展不平衡，各地区民生发展所面临的主要矛盾已经迫切需要解决的民生问题也不尽相同：①县域城乡经济发展差距大，农村居民的消费能力有限，其消费仍然以基础性消费为主。②县域财政不强，民生公共服务供给能力偏小，全省多数县仍未从根本上改变“农业大县、工业弱县、财政穷县”的状态。③县域教育发展不能满足民生需求，一是教育发展不均衡问题突出；二是素质教育推进困难；三是教育投入仍然不足；四是教师队伍结构性矛盾突出。④民生发展的资源耗减和环境质量仍面临严峻挑战，经济在高速增长的同时，环境污染问题仍面临严峻形势。

五、关于民生问题的政策建议

近几年来，安徽省在实施民生工程过程中，积累了丰富的经验，取得了长足的进展。民生工程涉及的领域逐渐扩大，服务力度逐年加大，运行管理方式逐步完善，财政投入快速增长，受益群众范围不断扩大。因此，为了更好更精心地实施每一项民生工程，顺应人民群众的新期待，更好地发挥民生工程对扩内需、调结构、促和谐的多重效应，不断增进人民群众的福祉，必须着力健全改善民生工程的长效运行机制，实现可持续发展的民生工程服务体系。

（一）以基本公共服务均等化为目标，切实解决现实存在的各项民生发展的差异

政府对民生问题的解决要以基本公共服务均等化发展为目标，逐步缩小人民群众在基本公共服务（基本公共教育服务、基本医疗卫生服务、基本社会保障服务、基本社会服务、基本文化体育服务、基本人口计生服务、基本住房保障）领域存在的差异性，促进均等化发展。

（二）重点解决低收入水平群体和各类特殊群体的民生发展问题

重视和改善民生，就要提高人民的收入和生活水平，着重点是提高低收入群体（特别是残疾人、重大疾病患者、失独和失能老人等特殊群体）的收入水平，通过系统协作逐步提高他们的自我发展能力，促进社会的和谐稳定。

（三）优先解决教育和医疗领域的民生发展问题

教育方面，第一，在教育方面确保起点公平；第二，切实解决“就学难、就学贵、就学远”的问题，根据人口发展趋势，合理布局教育机构，均衡配置教育资源。

卫生方面，第一，不断提升基本医疗服务能力和水平；第二，加大对公立医院的投入，改善医疗设备条件；第三，提高新农合报销比例，不断增扩新农合可报销的诊疗项目和药品目录，增加慢性病报销病种，让参合病人得到更多实惠；第四，取消“门槛费”。

（四）建立“需求先导、项目化实施、过程化控制、第三方评估”的民生工作机制

民生发展要以民生工程的实施为抓手。各级政府及部门应以本地区居民需求迫切的问题为切入，科学研究确定民生项目，统筹兼顾，重点突破，协调推进，逐步缩小城乡、行业以及不同群体间享有基本公共服务的差距。在具体操作中建立“项目化操作、过程化控制、第三方评估”的工作机制。

（五）建立以县域为主体、城乡分类实施的民生发展体制

县域是城乡节点，是最贴近基层民生的地方，更是发展民生的主战场。民生问题在不同地区和不同时期有不同的表现形式。基于此，报告建议，民生发展及民生工程的推进，应建立以县域为主体，城乡分类实施的工作体制。

（六）建立有效高能的保障机制，促进民生持续发展

一是建立多元化的资金投入机制，为民生发展提供资金保障。民生发展投入增长幅度明显高于财政经常性收入的增长幅度。二是落实各项民生优惠措施，为民生发展提供政策保障。切实解决民生项目发展方面的土地政策、税收政策、投融资政策等方面的壁障。三是加强和改进各级党政领导，为民生发展提供组织保障。

（执笔：安徽省政府发展研究中心子课题组）

第十七章 河北省民生发展报告

一、河北省民生发展总体情况

近年来，河北省高度重视保障和改善民生，将其作为一切工作的出发点和落脚点，坚持优先增加民生投入，优先安排民生项目。2014 年，河北省民生支出 3678.9 亿元，比上年增长 8.7%，同期地区生产总值 29421.2 亿元，比上年增长 6.5%，民生支出增速超过地区生产总值增速 2.2 个百分点。2014 年，河北省民生支出占财政支出的比重为 79.3%①，较上年的 77.8%② 提高 1.2 个百分点。各级政府办成了一批惠民利民的好事实事，城乡居民收入实现了较快增长，社会保障、医疗卫生、教育、农业、保障性住房、扶贫等各项民生事业取得了明显成效。

通过调研发现，河北省保障改善民生的政策举措有效得力，居民生活满意程度较高，具体体现在以下几个方面。

（一）就业形势总体稳定，人民生活持续改善

近年来，河北省各级政府坚持市场就业与政府促进相结合、扩大就业与提高素质相结合、强化服务与体制创新相结合，鼓励就业创业的政策措施得当，突出对重点群体的就业服务，对困难群体就业重点保障。2014 年，全省城镇新增就业 72 万人，就业形势总体稳定，大多数居民对自身的工作状况较为满意。

在扩大城乡居民就业的基础上，河北省各级政府积极采取各种措施提高城乡居民收入。2014 年，城镇居民人均可支配收入 24141 元，比上年增加 1915 元，增长 8.6 %；农村居民人均可支配收入 10186 元，比上年增加 998 元，增长 10.9%。收入水平的提高也促进了城乡居民消费水平和生活质量的提高。

（二）城乡居民养老保险扩面提标，社会保障水平持续提高

近年来，河北省以实施最低生活保障制度为重点，通过调整企业退休人员基本养老金水平，扩大企业职工基本养老保险覆盖面等措施，使基本养老保险制度逐步完善。2014 年，城乡居民

---

① 数据来源：2015年河北省政府工作报告。

② 数据来源：2014年河北省政府工作报告。

社会养老保险参保率超过98%，比上年进一步提高；城乡居民低保标准和城乡年低保标准分别为4995元和2445元，比上年分别增长11.6%和9.9%；企业退休人员基本养老金人均月增197元；新农合和城镇居民医疗保险年人均财政补助标准提高到320元[①]，比上年增长14.3%；农村年五保集中供养标准达到5022元、分散供养标准达到3411元，机构养老床位新增3万张，向13.4万名贫困重度残疾人发放了生活补贴。

（三）优先发展教育事业，医疗卫生服务体系建设加快

近年来，河北省坚持优先发展各类教育事业，继续把发展义务教育尤其是农村义务教育作为“重中之重”，打好教育基础。2014年，学前教育资源不断扩大，学前三年毛入园率达到70%以上。完善义务教育免试就近入学制度，投入42.2亿元改造农村薄弱学校10723所，46.1万进城务工人员随迁子女平等接受义务教育。开展中职与高职、普通本科分段培养试点，现代职业教育发展加快[②]。

加快建立覆盖城乡居民的基本医疗保障体系。截至2013年末，全省共有医疗卫生机构78486个，其中医院、卫生院3228个，乡镇卫生院1960个，社区卫生服务中心（站）1115个，妇幼保健院（所、站）185个，卫生防疫、防治机构193个。卫生技术人员33.31万人，医疗卫生机构床位30.35万张，初步建立起满足群众人人享有基本卫生保健服务需求的卫生服务体系。公共卫生事业持续发展。2014年，新建改建17所县级医院、260所乡镇卫生院和1.4万个村卫生室，城市社区卫生服务中心基本实现全覆盖，免费为5万名农村患者和城市低收入患者实施复明手术[③]，城乡居民公共卫生服务保障水平明显提高。

（四）城乡统筹发展步伐加快，人居环境得到改善

近年来，河北省进一步完善城乡规划体系和空间布局，城乡统筹发展取得新成效。一方面，新型城镇化进程加快，城市基础设施建设力度不断加大，2014年，全省完成市政公用事业投资1880亿元、比上年增长23.0%；同时，加强县城基础设施建设和容貌整治，县域特色产业不断壮大，县域经济实力得到增强。另一方面，加大公共财政向农村倾斜力度，推动优质资源向农村倾斜，基础设施向农村延伸，深入实施农村面貌改造提升行动，推广应用新技术、新材料、新装备改善农村人居环境。2014年，全省完成3227个重点村改造提升任务[④]，以城带乡、城乡一体的新型城乡关系基本形成。

（五）安全生产形势总体稳定，社会平安和谐局面进一步巩固

2014年，各级政府齐抓共管，加强安全生产监管，煤矿、非煤矿山、尾矿库、油气管网等

---

① 数据来源：2015年河北省政府工作报告。
② 数据来源：2015年河北省政府工作报告。
③ 数据来源：2015年河北省政府工作报告。
④ 数据来源：河北省人民政府网站。

高危重点行业专项整治成效明显，安全生产形势总体稳定。深入开展食品药品安全专项整治和创建食品药品安全县活动，食品药品生产经营秩序总体规范有序，产品抽检合格率保持在较高水平，全省未发生严重质量安全事故，全省食品药品安全形势保持稳定，依法打击各类违法犯罪活动，平安稳定和谐的局面进一步巩固。完善信访和调解联动工作体系，有效化解了矛盾纠纷。

（六）加大生态环境治理力度，空气质量总体向好

2014年，河北省将雾霾治理作为基本民生工程，狠抓减煤、治企、降尘、控车、增绿等重点工作，坚决向大气污染宣战。大幅压减煤炭消费，严控劣质煤使用，加快集中供热和“煤改气”，淘汰改造燃煤锅炉3.96万台，全年削减煤炭消费量1500万吨，首次实现煤炭消费负增长，全省单位生产总值能耗下降6.5%，提前一年完成“十二五”节能目标。综合整治重污染行业企业，完成钢铁、水泥、电力、玻璃等重点行业脱硫脱硝除尘改造项目528个，956家重点企业实施污染源在线监控，搬迁主城区重污染企业36家。严控扬尘污染，完成307座矿山、3060家储煤场粉尘治理。淘汰黄标车66.7万辆。在上述措施作用下，河北省2014年PM2.5. PM10、二氧化硫、一氧化碳、二氧化氮、臭氧平均浓度较上年分别下降12%、13.2%、25.7%、16.7%、5.9%和13.7%，超额完成国家下达任务[①]。河北省11个市区城市空气质量平均达标天数增加23天，重度以上污染天数减少14天，河北省生态环境治理取得明显成效。

二、入户抽样调查基本情况分析

（一）入户抽样调查受访者的地区分布分析

本次河北省民生问题抽样调查，严格按照国务院发展研究中心拟定的抽样原则，采用PPS分层抽样方法，对全省6个市（包括城镇和农村）的10个县（区）、20个乡镇（街道社区）的1200多户居民家庭进行入户抽样调查，共回收有效问卷1200份。受访者为年龄在18 ~ 71周岁之间的成年人口（包括常住居民和流动人口）。

本次入户抽样问卷调查基本上反映了河北省民生问题的实际状况，抽样方法及样本的选取具有较强的科学性、代表性和有效性。入户抽样调查的样本（受访者）具体分布见表17.1。

表17.1　2014年河北省入户抽样调查受访者（样本）的地区分布

抽样地点	样本数（户）	比重（%）
保定	240	20.0
沧州	120	10.0
邯郸	240	20.0

① 数据来源：2015年河北省政府工作报告。

续表

抽样地点	样本数（户）	比重（%）
衡水	120	10.0
石家庄	240	20.0
唐山	240	20.0
总计	1200	100.0
城镇	332	27.7
农村	868	72.3
总计	1200	100.0

由表 17.1 可见，1200 户样本分布在河北省共 11 个地级市的 6 个地级市，包括石家庄、唐山、保定、沧州、邯郸和衡水。本次入户抽样调查城镇户口为 332 户，占调查总户数的 27.7%；农村户口为 868 户，占 72.3%，调查的农村户口数比例偏大。

（二）受访者性别、年龄、教育程度、就业构成分析

1. 受访者性别比例，男性略高于女性

本次入户抽样调查受访者中男性占 55.7%，女性占 44.3%，性别比例基本合理，见图 17.1 和表 17.2。

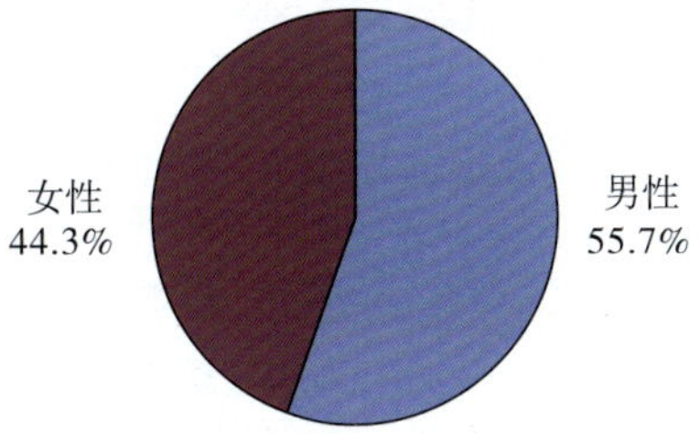

图17.1　2014年河北省入户抽样调查受访者性别构成

2. 受访者年龄普遍较高

从受访者年龄分布特征上看，40 岁以下的占 17.4%，41 ~ 50 岁的占 23.5%，51 ~ 60 岁年龄段的比例最高，为 32.6%。这主要是因为目前的农村，年轻人大都在外地打工，家里主要以老人和孩子居多，见表 17.2。

3. 受访者文化程度普遍偏低

从受访者的受教育结构上看，初中及以下水平的占绝大多数，为 70%，高中（含中专 / 技校在读或毕业）水平的占 16.3%，大专及以上水平的仅占 5.7%，说明受访者的文化程度普遍较低，见表 17.2。

4. 专业务农和兼业农民在受访者就业中占较大比重，其他就业类型所占比重较小，且较为分散

从受访者就业分类的情况上看，专业务农占 34.3%，专业农民、兼业农民和农村自营者累计占 52.8%，超过了半数；受访者在党政机关、事业单位、社会团体、各类型企业等就业的所占比重较小，并且较为分散。这是由于本次入户抽样调查农村户口（占 72.3%）明显多于城镇户口（占 27.7%）的缘故，见表 17.2。

表17.2　　2014年河北省入户抽样调查受访者基本特征

性别	样本数	比重（%）	性别	样本数	比重（%）
男	668	55.7	女	532	44.3
年龄	**样本数**	**比重（%）**	**年龄**	**样本数**	**比重（%）**
30岁及以下	75	6.3	51～60	391	32.6
31～40	133	11.1	60岁以上	319	26.5
41～50	282	23.5			
受教育程度	**样本数**	**比重（%）**	**受教育程度**	**样本数**	**比重（%）**
未上学	47	3.9	高中/中专/技校肄业	97	8.1
小学肄业	107	8.9	高中/中专/技校在读或毕业	196	16.3
小学在读或毕业	149	12.4	大专/高职	48	4.0
初中肄业	99	8.2	本科	19	1.6
初中在读或毕业	437	36.4	研究生及以上	1	0.1
就业分类	**样本数**	**比重（%）**	**就业分类**	**样本数**	**比重（%）**
专业务农	412	34.3	民营/私营企业	42	3.5
兼业农民	180	15.0	民办非企业单位、非营利组织	7	0.6
农村自营业者	42	3.5	个体工商户	39	3.2
党政机关	27	2.2	自由职业者	23	1.9
事业单位	15	1.2	非固定单位的临时务工	19	1.6
社会团体	28	2.3	其他	335	27.9
国有控股	31	2.6			

（三）受访者的家庭结构特征分析

对受访者的家庭结构进行梳理，由表 17.3 可见，无收入的家庭有 292 户，占受访者总数的 24.3%，比例偏高，这一现象值得重视。

表17.3　　2014年河北省入户抽样调查受访者家庭结构情况

受访者家庭成员结构	无收入		有收入		
	孤寡老人	年老有配偶	年轻单身	年轻有配偶	至少有一个父母或子女
人数（人）	35	257	2	20	886
比例（%）	2.9	21.4	0.2	1.7	73.8

三、河北省民生问题调查问卷分析

（一）近七成的受访居民对就业状况较为满意

入户抽样调查数据①显示，针对“您对目前工作是否满意”这项调查，受访者中，有 67.6% 表示满意，有 19.8% 表示不满意，12.6% 说不清楚，说明河北省城乡居民总体上对目前就业状况较为满意（见图 17.2）。

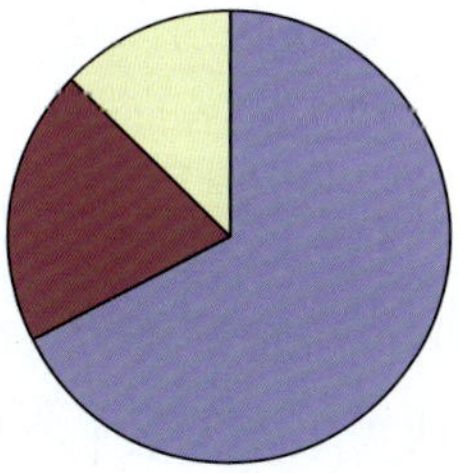

图17.2　2014年河北入户抽样调查“居民就业状况满意程度”

调查中发现，不同群体对就业的满意度存在差异。农村居民就业满意度高于城镇居民；受教育程度越高的群体，工作满意度越高；年收入水平越高的群体，工作满意度越高；工作职位越高的群体，工作满意度越高；受访者对工作的满意度随年龄的增长而提高，临近退休或已退休群体的工作满意度较高，而 25 岁以下群体的工作满意度较低。

（二）居民家庭总体上对目前生活状况较为满意

在“对家庭目前生活状况的总体满意程度”调查中，在受访的城镇居民家庭中，有 65.9% 表示满意，有 20.3% 表示一般，还有 13.8% 表示不满意；在农村居民家庭中，有 69.1% 表示满意，19.0% 表示一般，有 11.8% 表示不满意（见表 17.4）。这说明河北省居民家庭总体上对目前生活情况较为满意。在生活满意度方面，不同群体存在一定差异。其中，城镇居民家庭生活满意度要高于农村居民家庭；受教育程度较高的居民生活满意度较高，职业地位较高的居民生活满意度较高。

表17.4　2014年河北省入户抽样调查居民家庭生活状况的满意程度

满意程度	城镇居民		农村居民	
	户数（户）	比例（%）	户数（户）	比例（%）
很满意	73	19.8	190	22.9
基本满意	170	46.1	384	46.2
一般	75	20.3	158	19.0

① 入户抽样问卷调查结果，以下简称“调查数据”。

续表

满意程度	城镇居民		农村居民	
	户数（户）	比例（%）	户数（户）	比例（%）
不太满意	39	10.6	74	8.9
很不满意	12	3.3	24	2.9
不回答/不清楚	0	0.0	1	0.1
总计	369	100.0	831	100.0

调查发现，对目前生活状况不满意的居民家庭主要有以下几个特点：一是家庭收入水平低，家庭成员受教育程度低；二是纯务农人员和失（待）业及其他未就业人员；三是家庭的医疗支出压力大于一般家庭；四是无住房人员或者租赁住房人员。

（三）居民家庭收入稳中有升，城镇居民高收入家庭占比高于农村

调查数据显示，在收入增长趋势上，河北省受访居民家庭中有 49.0% 认为目前年收入水平与 2013 年相比差不多，27.8% 的家庭认为年收入水平有所提高，有 16.1% 的家庭认为年收入有所下降。总体上，2014 年河北省城乡居民家庭收入稳中有升。

河北省受访居民家庭中年收入在 3 万元以下（低收入）的居民家庭占比，农村比城镇高 7.9 个百分点；而受访居民家庭中年收入在 10 万元及以上（高收入）的居民家庭占比，城镇比农村高 1.2 个百分点（见表 17.5）。可见，城镇居民高收入家庭占比高于农村，城镇居民家庭年收入水平高于农村。

表17.5　　2014年河北省入户抽样调查居民家庭年收入情况

居民家庭年收入	城镇居民		农村居民	
	户数（户）	比例（%）	户数（户）	比例（%）
1万元以下	31.0	8.4	130.0	15.6
1万～3万元	97.0	26.3	224.0	27.0
3万～5万元	115.0	31.2	216.0	26.0
5万～8万元	71.0	19.2	158.0	19.0
8万～10万元	30.0	8.1	56.0	6.7
10万～15万元	20.0	5.4	35.0	4.2
15万～25万元	3.0	0.8	10.0	1.2
25万～50万元	1.0	0.3	2.0	0.2
50万元及以上	1.0	0.3	0.0	0.0
总计	369.0	100.0	831.0	99.9

（四）居民家庭消费水平有所提高，医疗、教育、食品和住房支出较大

调查数据显示，在居民家庭消费增长趋势上，绝大多数受访居民家庭认为目前家庭消费水平较上年有所增长。在居民家庭消费支出方面，36.9% 的居民家庭认为在医疗方面的支出最大，

教育、食品和住房支出紧随其后，分别占受访居民家庭的 17.1%、13.6% 和 10.8%。

分城乡看，城镇居民家庭消费支出排序依次为：医疗（38.2%）、教育（20.3%）、住房（12.7%）和食品（12.7%）。农村居民家庭消费支出排序依次为：医疗（36.3%）、教育（15.6%）、食品（14.0%）和住房（10.0%）。除食品外，农村居民家庭消费支出均低于城镇居民家庭。

（五）居民受教育程度整体较高，城乡差异明显

由表 17.6 可知，从样本总体及分城乡受访居民的受教育状况上看，未上学的，农村占 4.5%，城镇占 3.9%，所占比例都很小，说明河北省居民受教育程度普遍较高。但分城乡看，城镇和农村居民受教育程度存在差异，城镇居民中，高中 / 中专 / 技校肄业或毕业的占比高达 37.3%，而农村居民的占比为 24.4%，前者比后者高 13 个百分点。大专及以上的占比，城镇居民达到 15.9%，而农村居民仅为 5.7%，前者比后者高出 10.2 个百分点；在受高等教育的群体中，城乡差异更加明显。整体上看，城镇居民的受教育程度明显高于农村居民。

表17.6　　2014年河北省入户抽样调查受访者受教育状况构成（%）

受教育状况	总体	农村	城镇
未上学	3.9	4.5	2.1
小学肄业	8.9	11.5	1.8
小学在读或毕业	12.4	15.2	4.9
初中肄业	8.3	9.0	6.4
初中毕业	36.4	38.5	31.5
高中/中专/技校肄业	8.1	6.8	11.6
高中/中专/技校毕业	16.3	12.9	25.7
大专/高职	4.0	1.4	10.4
本科	1.6	0.2	5.2
研究生及以上	0.1	0.0	0.3
总计	100.0	100.0	100.0

（六）不同户籍居民在工作职位上差异显著

调查数据表明（见表 17.7），从居民就业所在的工作职位上看，不同户籍登记地以及户籍性质的居民存在着较大差别。就“单位负责人”职位，本市户籍居民在该职位占比最高，为 7.5%，外省户籍居民占比最低，为 5.7%；非农业户口居民在该职位上占比为 8.2%，明显高于农业户口居民占比（2.9%）。就“部门负责人”职位，本市居民在该职位占比为 2.9%，而省内非本市居民和省外居民调查者在该职位占比均为 0；同时，非农业户口居民在该职位占比为 5.7%，远高于农业户口居民占比（0.6%）。“一般管理人员”和“专业技术”职位，在本省居民和非农业户口居民上也同样体现出了户籍优越性。而在“服务人员”和“临时聘用人员”职位上，省内非本市居民、省外居民和农业户口居民占比则高出本市居民和非农业户口居民。

表17.7　2014年河北省入户抽样调查分户籍性质与户籍登记地的居民工作职位构成（%）

工作职位	户籍登记地			户籍性质	
	本市	省内非本市	外省	农业	非农
单位负责人	7.5	6.1	5.7	2.9	8.2
部门负责人	2.9	0.0	0.0	0.6	5.7
一般管理人员	7.0	0.0	0.0	4.1	14.8
专业技术人员	4.1	12.1	0.0	3.3	6.7
一线生产人员	5.7	4.6	14.3	4.7	9.1
生产辅助人员	1.7	0.0	0.0	1.5	1.9
销售人员	0.4	0.0	6.7	0.6	0.0
服务人员	7.0	22.7	13.3	3.8	17.1
临时聘用人员	3.1	9.1	6.7	6.7	4.8
其他	0.1	0.0	0.0	0.0	0.5
不适用	62.6	45.5	53.3	71.8	31.1
总计	100.0	100.0	100.0	100.0	100.0

可见，在管理、技术等职位上，本市居民或者非农业户口居民比非本市居民和农业户口居民有优势。同时，在非本市和农业户籍居民中，从事管理和技术工作的人员远远少于从事服务和临时聘用性质工作的人员。

（七）居民对收入水平、医疗、就业、子女教育、生活环境、食品药品安全等方面不满意率较高

调查数据显示，总体上看，在对“居民最不满意的民生问题”这一调查项目中，河北省受访者中占比居前六位的依次为收入水平（20.5%）、医疗（16.8%）、就业（9.9%）、子女教育（8.2%）、生活环境（7.9%）和食品药品安全（6.8%）这六个方面，后面依次为养老（6.3%）、社会治安（5.8%）、家庭与婚姻问题（5.5%）和住房（5.2%），见图17.3。

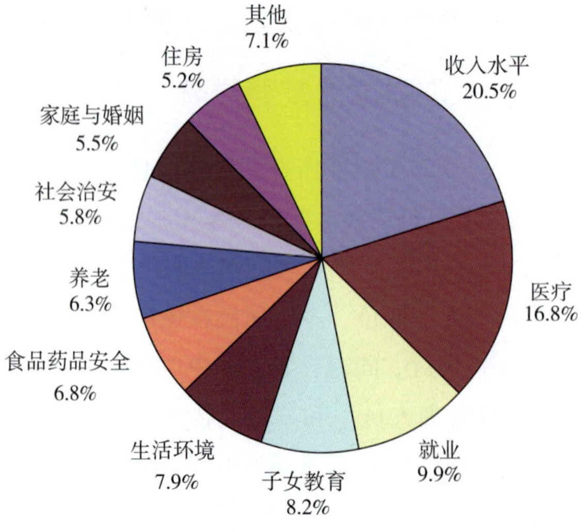

图17.3　2014年河北入户抽样调查“居民最不满意的民生问题”占比比较

在“居民最不满意的民生问题”中，城镇和农村居民对社会民生问题的感受存在差异。城镇居民最不满意的民生问题在受访者中占比依次为收入水平、生活环境、医疗、食品药品安全和就业情况；农村居民最不满意的民生问题在受访者中占比依次为医疗、收入水平、就业情况、子女教育和养老，见表 17.8。

表17.8　2014年河北省入户抽样调查“居民最不满意的民生问题”占比和排序

项目		总体		城镇		农村	
		比例（%）	位序	比例（%）	位序	比例（%）	位序
居民最不满意的民生问题	收入水平	20.5	①	25.6	①	18.6	②
	医疗	16.8	②	11.4	③	18.9	①
	就业	9.9	③	9.9	⑤	9.9	③
	子女教育	8.2	④	6.0	⑦	9.0	④
	生活环境	7.9	⑤	13.6	②	5.8	⑥
	食品安全	6.8	⑥	10.8	④	5.3	⑨
	养老	6.3	⑦	4.8	⑧	6.9	⑤
	社会治安	5.8	⑧	3.3	⑨	6.8	⑦
	家庭与婚姻	5.5	⑨	2.4	⑩	6.7	⑧
	住房	5.2	⑩	6.2	⑥	5.0	⑩
	其他	7.1	—	6.0	—	7.0	—
	总计	100	—	100	—	99.9	—

（八）城乡居民对政府在住房保障政策上有着不同的期望和诉求

调查数据显示，总体上居民在住房保障上的期望值较高。城乡居民对政府在住房保障政策上有着不同的期望和诉求。从农村看，有 32.2% 的居民希望对危旧房屋进行改造，24.4% 的居民希望政府保障农村的宅基地使用权和住房财产不受侵害，15.9% 的居民希望分家之后能分到宅基地住房，还有 9.7% 的农村居民希望被赋予房屋完全财产权。

从城镇看，47.1% 的居民希望限购限价，降低房价，24.8% 的城镇居民希望准予组织自建房，并给予优惠条件，16.4% 的城区居民希望扩大保障房覆盖面积，见表 17.9。

表17.9　2014年河北省入户抽样调查城乡居民住房保障期望

农村	比例（%）	城区	比例（%）
对危旧房屋进行改造	32.0	限购限价，降低房价	47.1
保障农村的宅基地使用权和住房财产不受侵害	24.4	准予组织自建房	24.8
分家之后能后分到宅基地住房	15.9	扩大保障房覆盖范围	16.4

（九）近七成居民对居住地政府工作表示满意

调查数据显示，在受访居民中有 68.8% 对居住地政府的服务和办事效率表示满意，有 60.1%

认为政府搞形象工程和不办事现象得到改善，有 59.6% 认为政府脱离群众现象得到改善，有 87.1% 对国家治理腐败表示有信心，认为腐败现象正逐步得到控制和改善，城乡居民对国家治理腐败的举措及其成效给予了充分肯定。

四、河北省民生领域存在的主要问题

（一）居民家庭收入水平低，部分居民家庭收入下降，成为居民家庭生活质量提高的瓶颈

调查数据显示，河北省无论是农村还是城镇，受访居民家庭中低收入（年收入在 3 万元以下）的占比普遍偏高，农村为 42.6%，城镇为 34.7%，其中，居民家庭年收入在 1 万元以下的占比，农村和城镇分别为 8.4% 和 15.6%。总体上看，河北省城乡居民家庭收入水平普遍较低。

调查发现，虽然近年来总体上看河北省城乡居民家庭年收入稳中有升，但在受访居民家庭中仍有 16.1% 认为近三年内家庭年收入有所下降或者不稳定。居民家庭收入水平低，部分居民家庭收入下降，直接影响河北省居民消费水平和生活质量的提高，同时也容易引发各种社会矛盾，影响社会的稳定。在“基本民生最不满意的方面”调查中，受访居民家庭中有 20.5% 选择了“收入水平”，占最大比例。因此，提高河北省城乡居民收入水平，已成为亟待解决的民生问题。

（二）工资待遇低、工作时间长、劳动强度大是城乡居民就业中存在的突出问题

调查数据显示，针对“对目前工作不满意的原因”这项调查（注：本项目为多选），就业不满意的群体选择最多的是“收入待遇低”，占最大比例，为 64.3%；其次是“工作时间长”，选择比例为 35.6%；再次是“劳动强度大”，选择比例为 32.3%。收入待遇低，工作时间长和劳动强度大等既关乎劳动者的就业质量，也关乎劳动者的权益保障，是当前河北省城乡居民就业中存在的突出问题。

调查发现，不同户籍、不同文化程度、不同职业群体的就业不满意原因有所差异。其中，农业就业人口选择“劳动强度大”的比例更高一些；文化程度较低的居民选择“劳动强度大”、“工作时间长”的比例相对较高。

（三）劳动者权益保障的法治化水平有待提高

调查数据显示，在所有被调查的就业居民中大约有 6.1% 的居民在国有企业和党政机关、事业单位工作，在这些单位工作的居民有 35.6% 签订了固定期限的劳动合同，有 12.3% 签订了无固定期限的劳动合同，21.9% 未签订劳动合同；而在民营、私营企业工作的居民占受访就业居民

的比例为3.5%，这些居民中签订固定期限合同的居民占38.1%，签有无固定期限合同的居民占9.5%；在农业就业中，仅有2.6%的居民签订了有效的合同，剩余的农业就业居民则未签订正式的劳动合同，说明河北省劳动者权益保障的法治化水平有待提高。

（四）教育、医疗、食品药品安全领域中的“短板”制约着河北省民生满意度的提升

1. 教育

河北省教育领域中的“短板”突出表现为农村教育条件差，教学质量低，学校布局不合理。调查发现，在农村，有近六成的受访者认为，农村教育经费较为紧张、学校教育设施与器材明显不足、采暖设施落后、农村教师年龄偏大、知识结构老化、教学水平明显低于城市教师。有近五成的受访者认为，在义务教育阶段，农村学校布局不合理，许多学生上学距离远，校车配备普及率低，住校率低，因而河北省农村存在着一定的上学难的问题，这一问题在偏远或贫困的地区尤为突出。

2. 医疗

河北省医疗领域中的“短板”主要是针对农村居民而言，公立医院价格昂贵、距离远且交通不便。调查结果显示，农村中有75.5%的农村居民看病更信赖公立医院，但公立医院相对大部分农村居民而言，普及程度不够，距离较远，交通不便，且价格昂贵，加之报销药使用比例不高，造成农村居民看病难、看病贵。

3. 食品药品安全

河北省食品药品安全领域中的“短板”主要表现为食品药品安全程度不够，百姓不能完全放心。调查数据显示，尽管河北省农村有58.5%、城市有45.3%的受访者认为食品药品安全问题得到一定改善，但农村仍有14.3%、城市有24.1%的受访者认为食品安全问题有恶化趋势，说明目前河北省食品药品安全还有待进一步提高，见表17.10。

表17.10 2014年河北省入户抽样调查城乡居民对食品安全问题改善状况评价比较（%）

	城镇居民	农村居民
明显改善	5.1	8.6
有所改善	40.2	49.9
没有变化	30.7	27.2
有所恶化	19.6	12.7
严重恶化	4.5	1.6

综上所述，教育、医疗、食品药品安全领域中的这些“短板”在很大程度上影响着许多城乡居民的生活，也制约着河北省民生满意度的提升，必须认真对待和加以解决。

（五）环境污染严重，已成为越来越突出的社会问题

生活环境关乎每一个居民的身体健康，也是老百姓关注的重要民生问题。调查结果显示，在“请您就所居住的社区（或村庄）的生活环境质量进行评价”中，城市和农村分别有25.1%和11.5%的受访者认为生活环境恶化了，城乡居民对所居住的生活环境较不满意，见表17.11。

表17.11　2014年河北入户抽样调查城乡居民对居住地生态环境状况评价比较（%）

地区	近3年来居住地的生态环境状况			
	在好转	相对稳定	在恶化	说不清楚
城市	26.0	41.1	25.1	2.8
农村	47.0	38.4	11.5	3.1

五、进一步改善民生的政策建议

（一）加强就业权益保障，着力提高城乡居民就业质量

就业是民生之本。建议国家加强就业体系建设，多渠道增加就业岗位，加强就业培训，增加就业规模。一是实施就业优先战略，实现促进就业的经济增长，在经济转型升级、质量提升基础上保持合理的增长速度，以满足城乡居民的就业需求。二是统筹解决好高校毕业生、新生代农民工、退役军人等重点群体的就业问题，制定出台化解过剩产能失业人员就业安置的扶持政策。三是加快扶持中小微企业发展，在准入、土地、融资、税收等方面给予优惠和支持，增强其吸纳城乡居民新增就业的能力。四是完善扶持创业创新优惠政策，健全城乡均等的公共就业创业服务体系，积极为大众创业、万众创新搭建平台。五是制定实施更为严格的劳动法规，突出加强农民工权益保护，加强对劳动力市场中弱势群体的帮扶援助，加强城乡大龄、低技能劳动者的再培训、再就业工作，以提高其就业能力。

（二）多方采取有力措施，千方百计提高城乡居民收入水平

建议国家进一步增加投入，改革收入分配制度，把更多的精力和财力用在提高城乡居民收入水平上，进一步缩小城乡、区域和行业的收入差距。一是完善工资决定和正常增长机制，完善最低工资和工资支付保障制度以及企业工资集体协商制度，改革机关事业单位津贴补贴制度，增加城乡居民工资性收入。二是加快城镇化进程，大力发展非农产业，增加财政对“三农”转移性支出，进一步增加农民收入。三是切实保障落实农民土地承包经营权和相关财产性权利，积极推进农民资产流动转让、抵押变现，提高农民资产性收入，促进农民非农化进程。四是改革劳动收入分配制度和公民的纳税制度，调节居民贫富收入差距。五是加大公共福利和社会保障支出，提高城乡低收入群体和各类特殊群体的收入水平。

（三）实施差异化扶持政策，加快健全城乡社会保障体系

建立完善城乡社会保障体系，是保障群众基本生活、拉动经济增长和增强消费预期潜力的重要举措。一是随着社会保障覆盖水平的提高，需要大量资金。而目前，由于各地财力大多紧张，特别是河北省由于调结构转方式治污染，化解大量过剩产能，新兴接续产业尚未形成支撑，财力支出矛盾日益明显，且还有相当一批贫困县。建议国家对像河北省这样发展处在重大转型、特殊困难阶段的地区特别是贫困地区，加大财政转移支付力度，确保各项社会保障工作能够及时落实到位。二是着力提高企业退休人员和城乡居民社会养老金、工伤保险待遇标准，全面实施城乡大病保险，健全疾病应急救助机制，对一些大病患者由国家财政出资实行免费救治。三是健全社会救助体系，全面实施临时救助制度，提高优抚对象待遇标准，保障困难群众基本生活。四是加强社会养老服务体系建设，重点支持发展城市居家养老服务中心和农村互助幸福院，对贫困残疾人实施免费抢救性康复工程。

（四）紧扣群众反映焦点，加强医疗、教育等重点民生工作

医疗、教育领域是城乡居民反映较多的焦点问题。虽然近些年国家加大力度推进医疗教育改革和服务，但与群众需求还有不少差距。建议：一是国家着力加大公共医疗服务投入，增加公益性医院设施，加快建立专业性医院与综合医院相结合的格局。着力提高城市社区卫生服务中心和乡镇卫生院建设水平，加大社会办医力度，广泛开展健康保健活动，大力发展中医药事业，提高各类医院的医疗设备水平、医疗服务水平和医生诊疗水平，做好重大疾病和传染病防控工作。二是统筹各类教育协调发展，大力发展现代职业教育，积极推进本科高校向应用技术大学转型，加快贫困地区校舍改造，推进义务教育公办学校标准化建设，合理布局教育机构，均衡配置教育资源，加强教师队伍建设，提高教师教学质量，切实解决“就学难、就学远”的问题。

（五）突出抓好食品药品监管，深入推进平安社会建设

一是建立完善食品药品监管长效机制，始终保护高压态势，完善法律法规，扩大食品药品安全管理队伍，健全全国统一的监控监测体系和统一的产品标准，进一步完善追溯制度，加大对食品药品领域违法行为的惩处力度，着力提高农产品质量和食品安全水平，确保人民群众“舌尖”上的安全。二是建立重点行业、重点领域安全生产监管机制，突出抓好道路交通、消防和人员密集场所安全保障，坚决遏制重特大事故发生，依法打击各类违法犯罪行为，为人民群众创造和谐稳定、安全有序的生产生活环境。三是建立法律法规宣传长效机制，畅通规范群众诉求表达、利益协调、权益保障渠道，严厉惩治拖欠农民工工资行为。

（六）完善政策扶持措施，加强生态环境保护工作

建议国家加大环境保护支持力度，完善生态环境建设考核机制，真正消除唯 GDP 论英雄，

更多通过改革创新的方法，加大大气污染治理和保护生态环境。一是创新节能减排机制，加强工业、交通、建筑等重点领域节能，加快污染治理设施建设和运营市场化。二是减少机动车污染排放，制定完善推广新能源汽车和清洁能源汽车的扶持政策。三是深入实施农村清洁能源开发利用工程，大力推进秸秆综合利用。四是实行严格的水资源管理制度，综合整治重污染河流和重点水域。五是加强环境监管执法能力建设，推动监管执法全覆盖。

（七）坚持以基层农村为重点，健全保障改善民生新机制

建议把社区与农村居民作为保障和改善民生的重点，分类推进、有序实施。一是建立多元化的资金投入机制，民生投入增长幅度要高于财政经常性收入的增长幅度。二是针对民生项目方面的土地政策、税收政策、投融资政策等给予优惠，加大扶持力度。三是加强基层组织建设，充分发挥社会团体、党团组织、企业和社会力量，建立政府主导、市场化运作机制，为保障改善民生提供坚实保障。

（执笔：河北省政府研究室子课题组）

2. 八成以上肯定社会治安、居住地环境和住房状况

调查显示，对社会治安、居住地环境、住房状况表示“非常满意”、“比较满意”和“一般”的合计比重分别为 89.4%、80.8%、80.4%。

3. 七成以上认可社区公共服务、政府服务、社会保障、交通、教育、惩治贪污腐败和医疗等方面的状况

调查显示，对社区公共服务、政府服务、社会保障、交通、教育、惩治贪污腐败和医疗表示“非常满意”、“比较满意”和“一般”的合计比重分别为 79.6%、79.0%、78.6%、78.0%、77.3%、76.6%、76.3%。认为公款吃喝、铺张浪费现象“有明显改善”和“有一定改善”的合计比重为 77.0%。

4. 六成以上对司法机关公正执法、食品安全和就业状况表示满意

调查显示，对司法机关公正执法、食品安全、就业表示“非常满意”、“比较满意”和“一般”的合计比重分别为 67.0%、66.8%、62.5%；而表示“不太满意”和“非常不满意”的合计比重则分别达 14.1%、29.5%、16.3%；表示“说不清楚 / 不了解 / 不愿意评价”的比重分别为 19.0%、3.6%、21.2%。

5. 六成左右对医疗费用以及目前 / 未来养老费用表示担心

调查显示，对医疗费用没有保障表示“非常担心”、“比较担心”和“一般”的合计比重为 60.1%，而“不太担心”和“一点也不担心”的合计比重为 37.3%。对目前 / 未来养老费用没有保障表示“非常担心”、“比较担心”和“一般”合计比重为 57.0%，而“不太担心”和“一点也不担心”的合计比重为 39.4%。

总之，一年来，各级党政部门认真贯彻落实中央一系列惠民政策，并取得显著成效。尤其是在社会治安、居住地环境以及住房方面，群众评价较高。同时社区公共服务、政府服务、社会保障、交通、教育、禁止公款吃喝、惩治贪污腐败和医疗等方面的工作也得到了群众的普遍认可。司法机关公正执法、食品安全、就业等方面，群众满意度也超过六成，但比重相对较低，还需进一步加大相关政策落实力度。此外，群众对养老问题仍有较多担心。

（二）不同群体调查数据结果特点

1. 不同省份对多数民生问题的评价体现出一定差异，但对未来生活均表现出较强的信心

调查表明，不同省份群体对多数民生问题的评价体现出一定差异，如对惩治贪污腐败、交通、教育、社会保障、就业、司法机关公正执法等方面的评价，以及认为自己的生活水平在当地处于什么水平的看法，不同省份均存在一定差异；而对未来生活，各省群体均表现出较强的信心。

2. 65 岁以上老人对社会保障状况的评价较高，25 ~ 39 岁青年人对就业状况评价较高

调查表明，65 岁以上老人对自己所享有的社会保障状况评价较高，对是否担心目前 / 未来养老、医疗费用没有保障表示“非常担心”、“比较担心”和“一般”的合计比重明显较低。而对于目前就业状况，25 ~ 39 岁青年人表示“非常满意”、“比较满意”和“一般”的合计比重较高。

3. 城镇居民对民生问题的评价普遍高于农村居民

调查表明，就大多数民生问题而言，城镇居民的评价比农村居民的评价高。尤其是对目前政府惩治贪污腐败的总体评价，城镇居民表示“非常满意”、“比较满意”和“一般”的合计比重明显高于农村居民；对最近一年政府工作人员公款吃喝、铺张浪费的现象是不是有所改善，城镇居民表示“有明显改善”、“有一定改善”的合计比重明显高于农村居民。但对居住地食品安全状况的总体评价，农村居民表示“非常满意”、“比较满意”和“一般”的合计比重则明显高于城镇居民。

4. 本地户口居民对居住地教育和医疗评价较高，外地户口居民对就业状况评价较高

调查表明，对居住地教育状况和医疗服务的总体评价，本地户口居民与外地户口居民相比表示“非常满意”、“比较满意”和“一般”的合计比重高；而对目前就业状况的总体评价，外地户口尤其是外省农业人口居民与本地户口居民相比表示“非常满意”、“比较满意”和“一般”的合计比重较高。

5. 女性更担心自己养老和医疗费用没有保障，同时对就业状况评价较低

调查表明，男、女对大部分民生问题的评价差别不大。但对是否担心自己目前 / 未来养老和医疗费用没有保障的问题，女性表示“非常担心”、“比较担心”和“一般”的合计比重明显高于男性；对目前就业状况的总体评价，女性表示“非常满意”、“比较满意”和“一般”的合计比重明显低于男性。

6. 总体上学历越高对民生问题的评价越高

调查表明，大部分情况下学历与对民生问题的评价是正相关的，学历越高，对民生问题的评价越高；在有些方面，“不识字或识字很少”的居民评价与高学历居民相比显示出较大差距，如对就业状况，“不识字或识字很少”的居民表示“非常满意”、“比较满意”和“一般”的合计比重不到五成。但对交通、居住地环境和食品安全状况，硕士以上的评价最低。

7. 不同收入水平的居民对民生问题的评价呈现出中间高、两头低的特点

调查表明，家庭年收入 3 万 ~ 50 万元之间的群体评价高于 3 万元以下和 50 万元以上群体

的评价。家庭年收入50万元以上的群体对很多方面的评价都较低甚至最低，仅对目前就业状况的评价，表示“非常满意”、“比较满意”和“一般”的合计比重较高（但不是最高）；对自己的生活水平在当地处于什么水平的看法，认为“非常好”、“中等偏上”和“中等”的合计比重较高（但不是最高），以及在是否担心目前/未来养老、医疗费用没有保障方面，表示“非常担心”、“比较担心”和“一般”的合计比重明显较低。

总之，不同群体对民生问题的看法呈现比较显著的特点，在民生政策制定以及执行方面需要全面考虑，精准定位，兼顾不同群体的利益及感受，全方位提高群众的满意度。

三、各项民生问题调查结果详述

（一）对目前政府惩治贪污腐败的总体评价

对目前政府惩治贪污腐败表示“非常满意”、“比较满意”和“一般”的分别占26.4%、26.6%、23.5%，合计为76.6%（见图18.1）；认为最近一年政府工作人员公款吃喝、铺张浪费的现象“有明显改善”和“有一定改善”的分别占43.7%、33.3%，合计为77.0%（见图18.2）。

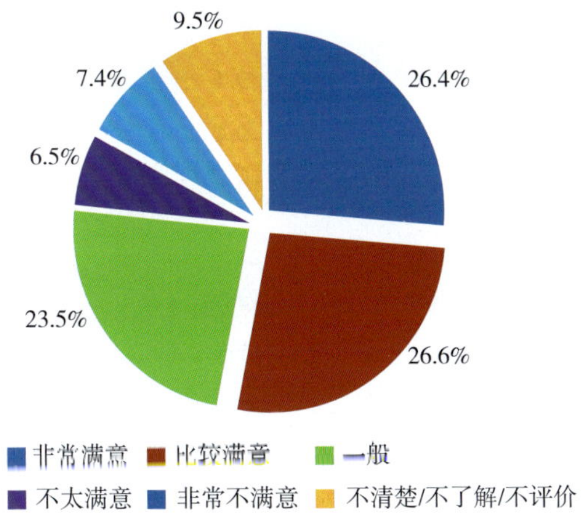

图18.1　对于目前政府惩治贪污腐败的总体评价

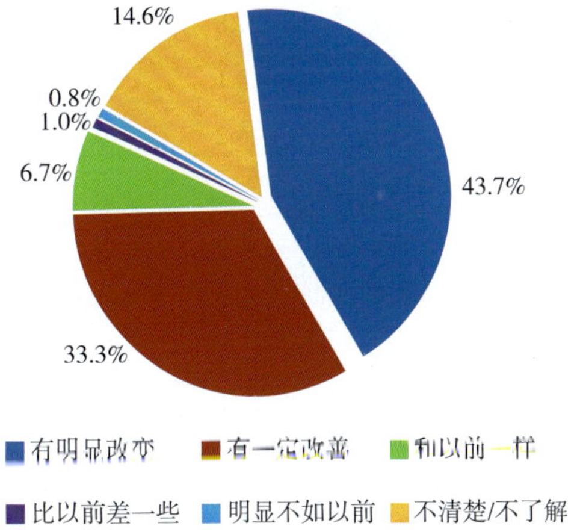

图18.2　最近一年政府工作人员公款吃喝、铺张浪费的现象是不是有所改善的评价

从不同群体来看，城镇、非农业户口、硕士以上、家庭年收入15万～25万元等群体对目前政府惩治贪污腐败以及公款吃喝、铺张浪费现象是否有所改善的评价较高（见表18.1～表18.6）；农村、农业户口、不识字或识字很少、收入为1万元以下等对目前政府惩治贪污腐败以及公款吃喝、铺张浪费现象是否有所改善的评价较低。

从不同省份来看，北京、天津、陕西、青海、西藏、山西等对目前惩治贪污腐败的评价较高（见表18.7）；湖北、山西、宁夏、陕西、北京、江西、青海等对公款吃喝、铺张浪费现象有所改善的评价较高（见表18.14）。

表18.1　城乡对目前政府惩治贪污腐败的总体评价（%）

	非常满意	比较满意	一般	不太满意	非常不满意	不清楚/不了解/不评价	前三项合计
城镇	26.2	30.0	24.3	5.4	5.7	8.4	80.4
农村	26.7	21.3	22.4	8.2	10.0	11.3	70.5
总体	26.4	26.6	23.5	6.5	7.4	9.5	76.6

表18.2　不同性别对目前政府惩治贪污腐败的总体评价（%）

	非常满意	比较满意	一般	不太满意	非常不满意	不清楚/不了解/不评价	前三项合计
男	28.8	27.5	21.5	6.4	7.9	7.9	77.8
女	23.4	25.6	26.0	6.7	6.8	11.5	75.0
总体	26.4	26.6	23.5	6.5	7.4	9.5	76.6

表18.3　不同年龄对目前政府惩治贪污腐败的总体评价（%）

	非常满意	比较满意	一般	不太满意	非常不满意	不清楚/不了解/不评价	前三项合计
18～19岁	15.0	28.5	34.1	7.2	6.1	9.1	77.6
20～24岁	16.2	25.5	34.4	8.1	7.2	8.7	76.0
25～29岁	17.9	27.3	32.4	6.7	7.4	8.3	77.6
30～34岁	19.8	27.8	29.3	7.5	7.1	8.6	76.8
35～39岁	23.6	27.8	26.2	6.4	7.4	8.5	77.6
40～44岁	26.5	28.1	23.1	5.9	7.0	9.4	77.7
45～49岁	31.5	26.2	19.4	6.0	7.5	9.4	77.1
50～54岁	34.3	25.4	16.9	5.8	7.5	10.1	76.6
55～59岁	33.9	24.8	16.4	5.7	8.3	10.8	75.1
60～64岁	34.2	24.1	13.9	6.9	8.1	12.6	72.3
65～69岁	36.2	25.1	13.2	5.7	8.3	11.5	74.5
70～74岁	40.2	27.3	9.7	5.3	6.5	11.1	77.2
总体	26.4	26.6	23.5	6.5	7.4	9.5	76.6

表18.4　不同户口状况对目前政府惩治贪污腐败的总体评价（%）

	非常满意	比较满意	一般	不太满意	非常不满意	不清楚/不了解/不评价	前三项合计
本市（县）非农业户口	27.9	31.2	22.8	5.2	5.2	7.7	81.9
本市（县）农业户口	25.8	20.6	23.5	8.2	10.3	11.6	69.9
省内非本市（县）非农业户口	26.3	31.1	24.0	5.2	6.1	7.3	81.4
省内非本市（县）农业户口	21.3	24.2	26.4	8.1	7.8	12.2	71.8
外省非农业人口	23.4	31.8	25.7	5.2	4.9	9.0	81.0
外省农业人口	20.5	24.6	29.0	6.3	7.4	12.2	74.1
总体	26.4	26.6	23.5	6.5	7.4	9.5	76.6

表18.5 不同教育程度对目前政府惩治贪污腐败的总体评价（%）

	非常满意	比较满意	一般	不太满意	非常不满意	不清楚/不了解/不评价	前三项合计
不识字或识字很少	27.6	13.6	12.1	6.8	13.4	26.4	53.3
小学	30.2	16.1	16.6	7.7	12.5	16.8	63.0
初中	27.6	20.9	23.0	8.1	9.6	10.8	71.4
高中、中专或技校	25.8	27.2	25.3	6.4	6.9	8.4	78.3
大学专科	24.6	32.4	27.0	5.0	4.5	6.5	83.9
本科	24.7	38.3	24.4	4.7	3.0	4.9	87.3
硕士或博士研究生	22.4	42.6	23.4	5.3	3.2	3.0	88.5
总体	26.4	26.6	23.5	6.5	7.4	9.5	76.6

表18.6 不同年家庭收入对目前政府惩治贪污腐败的总体评价（%）

	非常满意	比较满意	一般	不太满意	非常不满意	不清楚/不了解/不评价	前三项合计
1万元以下	27.8	19.5	19.0	8.0	12.0	13.8	66.2
1万～3万元	26.9	23.8	23.6	7.5	8.6	9.6	74.4
3万～5万元	26.4	29.1	24.6	6.2	5.9	7.8	80.0
5万～10万元	28.1	32.4	23.5	5.6	4.6	5.8	84.0
10万～15万元	27.1	31.3	25.0	5.4	5.6	5.5	83.4
15万～25万元	25.7	33.2	26.2	3.6	6.8	4.4	85.2
25万～50万元	22.8	33.6	23.2	6.9	6.9	6.5	79.7
50万元以上	26.5	27.2	25.6	4.9	11.3	4.5	79.3
不清楚/拒答	21.6	24.0	25.2	5.8	7.1	16.4	70.7
总体	26.4	26.6	23.5	6.5	7.4	9.5	76.6

表18.7 不同省份对目前政府惩治贪污腐败的总体评价（%）

	非常满意	比较满意	一般	不太满意	非常不满意	不清楚/不了解/不评价	前三项合计
北京	31.2	31.1	23.7	4.5	6.6	2.9	86.0
天津	33.3	29.9	22.4	4.4	5.7	4.3	85.6
河北	8.9	15.8	29.8	9.5	13.1	23.0	54.5
山西	28.5	28.5	26.0	5.1	9.9	1.9	83.1
内蒙古	28.7	28.4	18.9	7.7	8.6	7.6	76.0
辽宁	29.2	21.8	23.4	6.1	10.4	9.1	74.4
吉林	28.4	22.2	17.9	8.0	9.5	14.0	68.5
黑龙江	27.3	18.9	19.9	7.1	7.9	18.8	66.2
上海	21.0	29.2	28.3	6.3	5.9	9.3	78.5
江苏	24.9	28.5	25.5	5.1	4.5	11.5	78.9

续表

	非常满意	比较满意	一般	不太满意	非常不满意	不清楚/不了解/不评价	前三项合计
浙江	22.7	30.6	27.5	7.0	7.4	4.8	80.8
安徽	27.1	24.8	20.7	6.9	7.6	12.9	72.6
福建	24.7	35.5	22.1	5.1	4.3	8.3	82.3
江西	29.5	22.8	30.1	5.4	7.6	4.7	82.4
山东	39.2	23.5	18.1	5.6	4.8	8.8	80.8
河南	23.6	24.3	24.6	6.4	8.6	12.5	72.6
湖北	24.7	32.6	20.1	5.9	6.0	10.7	77.4
湖南	29.8	27.9	20.9	5.6	7.5	8.3	78.5
广东	18.4	28.0	28.8	9.1	8.4	7.3	75.2
广西	19.7	24.7	30.5	7.3	12.6	5.3	74.9
海南	28.5	22.5	27.0	6.4	11.2	4.4	78.0
重庆	29.3	21.4	23.6	5.9	7.9	12.0	74.3
四川	25.6	25.6	27.0	7.0	8.6	6.3	78.1
贵州	33.1	20.4	19.5	6.4	7.6	12.9	73.1
云南	15.9	37.8	12.3	9.6	1.5	22.9	65.9
西藏	30.7	31.0	21.9	4.5	3.8	8.2	83.5
陕西	31.4	26.7	26.4	6.9	5.7	2.9	84.5
甘肃	22.1	28.3	23.6	10.1	4.8	11.1	74.0
青海	32.9	32.4	18.8	3.3	5.0	7.7	84.1
宁夏	32.3	29.1	20.6	3.7	7.6	6.8	82.0
新疆	28.2	28.9	24.1	5.4	6.6	6.9	81.2
总体	26.4	26.6	23.5	6.5	7.4	9.5	76.6

表18.8　城乡对政府工作人员公款吃喝、铺张浪费的现象是否有所改善的评价（%）

	有明显改善	有一定改善	和以前一样	比以前差一些	明显不如以前	不清楚/不了解	前两项合计
城镇	47.3	34.2	5.3	0.7	0.5	12.1	81.5
农村	38.1	31.8	8.9	1.5	1.3	18.5	69.9
总体	43.7	33.3	6.7	1.0	0.8	14.6	77.0

表18.9　不同性别对政府工作人员公款吃喝、铺张浪费的现象是否有所改善的评价（%）

	有明显改善	有一定改善	和以前一样	比以前差一些	明显不如以前	不清楚/不了解	前两项合计
男	47.0	32.7	6.3	1.0	0.9	12.2	79.6
女	39.8	34.1	7.1	1.0	0.7	17.5	73.8
总体	43.7	33.3	6.7	1.0	0.8	14.6	77.0

表18.10 不同年龄对政府工作人员公款吃喝、铺张浪费的现象是否有所改善的评价（%）

	有明显改善	有一定改善	和以前一样	比以前差一些	明显不如以前	不清楚/不了解	前两项合计
18~19岁	28.4	42.5	12.3	1.6	0.9	14.3	70.9
20~24岁	30.7	39.8	12.5	0.9	1.5	14.6	70.5
25~29岁	36.3	38.5	9.7	1.1	0.9	13.6	74.8
30~34岁	41.5	35.0	8.2	0.9	0.6	13.8	76.5
35~39岁	45.0	34.3	6.3	0.9	0.8	12.8	79.3
40~44岁	49.0	29.8	5.4	0.9	0.7	14.2	78.8
45~49岁	50.4	29.7	4.8	1.1	0.8	13.2	80.1
50~54岁	49.9	29.2	4.2	1.0	0.9	14.8	79.1
55~59岁	47.7	29.6	5.0	0.8	0.7	16.2	77.3
60~64岁	44.8	31.5	4.5	1.2	0.6	17.4	76.3
65~69岁	45.2	32.6	3.7	0.9	0.7	17.0	77.8
70~74岁	44.6	31.1	3.4	1.1	0.4	19.5	75.7
总体	43.7	33.3	6.7	1.0	0.8	14.6	77.0

表18.11 不同户口状况对政府工作人员公款吃喝、铺张浪费的现象是否有所改善的评价（%）

	有明显改善	有一定改善	和以前一样	比以前差一些	明显不如以前	不清楚/不了解	前两项合计
本市（县）非农业户口	49.9	33.3	4.4	0.7	0.5	11.2	83.3
本市（县）农业户口	37.5	32.3	9.2	1.4	1.2	18.4	69.8
省内非本市（县）非农业户口	44.3	36.0	5.8	0.7	0.7	12.6	80.3
省内非本市（县）农业户口	37.2	35.5	8.8	0.9	0.9	16.7	72.6
外省非农业人口	39.1	39.0	7.0	0.4	0.6	13.9	78.1
外省农业人口	36.0	34.7	8.8	1.4	1.1	18.1	70.6
总体	43.7	33.3	6.7	1.0	0.8	14.6	77.0

表18.12 不同教育程度对政府工作人员公款吃喝、铺张浪费的现象是否有所改善的评价（%）

	有明显改善	有一定改善	和以前一样	比以前差一些	明显不如以前	不清楚/不了解	前两项合计
不识字或识字很少	25.6	23.9	11.1	2.2	1.3	36.0	49.5
小学	34.5	29.2	8.2	1.9	1.4	24.8	63.7
初中	40.1	32.8	7.7	1.2	1.0	17.2	72.9
高中、中专或技校	44.3	34.8	6.5	0.9	0.8	12.7	79.1
大学专科	47.9	35.3	6.0	0.6	0.5	9.8	83.2
本科	53.1	34.1	4.3	0.4	0.4	7.7	87.2
硕士或博士研究生	59.5	29.3	3.0	0.2	0.2	7.8	88.8
总体	43.7	33.3	6.7	1.0	0.8	14.6	77.0

表18.13　不同年家庭收入对政府工作人员公款吃喝、铺张浪费的现象是否有所改善的评价（%）

	有明显改善	有一定改善	和以前一样	比以前差一些	明显不如以前	不清楚/不了解	前两项合计
1万元以下	35.9	30.7	8.8	1.6	1.4	21.5	66.6
1万～3万元	41.3	33.2	7.3	1.3	0.9	16.0	74.5
3万～5万元	47.4	34.4	5.6	0.9	0.7	11.1	81.8
5万～10万元	51.7	33.4	5.5	0.5	0.5	8.3	85.2
10万～15万元	50.7	35.0	5.1	0.7	0.5	8.0	85.7
15万～25万元	51.9	34.7	6.3	0.4	0.5	6.2	86.6
25万～50万元	52.2	33.0	6.1	0.2	0.8	7.7	85.2
50万元以上	51.8	31.7	8.1	0.3	1.9	6.1	83.5
不清楚/拒答	34.1	33.0	7.4	0.8	0.6	24.1	67.1
总体	43.7	33.3	6.7	1.0	0.8	14.6	77.0

表18.14　不同省份对政府工作人员公款吃喝、铺张浪费的现象是否有所改善的评价（%）

	有明显改善	有一定改善	和以前一样	比以前差一些	明显不如以前	不清楚/不了解	前两项合计
北京	48.4	36.5	5.9	0.8	1.2	7.2	84.8
天津	39.0	38.1	7.0	1.3	1.3	13.4	77.1
河北	30.9	30.5	9.5	1.8	1.2	26.3	61.3
山西	53.0	32.3	6.8	0.9	1.3	5.6	85.3
内蒙古	49.2	29.1	4.6	2.1	1.0	14.0	78.4
辽宁	40.5	34.1	5.9	4.3	0.9	14.3	74.6
吉林	39.9	28.6	7.0	1.5	1.0	22.0	68.5
黑龙江	29.4	29.9	8.1	1.4	1.0	30.2	59.3
上海	39.8	38.7	4.9	0.6	0.3	15.7	78.5
江苏	44.0	34.4	6.0	0.4	0.6	14.5	78.4
浙江	41.4	39.1	8.2	0.8	0.7	9.9	80.4
安徽	41.8	27.9	8.2	1.1	1.1	19.9	69.7
福建	47.1	35.1	5.1	0.5	0.3	12.1	82.1
江西	51.6	32.5	6.3	0.9	0.4	8.3	84.1
山东	47.3	29.8	5.3	0.9	0.3	16.5	77.1
河南	45.0	30.3	6.3	0.6	0.9	16.9	75.2
湖北	53.2	32.3	3.2	0.4	0.4	10.6	85.4
湖南	52.0	30.4	5.2	0.6	0.5	11.3	82.4
广东	31.7	42.5	10.9	1.0	1.2	12.7	74.2

续表

	有明显改善	有一定改善	和以前一样	比以前差一些	明显不如以前	不清楚/不了解	前两项合计
广西	44.9	33.9	7.5	0.9	1.8	10.9	78.9
海南	51.4	30.9	7.6	1.3	1.8	7.1	82.3
重庆	42.4	29.1	6.6	0.6	0.4	20.9	71.5
四川	48.6	31.6	6.4	0.7	0.7	12.1	80.1
贵州	48.6	27.7	5.2	0.5	0.6	17.3	76.4
云南	27.6	39.8	6.1	0.4	0.2	25.9	67.4
西藏	45.3	35.4	8.5	0.8	0.5	9.6	80.6
陕西	50.4	34.7	6.7	0.5	1.1	6.6	85.1
甘肃	34.9	38.9	9.1	0.7	0.1	16.3	73.8
青海	50.3	33.8	4.3	0.8	0.6	10.3	84.1
宁夏	54.3	31.0	5.1	0.6	0.8	8.3	85.3
新疆	42.9	32.2	6.9	1.0	0.8	16.2	75.1
总体	43.7	33.3	6.7	1.0	0.8	14.6	77.0

（二）对目前居住地各级政府服务的总体评价

对目前居住地各级政府服务表示“非常满意”、“比较满意”和“一般”的分别占13.2%、29.0%、36.9%，合计为79.1%；“不太满意”和“非常不满意”的分别占8.2%、5.4%，合计为13.6%。在“不太满意”和“非常不满意”的受访者中，不满意的方面中“办事拖拉，相互推诿”、“要拉关系走后门或有索贿现象”、“服务态度差”位居前三位，比重分别为47.6%、34.4%、23.3%（见图18.3、图18.4）。

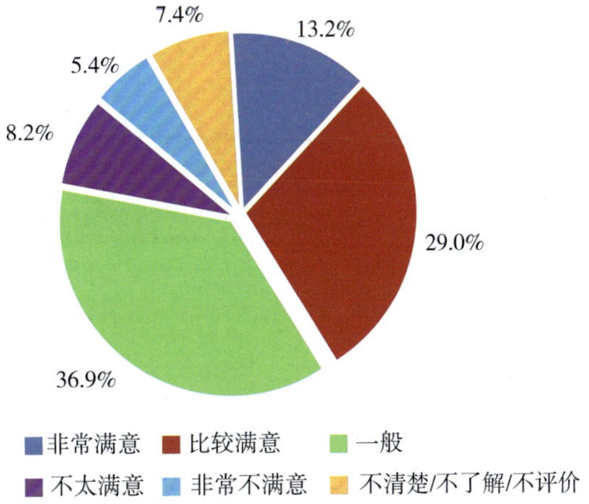

图18.3　对目前居住地各级政府服务的总体评价

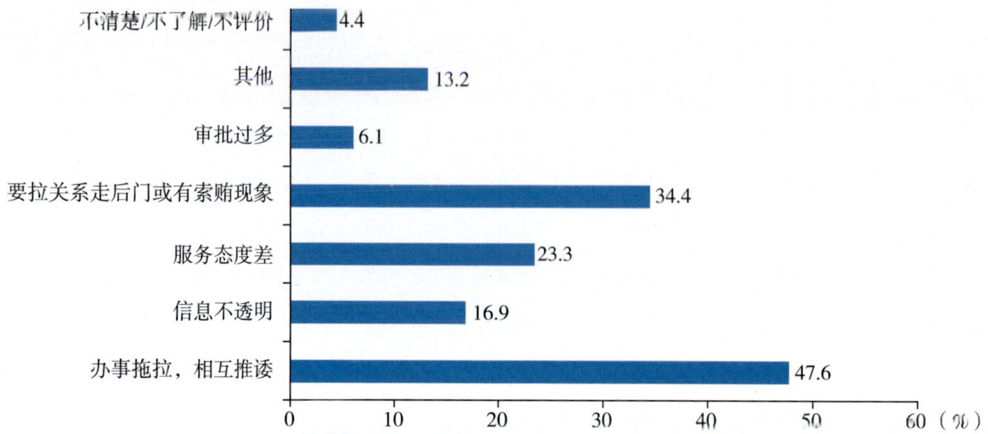

图18.4 对政府服务不满意方面的认识（%）

从不同群体看，本科、非农业户口、收入为5万~10万元的群体对政府服务的评价较高；不识字或识字很少、农业户口、收入为1万元以下的评价较低（见表18.15~表18.20、表18.22~表18.27）。从不同省份来看，青海、西藏、山东、湖南、宁夏对政府服务的评价较高（见表18.21、表18.28）。

表18.15 城乡对目前居住地各级政府服务的总体评价（%）

	非常满意	比较满意	一般	不太满意	非常不满意	不清楚/不了解/不评价	前三项合计
城镇	12.0	31.2	37.9	7.5	4.4	7.0	81.0
农村	15.0	25.5	35.3	9.2	6.9	8.0	75.9
总体	13.2	29.0	36.9	8.2	5.4	7.4	79.0

表18.16 不同性别对目前居住地各级政府服务的总体评价（%）

	非常满意	比较满意	一般	不太满意	非常不满意	不清楚/不了解/不评价	前三项合计
男	13.7	29.9	35.3	8.5	6.3	6.3	78.9
女	12.5	27.8	38.9	7.8	4.3	8.7	79.2
总体	13.2	29.0	36.9	8.2	5.4	7.4	79.0

表18.17 不同年龄对目前居住地各级政府服务的总体评价（%）

	非常满意	比较满意	一般	不太满意	非常不满意	不清楚/不了解/不评价	前三项合计
18~19岁	8.4	33.3	40.0	7.7	3.5	7.0	81.8
20~24岁	9.6	29.4	42.6	7.7	4.1	6.7	81.6
25~29岁	11.0	27.9	41.4	8.5	5.2	6.1	80.2
30~34岁	10.5	27.8	41.4	8.6	5.5	6.2	79.7
35~39岁	12.3	28.4	39.4	8.4	5.5	6.0	80.1
40~44岁	14.1	28.9	37.0	7.6	5.5	6.9	80.0
45~49岁	15.3	30.1	33.7	8.0	6.1	6.9	79.1
50~54岁	16.1	29.1	33.0	7.2	6.1	8.6	78.1

续表

	非常满意	比较满意	一般	不太满意	非常不满意	不清楚/不了解/不评价	前三项合计
55～59岁	14.7	28.7	33.2	9.2	6.0	8.1	76.7
60～64岁	14.4	28.8	31.5	9.2	5.8	10.4	74.7
65～69岁	16.5	29.8	30.5	8.8	4.8	9.6	76.8
70～74岁	16.6	31.7	27.8	7.2	4.6	12.0	76.1
总体	13.2	29.0	36.9	8.2	5.4	7.4	79.0

表18.18　不同户口状况对目前居住地各级政府服务的总体评价（%）

	非常满意	比较满意	一般	不太满意	非常不满意	不清楚/不了解/不评价	前三项合计
本市（县）非农业户口	12.7	32.2	36.9	7.3	4.1	6.8	81.8
本市（县）农业户口	14.6	24.8	36.1	9.4	7.3	7.9	75.5
省内非本市（县）非农业户口	12.8	32.7	36.1	7.4	4.4	6.6	81.6
省内非本市（县）农业户口	10.2	25.2	41.3	7.8	5.4	10.2	76.6
外省非农业人口	9.1	31.8	39.3	8.5	4.1	7.2	80.3
外省农业人口	10.6	28.8	39.6	8.5	5.0	7.6	78.9
总体	13.2	29.0	36.9	8.2	5.4	7.4	79.0

表18.19　不同教育程度对目前居住地各级政府服务的总体评价（%）

	非常满意	比较满意	一般	不太满意	非常不满意	不清楚/不了解/不评价	前三项合计
不识字或识字很少	22.9	18.8	23.0	8.1	9.7	17.5	64.7
小学	17.4	21.7	31.2	9.7	8.0	11.9	70.4
初中	12.9	25.3	37.8	9.4	6.6	8.0	76.1
高中、中专或技校	10.8	29.1	39.9	8.4	5.3	6.5	79.8
大学专科	12.2	33.6	38.3	6.8	3.5	5.6	84.1
本科	14.3	36.6	34.8	6.4	3.2	4.8	85.6
硕士或博士研究生	9.9	36.8	37.1	7.1	3.2	5.9	83.8
总体	13.2	29.0	36.9	8.2	5.4	7.4	79.0

表18.20　不同年家庭收入对目前居住地各级政府服务的总体评价（%）

	非常满意	比较满意	一般	不太满意	非常不满意	不清楚/不了解/不评价	前三项合计
1万元以下	14.3	22.5	33.6	9.9	9.2	10.6	70.3
1万～3万元	13.5	27.1	37.5	8.6	6.2	7.0	78.2
3万～5万元	13.6	31.0	37.0	8.2	4.3	5.9	81.6
5万～10万元	13.3	33.7	37.5	7.1	3.5	5.0	84.5
10万～15万元	11.8	34.2	37.9	7.6	4.5	4.0	83.9
15万～25万元	11.1	33.6	38.7	7.5	5.4	3.7	83.4
25万～50万元	10.2	30.5	41.3	8.3	6.3	3.5	82.0
50万元以上	10.4	27.8	38.2	9.7	8.7	5.2	76.4

续表

	非常满意	比较满意	一般	不太满意	非常不满意	不清楚/不了解/不评价	前三项合计
不清楚/拒答	11.7	26.4	36.8	7.4	4.5	13.2	75.0
总体	13.2	29.0	36.9	8.2	5.4	7.4	79.0

表18.21　不同省份对目前居住地各级政府服务的总体评价（%）

	非常满意	比较满意	一般	不太满意	非常不满意	不清楚/不了解/不评价	前三项合计
北京	7.8	28.7	45.2	7.8	7.1	3.5	81.7
天津	9.5	27.7	40.0	10.8	7.2	4.9	77.2
河北	7.4	23.3	37.8	10.2	7.4	14.1	68.4
山西	8.1	27.7	46.5	7.7	7.9	2.2	82.2
内蒙古	14.7	33.2	33.4	7.4	5.9	5.4	81.3
辽宁	12.8	25.5	38.4	8.5	8.6	6.2	76.6
吉林	14.2	27.1	32.8	7.6	7.7	10.5	74.2
黑龙江	15.3	21.1	31.7	8.3	6.6	17.1	68.1
上海	6.8	26.8	43.2	9.0	5.6	8.6	76.8
江苏	10.8	31.4	37.7	8.6	4.0	7.5	79.9
浙江	9.3	31.4	42.4	8.0	4.2	4.7	83.1
安徽	9.7	24.7	36.8	10.5	6.4	11.9	71.2
福建	13.3	34.1	34.9	7.4	3.9	6.4	82.3
江西	17.7	26.8	39.4	8.1	5.0	3.0	83.9
山东	22.4	28.9	33.6	4.8	3.5	6.8	84.9
河南	14.1	22.7	35.7	9.4	6.4	11.6	72.6
湖北	15.3	36.4	31.1	7.2	3.6	6.5	82.7
湖南	24.7	30.4	29.5	5.7	4.2	5.4	84.6
广东	5.6	27.4	44.6	11.2	5.1	6.2	77.6
广西	10.9	24.6	46.9	8.9	5.7	3.0	82.4
海南	12.0	22.3	45.7	8.9	8.0	3.1	80.0
重庆	15.7	24.6	36.6	5.9	5.8	11.4	76.9
四川	10.7	27.5	42.2	8.4	6.0	5.2	80.4
贵州	22.9	26.0	30.7	6.9	4.8	8.6	79.6
云南	9.6	37.6	20.7	10.6	1.9	19.7	67.8
西藏	20.0	39.6	27.3	6.7	2.5	4.0	86.9
陕西	11.9	30.6	41.5	7.5	5.4	3.0	84.1
甘肃	7.5	33.1	33.6	11.6	4.7	9.4	74.3
青海	19.2	42.3	27.5	3.8	3.3	4.0	88.9
宁夏	14.0	36.8	33.4	6.5	5.8	3.5	84.2
新疆	16.8	29.7	37.1	7.2	4.4	4.7	83.6
总体	13.2	29.0	36.9	8.2	5.4	7.4	79.0

表18.22　城乡对政府服务不满意的方面（%）

	办事拖拉，相互推诿	信息不透明	服务态度差	要拉关系走后门或有索贿现象	审批过多	其他	不清楚/不了解/不评价
城镇	50.2	16.3	24.4	32.5	7.7	14.0	3.9
农村	44.7	17.6	22.0	36.5	4.3	12.3	5.1
总体	47.6	16.9	23.3	34.4	6.1	13.2	4.4

表18.23　不同性别对政府服务不满意的方面（%）

	办事拖拉，相互推诿	信息不透明	服务态度差	要拉关系走后门或有索贿现象	审批过多	其他	不清楚/不了解/不评价
男	48.8	18.0	22.8	34.3	6.5	13.3	3.8
女	45.9	15.4	23.9	34.5	5.5	13.0	5.3
总体	47.6	16.9	23.3	34.4	6.1	13.2	4.4

表18.24　不同年龄对政府服务不满意的方面（%）

	办事拖拉，相互推诿	信息不透明	服务态度差	要拉关系走后门或有索贿现象	审批过多	其他	不清楚/不了解/不评价
18～19岁	50.0	14.8	44.4	38.9	3.7	2.8	0.9
20～24岁	46.2	15.5	32.2	40.2	7.8	8.9	2.7
25～29岁	51.5	16.0	30.3	37.8	8.3	8.4	2.0
30～34岁	50.5	17.7	26.8	37.4	8.1	10.3	3.5
35～39岁	49.5	15.7	22.6	36.4	7.1	11.6	4.6
40～44岁	47.8	17.2	22.4	37.1	6.2	12.1	3.3
45～49岁	46.8	15.0	19.1	31.3	5.3	16.4	6.0
50～54岁	44.3	20.4	16.6	31.4	4.7	16.3	5.8
55～59岁	47.6	16.9	19.3	30.9	5.3	15.3	4.4
60～64岁	43.3	19.3	15.7	27.2	3.9	16.7	8.6
65～69岁	42.0	15.4	20.4	27.6	2.5	22.6	6.6
70～74岁	47.0	16.3	21.9	28.4	1.4	21.9	5.1
总体	47.6	16.9	23.3	34.4	6.1	13.2	4.4

表18.25　不同户口状况对政府服务不满意的方面（%）

	办事拖拉，相互推诿	信息不透明	服务态度差	要拉关系走后门或有索贿现象	审批过多	其他	不清楚/不了解/不评价
本市（县）非农业户口	50.3	18.1	23.3	30.0	7.0	14.9	4.3
本市（县）农业户口	45.2	16.6	21.9	37.8	4.2	12.4	4.9
省内非本市（县）非农业户口	49.0	19.7	26.8	29.8	10.1	11.6	3.5
省内非本市（县）农业户口	45.0	13.1	31.4	39.7	7.0	7.4	3.5
外省非农业人口	51.6	17.8	26.8	32.5	15.9	10.8	3.2
外省农业人口	48.0	10.6	28.5	37.7	9.6	12.3	2.6
总体	47.6	16.9	23.3	34.4	6.1	13.2	4.4

表18.26　不同教育程度对政府服务不满意的方面（%）

	办事拖拉，相互推诿	信息不透明	服务态度差	要拉关系走后门或有索贿现象	审批过多	其他	不清楚/不了解/不评价
不识字或识字很少	35.7	10.3	23.2	40.1	2.9	11.0	9.2
小学	43.5	16.1	19.0	37.0	3.5	13.6	7.0
初中	46.3	15.9	19.8	37.2	4.4	13.4	4.8
高中、中专或技校	48.3	16.3	24.7	33.2	6.1	13.7	3.8
大学专科	51.1	20.0	29.5	30.0	9.7	11.8	2.3
本科	54.3	21.0	28.6	28.6	10.9	13.5	2.7
硕士或博士研究生	62.1	19.0	17.2	36.2	10.3	10.3	3.4
总体	47.6	16.9	23.3	34.4	6.1	13.2	4.4

表18.27　不同年家庭收入对政府服务不满意的方面（%）

	办事拖拉，相互推诿	信息不透明	服务态度差	要拉关系走后门或有索贿现象	审批过多	其他	不清楚/不了解/不评价
1万元以下	43.6	15.4	20.6	35.5	3.4	14.7	6.5
1万～3万元	45.4	17.7	22.6	34.9	5.7	12.4	4.3
3万～5万元	49.8	17.2	24.7	36.0	6.8	12.0	3.1
5万～10万元	53.1	17.0	23.7	32.9	7.9	13.4	3.5
10万～15万元	48.8	17.3	24.0	36.7	9.7	11.9	2.2
15万～25万元	55.4	17.5	31.1	31.1	7.3	12.4	2.8
25万～50万元	52.6	15.8	27.6	38.2	9.2	11.8	2.6
50万元以上	54.4	15.8	29.8	26.3	8.8	17.5	0.0
不清楚/拒答	46.6	16.7	23.6	30.1	5.7	15.0	7.0
总体	47.6	16.9	23.3	34.4	6.1	13.2	4.4

表18.28　不同省份对政府服务不满意的方面（%）

	办事拖拉，相互推诿	信息不透明	服务态度差	要拉关系走后门或有索贿现象	审批过多	其他	不清楚/不了解/不评价
北京	53.4	31.1	13.5	33.2	10.4	11.4	2.1
天津	48.8	34.0	15.8	26.5	7.9	20.9	1.9
河北	52.4	13.7	28.5	32.2	5.1	12.3	7.4
山西	40.2	10.7	14.5	35.0	3.8	17.9	2.6
内蒙古	64.5	17.7	21.5	36.0	3.8	1.1	2.7
辽宁	44.2	12.0	18.8	19.9	3.4	27.7	5.1
吉林	50.0	21.0	21.5	41.1	6.5	0.0	6.5
黑龙江	58.2	13.5	19.4	40.5	4.2	1.7	4.2
上海	40.7	17.5	19.0	21.2	6.9	23.3	8.5
江苏	47.7	12.9	19.7	29.4	4.7	20.1	7.2
浙江	53.6	26.4	27.3	36.4	6.4	9.5	2.7
安徽	54.3	23.4	23.7	34.2	4.3	10.9	4.9
福建	45.9	14.7	27.6	43.5	7.1	10.6	4.1

续表

	办事拖拉，相互推诿	信息不透明	服务态度差	要拉关系走后门或有索贿现象	审批过多	其他	不清楚/不了解/不评价
江西	39.5	18.1	18.1	49.0	9.5	12.4	3.8
山东	46.3	13.4	26.4	22.7	3.2	15.3	6.5
河南	48.4	13.1	18.1	28.7	4.5	21.7	4.8
湖北	47.9	16.0	21.6	33.0	4.6	17.0	4.1
湖南	29.5	14.2	17.4	37.4	4.7	24.7	7.4
广东	48.8	19.6	31.6	44.6	9.5	8.1	1.1
广西	39.5	10.3	23.6	21.9	4.3	25.8	5.6
海南	49.8	21.7	24.1	44.3	7.4	5.9	4.4
重庆	38.4	15.2	20.7	29.9	1.8	15.9	3.7
四川	40.1	11.6	22.5	26.5	4.6	22.8	7.3
贵州	43.3	14.6	32.3	49.4	9.8	3.7	4.3
云南	36.5	10.0	25.0	42.5	9.0	1.5	4.0
西藏	52.9	6.9	38.2	40.2	7.8	6.9	0.0
陕西	57.2	28.4	23.2	49.0	9.3	2.6	3.1
甘肃	46.3	17.5	35.8	31.4	6.1	4.4	4.8
青海	56.5	16.5	22.4	31.8	15.3	2.4	1.2
宁夏	56.1	16.9	26.4	37.2	5.4	4.7	2.7
新疆	50.9	12.3	27.0	29.4	6.1	20.9	3.1
总体	47.6	16.9	23.3	34.4	6.1	13.2	4.4

（三）对目前居住地交通状况的总体评价

对目前居住地交通状况表示“非常满意”、“比较满意”和“一般”的分别占15.7%、32.7%、29.7%，合计为78.1%（见图18.5）。

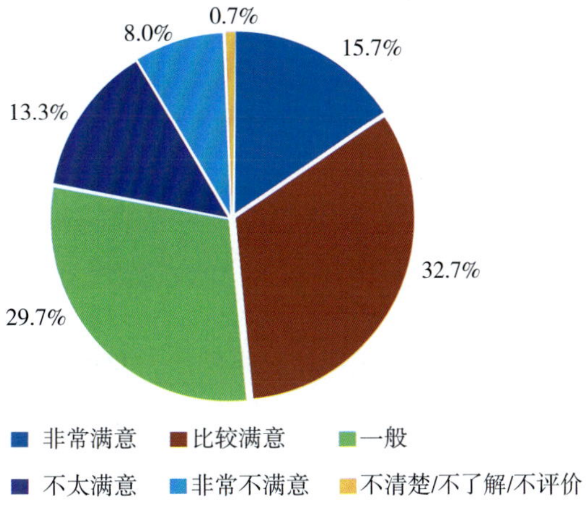

图18.5　对目前居住地交通状况的总体评价

从不同群体看，初中、家庭年收入1万～3万元的群体对交通状况的评价较高；硕士或博士研究生、家庭年收入30万元以上的评价较低（见表18.29～表18.34）。

从不同省份来看，宁夏、湖南、山东、新疆、天津对交通状况的评价较高（见表18.35）。

表18.29 城乡对目前居住地交通状况的总体评价（%）

	非常满意	比较满意	一般	不太满意	非常不满意	不清楚/不了解/不评价	前三项合计
城镇	13.0	33.3	31.1	14.4	7.6	0.6	77.5
农村	19.8	31.6	27.5	11.6	8.6	0.8	78.9
总体	15.7	32.7	29.7	13.3	8.0	0.7	78.0

表18.30 不同性别对目前居住地交通状况的总体评价（%）

	非常满意	比较满意	一般	不太满意	非常不满意	不清楚/不了解/不评价	前三项合计
男	16.0	33.0	28.3	13.1	9.1	0.5	77.3
女	15.3	32.2	31.5	13.5	6.7	0.8	79.0
总体	15.7	32.7	29.7	13.3	8.0	0.7	78.0

表18.31 不同年龄对目前居住地交通状况的总体评价（%）

	非常满意	比较满意	一般	不太满意	非常不满意	不清楚/不了解/不评价	前三项合计
18～19岁	10.5	34.3	33.3	15.1	6.5	0.3	78.1
20～24岁	10.8	32.0	34.0	15.0	7.9	0.3	76.8
25～29岁	11.1	29.8	34.6	15.5	8.6	0.3	75.5
30～34岁	11.7	30.8	33.4	14.2	9.6	0.3	75.9
35～39岁	12.8	31.8	32.4	13.4	9.1	0.4	77.1
40～44岁	14.7	32.7	30.2	13.8	8.0	0.5	77.6
45～49岁	17.7	32.1	28.4	12.5	8.5	0.8	78.2
50～54岁	19.2	33.0	26.8	12.4	7.8	0.7	79.1
55～59岁	20.1	34.3	24.6	12.6	7.3	1.1	79.0
60～64岁	21.4	36.3	23.4	10.7	6.6	1.5	81.1
65～69岁	23.4	36.3	22.6	10.6	5.8	1.3	82.3
70～74岁	27.0	38.1	20.4	9.6	3.4	1.6	85.5
总体	15.7	32.7	29.7	13.3	8.0	0.7	78.0

表18.32 不同户口状况对目前居住地交通状况的总体评价（%）

	非常满意	比较满意	一般	不太满意	非常不满意	不清楚/不了解/不评价	前三项合计
本市（县）非农业户口	13.8	33.8	30.0	14.2	7.5	0.6	77.6
本市（县）农业户口	19.2	31.1	28.5	12.0	8.5	0.8	78.7
省内非本市（县）非农业户口	13.0	33.4	31.5	14.1	7.2	0.7	78.0
省内非本市（县）农业户口	13.8	32.7	30.5	13.9	8.4	0.6	77.1
外省非农业人口	10.4	33.7	31.0	15.7	8.9	0.3	75.1
外省农业人口	11.5	32.4	35.7	11.9	8.1	0.4	79.6
总体	15.7	32.7	29.7	13.3	8.0	0.7	78.0

表18.33　　不同教育程度对目前居住地交通状况的总体评价（%）

	非常满意	比较满意	一般	不太满意	非常不满意	不清楚/不了解/不评价	前三项合计
不识字或识字很少	31.0	26.3	19.9	10.2	10.0	2.6	77.3
小学	25.0	28.2	25.5	10.5	9.3	1.5	78.7
初中	18.2	32.8	29.9	10.9	7.4	0.8	80.9
高中、中专或技校	13.5	34.5	30.4	13.6	7.5	0.5	78.4
大学专科	11.3	33.8	31.3	15.3	7.9	0.4	76.4
本科	10.9	32.5	31.0	16.9	8.5	0.1	74.5
硕士或博士研究生	8.9	26.5	31.8	19.7	13.0	0.2	67.1
总体	15.7	32.7	29.7	13.3	8.0	0.7	78.0

表18.34　　不同年家庭收入对目前居住地交通状况的总体评价（%）

	非常满意	比较满意	一般	不太满意	非常不满意	不清楚/不了解/不评价	前三项合计
1万元以下	19.6	28.2	28.5	11.8	10.5	1.3	76.4
1万～3万元	17.6	32.9	28.9	12.3	7.7	0.7	79.4
3万～5万元	14.8	34.4	29.6	13.5	7.3	0.4	78.8
5万～10万元	13.7	34.8	29.4	14.3	7.5	0.3	77.9
10万～15万元	13.0	33.4	30.5	15.0	7.9	0.2	76.9
15万～25万元	12.2	30.8	33.8	14.7	8.3	0.2	76.8
25万～50万元	10.0	31.3	30.1	16.5	11.9	0.2	71.4
50万元以上	11.3	23.3	34.6	13.9	16.2	0.6	69.3
不清楚/拒答	14.2	31.6	32.0	13.8	7.1	1.3	77.8
总体	15.7	32.7	29.7	13.3	8.0	0.7	78.0

表18.35　　不同省份对目前居住地交通状况的总体评价（%）

	非常满意	比较满意	一般	不太满意	非常不满意	不清楚/不了解/不评价	前三项合计
北京	10.4	27.8	34.8	15.2	11.0	0.8	72.9
天津	16.0	38.2	30.5	9.4	5.9	0.2	84.6
河北	8.5	27.3	31.0	19.7	12.8	0.9	66.7
山西	13.9	36.3	32.9	9.5	7.1	0.2	83.2
内蒙古	17.1	37.9	23.6	11.7	9.2	0.5	78.6
辽宁	20.6	33.9	27.9	10.0	6.9	0.6	82.5
吉林	18.2	29.3	27.9	12.0	11.2	1.4	75.4
黑龙江	24.2	27.8	27.9	10.6	7.8	1.7	79.9
上海	10.6	37.0	34.1	13.5	3.9	0.8	81.8
江苏	16.2	41.0	26.8	10.7	4.5	0.7	84.0
浙江	10.5	31.3	35.6	15.2	7.1	0.4	77.4
安徽	14.4	30.9	29.8	14.5	9.3	1.0	75.2
福建	12.7	34.9	32.0	14.9	5.3	0.2	79.6

续表

	非常满意	比较满意	一般	不太满意	非常不满意	不清楚/不了解/不评价	前三项合计
江西	16.0	28.2	31.3	13.4	9.8	1.3	75.5
山东	27.2	32.8	24.8	10.0	4.8	0.3	84.8
河南	16.5	29.9	29.4	13.7	9.4	1.1	75.8
湖北	13.3	35.1	30.1	13.4	7.0	1.1	78.5
湖南	25.1	35.7	24.2	9.6	4.7	0.6	85.0
广东	6.8	30.4	36.9	17.6	8.2	0.2	74.0
广西	11.3	25.3	38.7	13.7	10.9	0.2	75.3
海南	12.9	24.6	38.4	12.1	11.1	0.9	75.9
重庆	17.0	28.5	28.2	14.8	11.1	0.4	73.7
四川	12.7	26.6	34.3	15.1	11.1	0.2	73.6
贵州	20.4	25.8	27.8	14.9	9.6	1.5	74.0
云南	10.0	45.3	20.6	19.0	4.0	1.1	75.9
西藏	15.1	36.7	27.4	13.0	7.6	0.3	79.2
陕西	15.8	34.1	32.6	9.4	7.8	0.3	82.5
甘肃	9.4	31.9	25.0	20.2	12.8	0.8	66.2
青海	19.3	38.9	21.6	13.9	5.8	0.5	79.8
宁夏	22.6	41.7	22.0	7.9	5.7	0.2	86.3
新疆	22.1	33.7	28.9	9.6	5.4	0.4	84.6
总体	15.7	32.7	29.7	13.3	8.0	0.7	78.0

（四）对目前居住地社会治安环境的总体评价

对目前居住地社会治安环境表示“非常满意”、“比较满意”和“一般”的分别占18.6%、41.2%、29.7%，合计为89.4%（见图18.6）。

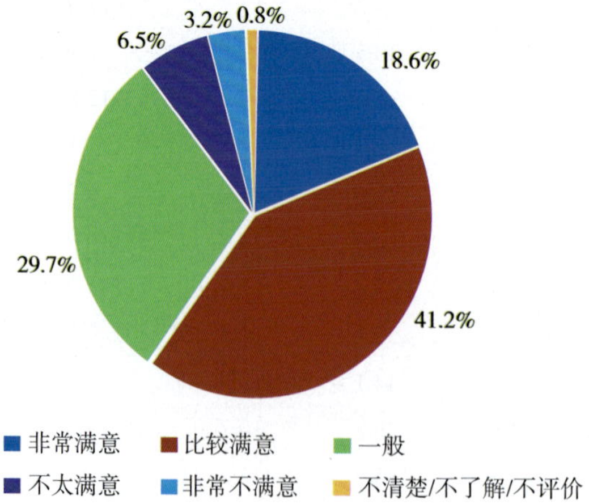

图18.6　对目前居住地社会治安环境的总体评价

从不同群体看，对居住地社会治安环境的评价差异不大（见表 18.36 ~ 表 18.41）。从不同省份来看，西藏、新疆、山东、福建、江苏对居住地社会治安环境评价较高（见表 18.42）。

表18.36　城乡对目前居住地社会治安环境的总体评价（%）

	非常满意	比较满意	一般	不太满意	非常不满意	不清楚/不了解/不评价	前三项合计
城镇	16.4	43.7	29.9	6.5	2.9	0.6	90.0
农村	22.0	37.2	29.3	6.5	3.8	1.2	88.5
总体	18.6	41.2	29.7	6.5	3.2	0.8	89.4

表18 -37　不同性别对目前居住地社会治安环境的总体评价（%）

	非常满意	比较满意	一般	不太满意	非常不满意	不清楚/不了解/不评价	前三项合计
男	20.3	43.2	27.2	5.6	3.1	0.6	90.7
女	16.5	38.7	32.7	7.6	3.4	1.1	87.9
总体	18.6	41.2	29.7	6.5	3.2	0.8	89.4

表18.38　不同年龄对目前居住地社会治安环境的总体评价（%）

	非常满意	比较满意	一般	不太满意	非常不满意	不清楚/不了解/不评价	前三项合计
18 ~ 19岁	14.3	38.8	35.0	7.5	3.3	1.1	88.0
20 ~ 24岁	15.3	40.1	33.6	7.2	3.3	0.5	89.1
25 ~ 29岁	16.3	41.1	31.7	7.5	3.0	0.5	89.0
30 ~ 34岁	16.1	40.9	32.2	6.6	3.8	0.4	89.2
35 ~ 39岁	17.1	42.0	31.0	6.0	3.3	0.5	90.2
40 ~ 44岁	19.0	41.0	29.7	6.4	3.3	0.6	89.7
45 ~ 49岁	21.9	41.6	27.2	5.4	3.1	0.8	90.8
50 ~ 54岁	22.0	40.6	27.3	5.9	3.2	0.9	90.0
55 ~ 59岁	20.0	41.3	27.4	6.2	3.9	1.4	88.6
60 ~ 64岁	19.7	41.0	26.8	7.4	3.1	2.0	87.5
65 ~ 69岁	20.7	41.5	26.7	6.6	2.8	1.5	89.0
70 ~ 74岁	21.8	44.3	24.0	6.3	2.1	1.4	90.2
总体	18.6	41.2	29.7	6.5	3.2	0.8	89.4

表18.39　不同户口状况对目前居住地社会治安环境的总体评价（%）

	非常满意	比较满意	一般	不太满意	非常不满意	不清楚/不了解/不评价	前三项合计
本市（县）非农业户口	16.6	44.6	29.5	6.1	2.7	0.6	90.6
本市（县）农业户口	21.1	36.9	30.0	6.8	3.9	1.2	88.0
省内非本市（县）非农业户口	18.0	43.8	28.2	6.3	2.9	1.0	89.9
省内非本市（县）农业户口	16.8	37.7	33.9	7.2	3.3	1.1	88.4
外省非农业人口	17.1	44.8	27.7	7.2	2.8	0.4	89.6
外省农业人口	21.0	39.5	28.1	7.1	3.8	0.4	88.6
总体	18.6	41.2	29.7	6.5	3.2	0.8	89.4

表18.40　　不同教育程度对目前居住地社会治安环境的总体评价（%）

	非常满意	比较满意	一般	不太满意	非常不满意	不清楚/不了解/不评价	前三项合计
不识字或识字很少	31.5	26.7	24.5	6.9	5.3	5.1	82.7
小学	24.8	33.1	28.5	7.2	4.5	1.9	86.3
初中	20.0	38.2	30.8	6.5	3.6	0.9	89.0
高中、中专或技校	16.1	42.0	31.1	7.0	3.3	0.5	89.2
大学专科	15.2	45.6	29.9	6.2	2.7	0.4	90.7
本科	17.9	47.6	27.0	5.5	1.8	0.2	92.4
硕士或博士研究生	15.8	51.9	25.0	4.6	2.1	0.5	92.7
总体	18.6	41.2	29.7	6.5	3.2	0.8	89.4

表18.41　　不同年家庭收入对目前居住地社会治安环境的总体评价（%）

	非常满意	比较满意	一般	不太满意	非常不满意	不清楚/不了解/不评价	前三项合计
1万元以下	21.1	33.3	31.2	7.4	5.2	1.8	85.5
1万～3万元	19.2	39.0	30.7	6.8	3.5	0.8	88.9
3万～5万元	18.2	43.0	29.5	6.3	2.6	0.4	90.7
5万～10万元	18.3	46.2	27.0	5.7	2.4	0.3	91.5
10万～15万元	18.7	45.6	26.7	6.2	2.5	0.3	91.0
15万～25万元	18.3	47.7	25.6	5.5	3.0		91.6
25万～50万元	17.3	47.4	25.1	6.3	3.8		89.8
50万元以上	18.1	40.1	29.1	6.5	5.2	1.0	87.4
不清楚/拒答	15.8	40.3	32.4	6.8	2.9	1.8	88.5
总体	18.6	41.2	29.7	6.5	3.2	0.8	89.4

表18.42　　不同省份对目前居住地社会治安环境的总体评价（%）

	非常满意	比较满意	一般	不太满意	非常不满意	不清楚/不了解/不评价	前三项合计
北京	12.4	43.1	32.5	7.2	4.2	0.6	88.0
天津	13.2	38.4	34.7	8.3	5.4		86.4
河北	10.8	39.3	36.1	7.8	4.9	1.2	86.2
山西	12.7	38.3	37.1	6.5	5.3	0.1	88.1
内蒙古	21.6	45.9	22.6	5.1	4.1	0.8	90.1
辽宁	22.0	40.0	29.7	4.6	3.1	0.6	91.7
吉林	21.4	41.3	27.6	4.6	3.2	1.9	90.3
黑龙江	31.8	34.5	26.0	4.1	1.8	1.8	92.3
上海	12.7	45.4	29.7	7.5	4.2	0.5	87.8
江苏	19.4	49.9	23.3	5.4	1.5	0.5	92.6
浙江	14.0	46.3	31.2	5.7	2.4	0.4	91.4
安徽	16.7	39.3	32.2	7.2	2.9	1.8	88.2
福建	16.0	46.9	29.9	4.9	1.9	0.5	92.7

续表

	非常满意	比较满意	一般	不太满意	非常不满意	不清楚/不了解/不评价	前三项合计
江西	23.0	35.7	31.1	5.8	3.4	1.1	89.8
山东	29.1	41.5	22.4	4.3	2.6	0.1	93.0
河南	18.3	40.4	31.5	5.4	3.0	1.5	90.1
湖北	15.9	46.7	28.4	5.7	2.8	0.5	90.9
湖南	29.7	39.5	22.0	6.0	2.2	0.6	91.2
广东	7.1	37.4	36.8	12.6	5.7	0.4	81.3
广西	13.2	32.4	41.1	8.1	4.7	0.4	86.8
海南	15.1	31.5	36.6	9.3	6.3	1.3	83.2
重庆	18.1	36.4	34.1	7.6	2.6	1.1	88.6
四川	13.0	35.2	39.4	7.6	4.4	0.4	87.6
贵州	23.4	34.2	31.1	6.4	2.7	2.1	88.8
云南	9.3	55.6	22.7	9.2	1.8	1.4	87.6
西藏	41.8	41.0	13.7	2.6	0.7	0.3	96.4
陕西	17.9	44.4	30.3	5.0	2.0	0.5	92.5
甘肃	12.0	47.6	29.1	7.0	2.5	1.9	88.6
青海	22.9	46.1	21.9	6.3	2.2	0.6	90.9
宁夏	19.3	44.3	25.6	7.2	3.0	0.7	89.2
新疆	32.3	40.0	21.0	4.1	2.2	0.4	93.3
总体	18.6	41.2	29.7	6.5	3.2	0.8	89.4

（五）对目前住房状况的总体评价

对目前住房状况表示“非常满意”、“比较满意” 和 “一般” 的分别占 14.1%、32.4%、33.8%，合计为 80.3%（见图 18.7）。

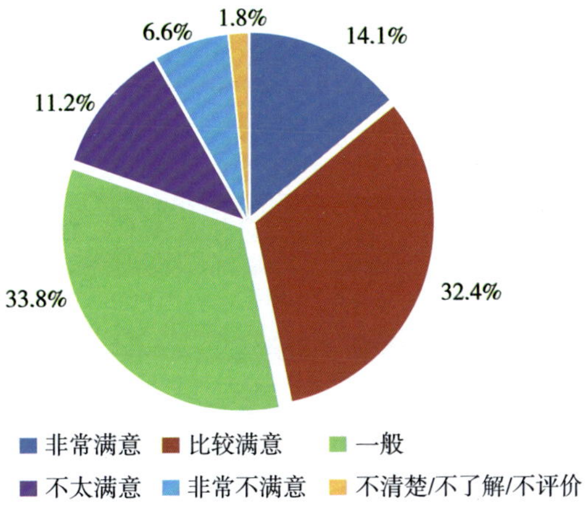

图18.7 对目前住房状况的总体评价

从不同群体看，70 ~ 74 岁、本科学历、本市（县）非农业户口、家庭年收入 25 万 ~ 50 万元等群体对目前住房状况的评价较高，25 ~ 34 岁、不识字或识字很少、外省农业人口、收入 1 万元以下等群体评价较低（见表 18.43 ~ 表 18.48）。

从不同省份来看，山东、湖南、吉林、新疆、青海、重庆等对目前住房状况的评价较高（见表 18.49）。

表18.43 城乡对目前住房状况的总体评价（%）

	非常满意	比较满意	一般	不太满意	非常不满意	不清楚/不了解/不评价	前三项合计
城镇	12.0	33.9	34.5	11.6	6.5	1.6	80.3
农村	17.5	30.2	32.8	10.5	6.8	2.2	80.5
总体	14.1	32.4	33.8	11.2	6.6	1.8	80.4

表18.44 不同性别对目前住房状况的总体评价（%）

	非常满意	比较满意	一般	不太满意	非常不满意	不清楚/不了解/不评价	前三项合计
男	14.6	33.3	32.2	11.1	7.0	1.8	80.1
女	13.6	31.4	35.7	11.3	6.1	1.9	80.7
总体	14.1	32.4	33.8	11.2	6.6	1.8	80.4

表18.45 不同年龄对目前住房状况的总体评价（%）

	非常满意	比较满意	一般	不太满意	非常不满意	不清楚/不了解/不评价	前三项合计
18 ~ 19岁	12.6	37.4	34.7	10.5	2.8	2.0	84.7
20 ~ 24岁	11.6	33.1	37.3	11.0	5.5	1.5	82.0
25 ~ 29岁	10.6	30.1	37.8	12.6	7.8	1.0	78.5
30 ~ 34岁	10.9	30.4	37.3	12.9	7.3	1.3	78.5
35 ~ 39岁	12.0	32.4	35.1	11.4	7.5	1.6	79.5
40 ~ 44岁	13.5	32.0	34.5	11.6	6.2	2.1	80.0
45 ~ 49岁	16.0	32.3	32.6	10.5	7.0	1.6	80.9
50 ~ 54岁	16.9	32.1	32.0	10.1	6.6	2.3	81.0
55 ~ 59岁	17.8	33.0	30.2	10.1	7.0	1.8	81.0
60 ~ 64岁	17.7	35.3	28.0	10.0	5.9	3.1	81.0
65 ~ 69岁	18.3	35.5	26.7	11.1	5.8	2.6	80.6
70 ~ 74岁	21.0	36.7	27.5	7.8	4.7	2.3	85.2
总体	14.1	32.4	33.8	11.2	6.6	1.8	80.4

表18.46 不同户口状况对目前住房状况的总体评价（%）

	非常满意	比较满意	一般	不太满意	非常不满意	不清楚/不了解/不评价	前三项合计
本市（县）非农业户口	12.7	35.4	33.2	11.2	6.1	1.4	81.3
本市（县）农业户口	17.4	30.0	33.2	10.5	6.8	2.2	80.5
省内非本市（县）非农业户口	12.1	32.4	35.3	11.8	7.2	1.1	79.8
省内非本市（县）农业户口	10.8	26.7	37.8	13.8	8.5	2.4	75.2
外省非农业人口	7.5	31.5	39.6	11.4	7.5	2.6	78.6
外省农业人口	9.1	26.2	39.1	14.6	8.3	2.7	74.5
总体	14.1	32.4	33.8	11.2	6.6	1.8	80.4

表18.47　　不同教育程度对目前住房状况的总体评价（%）

	非常满意	比较满意	一般	不太满意	非常不满意	不清楚/不了解/不评价	前三项合计
不识字或识字很少	25.0	22.0	27.9	11.4	9.9	3.7	74.9
小学	20.8	25.7	31.5	10.9	8.0	3.1	78.0
初中	15.7	29.7	34.2	11.1	7.0	2.2	79.7
高中、中专或技校	12.0	32.8	35.4	11.7	6.5	1.7	80.2
大学专科	11.2	36.2	34.8	10.9	5.8	1.1	82.3
本科	11.7	38.7	32.2	10.8	5.7	0.9	82.6
硕士或博士研究生	12.4	37.7	29.3	12.6	6.4	1.6	79.4
总体	14.1	32.4	33.8	11.2	6.6	1.8	80.4

表18.48　　不同年家庭收入对目前住房状况的总体评价（%）

	非常满意	比较满意	一般	不太满意	非常不满意	不清楚/不了解/不评价	前三项合计
1万元以下	14.9	24.5	34.3	12.9	10.7	2.7	73.8
1万～3万元	14.1	29.0	35.2	12.4	7.6	1.7	78.3
3万～5万元	13.8	33.5	34.1	11.4	6.1	1.2	81.4
5万～10万元	13.9	37.5	32.3	10.3	5.0	1.0	83.7
10万～15万元	14.7	39.3	30.8	9.7	4.5	0.9	84.9
15万～25万元	15.1	40.9	30.2	7.9	5.0	0.9	86.2
25万～50万元	15.4	41.1	30.1	6.5	5.6	1.3	86.6
50万元以上	21.0	35.0	28.8	6.8	6.5	1.9	84.8
不清楚/拒答	13.2	33.4	34.6	9.7	5.1	4.0	81.3
总体	14.1	32.4	33.8	11.2	6.6	1.8	80.4

表18.49　　不同省份对目前住房状况的总体评价（%）

	非常满意	比较满意	一般	不太满意	非常不满意	不清楚/不了解/不评价	前三项合计
北京	9.0	28.3	37.1	13.0	10.9	1.7	74.4
天津	9.2	32.4	38.0	11.0	8.6	0.8	79.6
河北	10.2	36.9	33.6	10.8	7.2	1.4	80.7
山西	9.9	27.1	40.3	13.3	8.7	0.7	77.3
内蒙古	16.6	35.8	30.1	10.4	6.4	0.7	82.6
辽宁	16.5	33.6	33.3	9.0	6.4	1.3	83.4
吉林	16.2	34.6	33.2	7.0	6.7	2.3	84.0
黑龙江	24.6	27.8	31.1	9.1	5.6	1.8	83.5
上海	8.5	34.0	37.7	10.5	7.8	1.5	80.2
江苏	15.5	36.4	29.0	11.7	4.7	2.7	80.9
浙江	9.3	33.6	39.0	10.2	7.0	1.0	81.8
安徽	12.6	30.4	35.3	12.4	7.3	2.0	78.3
福建	12.1	35.5	32.9	12.7	5.6	1.2	80.5

续表

	非常满意	比较满意	一般	不太满意	非常不满意	不清楚/不了解/不评价	前三项合计
江西	18.7	31.3	32.2	9.8	6.3	1.8	82.1
山东	22.2	33.1	31.5	7.3	5.0	0.9	86.8
河南	14.4	28.5	31.9	11.5	8.4	5.4	74.8
湖北	13.3	37.9	30.9	10.2	5.1	2.6	82.1
湖南	23.6	34.7	26.2	8.4	4.8	2.2	84.5
广东	7.9	28.0	40.0	15.3	8.0	0.9	75.8
广西	11.3	24.9	43.8	11.1	8.4	0.6	79.9
海南	11.3	24.8	38.1	12.6	10.8	2.4	74.2
重庆	15.8	32.7	35.1	9.9	6.0	0.5	83.6
四川	11.5	31.5	39.9	10.7	6.0	0.5	82.9
贵州	19.8	28.1	32.9	8.9	5.5	4.7	80.9
云南	6.1	43.6	24.5	19.4	2.6	3.9	74.1
西藏	16.1	33.3	33.6	11.0	4.3	1.7	83.0
陕西	13.1	32.6	37.4	10.8	5.7	0.4	83.1
甘肃	7.4	32.1	30.4	19.6	7.5	3.0	69.9
青海	19.5	39.7	24.4	9.1	5.8	1.5	83.6
宁夏	15.0	31.2	32.3	10.8	9.1	1.8	78.4
新疆	19.3	32.8	31.5	9.3	5.3	1.8	83.6
总体	14.1	32.4	33.8	11.2	6.6	1.8	80.4

（六）对居住地教育状况的总体评价

对居住地教育状况表示“非常满意”、“比较满意”和“一般”的分别占14.6%、32.5%、30.2%，合计为77.3%（见图18.8）。

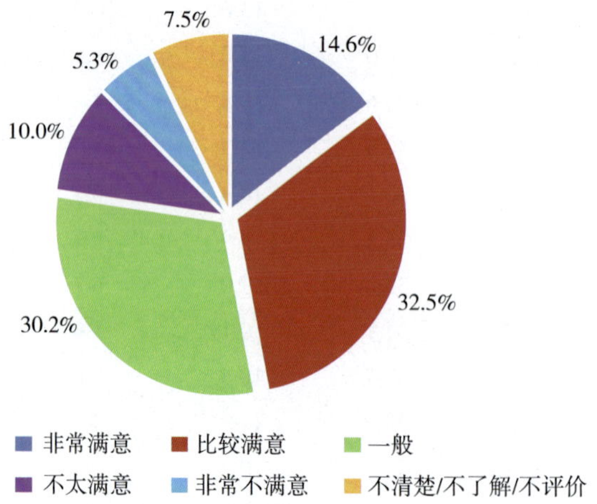

图18.8 对居住地教育状况的总体评价

从不同群体看，本科、本市（县）非农业户口对教育状况评价较高；不识字或识字很少的、外省农业人口评价较低（见表 18.50 ~ 表 18.55）。

从不同省份来看，北京、山东、湖南、江西、广西对教育状况的评价较高（见表 18.56）。

表18.50　城乡对居住地教育状况的总体评价（%）

	非常满意	比较满意	一般	不太满意	非常不满意	不清楚/不了解/不评价	前三项合计
城镇	12.1	34.1	31.3	9.8	4.9	7.7	77.5
农村	18.5	29.9	28.5	10.2	5.8	7.1	76.9
总体	14.6	32.5	30.2	10.0	5.3	7.5	77.3

表18.51　不同性别对居住地教育状况的总体评价（%）

	非常满意	比较满意	一般	不太满意	非常不满意	不清楚/不了解/不评价	前三项合计
男	15.5	33.0	28.6	10.1	5.9	6.9	77.2
女	13.6	31.7	32.1	9.9	4.5	8.2	77.4
总体	14.6	32.5	30.2	10.0	5.3	7.5	77.3

表18.52　不同年龄对居住地教育状况的总体评价（%）

	非常满意	比较满意	一般	不太满意	非常不满意	不清楚/不了解/不评价	前三项合计
18 ~ 19岁	12.0	40.6	30.4	8.8	3.0	5.2	83.0
20 ~ 24岁	11.8	34.5	34.3	8.7	3.4	7.2	80.7
25 ~ 29岁	10.9	32.0	33.7	10.0	4.8	8.6	76.6
30 ~ 34岁	11.1	29.4	35.6	11.7	7.0	5.2	76.1
35 ~ 39岁	12.7	32.3	31.9	12.4	7.7	3.0	76.9
40 ~ 44岁	13.9	32.1	32.0	11.4	6.8	3.8	78.0
45 ~ 49岁	17.5	31.8	29.3	9.2	5.2	7.1	78.6
50 ~ 54岁	18.0	31.9	27.3	8.3	4.6	9.9	77.2
55 ~ 59岁	19.2	33.2	24.9	7.8	3.9	11.0	77.3
60 ~ 64岁	17.3	33.1	23.3	8.7	4.0	13.6	73.8
65 ~ 69岁	18.9	36.4	20.6	9.8	3.2	11.1	75.9
70 ~ 74岁	20.1	33.9	22.5	7.9	3.0	12.7	76.4
总体	14.6	32.5	30.2	10.0	5.3	7.5	77.3

表18.53　不同户口状况对居住地教育状况的总体评价（%）

	非常满意	比较满意	一般	不太满意	非常不满意	不清楚/不了解/不评价	前三项合计
本市（县）非农业户口	12.6	34.8	31.1	10.0	4.7	6.8	78.6
本市（县）农业户口	18.4	30.6	28.8	9.9	5.8	6.5	77.7
省内非本市（县）非农业户口	13.6	31.3	30.4	9.6	5.1	10.1	75.2
省内非本市（县）农业户口	10.4	31.4	30.2	10.2	6.8	11.0	72.1
外省非农业人口	7.5	29.1	32.7	10.0	5.9	14.8	69.3
外省农业人口	11.4	26.2	31.2	10.1	5.8	15.3	68.8
总体	14.6	32.5	30.2	10.0	5.3	7.5	77.3

表18.54　不同教育程度对居住地教育状况的总体评价（%）

	非常满意	比较满意	一般	不太满意	非常不满意	不清楚/不了解/不评价	前三项合计
不识字或识字很少	28.1	22.5	19.4	6.5	5.7	17.8	69.9
小学	22.8	26.7	24.9	9.2	5.3	11.1	74.4
初中	16.5	30.8	29.1	9.7	5.6	8.3	76.4
高中、中专或技校	12.4	33.8	31.1	10.7	5.0	6.9	77.4
大学专科	10.9	35.1	33.4	9.8	5.1	5.7	79.4
本科	11.4	35.8	32.4	10.4	5.1	4.8	79.7
硕士或博士研究生	9.1	32.9	35.2	10.3	7.6	5.0	77.1
总体	14.6	32.5	30.2	10.0	5.3	7.5	77.3

表18.55　不同年家庭收入对居住地教育状况的总体评价（%）

	非常满意	比较满意	一般	不太满意	非常不满意	不清楚/不了解/不评价	前三项合计
1万元以下	18.7	27.5	28.2	9.4	6.5	9.7	74.4
1万～3万元	15.9	31.2	30.2	10.2	5.5	6.9	77.4
3万～5万元	14.0	33.5	30.4	10.6	5.1	6.3	78.0
5万～10万元	12.8	35.3	31.4	10.0	4.9	5.6	79.4
10万～15万元	12.4	35.2	31.2	10.7	4.9	5.6	78.8
15万～25万元	10.3	36.0	31.6	10.6	5.7	5.8	77.9
25万～50万元	12.7	31.7	32.4	10.6	6.9	5.8	76.8
50万元以上	15.5	30.7	28.8	10.4	8.7	5.8	75.1
不清楚/拒答	13.2	32.6	29.4	8.4	4.3	12.1	75.2
总体	14.6	32.5	30.2	10.0	5.3	7.5	77.3

表18.56　不同省份对居住地教育状况的总体评价（%）

	非常满意	比较满意	一般	不太满意	非常不满意	不清楚/不了解/不评价	前三项合计
北京	12.2	35.0	37.2	7.3	4.5	3.8	84.3
天津	12.3	35.1	33.6	8.5	3.8	6.7	81.0
河北	11.0	33.3	31.1	10.2	6.3	8.3	75.3
山西	8.7	27.3	38.9	13.7	9.6	1.8	74.9
内蒙古	14.4	32.8	29.6	9.7	7.2	6.4	76.7
辽宁	16.2	30.9	30.9	8.9	7.2	5.8	78.1
吉林	15.8	29.1	27.3	8.2	7.3	12.2	72.2
黑龙江	20.3	21.6	25.1	10.6	6.8	15.6	66.9
上海	7.9	33.1	31.5	8.3	4.3	15.0	72.5
江苏	15.0	37.9	26.5	8.2	4.3	8.1	79.4
浙江	9.4	37.1	34.5	7.3	4.3	7.4	81.0
安徽	13.2	29.4	29.1	11.8	5.0	11.6	71.6
福建	11.0	36.4	30.7	11.3	5.4	5.1	78.1

续表

	非常满意	比较满意	一般	不太满意	非常不满意	不清楚/不了解/不评价	前三项合计
江西	17.2	32.4	33.3	10.1	4.9	2.1	82.9
山东	26.6	32.7	24.0	6.8	2.7	7.2	83.3
河南	16.4	29.6	28.6	12.7	6.3	6.3	74.7
湖北	14.8	37.7	27.1	9.5	4.2	6.7	79.6
湖南	23.8	34.6	24.5	7.3	4.8	4.8	83.0
广东	6.9	31.5	35.4	14.5	6.1	5.6	73.9
广西	12.3	30.3	39.2	9.9	5.3	3.1	81.8
海南	11.4	23.0	40.4	12.3	9.5	3.4	74.8
重庆	16.3	30.7	26.9	6.6	4.6	15.0	73.9
四川	10.2	29.1	37.5	11.9	5.7	5.6	76.9
贵州	21.4	28.1	27.4	8.6	4.6	10.0	76.9
云南	7.8	42.2	21.8	12.7	2.1	13.4	71.8
西藏	18.8	32.1	26.6	7.7	2.1	12.7	77.6
陕西	14.3	31.3	32.8	12.0	6.5	3.1	78.5
甘肃	10.6	37.4	25.6	12.1	5.0	9.3	73.6
青海	18.9	40.3	21.8	7.5	4.0	7.5	81.0
宁夏	16.6	34.6	26.8	11.2	6.3	4.6	78.0
新疆	20.2	29.3	31.3	7.4	3.9	7.9	80.8
总体	14.6	32.5	30.2	10.0	5.3	7.5	77.3

（七）对目前居住地医疗服务的总体评价

对目前居住地医疗服务表示“非常满意”、“比较满意”和“一般”的分别占13.0%、29.6%、33.7%，合计为76.3%；“不太满意”、“非常不满意”的分别占13.3%、7.1%，合计为20.4%。在“不太满意”、“非常不满意”的受访者中，认为最不满意的问题的前三位是“看病贵”、“医生水平低”、“医护人员服务态度差”，比重分别为45.4%、24.7%、23.9%（见图18.9、图18.10）。

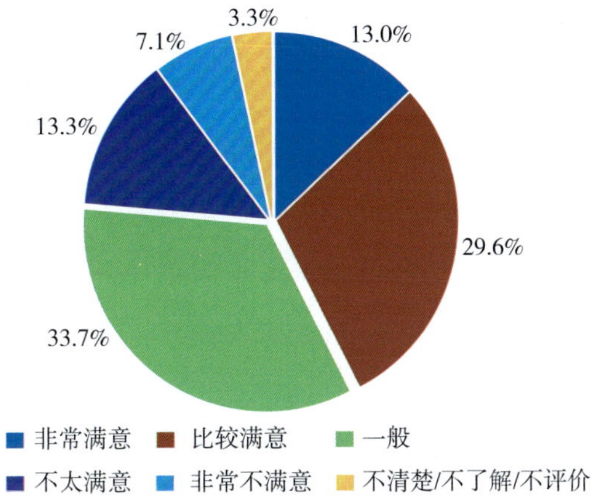

图18.9 对目前居住地医疗服务的总体评价

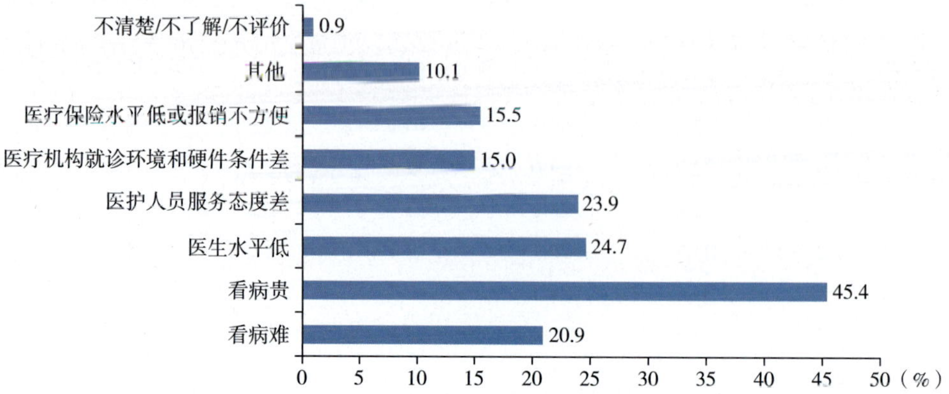

图18.10　认为医疗服务最不满意的方面（%）

从不同群体看，本市（县）农业户口、收入为5万～10万元的群体对居住地医疗服务的评价较高；外省农业人口、收入50万元以上的评价较低（见表18.57～表18.62、表18.64～表18.69）。

从不同省份来看，山东、湖南、浙江、湖北、陕西对居住地医疗服务的评价较高（见表18.63、表18.70）。

表18.57　城乡对目前居住地医疗服务的总体评价（%）

	非常满意	比较满意	一般	不太满意	非常不满意	不清楚/不了解/不评价	前三项合计
城镇	9.9	29.7	35.6	14.2	7.2	3.4	75.2
农村	17.9	29.5	30.8	11.9	6.8	3.1	78.1
总体	13.0	29.6	33.7	13.3	7.1	3.3	76.3

表18.58　不同性别对目前居住地医疗服务的总体评价（%）

	非常满意	比较满意	一般	不太满意	非常不满意	不清楚/不了解/不评价	前三项合计
男	13.4	30.1	32.2	13.2	8.0	3.1	75.6
女	12.6	29.0	35.5	13.4	6.0	3.5	77.2
总体	13.0	29.6	33.7	13.3	7.1	3.3	76.3

表18.59　不同年龄对目前居住地医疗服务的总体评价（%）

	非常满意	比较满意	一般	不太满意	非常不满意	不清楚/不了解/不评价	前三项合计
18～19岁	10.3	38.4	31.9	11.0	3.5	4.8	80.6
20～24岁	10.2	30.4	36.6	13.0	6.0	3.9	77.1
25～29岁	9.4	28.4	37.0	14.8	7.5	2.9	74.8
30～34岁	9.5	27.4	37.4	14.6	8.3	2.8	74.3
35～39岁	10.3	27.9	36.6	14.1	8.4	2.7	74.7
40～44岁	12.9	27.7	35.0	12.8	7.8	3.7	75.7
45～49岁	15.4	28.2	33.2	13.1	6.4	3.7	76.8
50～54岁	16.7	30.9	30.1	11.8	6.9	3.6	77.7
55～59岁	16.5	31.3	30.2	12.2	7.1	2.9	77.9
60～64岁	16.6	31.7	28.6	13.6	6.0	3.5	77.0

续表

	非常满意	比较满意	一般	不太满意	非常不满意	不清楚/不了解/不评价	前三项合计
65～69岁	19.0	33.4	27.3	12.3	5.5	2.5	79.6
70～74岁	17.6	35.5	25.4	13.2	5.4	2.8	78.6
总体	13.0	29.6	33.7	13.3	7.1	3.3	76.3

表18.60　　不同户口状况对目前居住地医疗服务的总体评价（%）

	非常满意	比较满意	一般	不太满意	非常不满意	不清楚/不了解/不评价	前三项合计
本市（县）非农业户口	10.6	30.7	35.2	14.1	6.8	2.6	76.5
本市（县）农业户口	17.5	29.4	31.1	12.0	6.9	2.9	78.1
省内非本市（县）非农业户口	9.5	27.4	35.4	14.0	8.3	5.4	72.3
省内非本市（县）农业户口	11.0	27.6	35.1	12.5	7.8	5.9	73.8
外省非农业人口	6.5	27.2	36.6	14.4	9.2	6.2	70.3
外省农业人口	7.8	23.8	36.0	15.6	9.3	7.5	67.6
总体	13.0	29.6	33.7	13.3	7.1	3.3	76.3

表18.61　　不同教育程度对目前居住地医疗服务的总体评价（%）

	非常满意	比较满意	一般	不太满意	非常不满意	不清楚/不了解/不评价	前三项合计
不识字或识字很少	28.3	23.2	21.9	11.9	7.4	7.2	73.5
小学	21.9	26.7	27.6	11.4	7.4	5.0	76.2
初中	15.4	29.3	32.3	12.4	6.9	3.7	77.0
高中、中专或技校	10.8	30.1	34.7	14.0	7.2	3.2	75.6
大学专科	9.1	30.5	36.4	14.5	7.2	2.3	76.0
本科	8.4	31.6	37.5	14.0	6.8	1.8	77.4
硕士或博士研究生	6.7	29.0	39.4	13.1	9.8	2.0	75.1
总体	13.0	29.6	33.7	13.3	7.1	3.3	76.3

表18.62　　不同年家庭收入对目前居住地医疗服务的总体评价（%）

	非常满意	比较满意	一般	不太满意	非常不满意	不清楚/不了解/不评价	前三项合计
1万元以下	17.2	25.8	31.2	13.2	8.8	3.8	74.2
1万～3万元	14.9	28.6	33.3	13.1	7.2	2.9	76.8
3万～5万元	12.0	30.9	33.7	14.1	6.6	2.7	76.6
5万～10万元	10.9	31.7	35.3	13.4	6.4	2.3	77.9
10万～15万元	9.9	31.1	35.8	14.1	7.0	2.1	76.7
15万～25万元	9.1	32.2	34.8	14.3	7.8	1.8	76.1
25万～50万元	10.0	25.5	37.2	15.0	10.7	1.5	72.7
50万元以上	9.4	19.7	38.2	11.3	16.5	4.9	67.3
不清楚/拒答	12.1	30.2	33.1	12.2	5.9	6.6	75.4
总体	13.0	29.6	33.7	13.3	7.1	3.3	76.3

表18.63　　不同省份对目前居住地医疗服务的总体评价（%）

	非常满意	比较满意	一般	不太满意	非常不满意	不清楚/不了解/不评价	前三项合计
北京	8.2	31.4	38.9	12.5	7.7	1.3	78.5
天津	10.0	32.6	37.0	11.5	7.7	1.2	79.7
河北	10.0	31.1	34.5	13.6	6.2	4.6	75.6
山西	9.4	25.1	41.1	15.0	8.9	0.5	75.6
内蒙古	12.9	27.6	32.7	14.4	9.9	2.5	73.3
辽宁	14.5	30.2	34.3	10.8	8.2	2.1	78.9
吉林	15.7	28.6	30.1	12.2	8.6	4.9	74.4
黑龙江	18.7	21.4	31.8	14.0	8.4	5.6	71.9
上海	6.3	35.7	36.6	12.0	5.8	3.5	78.6
江苏	12.0	33.6	33.2	12.9	5.5	2.7	78.9
浙江	10.0	32.2	38.6	11.7	5.8	1.7	80.8
安徽	12.1	27.9	34.5	14.0	6.3	5.2	74.5
福建	9.1	28.0	33.3	18.4	7.8	3.3	70.5
江西	16.3	26.7	34.8	13.4	7.5	1.4	77.7
山东	24.4	32.7	28.6	7.8	4.3	2.2	85.7
河南	16.2	30.7	31.4	11.3	6.3	4.1	78.3
湖北	11.8	36.6	31.9	12.9	4.7	2.1	80.2
湖南	21.8	33.9	26.7	9.1	5.6	2.8	82.4
广东	5.8	25.0	38.1	18.8	9.0	3.3	69.0
广西	9.9	24.6	41.1	13.1	10.3	1.1	75.6
海南	12.1	21.2	39.3	13.2	12.8	1.6	72.5
重庆	14.5	27.4	33.2	12.2	7.4	5.4	75.1
四川	9.4	25.2	38.9	15.6	8.3	2.6	73.5
贵州	19.5	26.5	29.0	12.2	6.4	6.4	75.0
云南	7.1	39.8	22.0	18.1	3.6	9.3	68.9
西藏	12.6	25.5	33.5	15.8	8.4	4.2	71.6
陕西	13.4	29.7	36.8	13.1	5.9	1.1	79.9
甘肃	8.4	34.2	29.6	16.6	5.7	5.5	72.1
青海	18.5	33.5	26.1	12.0	6.4	3.5	78.1
宁夏	14.3	30.3	31.3	13.8	7.7	2.6	76.0
新疆	15.5	25.7	37.0	12.1	6.9	2.9	78.1
总体	13.0	29.6	33.7	13.3	7.1	3.3	76.3

表18.64　城乡对医疗服务最不满意的方面（%）

	看病难	看病贵	医生水平低	医护人员服务态度差	医疗机构就诊环境和硬件条件差	医疗保险水平低或报销不方便	其他	不清楚/不了解/不评价
城镇	22.2	47.8	25.5	25.1	14.2	12.6	10.9	0.9
农村	18.7	41.1	23.1	21.8	16.4	20.8	8.7	1.0
总体	20.9	45.4	24.7	23.9	15.0	15.5	10.1	0.9

表18.65　不同性别对医疗服务最不满意的方面（%）

	看病难	看病贵	医生水平低	医护人员服务态度差	医疗机构就诊环境和硬件条件差	医疗保险水平低或报销不方便	其他	不清楚/不了解/不评价
男	20.1	47.3	24.6	22.4	15.2	16.0	10.1	0.9
女	22.1	42.9	24.8	25.9	14.7	14.9	10.1	1.0
总体	20.9	45.4	24.7	23.9	15.0	15.5	10.1	0.9

表18.66　不同年龄对医疗服务最不满意的方面（%）

	看病难	看病贵	医生水平低	医护人员服务态度差	医疗机构就诊环境和硬件条件差	医疗保险水平低或报销不方便	其他	不清楚/不了解/不评价
18～19岁	19.3	43.6	20.7	40.0	13.6	13.6	7.1	0.7
20～24岁	16.8	40.3	30.7	34.2	16.6	9.8	8.0	0.3
25～29岁	21.3	41.6	26.9	32.9	17.5	12.5	9.0	0.7
30～34岁	18.9	45.9	28.4	28.1	18.3	13.2	9.4	0.7
35～39岁	21.8	45.2	28.1	23.8	17.2	14.8	9.3	0.5
40～44岁	21.9	47.8	25.0	22.1	15.5	14.1	9.6	1.1
45～49岁	22.0	44.9	25.1	18.9	14.1	17.5	9.4	1.0
50～54岁	21.3	45.9	23.1	17.6	12.9	17.8	10.5	1.9
55～59岁	20.3	46.3	17.1	16.1	11.7	21.4	12.4	0.5
60～64岁	21.9	47.9	16.6	15.8	9.9	22.2	12.0	1.7
65～69岁	26.0	49.0	15.7	16.7	9.5	20.0	14.3	1.0
70～74岁	20.8	52.1	15.5	15.8	8.0	19.0	16.1	0.6
总体	20.9	45.4	24.7	23.9	15.0	15.5	10.1	0.9

表18.67　不同户口状况对医疗服务最不满意的方面（%）

	看病难	看病贵	医生水平低	医护人员服务态度差	医疗机构就诊环境和硬件条件差	医疗保险水平低或报销不方便	其他	不清楚/不了解/不评价
本市（县）非农业户口	22.7	47.5	26.6	22.6	14.7	12.7	11.0	0.9
本市（县）农业户口	18.2	42.2	22.3	24.6	15.5	19.4	9.3	1.0
省内非本市（县）非农业户口	20.3	44.5	30.1	24.3	14.9	14.4	10.1	0.5
省内非本市（县）农业户口	18.5	46.3	18.8	30.1	12.8	19.6	9.1	1.1
外省非农业人口	22.7	44.4	27.5	22.7	19.7	14.6	8.5	0.0
外省农业人口	24.6	48.4	20.7	27.7	13.3	13.8	8.6	0.9
总体	20.9	45.4	24.7	23.9	15.0	15.5	10.1	0.9

表18.68 不同教育程度对医疗服务最不满意的方面（%）

	看病难	看病贵	医生水平低	医护人员服务态度差	医疗机构就诊环境和硬件条件差	医疗保险水平低或报销不方便	其他	不清楚/不了解/不评价
不识字或识字很少	16.0	44.9	17.3	19.7	13.3	20.7	9.9	2.4
小学	18.1	45.0	14.9	20.8	12.3	23.9	10.9	1.2
初中	19.3	43.7	20.7	23.6	13.6	18.8	9.3	1.0
高中、中专或技校	20.0	47.5	25.0	24.5	15.1	14.2	10.1	0.8
大学专科	22.4	46.8	30.7	24.7	15.6	11.7	9.8	0.8
本科	25.5	43.3	30.7	24.6	18.3	11.4	11.2	0.4
硕士或博士研究生	31.8	42.6	25.6	26.4	17.8	6.2	10.9	0.8
总体	20.9	45.4	24.7	23.9	15.0	15.5	10.1	0.9

表18.69 不同年家庭收入对医疗服务最不满意的方面（%）

	看病难	看病贵	医生水平低	医护人员务服态度差	医疗机构就诊环境和硬件条件差	医疗保险水平低或报销不方便	其他	不清楚/不了解/不评价
1万元以下	21.5	44.4	19.7	20.6	13.0	21.1	8.7	1.4
1万～3万元	19.1	47.0	22.5	22.8	14.2	17.9	9.9	0.8
3万～5万元	20.5	46.6	26.9	23.6	15.7	14.8	9.1	0.9
5万～10万元	21.2	44.2	30.4	25.4	17.6	12.4	9.9	0.4
10万～15万元	24.3	47.6	26.6	25.3	15.5	11.5	11.7	0.0
15万～25万元	21.4	44.1	26.0	28.3	18.1	11.5	11.5	1.0
25万～50万元	37.3	43.3	26.9	26.9	14.9	6.7	14.2	0.7
50万元以上	26.7	37.2	30.2	26.7	15.1	11.6	11.6	0.0
不清楚/拒答	20.9	42.5	21.3	26.3	13.1	13.2	12.3	1.9
总体	20.9	45.4	24.7	23.9	15.0	15.5	10.1	0.9

表18.70 不同省份对医疗服务最不满意的方面（%）

	看病难	看病贵	医生水平低	医护人员服务态度差	医疗机构就诊环境和硬件条件差	医疗保险水平低或报销不方便	其他	不清楚/不了解/不评价
北京	41.1	49.8	16.3	15.6	7.2	24.3	9.1	0.4
天津	31.0	51.1	15.3	15.3	8.3	23.1	17.9	0.0
河北	18.9	51.0	25.0	28.3	11.6	11.6	12.6	1.3
山西	15.0	39.8	26.2	26.5	11.7	20.1	10.9	0.6
内蒙古	22.9	45.0	45.6	16.2	19.1	17.9	0.0	0.0
辽宁	14.9	46.7	14.9	19.8	13.6	16.7	16.4	0.9
吉林	22.4	46.9	23.8	24.5	14.1	20.0	4.5	0.7
黑龙江	27.6	51.3	22.3	20.9	10.3	18.7	1.7	0.8
上海	37.7	36.4	15.2	19.5	14.7	10.4	17.7	1.7
江苏	22.2	50.0	17.0	22.9	9.1	15.0	14.3	0.5
浙江	36.0	48.4	19.1	20.7	11.8	14.6	9.6	1.3
安徽	27.9	46.0	19.5	30.7	11.2	18.1	10.4	1.4

续表

	看病难	看病贵	医生水平低	医护人员服务态度差	医疗机构就诊环境和硬件条件差	医疗保险水平低或报销不方便	其他	不清楚/不了解/不评价
福建	28.2	48.3	26.7	30.0	16.3	8.4	10.7	0.0
江西	14.4	55.1	23.4	20.7	14.7	25.4	6.0	1.5
山东	18.2	44.3	20.1	17.8	11.5	20.1	11.1	1.3
河南	12.7	51.4	17.0	23.4	8.9	14.8	19.1	1.4
湖北	20.8	49.7	26.1	18.2	14.2	16.7	14.5	0.9
湖南	16.1	47.5	18.2	20.4	9.6	13.2	15.7	4.6
广东	22.5	54.2	25.9	27.3	13.1	15.3	8.9	0.1
广西	13.6	49.5	15.2	27.8	12.3	11.0	17.9	0.8
海南	17.0	54.0	32.5	24.8	17.0	20.3	3.5	0.3
重庆	16.4	53.6	15.7	20.1	8.4	11.3	13.5	0.0
四川	12.8	36.1	24.2	24.8	22.4	13.0	16.2	1.8
贵州	22.7	39.2	24.2	31.9	21.5	18.1	5.8	3.1
云南	22.4	37.6	22.1	15.2	22.1	8.0	0.6	0.6
西藏	11.5	27.5	49.8	26.0	37.2	4.8	4.1	1.1
陕西	26.0	52.3	29.1	30.9	20.0	22.1	1.1	0.0
甘肃	14.7	39.3	31.3	31.6	14.1	14.1	6.1	0.3
青海	17.0	21.1	43.5	26.9	24.2	12.1	2.7	0.9
宁夏	15.2	25.3	31.5	31.9	25.7	14.8	8.9	0.0
新疆	20.7	30.5	36.8	21.1	18.8	10.2	15.4	0.8
总体	20.9	45.4	24.7	23.9	15.0	15.5	10.1	0.9

（八）对目前居住地环境状况的总体评价

对目前居住地环境状况表示“非常满意”、“比较满意”和“一般”的分别占15.6%、33.2%、32.0%，合计为80.8%（见图18.11）。

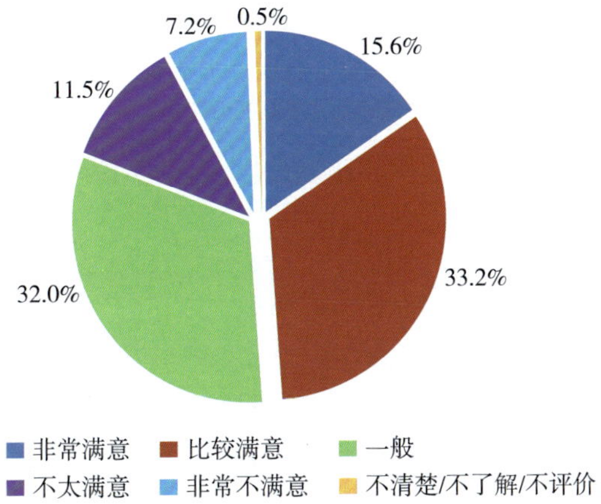

图18.11 对目前居住地环境状况的总体评价

从不同受教育程度看，大学专科、本科对目前居住地环境状况的评价较高；硕士或博士研究生评价较低。

从不同省份来看，湖南、西藏、海南、新疆、福建对目前居住地环境状况的评价较高。

表18.71 城乡对目前居住地环境状况的总体评价（%）

	非常满意	比较满意	一般	不太满意	非常不满意	不清楚/不了解/不评价	前三项合计
城镇	13.6	35.0	32.9	11.5	6.7	0.3	81.5
农村	18.7	30.3	30.7	11.6	8.0	0.8	79.6
总体	15.6	33.2	32.0	11.5	7.2	0.5	80.8

表18.72 不同性别对目前居住地环境状况的总体评价（%）

	非常满意	比较满意	一般	不太满意	非常不满意	不清楚/不了解/不评价	前三项合计
男	16.0	34.2	31.0	10.9	7.3	0.5	81.2
女	15.1	31.9	33.3	12.2	7.0	0.5	80.3
总体	15.6	33.2	32.0	11.5	7.2	0.5	80.8

表18.73 不同年龄对目前居住地环境状况的总体评价（%）

	非常满意	比较满意	一般	不太满意	非常不满意	不清楚/不了解/不评价	前三项合计
18～19岁	12.5	34.6	33.0	13.6	5.9	0.3	80.1
20～24岁	13.4	33.6	33.9	12.6	6.3	0.3	80.8
25～29岁	13.0	33.6	34.2	11.8	7.2	0.2	80.8
30～34岁	12.9	32.4	35.0	11.9	7.6	0.2	80.3
35～39岁	13.5	32.8	34.7	11.3	7.4	0.3	81.0
40～44岁	15.2	32.8	32.9	11.4	7.4	0.3	80.8
45～49岁	17.8	32.6	31.1	10.9	7.2	0.4	81.5
50～54岁	18.5	32.5	29.2	11.3	7.6	0.9	80.2
55～59岁	18.4	34.1	29.2	10.1	7.4	0.7	81.7
60～64岁	18.7	32.7	28.5	10.7	8.3	1.2	79.8
65～69岁	18.5	34.1	27.7	12.4	6.3	1.0	80.3
70～74岁	19.2	37.6	25.8	11.2	5.0	1.2	82.6
总体	15.6	33.2	32.0	11.5	7.2	0.5	80.8

表18.74 不同户口状况对目前居住地环境状况的总体评价（%）

	非常满意	比较满意	一般	不太满意	非常不满意	不清楚/不了解/不评价	前三项合计
本市（县）非农业户口	13.8	35.1	32.0	11.9	6.9	0.3	80.9
本市（县）农业户口	18.3	30.2	31.4	11.5	7.9	0.8	79.9
省内非本市（县）非农业户口	14.0	35.0	33.8	10.1	6.8	0.3	82.8
省内非本市（县）农业户口	15.1	33.6	33.0	11.4	6.3	0.7	81.7
外省非农业人口	12.3	37.3	34.3	10.0	5.8	0.2	83.9
外省农业人口	14.9	33.6	34.1	10.3	6.8	0.2	82.7
总体	15.6	33.2	32.0	11.5	7.2	0.5	80.8

表18.75 不同教育程度对目前居住地环境状况的总体评价（%）

	非常满意	比较满意	一般	不太满意	非常不满意	不清楚/不了解/不评价	前三项合计
不识字或识字很少	30.8	23.4	24.9	9.8	8.3	2.7	79.1
小学	23.4	26.7	29.4	10.6	8.5	1.5	79.4
初中	16.9	31.7	31.9	11.2	7.7	0.6	80.6
高中、中专或技校	13.1	34.1	33.4	11.9	7.2	0.3	80.7
大学专科	12.5	36.2	33.1	11.9	6.2	0.1	81.8
本科	13.0	36.8	32.0	11.9	6.2	0.1	81.8
硕士或博士研究生	10.3	35.7	29.5	14.4	9.9	0.2	75.5
总体	15.6	33.2	32.0	11.5	7.2	0.5	80.8

表18.76 不同年家庭收入对目前居住地环境状况的总体评价（%）

	非常满意	比较满意	一般	不太满意	非常不满意	不清楚/不了解/不评价	前三项合计
1万元以下	18.6	27.9	32.0	11.1	9.3	1.1	78.5
1万～3万元	16.5	31.9	32.1	11.3	7.7	0.5	80.5
3万～5万元	15.1	34.5	32.0	11.6	6.6	0.1	81.7
5万～10万元	14.5	36.6	30.6	11.7	6.4	0.2	81.7
10万～15万元	13.8	36.6	31.4	12.4	5.8	0.1	81.8
15万～25万元	12.4	33.8	35.9	10.2	7.6	0.1	82.0
25万～50万元	15.4	35.1	32.4	10.2	6.7	0.2	82.9
50万元以上	16.8	27.2	36.6	7.8	11.0	0.6	80.6
不清楚/拒答	14.1	32.8	33.1	12.3	6.5	1.1	80.0
总体	15.6	33.2	32.0	11.5	7.2	0.5	80.8

表18.77 不同省份对目前居住地环境状况的总体评价（%）

	非常满意	比较满意	一般	不太满意	非常不满意	不清楚/不了解/不评价	前三项合计
北京	8.5	29.5	38.8	12.5	10.5	0.3	76.8
天津	8.6	30.6	34.5	14.7	11.5		73.7
河北	7.9	29.1	34.0	16.0	12.5	0.5	71.0
山西	11.3	34.6	36.7	10.0	7.3		82.7
内蒙古	17.0	35.1	28.3	11.5	8.1	0.1	80.4
辽宁	17.2	30.4	33.6	10.4	7.9	0.5	81.2
吉林	17.0	31.2	31.7	12.3	6.7	1.1	80.0
黑龙江	24.4	25.2	31.5	10.3	7.9	0.8	81.1
上海	7.6	34.7	37.3	13.4	6.9	0.1	79.6
江苏	13.4	36.5	31.6	12.0	6.0	0.5	81.5
浙江	10.7	32.0	37.7	13.0	6.2	0.4	80.4
安徽	14.6	29.7	33.6	13.7	7.8	0.7	77.8
福建	14.7	39.1	31.6	10.1	4.1	0.3	85.5
江西	18.1	28.9	33.2	10.9	8.2	0.7	80.2

续表

	非常满意	比较满意	一般	不太满意	非常不满意	不清楚/不了解/不评价	前三项合计
山东	25.5	29.7	29.3	8.5	6.8	0.1	84.5
河南	13.4	27.8	27.3	17.6	12.1	1.9	68.4
湖北	13.1	33.7	31.1	13.7	8.2	0.3	77.9
湖南	27.1	37.3	24.8	6.0	4.3	0.5	89.2
广东	8.8	32.0	36.7	15.3	7.2	0.1	77.4
广西	12.2	30.8	40.4	10.2	6.3	0.2	83.4
海南	18.7	32.1	36.0	6.5	5.9	0.8	86.8
重庆	17.4	32.5	33.1	9.7	6.8	0.5	83.0
四川	13.3	30.1	36.8	11.7	7.9	0.1	80.3
贵州	24.1	30.5	29.7	8.7	5.2	1.8	84.3
云南	12.6	52.4	19.1	12.4	2.6	0.9	84.1
西藏	24.0	37.8	25.6	7.8	4.5	0.3	87.4
陕西	15.7	35.1	34.5	8.5	5.9	0.2	85.3
甘肃	10.4	38.7	29.4	14.4	6.4	0.7	78.5
青海	21.4	40.2	23.8	9.5	4.8	0.3	85.3
宁夏	19.5	38.4	25.8	8.8	6.9	0.5	83.8
新疆	19.2	33.4	33.0	9.0	5.3	0.1	85.6
总体	15.6	33.2	32.0	11.5	7.2	0.5	80.8

（九）对能享有的社会保障状况的总体评价

对能享有的社会保障状况表示“非常满意”、“比较满意”和“一般”的分别占 13.6%、31.1%、34.0%，合计为 78.7%（见图 18.12）。对目前 / 未来养老费用保障情况表示“非常担心”、“比较担心”和“一般”的分别占 20.6%、22.7%、13.7%，合计为 57.0%（见图 18.13）。对医疗费用保障情况表示“非常担心”、“比较担心”和“一般”的分别占 19.9%、23.2%、17.0%，合计为 60.1%（见图 18.14）。

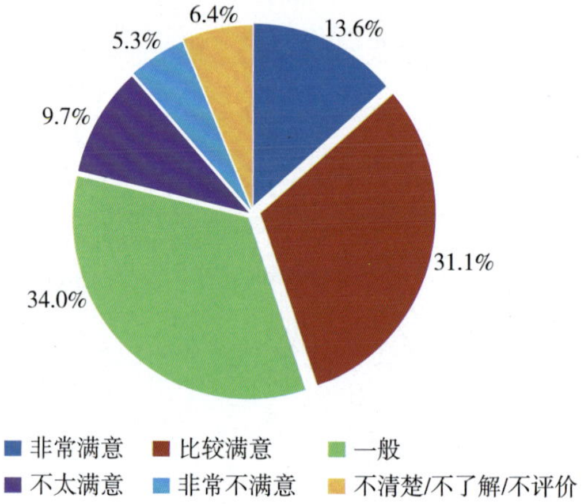

图18.12 对能享有的社会保障状况的总体评价

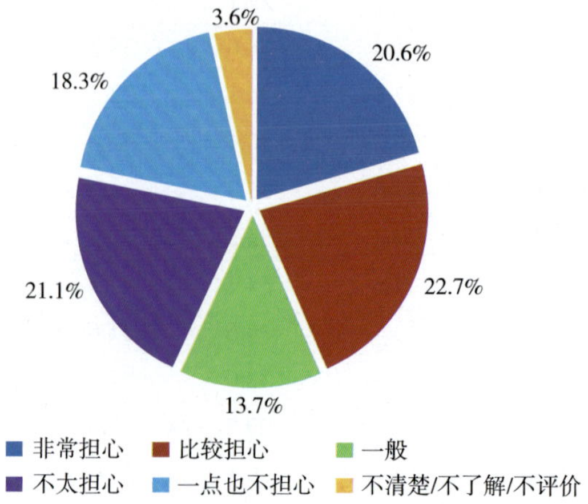

图18.13 对目前/未来养老费用保障情况的评价

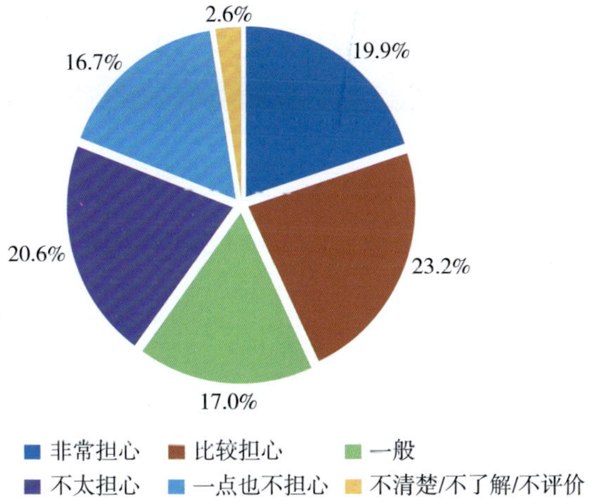

图18.14　对未来医疗费用保障情况的评价

从不同群体对社会保障状况评价看，本市（县）非农业户口、家庭年收入5万～10万元的评价较高；外省农业人口、家庭年收入1万元以下的评价较低。从不同省份来看，青海、山东、西藏、北京、浙江对社会保障状况的评价较高（见表18.78～表18.84）。

从不同群体对目前/未来养老费用保障的评价看，35～39岁、女性、家庭年收入1万元以下的群体担心的比重较高；70～74岁、男性、家庭年收入50万元以上的群体担心的比重较低（见表18.85～表18.91）。

从不同群体对医疗费用保障的评价看，30～34岁、女性、家庭年收入1万元以下的认为没有保障的比重较高；70～74岁、男性、家庭年收入50万元以上的比重较低（见表18.92～表18.98）。

表18.78　城乡对能享有的社会保障状况的总体评价（%）

	非常满意	比较满意	一般	不太满意	非常不满意	不清楚/不了解/不评价	前三项合计
城镇	11.3	32.6	35.5	9.9	5.2	5.6	79.3
农村	17.4	28.7	31.6	9.4	5.4	7.6	77.7
总体	13.6	31.1	34.0	9.7	5.3	6.4	78.6

表18.79　不同性别对能享有的社会保障状况的总体评价（%）

	非常满意	比较满意	一般	不太满意	非常不满意	不清楚/不了解/不评价	前三项合计
男	14.7	32.0	32.2	9.2	5.8	6.1	78.9
女	12.4	30.0	36.0	10.2	4.8	6.7	78.4
总体	13.6	31.1	34.0	9.7	5.3	6.4	78.6

表18.80　不同年龄对能享有的社会保障状况的总体评价（%）

	非常满意	比较满意	一般	不太满意	非常不满意	不清楚/不了解/不评价	前三项合计
18～19岁	9.7	34.8	35.3	6.4	3.3	10.5	79.8
20～24岁	8.3	32.0	40.6	8.7	3.2	7.2	81.0

续表

	非常满意	比较满意	一般	不太满意	非常不满意	不清楚/不了解/不评价	前三项合计
25～29岁	9.6	29.8	38.7	11.2	4.6	6.0	78.1
30～34岁	9.8	28.5	38.8	11.0	5.4	6.5	77.1
35～39岁	10.3	28.7	37.3	10.3	6.5	6.8	76.3
40～44岁	11.9	28.9	35.4	10.9	6.2	6.7	76.2
45～49岁	15.8	28.9	31.6	10.1	6.5	7.1	76.3
50～54岁	15.8	31.4	30.5	9.4	6.1	6.7	77.7
55～59岁	18.3	31.7	29.2	9.0	5.7	6.1	79.2
60～64岁	20.2	35.6	26.2	8.0	4.9	5.2	81.9
65～69岁	24.2	38.4	23.4	6.8	3.4	3.9	86.0
70～74岁	26.1	41.0	21.6	4.9	3.3	3.1	88.7
总体	13.6	31.1	34.0	9.7	5.3	6.4	78.6

表18.81　不同户口状况对能享有的社会保障状况的总体评价（%）

	非常满意	比较满意	一般	不太满意	非常不满意	不清楚/不了解/不评价	前三项合计
本市（县）非农业户口	12.3	35.0	34.2	9.2	4.9	4.4	81.5
本市（县）农业户口	16.7	27.6	32.6	9.7	5.6	7.8	76.9
省内非本市（县）非农业户口	12.6	33.3	33.0	10.5	4.6	5.9	79.0
省内非本市（县）农业户口	10.2	25.4	36.3	12.2	5.9	9.9	72.0
外省非农业人口	8.3	28.1	37.3	11.3	7.0	8.1	73.7
外省农业人口	8.3	22.2	39.2	11.8	6.8	11.7	69.7
总体	13.6	31.1	34.0	9.7	5.3	6.4	78.6

表18.82　不同教育程度对能享有的社会保障状况的总体评价（%）

	非常满意	比较满意	一般	不太满意	非常不满意	不清楚/不了解/不评价	前三项合计
不识字或识字很少	28.3	21.1	24.8	6.7	6.2	12.9	74.2
小学	22.8	25.1	27.0	8.5	6.5	10.1	74.9
初中	15.1	27.8	33.1	10.2	6.0	7.8	76.0
高中、中专或技校	10.7	30.9	36.0	11.0	5.7	5.7	77.6
大学专科	10.2	34.9	36.9	9.4	4.4	4.2	82.1
本科	11.2	38.3	34.8	8.3	3.5	3.8	84.4
硕士或博士研究生	10.5	37.7	36.6	7.5	3.7	4.1	84.7
总体	13.6	31.1	34.0	9.7	5.3	6.4	78.6

表18.83　　不同年家庭收入对能享有的社会保障状况的总体评价（%）

	非常满意	比较满意	一般	不太满意	非常不满意	不清楚/不了解/不评价	前三项合计
1万元以下	17.1	24.5	31.0	10.8	8.8	7.8	72.6
1万～3万元	14.4	28.1	34.1	10.6	6.3	6.5	76.6
3万～5万元	12.9	33.0	34.6	9.9	4.5	5.0	80.6
5万～10万元	13.2	36.1	34.3	8.7	3.7	4.0	83.6
10万～15万元	11.5	37.6	34.0	8.9	3.8	4.2	83.1
15万～25万元	10.6	38.7	33.9	7.6	4.7	4.5	83.2
25万～50万元	12.5	32.6	36.3	9.8	4.2	4.6	81.4
50万元以上	11.3	26.9	41.1	8.7	6.1	5.8	79.3
不清楚/拒答	12.1	29.5	34.4	8.4	4.0	11.5	76.0
总体	13.6	31.1	34.0	9.7	5.3	6.4	78.6

表18.84　　不同省份对能享有的社会保障状况的总体评价（%）

	非常满意	比较满意	一般	不太满意	非常不满意	不清楚/不了解/不评价	前三项合计
北京	10.6	34.2	37.8	10.7	5.8	1.0	82.5
天津	9.0	32.4	39.9	9.3	7.1	2.3	81.3
河北	10.4	32.1	34.8	8.7	6.2	8.0	77.3
山西	8.1	27.9	42.5	12.4	6.4	2.7	78.5
内蒙古	15.1	32.9	29.7	10.1	7.3	5.0	77.6
辽宁	12.8	26.9	36.0	10.2	8.2	5.9	75.6
吉林	14.5	29.8	28.2	11.2	6.9	9.3	72.5
黑龙江	20.7	22.1	28.0	10.6	6.3	12.4	70.8
上海	9.0	34.6	36.3	10.0	4.3	5.8	79.9
江苏	13.2	36.6	31.9	8.0	3.7	6.7	81.6
浙江	9.0	34.9	38.6	9.1	4.6	3.9	82.5
安徽	14.7	29.1	32.6	10.0	5.1	8.6	76.4
福建	11.3	34.5	34.3	10.6	5.0	4.3	80.1
江西	16.9	26.3	34.6	10.3	8.1	3.8	77.8
山东	22.9	30.5	30.2	6.4	3.7	6.2	83.6
河南	14.4	29.1	34.4	8.2	5.6	8.4	77.8
湖北	11.8	36.3	31.7	8.1	4.3	7.7	79.9
湖南	23.5	31.3	25.5	9.1	4.3	6.4	80.2
广东	5.5	28.3	42.1	13.0	6.0	5.2	75.9
广西	11.4	23.6	46.1	11.4	5.4	2.2	81.0
海南	12.3	24.4	43.2	10.4	7.4	2.3	79.8
重庆	18.1	30.3	31.5	8.9	6.4	4.9	79.9

续表

	非常满意	比较满意	一般	不太满意	非常不满意	不清楚/不了解/不评价	前三项合计
四川	10.4	30.1	39.6	9.7	5.3	4.9	80.1
贵州	20.3	28.4	28.7	6.5	4.4	11.6	77.4
云南	6.3	41.1	20.2	11.8	2.3	18.3	67.6
西藏	17.8	37.0	28.4	6.0	2.7	8.1	83.2
陕西	14.1	27.1	40.5	11.6	5.0	1.7	81.7
甘肃	8.4	31.9	28.6	14.5	5.2	11.5	68.8
青海	19.8	42.3	24.1	5.8	3.3	4.9	86.1
宁夏	16.4	31.7	32.2	10.1	5.8	3.9	80.3
新疆	16.4	30.3	35.6	8.0	3.9	5.9	82.3
总体	13.6	31.1	34.0	9.7	5.3	6.4	78.6

表18.85　城乡对是否担心目前/未来养老费用没有保障的总体评价（%）

	非常担心	比较担心	一般	不太担心	一点也不担心	不清楚/不了解/不评价	前三项合计
城镇	19.5	22.9	14.4	22.4	17.9	2.9	56.8
农村	22.2	22.4	12.7	19.0	18.9	4.8	57.3
总体	20.6	22.7	13.7	21.1	18.3	3.6	57.0

表18.86　不同性别对是否担心目前/未来养老费用没有保障的总体评价（%）

	非常担心	比较担心	一般	不太担心	一点也不担心	不清楚/不了解/不评价	前三项合计
男	18.9	21.1	13.1	21.6	21.7	3.6	53.1
女	22.5	24.7	14.4	20.4	14.3	3.6	61.7
总体	20.6	22.7	13.7	21.1	18.3	3.6	57.0

表18.87　不同年龄对是否担心目前/未来养老费用没有保障的总体评价（%）

	非常担心	比较担心	一般	不太担心	一点也不担心	不清楚/不了解/不评价	前三项合计
18～19岁	9.6	15.9	21.3	29.0	14.9	9.4	46.8
20～24岁	12.7	21.7	19.3	26.1	14.8	5.4	53.7
25～29岁	18.1	25.6	17.3	21.5	13.5	4.0	61.0
30～34岁	24.2	26.1	15.6	18.6	12.0	3.5	65.9
35～39岁	25.5	25.9	14.9	18.0	12.9	2.8	66.3
40～44岁	24.8	25.2	12.6	19.1	15.2	3.2	62.5
45～49岁	24.3	22.6	11.8	19.7	18.6	3.1	58.6
50～54岁	22.8	21.3	10.3	20.0	22.0	3.6	54.4
55～59岁	19.8	20.5	10.8	20.8	25.1	3.1	51.1
60～64岁	17.0	17.4	10.9	23.1	28.3	3.3	45.4
65～69岁	12.0	16.5	10.5	26.3	31.5	3.2	38.9
70～74岁	11.5	13.9	8.5	25.9	36.4	3.7	33.9
总体	20.6	22.7	13.7	21.1	18.3	3.6	57.0

表18.88　不同户口状况对是否担心目前/未来养老费用没有保障的总体评价（%）

	非常担心	比较担心	一般	不太担心	一点也不担心	不清楚/不了解/不评价	前三项合计
本市（县）非农业户口	18.7	22.8	13.9	22.8	19.4	2.4	55.4
本市（县）农业户口	22.9	22.6	13.2	18.9	17.5	4.9	58.7
省内非本市（县）非农业户口	19.8	21.1	14.3	22.6	19.5	2.7	55.2
省内非本市（县）农业户口	22.9	23.9	14.9	19.5	13.6	5.2	61.7
外省非农业人口	18.9	22.3	16.1	21.4	17.7	3.6	57.3
外省农业人口	20.1	22.7	14.6	21.3	16.0	5.2	57.5
总体	20.6	22.7	13.7	21.1	18.3	3.6	57.0

表18.89　不同教育程度对是否担心目前/未来养老费用没有保障的总体评价（%）

	非常担心	比较担心	一般	不太担心	一点也不担心	不清楚/不了解/不评价	前三项合计
不识字或识字很少	25.5	15.1	8.7	18.4	24.3	8.0	49.2
小学	24.6	18.7	10.1	17.5	23.0	6.1	53.4
初中	23.2	22.2	12.2	19.7	18.4	4.2	57.6
高中、中专或技校	20.7	23.5	13.7	21.0	17.9	3.1	57.9
大学专科	17.6	24.9	15.7	23.1	16.1	2.6	58.2
本科	15.4	23.9	17.5	24.1	16.8	2.2	56.8
硕士或博士研究生	15.6	21.8	18.8	22.6	19.5	1.6	56.3
总体	20.6	22.7	13.7	21.1	18.3	3.6	57.0

表18.90　不同年家庭收入对是否担心目前/未来养老费用没有保障的总体评价（%）

	非常担心	比较担心	一般	不太担心	一点也不担心	不清楚/不了解/不评价	前三项合计
1万元以下	30.8	20.8	11.0	16.3	16.5	4.7	62.6
1万～3万元	24.9	24.3	12.8	18.6	16.0	3.4	62.0
3万～5万元	19.2	24.6	14.0	22.1	17.6	2.5	57.8
5万～10万元	15.4	23.1	14.9	24.1	20.3	2.2	53.4
10万～15万元	13.8	21.0	16.2	24.4	22.7	2.0	51.0
15万～25万元	14.5	21.1	15.0	24.1	23.3	2.0	50.7
25万～50万元	13.6	19.2	13.1	25.7	26.3	2.1	45.9
50万元以上	11.0	14.2	13.9	22.7	35.3	2.9	39.2
不清楚/拒答	15.7	19.5	15.2	22.8	18.7	8.2	50.4
总体	20.6	22.7	13.7	21.1	18.3	3.6	57.0

表18.91　　不同省份对是否担心目前/未来养老费用没有保障的总体评价（%）

	非常担心	比较担心	一般	不太担心	一点也不担心	不清楚/不了解/不评价	前三项合计
北京	24.5	21.2	19.7	18.4	14.5	1.8	65.3
天津	24.3	21.3	17.0	22.4	13.9	1.1	62.6
河北	21.4	24.5	14.6	21.3	14.3	4.0	60.5
山西	28.5	26.9	15.0	18.1	11.3	0.3	70.3
内蒙古	29.6	24.3	9.9	19.7	14.6	1.9	63.8
辽宁	27.7	21.8	12.2	22.4	14.2	1.6	61.7
吉林	32.6	[illegible]	10.7	18.8	17.5	4.1	59.6
黑龙江	30.1	18.8	8.4	19.6	19.1	4.1	57.3
上海	16.0	25.8	14.4	21.5	17.7	4.7	56.2
江苏	13.0	23.4	12.7	23.5	22.5	5.0	49.0
浙江	13.1	20.1	19.6	27.3	17.8	2.1	52.8
安徽	17.6	20.7	12.8	23.1	18.1	7.7	51.2
福建	12.3	22.8	15.6	26.9	19.3	3.1	50.7
江西	20.6	21.9	18.3	16.5	20.6	2.1	60.8
山东	18.0	21.1	11.0	20.6	26.9	2.4	50.1
河南	19.7	20.9	15.6	22.1	16.5	5.1	56.3
湖北	18.2	25.8	11.6	18.8	20.8	4.8	55.6
湖南	15.4	20.2	9.4	21.3	29.7	3.9	45.1
广东	18.6	26.9	15.4	20.6	14.5	4.1	60.9
广西	23.3	24.8	17.4	17.0	16.0	1.6	65.4
海南	27.2	19.7	19.0	16.3	16.0	1.9	65.8
重庆	24.1	21.0	13.0	18.2	20.9	2.8	58.1
四川	22.9	19.7	16.1	20.2	18.9	2.2	58.7
贵州	13.9	15.8	11.4	19.2	33.1	6.6	41.1
云南	11.0	27.9	7.9	27.3	13.7	12.2	46.9
西藏	11.9	20.8	12.9	26.7	22.7	5.0	45.5
陕西	23.4	26.5	17.4	19.1	13.0	0.7	67.3
甘肃	22.2	24.9	10.2	23.6	13.1	6.0	57.4
青海	19.3	25.9	10.3	21.2	20.3	3.0	55.5
宁夏	26.5	25.5	13.1	18.2	14.8	2.0	65.1
新疆	22.1	26.0	13.4	21.1	15.2	2.1	61.5
总体	20.6	22.7	13.7	21.1	18.3	3.6	57.0

表18.92　城乡对是否担心医疗费用没有保障的总体评价（%）

	非常担心	比较担心	一般	不太担心	一点也不担心	不清楚/不了解/不评价	前三项合计
城镇	19.2	24.1	17.5	21.3	15.8	2.1	60.8
农村	21.0	21.7	16.3	19.6	18.1	3.4	59.0
总体	19.9	23.2	17.0	20.6	16.7	2.6	60.1

表18.93　不同性别对是否担心医疗费用没有保障的总体评价（%）

	非常担心	比较担心	一般	不太担心	一点也不担心	不清楚/不了解/不评价	前三项合计
男	18.0	21.9	16.7	21.2	19.5	2.6	56.7
女	22.1	24.7	17.3	19.9	13.3	2.6	64.2
总体	19.9	23.2	17.0	20.6	16.7	2.6	60.1

表18.94　不同年龄对是否担心医疗费用没有保障的总体评价（%）

	非常担心	比较担心	一般	不太担心	一点也不担心	不清楚/不了解/不评价	前三项合计
18～19岁	9.5	19.3	24.1	26.1	14.9	6.1	52.8
20～24岁	13.4	23.9	23.0	23.4	13.4	3.1	60.2
25～29岁	17.5	26.0	20.8	21.5	11.9	2.3	64.2
30～34岁	22.1	26.3	19.9	18.5	11.0	2.2	68.3
35～39岁	23.7	25.5	17.8	18.5	12.8	1.7	67.0
40～44岁	22.9	24.5	15.9	18.8	15.0	2.8	63.4
45～49岁	22.2	21.5	14.8	20.9	18.2	2.4	58.5
50～54岁	22.0	21.5	13.5	20.1	20.5	2.5	57.0
55～59岁	21.9	20.2	13.8	19.2	22.5	2.5	55.9
60～64岁	18.6	19.4	13.2	22.8	22.7	3.4	51.2
65～69岁	13.5	19.9	12.5	22.7	28.1	3.3	45.9
70～74岁	13.0	16.9	12.3	25.1	29.9	2.8	42.3
总体	19.9	23.2	17.0	20.6	16.7	2.6	60.1

表18.95　不同户口状况对是是否担心医疗费用没有保障的总体评价（%）

	非常担心	比较担心	一般	不太担心	一点也不担心	不清楚/不了解/不评价	前三项合计
本市（县）非农业户口	18.5	23.6	17.1	22.0	16.9	1.9	59.2
本市（县）农业户口	21.2	22.4	16.6	19.4	17.0	3.3	60.3
省内非本市（县）非农业户口	19.0	24.4	15.4	21.6	17.2	2.4	58.8
省内非本市（县）农业户口	23.5	24.4	17.3	17.9	13.5	3.3	65.2
外省非农业人口	20.0	23.7	19.5	18.8	15.2	2.9	63.1
外省农业人口	21.7	23.0	18.7	18.3	14.6	3.7	63.4
总体	19.9	23.2	17.0	20.6	16.7	2.6	60.1

表18.96　不同教育程度对是否担心医疗费用没有保障的总体评价（%）

	非常担心	比较担心	一般	不太担心	一点也不担心	不清楚/不了解/不评价	前三项合计
不识字或识字很少	22.9	14.4	11.0	20.9	24.4	6.4	48.3
小学	23.2	19.0	13.1	18.1	21.7	4.9	55.3
初中	23.1	21.8	15.8	19.1	17.2	2.9	60.8
高中、中专或技校	20.5	24.1	17.2	20.4	15.6	2.2	61.8
大学专科	16.9	25.6	19.6	21.2	14.9	1.8	62.1
本科	14.0	25.8	19.2	24.6	15.1	1.4	59.0
硕士或博士研究生	12.8	23.6	23.1	[illegible]	16.0	1.8	59.5
总体	19.9	23.2	17.0	20.6	16.7	2.6	60.1

表18.97　不同年家庭收入对是否担心医疗费用没有保障的总体评价（%）

	非常担心	比较担心	一般	不太担心	一点也不担心	不清楚/不了解/不评价	前三项合计
1万元以下	28.6	21.1	14.2	17.0	15.4	3.7	63.9
1万~3万元	23.8	23.9	16.1	18.5	15.4	2.3	63.8
3万~5万元	19.3	24.9	17.6	21.0	15.5	1.7	61.8
5万~10万元	14.9	23.9	18.0	23.7	17.8	1.5	56.9
10万~15万元	13.2	23.5	18.6	23.5	19.8	1.3	55.3
15万~25万元	13.8	21.9	20.0	21.9	20.6	1.7	55.7
25万~50万元	12.5	21.1	20.2	22.3	22.6	1.3	53.7
50万元以上	11.0	13.6	15.5	22.0	35.3	2.6	40.1
不清楚/拒答	15.8	21.0	17.8	22.1	17.4	5.9	54.6
总体	19.9	23.2	17.0	20.6	16.7	2.6	60.1

表18.98　不同省份对是否担心医疗费用没有保障的总体评价（%）

	非常担心	比较担心	一般	不太担心	一点也不担心	不清楚/不了解/不评价	前三项合计
北京	26.5	20.5	22.3	16.3	13.4	1.1	69.2
天津	25.9	25.9	19.4	17.8	10.2	0.8	71.2
河北	22.5	25.9	15.0	20.5	13.1	3.2	63.3
山西	24.7	25.9	22.1	16.9	9.9	0.4	72.7
内蒙古	29.1	23.9	13.1	18.2	13.9	1.8	66.1
辽宁	29.6	19.9	15.5	20.5	12.7	1.7	65.1
吉林	30.9	18.8	15.0	18.4	13.5	3.4	64.7
黑龙江	30.6	17.8	10.4	20.4	17.8	3.0	58.9
上海	16.3	26.6	19.0	21.4	13.2	3.5	61.9
江苏	12.5	24.7	16.4	21.1	22.0	3.3	53.6
浙江	11.8	21.2	23.3	26.6	15.6	1.4	56.4
安徽	15.4	20.2	16.5	26.0	16.9	5.0	52.1

续表

	非常担心	比较担心	一般	不太担心	一点也不担心	不清楚/不了解/不评价	前三项合计
福建	10.8	24.5	20.5	24.9	17.1	2.2	55.8
江西	19.5	23.3	21.5	15.8	18.5	1.4	64.3
山东	16.9	20.8	13.1	21.1	26.0	2.2	50.7
河南	18.1	22.6	17.3	22.1	16.5	3.4	58.0
湖北	16.9	24.5	15.8	20.7	18.8	3.3	57.2
湖南	13.7	20.5	13.8	20.8	28.4	2.8	48.0
广东	17.6	28.8	20.3	18.8	12.0	2.7	66.6
广西	25.9	24.7	20.8	14.5	13.0	1.1	71.4
海南	28.8	19.5	22.2	14.8	13.8	1.0	70.4
重庆	25.9	21.3	15.8	16.1	18.8	2.1	63.0
四川	22.0	21.3	20.0	20.4	15.0	1.2	63.3
贵州	13.1	17.1	13.0	19.6	33.1	4.1	43.1
云南	10.1	29.4	7.4	29.9	13.3	10.0	46.9
西藏	11.8	20.4	16.1	26.0	21.9	3.8	48.3
陕西	21.1	25.4	23.4	18.7	10.9	0.5	69.9
甘肃	20.2	28.5	12.1	22.2	12.9	4.1	60.9
青海	16.7	24.7	11.9	21.9	20.0	1.8	53.3
宁夏	22.9	23.7	17.5	19.7	14.8	1.4	64.1
新疆	21.7	24.0	17.3	21.4	14.4	1.2	63.0
总体	19.9	23.2	17.0	20.6	16.7	2.6	60.1

（十）对所在社区公共服务是否满意

对所在社区公共服务表示“非常满意”、“比较满意”和“一般”的分别占13.3%、30.5%、35.9%，合计为79.7%（见图18.15）。

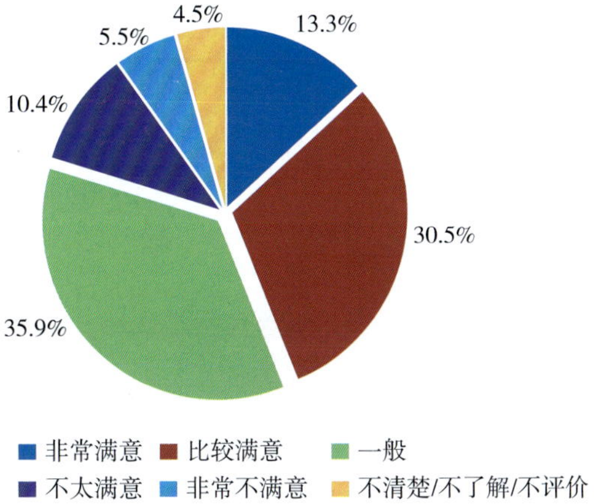

图18.15　对所在社区公共服务是否满意的评价

从不同群体看，本科学历、外省农业人口、家庭年收入25万～50万元等群体对所在社区公共服务的评价较高；不识字或识字很少、本市（县）农业户口、家庭年收入50万元以上等评价较低（见表18.99～表18.104）。

从不同省份来看，山东、湖南、青海、浙江、陕西等对所在社区公共服务的评价较高（见表18.105）。

表18.99　城乡对所在社区公共服务满意程度的评价（%）

	非常满意	比较满意	一般	不太满意	非常不满意	不清楚/不了解/不评价	前三项合计
城镇	11.6	31.7	37.3	10.9	5.3	3.2	80.6
农村	15.9	28.5	33.6	9.6	5.8	6.6	78.1
总体	13.3	30.5	35.9	10.4	5.5	4.5	79.6

表18.100　不同性别对所在社区公共服务满意程度的评价（%）

	非常满意	比较满意	一般	不太满意	非常不满意	不清楚/不了解/不评价	前三项合计
男	13.6	30.9	34.9	10.3	5.9	4.4	79.4
女	12.9	30.0	37.0	10.5	5.1	4.6	79.8
总体	13.3	30.5	35.9	10.4	5.5	4.5	79.6

表18.101　不同年龄对所在社区公共服务满意程度的评价（%）

	非常满意	比较满意	一般	不太满意	非常不满意	不清楚/不了解/不评价	前三项合计
18～19岁	10.4	35.2	36.3	11.5	4.1	2.6	81.9
20～24岁	10.7	32.0	39.9	10.3	3.9	3.2	82.6
25～29岁	11.3	31.5	39.1	9.7	4.7	3.7	81.9
30～34岁	10.8	29.8	39.3	10.5	5.7	3.9	79.9
35～39岁	11.7	29.7	38.3	10.6	5.9	3.7	79.7
40～44岁	12.7	28.4	38.0	10.9	5.9	4.1	79.1
45～49岁	14.6	29.3	34.9	10.7	5.8	4.7	78.8
50～54岁	16.4	30.1	32.2	9.4	6.1	5.8	78.7
55～59岁	16.4	31.1	30.3	10.4	6.4	5.4	77.8
60～64岁	15.4	31.9	29.3	10.7	6.0	6.7	76.6
65～69岁	16.9	30.8	30.0	11.5	5.6	5.1	77.7
70～74岁	16.9	33.5	30.0	9.5	4.1	6.0	80.4
总体	13.3	30.5	35.9	10.4	5.5	4.5	79.6

表18.102　不同户口状况对所在社区公共服务满意程度的评价（%）

	非常满意	比较满意	一般	不太满意	非常不满意	不清楚/不了解/不评价	前三项合计
本市（县）非农业户口	11.8	31.7	36.7	11.1	5.5	3.1	80.2
本市（县）农业户口	15.8	28.6	33.8	10.0	5.7	6.1	78.1
省内非本市（县）非农业户口	11.9	31.1	36.8	10.8	5.2	4.2	79.8

续表

	非常满意	比较满意	一般	不太满意	非常不满意	不清楚/不了解/不评价	前三项合计
省内非本市（县）农业户口	12.0	29.7	39.9	7.8	4.3	6.3	81.5
外省非农业人口	8.4	34.1	39.5	9.0	5.1	3.9	81.9
外省农业人口	12.5	31.5	39.5	7.8	4.7	4.1	83.4
总体	13.3	30.5	35.9	10.4	5.5	4.5	79.6

表18.103　　不同教育程度对所在社区公共服务满意程度的评价（%）

	非常满意	比较满意	一般	不太满意	非常不满意	不清楚/不了解/不评价	前三项合计
不识字或识字很少	27.1	22.4	22.6	7.2	7.7	13.0	72.1
小学	20.2	26.0	30.1	8.8	6.1	8.8	76.2
初中	14.4	29.1	35.5	9.9	5.8	5.2	79.0
高中、中专或技校	11.5	31.5	36.9	11.0	5.5	3.6	79.8
大学专科	10.5	32.3	38.6	11.0	4.8	2.8	81.4
本科	10.7	33.6	37.8	11.1	4.7	2.2	82.0
硕士或博士研究生	9.1	33.2	36.8	11.9	6.2	2.8	79.0
总体	13.3	30.5	35.9	10.4	5.5	4.5	79.6

表18.104　　不同年家庭收入对所在社区公共服务满意程度的评价（%）

	非常满意	比较满意	一般	不太满意	非常不满意	不清楚/不了解/不评价	前三项合计
1万元以下	16.5	26.1	31.6	10.1	7.7	8.0	74.2
1万～3万元	14.0	29.5	36.4	9.9	5.8	4.4	79.9
3万～5万元	12.9	31.5	36.5	10.7	5.3	3.0	80.9
5万～10万元	12.2	32.4	36.4	11.6	4.7	2.7	80.9
10万～15万元	11.2	33.9	36.8	10.8	4.7	2.6	81.9
15万～25万元	10.2	33.0	38.7	10.5	5.5	2.1	81.9
25万～50万元	11.1	33.0	38.4	9.2	6.7	1.5	82.5
50万元以上	12.0	26.2	35.3	12.9	10.0	3.6	73.5
不清楚/拒答	12.6	30.6	36.0	9.4	4.1	7.5	79.1
总体	13.3	30.5	35.9	10.4	5.5	4.5	79.6

表18.105　　不同省份对所在社区公共服务满意程度的评价（%）

	非常满意	比较满意	一般	不太满意	非常不满意	不清楚/不了解/不评价	前三项合计
北京	8.3	27.5	40.2	15.5	7.1	1.4	76.0
天津	8.8	29.0	39.0	14.1	8.3	0.8	76.7
河北	8.6	28.2	41.0	11.2	6.2	4.9	77.8
山西	7.1	28.2	44.2	11.3	7.9	1.4	79.5

续表

	非常满意	比较满意	一般	不太满意	非常不满意	不清楚/不了解/不评价	前三项合计
内蒙古	14.4	33.3	31.7	9.8	7.6	3.1	79.4
辽宁	16.6	27.9	37.0	8.5	5.4	4.5	81.6
吉林	14.7	28.4	32.6	9.1	7.9	7.2	75.7
黑龙江	18.9	19.1	28.6	9.8	7.0	16.6	66.6
上海	7.2	33.6	40.2	11.0	4.6	3.4	80.9
江苏	11.6	35.4	34.5	10.0	3.7	4.7	81.5
浙江	9.4	31.9	43.2	9.4	3.8	2.4	84.4
安徽	10.4	26.6	35.1	12.4	6.9	8.8	72.1
福建	11.5	33.7	36.1	12.1	4.1	2.5	81.2
江西	16.6	26.7	35.8	12.5	6.0	2.4	79.1
山东	23.6	31.5	30.9	7.3	4.4	2.4	86.0
河南	13.8	27.8	32.0	11.2	6.5	8.6	73.7
湖北	13.8	35.8	32.2	7.9	5.1	5.1	81.8
湖南	23.1	35.7	26.1	6.7	3.4	4.9	85.0
广东	5.5	29.1	43.9	14.2	5.5	1.9	78.4
广西	11.5	25.2	44.7	12.4	5.3	0.9	81.4
海南	11.8	24.4	40.0	12.7	8.3	2.8	76.3
重庆	15.0	28.8	37.3	8.8	4.8	5.4	81.1
四川	10.5	26.4	42.1	11.3	6.4	3.2	79.0
贵州	22.0	27.2	32.2	7.3	3.9	7.4	81.4
云南	8.7	47.1	24.5	9.1	2.1	8.5	80.3
西藏	18.2	35.5	30.4	8.3	3.4	4.2	84.1
陕西	13.1	29.3	42.0	9.7	4.9	1.0	84.4
甘肃	8.1	33.4	33.8	11.2	4.9	8.6	75.4
青海	17.3	40.6	26.8	8.3	3.6	3.5	84.7
宁夏	14.7	29.8	34.6	10.7	8.8	1.4	79.1
新疆	18.0	30.2	35.1	8.4	4.9	3.4	83.3
总体	13.3	30.5	35.9	10.4	5.5	4.5	79.6

（十一）对目前就业状况的总体评价

对目前就业状况表示“非常满意”、“比较满意”和“一般”的分别占7.8%、21.7%、33.0%，合计为62.5%；“不太满意”和“非常不满意”的分别占11.6%、4.7%，合计为16.3%（见图18.16）。在“不太满意”和“非常不满意”的受访者中，认为对自己的工作最不满意的方面是“收入低或收入不稳定”的比重最高，为59.6%，“工作不稳定，失业风险大”和“工作辛苦、时间长，不能充分休息、照顾家庭、学习及娱乐”的位居第二、三位，比重分别为 21.2%、19.1%（见图 18.17）。

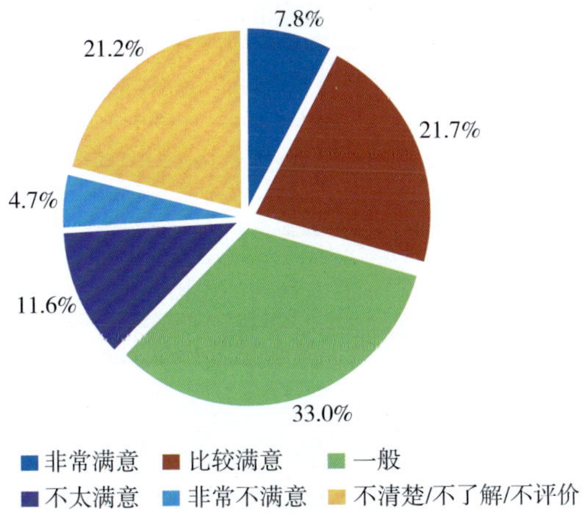

图18.16　对于目前就业状况的总体评价

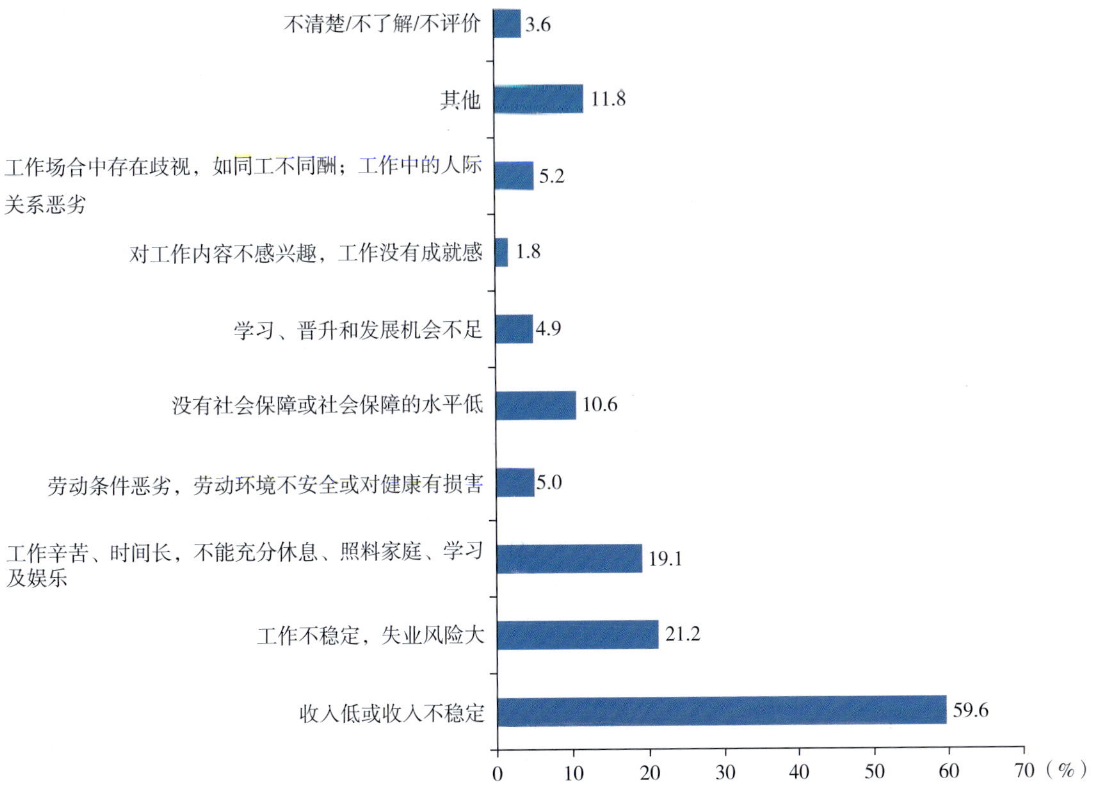

图18.17　认为工作最不满意方面的认识（%）

从不同群体看，25 ~ 29 岁、男性、硕士或博士研究生、外省农业、家庭年收入 15 万 ~ 25 万元等群体对就业状况的评价较高，70 ~ 74 岁、女性、不识字或识字很少、本市（县）农业户口、家庭年收入 1 万元以下等评价较低（见表 18.106 ~ 表 18.111、表 18.113 ~ 表 18.118）。

从不同省份来看，西藏、福建、贵州、广东、江西对就业状况的评价较高（见表 18.112、表 18.119）。

表18.106　城乡对目前就业状况的总体评价（%）

	非常满意	比较满意	一般	不太满意	非常不满意	不清楚/不了解/不评价	前三项合计
城镇	6.7	22.7	34.2	11.5	4.4	20.5	63.6
农村	9.5	20.3	31.1	11.7	5.1	22.4	60.8
总体	7.8	21.7	33.0	11.6	4.7	21.2	62.5

表18.107　不同性别对目前就业状况的总体评价（%）

	非常满意	比较满意	一般	不太满意	非常不满意	不清楚/不了解/不评价	前三项合计
男	8.9	23.9	33.5	11.1	5.4	17.2	66.3
女	6.5	19.0	32.4	12.1	3.9	26.1	57.9
总体	7.8	21.7	33.0	11.6	4.7	21.2	62.5

表18.108　不同年龄对目前就业状况的总体评价（%）

	非常满意	比较满意	一般	不太满意	非常不满意	不清楚/不了解/不评价	前三项合计
18～19岁	4.7	20.7	29.3	13.3	4.3	27.7	54.7
20～24岁	6.6	23.6	37.1	13.5	5.1	14.1	67.3
25～29岁	7.4	26.1	40.2	12.5	4.6	9.3	73.6
30～34岁	7.3	23.6	40.4	12.9	4.8	11.0	71.3
35～39岁	7.6	24.4	39.8	11.7	5.3	11.2	71.8
40～44岁	7.9	21.0	37.1	13.8	5.6	14.7	65.9
45～49岁	9.1	20.7	33.7	13.7	5.9	16.9	63.5
50～54岁	8.9	21.2	28.9	11.6	5.2	24.2	59.0
55～59岁	9.0	19.6	25.4	9.9	4.9	31.2	54.0
60～64岁	7.8	17.3	17.8	6.0	2.8	48.3	42.9
65～69岁	8.2	15.9	15.2	5.5	1.5	53.7	39.3
70～74岁	7.0	14.4	12.9	4.4	1.7	59.7	34.3
总体	7.8	21.7	33.0	11.6	4.7	21.2	62.5

表18.109　不同户口状况对目前就业状况的总体评价（%）

	非常满意	比较满意	一般	不太满意	非常不满意	不清楚/不了解/不评价	前三项合计
本市（县）非农业户口	6.6	22.0	32.7	11.3	4.4	22.9	61.3
本市（县）农业户口	9.3	20.2	31.6	11.9	5.2	21.8	61.1
省内非本市（县）非农业户口	7.6	21.9	33.6	11.9	4.9	20.1	63.1
省内非本市（县）农业户口	6.8	24.1	36.4	12.9	4.7	15.1	67.3

续表

	非常满意	比较满意	一般	不太满意	非常不满意	不清楚/不了解/不评价	前三项合计
外省非农业人口	7.9	26.9	39.1	10.2	3.6	12.4	73.9
外省农业人口	8.8	26.5	41.6	10.3	4.1	8.7	76.9
总体	7.8	21.7	33.0	11.6	4.7	21.2	62.5

表18.110　不同教育程度对目前就业状况的总体评价（%）

	非常满意	比较满意	一般	不太满意	非常不满意	不清楚/不了解/不评价	前三项合计
不识字或识字很少	16.1	12.3	19.0	7.9	5.4	39.3	47.4
小学	11.1	15.3	23.6	9.7	5.3	35.0	50.0
初中	7.7	18.1	30.3	11.5	5.1	27.3	56.1
高中、中专或技校	6.2	21.5	34.2	12.2	4.8	21.1	61.9
大学专科	7.2	25.8	38.3	12.5	4.2	12.0	71.3
本科	7.9	29.6	38.2	11.6	3.7	8.9	75.7
硕士或博士研究生	7.3	29.7	40.9	9.1	4.3	8.9	77.8
总体	7.8	21.7	33.0	11.6	4.7	21.2	62.5

表18.111　不同年家庭收入对目前就业状况的总体评价（%）

	非常满意	比较满意	一般	不太满意	非常不满意	不清楚/不了解/不评价	前三项合计
1万元以下	7.4	13.3	25.1	11.6	7.9	34.6	45.8
1万～3万元	7.3	17.5	31.9	13.1	5.7	24.5	56.8
3万～5万元	7.8	23.2	35.5	12.3	4.3	16.9	66.5
5万～10万元	8.5	27.5	37.0	10.8	3.2	12.9	73.1
10万～15万元	9.0	31.9	36.5	10.0	2.6	10.0	77.4
15万～25万元	8.1	33.9	38.4	8.5	2.6	8.6	80.3
25万～50万元	10.9	31.1	34.7	10.7	2.9	9.6	76.8
50万元以上	14.9	29.1	34.6	7.1	3.9	10.4	78.6
不清楚/拒答	7.0	20.5	30.8	9.9	3.6	28.2	58.3
总体	7.8	21.7	33.0	11.6	4.7	21.2	62.5

表18.112　不同省份对目前就业状况的总体评价（%）

	非常满意	比较满意	一般	不太满意	非常不满意	不清楚/不了解/不评价	前三项合计
北京	4.5	19.8	35.5	8.5	5.0	26.6	59.9
天津	3.8	16.7	30.0	8.5	3.7	37.3	50.5

续表

	非常满意	比较满意	一般	不太满意	非常不满意	不清楚/不了解/不评价	前三项合计
河北	5.6	21.6	34.1	14.0	7.1	17.9	61.2
山西	4.2	13.3	29.6	11.3	5.4	36.3	47.1
内蒙古	6.6	21.4	27.9	12.6	7.5	24.0	55.9
辽宁	5.5	11.1	23.5	7.3	3.4	49.2	40.1
吉林	7.5	18.7	29.2	11.7	7.4	25.5	55.4
黑龙江	8.7	12.5	23.1	9.6	5.2	40.9	44.3
上海	5.2	25.9	30.3	7.8	2.7	28.1	61.4
江苏	6.6	27.4	35.9	9.7	3.3	17.2	69.8
浙江	5.7	23.9	40.4	8.1	2.9	19.0	70.0
安徽	5.7	18.8	26.6	8.8	2.5	37.7	51.0
福建	7.1	26.7	40.2	14.1	3.4	8.5	74.0
江西	12.6	24.8	35.6	11.7	5.3	10.1	72.9
山东	12.2	20.5	28.2	8.1	2.7	28.3	60.9
河南	8.6	21.5	36.9	16.0	8.2	8.8	67.1
湖北	6.6	26.1	34.3	10.6	3.4	19.0	67.0
湖南	14.4	26.9	27.0	8.5	3.0	20.2	68.4
广东	5.6	25.5	41.9	15.6	4.7	6.6	73.1
广西	6.6	18.5	39.1	10.7	4.3	20.9	64.2
海南	8.1	16.2	42.8	13.4	8.0	11.5	67.1
重庆	9.9	17.5	28.7	7.3	3.8	32.8	56.1
四川	6.4	20.0	35.0	10.0	4.0	24.6	61.4
贵州	16.7	22.3	34.6	9.6	3.9	12.9	73.6
云南	5.3	29.0	27.9	20.4	2.7	14.8	62.1
西藏	18.5	37.2	31.1	7.1	2.5	3.6	86.8
陕西	4.4	14.3	30.9	12.9	3.9	33.7	49.5
甘肃	5.1	23.9	32.4	21.2	6.6	10.6	61.5
青海	11.2	28.8	30.9	13.9	8.3	6.9	70.8
宁夏	7.6	21.0	38.3	18.1	9.2	5.9	66.8
新疆	7.6	20.0	35.0	10.1	4.1	23.2	62.5
总体	7.8	21.7	33.0	11.6	4.7	21.2	62.5

表18.113　城乡对工作最不满意的方面（%）

	收入低或收入不稳定	工作不稳定，失业风险大	工作辛苦、时间长，不能充分休息、照料家庭、学习及娱乐	劳动条件恶劣，劳动环境不安全或对健康有损害	没有社会保障或社会保障的水平低	学习、晋升和发发展机会不足	对工作内容不感兴趣，工作没有成就感	工作场合中存在歧视，如同工不同酬；工作中的人际关系恶劣	其他	不清楚/不了解/不评价
城镇	59.4	20.2	20.0	4.8	10.3	6.1	2.3	6.2	11.6	3.0
农村	60.0	22.7	17.8	5.3	11.0	3.2	0.9	3.7	12.0	4.3
总体	59.6	21.2	19.1	5.0	10.6	4.9	1.8	5.2	11.8	3.6

表18.114　不同性别对工作最不满意的方面（%）

	收入低或收入不稳定	工作不稳定，失业风险大	工作辛苦、时间长，不能充分休息、照料家庭、学习及娱乐	劳动条件恶劣，劳动环境不安全或对健康有损害	没有社会保障或社会保障的水平低	学习、晋升和发展机会不足	对工作内容不感兴趣，工作没有成就感	工作场合中存在歧视，如同工不同酬；工作中的人际关系恶劣	其他	不清楚/不了解/不评价
男	58.7	22.2	19.2	5.8	10.1	5.0	1.6	5.7	12.0	3.1
女	60.7	20.0	19.1	4.0	11.2	4.8	2.0	4.5	11.5	4.1
总体	59.6	21.2	19.1	5.0	10.6	4.9	1.8	5.2	11.8	3.6

表18.115　不同年龄对工作最不满意的方面（%）

	收入低或收入不稳定	工作不稳定，失业风险大	工作辛苦、时间长，不能充分休息、照料家庭、学习及娱乐	劳动条件恶劣，劳动环境不安全或对健康有损害	没有社会保障或社会保障的水平低	学习、晋升和发展机会不足	对工作内容不感兴趣，工作没有成就感	工作场合中存在歧视，如同工不同酬；工作中的人际关系恶劣	其他	不清楚/不了解/不评价
18～19岁	52.1	24.9	20.7	6.5	5.9	10.7	4.1	3.0	16.0	2.4
20～24岁	61.5	20.5	25.2	5.7	7.7	8.1	3.1	5.1	9.9	2.0
25～29岁	66.0	20.4	22.0	5.2	11.9	7.6	2.1	5.4	7.3	2.4
30～34岁	66.9	19.9	21.2	4.2	9.9	5.3	1.9	4.1	8.5	3.3
35～39岁	60.1	20.7	22.0	4.9	10.3	4.0	1.4	4.4	11.1	3.8
40～44岁	61.3	21.8	19.1	5.8	9.9	2.9	1.8	4.7	12.0	2.4

续表

	收入低或收入不稳定	工作不稳定，失业风险大	工作辛苦、时间长，不能充分休息、照料家庭、学习及娱乐	劳动条件恶劣，劳动环境不安全或对健康有损害	没有社会保障或社会保障的水平低	学习、晋升和发展机会不足	对工作内容不感兴趣，工作没有成就感	工作场合中存在歧视，如同工不同酬；工作中的人际关系恶劣	其他	不清楚/不了解/不评价
45～49岁	56.7	23.9	17.4	4.6	10.1	4.9	1.5	5.4	12.8	3.2
50～54岁	54.1	21.5	16.1	3.8	11.8	3.2	1.3	6.4	13.9	4.5
55～59岁	53.8	18.4	14.0	6.2	11.0	3.0	0.9	8.3	14.9	6.0
60～64岁	47.5	19.0	7.9	4.7	14.6	2.8	0.3	6.0	21.5	9.5
65～69岁	46.7	21.8	9.7	5.5	15.8	4.2	0.0	4.2	22.4	5.5
70～74岁	43.1	28.4	7.3	5.5	17.4	3.7	1.8	6.4	15.6	8.3
总体	59.6	21.2	19.1	5.0	10.6	4.9	1.8	5.2	11.8	3.6

表18.116　不同户口状况对工作最不满意的方面（%）

	收入低或收入不稳定	工作不稳定，失业风险大	工作辛苦、时间长，不能充分休息、照料家庭、学习及娱乐	劳动条件恶劣，劳动环境不安全或对健康有损害	没有社会保障或社会保障的水平低	学习、晋升和发展机会不足	对工作内容不感兴趣，工作没有成就感	工作场合中存在歧视，如同工不同酬；工作中的人际关系恶劣	其他	不清楚/不了解/不评价
本市（县）非农业户口	58.0	19.9	19.0	4.5	10.4	5.8	2.1	6.7	12.2	3.6
本市（县）农业户口	60.6	22.2	18.1	5.3	11.1	3.6	1.1	3.6	12.2	4.0
省内非本市（县）非农业户口	60.1	25.8	20.5	5.3	8.5	7.4	2.1	6.4	7.4	2.8
省内非本市（县）农业户口	66.9	24.3	19.3	6.2	10.2	3.9	3.3	2.6	8.9	2.0
外省非农业人口	59.3	17.4	23.8	8.1	9.9	11.0	1.7	7.0	9.3	1.7
外省农业人口	63.0	22.0	28.6	5.3	10.9	3.7	2.5	4.3	9.3	1.6
总体	59.6	21.2	19.1	5.0	10.6	4.9	1.8	5.2	11.8	3.6

表18.117 不同教育程度对工作最不满意的方面（%）

	收入低或收入不稳定	工作不稳定，失业风险大	工作辛苦、时间长，不能充分休息、照料家庭、学习及娱乐	劳动条件恶劣，劳动环境不安全或对健康有损害	没有社会保障或社会保障的水平低	学习、晋升和发展机会不足	对工作内容不感兴趣，工作没有成就感	工作场合中存在歧视，如同工不同酬；工作中的人际关系恶劣	其他	不清楚/不了解/不评价
不识字或识字很少	53.7	18.7	16.7	8.9	10.3	2.5	1.0	3.0	15.3	6.4
小学	57.2	23.5	16.0	6.1	10.7	3.3	1.3	3.5	13.3	5.2
初中	58.5	24.1	17.5	4.9	12.2	2.3	1.1	3.7	12.3	3.6
高中、中专或技校	59.9	22.9	18.4	5.1	11.1	3.7	1.1	5.4	11.2	3.8
大学专科	62.6	17.9	21.1	4.4	10.3	7.2	2.3	6.2	11.1	2.5
本科	61.2	15.9	23.7	4.2	6.3	10.5	3.5	7.7	11.0	2.5
硕士或博士研究生	44.0	10.7	22.7	8.0	10.7	14.7	10.7	8.0	12.0	6.7
总体	59.6	21.2	19.1	5.0	10.6	4.9	1.8	5.2	11.8	3.6

表18.118 不同年家庭收入对工作最不满意的方面（%）

	收入低或收入不稳定	工作不稳定，失业风险大	工作辛苦、时间长，不能充分休息、照料家庭、学习及娱乐	劳动条件恶劣，劳动环境不安全或对健康有损害	没有社会保障或社会保障的水平低	学习、晋升和发展机会不足	对工作内容不感兴趣，工作没有成就感	工作场合中存在歧视，如同工不同酬；工作中的人际关系恶劣	其他	不清楚/不了解/不评价
1万元以下	58.1	23.7	15.0	5.8	13.2	3.6	1.4	3.4	13.4	4.7
1万～3万元	62.5	23.2	17.4	4.5	11.7	3.9	.9	4.8	10.3	3.1
3万～5万元	64.4	19.4	21.3	5.2	9.5	5.3	1.8	5.4	9.3	2.6
5万～10万元	57.5	20.0	22.3	5.8	8.7	6.2	2.3	6.6	12.5	2.6
10万～15万元	50.1	17.9	27.8	6.0	10.1	8.3	3.9	8.3	11.7	2.6
15万～25万元	48.4	19.0	19.0	4.6	6.5	8.5	6.5	11.8	13.1	2.6
25万～50万元	45.1	22.5	21.1	1.4	15.5	5.6	2.8	5.6	18.3	0.0
50万元以上	41.2	23.5	17.6	2.9	2.9	11.8	8.8	2.9	23.5	2.9
不清楚/拒答	55.5	18.5	17.6	4.1	9.2	5.0	1.8	4.0	16.2	7.4
总体	59.6	21.2	19.1	5.0	10.6	4.9	1.8	5.2	11.8	3.6

表18.119　　不同省份对工作最不满意的方面（%）

	收入低或收入不稳定	工作不稳定，失业风险大	工作辛苦、时间长，不能充分休息、照料家庭、学习及娱乐	劳动条件恶劣，劳动环境不安全或对健康有损害	没有社会保障或社会保障的水平低	学习、晋升和发展机会不足	对工作内容不感兴趣，工作没有成就感	工作场合中存在歧视，如同工不同酬；工作中的人际关系恶劣	其他	不清楚/不了解/不评价
北京	47.4	15.4	26.3	8.6	5.1	6.9	5.1	17.1	12.6	6.9
天津	47.6	23.4	16.6	7.6	13.8	4.1	2.1	9.7	19.3	5.5
河北	75.2	15.5	19.3	4.3	10.7	1.9	1.0	2.4	12.6	1.9
山西	58.0	10.0	11.2	4.8	12.0	6.8	1.2	5.6	13.6	4.8
内蒙古	64.7	36.7	13.3	3.1	14.0	7.3	1.0	5.6	1.7	0.7
辽宁	51.9	12.2	21.5	2.8	9.4	2.8	1.1	2.2	22.7	6.6
吉林	65.5	31.1	9.0	2.6	16.9	4.9	1.1	6.0	0.4	4.5
黑龙江	62.0	39.7	6.3	1.7	10.1	3.4	1.3	3.4	2.5	1.7
上海	35.3	13.2	19.1	5.9	10.3	6.6	4.4	12.5	18.4	8.1
江苏	58.4	19.9	19.9	3.5	9.8	3.8	1.0	5.2	17.1	3.5
浙江	66.7	26.3	22.7	6.1	10.6	7.1	2.0	5.6	5.6	0.0
安徽	61.6	15.8	28.6	4.4	14.8	6.9	2.5	3.4	12.3	3.9
福建	62.7	30.4	19.4	3.8	12.2	3.0	1.5	2.7	13.3	1.9
江西	40.4	20.2	22.1	9.9	14.3	5.5	3.[illegible]	8.1	16.9	5.1
山东	62.8	19.9	19.5	2.8	9.6	2.8	1.[illegible]	5.0	11.3	2.8
河南	58.5	16.6	14.3	2.8	7.8	1.8	0.[illegible]	4.0	20.1	5.8
湖北	69.4	12.3	17.5	4.0	9.9	2.4	2.[illegible]	4.0	9.5	4.8

续表

	收入低或收入不稳定	工作不稳定，失业风险大	工作辛苦、时间长，不能充分休息、照料家庭、学习及娱乐	劳动条件恶劣，劳动环境不安全或对健康有损害	没有社会保障或社会保障的水平低	学习、晋升和发展机会不足	对工作内容不感兴趣，工作没有成就感	工作场合中存在歧视，如同工不同酬；工作中的人际关系恶劣	其他	不清楚/不了解/不评价
湖南	49.8	18.9	15.2	4.1	7.4	3.2	0.9	4.6	23.0	5.1
广东	68.8	26.1	21.5	6.2	13.9	5.5	2.5	3.9	9.7	0.7
广西	67.4	11.3	20.1	2.9	5.0	3.8	0.4	3.3	14.6	3.3
海南	49.8	16.3	19.5	7.4	15.2	9.7	4.3	10.1	10.9	5.8
重庆	56.8	20.0	20.6	4.5	5.2	2.6	1.3	5.2	4.5	10.3
四川	57.1	9.9	18.7	8.5	5.4	3.4	2.0	4.4	21.8	5.4
贵州	48.4	21.3	19.7	4.3	10.6	6.4	3.7	5.9	9.6	12.2
云南	71.0	22.8	26.6	3.0	4.1	4.9	2.2	1.6	1.4	1.1
西藏	63.6	15.9	34.6	12.1	7.5	6.5	0.9	2.8	7.5	0.0
陕西	63.5	29.4	27.4	7.1	13.9	11.9	1.6	9.1	3.6	2.8
甘肃	57.9	23.8	21.0	4.9	7.7	9.7	0.3	4.9	11.3	2.1
青海	49.8	24.0	12.7	9.0	10.9	2.6	2.2	7.1	16.5	1.1
宁夏	56.6	30.0	19.6	4.9	16.2	4.9	0.6	5.5	6.1	0.3
新疆	53.3	16.1	23.6	6.5	12.6	4.0	3.0	2.5	14.6	3.0
总体	59.6	21.2	19.1	5.0	10.6	4.9	1.8	5.2	11.8	3.6

（十二）对目前居住地食品安全状况的总体评价

对目前居住地食品安全状况表示“非常满意”、“比较满意”和“一般”的分别占9.2%、23.4%、34.2%，合计为66.8%（见图18.18）。

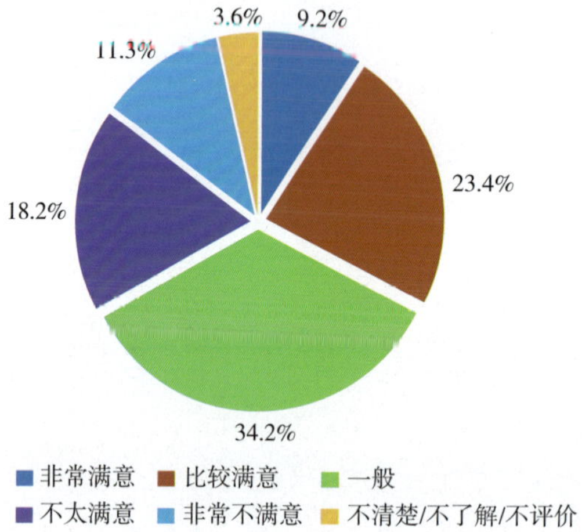

图18.18　对目前居住地食品安全状况的总体评价

从不同群体看，农村户口、初中学历、家庭年收入1万～3万元等群体对食品安全状况的评价较高，城镇、硕士或博士研究生、家庭年收入50万元以上等评价较低（见表18.120～表18.125）。

从不同省份来看，辽宁、西藏、内蒙古、贵州、山东等评价较高（见表18.126）。

表18.120　城乡对目前居住地食品安全状况的总体评价（%）

	非常满意	比较满意	一般	不太满意	非常不满意	不清楚/不了解/不评价	前三项合计
城镇	6.5	21.7	35.2	20.6	12.9	3.0	63.5
农村	13.5	26.0	32.6	14.4	8.9	4.7	72.0
总体	9.2	23.4	34.2	18.2	11.3	3.6	66.8

表18.121　不同性别对目前居住地食品安全状况的总体评价（%）

	非常满意	比较满意	一般	不太满意	非常不满意	不清楚/不了解/不评价	前三项合计
男	10.0	25.5	33.8	16.4	10.7	3.6	69.4
女	8.3	20.8	34.7	20.4	12.1	3.7	63.7
总体	9.2	23.4	34.2	18.2	11.3	3.6	66.8

表18.122　不同年龄对目前居住地食品安全状况的总体评价（%）

	非常满意	比较满意	一般	不太满意	非常不满意	不清楚/不了解/不评价	前三项合计
18～19岁	6.8	30.5	36.9	16.1	7.9	1.8	74.2
20～24岁	7.4	27.9	38.3	15.6	9.0	1.8	73.6
25～29岁	7.1	23.6	38.2	17.9	11.5	1.7	68.9
30～34岁	7.0	20.8	37.1	19.5	13.3	2.3	64.9

续表

	非常满意	比较满意	一般	不太满意	非常不满意	不清楚/不了解/不评价	前三项合计
35～39岁	7.5	20.8	35.8	19.4	14.3	2.2	64.1
40～44岁	8.8	21.8	33.7	19.3	13.4	3.0	64.2
45～49岁	10.9	23.5	33.0	17.5	11.3	3.7	67.5
50～54岁	12.0	23.1	31.2	17.3	11.4	4.9	66.3
55～59岁	11.6	24.8	31.6	17.1	10.0	4.9	68.0
60～64岁	11.4	24.4	29.4	18.3	8.8	7.7	65.2
65～69岁	12.3	25.0	30.1	18.2	7.6	6.8	67.3
70～74岁	12.7	25.5	27.3	19.2	6.4	8.8	65.5
总体	9.2	23.4	34.2	18.2	11.3	3.6	66.8

表18.123　　不同户口状况对目前居住地食品安全状况的总体评价（%）

	非常满意	比较满意	一般	不太满意	非常不满意	不清楚/不了解/不评价	前三项合计
本市（县）非农业户口	6.7	21.6	34.8	20.9	12.9	3.1	63.1
本市（县）农业户口	13.0	25.6	32.6	15.0	9.2	4.6	71.2
省内非本市（县）非农业户口	6.7	22.8	33.8	21.5	13.0	2.1	63.3
省内非本市（县）农业户口	7.9	23.7	37.3	16.4	10.6	4.2	68.9
外省非农业人口	5.8	23.3	38.1	17.0	13.1	2.6	67.2
外省农业人口	8.3	24.1	37.6	16.6	10.9	2.5	70.0
总体	9.2	23.4	34.2	18.2	11.3	3.6	66.8

表18.124　　不同教育程度对目前居住地食品安全状况的总体评价（%）

	非常满意	比较满意	一般	不太满意	非常不满意	不清楚/不了解/不评价	前三项合计
不识字或识字很少	23.8	20.5	23.2	11.8	7.5	13.2	67.5
小学	16.8	23.7	29.2	13.8	8.4	8.2	69.7
初中	11.1	25.4	34.4	15.6	9.3	4.2	70.9
高中、中专或技校	7.1	23.5	34.9	19.7	11.9	2.9	65.5
大学专科	6.2	21.8	35.9	21.0	13.5	1.6	63.9
本科	5.4	22.3	36.2	21.2	13.5	1.4	63.8
硕士或博士研究生	4.8	15.6	36.8	20.8	21.0	1.1	57.2
总体	9.2	23.4	34.2	18.2	11.3	3.6	66.8

表18.125　　不同年家庭收入对目前居住地食品安全状况的总体评价（%）

	非常满意	比较满意	一般	不太满意	非常不满意	不清楚/不了解/不评价	前三项合计
1万元以下	14.2	22.1	32.1	14.6	10.4	6.6	68.4
1万～3万元	10.6	24.4	34.5	16.8	10.2	3.4	69.6
3万～5万元	8.2	23.9	34.4	19.3	11.7	2.4	66.5
5万～10万元	7.2	22.9	34.7	21.2	11.8	2.2	64.8

续表

	非常满意	比较满意	一般	不太满意	非常不满意	不清楚/不了解/不评价	前三项合计
10万～15万元	6.2	22.1	34.5	21.1	14.3	1.8	62.9
15万～25万元	5.9	22.7	33.8	18.8	16.9	2.0	62.4
25万～50万元	7.1	17.9	33.4	22.5	17.5	1.7	58.3
50万元以上	7.1	15.2	35.3	18.1	21.7	2.6	57.6
不清楚/拒答	8.2	23.8	34.6	17.0	10.0	6.4	66.6
总体	9.2	23.4	34.2	18.2	11.3	3.6	66.8

表18.126　　不同省份对目前居住地食品安全状况的总体评价（%）

	非常满意	比较满意	一般	不太满意	非常不满意	不清楚/不了解/不评价	前三项合计
北京	4.6	21.5	41.7	17.2	13.6	1.1	67.0
天津	4.3	19.3	40.9	20.8	13.3	1.4	64.5
河北	5.4	23.3	36.1	18.3	11.9	5.1	64.8
山西	5.1	23.3	39.6	17.9	13.5	0.6	68.0
内蒙古	13.8	29.4	30.1	15.1	9.0	2.6	73.3
辽宁	14.1	31.3	34.6	10.1	7.5	2.4	80.1
吉林	10.2	21.4	32.9	15.0	12.9	7.7	64.4
黑龙江	15.0	17.2	33.2	14.0	12.1	8.5	65.4
上海	4.6	19.0	36.8	21.1	13.9	4.6	60.4
江苏	7.5	26.5	34.7	18.0	9.2	4.1	68.7
浙江	5.1	18.7	38.9	22.2	13.2	1.9	62.7
安徽	8.0	21.7	33.7	18.6	11.0	7.0	63.4
福建	5.3	27.5	33.5	19.7	11.7	2.3	66.3
江西	12.3	22.6	33.3	17.8	12.6	1.5	68.1
山东	14.4	23.1	33.8	16.2	9.2	3.3	71.3
河南	6.6	17.4	32.8	22.1	13.8	7.3	56.8
湖北	8.6	24.3	32.6	19.5	10.5	4.6	65.4
湖南	16.7	28.0	26.1	15.6	11.2	2.4	70.8
广东	4.1	18.0	37.6	24.4	14.5	1.4	59.7
广西	8.2	16.4	42.3	19.4	12.5	1.3	66.9
海南	8.8	21.5	35.8	16.6	15.9	1.4	66.1
重庆	12.4	23.0	32.7	16.4	11.1	4.4	68.1
四川	8.5	23.0	38.8	17.9	9.6	2.1	70.3
贵州	19.3	23.4	29.4	13.4	7.9	6.7	72.1
云南	5.3	36.1	18.8	23.1	6.8	10.0	60.1
西藏	15.3	32.9	30.6	13.1	6.8	1.4	78.8
陕西	6.7	22.2	39.4	19.8	10.7	1.1	68.3

续表

	非常满意	比较满意	一般	不太满意	非常不满意	不清楚/不了解/不评价	前三项合计
甘肃	7.3	26.4	29.2	20.4	12.6	4.1	62.9
青海	11.5	28.7	26.8	19.8	10.5	2.8	67.0
宁夏	10.3	23.9	34.9	16.8	12.5	1.6	69.2
新疆	11.3	22.4	36.5	16.7	10.2	2.9	70.1
总体	9.2	23.4	34.2	18.2	11.3	3.6	66.8

（十三）对目前居住地司法（包括公检法）机关公正执法情况的总体评价

对目前居住地司法（包括公检法）机关公正执法情况表示“非常满意”、“比较满意”和“一般”的分别占 10.5%、24.3%、32.2%，合计为 67.0%（见图 18.19）。

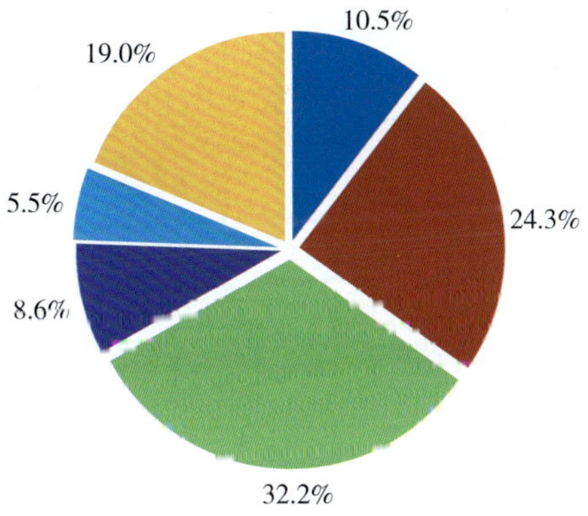

图18.19　对目前居住地司法机关公正执法情况的总体评价

从不同群体看，大学专科、家庭年收入 5 万 ~ 10 万元等群体对司法机关公正执法情况的评价较高；不识字或识字很少、收入不清楚 / 拒答的评价较低（见表 18.127 ~ 表 18.132）。

从不同省份来看，江西、西藏、陕西、北京、湖南等评价较高（见表 18.133）。

表18.127　城乡对目前居住地司法机关公正执法状况的总体评价（%）

	非常满意	比较满意	一般	不太满意	非常不满意	不清楚/不了解/不评价	前三项合计
城镇	8.6	24.8	33.8	8.6	5.3	18.9	67.2
农村	13.5	23.5	29.8	8.5	5.8	19.0	66.7
总体	10.5	24.3	32.2	8.6	5.5	19.0	67.0

表18.128　不同性别对目前居住地司法机关公正执法状况的总体评价（%）

	非常满意	比较满意	一般	不太满意	非常不满意	不清楚/不了解/不评价	前三项合计
男	11.2	25.8	31.0	9.4	6.7	15.8	68.1
女	9.6	22.4	33.7	7.5	4.0	22.8	65.7
总体	10.5	24.3	32.2	8.6	5.5	19.0	67.0

表18.129　不同年龄对目前居住地司法机关公正执法状况的总体评价（%）

	非常满意	比较满意	一般	不太满意	非常不满意	不清楚/不了解/不评价	前三项合计
18～19岁	8.6	30.4	34.1	7.6	4.7	14.6	73.1
20～24岁	8.7	25.2	38.2	8.9	5.3	13.7	72.1
25～29岁	8.4	24.5	36.6	10.0	6.0	14.4	69.5
30～34岁	8.6	22.0	36.7	9.3	6.5	16.8	67.4
35～39岁	9.6	24.0	34.9	8.6	6.1	16.9	68.4
40～44岁	10.2	22.9	32.5	9.3	6.0	19.2	65.6
45～49岁	12.1	24.0	30.8	8.7	5.9	18.6	66.9
50～54岁	12.7	23.5	28.4	8.2	5.2	22.0	64.6
55～59岁	12.8	25.5	27.2	7.0	5.2	22.4	65.5
60～64岁	12.1	25.5	25.4	7.3	4.2	25.5	63.0
65～69岁	12.9	26.4	25.2	6.8	3.2	25.5	64.5
70～74岁	13.0	27.4	23.1	6.2	2.5	27.8	63.5
总体	10.5	24.3	32.2	8.6	5.5	19.0	67.0

表18.130　不同户口状况对目前居住地司法机关公正执法状况的总体评价（%）

	非常满意	比较满意	一般	不太满意	非常不满意	不清楚/不了解/不评价	前三项合计
本市（县）非农业户口	8.9	25.6	33.4	8.3	4.8	19.0	67.9
本市（县）农业户口	13.1	22.7	30.3	8.8	6.1	18.8	66.2
省内非本市（县）非农业户口	9.0	26.0	32.5	7.7	5.4	19.5	67.5
省内非本市（县）农业户口	8.5	21.8	33.0	9.4	6.2	21.1	63.2
外省非农业人口	7.4	26.5	33.7	8.8	6.2	17.6	67.5
外省农业人口	9.3	22.6	34.4	9.3	6.0	18.4	66.3
总体	10.5	24.3	32.2	8.6	5.5	19.0	67.0

表18.131　不同教育程度对目前居住地司法机关公正执法状况的总体评价（%）

	非常满意	比较满意	一般	不太满意	非常不满意	不清楚/不了解/不评价	前三项合计
不识字或识字很少	20.0	14.9	17.3	4.9	5.8	37.1	52.2
小学	16.2	20.0	24.8	7.7	5.4	26.0	61.0
初中	11.3	23.1	31.1	8.7	5.7	20.2	65.5
高中、中专或技校	8.5	24.7	33.9	9.4	5.9	17.7	67.0
大学专科	8.4	26.0	35.7	9.0	5.4	15.4	70.2
本科	9.6	28.6	35.0	7.6	4.5	14.7	73.2
硕士或博士研究生	7.5	23.3	37.3	9.6	5.5	16.9	68.0
总体	10.5	24.3	32.2	8.6	5.5	19.0	67.0

表18.132　不同年家庭收入对目前居住地司法机关公正执法状况的总体评价（%）

	非常满意	比较满意	一般	不太满意	非常不满意	不清楚/不了解/不评价	前三项合计
1万元以下	13.1	20.6	27.9	8.0	7.0	23.5	61.6
1万～3万元	11.3	24.1	31.5	8.6	5.4	19.1	66.9
3万～5万元	10.2	25.8	33.2	9.0	5.1	16.8	69.2
5万～10万元	9.9	27.1	34.7	9.0	4.6	14.6	71.8
10万～15万元	7.8	26.9	35.7	9.6	6.6	13.3	70.5
15万～25万元	8.4	25.5	37.3	8.7	7.6	12.5	71.2
25万～50万元	8.1	21.9	35.9	12.9	9.6	11.7	65.8
50万元以上	8.1	20.7	37.2	9.7	13.3	11.0	66.0
不清楚/拒答	9.4	20.8	30.1	7.2	4.2	28.4	60.3
总体	10.5	24.3	32.2	8.6	5.5	19.0	67.0

表18.133　不同省份对目前居住地司法机关公正执法状况的总体评价（%）

	非常满意	比较满意	一般	不太满意	非常不满意	不清楚/不了解/不评价	前三项合计
北京	6.8	28.0	42.5	9.4	6.1	7.2	77.4
天津	6.0	26.4	40.8	8.1	4.4	14.2	73.3
河北	5.3	20.8	31.7	9.2	6.2	27.0	57.7
山西	6.5	21.9	45.6	11.7	9.8	4.4	74.1
内蒙古	12.9	27.0	30.6	7.9	6.8	14.8	70.5
辽宁	11.6	26.9	33.5	8.7	7.5	11.8	72.0
吉林	11.8	22.1	29.3	6.9	6.0	23.8	63.2
黑龙江	13.4	16.3	23.3	6.3	5.4	35.3	53.0
上海	5.0	21.8	31.1	6.6	4.5	30.9	57.9
江苏	9.0	27.0	29.2	6.9	3.7	24.1	65.2
浙江	6.8	24.6	39.0	8.7	5.3	15.6	70.4
安徽	7.2	18.7	28.1	7.9	3.7	34.4	54.0
福建	8.2	26.0	35.5	9.4	5.2	15.7	69.7
江西	16.1	26.9	35.6	10.0	5.8	5.6	78.6
山东	17.2	24.3	24.8	5.7	4.2	23.8	66.3
河南	9.6	21.6	30.6	10.0	6.8	21.4	61.9
湖北	9.8	29.6	27.6	7.5	3.2	22.4	66.9
湖南	23.9	27.7	24.9	7.4	5.3	10.8	76.5
广东	3.8	20.7	40.1	13.4	6.9	15.1	64.6

续表

	非常满意	比较满意	一般	不太满意	非常不满意	不清楚/不了解/不评价	前三项合计
广西	9.4	21.6	45.0	10.7	6.0	7.3	76.0
海南	7.3	20.9	42.8	11.6	12.7	4.8	70.9
重庆	12.2	22.9	29.9	7.3	4.1	23.6	65.0
四川	8.8	23.3	36.7	9.8	5.5	16.0	68.8
贵州	20.4	23.0	23.2	6.3	4.4	22.6	66.6
云南	5.2	22.0	14.4	7.2	2.1	49.2	41.6
西藏	19.0	33.2	26.2	7.6	3.1	11.0	78.4
陕西	10.1	26.0	42.3	8.2	5.5	7.9	78.4
甘肃	5.9	23.5	30.1	10.1	[illegible]	25.4	59.6
青海	13.5	34.5	23.3	6.2	3.6	19.0	71.3
宁夏	10.3	27.0	34.3	10.3	7.6	10.5	71.6
新疆	15.6	24.9	30.8	6.1	4.1	18.4	71.3
总体	10.5	24.3	32.2	8.6	5.5	19.0	67.0

（十四）对当前自己生活状态的评价

对当前自己生活状态总体“非常满意”、“比较满意”和“一般”的分别占 12.6%、35.7%、41.5%，合计为 89.8%（见图 18.20）。

同时，认为近一年来总体生活状况“有明显改善”、“有一定改善”、“和以前一样”的分别占 17.6%、33.9%、35.3%，合计为 87.10%（见图 18.21）。对未来生活，表示“很有信心”、“比较有信心”和“一般”的分别占 35.2%、33.4%、20.8%，合计为 89.4%（见图 18.22）。认为自己的生活水平在当地处于“非常好”、“中等偏上”、“中等”的分别占 1.2%、11.3%、56.8%，合计为 69.3%（见图 18.23）。

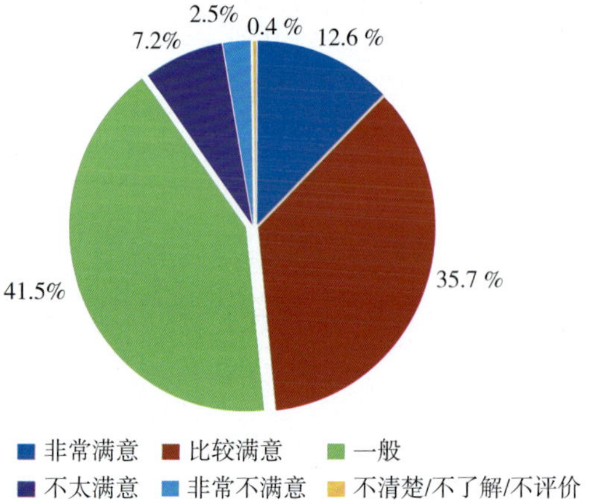

图18.20　对当前自己生活状态的总体评价

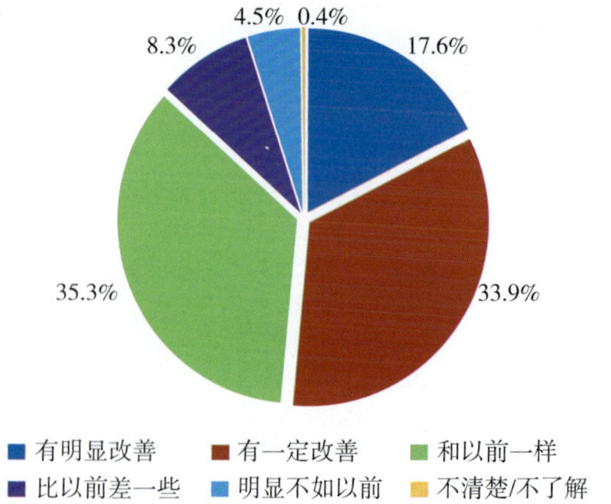

图18.21　近一年，对总体生活状况改善情况的总体评价

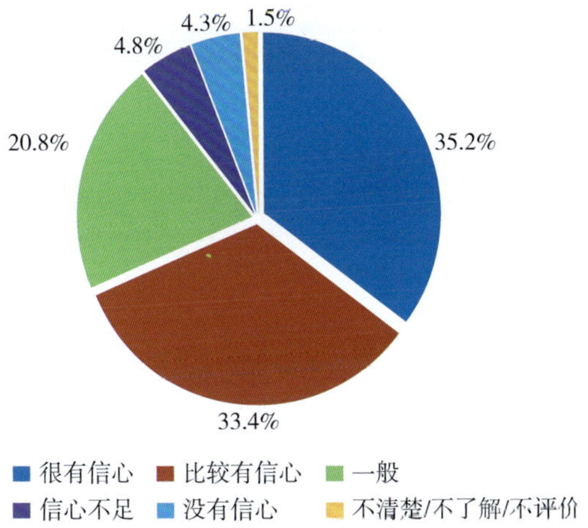

图18.22　对未来生活信心的总体评价

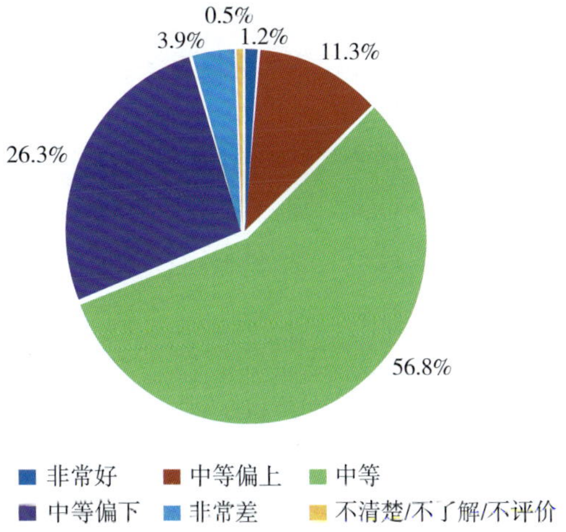

图18.23　认为自己生活水平在当地处于什么水平的评价

从不同省份来看，西藏、青海、上海、江苏、山东等对当前自己总体生活状态的评价较高，西藏、山东、江苏、贵州、云南等对自己的总体生活状况改善的评价较高（见表 18.140、表 18.147）。

从不同群体看，本科群体对未来生活信心较高；不识字或识字很少的群体对未来生活信心较低（见表 18.148 ~ 表 18.154）。硕士或博士研究生觉得自己生活水平在当地处于中等以上的比重较高；不识字或识字很少的群体觉得自己生活水平在当地处于中等以上的比重较低（见表 18.155 ~ 表 18.161）。

表18.134　城乡对当前自己生活状态的评价（%）

	非常满意	比较满意	一般	不太满意	非常不满意	不清楚/不了解/不评价	前三项合计
城镇	10.4	38.1	42.2	6.9	2.2	0.2	90.7
农村	16.1	32.1	40.3	7.8	3.0	0.7	88.5
总体	12.6	35.7	41.5	7.2	2.5	0.4	89.8

表18.135　不同性别对当前自己生活状态的评价（%）

	非常满意	比较满意	一般	不太满意	非常不满意	不清楚/不了解/不评价	前三项合计
男	13.3	35.9	40.4	7.2	2.7	0.4	89.7
女	11.7	35.5	42.8	7.3	2.3	0.4	90.0
总体	12.6	35.7	41.5	7.2	2.5	0.4	89.8

表18.136　不同年龄对当前自己生活状态的评价（%）

	非常满意	比较满意	一般	不太满意	非常不满意	不清楚/不了解/不评价	前三项合计
18 ~ 19岁	12.1	43.1	35.6	6.8	2.3	0.1	90.8
20 ~ 24岁	9.7	39.3	41.2	7.6	1.9	0.3	90.2
25 ~ 29岁	8.7	34.8	45.6	8.1	2.6	0.2	89.2
30 ~ 34岁	8.5	34.1	46.4	8.3	2.6	0.1	88.9
35 ~ 39岁	9.4	35.8	44.3	7.9	2.3	0.2	89.5
40 ~ 44岁	10.6	33.0	45.2	8.2	2.7	0.4	88.8

续表

	非常满意	比较满意	一般	不太满意	非常不满意	不清楚/不了解/不评价	前三项合计
45～49岁	13.0	33.7	42.1	7.7	2.9	0.6	88.8
50～54岁	14.9	34.0	40.6	6.7	3.2	0.5	89.5
55～59岁	17.3	35.6	36.5	6.5	3.7	0.5	89.3
60～64岁	19.8	37.5	33.9	5.9	2.2	0.8	91.2
65～69岁	21.9	40.7	31.5	3.8	1.5	0.7	94.0
70～74岁	24.1	43.1	28.4	2.6	0.9	0.9	95.6
总体	12.6	35.7	41.5	7.2	2.5	0.4	89.8

表18.137 不同户口状况对当前自己生活状态的评价（%）

	非常满意	比较满意	一般	不太满意	非常不满意	不清楚/不了解/不评价	前三项合计
本市（县）非农业户口	10.7	39.1	41.4	6.4	2.2	0.2	91.2
本市（县）农业户口	16.1	32.0	40.5	7.7	2.9	0.7	88.7
省内非本市（县）非农业户口	10.5	36.2	42.0	8.4	2.7	0.1	88.8
省内非本市（县）农业户口	9.2	31.5	45.8	9.2	3.5	0.7	86.6
外省非农业人口	7.0	39.2	43.2	8.4	2.0	0.2	89.4
外省农业人口	10.0	31.3	46.6	9.4	2.4	0.3	88.0
总体	12.6	35.7	41.5	7.2	2.5	0.4	89.8

表18.138 不同教育程度对当前自己生活状态的评价（%）

	非常满意	比较满意	一般	不太满意	非常不满意	不清楚/不了解/不评价	前三项合计
不识字或识字很少	29.7	22.6	32.2	8.0	4.8	2.7	84.5
小学	21.3	27.4	38.6	7.4	4.0	1.4	87.2
初中	14.1	31.7	43.0	8.0	2.9	0.3	88.8
高中、中专或技校	10.6	35.1	43.6	7.9	2.6	0.2	89.3
大学专科	9.0	40.5	42.5	6.1	1.7	0.2	92.0
本科	8.7	46.0	38.1	5.9	1.2	0.0	92.9
硕士或博士研究生	7.6	49.4	34.6	6.4	1.8	0.2	91.7
总体	12.6	35.7	41.5	7.2	2.5	0.4	89.8

表18.139 不同年家庭收入对当前自己生活状态的评价（%）

	非常满意	比较满意	一般	不太满意	非常不满意	不清楚/不了解/不评价	前三项合计
1万元以下	14.6	25.2	42.3	11.0	5.9	1.1	82.0
1万～3万元	12.5	29.9	44.9	9.4	3.1	0.2	87.3
3万～5万元	11.6	37.8	42.2	6.4	1.8	0.2	91.6
5万～10万元	11.6	41.9	40.3	4.9	1.1	0.1	93.8
10万～15万元	12.3	46.8	35.2	4.5	1.1	0.1	94.4
15万～25万元	11.6	50.1	33.1	4.1	1.1	0.1	94.8

续表

	非常满意	比较满意	一般	不太满意	非常不满意	不清楚/不了解/不评价	前三项合计
25万～50万元	15.4	49.5	31.5	1.7	1.9		96.4
50万元以上	20.7	45.6	26.9	4.5	1.6	0.6	93.2
不清楚/拒答	13.6	37.3	40.2	6.0	1.9	1.0	91.1
总体	12.6	35.7	41.5	7.2	2.5	0.4	89.8

表18.140　　不同省份对当前自己生活状态的评价（%）

	非常满意	比较满意	一般	不太满意	非常不满意	不清楚/不了解/不评价	前三项合计
北京	8.3	36.8	41.9	9.8	2.8	0.3	87.1
天津	7.8	36.3	45.1	6.4	4.2	0.3	89.2
河北	9.3	37.7	42.0	8.1	2.7	0.3	89.0
山西	7.3	31.6	48.3	8.6	4.1	0.1	87.2
内蒙古	13.7	38.8	38.1	6.4	2.9	0.1	90.6
辽宁	14.1	33.2	42.1	7.1	3.0	0.5	89.4
吉林	14.3	33.8	39.1	8.3	4.0	0.5	87.2
黑龙江	18.7	27.8	41.1	8.8	2.8	0.9	87.5
上海	7.0	39.0	47.0	5.4	1.5	0.1	93.1
江苏	12.7	43.0	37.1	5.4	1.3	0.5	92.9
浙江	8.2	38.4	45.2	5.3	2.6	0.3	91.8
安徽	11.7	[illegible]	41.0	6.8	3.0	0.0	89.1
福建	10.5	39.0	42.1	6.7	1.3	0.3	91.6
江西	15.5	36.0	37.8	7.3	2.9	0.6	89.3
山东	21.1	36.2	35.4	5.5	1.6	0.3	92.7
河南	15.2	34.3	40.7	6.8	2.3	0.6	90.2
湖北	10.6	39.6	41.6	5.8	2.0	0.5	91.7
湖南	20.8	37.6	32.6	5.6	2.4	0.9	91.1
广东	7.0	32.6	49.3	8.7	2.2	0.2	88.9
广西	9.4	25.9	51.4	9.1	3.9	0.3	86.8
海南	12.0	29.5	43.8	9.4	4.5	0.8	85.3
重庆	15.6	33.1	41.2	6.5	3.3	0.2	90.0
四川	10.4	33.2	45.9	8.1	2.2	0.1	89.5
贵州	20.1	32.3	39.0	6.1	1.8	0.6	91.4
云南	7.3	45.7	35.9	9.8	0.8	0.5	88.9
西藏	18.0	40.7	34.7	5.3	1.1	0.2	93.4
陕西	10.1	32.2	45.8	8.8	3.0	0.1	88.1
甘肃	7.6	36.7	40.6	11.5	2.7	0.8	85.0
青海	16.6	42.8	34.1	4.4	1.9	0.3	93.4
宁夏	14.1	37.3	38.7	7.3	2.5	0.1	90.1
新疆	14.3	32.3	44.5	6.4	2.4	0.1	91.1
总体	12.6	35.7	41.5	7.2	2.5	0.4	89.8

表18.141 城乡对个人总体生活状况改善的评价（%）

	有明显改善	有一定改善	和以前一样	比以前差一些	明显不如以前	不清楚/不了解	前三项合计
城镇	14.1	33.3	39.0	8.8	4.5	0.3	86.4
农村	23.2	34.7	29.5	7.6	4.5	0.5	87.4
总体	17.6	33.9	35.3	8.3	4.5	0.4	86.8

表18.142 不同性别对个人总体生活状况改善的评价（%）

	有明显改善	有一定改善	和以前一样	比以前差一些	明显不如以前	不清楚/不了解	前三项合计
男	19.0	34.5	32.6	8.9	4.8	0.3	86.1
女	16.0	33.1	38.5	7.7	4.2	0.4	87.6
总体	17.6	33.9	35.3	8.3	4.5	0.4	86.8

表18.143 不同年龄对个人总体生活状况改善的评价（%）

	有明显改善	有一定改善	和以前一样	比以前差一些	明显不如以前	不清楚/不了解	前三项合计
18～19岁	17.3	42.0	34.8	3.4	2.2	0.3	94.1
20～24岁	16.3	39.1	35.8	5.7	2.7	0.4	91.2
25～29岁	13.3	37.5	37.0	7.7	4.2	0.3	87.9
30～34岁	11.7	33.8	39.7	9.8	4.9	0.2	85.2
35～39岁	14.4	32.0	37.8	10.3	5.2	0.3	84.2
40～44岁	14.9	29.8	38.5	10.9	5.6	0.3	83.2
45～49岁	17.3	30.5	35.6	10.1	6.2	0.3	83.4
50～54岁	19.5	31.3	34.1	9.1	5.5	0.4	85.0
55～59岁	24.5	33.2	30.6	6.8	4.4	0.6	88.2
60～64岁	25.4	34.6	29.8	6.1	3.4	0.6	89.9
65～69岁	29.8	36.9	25.5	4.9	2.3	0.7	92.1
70～74岁	30.7	38.3	25.7	3.4	1.3	0.7	94.6
总体	17.6	33.9	35.3	8.3	4.5	0.4	86.8

表18.144 不同户口状况对个人总体生活状况改善的评价（%）

	有明显改善	有一定改善	和以前一样	比以前差一些	明显不如以前	不清楚/不了解	前三项合计
本市（县）非农业户口	14.1	32.5	40.0	8.8	4.3	0.3	86.6
本市（县）农业户口	23.1	35.1	29.2	7.5	4.6	0.5	87.4
省内非本市（县）非农业户口	11.6	36.1	38.2	9.0	4.9	0.1	85.9
省内非本市（县）农业户口	16.3	33.9	34.1	9.8	5.7	0.3	84.2
外省非农业人口	14.3	35.3	37.4	8.3	4.4	0.2	87.1
外省农业人口	16.3	35.3	33.5	9.2	5.3	0.4	85.1
总体	17.6	33.9	35.3	8.3	4.5	0.4	86.8

表18.145　　不同教育程度对个人总体生活状况改善的评价（%）

	有明显改善	有一定改善	和以前一样	比以前差一些	明显不如以前	不清楚/不了解	前三项合计
不识字或识字很少	27.4	33.0	25.6	6.3	6.0	1.7	86.0
小学	27.4	31.9	27.0	7.6	5.6	0.6	86.3
初中	21.6	33.7	30.8	8.5	5.1	0.4	86.1
高中、中专或技校	16.4	34.7	35.0	8.8	4.8	0.3	86.1
大学专科	12.8	34.2	40.4	8.5	3.9	0.2	87.4
本科	10.4	33.8	44.7	7.9	2.9	0.2	89.0
硕士或博士研究生	7.3	32.9	46.5	10.3	2.7	0.4	86.7
总体	17.6	33.9	35.3	8.3	4.5	0.4	86.8

表18.146　　不同年家庭收入对个人总体生活状况改善的评价（%）

	有明显改善	有一定改善	和以前一样	比以前差一些	明显不如以前	不清楚/不了解	前三项合计
1万元以下	20.4	30.7	31.6	9.6	7.2	0.6	82.7
1万～3万元	18.2	33.2	34.2	8.7	5.4	0.3	85.6
3万～5万元	16.4	34.1	36.8	8.5	4.0	0.1	87.3
5万～10万元	16.4	35.6	36.4	8.1	3.3	0.2	88.4
10万～15万元	17.1	34.8	36.3	8.3	3.3	0.1	88.3
15万～25万元	17.7	34.9	34.7	8.4	3.9	0.4	87.4
25万～50万元	20.3	32.6	35.5	6.7	4.6	0.2	88.5
50万元以上	24.3	32.7	28.5	7.8	6.1	0.6	85.4
不清楚/拒答	17.0	35.3	37.1	6.5	3.0	1.0	89.5
总体	17.6	33.9	35.3	8.3	4.5	0.4	86.8

表18.147　　不同省份对个人总体生活状况改善的评价（%）

	有明显改善	有一定改善	和以前一样	比以前差一些	明显不如以前	不清楚/不了解	前三项合计
北京	15.8	29.1	39.3	9.5	5.8	0.5	84.2
天津	9.7	31.0	44.5	8.6	6.0	0.2	85.2
河北	12.2	31.7	43.4	7.8	4.5	0.5	87.3
山西	13.1	22.9	39.7	15.8	8.5		75.7
内蒙古	19.9	28.4	32.9	10.4	8.4	0.1	81.1
辽宁	15.9	30.7	33.2	12.6	7.4	0.1	79.9
吉林	17.3	29.3	38.4	7.9	6.5	0.6	85.0
黑龙江	13.2	33.5	39.1	9.0	4.6	0.6	85.8
上海	12.9	35.1	42.0	6.7	2.8	0.5	90.0
江苏	20.2	37.0	34.1	5.2	3.1	0.4	91.3

续表

	有明显改善	有一定改善	和以前一样	比以前差一些	明显不如以前	不清楚/不了解	前三项合计
浙江	12.8	36.6	39.2	7.4	3.6	0.3	88.7
安徽	17.2	36.0	35.4	7.0	3.7	0.7	88.6
福建	17.1	36.9	33.3	8.4	4.1	0.2	87.3
江西	23.6	30.2	34.4	7.6	3.8	0.4	88.2
山东	21.3	35.0	35.1	5.8	2.7	0.1	91.4
河南	23.8	34.2	29.9	6.6	4.7	0.7	87.9
湖北	16.9	37.1	34.3	7.6	3.7	0.4	88.3
湖南	24.8	34.6	28.3	8.8	3.0	0.5	87.7
广东	12.9	39.5	35.6	9.0	2.8	0.2	88.1
广西	17.6	34.8	32.8	7.8	6.9	0.3	85.1
海南	23.3	28.1	30.8	9.6	7.0	1.3	82.2
重庆	18.8	32.1	37.4	7.1	4.3	0.3	88.3
四川	19.1	35.7	31.5	8.1	5.5	0.1	86.3
贵州	26.1	35.1	30.0	6.4	2.2	0.2	91.2
云南	10.4	41.3	39.3	7.4	1.0	0.5	91.1
西藏	20.5	37.5	34.3	5.6	1.8	0.3	92.3
陕西	18.5	31.5	35.8	9.3	5.0		85.7
甘肃	9.7	38.2	37.5	10.9	3.1	0.6	85.4
青海	22.5	36.2	29.8	6.9	4.3	0.3	88.4
宁夏	18.8	28.4	32.6	11.3	8.5	0.3	79.8
新疆	18.9	30.8	33.8	10.8	5.6	0.1	83.5
总体	17.6	33.9	35.3	8.3	4.5	0.4	86.8

表18.148 城乡对未来生活信心的评价（%）

	很有信心	比较有信心	一般	信心不足	没有信心	不清楚/不了解/不评价	前三项合计
城镇	32.2	35.4	22.2	5.0	4.0	1.2	89.8
农村	39.9	30.4	18.6	4.5	4.7	1.9	88.8
总体	35.2	33.4	20.8	4.8	4.3	1.5	89.4

表18.149 不同性别对未来生活信心的评价（%）

	很有信心	比较有信心	一般	信心不足	没有信心	不清楚/不了解/不评价	前三项合计
男	37.6	33.3	18.8	4.6	4.3	1.5	89.7
女	32.3	33.6	23.2	5.1	4.3	1.5	89.1
总体	35.2	33.4	20.8	4.8	4.3	1.5	89.4

表18.150　不同年龄对对未来生活信心的评价（%）

	很有信心	比较有信心	一般	信心不足	没有信心	不清楚/不了解/不评价	前三项合计
18～19岁	36.6	35.7	20.9	3.2	2.9	0.6	93.2
20～24岁	33.3	38.0	21.4	3.9	2.8	0.6	92.7
25～29岁	31.7	37.1	22.8	4.1	3.6	0.6	91.6
30～34岁	31.8	35.5	23.0	5.3	3.6	0.8	90.3
35～39岁	32.6	34.5	22.2	5.3	4.3	1.1	89.3
40～44岁	33.6	31.6	22.7	5.8	4.6	1.7	88.0
45～49岁	35.8	30.8	20.6	6.0	5.1	1.6	87.3
50～54岁	37.5	30.1	19.5	5.6	5.6	1.7	87.1
55～59岁	40.5	29.8	16.6	4.8	5.7	2.5	87.0
60～64岁	38.8	31.9	17.7	3.6	5.0	3.0	88.3
65～69岁	42.7	30.7	17.3	2.7	3.7	2.8	90.7
70～74岁	42.9	33.6	14.9	3.2	2.3	3.0	91.4
总体	35.2	33.4	20.8	4.8	4.3	1.5	89.4

表18.151　不同户口状况对未来生活信心的评价（%）

	很有信心	比较有信心	一般	信心不足	没有信心	不清楚/不了解/不评价	前三项合计
本市（县）非农业户口	31.5	35.6	22.6	5.0	4.0	1.3	89.7
本市（县）农业户口	40.1	30.6	18.4	4.5	4.5	1.9	89.1
省内非本市（县）非农业户口	33.9	32.4	21.6	6.1	5.1	0.9	87.9
省内非本市（县）农业户口	35.0	32.0	21.8	4.4	5.2	1.7	88.7
外省非农业人口	31.0	36.3	23.2	4.9	3.9	0.7	90.5
外省农业人口	36.4	34.6	19.5	4.7	3.8	1.0	90.4
总体	35.2	33.4	20.8	4.8	4.3	1.5	89.4

表18.152　不同教育程度对未来生活信心的评价（%）

	很有信心	比较有信心	一般	信心不足	没有信心	不清楚/不了解/不评价	前三项合计
不识字或识字很少	40.3	24.0	18.5	3.5	8.1	5.6	82.8
小学	42.6	26.3	17.5	4.2	6.1	3.2	86.4
初中	39.0	30.1	19.4	5.1	4.7	1.7	88.5
高中、中专或技校	34.9	33.3	21.0	5.3	4.2	1.2	89.2
大学专科	30.9	37.2	23.2	4.7	3.4	0.7	91.2
本科	28.4	41.4	22.8	4.2	2.5	0.7	92.6
硕士或博士研究生	24.7	43.7	23.1	4.4	3.7	0.4	91.5
总体	35.2	33.4	20.8	4.8	4.3	1.5	89.4

表18.153 不同年家庭收入对未来生活信心的评价（%）

	很有信心	比较有信心	一般	信心不足	没有信心	不清楚/不了解/不评价	前三项合计
1万元以下	35.2	26.7	21.3	6.1	8.0	2.7	83.2
1万～3万元	35.1	31.0	21.6	5.7	5.2	1.5	87.7
3万～5万元	34.9	34.8	20.8	5.0	3.6	0.9	90.5
5万～10万元	35.6	37.4	19.8	4.3	2.4	0.6	92.7
10万～15万元	35.8	38.5	18.9	3.5	2.6	0.7	93.3
15万～25万元	35.6	39.8	19.0	2.8	2.0	0.7	94.5
25万～50万元	39.2	39.2	15.4	3.6	1.5	1.2	93.7
50万元以上	43.7	28.5	16.8	4.9	4.9	1.3	89.0
不清楚/拒答	34.3	34.0	21.7	3.3	3.6	3.0	90.0
总体	35.2	33.4	20.8	4.8	4.3	1.5	89.4

表18.154 不同省份对未来生活信心的评价（%）

	很有信心	比较有信心	一般	信心不足	没有信心	不清楚/不了解/不评价	前三项合计
北京	28.3	33.2	26.6	5.5	5.2	1.3	88.1
天津	26.2	33.7	26.6	6.4	6.1	0.9	86.5
河北	33.5	32.6	23.4	5.0	4.6	1.0	89.5
山西	31.7	31.0	23.1	7.5	6.3	0.5	85.8
内蒙古	42.7	32.5	14.8	4.9	4.1	1.0	90.0
辽宁	37.5	29.5	20.4	5.2	6.2	1.2	87.4
吉林	40.6	29.0	17.0	4.5	6.7	2.1	86.6
黑龙江	47.4	21.6	17.4	4.5	6.9	2.1	86.5
上海	22.5	36.8	29.7	5.9	3.9	1.2	89.0
江苏	34.3	36.1	21.0	3.9	2.6	2.1	91.4
浙江	27.8	38.8	24.1	4.1	3.8	1.4	90.7
安徽	32.9	33.6	21.4	4.6	3.9	3.6	87.9
福建	31.2	36.5	23.1	4.0	3.9	1.2	90.9
江西	31.6	34.9	22.6	5.7	3.9	1.4	89.1
山东	50.8	29.3	14.1	3.1	2.0	0.8	94.1
河南	37.2	34.0	17.8	4.5	4.2	2.2	89.0
湖北	31.7	35.2	21.1	5.4	4.2	2.4	88.0
湖南	40.0	34.3	16.3	3.8	3.7	1.8	90.6
广东	25.1	38.3	26.3	4.3	5.0	1.1	89.6
广西	28.1	33.1	27.3	6.1	4.0	1.4	88.5
海南	31.1	30.4	23.8	6.6	6.1	2.1	85.3
重庆	37.5	35.0	16.8	4.4	4.6	1.7	89.3

续表

	很有信心	比较有信心	一般	信心不足	没有信心	不清楚/不了解/不评价	前三项合计
四川	31.9	37.5	21.3	4.8	3.9	0.7	90.7
贵州	43.3	29.8	17.8	3.5	3.1	2.5	90.9
云南	33.3	41.1	17.1	4.3	1.6	2.6	91.5
西藏	41.4	34.3	17.1	3.2	3.2	0.7	92.8
陕西	32.7	34.7	22.6	5.9	3.6	0.5	90.1
甘肃	39.1	29.3	19.6	5.5	4.6	1.9	87.9
青海	41.1	31.9	18.3	3.8	3.9	1.0	91.3
宁夏	43.1	28.4	16.3	6.1	5.2	0.9	87.8
新疆	35.7	32.9	21.4	5.5	3.6	0.9	90.0
总体	35.2	33.4	20.8	4.8	4.3	1.5	89.4

表18.155 城乡对个人生活水平在当地所处的水平的评价（%）

	非常好	中等偏上	中等	中等偏下	非常差	不清楚/不了解/不评价	前三项合计
城镇	0.9	11.5	55.9	27.9	3.3	0.5	68.3
农村	1.6	10.9	58.1	23.8	4.9	0.5	70.7
总体	1.2	11.3	56.8	26.3	3.9	0.5	69.2

表18.156 不同性别对个人生活水平在当地所处的水平的评价（%）

	非常好	中等偏上	中等	中等偏下	非常差	不清楚/不了解/不评价	前三项合计
男	1.3	12.8	53.6	27.4	4.4	0.5	67.7
女	1.1	9.4	60.6	24.9	3.4	0.6	71.1
总体	1.2	11.3	56.8	26.3	3.9	0.5	69.2

表18.157 不同年龄对个人生活水平在当地所处的水平的评价（%）

	非常好	中等偏上	中等	中等偏下	非常差	不清楚/不了解/不评价	前三项合计
18～19岁	1.4	14.7	61.3	18.6	3.8	0.3	77.3
20～24岁	1.4	12.7	59.9	22.4	3.0	0.7	74.0
25～29岁	0.9	10.5	60.7	24.1	3.6	0.3	72.0
30～34岁	0.8	9.3	58.7	26.9	3.8	0.5	68.8
35～39岁	0.9	10.3	57.6	27.0	3.7	0.5	68.8
40～44岁	0.9	10.8	56.2	27.3	4.3	0.4	67.9
45～49岁	1.1	12.1	54.7	27.0	4.7	0.4	67.9
50～54岁	1.1	11.6	53.5	28.2	5.0	0.6	66.2
55～59岁	1.8	11.1	54.2	27.9	4.6	0.4	67.1
60～64岁	1.7	10.6	53.9	28.7	4.5	0.6	66.2
65～69岁	1.9	13.8	54.5	26.0	2.9	0.8	70.2
70～74岁	3.2	15.4	54.1	24.3	1.8	1.2	72.7
总体	1.2	11.3	56.8	26.3	3.9	0.5	69.2

表18.158　　不同户口状况对个人生活水平在当地所处的水平的评价（%）

	非常好	中等偏上	中等	中等偏下	非常差	不清楚/不了解/不评价	前三项合计
本市（县）非农业户口	1.0	11.8	55.6	28.0	3.1	0.5	68.4
本市（县）农业户口	1.6	10.9	58.6	23.7	4.8	0.5	71.0
省内非本市（县）非农业户口	0.7	12.0	54.1	29.4	3.4	0.4	66.8
省内非本市（县）农业户口	0.9	8.3	54.6	29.5	5.7	1.1	63.8
外省非农业人口	0.7	13.5	57.6	24.5	3.3	0.3	71.9
外省农业人口	1.0	9.4	56.9	26.6	5.5	0.5	67.3
总体	1.2	11.3	56.8	26.3	3.9	0.5	69.2

表18.159　　不同教育程度对个人生活水平在当地所处的水平的评价（%）

	非常好	中等偏上	中等	中等偏下	非常差	不清楚/不了解/不评价	前三项合计
不识字或识字很少	3.7	6.0	53.0	24.3	11.2	1.8	62.7
小学	2.1	7.7	53.8	27.7	7.9	0.8	63.6
初中	1.1	9.1	57.2	27.6	4.5	0.4	67.4
高中、中专或技校	1.0	11.2	56.2	27.5	3.6	0.4	68.5
大学专科	0.8	13.2	56.8	26.4	2.2	0.5	70.8
本科	1.1	15.9	59.4	21.6	1.5	0.5	76.4
硕士或博士研究生	0.5	21.0	59.3	17.2	1.2	0.7	80.8
总体	1.2	11.3	56.8	26.3	3.9	0.5	69.2

表18.160　　不同年家庭收入对个人生活水平在当地所处的水平的评价（%）

	非常好	中等偏上	中等	中等偏下	非常差	不清楚/不了解/不评价	前三项合计
1万元以下	1.6	5.3	46.5	34.4	11.5	0.6	53.4
1万～3万元	1.1	7.4	53.8	32.5	4.9	0.3	62.3
3万～5万元	0.9	9.9	59.2	27.6	2.2	0.2	70.0
5万～10万元	1.0	14.8	61.6	21.1	1.2	0.3	77.3
10万～15万元	1.1	22.6	61.9	13.2	0.9	0.3	85.6
15万～25万元	1.6	26.9	59.0	11.5	0.7	0.4	87.5
25万～50万元	4.4	36.3	50.1	7.5	1.3	0.4	90.8
50万元以上	6.5	43.7	40.5	4.2	3.2	1.9	90.6
不清楚/拒答	1.2	10.7	61.5	21.7	3.1	1.7	73.5
总体	1.2	11.3	56.8	26.3	3.9	0.5	69.2

表18.161　　不同省份对个人生活水平在当地所处的水平的评价（%）

	非常好	中等偏上	中等	中等偏下	非常差	不清楚/不了解/不评价	前三项合计
北京	1.3	8.9	51.2	31.8	6.6	0.2	61.4
天津	0.6	9.0	51.5	32.4	6.0	0.5	61.1
河北	0.9	9.6	52.8	30.7	5.4	0.7	63.3
山西	0.5	4.4	51.2	37.0	6.9		56.1
内蒙古	0.9	10.7	60.4	23.1	4.4	0.5	72.0
辽宁	1.2	10.8	56.4	24.8	6.6	0.1	68.4
吉林	1.3	9.2	54.1	28.8	5.9	0.8	64.6
黑龙江	1.0	7.9	57.4	27.5	5.5	0.6	66.4
上海	0.8	12.3	56.4	26.3	3.4	0.8	69.5
江苏	1.0	15.0	60.4	20.7	2.2	0.6	76.5
浙江	0.7	13.2	57.7	25.1	2.6	0.7	71.6
安徽	1.1	10.8	56.3	28.2	2.8	0.8	68.2
福建	1.1	12.3	61.4	23.1	1.9	0.2	74.9
江西	1.5	12.5	53.1	28.7	4.0	0.3	67.1
山东	1.6	13.0	61.2	21.7	2.1	0.5	75.7
河南	1.3	9.6	60.0	25.2	3.2	0.7	70.9
湖北	0.9	12.9	56.4	26.0	3.1	0.6	70.3
湖南	1.2	18.7	56.2	21.0	2.5	0.4	76.1
广东	0.7	10.9	57.5	26.4	4.0	0.5	69.1
广西	0.6	9.9	52.9	31.6	4.8	0.3	63.4
海南	1.3	11.8	50.9	29.4	6.1	0.6	63.9
重庆	0.9	7.5	56.5	29.0	5.6	0.6	64.9
四川	1.3	11.3	55.8	27.8	3.5	0.2	68.5
贵州	2.4	14.1	58.8	20.3	3.6	0.9	75.3
云南	0.9	11.9	56.4	26.7	2.3	1.8	69.3
西藏	3.0	14.2	64.2	16.8	1.4	0.5	81.4
陕西	2.0	10.1	57.7	25.7	4.3	0.1	69.8
甘肃	1.0	7.3	53.0	33.5	4.2	1.0	61.3
青海	2.2	9.9	63.1	21.4	3.2	0.3	75.2
宁夏	1.2	13.9	55.3	24.9	4.4	0.3	70.4
新疆	2.4	11.9	58.2	23.7	3.6	0.4	72.4
总体	1.2	11.3	56.8	26.3	3.9	0.5	69.2

注：本报告涉及百分比的个别分组中出现汇总比重不完全等于100%的情况，是由小数进位造成的；部分合计数据的误差是由统计软件实现小数进位过程中形成的。

附表 18.1　调查样本结构

年　龄

年龄	样本量（个）	百分比（%）
18～19岁	960	1.9
20～24岁	4125	8.1
25～29岁	6305	12.4
30～34岁	6551	12.8
35～39岁	5569	10.9
40～44岁	6571	12.9
45～49岁	[illegible]	[illegible]
50～54岁	5176	10.2
55～59岁	2943	5.8
60～64岁	3563	7.0
65～69岁	2352	4.6
70～74岁	1808	3.5
总体	50994	100.0

城　乡

	样本量（个）	百分比（%）
城镇	31153	61.1
农村	19841	38.9
总体	50994	100.0

受教育程度

受教育程度	样本量（个）	百分比（%）
不识字或识字很少	1524	3.0
小学	5110	10.0
初中	13955	27.4
高中、中专或技校	13513	26.5
大学专科	8902	17.5
本科	7427	14.6
硕士或博士研究生	563	1.1
总体	50994	100.0

性　别

性别	样本量（个）	百分比（%）
男	27908	54.7
女	23086	45.3
总体	50994	100.0

户口状况

户口状况	样本量（个）	百分比（%）
本市（县）非农业户口	24577	48.2
本市（县）农业户口	19518	38.3
省内非本市（县）非农业户口	1680	3.3
省内非本市（县）农业户口	1733	3.4
外省非农业人口	1251	2.5
外省农业人口	2235	4.4
总体	50994	100.0

2013年家庭收入

2013年家庭收入	样本量（个）	百分比（%）
1万元以下	6539	12.8
1万～3万元	13757	27.0
3万～5万元	10154	19.9
5万～10万元	8748	17.2
10万～15万元	3068	6.0
15万～25万元	1376	2.7
25万～50万元	521	1.0
50万元以上	309	0.6
不清楚/拒答	6522	12.8
总体	50994	100.0

省　份

省份	样本量（个）	百分比（%）
北京	1300	2.5
天津	1195	2.3
河北	2000	3.9
山西	1500	2.9
内蒙古	1400	2.7
辽宁	1700	3.3
吉林	1397	2.7
黑龙江	1600	3.1
上海	1296	2.5
江苏	2200	4.3
浙江	1799	3.5
安徽	1800	3.5
福建	1500	2.9

续表

省份	样本量（个）	百分比（%）
江西	1600	3.1
山东	2600	5.1
河南	2500	4.9
湖北	1800	3.5
湖南	1897	3.7
广东	2800	5.5
广西	1600	3.1
海南	1200	2.4
重庆	1400	2.7
四川	2100	4.1
贵州	1400	2.7
云南	1600	3.1
西藏	1111	2.2
陕西	1500	2.9
甘肃	1400	2.7
青海	1200	2.4
宁夏	1200	2.4
新疆	1399	2.7
总体	50994	100.0

附表 18.2 调查方案

我国民生问题满意度调查方案

一、调查目的

为了科学、动态掌握关于我国民生方面满意度的问题，服务党和政府科学决策。国务院发展研究中心确定，2013 年起在全国 31 个省（区、市）定期组织开展民生问题满意度电话调查。

二、调查对象

调查对象为年满 18 ~ 74 周岁的城乡居民。

三、调查内容

调查的主要内容有：公众对交通状况、社会治安、食品安全、行政效率、教育、医疗卫生服务、环境、社会保障、就业、利益诉求及生活状况的评价等（详见调查问卷）。

四、调查时间

调查从 2014 年 9 月 5 日开始，10 月 15 日结束。

五、抽样设计

（一）抽样原则

以全国总人口为总体，以各省（区、市）人口为子总体进行抽样设计。调查采用分层、多阶段、概率比例的抽样方法。

（二）调查样本量

调查以 2013 年年末常住总人口为基础，按要求抽取的样本量为 51110 个；原则上城乡样本的比例 6 ∶ 4。

各省（区、市）样本量的分配综合考虑人口数量、城镇化水平等因素，同时考虑样本量对各地区的代表性。

按照分层抽样的原则，对当前民生问题满意程度的比例（P）的取值范围在 10%以上，调查指标的把握程度取 95%（t=1.96）。按照平均每个省（区、市）规定的样本量，各省（区、市）调查主要指标的相对误差能够控制在 5%以下，全国的相对误差能够控制在 2%以下，主要调查指标对全国有较好的代表性。

（三）抽样方法

根据样本设计原则和要求，调查以街道、乡镇以上行政区划为统一抽样框，样本单元以电话号码段为标准。按照分层、多阶段、比例抽样和简单随机抽样的方法抽取样本。

样本抽取步骤为：

第一阶段，将全国样本量按照人口比例、城镇化水平等分配各省样本量，最低数量为 1200 个。

第二阶段，根据经验，考虑经济、人口及民生有关问题的差异，每个省（自治区）最少抽取 5 个地级以上城市（直辖市抽取 3 个城区和 2 个郊区（县）以上），样本分布见附表。

第三阶段，根据系统等距抽样的原则，对每个地级市所辖的城区、县或县级市按照电话号码段从大到小排序，依据每个电话号码段抽取 15 个号码的原则，确定需要抽取的号码段（不足 25 个号码段的全部抽取）。

第四阶段，在抽中的电话号码段中，根据电话号码段由计算机辅助电话调查系统按确定的调查样本数扩大 10 倍，生成具体随机电话号码库，分别进行电话调查，直到满足所要求的样本量。

另外，根据部分特殊地区及特殊人群的需要，随机抽取一定手机用户，比例控制在 20%以内。

六、调查方法

此次调查采用计算机辅助电话调查（CATI）方法。计算机辅助电话调查（CATI）是采用计算机自动随机抽样并借助电话进行调查的一种通用调查方式，即由电话、计算机、访问员三种资源组成一体，访问员头戴耳机式受话器，由计算机依照抽样设计要求随机拨打并接通电话号码后，按照计算机屏幕上显示的调查问卷将内容逐一读出，并将被访者的回答用计算机如实记录的调查方式。

七、数据上报和数据处理

国家统计局社情民意调查中心负责数据处理。各省（区、市）统计局社情民意调查中心按照规定的数据输出格式导出调查数据，并刻录现场录音光盘，于 9 月 25 日前将数据和录音光盘上报国家统计局社情民意调查中心。

八、调查组织保障

① 本次调查由国家统计局社情民意调查中心负责统一组织，各省（区、市）统计局民调中心负责具体实施。

② 承担本次调查的省（区、市）统计局民调中心要做好电话访问员的培训工作。

九、严格质量控制

统一标准。为了保证全国调查资料的范围、分类和计算方法的统一性，各地区必须严格执行国家调查方案。为保证调查工作的质量，必须规范整个调查访问过程：所有调查访问员必须遵守调查访问纪律；接受规范的调查培训，制订调查质量奖惩措施，确保调查数据准确；加强计算机程序控制手段，提高访问员的访问技巧；调查访问员访问要认真、耐心，不得主观臆造、弄虚作假；调查采取全程录音，督导员、复核员在认真管理和监督的同时，在访问过程中必须按20%及以上的比例进行质量复核。

建立调查工作的质量责任制。各省(区、市)社情民意调查中心对所调查区域的数据质量负责，如果发现弄虚作假行为，必须严肃追究相关负责人的责任，并按《统计法》和《统计违法违纪行为处分规定》的有关条款进行处罚；同时对数据不实部分严格返工。

十、加强督导检查

在调查实施过程中，国家统计局社情民意调查中心将派出督导组，实地进行督导巡查，具体监督调查方案执行情况，监听现场调查，指导相关工作。各省（区、市）统计民调中心及其相关人员必须认真接受督导组的监督和检查，并及时改进工作。

十一、确保安全保密

各省（区、市）统计民调中心及人员不得将被抽中的被访者名单、调查结果和被访人的有关情况及原始数据向国家统计局社情民意调查中心以外的任何单位或个人泄漏；同时各省（区、市）民调中心不得自行汇总调查数据。如有违反，按《统计法》和《统计违法违纪行为处分规定》的有关条款，给予责任人相应处罚。

（执笔：国家统计局社情民意调查中心子课题组）

第十九章
中国民生关切点入户调查数据分析报告

一、问卷总体信息

2014 年国务院发展研究中心“中国民生调查”课题组一共回收到 9768 份有效“中国民生问题调查问卷”。上海市、安徽省、河北省、浙江省、陕西省各有 1200 份，广东省为 1205 份，四川省为 1236 份。黑龙江省回收问卷量最多，为 1327 份，占到了总量的 13.6%。加权统计信息如表 19.1。经过加权后广东省的频次最高，为 2331，上海市最低为 470。

表19.1　加权前后频次

	加权前（频次）	加权后（频次）
上海市	1200	470
四川省	1236	1588
安徽省	1200	1113
广东省	1205	2331
河北省	1200	1422
浙江省	1200	1295
陕西省	1200	772
黑龙江省	1327	776
合计	9768	9768

按照城乡类型划分，受访者居住在农村或农场地区的比例高达 59.7%。20.8% 的受访者居住在主城区，19.6% 的受访者居住在市 / 县城的郊区或以外的镇（街）（见表 19.2）。总体上看，农村依然是居住的主要地区。

表19.2　受访者居住的社区类型

	频率	有效百分比（%）	累积百分比（%）
市/县城的中心城区（主城区）	2024	20.8	20.8
市/县城的郊区（城乡结合部）	805	8.3	29
市/县城区以外的镇（街）	1102	11.3	40.3
农村	5741	58.9	99.2
农场	77	0.8	100
合计	9749	100	

受访者居住的地区类型比例最高的是农村地区，占到了61.7%，远远高出其他类型。其次是普通商品房小区，占到了12%（见表19.3）。

表19.3　　受访者居住的地区类型

	频次	有效百分比（%）	累积百分比（%）
未经改造的老城区（街坊型社区）	757	7.8	7.8
单一或混合的单位社区	703	7.2	15.0
保障性住房社区	157	1.6	16.6
普通商品房小区	1166	12	28.5
别墅区或高级住宅区	16	0.2	28.7
新近由农村社区转变过来的城市社区（村改居、村居合并或“城中村”）	859	8.8	37.5
农村	6015	61.7	99.2
农场	77	0.8	100
合计	9750	100	

另外，根据国家统计局城乡划分标准，可以看到这次调查样本的城乡分布的主要情况如图19.1～图19.8所示。

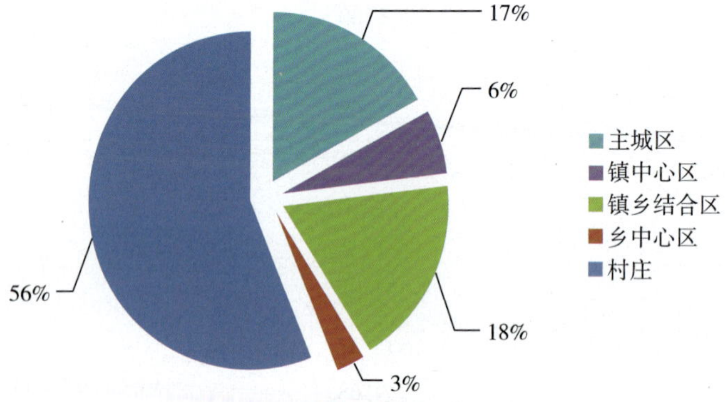

图19.1　河北省城乡分布情况

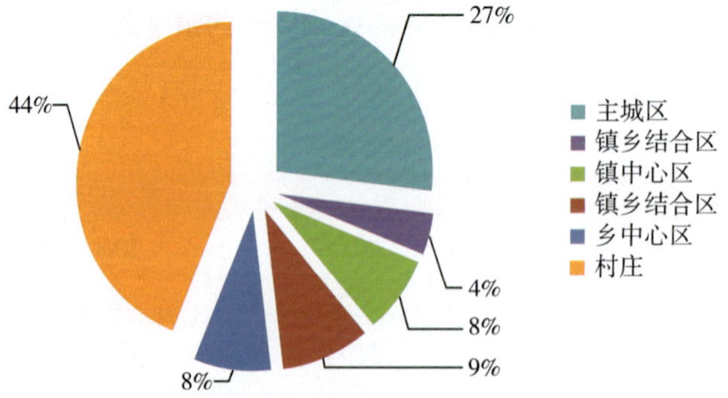

图19.2　黑龙江省城乡分布情况

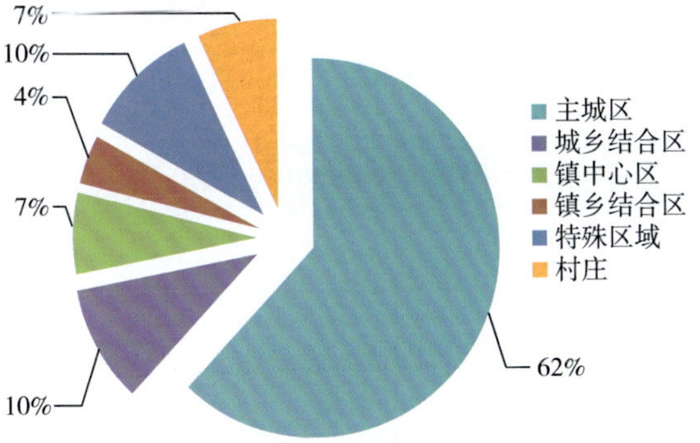

图19.3　上海市城乡分布情况

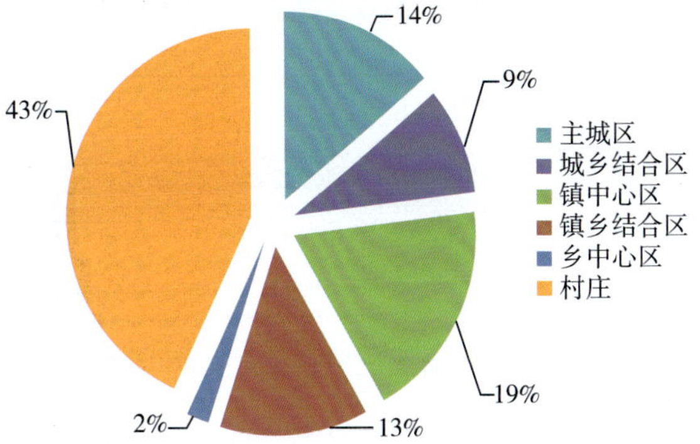

图19.4　浙江省城乡分布情况

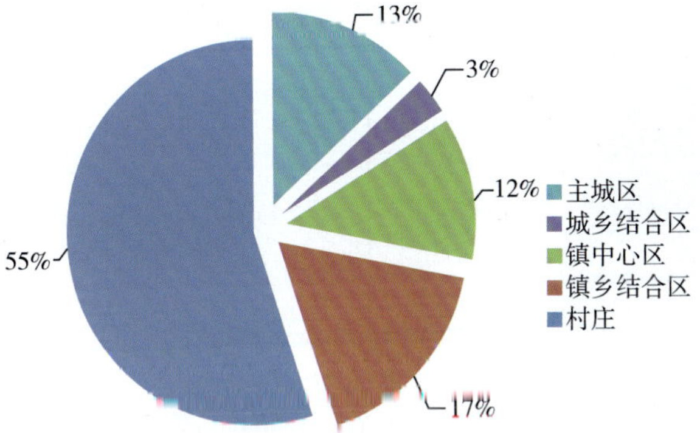

图19.5　安徽省城乡分布情况

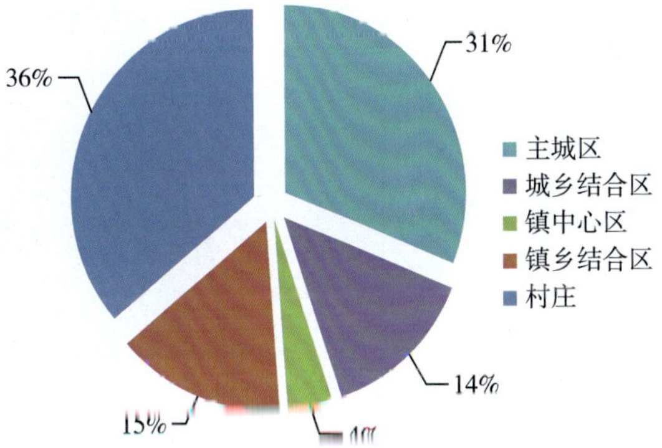

图19.6　广东省城乡分布情况

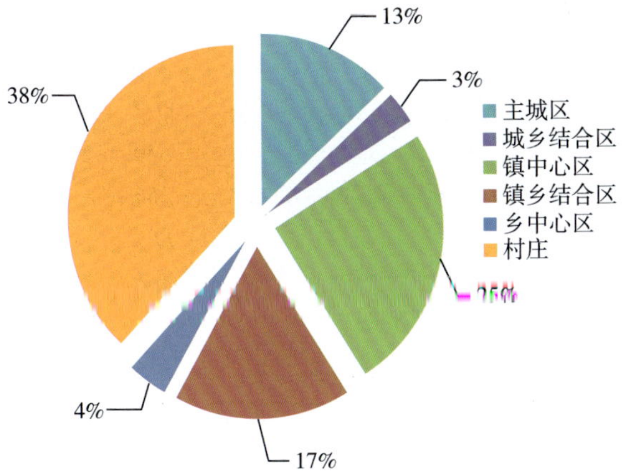

图19.7　四川省城乡分布情况

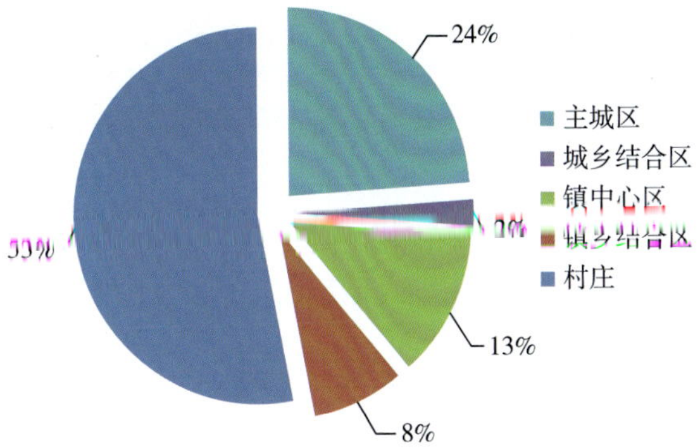

图19.8　陕西省城乡分布情况

二、受访者基本信息

（一）受访者年龄分布

2014 年调查中 9751 个受访者平均年龄为 48.3 岁，中位值为 48 岁，标准差为 14 岁，受访者年龄分布图如图 19.9。受访者年龄集中在 40 ～ 50 岁间，占到了 26%（见表 19.4）。

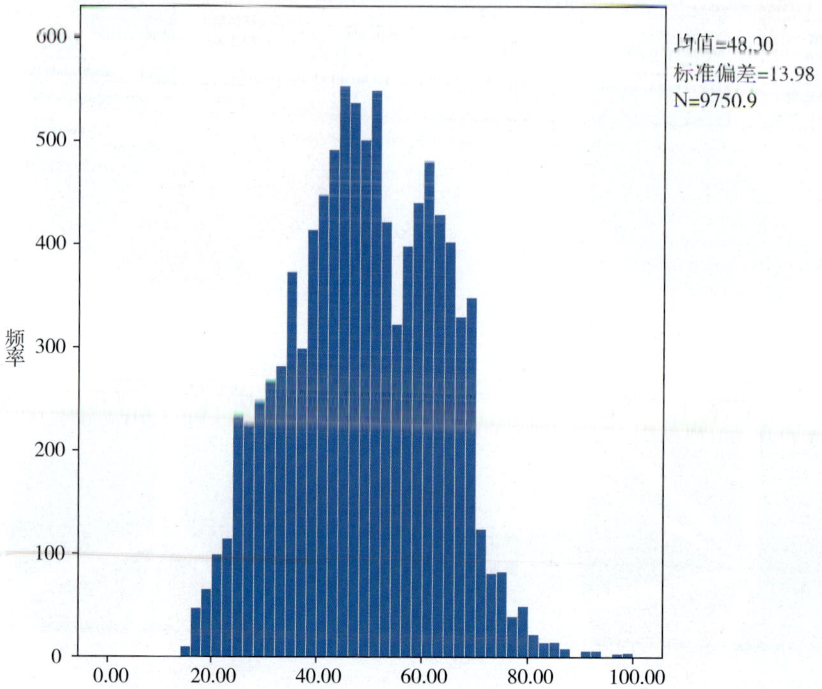

图19.9　受访者年龄分布情况

表19.4　受访者年龄分组

	频次	有效百分比（%）	累积百分比（%）
20岁以下	121	1.2	1.2
20岁至30岁	1042	10.7	11.9
30岁以上至40岁	1757	18	30
40岁以上至50岁	2538	26	56
50岁以上至60岁	2103	21.6	77.5
60岁以上	2189	22.5	100
合计	9751	100	

（二）受访者性别情况

男性受访者占到 55.8%，女性占 44.2%，男性比女性高出 11.6%（见表 19.5）。跨省流动人口中男性有 451 人，女性为 797 人。男性人口中，跨省流动人口比例为 56.6%，高于女性跨省流动人口比例（43.4%）（见表 19.6）。

表19.5　受访者性别

	频次	有效百分比（%）	累积百分比（%）
男	5435	55.8	55.8
女	4309	44.2	100
合计	9745	100	

表19.6 流动人口性别

		本县市人口	省内流动人口	跨省流动人口	合计
男	频次	4723	254	451	5428
	百分比（%）	55.80	53.10	56.60	55.70
女	频次	3740	224	346	4310
	百分比（%）	44.20	46.90	43.40	44.30
合计	频次	8463	478	797	9738
	百分比（%）	100.00	100.00	100.00	100.00

（三）受访者婚姻状况

受访者婚姻状况中比例最高的类型是初婚有配偶，占到了 79.9%，未婚的占到了 7.3%，丧偶的占到了 6.7%（见表 19.7）。

表19.7 受访者婚姻状况

	频次	有效百分比（%）	累积百分比（%）
未婚	713	7.3	7.3
同居	197	2.0	9.3
初婚有配偶	7780	79.9	89.2
再婚有配偶	133	1.4	90.6
离婚	266	2.7	93.3
丧偶	648	6.7	100.0
合计	9737	100	

受访者中流动人口共有 1278 人，其中 937 人属于初婚有配偶；本地人口共有 8457 人，其中 6842 人为初婚有配偶（见表 19.8、图 19.10）。

表19.8 本地人口与流动人口婚姻状况

		本地人口	流动人口	合计
未婚	频次	460	253	713
	百分比（%）	5.40	19.80	7.30
同居	频次	152	44	196
	百分比（%）	1.80	3.40	2.00
初婚有配偶	频次	6842	937	7779
	百分比（%）	80.90	73.30	79.90
再婚有配偶	频次	125	8	133
	百分比（%）	1.50	0.60	1.40
离婚	频次	241	25	266
	百分比（%）	2.80	2.00	2.70

续表

		本地人口	流动人口	合计
丧偶	频次	637	11	648
	百分比（%）	7.50	0.90	6.70
合计	频次	8457	1278	9735
	百分比（%）	100.00	100.00	100.00

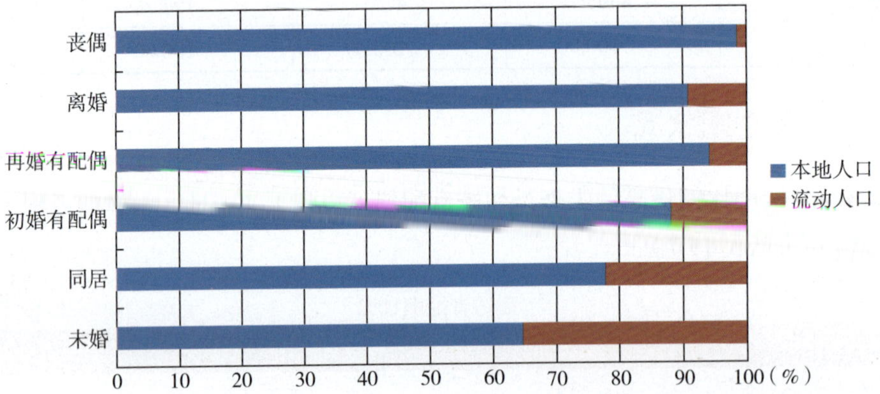

图19.10　本地人口与流动人口婚姻状况

（四）受访者户籍

农业户口总共占到了68.5%，其中本市（县、区）农业户口的比例为58.3%，省内非本市农业户口的比例为3.4%，外省农业户口6.8%。非农业户口总共占到了31.5%，其中本市（县、区）非农业户口的比例为28.6%，省内非本市非农业户口的比例为1.5%，外省非农业户口1.4%。受访者为农业户口的比例远远高于非农业户口（见表19.9）。

表19.9　受访者户籍信息

	频率	有效百分比（%）	累积百分比（%）
本市（县、区）非农业户口	2787	28.6	28.6
本市（县、区）农业户口	5677	58.3	86.9
省内非本市（县、区）非农业户口	145	1.5	88.4
省内非本市（县、区）农业户口	335	3.4	91.8
外省非农业户口	134	1.4	93.2
外省农业户口	665	6.8	100.0
合计	9744	100.0	

（五）受访者健康状况

受访者身体健康的占到了84.4%，有疾病或残疾但仍具备劳动能力的受访者占到了10%，因疾病或残疾丧失劳动能力，但生活可以自理的占到了4.9%，生活不能自理需要人照顾的占到了 0.7%（见表 19.10）。

表19.10　　受访者健康状况

	频次	有效百分比（%）	累积百分比（%）
健康	8225	84.4	84.4
有疾病或残疾但仍有劳动能力	974	10	94.4
因疾病或残疾丧失劳动能力，但生活能自理	476	4.9	99.3
因疾病、残疾或衰老生活不能自理，需要有人照料	67	0.7	100.0
合计	9743	100.0	

（六）受访者医疗保障情况

受访者没有任何医疗保障的占到了 4.3%，只有一项医疗保障的比例占到了 92%，有 2 项医疗保障的占到了 3.5%，有 3 项医疗保障的占到了 0.3%（见表 19.11）。

表19.11　　受访者医疗保障项目数

	频次	有效百分比（%）	累积百分比（%）
0	416	4.3	4.3
1	8956	92	96.3
2	337	3.5	99.7
3	25	0.3	100.0
4	1	0	100.0
合计	9736	100.0	

16.2%的受访者有城镇职工基本医疗保险，13.0%的受访者有城镇居民基本医疗保险，2.3%的受访者有城乡居民大病医疗保险，1.0%的受访者有公费医疗保障，1.6%的受访者有商业医疗保险，61.4%的受访者有新农村合作医疗保险，0.3%的受访者可以享有村集体二次报销福利（见表 19.12）。

表19.12　　受访者医疗保障项目

	N	百分比（%）	个案百分比（%）
城镇职工基本医疗保险	1639	16.20	16.80
城镇居民基本医疗保险	1318	13.00	13.50
城乡居民大病医疗保险	233	2.30	2.40
公费医疗	98	1.00	1.00
商业医疗保险	165	1.60	1.70
新农村合作医疗	6225	61.40	63.90
村集体二次报销福利	35	0.30	0.40
没有任何医疗保险	418	4.10	4.30
总计	10130	100.00	104.00

（七）受访者教育情况

关于受访者教育情况，受访者中 7.4%没有上过学，小学肄业的占到了 10.7%，小学毕业或在读的占到了 14.9%，初中肄业占到了 8.7%，初中毕业或在读的占到了 30.4%，高中 / 中专 / 技校肄业占到了 6.4%，高中 / 中专 / 技校毕业或在读的占到了 11.7%，大专 / 高职的占到了 5.4%，本科占到了 4.0%，研究生及以上占到了 0.4%。上海地区受访者中研究生及其以上的比例比其他地区都高，为 2.30%。广东省地区受访者中本科的比例比其他地区都高，为 10.5%，上海其次，为 8.8%（见表 19.13）。

表19.13　受访者教育状况（地区分类）

		河北	黑龙江	上海	浙江	安徽	广东	四川	陕西	合计
未上学	频次	51	[illegible]	31	56	269	39	77	127	719
	百分比（%）	4.30	5.20	2.60	4.70	22.40	3.30	6.20	10.60	7.40
小学肄业	频次	121	172	41	193	89	136	176	119	1047
	百分比（%）	10.10	13.00	3.40	16.10	7.40	11.40	14.20	9.90	10.70
小学	频次	165	217	118	209	219	122	255	151	1456
	百分比（%）	13.80	16.40	9.80	17.40	18.20	10.20	20.60	12.60	14.90
初中肄业	频次	105	159	56	176	23	137	102	92	850
	百分比（%）	8.80	12.00	4.70	14.70	1.90	11.50	8.30	7.70	8.70
初中	频次	456	391	394	322	425	227	348	398	2961
	百分比（%）	38.10	29.50	32.80	26.90	35.40	19.00	28.20	33.20	30.40
高中/中专/技校肄业	频次	91	82	100	71	25	143	45	64	621
	百分比（%）	7.60	6.20	8.30	5.90	2.10	12.00	3.60	5.30	6.40
高中/中专/技校	频次	160	154	192	71	91	165	148	159	1140
	百分比（%）	13.40	11.60	16.00	5.90	7.60	13.80	12.00	13.30	11.70
大专/高职	频次	37	48	134	55	39	95	62	55	525
	百分比（%）	3.10	3.60	11.20	4.60	3.20	8.00	5.00	4.60	5.40
本科	频次	12	34	106	43	16	125	23	34	393
	百分比（%）	1.00	2.60	8.80	3.60	1.30	10.50	1.90	2.80	4.00
研究生及以上	频次	0	0	28	3	4	3	0	0	38
	百分比（%）	0.00	0.00	2.30	0.30	0.30	0.30	0.00	0.00	0.40
合计	频次	1198	1326	1200	1199	1200	1192	1236	1199	9750
	百分比（%）	100.00	100.00	100.00	100.00	100.0	100.0	100.0	100.0	100.0

受访者教育状况按照城镇户口和农村户口看，存在显著性差异。城镇户口的 3067 个受访者中，大专高职及以上学历的受访者占到了 21.2%（10.5%为大专 / 高职，10.0%为本科，0.70%为研究生及以上）。农村户口 6678 个受访者中，大专高职及以上学历的受访者只占到了 4.9%（2.9%为大专 / 高职，1.9%为本科，0.1%为研究生及以上）。总体上看，在高等教育层次上，城镇户口

的受访者比农村户口的受访者人数和比例要高出很多（见表 19.14）。

表19.14　　受访者教育状况（城镇户口—农村户口）

		城镇户口	农村户口	合计
未上学	频次	85	595	680
	百分比（%）	2.80	8.90	7.00
小学肄业	频次	187	931	1118
	百分比（%）	6.10	13.90	11.50
小学在读或毕业	频次	293	1165	1458
	百分比（%）	9.60	17.40	15.00
初中肄业	频次	233	674	907
	百分比（%）	7.60	10.10	9.30
初中在读或毕业	频次	782	2024	2806
	百分比（%）	25.50	30.30	28.80
高中/中专/技校肄业	频次	287	384	671
	百分比（%）	9.40	5.80	6.90
高中/中专/技校在读或毕业	频次	549	579	1128
	百分比（%）	17.90	8.70	11.60
大专/高职	频次	322	197	519
	百分比（%）	10.50	2.90	5.30
本科	频次	306	125	431
	百分比（%）	10.00	1.90	4.40
研究生及以上	频次	23	4	27
	百分比（%）	0.70	0.10	0.30
合计	频次	3067	6678	9745
	百分比（%）	100.00	100.00	100.00

受访者中共有流动人口 1280 人，其中 7.7%的为大专 / 高职学历，7.4%为本科学历，0.6%为研究生及其以上学历。受访者中共有本地人口 8466 人，其中 5.0%的为大专 / 高职学历，4.0%为本科学历，0.2%为研究生及其以上学历。流动人口中高学历的比例略高于本地人口中高学历的比例（见表 19.15）。

表19.15　　受访者教育状况（本地人口—流动人口）

		本地人口	流动人口	合计
未上学	频次	654	27	681
	百分比（%）	7.70	2.10	7.00
小学肄业	频次	1015	103	1118
	百分比（%）	12.00	8.00	11.50

续表

		本地人口	流动人口	合计
小学在读或毕业	频次	1346	112	1458
	百分比（%）	15.90	8.80	15.00
初中肄业	频次	753	154	907
	百分比（%）	8.90	12.00	9.30
初中在读或毕业	频次	2410	396	2806
	百分比（%）	28.50	30.90	28.80
高中/中专/技校肄业	频次	526	145	671
	百分比（%）	6.20	11.30	6.90
高中/中专/技校在读或毕业	频次	988	141	1129
	百分比（%）	11.70	11.00	11.60
大专/高职	频次	420	99	519
	百分比（%）	5.00	7.70	5.30
本科	频次	335	95	430
	百分比（%）	4.00	7.40	4.40
研究生及以上	频次	19	8	27
	百分比（%）	0.20	0.60	0.30
总计	频次	8466	1280	9746
	百分比（%）	100.00	100.00	100.00

（八）受访者工作情况

总体上看，70.4%的受访者从事有收入的工作，有28.7%的受访者不工作，有0.8%的受访者为学生，其中有兼职的占了0.2%。与其他省份比较，四川省受访者中从事有收入工作的人数比例最低，为62.6%，不工作的比例最高37.3%（见表19.16）。

表19.16　受访者从事有收入工作情况

		工作	不工作	上学有兼职工作	上学无兼职	合计
河北省	频次	902	295	1	2	1200
	百分比（%）	75.20	24.60	0.10	0.20	100.00
黑龙江省	频次	871	450	2	2	1325
	百分比（%）	65.70	34.00	0.20	0.20	100.00
上海市	频次	754	433	2	6	1195
	百分比（%）	63.10	36.20	0.20	0.50	100.00
浙江省	频次	946	246	1	3	1196
	百分比（%）	79.10	20.60	0.10	0.30	100.00
安徽省	频次	878	312	0	10	1200
	百分比（%）	73.20	26.00	0.00	0.80	100.00

续表

		工作	不工作	上学有兼职工作	上学无兼职	合计
广东省	频次	873	265	14	32	1184
	百分比（%）	73.70	22.40	1.20	2.70	100.00
四川省	频次	772	460	0	1	1233
	百分比（%）	62.60	37.30	0.00	0.10	100.00
陕西省	频次	856	333	0	6	1195
	百分比（%）	71.60	27.90	0.00	0.50	100.00
合计	频次	6852	2794	20	62	9728
	百分比（%）	70.40	28.70	0.20	0.60	100.00

不分各省直辖市，受访者工作地点在本市（区、县）占到了97.1%，在省内其他市（区、县）的占到了2.0%，在外省的占到了1.0%。对比各省情况，黑龙江省的受访者在本市（区、县）的比例最高，为99.0%，上海市最低，为94.40%。上海市的受访者在省内其他市（县、区）的比例最高，为5.3%，安徽省最低，为0.5%。安徽省受访者在外省（直辖市、自治区）的比例最高，为2.2%，黑龙江省最低，为0.2%（见表19.17）。

表19.17　受访者工作地点情况

		本市（县、区）	省内其他市（县、区）	外省（直辖市、自治区）	合计
河北省	频次	897	7	4	908
	百分比（%）	98.80	0.80	0.40	100.00
黑龙江省	频次	856	7	2	865
	百分比（%）	99.00	0.80	0.20	100.00
上海市	频次	725	41	2	768
	百分比（%）	94.40	5.30	0.30	100.00
浙江省	频次	928	9	11	948
	百分比（%）	97.90	0.90	1.20	100.00
安徽省	频次	855	4	19	878
	百分比（%）	97.40	0.50	2.20	100.00
广东省	频次	864	42	6	912
	百分比（%）	94.70	4.60	0.70	100.00
四川省	频次	763	6	6	775
	百分比（%）	98.50	0.80	0.80	100.00
陕西省	频次	814	20	16	850
	百分比（%）	95.80	2.40	1.90	100.00
合计	频次	6702	136	66	6904
	百分比（%）	97.10	2.00	1.00	100.00

二、受访者家庭成员基本信息

（一）家庭成员构成

家庭成员指在同一家庭内共同生活且收支共享的成员。在外就学子女和打工人员只要其收支都包括在本家庭中，就计入家庭人口数中。收集到的有效信息中，受访者本人有配偶的人数有7653，占到了24.8%，有子女的人数有8078，占到了26.2%。其他家庭成员类型的比例相对较小（见表19.18）。

表19.18 家庭成员构成

	频次	有效百分比（%）	累积百分比（%）
本人	9768	31.7	31.7
配偶	7653	24.8	56.5
子女	8078	26.2	82.7
父母	2017	6.5	89.3
配偶的父母	420	1.4	90.6
儿媳/女婿	1015	3.3	93.9
孙（外孙）子女	1493	4.8	98.8
兄弟姐妹	268	0.9	99.6
配偶兄弟姐妹	15	0	99.7
祖（外祖）父母	24	0.1	99.8
其他长辈亲属	3	0	99.8
其他同辈亲属	8	0	99.8
其他晚辈亲属	28	0.1	99.9
同居伴侣	3	0	99.9
其他（不便归类）	31	0.1	100.0
合计	30823	100.0	

（二）家庭成员的年龄和性别分布

受访者家属中，年龄小于20岁的占到了28.7%，受访者家属中年龄在20 ~ 30岁之间的占到了18.6%（见表19.19）。

表19.19 受访者家属年龄分布

	频次	有效百分比（%）	累积百分比（%）
20岁以下	5989	28.7	28.7
20岁至30岁	3876	18.6	47.3
30岁以上至40岁	2625	12.6	59.9
40岁以上至50岁	3015	14.5	74.4
50岁以上至60岁	2302	11.0	85.4
60岁以上	3034	14.6	100.0
合计	20840	100.0	

（三）受访者家属性别

家庭成员中，男性共有 17172 人，占到了 51%，女性共有 16483 人，占到了 49%，男女比例是较为均衡的（此处包含了受访者本人）。家庭成员的人口金字塔结构图显示（见图 19.11），样本家庭的人口年龄结构，与全国总体结构图较为一致。

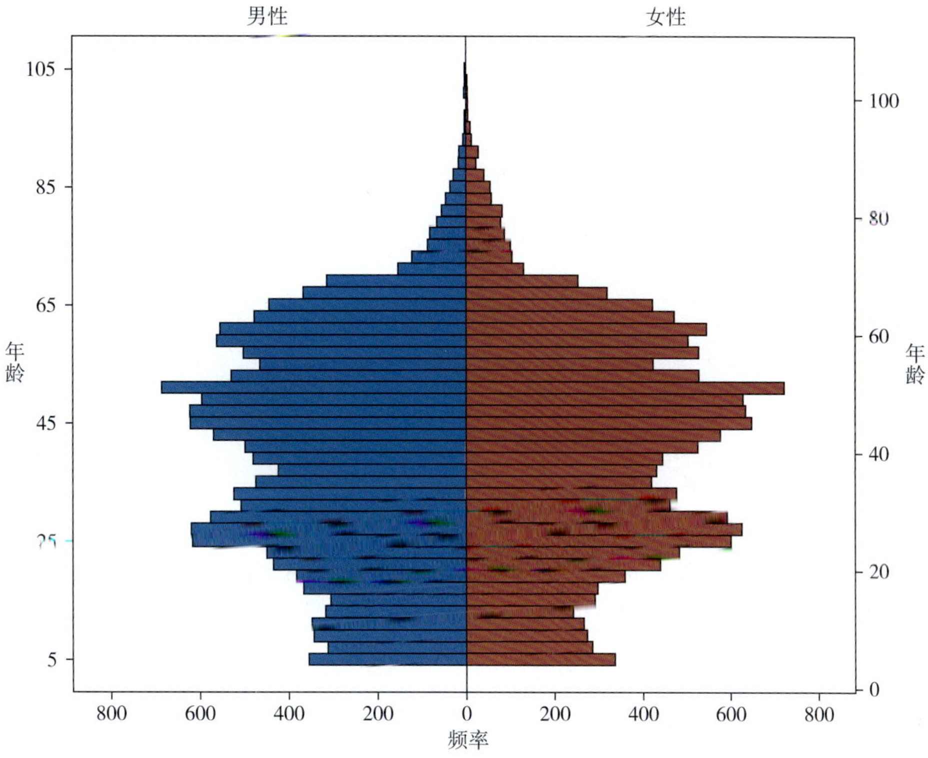

图19.11　样本家庭的人口金字塔结构图

（四）受访者家属婚姻情况

受访者家属中未婚的比例为 38.8%，初婚有配偶的占到了 55.3%，丧偶的比例占到了 3.3%（见表 19.20）。

表19.20　受访者家属婚姻情况

	频次	有效百分比（%）	累积百分比（%）
未婚	8113	38.8	38.8
同居	246	1.2	40.0
初婚有配偶	11554	55.3	95.3
再婚有配偶	164	0.8	96.1
离婚	137	0.7	96.7
丧偶	686	3.3	100.0
合计	20901	100.0	

（五）受访者家属户籍情况

前文（第二章）已经阐述了受访者本人的户籍情况，在此不再赘述。总体看，受访者家属为本市（县、区）农业户口的比例最高，为64%，为本市（县、区）非农业户口比例为23.9%（见表19.21）。

表19.21 受访者家属户籍情况

	频次	有效百分比（%）	累积百分比（%）
本市（县、区）非农业户口	5029	23.9	23.9
本市（县、区）农业户口	13456	64.0	87.9
省内非本市（县、区）非农业户口	298	1.4	89.3
省内非本市（县、区）农业户口	733	3.5	92.8
外省非农业户口	196	0.9	93.7
外省农业户口	1322	6.3	100.0
合计	21032	100.0	

（六）受访者家属健康情况

前文（第二章）已经阐述了受访者本人的健康状况，在此部分不再赘述。受访者所有家属（家庭成员，不包含受访者本人）中身体健康的比例为88.6%，有疾病或残疾但仍有劳动能力的为5.2%，因疾病或残疾丧失劳动能力但生活可以自理的为4.1%，生活不能自理需要人照顾的占到了2.0%。受访者配偶中，身体健康的比例为83.9%。受访者子女中，身体健康的比例为97.4%。受访者父母中，身体健康的比例为66.8%。受访者配偶父母中，身体健康的比例为59.3%。总体上看，受访者年长的家属身体健康状况相对较差（见表19.22）。

表19.22 受访者家属健康状况

		健康	有疾病或残疾仍有劳动能力	因疾病或残疾丧失劳动能力但生活能自理	生活不能自理，需要有人照料	合计
配偶	频次	6414	731	382	121	7648
	百分比（%）	83.90	9.60	5.00	1.60	100.00
子女	频次	7862	102	44	61	8069
	百分比（%）	97.40	1.30	0.50	0.80	100.00
父母	频次	1344	159	339	170	2012
	百分比（%）	66.80	7.90	16.80	8.40	100.00
配偶父母	频次	249	42	76	53	420
	百分比（%）	59.30	10.00	18.10	12.60	100.00
儿媳/女婿	频次	981	25	7	2	1015
	百分比（%）	96.70	2.50	0.70	0.20	100.00

续表

		健康	有疾病或残疾仍有劳动能力	因疾病或残疾丧失劳动能力但生活能自理	生活不能自理，需要有人照料	合计
孙（外孙）子女	频次	1461	18	5	3	1487
	百分比（%）	98.30	1.20	0.30	0.20	100.00
兄弟姐妹	频次	252	8	3	4	267
	百分比（%）	94.40	3.00	1.10	1.50	100.00
配偶兄弟姐妹	频次	11	1	1	2	15
	百分比（%）	73.30	6.70	6.70	13.30	100.00
祖（外祖）父母	频次	8	1	7	8	24
	百分比（%）	33.30	4.20	29.20	33.30	100.00
其他长辈亲属	频次	1	1	1	0	3
	百分比（%）	33.30	33.30	33.30	0.00	100.00
其他同辈亲属	频次	7	0	0	0	7
	百分比（%）	100.00	0.00	0.00	0.00	100.00
其他晚辈亲属	频次	27	0	0	1	28
	百分比（%）	96.40	0.00	0.00	3.60	100.00
同居伴侣	频次	3	0	0	0	3
	百分比（%）	100.00	0.00	0.00	0.00	100.00
其他	频次	16	2	7	6	31
	百分比（%）	51.60	6.50	22.60	19.40	100.00
合计	频次	18636	1090	872	431	21029
	百分比（%）	88.60	5.20	4.10	2.00	100.00

（七）受访者家属医疗保障情况

受访者家属没有任何医疗保障项目的占到了 5.1%，有一项医疗保障项目的占到了 91.3%，两项的占到了 3.4%。受访者配偶中，有一项医疗保障的占到了 92.9%。受访者子女中，有一项医疗保障的占到了 89.9%（见表 19.23）。

表19.23　　受访者家属医疗保障项目数

		0	1	2	3	4	合计
配偶	频次	251	7098	270	19	1	7639
	百分比（%）	3.30	92.90	3.50	0.20	0.00	100.00
子女	频次	520	7193	275	12	2	8002
	百分比（%）	6.50	89.90	3.40	0.10	0.00	100.00
父母	频次	92	1838	64	8	1	2003
	百分比（%）	4.60	91.80	3.20	0.40	0.00	100.00

续表

		0	1	2	3	4	合计
配偶的父母	频次	3	413	5	0	0	421
	百分比（%）	0.70	98.10	1.20	0.00	0.00	100.00
儿媳/女婿	频次	47	917	41	2	1	1008
	百分比（%）	4.70	91.00	4.10	0.20	0.10	100.00
孙（外孙）子女	频次	124	1301	48	1	2	1476
	百分比（%）	8.40	88.10	3.30	0.10	0.10	100.00
兄弟姐妹	频次	29	225	0	0	0	254
	百分比（%）	11.40	88.60	0.00	0.00	0.00	100.00
配偶兄弟姐妹	频次	0	13	1	0	0	14
	百分比（%）	0.00	92.90	7.10	0.00	0.00	100.00
祖（外祖）父母	频次	0	22	2	0	0	24
	百分比（%）	0.00	91.70	8.30	0.00	0.00	100.00
其他长辈亲属	频次	0	3	0	0	0	3
	百分比（%）	0.00	100.00	0.00	0.00	0.00	100.00
其他同辈亲属	频次	0	7	0	0	0	7
	百分比（%）	0.00	100.00	0.00	0.00	0.00	100.00
其他晚辈亲属	频次	0	28	0	0	0	28
	百分比（%）	0.00	100.00	0.00	0.00	0.00	100.00
同居伴侣	频次	1	3	0	0	0	4
	百分比（%）	25.00	75.00	0.00	0.00	0.00	100.00
其他	频次	1	27	2	1	0	31
	百分比（%）	3.20	87.10	6.50	3.20	0.00	100.00
合计	频次	1068	19088	708	43	7	20914
	百分比（%）	5.10	91.30	3.40	0.20	0.00	100.00

总体上，受访者家属有城镇基本医疗保险的占到了10.1%，有城镇居民基本医疗保险的占到了12.1%，有新农村合作医疗保障的占到了67.1%，没有任何医疗保险的占到了4.9%（见表19.24）。

表19.24 受访者家属医疗保障项目

	频次	百分比（%）	个案百分比（%）
城镇职工基本医疗保险	2190	10.10	10.50
城镇居民基本医疗保险	2621	12.10	12.50
城乡居民大病医疗保险	460	2.10	2.20
公费医疗	204	0.90	1.00
商业医疗保险	507	2.30	2.40
新农村合作医疗	14583	67.10	69.70
村集体二次报销福利	97	0.40	0.50
没有任何医疗保险	1068	4.90	5.10
总计	21730	100.00	103.90

（八）受访者家属教育情况

受访者家属成员中，未上小学的占到了 15.5%，小学肄业的占到了 7.3%，小学在读或毕业的占到了 19.0%，初中肄业的占到了 5.8%，初中在读或毕业的占到了 25.1%，高中 / 中专 / 技校肄业占到了 4.6%，高中 / 中专 / 技校在读或毕业占到了 11.4%，大专 / 高职占到了 5.3%，本科占到了 5.7%，研究生及其以上占到了 0.3%。受访者子女中，获得本科学历的占到了 9.4%（见表 19.25）。

表19.25　受访者家属教育状况

		配偶	子女	父母	配偶父母	其他家属	合计
未上学	频次	631	1114	610	170	720	3245
	百分比（%）	8.30	13.90	30.40	41.10	25.20	15.50
小学肄业	频次	889	116	355	106	70	1536
	百分比（%）	11.60	1.40	17.70	25.60	2.50	7.30
小学	频次	1346	1587	369	70	612	3984
	百分比（%）	17.60	19.80	18.40	16.90	21.40	19.00
初中	频次	626	358	105	13	117	1219
肄业	百分比（%）	8.20	4.50	5.20	3.10	4.10	5.80
初中	频次	2306	1880	315	34	717	[illegible]
在读或毕业	百分比（%）	30.20	23.50	15.70	8.20	25.10	25.10
高中/中专/技校肄业	频次	407	366	69	8	106	956
	百分比（%）	5.30	4.60	3.40	1.90	3.70	4.60
高中/中专/技校在读或毕业	频次	806	1212	103	9	256	2386
	百分比（%）	10.50	15.10	5.10	2.20	9.00	11.40
大专/高职	频次	320	588	49	1	142	1100
	百分比（%）	4.20	7.30	2.40	0.20	5.00	[illegible]
本科	频次	[illegible]	756	29	3	110	1186
	百分比（%）	3.80	9.40	1.40	0.70	3.90	5.70
研究生及以上	频次	22	39	0	0	4	65
	百分比（%）	0.30	0.50	0.00	0.00	0.10	0.30
合计	频次	7641	8016	2004	414	2854	20929
	百分比（%）	100.00	100.00	100.00	100.00	100.00	100.00

（九）受访者家属工作情况

从总体看，受访者家属中从事有收入工作的比例为 50.4%，不从事有收入工作的比例为 31.7%，上学的比例总共占到了 17.9%，其中 0.5%在上学时有兼职。具体看，受访者配偶中，从事有收入工作的占到了 71.2%。受访者子女中，从事有收入工作的占到了 38.4%。受访者父母中，从事有收入工作的占到了 36.5%。受访者其他家属从事有收入工作的占到了 38.9%（见表 19.26）。

表19.26　受访者家属从事有收入工作情况

		工作	不工作	上学兼职工作	上学无兼职	合计
配偶	频次	5434	2185	1	14	7634
	百分比（%）	71.20	28.60	0.00	0.20	100.00
子女	频次	2857	1802	82	2698	7439
	百分比（%）	38.40	24.20	1.10	36.30	100.00
父母	频次	722	1234	4	17	1977
	百分比（%）	36.50	62.40	0.20	0.90	100.00
配偶父母	频次	81	327	0	4	412
	百分比（%）	19.70	79.40	0.00	1.00	100.00
其他家属	频次	1029	834	7	773	2643
	百分比（%）	38.90	31.60	0.30	29.20	100.00
合计	频次	10123	6382	94	3506	20105
	百分比（%）	50.40	31.70	0.50	17.40	100.00

从总体上看，受访者家属在本市（县、区）工作的占到了 81.2%，在省内其他市（县、区）工作的占到了 9.8%，在外省（直辖市、自治区）工作的占到了 9.0%。受访者配偶中，在本市（县、区）工作的占到了 93.7%。受访者子女中，在本市（县、区）工作的占到了 63.3%（见表 19.27）。

表19.27　受访者家属工作地点情况

		本市（县、区）	省内其他市（县、区）	外省（直辖市、自治区）	合计
配偶	频次	5116	165	181	5462
	百分比（%）	93.70	3.00	3.30	100.00
子女	频次	1878	589	499	2966
	百分比（%）	63.30	19.90	16.80	100.00
父母	频次	588	101	50	739
	百分比（%）	79.60	13.70	6.80	100.00
配偶父母	频次	63	3	20	86
	百分比（%）	73.30	3.50	23.30	100.00
其他家属	频次	721	153	172	1046
	百分比（%）	68.90	14.60	16.40	100.00
合计	频次	8366	1011	922	10299
	百分比（%）	81.20	9.80	9.00	100.00

四、受访者工作与就业情况

（一）受访者当前就业类型

受访者专业务农比例最高，为37.1%。10.4%的受访者为兼业农民，13.5%的受访者为民营/私营企业职工。10.7%的受访者为个体工商户。安徽省所有受访者中，大部分时间从事农业生产活动的（专业农民）比例高达58.4%，是所有省份中比例最高的。河北省所有受访者中，兼职农民的比例为22.9%，高于其他地区。上海市所有受访者为民营/私营企业职工的比例高达40.7%，高于其他地区。黑龙江省为国有企业职工的比例高达11.3%，高于其他地区。广东省所有受访者为个体工商户的比例为23.5%，高于其他地区（见表19.28）。

表19.28 各省受访者就业类型

		河北	黑龙江	上海	浙江	安徽	广东	四川	陕西	合计
专业务农	频次	472	468	19	140	513	128	372	447	2559
	百分比（%）	52.3	52.8	2.5	14.8	58.4	14.4	48.1	51.7	37.1
兼业农民	频次	207	116	4	50	86	41	68	142	714
	百分比（%）	22.90	13.10	0.50	5.30	9.00	4.60	8.80	16.4	10.4
农村自营业者	频次	41	33	11	71	27	69	20	31	303
	百分比（%）	4.50	3.70	1.50	7.50	3.10	7.80	2.60	3.60	4.40
党政机关从业人员	频次	27	24	20	27	32	45	50	18	243
	百分比（%）	3.00	2.70	2.60	2.90	3.60	5.10	6.50	2.10	3.50
教科文卫事业单位	频次	10	8	34	15	16	48	21	19	171
	百分比（%）	1.10	0.90	4.50	1.60	1.80	5.40	2.70	2.20	2.50
社会团体	频次	14	13	22	6	5	43	56	4	163
	百分比（%）	1.60	1.50	2.90	0.60	0.60	4.80	7.20	0.50	2.40
国有企业职工	频次	21	100	80	16	17	18	8	50	310
	百分比（%）	2.30	11.30	10.6	1.70	1.90	2.00	1.00	5.80	4.50
民营/私企职工	频次	31	12	307	299	53	151	39	39	931
	百分比（%）	3.40	1.40	40.7	31.60	6.00	17.0	5.00	4.50	13.5
合资外资港澳台员工	频次	0	0	67	8	0	9	1	1	86
	百分比（%）	0.00	0.00	8.90	0.80	0.00	1.00	0.10	0.10	1.20
民非企业非营利组织	频次	2	6	15	26	0	25	10	2	86
	百分比（%）	0.20	0.70	2.00	2.70	0.00	2.80	1.30	0.20	1.20
个体工商户	频次	37	40	90	173	85	209	75	29	738
	百分比（%）	4.10	4.50	11.9	18.30	9.70	23.5	9.70	3.40	10.7
自由职业者	频次	17	14	35	56	0	46	8	15	191
	百分比（%）	1.90	1.60	4.60	5.90	0.00	5.20	1.00	1.70	2.80

续表

		河北	黑龙江	上海	浙江	安徽	广东	四川	陕西	合计
非固定单位临时务工	频次	16	50	41	51	43	40	45	66	352
	百分比（%）	1.80	5.60	5.40	5.40	4.90	4.50	5.80	7.60	5.10
其他	频次	7	2	10	9	1	17	1	2	49
	百分比（%）	0.80	0.20	1.30	1.00	0.10	1.90	0.10	0.20	0.70
合计	频次	902	886	755	947	878	889	774	865	6896
	百分比（%）	100	100	100	100	100	100	100	100	100

（二）受访者工作行业情况

从总体上看，所有受访者中45.9%从事农林牧渔行业工作，9.0%从事居民服务和其他服务业，9.7%从事制造业。从各省情况看，黑龙江省受访者中从事农林牧渔行业的比例最高，为71.0%。广东省受访者中从事居民服务和其他服务业的比例最高，为12.7%。浙江省受访者从事制造业比例最高，为29.4%（见表19.29）。

表19.29 各省受访者工作行业情况

		河北	黑龙江	上海	浙江	安徽	广东	四川	陕西	合计
农、林、牧、渔业	频次	599	628	31	170	604	196	425	505	3158
	百分比（%）	66.50	71.00	4.10	18.00	68.70	22.10	55.10	58.50	45.90
采矿业	频次	7	0	0	2	12	0	5	17	43
	百分比（%）	0.80	0.00	0.00	0.20	1.40	0.00	0.60	2.00	0.60
电力、煤气及水的生产和供应业	频次	5	5	15	13	5	12	3	10	68
	百分比（%）	0.60	0.60	2.00	1.40	0.60	1.40	0.40	1.20	1.00
交通运输、仓储及邮政业	频次	12	25	44	44	5	25	17	30	202
	百分比（%）	1.30	2.80	5.80	4.70	0.60	2.80	2.20	3.50	2.90
制造业	频次	60	12	159	278	30	69	13	47	668
	百分比（%）	6.70	1.40	21.10	29.40	3.40	7.80	1.70	5.40	9.70
信息传输、计算机服务和软件业	频次	4	1	22	7	3	13	1	3	54
	百分比（%）	0.40	0.10	2.90	0.70	0.30	1.50	0.10	0.30	0.80
批发和零售业	频次	27	43	107	135	60	172	58	42	644
	百分比（%）	3.00	4.90	14.20	14.30	6.80	19.40	7.50	4.90	9.40
建筑业	频次	25	30	43	62	36	34	28	81	339
	百分比（%）	2.80	3.40	5.70	6.60	4.10	3.80	3.60	9.40	4.90
水利、环境和公共设施管理业	频次	5	1	8	4	1	6	1	0	26
	百分比（%）	0.60	0.10	1.10	0.40	0.10	0.70	0.10	0.00	0.40
住宿和餐饮业	频次	19	15	58	44	11	78	21	12	258
	百分比（%）	2.10	1.70	7.70	4.70	1.30	8.80	2.70	1.40	3.70

续表

		河北	黑龙江	上海	浙江	安徽	广东	四川	陕西	合计
房地产业	频次	4	1	13	5	5	13	4	5	50
	百分比（%）	0.40	0.10	1.70	0.50	0.60	1.50	0.50	0.60	0.70
科学研究、技术服务和地质勘察业	频次	2	0	8	3	1	4	1	0	19
	百分比（%）	0.20	0.00	1.10	0.30	0.10	0.50	0.10	0.00	0.30
租赁和商务服务业	频次	2	4	15	10	5	18	2	5	61
	百分比（%）	0.20	0.50	2.00	1.10	0.60	2.00	0.30	0.60	0.90
金融业	频次	7	1	31	3	3	19	1	3	68
	百分比（%）	0.80	0.10	4.10	0.30	0.30	2.10	0.10	0.30	1.00
卫生、社会保障和福利业	频次	24	10	31	14	6	23	16	17	141
	百分比（%）	2.70	1.10	4.10	1.50	0.70	2.60	2.10	2.00	2.00
文化、体育和娱乐业	频次	3	2	18	9	2	13	12	3	62
	百分比（%）	0.30	0.20	2.40	1.00	0.20	1.50	1.60	0.30	0.90
教育业	频次	5	4	14	16	8	31	7	13	98
	百分比（%）	0.60	0.50	1.90	1.70	0.90	3.50	0.90	1.50	1.40
居民服务和其他服务业	频次	80	65	91	89	42	113	87	55	622
	百分比（%）	8.90	7.40	12.10	9.40	4.80	12.70	11.30	6.40	9.00
公共管理和社会组织	频次	10	24	39	32	39	40	66	12	262
	百分比（%）	1.10	2.70	5.20	3.40	4.40	4.50	8.60	1.40	3.80
国际组织	频次	0	12	0	3	1	2	3	2	23
	百分比（%）	0.00	1.40	0.00	0.30	0.10	0.20	0.40	0.20	0.30
其他	频次	1	1	6	2	0	6	0	1	17
	百分比（%）	0.10	0.10	0.80	0.20	0.00	0.70	0.00	0.10	0.20
合计	频次	901	884	753	945	879	887	771	863	6883
	百分比（%）	100.0	100.0	100.0	100.0	100.0	100.0	100.0	100.0	100.0

（三）受访者工作职位情况

从总体看，所有受访者中工作职位答复为不适用（例如务农、个体工商户）的比例最高，为 51.0%。受访者为服务人员的比例为 9.8%，为一线生产人员的占到了 9.2%。对比各个地区，安徽省受访者中回答不适用（例如务农、个体工商户）的比例最高，为 77.4%。广东省受访者中为单位负责人的比例比其他地区要高，为 10.5%。上海市受访者中部门负责人或中层以上管理人员比例为 6.8%，一般管理人员比例为 14.7%，专业技术人员比例为 13.6%，服务人员比例为 26.8%，均高于其他地区。浙江省受访者中一线生产人员比例为 19.3%，高于其他地区（见表 19.30）。

表19.30

各省受访者工作职位

		河北	黑龙江	上海	浙江	安徽	广东	四川	陕西	合计
单位负责人	频次	28	27	39	69	15	91	39	15	323
	百分比（%）	3.10	3.10	5.20	7.30	1.70	10.50	5.10	1.80	4.70
部门负责人/中层以上管理人员	频次	10	11	51	28	1	42	6	10	159
	百分比（%）	1.10	1.30	6.80	3.00	0.10	4.80	0.80	1.20	2.30
一般管理人员（包括村干部）	频次	46	31	110	69	43	89	88	41	517
	百分比（%）	5.10	3.50	14.70	7.30	4.90	10.20	11.40	4.80	7.60
专业技术人员	频次	36	20	102	93	21	58	19	26	375
	百分比（%）	4.00	2.30	13.60	9.80	2.40	6.70	2.50	3.00	5.50
一线生产人员	频次	44	103	131	182	57	32	12	67	628
	百分比（%）	4.90	11.80	17.50	19.30	6.50	3.70	1.60	7.80	9.20
生产辅助人员	频次	14	4	29	45	12	16	1	6	127
	百分比（%）	1.60	0.50	3.90	4.80	1.40	1.80	0.10	0.70	1.90
销售人员	频次	3	7	30	44	8	32	11	5	140
	百分比（%）	0.30	0.80	4.00	4.70	0.90	3.70	1.40	0.60	2.00
服务人员	频次	50	45	201	123	25	96	74	55	669
	百分比（%）	5.60	5.10	26.80	13.00	2.90	11.00	9.60	6.40	9.80
临时聘用人员	频次	55	62	24	42	16	43	50	94	386
	百分比（%）	6.10	7.10	3.20	4.40	1.80	4.90	6.50	11.00	5.60
其他	频次	0	2	5	4	0	11	0	6	28
	百分比（%）	0.00	0.20	0.70	0.40	0.00	1.30	0.00	0.70	0.40
不适用（如务农、个体工商户）	频次	614	562	27	246	679	359	471	530	3488
	百分比（%）	68.20	64.30	3.60	26.00	77.40	41.30	61.10	62.00	51.00
合计	频次	900	874	749	945	877	869	771	855	6840
	百分比（%）	100.0	100.0	100.0	100.0	100.0	100.0	100.0	100.0	100.0

（四）受访者专业技能与职业资格证书情况

从总体看，所有受访者中既具备专业技能，又具备相关职业资格证书的比例为 12.7%；只具备专业技能但无职业资格证书的占到了 9.4%。既没有专业技能又没有相关职业资格证书的占到了 77.9%。各个地区对比，上海市受访者中既有技能又有证书的占到了 25.7%，比其他地区都高。广东省受访者中有技能但无证书的比例占到了 15.5%，相比其他地区要高。黑龙江省受访者中既没有专业技能又没有职业资格证书的比例为 86.5%，高于其他地区（见表 19.31）。

表19.31　　受访者获得专业技能与职业资格证书情况

		有技能，有证书	有技能，没证书	都没有	合计
河北省	频次	76	68	751	895
	百分比（%）	8.50	7.60	83.90	100.00
黑龙江省	频次	85	34	763	882
	百分比（%）	9.60	3.90	86.50	100.00
上海市	频次	193	49	509	751
	百分比（%）	25.70	6.50	67.80	100.00
浙江省	频次	112	93	739	944
	百分比（%）	11.90	9.90	78.30	100.00
安徽省	频次	33	119	726	878
	百分比（%）	3.80	13.60	82.70	100.00
广东省	频次	188	138	565	891
	百分比（%）	21.10	15.50	63.40	100.00
四川省	频次	88	73	607	768
	百分比（%）	11.50	9.50	79.00	100.00
陕西省	频次	95	72	696	863
	百分比（%）	11.00	8.30	80.60	100.00
合计	频次	870	646	5356	6872
	百分比（%）	12.70	9.40	77.90	100.00

（五）受访者平均每周工作小时数

不分地区，所有受访者2014年平均每周工作时间为46小时。黑龙江省受访者平均每周工作小时数量最低，为30小时。广东省受访者平均每周工作时间最长，为55小时（见表19.32）。

表19.32　　受访者平均每周工作小时数

	频次	中值	均值	标准差
河北省	899	40	43.229658	19.7993922
黑龙江省	851	20	30.226702	19.0611817
上海市	753	40	45.783842	11.6722808
浙江省	943	50	52.530564	14.774315
安徽省	877	40	44.692841	12.3267804
广东省	882	55	55.021158	22.3656114
四川省	772	45	47.610785	18.3530192
陕西省	863	48	47.324312	13.9462226
总数	6840	45	45.894244	18.3611576

（六）受访者工作量变化情况

总体上，所有受访者与上年同期相比，2014 年工作量没有发生变化的占到了 68.1%，有所增加的占到了 16.3%，有所减少的占到了 11.9%。各地区对比，广东省有 23.4%的受访者 2014 年工作量与上年同期相比有所增加，高于其他地区。黑龙江省有 83%的受访者 2014 年工作量与上年同期相比没有变化，高于其他地区。陕西省有 18.5%的受访者 2014 年工作量与上年同期相比有所减少，高于其他地区（见表 19.33）。

表19.33　与上年同期相比，受访者2014年工作量变化情况

		大幅增加	有所增加	不变	有所减少	大幅减少	合计
河北省	频次	32	200	518	134	17	901
	百分比（%）	3.60	22.20	57.50	14.90	1.90	100.00
黑龙江省	频次	5	59	735	70	17	886
	百分比（%）	0.60	6.70	83.00	7.90	1.90	100.00
上海市	频次	9	144	549	35	8	745
	百分比（%）	1.20	19.30	73.70	4.70	1.10	100.00
浙江省	频次	9	164	657	111	4	945
	百分比（%）	1.00	17.40	69.50	11.70	0.40	100.00
安徽省	频次	6	137	599	120	15	877
	百分比（%）	0.70	15.60	68.30	13.70	1.70	100.00
广东省	频次	30	209	558	83	14	894
	百分比（%）	3.40	23.40	62.40	9.30	1.60	100.00
四川省	频次	19	122	502	108	17	768
	百分比（%）	2.50	15.90	65.40	14.10	2.20	100.00
陕西省	频次	15	87	570	160	33	865
	百分比（%）	1.70	10.10	65.90	18.50	3.80	100.00
合计	频次	125	1122	4688	821	125	6881
	百分比（%）	1.80	16.30	68.10	11.90	1.80	100.00

（七）受访者每月平均税后收入

受访者的 2014 年每月的平均税后收入（包括工资、奖金、经营收入）是 2308 元，标准差为 2661 元，中位值为 2000 元。和其他地区对比，上海市的受访者每月平均税后收入为 4445 元，中位值为 3500 元，均为最高。安徽省的受访者每月平均税后收入均值为 1358 元，是所有参与调查地区中最低的（见表 19.34）。

表19.34　　受访者每月的平均税后收入　　单位：元

省代码	频次	中值	均值	标准差
河北省	902	1000	1399.502153	1372.318386
黑龙江省	882	1200	1703.879799	2209.391001
上海市	755	3500	4445.086819	3204.024557
浙江省	947	3000	3417.726139	2842.559703
安徽省	876	1000	1357.613073	1500.216037
广东省	870	2500	3188.061653	3692.432952
四川省	761	1000	1541.466715	1695.092723
陕西省	736	1000	1407.443213	1686.070801
总计	6728	2000	2307.649834	2661.430883

（八）受访者近三年收入稳定情况

从总体看，所有受访者近三年的收入稳定不变的占到了55.4%，收入不稳定的占到了15.4%，收入有了小幅增长的占到了16.9%，小幅下降的占到了9.6%。从各个地区看，上海市受访者中小幅增长的比例为34.5%，远高于其他地区。黑龙江省的受访者中近三年收入稳定不变的比例为65.4%，远高于其他地区。陕西省受访者中近三年收入小幅下降的比例为18.0%，远高于其他地区（见表19.35）。

表19.35　　受访者近三年的收入稳定情况

		大幅增长	小幅增长	稳定不变	小幅下降	大幅下降	不稳定	合计
河北省	频次	6	144	542	108	19	82	901
	百分比（%）	0.70	16.00	60.20	12.00	2.10	9.10	100.00
黑龙江省	频次	8	53	578	49	15	181	884
	百分比（%）	0.90	6.00	65.40	5.50	1.70	20.50	100.00
上海市	频次	5	241	424	33	3	43	749
	百分比（%）	0.70	32.20	56.60	4.40	0.40	5.70	100.00
浙江省	频次	8	205	538	101	7	87	946
	百分比（%）	0.80	21.70	56.90	10.70	0.70	9.20	100.00
安徽省	频次	4	146	347	86	3	291	877
	百分比（%）	0.50	16.60	39.60	9.80	0.30	33.20	100.00
广东省	频次	3	203	498	59	15	116	894
	百分比（%）	0.30	22.70	55.70	6.60	1.70	13.00	100.00
四川省	频次	5	101	447	70	19	129	771
	百分比（%）	0.60	13.10	58.00	9.10	2.50	16.70	100.00
陕西省	频次	7	68	439	155	60	134	863
	百分比（%）	0.80	7.90	50.90	18.00	7.00	15.50	100.00
合计	频次	46	1161	3813	661	141	1063	6885
	百分比（%）	0.70	16.90	55.40	9.60	2.00	15.40	100.00

（九）受访者签订劳动合同情况

受访者没有签订劳动合同的比例为30.9%，不适用（非雇佣劳动者，包括农民）的占到了45.2%，签有固定期限劳动合同的比例为16.8%。

表19.36 受访者签订劳动合同情况

	频次	百分比（%）	个案百分比（%）
没有签订劳动合同	2159	30.90	31.20
签有固定期限劳动合同	1175	16.80	17.00
签有无固定期限劳动合同	208	3.00	3.00
签订了试用期劳动合同	23	0.30	0.30
签订了其他合同（注明）	30	0.80	0.80
不需要签劳动合同	214	3.10	3.10
不适用	3161	45.20	45.60
总计	6997	100.00	101.00

（十）现工作单位为受访者缴纳“五险一金”情况

现工作单位没有为受访者缴纳任何保险的占到了42.3%，为受访者缴纳养老保险的比例为13.8%，医疗保险的比例为16.2%，为受访者缴纳工商保险的比例为8.7%，生育保险的为6.0%，缴纳住房公积金的比例仅为5.0%（见表19.37）。

表19.37 现工作单位为受访者缴纳“五险一金”情况

	频次	百分比（%）
养老保险	1581	13.80
医疗保险	1853	16.20
失业保险	921	8.00
工伤保险	1002	8.70
生育保险	690	6.00
住房公积金	578	5.00
没有任何保险	4848	42.30
总计	11473	100.00

（十一）受访者其他缴纳保险或住房公积金方式

受访者没有其他缴纳保险或住房公积金的比例高达90.5%，按灵活就业人员自行缴纳保险或住房公积金的比例为7.5%（见表19.38）。

表19.38　　受访者是否有其他方式缴纳保险或住房公积金

	频次	有效百分比（%）	累积百分比（%）
以前的单位缴纳	76	1.1	1.1
按灵活就业人员自行缴纳	518	7.5	8.6
没有	6292	90.5	99.1
农保或居保	39	0.6	99.6
其他	27	0.4	100.0
合计	6953	100.0	

（十二）受访者从事其他工作情况

从总体看，除上述工作外，没有从事其他工作的受访者比例高达95%。从各省看，四川省受访者从事其他工作的比例为10.4%，高于其他地区（见表19.39）。

表19.39　　受访者是否还从事其他工作

		是	否	合计
河北省	频次	42	843	885
	百分比（%）	4.70	95.30	100.00
黑龙江省	频次	75	795	870
	百分比（%）	8.60	91.40	100.00
上海市	频次	5	720	725
	百分比（%）	0.70	99.30	100.00
浙江省	频次	11	923	934
	百分比（%）	1.20	98.80	100.00
安徽省	频次	73	801	874
	百分比（%）	8.40	91.60	100.00
广东省	频次	29	849	878
	百分比（%）	3.30	96.70	100.00
四川省	频次	80	687	767
	百分比（%）	10.40	89.60	100.00
陕西省	频次	39	812	851
	百分比（%）	4.60	95.40	100.00
合计	频次	354	6430	6784
	百分比（%）	5.0	95.0	100.0

（十三）受访者从事兼职工作职位情况

所有地区受访者中，其中22.4%为农林牧渔劳动者，28.6%为生产建筑工人，21%为打零工/搬运工/勤杂工/保洁工（见表19.40）。

表19.40　受访者从事兼职工作职位情况

	频率	有效百分比（%）	累积百分比（%）
单位负责人	1	0.2	0.2
部门负责人/中层管理人员	1	0.2	0.4
一般管理人员（包括村干部）	20	6.0	6.4
专业技术人员	5	1.5	7.9
生产建筑工人	95	28.6	36.5
生产辅助人员	3	1.0	37.5
销售人员	8	2.5	40.0
服务人员	21	6.2	46.3
临时聘用人员	3	0.8	47.0
个体经营/包工头	23	7.0	54.0
农林牧渔劳动者	74	22.4	76.5
打零工/搬运/勤杂/保洁	70	21.0	97.4
其他	9	2.6	100.0
合计	332	100.0	

（十四）受访者不工作原因

受访者不工作的最主要原因是正常退休，占到了38.3%。因需要照顾家庭而不工作的占到了16.5%。因丧失劳动能力而不工作的占到了17.6%（见表19.41）。

表19.41　受访者不工作的原因

	频率	有效百分比（%）	累积百分比（%）
下岗/被裁员	61	2.3	2.3
单位停工停产	27	1.0	3.3
提前退休	66	2.5	5.8
正常退休	1009	38.3	44.1
找不到工作	84	3.2	47.3
找到的工作不满意，等待更合适的就业机会	32	1.2	48.5
正在或打算自主创业	35	1.3	49.9
准备学习、深造	263	10	59.8
需要照顾家庭	434	16.5	76.3
不想工作	152	5.8	82.1
丧失劳动能力	464	17.6	99.7
其他	9	0.3	100
合计	2635	100	

（十五）受访者原有社保或住房公积金继续缴纳情况

在受访者因下岗，被裁员或单位停工、停产，或提前退休的前提下，受访者没有继续缴纳社保或住房公积金的比例高达 74.7%，自己缴纳的比例为 17.1%，原单位继续缴纳的比例为 5.1%（见表 19.42）。

表19.42　　受访者原有社保或住房公积金是否继续缴纳

	频次	有效百分比（%）	累积百分比（%）
原单位继续缴纳	11	5.1	5.1
政府帮缴纳	4	1.7	6.8
自己缴纳	36	17.1	23.9
没有缴纳	158	74.7	98.6
其他	3	1.4	100.0
合计	212	100.0	

（十六）受访者持续没有工作时间

从上一次工作结束或毕业以来，所有地区受访者持续没有工作时间的平均值是 103 个月，标准差为 97 个月，中位值为 72 个月。从各个地区看，黑龙江受访者持续没有工作时间的平均值最长，为 129 个月，安徽省受访者持续没有工作时间的平均值最短，为 66 个月（见表 19.43）。

表19.43　　受访者持续没有工作的时间　　单位：月

省代码	频次	中值	均值	标准差
河北省	127	72	97.991305	86.4001849
黑龙江省	295	96	129.406926	111.294733
上海市	424	96	106.626422	109.0629641
浙江省	150	50	77.439555	74.0407808
安徽省	167	55	66.001364	54.2082846
广东省	145	36	78.204764	88.7446484
四川省	416	96	115.036503	93.9367788
陕西省	165	72	101.547229	90.7133511
总计	1889	72	102.907264	96.9691525

五、受访者家属就业与工作情况

（一）受访者家属就业类型

总体看，受访者家属中专业务农比例最高，为 26.3%。其次是民营 / 企业职工，占到了

22.7%。受访者家属在非固定单位临时务工和为个体工商户的比例均为10.3%。受访者配偶中，36.0%从事农业生产活动。受访者子女中，33.7%为民营/私企职工。受访者父母中，39.6%为专业务农。受访者配偶父母中，48.8%为专业务农（见表19.44）。

表19.44 受访者家庭成员就业类型

		配偶	子女	父母	配偶父母	其他家属	合计
专业务农	频次	1941	240	267	41	150	2639
	百分比（%）	36.00	8.40	36.90	48.80	15.50	26.30
兼业农民	频次	538	291	42	8	78	957
	百分比（%）	10.00	10.20	5.80	9.50	8.00	9.50
农村自营业者	频次	226	76	26	1	25	354
	百分比（%）	4.20	2.70	3.60	1.20	2.60	3.50
党政机关从业人员	频次	127	76	11	2	19	235
	百分比（%）	2.40	2.70	1.50	2.40	2.00	2.30
教科文卫事业单位	频次	155	121	27	2	60	365
	百分比（%）	2.90	4.20	3.70	2.40	6.20	3.60
社会团体	频次	25	12	6	0	4	47
	百分比（%）	0.50	0.40	0.80	0.00	0.40	0.50
国有企业职工	频次	228	176	48	0	37	489
	百分比（%）	4.20	6.20	6.60	0.00	3.80	4.90
民营/私企职工	频次	895	961	109	11	296	2272
	百分比（%）	16.60	33.70	15.10	13.10	30.50	22.70
合资外资港澳台员工	频次	73	65	2	0	13	153
	百分比（%）	1.40	2.30	0.30	0.00	1.30	1.50
民非企业非营利组织	频次	32	42	3	0	9	86
	百分比（%）	0.60	1.50	0.40	0.00	0.90	0.90
个体工商户	频次	602	209	114	8	104	1037
	百分比（%）	11.20	7.30	15.80	9.50	10.70	10.30
自由职业者	频次	150	109	24	4	17	304
	百分比（%）	2.80	3.80	3.30	4.80	1.80	3.00
非固定单位临时务工	频次	390	446	43	7	151	1037
	百分比（%）	7.20	15.60	5.90	8.30	15.60	10.30
其他	频次	14	31	1	0	6	52
	百分比（%）	0.30	1.10	0.10	0.00	0.60	0.50
合计	频次	5396	2855	723	84	969	10027
	百分比（%）	100.00	100.00	100.00	100.00	100.00	100.00

（二）受访者家属工作行业情况

总体看，受访者家庭成员中，从事农林牧渔业比例最高，为 31.9%。从事制造业的占到了 16.7%，从事批发和零售业的占到了 9.6%，建筑业的占到了 7.9%，从事居民服务和其他服务业占到了 6.8%。受访者配偶中，从事农林牧渔业比例高达 42.5%。受访者父母中，从事农林牧渔业比例高达 40.8%。受访者配偶父母中，从事农林牧渔业比例高达 58.5%。受访者子女中，从事制造业比例为 21%（见表 19.45）。

表19.45　受访者家属工作行业情况

		配偶	子女	父母	配偶父母	其他家属	合计
农、林、牧、渔业	频次	2290	367	294	48	194	3193
	百分比（%）	42.50	12.90	40.80	58.50	20.10	31.90
采矿业	频次	54	31	2	0	5	92
	百分比（%）	1.00	1.10	0.30	0.00	0.50	0.90
电力、煤气及水的生产和供应业	频次	56	73	10	0	12	151
	百分比（%）	1.00	2.60	1.40	0.00	1.20	1.50
交通运输、仓储及邮政业	频次	207	176	22	0	27	432
	百分比（%）	3.80	6.20	3.10	0.00	2.80	4.30
制造业	频次	773	598	76	7	214	1668
	百分比（%）	14.30	21.00	10.60	8.30	22.20	16.70
信息传输、计算机服务和软件业	频次	38	96	3	1	12	150
	百分比（%）	0.70	3.40	0.40	1.20	1.20	1.50
批发和零售业	频次	501	263	73	5	119	961
	百分比（%）	9.30	9.20	10.10	6.10	12.40	9.60
建筑业	频次	420	259	46	8	61	794
	百分比（%）	7.80	9.10	6.40	9.80	6.30	7.90
水利、环境和公共设施管理业	频次	16	25	10	0	4	55
	百分比（%）	0.30	0.90	1.40	0.00	0.40	0.50
住宿和餐饮业	频次	202	192	55	3	71	523
	百分比（%）	3.70	6.80	7.60	3.70	7.40	5.20
房地产业	频次	38	30	3	1	12	84
	百分比（%）	0.70	1.10	0.40	1.20	1.20	0.80
科学研究、技术服务和地质勘察业	频次	20	40	1	0	4	65
	百分比（%）	0.40	1.40	0.10	0.00	0.40	0.60
租赁和商务服务业	频次	49	60	11	2	26	148
	百分比（%）	0.90	2.10	1.50	2.40	2.70	1.50
金融业	频次	37	48	17	1	10	113
	百分比（%）	0.70	1.70	2.40	1.20	1.00	1.10

续表

		配偶	子女	父母	配偶父母	其他家属	合计
卫生、社会保障和福利业	频次	91	77	14	2	25	209
	百分比（%）	1.70	2.70	1.90	2.40	2.60	2.10
文化、体育和娱乐业	频次	31	69	5	0	14	119
	百分比（%）	0.60	2.40	0.70	0.00	1.50	1.20
教育业	频次	115	74	15	0	43	247
	百分比（%）	2.10	2.60	2.10	0.00	4.50	2.50
居民服务和其他服务业	频次	318	247	32	4	81	682
	百分比（%）	5.90	8.70	4.40	4.90	8.40	6.80
公共管理和社会组织	频次	98	68	19	0	20	205
	百分比（%）	1.80	2.40	2.60	0.00	2.10	2.10
国际组织	频次	23	35	2	0	6	66
	百分比（%）	0.40	1.20	0.30	0.00	0.60	0.70
其他	频次	14	16	10	0	3	43
	百分比（%）	0.30	0.60	1.40	0.00	0.30	0.40
合计	频次	5391	2844	720	82	963	10000
	百分比（%）	100.00	100.00	100.00	100.00	100.00	100.00

（三）受访者家属工作职位

总体上看，受访者家属填写不适用（例如务农、个体工商户）比例高达39.1%，是一线生产人员的比例为13.5%，为服务人员的比例为10.8%，为临时聘用人员的比例为10.7%，专业技术人员的比例为8.9%。受访者配偶中，填写不适用（例如务农、个体工商户）比例为50.0%，为一线生产人员比例为11.7%。受访者子女中，填写不适用（例如务农、个体工商户）比例为18.2%，是生产者一线人员比例为16.9%，专业技术人员比例为13.4%。受访者父母中，填写不适用（例如务农、个体工商户）比例为54.5%。受访者配偶父母中，填写不适用（例如务农、个体工商户）比例为51.2%（见表19.46）。

表19.46　受访者家属工作职位

		配偶	子女	父母	配偶父母	其他家属	合计
单位负责人	频次	246	64	41	3	25	379
	百分比（%）	4.60	2.30	5.70	3.70	2.60	3.80
部门负责人/中层以上管理人员	频次	106	56	21	2	23	208
	百分比（%）	2.00	2.00	2.90	2.40	2.40	2.10
一般管理人员（包括村干部）	频次	205	160	23	1	43	432
	百分比（%）	3.80	5.70	3.20	1.20	4.50	4.30

续表

		配偶	子女	父母	配偶父母	其他家属	合计
专业技术人员	频次	386	377	49	5	71	888
	百分比（%）	7.20	13.40	6.80	6.10	7.50	8.90
一线生产人员	频次	628	477	52	13	167	1337
	百分比（%）	11.70	16.90	7.20	15.90	17.50	13.50
生产辅助人员	频次	143	136	21	2	24	326
	百分比（%）	2.70	4.80	2.90	2.40	2.50	3.30
销售人员	频次	106	154	8	0	40	308
	百分比（%）	2.00	5.50	1.10	0.00	4.20	3.10
服务人员	频次	424	437	54	6	156	1077
	百分比（%）	7.90	15.50	7.50	7.30	16.40	10.80
临时聘用人员	频次	424	437	53	8	138	1060
	百分比（%）	7.90	15.50	7.40	9.80	14.50	10.70
其他	频次	18	8	5	0	7	38
	百分比（%）	0.30	0.30	0.70	0.00	0.70	0.40
不适用（如务农、个体工商户）	频次	2682	512	391	42	259	3886
	百分比（%）	50.00	18.20	54.50	51.20	27.20	39.10
合计	频次	5368	2818	718	[illegible]	[illegible]	9939
	百分比（%）	100.00	100.00	100.00	100.00	100.00	100.00

（四）受访者家属专业技能与职业资格证书情况

总体上看，受访者家属中73.1%既没有专业技能，也不具备相关职业资格证书。受访者家属中16.0%既有专业技能，又具备相关职业资格证书。受访者家属中10.9%有技能，但无相关职业资格证书。受访者配偶中，既有技能又有证书的比例为12.6%。受访者子女中，既有技能又有证书的比例为23.0%。受访者父母中，既有技能又有证书的比例为13.6%。受访者配偶父母中，既有技能又有证书的比例为3.7%（见表19.47）。

表19.47 受访者家属专业技能与职业资格证书

		有技能，有证书	有技能，没证书	都没有	合计
配偶	频次	679	515	4179	5373
	百分比（%）	12.60	9.60	77.80	100.00
子女	频次	654	371	1814	2839
	百分比（%）	23.00	13.10	63.90	100.00
父母	频次	97	103	514	714
	百分比（%）	13.60	14.40	72.00	100.00

续表

		有技能，有证书	有技能，没证书	都没有	合计
配偶的父母	频次	3	7	71	81
	百分比（%）	3.70	8.60	87.70	100.00
儿媳/女婿	频次	111	70	580	761
	百分比（%）	14.60	9.20	76.20	100.00
孙（外孙）子女	频次	16	6	43	65
	百分比（%）	24.60	9.20	66.20	100.00
兄弟姐妹	频次	31	16	72	119
	百分比（%）	26.10	13.40	60.50	100.00
其他	频次	4	2	18	24
	百分比（%）	16.70	8.30	75.00	100.00
总计	频次	1595	1090	7291	9976
	百分比（%）	16.00	10.90	73.10	100.00

（五）受访者家属平均每周工作情况

总体上看，全部受访者家属平均每周工作小时平均值为 49.48 小时，标准差为 17.67 小时，中位值为 48 小时。受访者配偶平均每周工作 48.65 小时，受访者子女平均每周工作 51.09 小时(见表 19.48)。

表19.48　受访者家属平均每周工作小时情况　单位：小时

与受访者关系	频次	中值	均值	标准差
配偶	5356	48.00	48.65	18.42
子女	2822	49.00	51.09	15.90
父母	711	48.00	47.51	18.75
配偶的父母	79	46.78	49.15	21.88
儿媳/女婿	754	48.00	50.40	16.21
孙（外孙）子女	63	56.00	52.41	15.94
兄弟姐妹	116	48.31	52.75	18.27
其他	23	45.42	54.21	23.84
总计	9923	48.00	49.48	17.67

（六）受访者家属工作量变化

总体上看，与上年相比，受访者家属的工作量保持不变的比例为 69.6%，有所增加的比例为 16.8%，有所减少的比例为 10.5%。受访者配偶中，工作量有所增加的比例为 15.7%。受访者子女中，工作量有所增加的比例为 19.7%（见表 19.49）。

表19.49　受访者家属今年的工作量变化

		大幅增加	有所增加	不变	有所减少	大幅减少	合计
配偶	频次	83	850	3749	622	96	5400
	百分比（%）	1.50	15.70	69.40	11.50	1.80	100.00
子女	频次	48	559	1958	241	34	2840
	百分比（%）	1.70	19.70	68.90	8.50	1.20	100.00
父母	频次	2	93	530	85	12	722
	百分比（%）	0.30	12.90	73.40	11.80	1.70	100.00
配偶的父母	频次	0	9	56	10	4	79
	百分比（%）	0.00	11.40	70.90	12.70	5.10	100.00
儿媳/女婿	频次	12	144	517	74	8	755
	百分比（%）	1.60	19.10	68.50	9.80	1.10	100.00
孙（外孙）子女	频次	0	6	52	4	1	63
	百分比（%）	0.00	9.50	82.50	6.30	1.60	100.00
兄弟姐妹	频次	0	23	83	11	1	118
	百分比（%）	0.00	19.50	70.30	9.30	0.80	100.00
其他	频次	0	1	20	2	0	23
	百分比（%）	0.00	4.30	87.00	8.70	0.00	100.00
合计	频次	145	1685	6965	1049	156	10000
	百分比（%）	1.50	16.80	69.60	10.50	1.60	100.00

（七）受访者家属每月平均税后收入

总体看，2014 年受访者家属每月平均税后收入为 2444.7 元，标准差为 2941 元，中位值为 2000 元。受访者配偶每月平均税后收入均值为 2320 元，受访者子女每月平均税后收入均值为 2680 元（见表 19.50）。

表19.50　2014年受访者家属每月平均税后收入

	频次	中值	均值	标准差
配偶	5285.0	2000.0	2319.9	3248.9
子女	2789.0	2500.0	2679.8	2367.2
父母	692.0	2000.0	2663.1	3619.7
配偶的父母	79.0	1200.0	1551.1	1353.7
儿媳/女婿	750.0	2000.0	2319.3	2028.8
孙（外孙）子女	61.0	2398.0	2336.4	1296.9
兄弟姐妹	117.0	2374.4	2718.9	2117.6
其他	22.0	1800.0	2083.2	1858.0
总计	9794.0	2000.0	2444.7	2941.3

（八）近三年受访者家属收入情况

总体上看，受访者家属近三年收入保持稳定的比例为 56.4%，小幅增长的比例为 17.6%，小幅下降的比例为 8.8%，不稳定的比例为 15.2%。受访者配偶中，近三年收入有小幅增加的比例为 15.8%。受访者子女中，近三年收入有小幅增加的比例为 20.2%（见表 19.51）。

表19.51　　近三年受访者家属收入是否稳定

		大幅增长	小幅增长	稳定不变	小幅下降	大幅下降	不稳定	合计
配偶	频次	24	854	3068	543	99	806	5394
	百分比（%）	0.40	15.80	56.90	10.10	1.80	14.90	100.00
子女	频次	28	572	1570	188	22	448	2828
	百分比（%）	1.00	20.20	55.50	6.60	0.80	15.80	100.00
父母	频次	4	143	402	56	3	111	719
	百分比（%）	0.60	19.90	55.90	7.80	0.40	15.40	100.00
配偶父母	频次	0	10	49	8	0	14	81
	百分比（%）	0.00	12.30	60.50	9.90	0.00	17.30	100.00
儿媳/女婿	频次	8	142	419	73	7	110	759
	百分比（%）	1.10	18.70	55.20	9.60	0.90	14.50	100.00
孙（外孙）子女	频次	1	7	40	7	2	6	63
	百分比（%）	1.60	11.10	63.50	11.10	3.20	9.50	100.00
兄弟姐妹	频次	0	28	60	6	0	22	116
	百分比（%）	0.00	24.10	51.70	5.20	0.00	19.00	100.00
其他	频次	0	1	18	0	0	3	22
	百分比（%）	0.00	4.50	81.80	0.00	0.00	13.60	100.00
总计	频次	65	1757	5626	881	133	1520	9982
	百分比（%）	0.70	17.60	56.40	8.80	1.30	15.20	100.00

（九）受访者家属劳动合同情况

受访者家属中有 36.1%没有签订劳动合同，签有固定期限劳动合同的比例为 20.0%，不适用（例如务农、个体工商户）的比例为 36.3%（见表 19.52）。

表19.52　　受访者家属签署劳动合同情况

	频次	百分比（%）
没有签订劳动合同	3580	36.10
签有固定期限劳动合同	1984	20.00
签有无固定期限劳动合同	409	4.10
签订了试用期劳动合同	49	0.50
签订了其他合同	43	0.40

续表

	频次	百分比（%）
不需要签劳动合同	257	2.60
不适用	3606	36.30
总计	9927	100.00

（十）现工作单位给受访者家属缴纳“五险一金”情况

现工作单位没有给受访者家属缴纳任何保险的比例占到了37.9%，缴纳养老保险的占到了13.3%，缴纳医疗保险的占到了16.1%，缴纳失业保险和工伤保险的比例均为10.2%（见表19.53）。

表19.53　　现工作单位给受访者家属缴纳“五险一金”情况

	频次	百分比（%）
养老保险	2334	13.30
医疗保险	2820	16.10
失业保险	1569	9.00
工伤保险	1779	10.20
生育保险	1249	7.10
住房公积金	1119	6.[illegible]
没有任何保险	6646	37.90
总计	17516	100.00

（十一）受访者家属其他方式缴纳保险或住房公积金

受访者家属中没有其他方式缴纳保险或住房公积金的比例高达99.3%。受访者家属按灵活就业人员自行缴纳保险或住房公积金的占到了7.1%（见表19.54）。

表19.54　　受访者家属是否有其他方式缴纳保险或住房公积金

	频次	有效百分比（%）	累积百分比（%）
以前的单位缴纳	75	0.8	0.8
按灵活就业人员自行缴纳	626	6.3	7.1
没有	9127	92.2	99.3
农保或居保	44	0.4	99.7
其他	28	0.3	100.0
合计	9901	100.0	

（十二）受访者家属是否从事其他工作

除上述工作外，受访者家属没有从事其他工作的比例高达96.9%。受访者配偶中，从事其他工作的比例为3.6%。受访者子女中，从事其他工作的比例为2.8%（见表19.55）。

表19.55 除上述工作外，受访者家属是否还从事其他工作

		是	否	合计
配偶	频次	192	5111	5303
	百分比（%）	3.60	96.40	100.00
子女	频次	78	2718	2796
	百分比（%）	2.80	97.20	100.00
父母	频次	12	692	704
	百分比（%）	1.70	98.30	100.00
配偶的父母	频次	2	80	82
	百分比（%）	2.40	97.60	100.00
儿媳/女婿	频次	18	732	750
	百分比（%）	2.40	97.60	100.00
孙（外孙）子女	频次	1	58	59
	百分比（%）	1.70	98.30	100.00
兄弟姐妹	频次	5	110	115
	百分比（%）	4.30	95.70	100.00
其他	频次	1	21	22
	百分比（%）	4.50	95.50	100.00
合计	频次	309	9522	9831
	百分比（%）	3.10	96.90	100.00

（十三）受访者家属从事兼职情况

受访者家属中兼职为生产建筑工人的比例为 30.3%，为农林牧渔劳动者的比例为 22.9%，打零工 / 搬运 / 勤杂 / 保洁的比例为 21.2%（见表 19.56）。

表19.56 受访者家属从事的兼职工作

	频次	有效百分比（%）	累积百分比（%）
一般管理人员（包括村干部）	9	3.2	3.2
专业技术人员	7	2.5	5.7
生产建筑工人	83	30.3	36.0
生产辅助人员	4	1.3	37.3
销售人员	7	2.5	39.8
服务人员	13	4.8	44.5
临时聘用人员	4	1.6	46.2
个体经营/包工头	21	7.7	53.9
农林牧渔劳动者	63	22.9	76.8
打零工/搬运/勤杂/保洁	58	21.2	98.0
其他	5	2.0	100.0
合计	274	100.0	

（十四）受访者家属不工作原因

受访者家属因正常退休不工作的占到了 20.1%，因丧失劳动能力而不工作的占到了 22.5%，因准备学习深造的占到了 21.8%（见表 19.57）。

表19.57　　受访者家属不工作的原因

	频次	有效百分比（%）	累积百分比（%）
下岗/被裁员	67	1.1	1.1
单位停工停产	23	0.4	1.5
提前退休	73	1.2	2.8
正常退休	1180	20.1	22.9
找不到工作	177	3.0	25.9
找到的工作不满意，等待更合适的就业机会	92	1.6	27.4
正在或打算自主创业	274	4.7	32.1
准备学习、深造	1280	21.8	53.9
需要照顾家庭	931	15.8	69.7
不想工作	425	7.2	77.0
丧失劳动能力	1323	22.5	99.5
其他	28	0.5	100.0
合计	5872	100.0	

（十五）原有社保或住房公积金

在受访者家属下岗、被裁员或单位停工停产，或提前退休的前提下，原有社保或住房公积金没有缴纳的比例占到了 70.9%，自己缴纳的比例占到了 17.2%，原单位继续缴纳的比例占到了 5.7%。

表19.58　　受访者家属原有社保或住房公积金是否继续缴纳

	频次	有效百分比（%）	累积百分比（%）
原单位继续缴纳	14	5.7	5.7
政府帮缴纳	4	1.5	7.2
自己缴纳	42	17.2	24.4
没有缴纳	172	70.9	95.3
其他	11	4.7	100.0
合计	243	100.0	

（十六）受访者家属持续没有工作时间

总体上看，从上一次工作结束或毕业以来，受访者家属持续没有工作的时间平均值为 108 个月，标准差为 108 个月，中位值为 72 个月。从各地区看，黑龙江省受访者家属持续没有工作时间最长，平均为 150 个月。安徽省受访者家属持续没有工作的时间平均值是 73.84 个月，比其他地区都短（见表 19.59）。

表19.59　受访者家属持续没有工作时间

省代码	N	中值	均值	标准差
河北省	158.00	60.00	82.48	83.23
黑龙江省	350.00	120.00	150.00	125.69
上海市	455.00	94.98	126.40	121.58
浙江省	271.00	49.59	77.74	82.17
安徽省	230.00	60.00	73.84	70.48
广东省	266.00	36.00	75.43	81.26
四川省	664.00	94.95	120.39	111.68
陕西省	214.00	60.00	101.36	103.12
总计	2608.00	72.00	108.43	107.88

六、2014 年家庭所有成员收入情况及各地区基尼系数

（一）平均月收入情况

对家庭所有成员（包括受访者本人）每月平均税后收入进行统计，均值为 2372 元，标准差为 2817 元，中位值为 2000 元。各地区比较，上海市 2014 年每月平均税后收入平均值（4514.5 元）与中位值（3500 元）均最高，但其标准差也相对较大，为 4060 元。浙江省 2014 年每月平均税后收入平均值（3260 元）与中位值（3000 元），位列第二。广东省 2014 年每月平均税后收入平均值（3101 元）与中位值（2500 元），位列第三。河北省 2014 年每月平均税后收入平均值为 1620 元，为所有调查地区中平均值最低。黑龙江 2014 年每月平均税后收入中位值为 1200 元，为所有调查地区中中值最低的（见表 19.60）。

表19.60　2014年各地区每月的平均税后收入　单位：元

省代码	频次	中值	均值	标准差
河北省	2223.00	1300.00	1620.29	1668.73
黑龙江省	2051.00	1200.00	1784.14	2940.65
上海市	1415.00	3500.00	4514.47	4060.81
浙江省	2176.00	3000.00	3260.05	2420.69
安徽省	2245.00	1000.00	1742.11	1641.84
广东省	2042.00	2500.00	3100.63	3890.19
四川省	2008.00	1698.70	2002.33	2559.58
陕西省	2009.00	1500.00	1667.48	1548.21
总计	16170.00	2000.00	2372.19	2816.94

按照户口类型划分，城镇户口2014年每月的平均税后收入平均值为3051元，农村户口为2168元。城镇户口2014年每月的平均税后收入中位值为2500元，农村户口为2000元。总体上看，城镇户口居民收入高于农村户口居民（见表19.61）。

表19.61　城乡户口月收入情况　单位：元

户口类型	频次	中值	均值	标准差
城镇户口	4175	2500.00	3050.82	4070.30
农村户口	12459	2000.00	2167.74	2276.73

（二）基尼系数

基尼系数是国际上综合考察居民收入分配差异状况的一个分析指标。基尼系数越高，则表明收入分配越不平等。一般基尼系数低于0.2时，收入分配被认为是绝对平均的，0.2 ~ 0.3时收入分配比较平均，0.3 ~ 0.4时收入分配相对合理，0.4 ~ 0.5时收入分配差距较大，0.5以上收入分配差距悬殊。通过分析调查数据，参与调查的所有地区综合基尼系数为0.44，高于国际警戒线0.4，为收入分配差距较大。分地区看，河北省基尼系数最高，高达0.46。浙江省基尼系数最低，为0.31。上海市基尼系数为0.32，广东省为0.39。浙江省和上海市这两个地区收入分配差异状况相对更好些（见图19.12）。

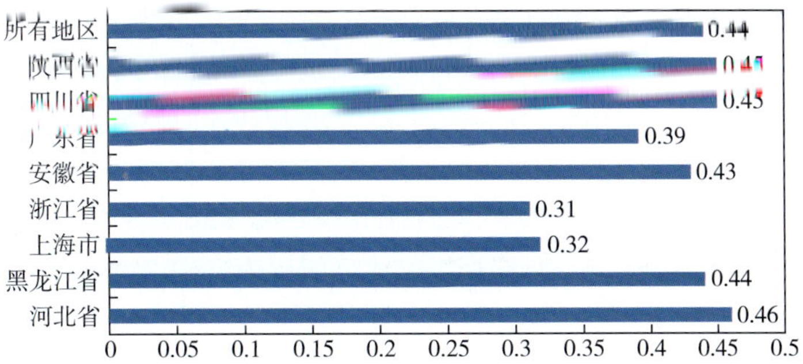

图19.12　各地区基尼系数

农村基尼系数高于城镇，城镇基尼系数为0.42，农村基尼系数为0.43。从基尼系数看，农村户口居民收入差异高于城镇户口居民。

七、基本民生问题

（一）家庭生活状况总体满意度

家庭生活状况的总体满意度反映了个体对自己家庭目前生活水平的主观评价。调查结果显示，对家庭目前的生活状况总体满意的人占大多数，占比为62.3%，感觉“一般”的约1/5（23.7%），只有13.6%的人对家庭目前的生活状况总体不满意。

表 19.62　　对家庭目前生活状况的总体满意度

	频率	有效百分比（%）	累积百分比（%）
很满意	1602	16.4	16.4
基本满意	4477	45.9	62.3
一般	2312	23.7	86.1
不太满意	1018	10.4	96.5
很不满意	312	3.2	99.7
不回答/不清楚	30	0.3	100.0
合计	9750	100.0	

此外，数据表明，将满意度选项合并为三类（“满意”、“一般”和“不满意”）后，八省市家庭生活状况总体满意度的比例分布略有不同。四川调查对象对家庭生活状况总体满意度最高，选择“满意”的比例高达72.1%，其后依次为浙江、河北、上海、安徽、广东、陕西和黑龙江。换言之，黑龙江调查对象对家庭生活状况总体满意度最低，选择“满意”的比例为44.3%，选择“不满意”的比例则在八省市中最高，为28.9%。另外，广东调查对象对家庭生活状况总体感觉“一般”的比例最高，为29.2%，其次是上海，为27.3%（见图19.13）。

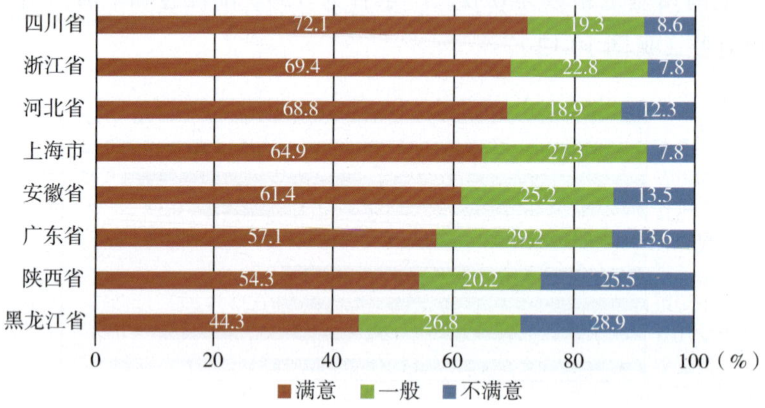

图19.13　各省的家庭生活状况总体满意度（N=9729）（%）

（二）家庭生活水平的变化情况

本次调查中，家庭生活水平的变化主要是与去年（2013年）相比较。结果表明，家庭生活水平没变化的比例最高，占53.4%，其次是“有所提高”的比例，为29.7%，另有12.1%的人认为家庭生活水平有所下降。而家庭生活水平显著提高或明显下降的比例很小，仅为2.3%左右。

表19.63　　家庭生活水平的变化情况

	频率	有效百分比（%）	累积百分比（%）
显著提高	217	2.2	2.2
有所提高	2891	29.7	31.9
和上年差不多	5196	53.4	85.3

续表

	频率	有效百分比（%）	累积百分比（%）
有所下降	1174	12.1	97.3
明显下降	226	2.3	99.6
不回答/不清楚	34	0.4	100.0
合计	9738	100.0	

数据表明，将变化情况选项合并为三类（“提高了”、“没变化”和“下降了”）后，八省市家庭生活水平变化情况的比例分布略有不同。上海和四川调查对象的家庭生活水平提高的比例最高，分别为39.7%和38.1%。此外，虽然黑龙江调查对象的家庭生活水平提高的比例最低，为16.6%，但其生活水平下降了的比例并非最高，反而是陕西人民感觉家庭生活水平下降了的比例最高，为27.2%（见图19.14）。

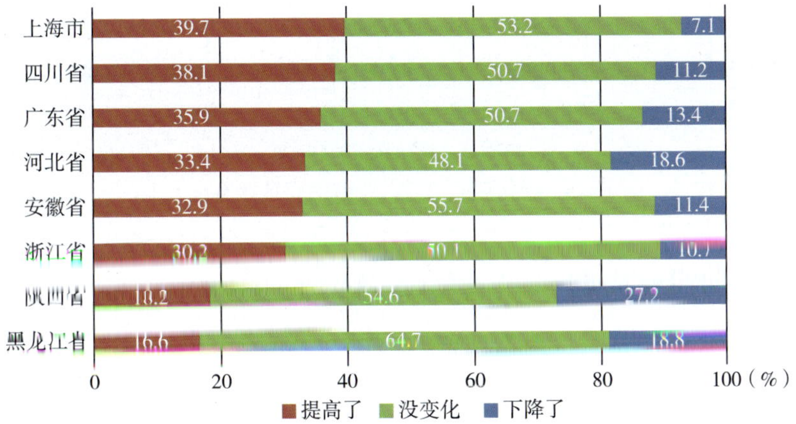

图19.14 各省的生活水平变化情况（N=9706）（%）

（三）对政府公共服务的满意度

调查结果显示，当询问调查对象对调查地点政府在改善民生、保障居民基本公共服务方面的总体满意程度时，民众较为满意，选择“很满意”和“基本满意”的比例高达62.8%，不满意的比例则为10.5%（见表19.64）。

表19.64 对政府公共服务的满意程度

	频率	有效百分比（%）	累积百分比（%）
很满意	1647	17.0	17.0
基本满意	4447	45.8	62.8
一般	2290	23.6	86.4
不太满意	814	8.4	94.8
很不满意	205	2.1	96.9
不回答/不清楚	301	3.1	100.0
合计	9705	100.0	

数据表明，将满意度选项合并为三类（“满意”、“一般”和“不满意”）后，八省市对政府公共服务满意度的比例分布存在差异。首先，四川民众对政府公共服务的满意度最高，选择“满意”的比例高达 83.6%，广东则相反，民众对政府公共服务的满意度最低，选择“满意”的比例仅占 42.3%，表示不满意的占 20.0%，为八省市最高（见图 19.15）。由此可见，广东省政府亟需提高公共服务质量，增强人民对政府的满意度。

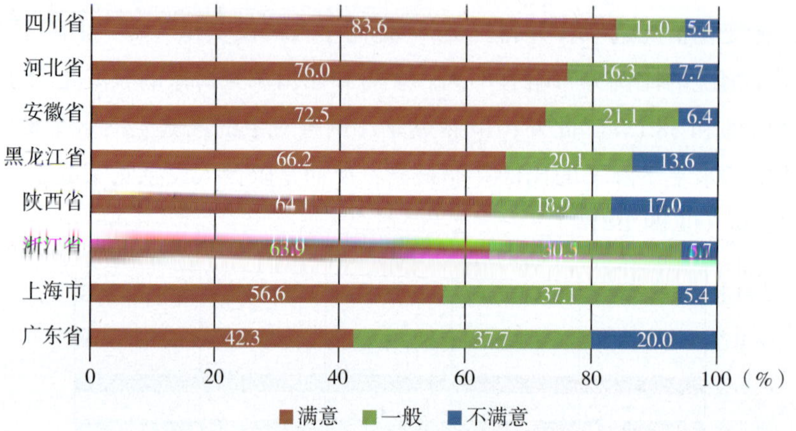

图19.15 各省对政府公共服务的满意度（%）

（四）最关切的民生问题

本次调查询问了调查对象对民生问题最不满意的三个方面，并让调查对象按不满意程度由高到低进行排序。笔者在实际操作中，根据不满意程度由高到低的顺序依次赋 5、3、1 分，再汇总分值后（汇总得分 = 第一选择频数 ×5+ 第二选择频数 ×3+ 第三选择频数 ×1），得出表 19.65 结果。汇总得分越高，表明人们对其的不满意程度越高。

在众多民生问题中，最不满意的前五位民生问题分别为收入水平、医疗、食品安全、住房和养老，而这五个问题也一直是社会热议的话题。其后依次是子女教育、生活环境、就业状况、贫富差距、社会治安、维护群众利益、道路不好走和物价水平。值得一提的是，没有不满意的得分较高，排在第三，这也就意味着，一大部分人对民生都很满意。

表19.65 不满意的民生问题

	第一选择		第二选择		第二选择		汇总得分
	频数	百分比（%）	频数	百分比（%）	频数	百分比（%）	
收入水平	2039	21.1	771	11.6	329	6.9	12837
医疗	1381	14.3	862	12.9	384	8.1	9875
没有不满意的	1071	11.1	1075	16.1	1078	22.6	9658
食品安全	793	8.2	675	10.1	614	12.9	6604
住房	745	7.7	509	7.6	325	6.8	5577
养老	598	6.2	676	10.2	320	6.7	5338
子女教育	703	7.3	461	6.9	252	5.3	5150

续表

	第一选择		第二选择		第二选择		汇总得分
	频数	百分比（%）	频数	百分比（%）	频数	百分比（%）	
生活环境	578	6.0	389	5.8	302	6.3	4359
就业状况	650	6.7	276	4.1	128	2.7	4206
贫富差距	454	4.7	406	6.1	583	12.2	4071
社会治安	329	3.4	370	5.5	222	4.7	2977
维护群众利益	248	2.6	168	2.5	216	4.5	1960
道路不好走	56	0.6	10	0.2	2.0	0.0	312
物价水平	13	0.1	6	0.1	3.0	0.1	86
其他	11	0.1	5	0.1	2.0	0.0	72
合计	9670	100.0	6660	100.0	4761	100.0	

虽然我国经济高速发展，人们对家庭生活状况的总体满意度较高，但是人们最不满意的民生问题仍是决定上层建筑的经济基础的直接体现——收入水平。此外，社会保障体系的发展仍有待加强，对食品安全的信任程度也有待提高，尤其是我们正面临老龄化和食品问题集中爆发的社会危机，如何妥善解决关乎人们生命的食品安全、医疗和养老保障问题迫在眉睫。

八、收入与消费

（一）家庭年收入情况

家庭年收入是客观反映家庭经济水平的一个测量指标。由图 19.16 可知，2013 年家庭总收入差异明显。总收入在 1 万 ~3 万元之间的比例最高，为 26.3%，其次是 3 万 ~ 5 万元和 5 万 ~ 8 万元，分别为 24.5% 和 18.6%。而除了家庭总收入为 1 万元以下的占比 13.0% 之外，其余区间收入的比例均小于 10%。

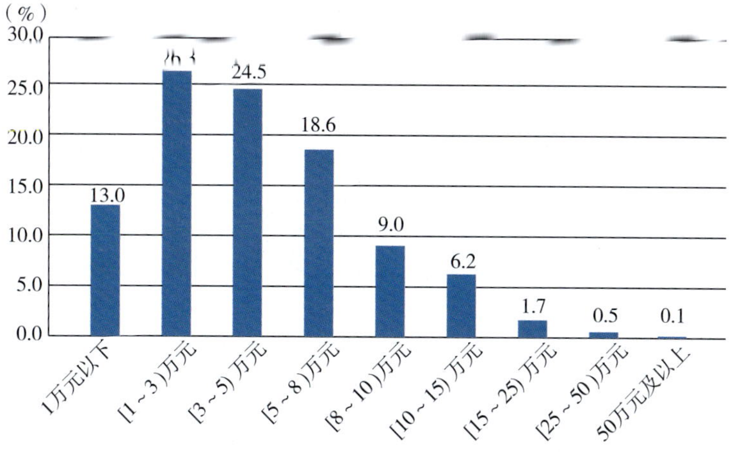

图19.16　去年（2013年）家庭总收入情况（N=9743）（%）

注：“[”表示包含此数值，“）”表示不包含此数值，下文同此。

结果表明，八省市在2013年家庭总收入比例分布上略有差异。首先，河北、黑龙江、安徽、四川和陕西五省的家庭总收入主要集中在1万～3万元区间内，比例分别为28.8%、35.7%、33.4%、29.5%和39.3%，其次集中在3万～5万元区间，比例分别为25.8%、29.5%、27.4%、25.6%和25.3%。第二，广东的家庭总收入集中在1万～5万元区间，比例为46.6%。第三，上海和浙江的家庭总收入主要集中在5万～8万元区间内，比例分别为25.2%和27.3%，其次是10万元及以上的比例分别为24.7%和19.2%（见表19.66）。由此可见，上海和浙江作为一线省市的代表，经济发展水平明显高于另外六个省市。

表19.66　各省的去年（2013年）家庭总收入百分比（N=9751）（%）

	1万元以下	[1～3）万元	[3～5）万元	[5～8）万元	[8～10）万元	10万元及以上	合计
河北省	19.8	28.8	25.8	16.3	5.5	3.8	100.0
黑龙江省	15.3	35.7	29.5	12.3	3.3	3.9	100.0
上海市	0.8	11.3	22.8	25.2	13.4	24.7	100.0
浙江省	5.3	11.3	18.8	27.3	18.3	19.2	100.0
安徽省	14.0	33.4	27.4	17.1	4.8	3.3	100.0
广东省	10.4	23.3	23.3	19.8	12.7	10.5	100.0
四川省	17.6	29.5	25.6	16.7	5.5	5.2	100.0
陕西省	15.7	39.3	25.3	13.2	3.2	3.3	100.0
合计	12.4	26.7	24.9	18.4	8.5	9.1	100.0

通过对比今年（N=9743）和去年（N=7904）的调查数据，我们发现，相较于2012年，2013年的家庭总收入略有增长。家庭总收入在1万～3万元以下的比例明显降低，收入在3万元以上的比例上升，尤其是5万～8万元区间的收入比例增幅最大，增长了近五个百分点。然而，收入在15万元及以上的比例略有下降（见图19.17）。

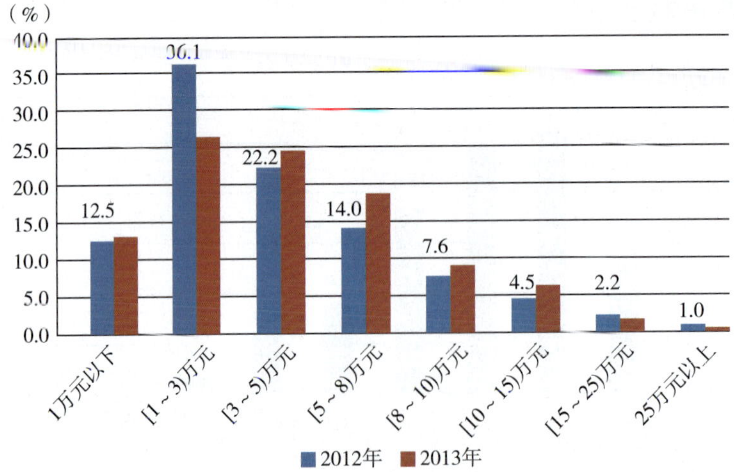

图19.17　2013年与2012年家庭总收入的对比

（二）家庭总收入变化情况

由表（19.67）可知，与去年（2013 年）相比，今年（2014 年）超过一半（53.7%）的家庭总收入并无变化，而 26.6% 的家庭总收入存在增长，其中显著增长的比例仅为 1.1%。值得一提的是，有约 1/5（19.6%）的家庭总收入存在减少情况。虽然家庭总收入变化情况分布与家庭生活水平变化情况分布类似，但是如此高比例的收入下降情况，表明民众的收入水平亟待提高。

表19.67 与去年（2013年）相比，家庭总收入变化情况

	频数	有效百分比（%）	累积百分比（%）
显著增长	112	1.1	1.1
有所增长	2484	25.5	26.6
和去年差不多	5236	53.7	80.4
有所减少	1583	16.2	96.6
明显减少	330	3.4	100.0
合计	9744	100.0	

（三）家庭收入的自我阶层定位

家庭收入是划分阶层的重要指标之一。在我们的社会里，收入的不同决定了有些人居于上层，有些人则居于下层。除了客观指标测量外，本次调查也询问了调查对象所属阶层的主观认知，即询问调查对象根据家庭目前收入在调查地点认为自己处于“上层”、“中上层”、“中层”、“中下层”和“下层”的哪一层。结果显示，认为自己属于中层和中下层的比例最高，分别为 42.6% 和 32.6%，定位下层的比例为 17.7%，定位自己上层和中上层的比例仅为 6.5%（见图 19.18）。从家庭收入的自我阶层定位来看，我国是中层为主体，上层和下层比例较小的“橄榄型”或“纺锤型”社会结构①。

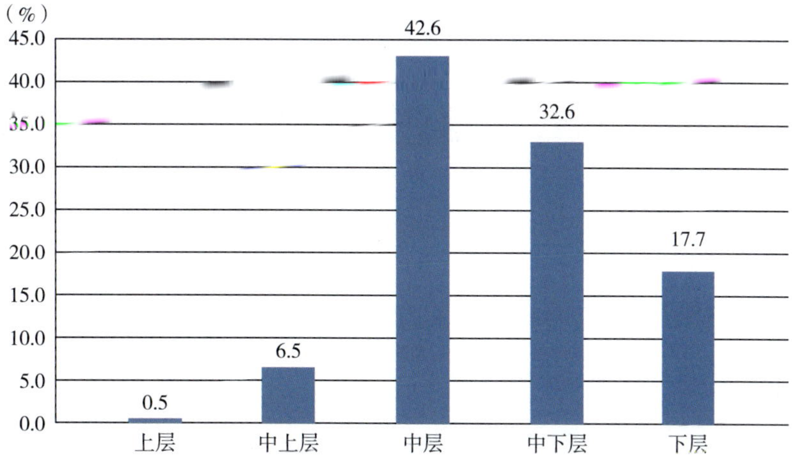

图19.18 家庭收入的自我阶层定位（N=9746）（%）

① 李强：“‘丁字型’社会结构与‘结构紧张’”，《社会学研究》，2005年第2期。

将阶层分类合并为三项（“上层”、“中层” 和 “不满意”）后，八省市自我阶层定位的比例分布略有差异。由表（19.68）可知，上海、陕西、黑龙江、广东和浙江五省市自我定位下层的比例最高，均在50%以上。河北、四川和安徽自我定位下层的比例则在50%以下。尤其是安徽省，不仅自我定位下层的比例很低，且定位上层的比例最高，为10.2%。而上海市则几乎相反，不仅自我定位下层的比例最高，为63.1%，且定位上层的比例次最低，仅为5.0%。虽然上海的家庭总收入在10万元及以上的比例最高，但是其城市生活成本也大，自我阶层定位或许因此降低。

表19.68　各省家庭收入的自我阶层定位百分比（N=9756）（%）

	上层	中层	下层	合计
河北省	8.3	43.8	48.0	100.0
黑龙江省	8.5	37.6	53.8	100.0
上海市	5.0	31.9	63.1	100.0
浙江省	5.2	43.9	50.9	100.0
安徽省	10.2	45.1	44.8	100.0
广东省	6.8	41.0	52.2	100.0
四川省	6.4	50.1	43.5	100.0
陕西省	5.3	35.3	59.5	100.0
合计	7.0	41.1	52.0	100.0

（四）社会救助和支持情况

社会救助和支持情况可以在一定程度上反映出国家福利水平。在本次调查中，未获得过任何形式社会救助和支持的比例最高，为88.5%，获得过一种形式社会救助和支持的比例为10.3%，而获得过两种或三种形式社会救助和支持的比例仅为1.2%和0.1%（见表19.69）。由于获得社会救助和支持需具备特定的条件，因此更深入的数据分析还需要进一步的调查研究。

表19.69　获得过社会救助和支持的数量情况

	频次	有效百分比（%）	累积百分比（%）
未获得过社会救助和支持	8640	88.5	88.5
获得过一种形式的社会救助和支持	1002	10.3	98.7
获得过两种形式的社会救助和支持	119	1.2	99.9
获得过三种形式的社会救助和支持	7	0.1	100.0
合计	9768	100.0	

调查结果显示，获得过城乡最低生活保障的比例最高，为51.5%，其次是农村特困户生活救助、社区的社会互助和城乡医疗救助，比例分别为15.9%、9.1%和8.0%，其余形式的社会救助和支持的比例均低于5%（见表19.70）。

表19.70 获得过何种形式的社会救助和支持的频数和百分比

		否	是
城乡最低生活保障	频数	573	609
	百分比（%）	48.5	51.5
农村五保供养	频数	1096	85
	百分比（%）	92.8	7.2
农村特困户生活救助	频数	994	187
	百分比（%）	84.1	15.9
城乡医疗救助	频数	1087	94
	百分比（%）	92.0	8.0
灾害紧急救助	频数	1145	36
	百分比（%）	96.9	3.1
社区的社会互助	频数	1074	107
	百分比（%）	90.9	9.1
残疾补助	频数	1152	29
	百分比（%）	97.6	2.4
养老补助	频数	1164	17
	百分比（%）	98.6	1.4
房屋/拆迁补助	频数	1167	14
	百分比（%）	98.8	1.2
部队优抚	频数	1163	19
	百分比（%）	98.4	1.6
双女/单孩补助	频数	1163	18
	百分比（%）	98.5	1.5
学校补助	频数	1163	18
	百分比（%）	98.5	1.5
粮食补助	频数	1177	5
	百分比（%）	99.6	0.4
社会保险	频数	1168	13
	百分比（%）	98.9	1.1
其他	频数	1118	10
	百分比（%）	99.1	0.9

由表（19.71）可知，2013年获得的各类救助资金主要为1000元以下，比例为33.8%，其次是1000～2000元，比例为25.2%。而2000～10000元之间的比例均在10%～15%之间，1万元以上的比例最低，仅为2.1%。

表19.71　　2013年获得各类救助资金数额情况

	频次	百分比（%）	累积百分比（%）
1000元以下	370	33.8	33.8
1000～2000元	276	25.2	59.0
2000～3000元	148	13.5	72.5
3000～5000元	160	14.6	87.1
5000～10000元	119	10.8	97.9
1万元以上	23	2.1	100.0
合计	1095	100.0	

（五）家庭间收入差距变化情况

当人们将自己的处境与参照物相比较而发现自己处于劣势时，会产生相对剥夺感，而这种感觉会产生消极情绪。本次调查中将调查对象周围的家庭作为参照物，再询问调查对象近两年来家庭收入差距相较而言，是扩大还是缩小，得出如下结果（见表19.72）。数据表明，大部分人均认为家庭间收入差距一直都不大，没有变化，比例为38.6%。认为存在差距且有扩大趋势的比例为31.5%，认为存在差距且在缩小的比例为18.9%。虽然我们无法得知调查对象在比较时是否处于劣势，但是普遍上均认为存在差距，比例高达64.5%，这也就意味着，产生相对剥夺感的概率也很高，需引起关注。

表19.72　　家庭间收入差距变化情况

	频数	百分比（%）	累积百分比（%）
很大且继续扩大	1581	16.5	16.5
很大，但差距在缩小	766	8.0	24.4
一直都很大，没有变化	1355	14.1	38.6
不大，但有扩大的趋势	1439	15.0	53.6
不大，且还在缩小	1050	10.9	64.5
一直都不大，没有变化	3409	35.5	100.0
合计	9600	100.0	

将家庭收入差距变化分类合并为四项（“存在差距扩大趋势”、“存在差距缩小趋势”、“一直都很大，没有变化”和“一直都不大，没有变化”）后，八省市在差距存在扩大趋势的比例并无明显差异，比例均在30%左右，在后三项之间存在明显差异。广东、上海和河北存在差距缩小趋势的比例均在20%以上，另外五省则在20%以下，且黑龙江比例最低，仅为9.9%。此外，上海的家庭收入差距一直都不大且没有变化的比例最低，仅为16.6%，而差距一直很大且没有变化的比例最高，为31.5%（见图19.19）。总体而言，从直观上看，上海和陕西的家庭收入差距较大，即存在差距扩大或差距一直很大且无变化的比例之和最大，而河北和四川的家庭收入差距较小。

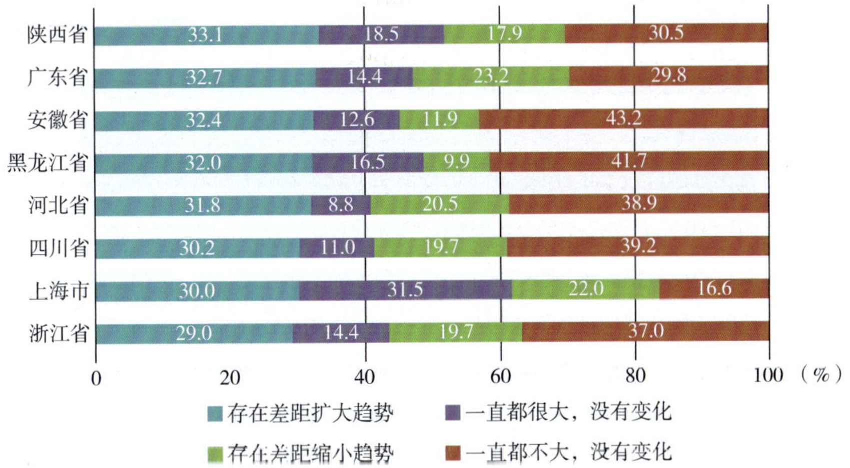

图19.19 各省的家庭收入差距变化情况（N=9604）（%）

（六）家庭总消费支出

在本次调查中，询问了调查对象去年（2013 年）家庭总的消费支出，即所有家庭成员日常性的生活支出，包括衣食住行、教育、医疗、旅游、娱乐和人情往来等。结果显示，94.1%的家庭总消费支出在 8 万元以下。具体而言，43.0%的家庭总消费支出在 1 万 ~ 3 万元区间，24.9%的支出在 3 万 ~ 5 万元区间，其次是 5 万 ~ 8 万元区间的比例为 11.4%，消费支出在 1 万元以下的占比 14.9%，8 万元及以上的比例仅为 5.9%。

表19.73 家庭总消费支出情况

	频次	有效百分比（%）	累积百分比（%）
1万元以下	1451	14.9	14.9
[1 ~ 3）万元	4175	43.0	57.9
[3 ~ 5）万元	2416	24.9	82.8
[5 ~ 8）万元	1103	11.4	94.1
[8 ~ 10）万元	344	3.5	97.7
[10 ~ 15）万元	146	1.5	99.2
[15 ~ 25）万元	51	0.5	99.7
[25 ~ 50）万元	19	0.2	99.9
50万元及以上	10	0.1	100
合计	9714	100.0	

由图 19.20 可知，上海、浙江和广东在家庭的总消费支出较高，河北、安徽和陕西的家庭在总消费支出上较低。具体而言，上海、浙江和广东家庭总消费支出在 8 万元及以上的比例均为 10%左右，且 5 万 ~ 8 万元区间的比例均在 15%以上，这也与该三省市自身经济的高速发展有关。而河北、安徽和陕西家庭总消费支出在 3 万元以下的比例最高，分别为 73.2%、71.9%和

64.2%。

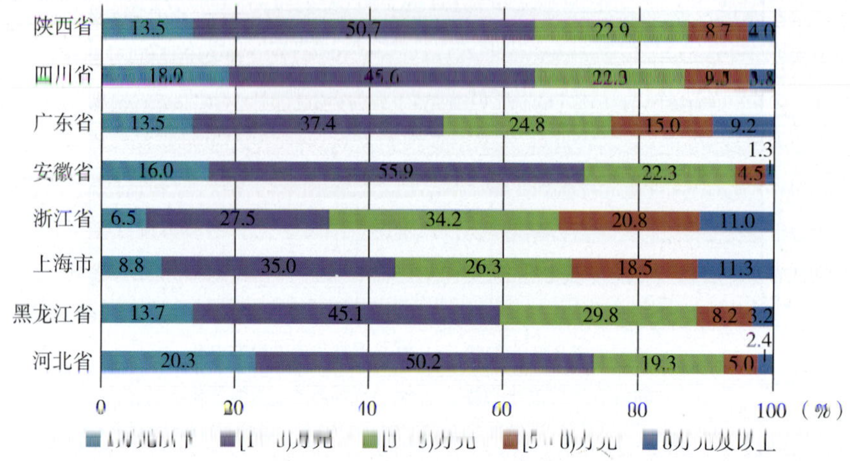

图19.20　各省的家庭总消费支出情况（%）

（七）家庭支出压力情况

调查结果显示，家庭在医疗上的支出压力最大，为 26.1%，在债务上的支出压力最小，仅为 0.1%。另外，家庭在教育、食品、住房和人情还礼上的支出压力较大，分别占比 18.9%、18.5%、13.6%和 8.7%。家庭在赡养老人、经营性活动、交通通信、子女抚养、文化休闲娱乐、生活开销和服装上也存在压力，但压力较小，占比均在 2.1%及以下。此外，没有任何压力的比例为 6.6%，都有压力的比例为 0.2%（见图 19.21）。总的来说，家庭支出压力较大的为医疗、教育、食品和住房，而民众最不满意的民生问题中排在前列的也是医疗、食品安全、住房和子女教育，但是不满意的原因是否在于支出费用压力，还需要进一步的数据分析才能得知。

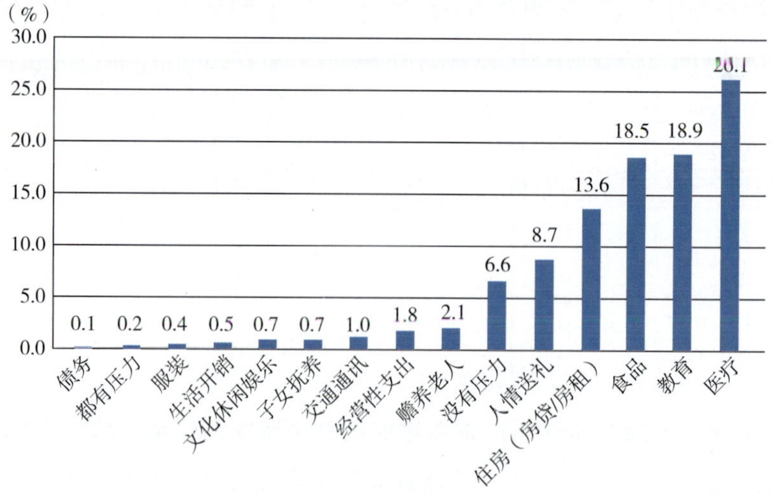

图19.21　家庭支出压力最大的情况（N=9728）（%）

由表 19.74 可知，黑龙江、河北、四川和陕西在医疗支出上的压力较大，分别占比 41.4%、

38.7%、34.4%和34.4%；上海和浙江在住房支出上的压力较大，分别占比26.7%和19.0%；安徽和广东在食品支出上的压力较大，分别占比25.0%和26.6%。值得一提的是，浙江在人情送礼上的支出压力最大，占比17.1%，其次是安徽，占比15.9%（见表19.74）。

表19.74　各省的家庭支出压力百分比（N=9742）（%）

	食品	住房	教育	医疗	人情送礼	没压力	其他	合计
河北省	14.1	9.0	15.6	38.7	4.1	8.9	9.7	100.0
黑龙江省	9.8	4.2	23.5	41.4	10.3	4.6	6.2	100.0
上海市	17.8	26.7	9.9	25.9	7.3	5.7	6.7	100.0
浙江省	13.2	19.0	18.2	17.9	17.1	9.0	5.7	100.0
安徽省	25.0	5.3	20.0	18.7	15.9	5.8	9.3	100.0
广东省	26.6	24.0	20.4	12.8	2.2	6.6	7.3	100.0
四川省	16.9	7.5	17.4	34.4	10.5	6.4	6.8	100.0
陕西省	14.1	7.1	24.2	34.4	7.1	2.4	10.6	100.0
合计	17.1	12.7	18.7	28.2	9.3	6.2	7.8	100.0

九、子女教育

（一）教育阶段

在有受教育阶段的孩子的家庭中，处于学前（幼儿园）阶段的占11.1%，处于小学阶段的有15.1%，初中占9.2%，高中占6.1%，中职中专技校职高占1.7%，高职占1.8%，本科院校及以上的占到5.2%。另有49.4%的家庭内没有处于受教育阶段的孩子。

表19.75　所处教育阶段

	频率	有效百分比（%）	累积百分比（%）
学前（幼儿园）	1079	11.1	11.1
小学	1476	15.1	26.2
初中	895	9.2	35.3
高中	592	6.1	41.4
中职中专技校职高	166	1.7	43.1
高职	172	1.8	44.9
本科院校及以上	511	5.2	50.1
其他（未报告上学情况）	53	0.5	50.6
无处于教育阶段孩子	4822	49.4	100.0
合计	9766	100.0	

（二）学校性质

1. 学校性质

大部分家庭选择让处于受教育阶段的孩子进入公办学校。在本次调查中，80.5%的被访者的孩子就读于公办学校，只有19.5%的被访者的孩子就读于民办或民办公助学校（见表19.76）。分省比较中，广东省的孩子就读民办学校的比例最高，为26.1%，其次为浙江省和陕西省，分别为19.8%和18.7%。安徽省和河北省的孩子就读民办学校比例为17.8%和17.7%。上海、四川和黑龙江分别为14.1%、13.1%和12.1%（见图19.22）。

表19.76　孩子就读学校性质

	频率	有效百分比（%）	累积百分比（%）
公办	3623	80.5	80.5
民办（含民办公助）	878	19.5	100
合计	4501	100	

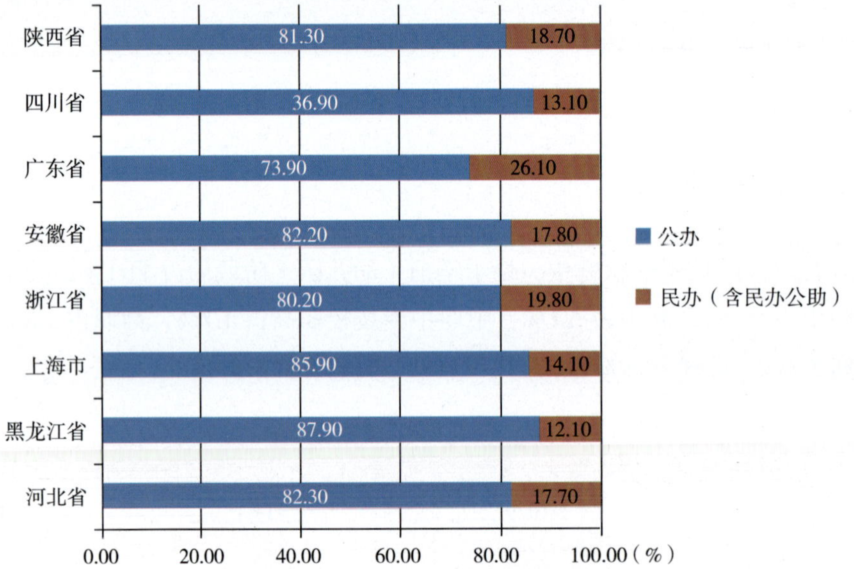

图19.22　各省孩子就读学校性质

2. 选择民办学校的原因

问卷还询问了受访者选择民办学校的原因，并按主次排序。在分析中，按受访者选择的顺序依次赋值5、3、1，汇总得分，得出表19.77。得分越高，对受访者来说越是重要。由表19.77可知，离家近是受访者为孩子选择民办学校的主要原因。不符合条件无法进入公办学校，以及公办学校资源紧缺学位不足分列二、三位。民办学校质量高、入学手续简便、教学方式灵活和更能升入好学校分列第三到第六位。民办学校学费低和有利于孩子出国也是受访者为孩子选择民办学校的理由，但得分较低，位于第七、第八位。

表19.77　　选择民办学校理由

	第一选择		第二选择		第三选择		得分
	频率	百分比（%）	频率	百分比（%）	频率	百分比（%）	
不符合条件无法进入公办	182	19.4	8	3			934
公办资源紧缺学位不足	156	16.6	47	16.5	1	1.2	922
民办离家近交通方便	308	32.9	61	21.4	10	16	1733
民办入学手续简便	70	7.5	69	24.2	16	25.4	573
民办教学质量高	123	13.2	41	14.4	6	9.1	744
民办教学方式灵活	53	5.6	35	12.4	16	24.4	386
民办更能升入好学校	12	1.3	15	5.2	8	11.8	113
民办有利孩子出国	0	0	3	1.2	8	11.7	17
民办学费低	13	1.4	4	1.4			77
被访指的是民办大学	8	0.9					40
不便归类	12	1.2	1	0.3			63
合计	937	100	285	100	64	100	

（三）课外辅导班

1. 是否参加课外辅导班

从表19.78中可以看出，在有处于教育阶段的孩子的家庭中，只有1/5的家庭中孩子参加了课外辅导或培训班，占总样本的20.4%，另有79.6%的孩子没有参加（见表19.78）。其中，上海市的孩子参加课外辅导与培训的比例最高，为39.8%，其次是黑龙江省，占29.2%，浙江和河北紧随其后，分别有25.8%与24.1%的孩子参加课外辅导与培训班。陕西、四川分别有21.2%、18.3%的孩子参加课外辅导或培训班，安徽和广东的这一比例为16.3%和15.4%（见图19.23）。

2. 是否是老师推荐

从表19.79中我们可以看到，在参加课外辅导或培训班的孩子中，参加学校或老师推荐的课外辅导或培训班的人数占29.8%，参加非学校或老师推荐的课外辅导或培训班占大多数，达到70.2%。

表19.78　　孩子参加课外辅导或培训班情况

		频次	有效百分比（%）	累积百分比（%）
有效	是	915	20.4	20.4
	否	3560	79.6	100
	合计	4475	100	

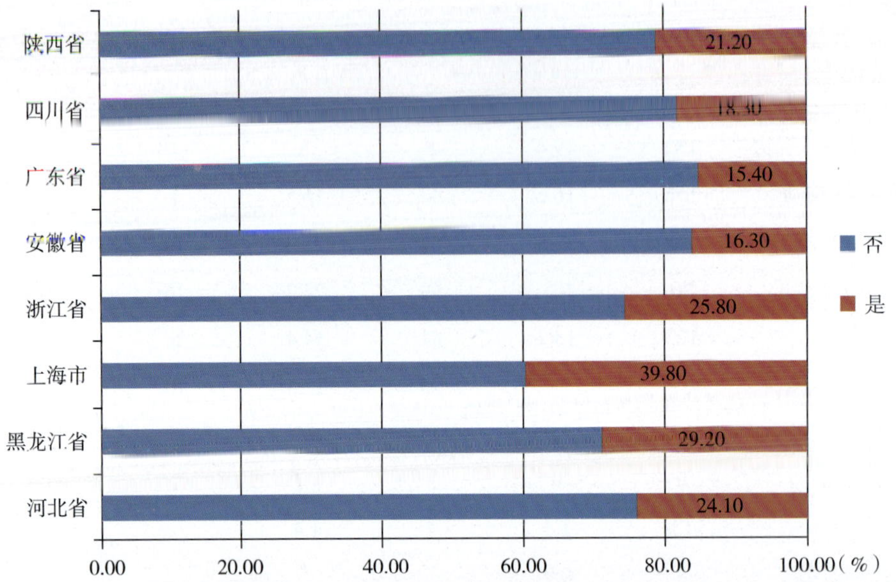

图19.23　各省孩子参加课外辅导或培训班情况（%）

表19.79　参加学校或老师推荐的课外辅导或培训班

		频次	有效百分比（%）	累积百分比（%）
有效	是	300	29.8	29.8
	否	706	70.2	100
	合计	1006	100	

3. 培训时间

在所有参加课外辅导或培训班的孩子中，每周参加 1 次的比例最高，占 38.5%，每周参加 2 次课外辅导或培训班的占 29.7%，每周参加 3 次的占 9.1%，每周参加 4 次的占 5.1%，每周参加 5 次的占 10.8%，每周参加 5 次以上的孩子占 5.8%（见表 19.80）。

表19.80　孩子平均每周参加课外辅导或培训班次数

	频次	有效百分比（%）	累积百分比（%）
0	10	1.1	1.1
1	349	38.5	39.6
2	269	29.7	69.3
3	82	9.1	78.3
4	47	5.1	83.5
5	98	10.8	94.2
6	17	1.8	96.1
7	34	3.7	99.8
9	1	0.1	100.0
15	0	0.0	100.0
合计	906	100.0	

16.1%的孩子平均每次参加课外辅导或培训的时长不超过 1 小时，平均每次时长在 1 ~ 2 小时之间的比例最大，占 52.4%，超过 2 小时但不超过 3 小时的占 12.4%，超过 3 小时但不到 5 小时的占 10.8%，超过 5 小时但不到 8 小时的占 7.4%。平均每次课外辅导或培训班时长超过 8 小时的情况极少，但也存在，占 0.8%（见表 19.81）。

在分省比较中，上海市孩子每周参加课外辅导或培训班的时间最长，为 64.64 小时，其次是黑龙江省，为 54.81 小时。安徽和河北分别为每周 50.18 小时和 51.24 小时。其次是四川、浙江和山西，分别为 49.74、44.46 和 43.14 小时。孩子每周参加课外辅导与培训班时间最少的时广东省，每周为 37.90 小时（见图 19.24）。

表19.81　平均每次课外辅导或培训班时长

		频次	有效百分比（%）	累积百分比（%）
有效	无培训时间	11	1.2	1.2
	1小时及以下	137	15	16.1
	1 ~ 2小时	479	52.4	68.6
	2 ~ 3小时	113	12.4	80.9
	3 ~ 5小时	99	10.8	91.8
	5 ~ 8小时	68	7.4	99.2
	8小时以上	7	0.8	100.0
	合计	913	100.0	

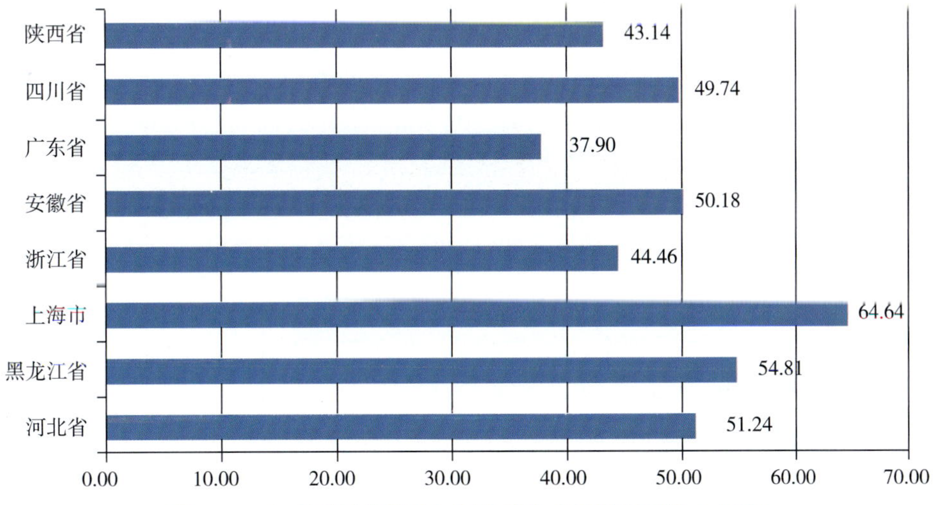

图19.24　各省孩子每周参加课外辅导或培训班时间（小时）

（四）教育支出

1. 年教育总支出

（1）年教育总支出

随着孩子参加的课外辅导及培训班的增多，我国家庭教育费用不断上升。2013 年无教育支出的家庭占2.5%，花费在孩子身上的教育支出少于1000元的占12.4%。教育支出超过1000元但不超过5000元的家庭所占比例最多，为32.7%，花费在5001～10000元及10001～20000元的家庭所占的比例分别为26.4%和17.8%。2013年花费在孩子身上的教育总支出超过20000元但不超过30000元的家庭占5.8%，超过30000元但不超过50000元的占2%，超过50000元但不超过100000元的占0.5%，超过100000元的比例极小，为0.1%（见表19.82）。

2013年上海市孩子教育总支出均值最高，为12555.82元，黑龙江、浙江、广东三省也都超过10000元，分别为11603.18元、10797.31元、10322.41元。陕西省、四川省、河北省和安徽省的孩子教育总支出分别为9474.41元、8070.34元、6751.84元和6257.84元（见图19.25）。

表19.82　　2013年用在这些孩子身上的教育总支出

	频次	有效百分比（%）	累积百分比（%）
无费用	109	2.5	2.5
1000元及以下	546	12.4	14.9
1001～5000元	1440	32.7	47.5
5001～10000元	1164	26.4	73.9
10001～20000元	784	17.8	91.7
20001～30000元	255	5.8	97.4
30001～50000元	87	2	99.4
50001～100000元	20	0.5	99.9
100001～200000元	5	0.1	100.0
200000元以上	1	0	100.0
合计	4410	100.0	

表19.83　　2013年孩子教育支出描述统计　　单位：元

	样本数	极小值	极大值	均值	标准差
教育总支出	4371	0	250000	10232.45	12743.476
有效的样本数	4371				

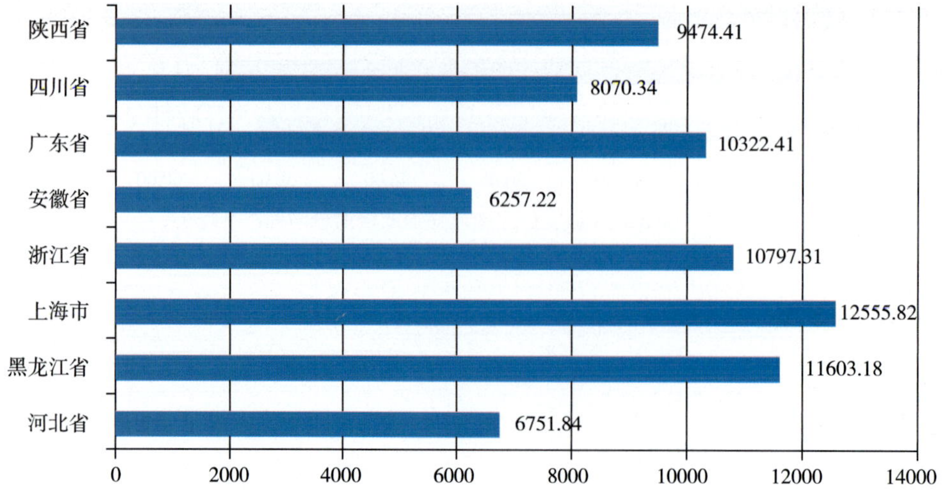

图19.25　各省2013年孩子教育总支出（元）

（2）教育总支出占家庭生活总支出比例

教育总支出占家庭生活总支出的百分比也在逐年上升。37.1%的家庭 2013 年教育总支出占家庭生活总支出百分比在 10%及以下，超过 10%但不超过 25%的占 24.8%，超过 25%但不超过 50%的占 27.9%。11.3%的家庭 2013 年教育总支出超过家庭生活总支出的 50%，其中，不超过 75%的占 7.1%，超过 75%但不超过 90%的占 3.1%，甚至有 0.1%的家庭教育总支出超过家庭生活总支出的 90%（见表 19.84）。

表19.84　2013年教育总支出占家庭生活总支出百分比（%）

	频率	有效百分比	累积百分比
10%及以下	1552	37.1	37.1
10%～25%	1039	24.8	61.9
25%～50%	1168	27.9	89.8
50%～75%	295	7.1	96.8
75%～90%	128	3.1	99.9
90%～100%	4	0.1	100.0
合计	4187	100.0	

各省 2013 年教育总支出占家庭生活总支出的百分比差异较大。其中，黑龙江省 2013 年教育总支出占家庭生活总支出百分比均值最高，为 33.36%，陕西也超过 30%，为 32.16%。其次是河北、四川、广东、安徽四省，分别为 26.11%、25.38%、24.03%和 23.14%。浙江和上海最低，分别为 19.63%和 17.75%（见图 19.26）。

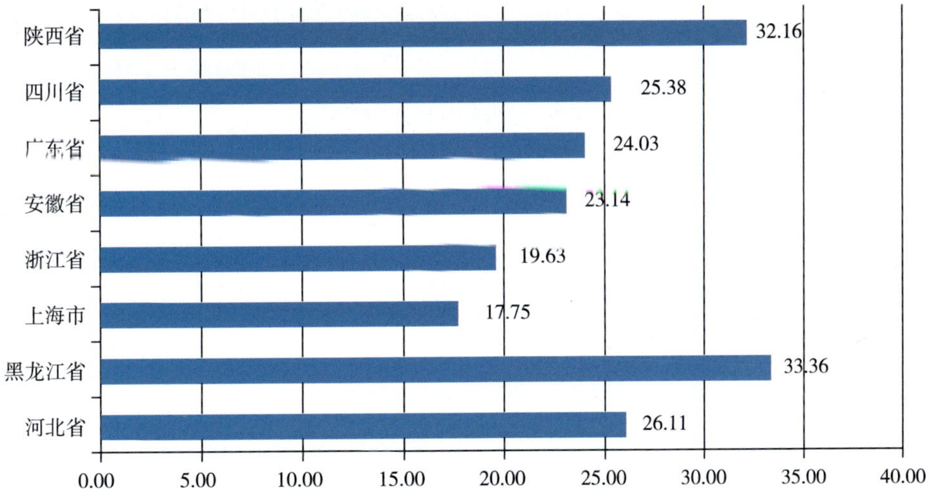

图19.26　各省2013年教育总支出占家庭生活总支出百分比（%）

2. 课外辅导班或培训班总支出

由表（19.85）可知，仅 2.2%的家庭没有为孩子支付参加课外辅导或培训班的费用，2013

年为孩子参加课外辅导或培训班的费用不超过 1000 元的，占 30.7%。总支出超过 1000 元但不到 5000 元的家庭所占比例最高，为 44.9%。超过 5000 元但不超过 10000 元的占 15%，超过 10000 元但不超过 20000 元的占 4.9%，超过 20000 元但不超过 30000 元的占 1.5%，超过 30000 元的占 0.8%。

与 2013 年孩子教育总支出类似，上海市课外辅导或培训班总支出均值最高，为 8867.82 元，其次是浙江省和广东省，分别为 6433.87 元、5308.13 元。黑龙江和四川省的课外辅导或培训班总支出也均超过 4000 元，分别为 4195.67 元和 4044.9 元。陕西省为 3714.15 元，安徽省为 2736.25 元，河北省为 2385.7 元（见图 19.27）。

表19.85　2013年孩子参加课外辅导或培训班支出

	频率	有效百分比（%）	累积百分比（%）
无费用	20	2.2	2.2
1000元及以下	286	30.7	32.9
1001～5000元	417	44.9	77.8
5001～10000元	140	15	92.8
10001～20000元	46	4.9	97.7
20001～30000元	13	1.5	99.2
30001～50000元	4	0.4	99.6
50000元以上	4	0.4	100.0
合计	930	100.0	

表19.86　2013年孩子参加课外辅导或培训班支出描述统计

	样本量	极小值	极大值	均值	标准差
孩子参加课外辅导或培训班支出	1024	0	100000	5187.16	7889.443
有效的样本量	1024				

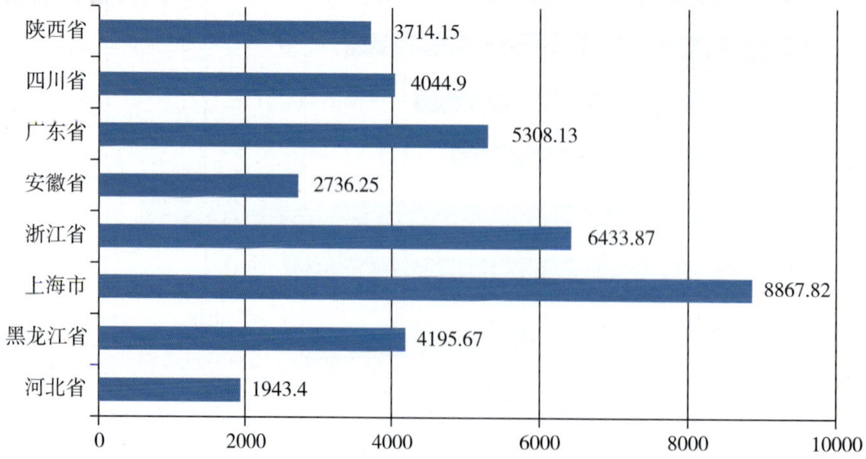

图19.27　2013年孩子参加课外辅导或培训班总支出分省比较（元）

3. 陪读租房费用

（1）是否租房陪读

租房陪读的情况发生比例虽然不高，但却有存在，有 5.4%的家庭为陪孩子上学，在学校周边租房（见表 19.87）。从各省情况来看，陕西发生租房陪读的情况较多，有 15.5%的家庭，其他省市均低于 10%。黑龙江、四川、浙江、河北、上海、广东省为陪读而租房的家庭分别占 7.0%、5.9%、4.2%、3.9%、3.8%、2.6%。

表19.87　是否会为陪读在学校周边租房

	频次	有效百分比（%）	累积百分比（%）
是	251	5.4	5.4
否	4402	94.6	100.0
合计	4653	100.0	

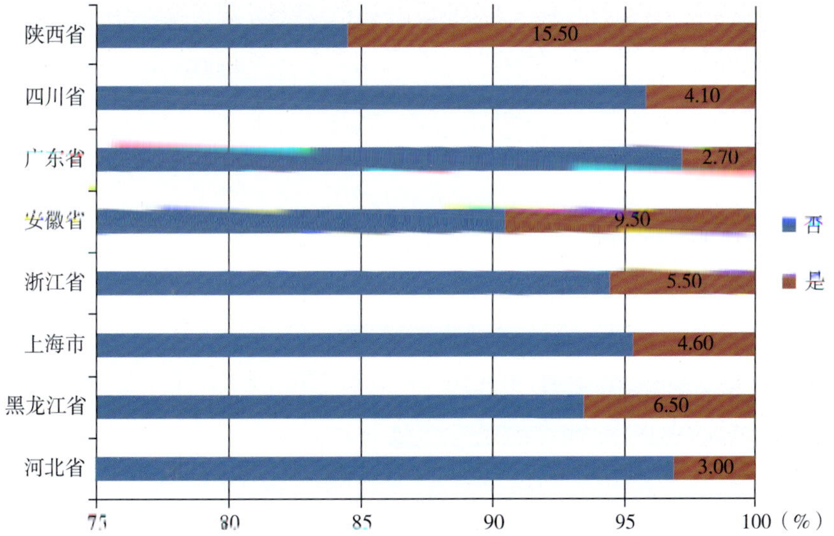

图19.28　各省为陪读在学校周围租房情况（%）

（2）陪读租房费用

陪读租房也给家庭带来了一定的花销。年租房费用在 1000 元以下的占 11.6%，超过 1000 元但不超过 2000 元的占 21.7%，超过 2000 元但不超过 3000 元的占 13.%，超过 3000 元但不超过 4000 元的占 9.2%，超过 4000 元但不超过 5000 元的占 10.3%。年租房费用超过 5000 元但不超过 10000 元的占 20.1%，超过 10000 元但不超过 20000 元的占 11.6%。有 2.6%的家庭租房陪读的年租金超过 20000 元（见表 19.88）。

由（图 19.29）可知，上海市的平均陪读租房费用最高，为 10447.22 元，其次是河北和广东，分别为 9835.47 元和 7435.65 元。黑龙江和浙江的租房费用也超过 5000 元，分别为 7065.53 元和 6647.98 元。四川、安徽和陕西的年租房费用不到 5000 元，分别为 4275.64 元、4171.33 元和 3403.04 元。

表19.88 租房费用元/年

		频次	有效百分比（%）	累积百分比（%）
有效	1000元及以下	29	11.6	11.6
	1001～2000元	53	21.7	33.2
	2001～3000元	32	13	46.2
	3001～4000元	23	9.2	55.4
	4001～5000元	25	10.3	65.7
	5001～10000元	49	20.1	85.8
	10001～20000元	29	11.6	97.4
	20000元以上	6	2.6	100.0
	合计	247	100.0	

表19.89 租房费用描述统计量

	样本量	极小值	极大值	均值	标准差
租房费用元/年	287	0	40000	6240.36	6474.892
有效的样本量	287				

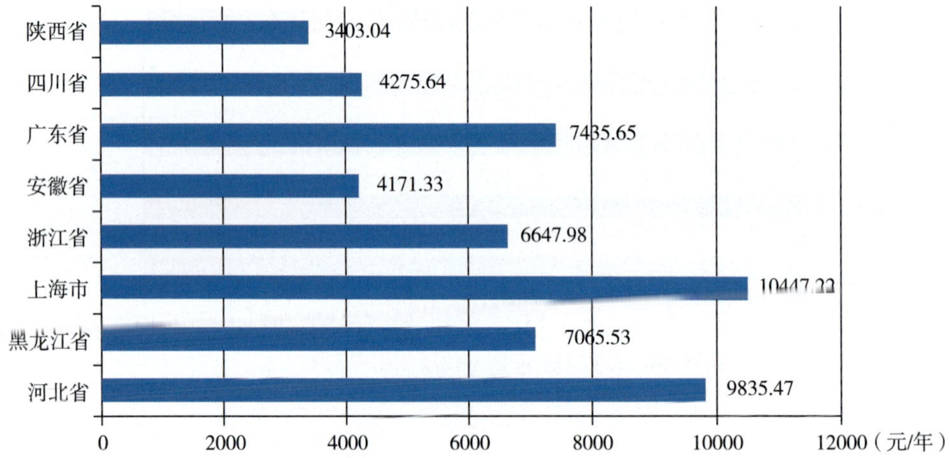

图19.29 各省陪读租房费用各省均值（元/年）

4. 购置学区房费用

（1）是否购置学区房

总体来说，为了让孩子上更好的学校而购置学区房的家庭所占的比例较小，仅为1.2%，98.8%的家庭都没有为孩子购买学区房（见表19.90）。在分省市比较中，黑龙江省购置学区房的比例最高，为2.3%，其次为四川、浙江和陕西，分别为2.0%、1.4%和1.3%，均高于全国平均水平。广东、安徽、河北和上海的比例分别为1.0%、0.8%、0.8%和0.5%（见图19.30）。

表19.90　　是否购置学区房

		频次	有效百分比（%）	累积百分比（%）
有效	是	105	1.2	1.2
	否	8544	98.8	100.0
	合计	8650	100.0	

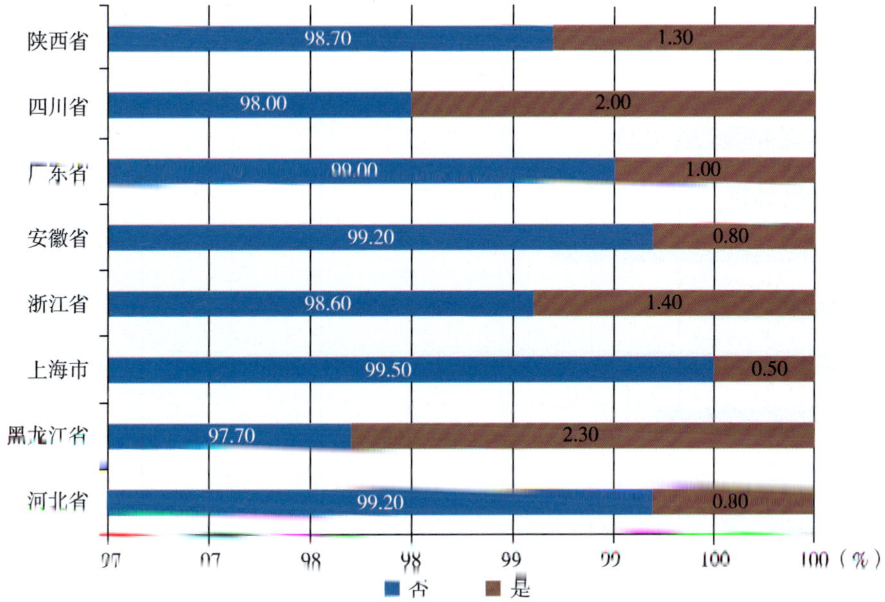

图19.30　各省购置学区房情况

（2）购置学区房费用

购置学区房花费在 10 万元以下的占 7.6%，超过 10 万元但不超过 20 万元的占 21.8%，超过 20 万元但不超过 30 万元的占 19.0%，超过 30 万元但不超过 50 万元的占 20.9%。大部分购置学区房家庭在该项目上的花费不超过 50 万元。购置学区房费用超过 50 万元而不超过 100 万元的家庭占 20.6%，超过 100 万元但不超过 200 万元的占 5.9%。购置学区房费用超过 200 万元的家庭占 4.1%（见表 19.91）。

表19.91　　购置学区房费用

	频率	有效百分比（%）	累积百分比（%）
10万元及以下	8	7.6	7.6
10万～20万元	23	21.8	29.5
20万～30万元	20	19.0	48.5
30万～50万元	22	20.9	69.3
50万～100万元	22	20.6	90.0
100万～200万元	6	5.9	95.9
200万元以上	4	4.1	100.0
合计	106	100.0	

由图（19.31）可知，浙江省购置学区房花费均值最高，为154.62万元，其次是广东省，为69.15万元，第三是上海市，为45.34万元。陕西、安徽、河北、四川、黑龙江分别为41.18万元、33.31万元、30.59万元、29.03万元和22.40万元。

表19.92 购置学区房花费描述统计量

	样本量	极小值	极大值	均值	标准差
一共花了多少万元	96	0.3	300	59.302	64.1196
有效的样本量	96				

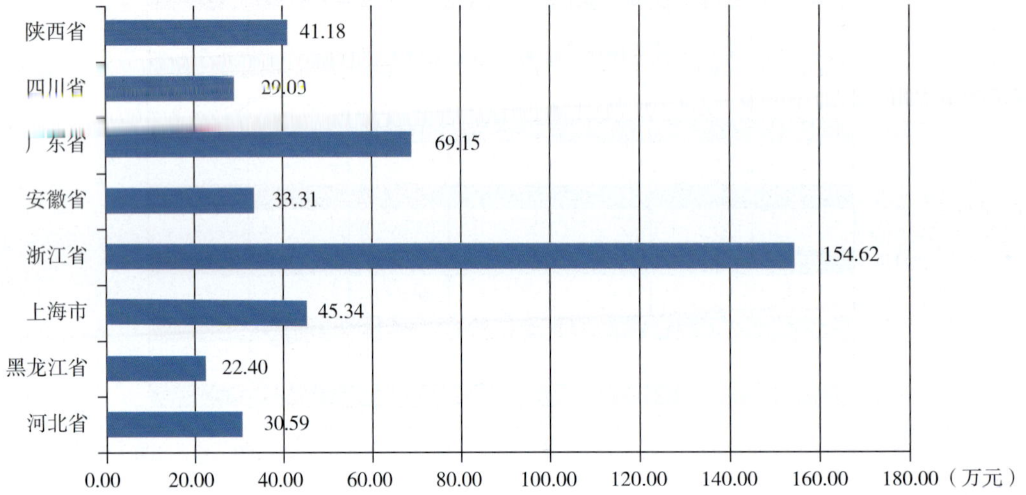

图19.31 各省购置学区房花费均值情况（万元）

十、医疗卫生

（一）医疗机构选择

1. 医疗机构信任

大部分（72.6%）被访者更信任公立医院而不信任民营（私立）医院，有3.9%的被访者更信任民营（私立）医院而不信任公立医院。对公立医院和民营（私立）医院都持信任态度的占13.5%，持都不信任态度的占2.4%。有7.6%的受访者选择不知道/不清楚（见表19.93）。

本次调查还询问被访者不信任民营（私立）医院的原因，并按主次进行排序。在分析中，根据被访者选择的顺序，依次赋分9、7、5、3、1，再汇总分值。得分越高，表明越是人们不信任民营（私立）医院的主要原因。得分最高的是医生和设备水平低，其次是费用太贵和为挣钱损害患者利益，表明这三点是人们不信任民营（私立）医院的主要原因。医生责任心不强、医保和报销困难、挂号难排队长、没有去过或不了解的得分也较高，也是人们不信任的重要原因。也有被访者提到了附近没有民营医院、不信任或声誉差和服务差等原因（参见表19.94）。

表19.93　　更信任当地的公立医院还是民营（私立）医院

	频次	有效百分比（%）	累积百分比（%）
更信任公立医院，不信任民营（私立）医院	7068	72.6	72.6
更信任民营（私立）医院，不信任公立医院	385	3.9	76.5
都不信任	229	2.4	78.9
都信任	1313	13.5	92.4
不知道/说不清	745	7.6	100.0
合计	9740	100.0	

表19.94　　不信任民营（私立）医院的原因

	第一选择		第二选择		第三选择		第四选择		第五选择		得分
	频次	百分比（%）	频次	百分比（%）	频次	百分比（%）	频次	百分比（%）	频次	百分比（%）	
费用太贵	2404	32.0	306	9.3	84	7.6	14	17.3			24240
医生和设备水平低	2782	37.0	826	25.1	92	8.4	9	11.1	3	17.4	31310
为挣钱损害患者利益	1241	16.5	1185	36.1	326	29.5	7	8.4	1	4.5	21116
挂号难排队长	110	1.5	192	5.8	89	8.0	13	15.9	4	21.5	2822
医生责任心不强	258	3.4	652	19.8	491	44.4	39	46.6	11	56.6	9469
服务差	17	0.2	4	0.1	3	0.2					190
医保和报销困难	384	5.1	88	2.7	10	0.9	1	0.7	0	0.7	4125
附近没有民营医院	76	1.0	7	0.2							733
没有去过或不了解	161	2.1	5	0.1	3	0.3					1499
不信任/声誉差	52	0.7	20	0.6	8	0.8					648
其他（不便归类）	37	0.5	3	0.1							354
合计	7525	100.0	3288	100.0	1105	100.0	83	100.0	19	100.0	

2. 医疗机构的选择

表 19.95 显示，受访者生病时一般最先选择到村卫生室 / 诊所进行就诊（30%），其次选择自己买药的有 27.4%，选择去区、县医院就诊的有 15.3%，选择去乡镇卫生院的有 14.7%，选择去社区卫生服务中心（站）的有 8.6%，选择去区域内最好的大医院的占 6.6%。

表19.95　　优先选择的医疗机构

	频次	有效百分比（%）	累积百分比（%）
自己买药	2405	24.7	24.7
村卫生室/诊所	2926	30.0	54.7
社区卫生服务中心（站）	838	8.6	63.3
乡镇卫生院	1437	14.7	78
区、县医院	1493	15.3	93.4
区域内最好的大医院	647	6.6	100.0
合计	9746	100.0	

（二）住院经历

1. 拒绝住院比例

占 71.5% 的受访者家庭内近两年没有需要住院的人，听从医院建议住院的占 21.4%，医院建议住院而没有住院的占 7.1%（见表 19.96）。

表19.96 是否有医院建议住院而没有住院的家人

	频次	有效百分比（%）	累积百分比（%）
是	690	7.1	7.1
已经住院	2070	21.4	28.5
没有需要住院的人	6936	71.5	100.0
合计	9696	100.0	

2. 拒绝住院原因

无法负担住院费用是有住院需求而拒绝住院的主要原因。因没钱住院而不住院的受访者占 51.1%，自己认为不需要而不住院的占 34%，没有时间住院的占 5.6%，床位紧张住不进去的占 2.5%，住院环境太差而不住院的占 2.5%，不信任医生而不住院的占 3.3%（见表 19.97）。

表19.97 不住院的原因

	频次	有效百分比（%）	累积百分比（%）
没钱住院	368	51.1	51.1
没有时间住院	40	5.6	56.6
床位紧张，住不进去	18	2.5	59.1
住院环境太差	18	2.5	61.6
不信任医生	24	3.3	64.9
自己认为不需要	244	34	98.8
其他	8	1.2	100.0
合计	720	100.0	

3. 住院费用

（1）住院总费用

住院总花费在 1000 元及以下的占 3%，超过 1000 元但不超过 5000 元的占 27.2%，超过 5000 元但不超过 10000 元的占 28%，超过 10000 元但不超过 20000 元的占 21.5%，超过 20000 元但不超过 50000 元的占 13.2%。住院费用在 50000 元以上的占 7%（见表 19.98）。

各省比较情况来看，上海的住院总费用均值最高，为 31143.79 元，其次是广东和黑龙江，分别为 21909.87 元和 21265.66 元。陕西、浙江、河北、安徽和四川五个省的住院总费用平均值均超过 10000 元但不超过 20000 元，分别为 19868.84 元、19536.42 万元、18053.17 元、16427.81 元和 13850.33 元（见图 19.32）。

表19.98　　住院总费用

	频率	有效百分比（%）	累积百分比（%）
1000元及以下	74	3.0	3.0
1001～5000元	669	27.2	30.2
5001～10000元	688	28.0	58.2
10001～20000元	529	21.5	79.7
20001～50000元	326	13.2	93.0
50000元以上	173	7.0	100.0
合计	2460	100.0	

表19.99　　住院总费用描述统计

	数率	最小值（M）	最大值（X）	平均值（E）	标准偏差
住院所发生的总费用	2609	0	500000	19596.0	33305.7
有效样本数	2609				

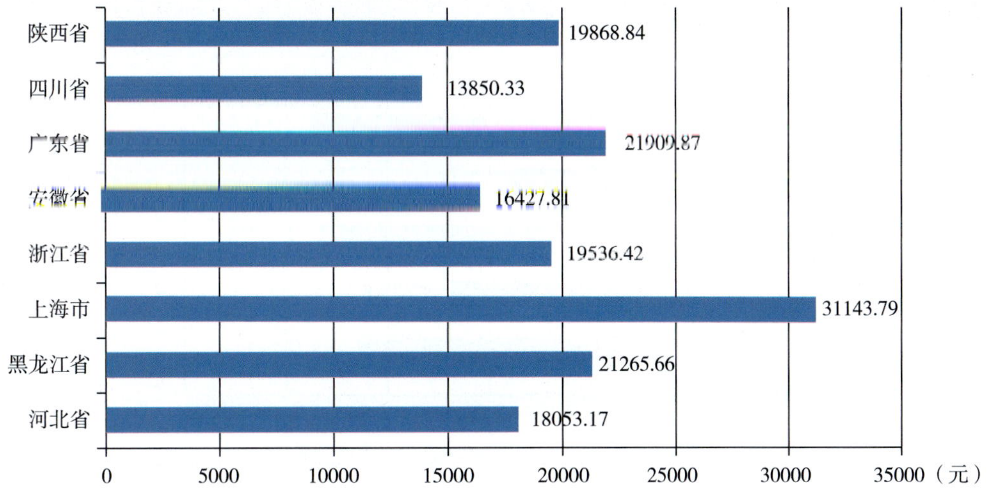

图19.32　各省住院总费用均值情况

（2）医院结算诊疗费用（扣除基本医保后）

实际支付的医院结算诊疗费用仍然较高，1000 元及以下的仅占 14.6%，超过 1000 元但不超过 5000 元的占 45%，超过 5000 元不超过 10000 元的占 18.2%，超过 10000 元但不超过 20000 元的占 12.2%，超过 20000 元但不超过 50000 元的占 6.6%。实际支付的医院结算诊疗费用超过 50000 元的占 3.3%（见表 19.100）。

在分省比较中，黑龙江省实际支付的医院诊疗费用均值最高，为 14038.48 元，其次是上海，其均值为 13964.85 元。陕西省、广东省和河北省的实际支付医院诊疗费用均值分别为 11527.36 元、11373.83 元和 11032.61 元。浙江省为 10624.18 元。安徽省和四川省的实际支付医院诊疗费用均值最低，为 8763.94 元和 7811.26 元（见图 19.33）。

表19.100　　实际支付的医院结算诊疗总费用

		频次	有效百分比（%）	累积百分比（%）
有效	1000元及以下	356	14.6	14.6
	1001～5000元	1095	45.0	59.7
	5001～10000元	442	18.2	77.9
	10001～20000元	296	12.2	90.0
	20001～50000元	161	6.6	96.7
	50000元以上	81	3.3	100.0
	合计	2431	100.0	

表19.101　　实际支付的医院诊疗总费用描述统计

	数字	最小值（M）	最大值（X）	平均值（E）	标准偏差
医院结算诊疗总费用	2588	0	400000	11168.88	22489.583
有效 N（成列）	2588				

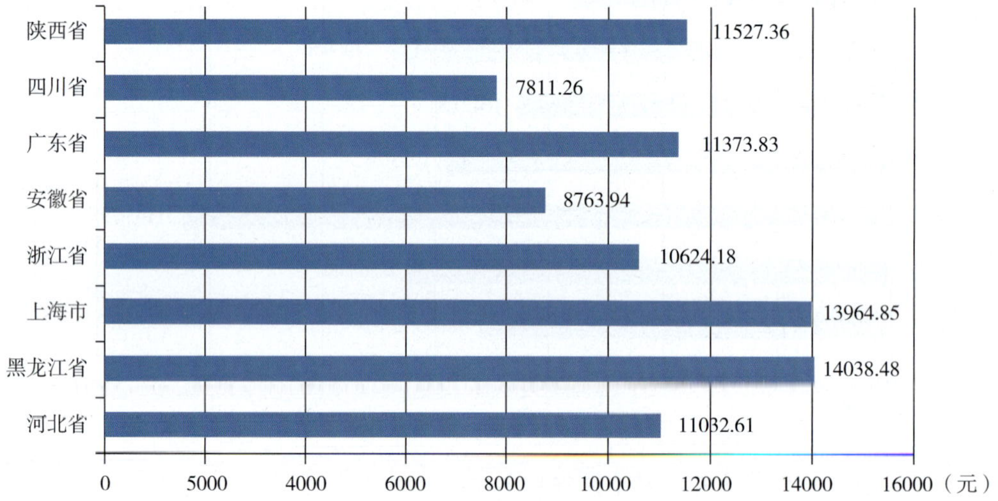

图19.33　实际支付的医院阶段诊疗总费用各省均值比较图（元）

（3）通过医疗保险报销费用

有 9.7%的被访者没有通过医疗保险报销的费用，报销费用在 1000 元及以下的占 12.5%，报销费用在 1001 元至 5000 元之间的比例最高，占 45.5%。报销费用在 5001 元至 10000 元范围内的占 17.8%，在 10001 元至 20000 元范围内的占 8.2%，在 20001 元至 50000 元范围内的占 4.9%。报销费用在 50000 元以上的占 1.5%（见表 19.102）。

各省报销费用均值的差异较大。上海市通过各类医疗保险报销费用均值最高，为 15765.69 元，其次为广东省，为 10098.9 万元。其他六省，浙江、陕西、黑龙江、安徽、河北和四川，报销费用均值分别为 8640.86 元、6823.87 元、6823.33 元、6357.35 元、6255.63 元和 5717.68 元（见图 19.34）。

表19.102　　　通过各类医疗保险报销费用

	频次	有效百分比（%）	累积百分比（%）
无报销	229	9.7	9.7
1000元及以下	295	12.5	22.1
1001～5000元	1078	45.5	67.6
5001～10000元	421	17.8	85.4
10001～20000元	193	8.2	93.5
20001～50000元	116	4.9	98.5
50000元以上	37	1.5	100.0
合计	2369	100.0	

表19.103　　　通过各类医疗保险报销费用描述统计

	数字	最小值（M）	最大值（X）	平均值（E）	标准偏差
通过各类医疗保险报销费用	2513	0	250000	7608.17	14974.29
有效样本量	2513				

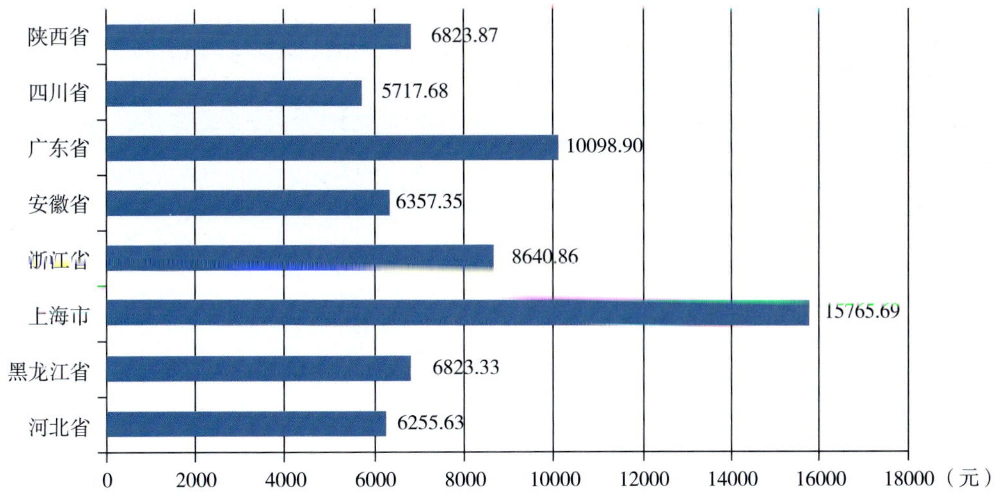

图19.34　各省通过各类医疗保险报销费用均值图（元）

（4）其他费用

无其他花费的占 27.4%，其他花费在 1000 元及以下的占 50.2%，超过 1000 元但不超过 5000 元的占 19%，超过 5000 元但不超过 10000 元的占 2.3%，超过 10000 元但不超过 20000 元的占 0.5%。其他花费超过 20000 元的占 0.5%（见表 19.104）。

表19.104　其他费用

	频次	有效百分比（%）	累积百分比（%）
无其他花费	610	27.4	27.4
1000元及以下	1115	50.2	77.6
1001～5000元	423	19.0	96.6
5001～10000元	51	2.3	98.9
10001～20000元	12	0.5	99.5
20000元以上	12	0.5	100.0
合计	2224	100.0	

表19.105　其他费用描述统计

	数字	最小值（M）	最大值（X）	平均值（E）	标准偏差
其他费用	2310	0	90000	1425.35	4195.088
有效样本数	2310				

（三）因看病向外筹资情况

1.2%的受访者靠亲属资助。60.8%的受访者没有因病向外筹资的需求，以找人借款作为筹资方式的占37.1%，是比例最高的筹资方式。其他以家庭财产抵押贷款、变卖家庭资产和赊账或高利贷方式筹措医疗资金的分别占0.7%、0.2%和0.1%（见表19.106）。

表19.106　因病筹资的方式

	频次	有效百分比（%）	累积百分比（%）
没有	1335	60.8	60.8
有，找人借款	814	37.1	98.0
有，家庭财产抵押贷款	15	0.7	98.6
有，变卖家庭资产	3	0.2	98.8
赊账/高利贷	1	0.1	98.8
亲属资助	25	1.2	100.0
合计	2194	100.0	

（四）2013年家庭医疗总支出

2013年，没有家庭医疗支出的家庭占0.2%，家庭医疗总支出在1000元及以下的占4.3%，家庭医疗总支出在1000元至5000元范围内的占27.8%。超过5000元但不到10000元的占23.7%。家庭医疗总支出在10000元至20000元范围内的占22.1%，在20000元至50000元范围内的占14.8%，50000元以上的占7%（见表19.107）。

在各省家庭医疗总支出均值比较中，上海、黑龙江和广东三地最高，分别为23620.22元、22086.51元和21999.38元。其次是陕西、浙江、河北和安徽，分别为19287.63元、18104.24元、17534.78元和16668.63元。四川省最低，为14695.18元（见图19.35）。

表19.107　　2013年家庭医疗总支出

	频次	有效百分比（%）	累积百分比（%）
无花费	5	0.2	0.2
1000元及以下	94	4.3	4.5
1001～5000元	615	27.8	32.3
5001～10000元	524	23.7	56.0
10001～20000元	489	22.1	78.2
20001～50000元	327	14.8	93.0
50000元以上	156	7.0	100.0
合计	2211	100.0	

表19.108　　2013年家庭医疗总支出描述统计

	数字	最小值（M）	最大值（X）	平均值（E）	标准偏差
家庭医疗总支出	9621	0	400000	7312.01	16944.527
有效样本数	9621				

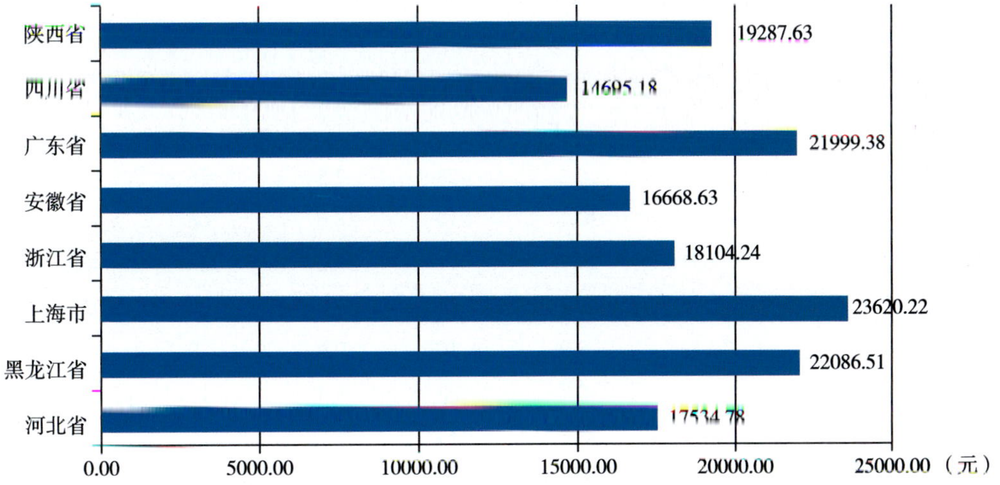

图19.35　各省2013年家庭医疗总支出均值比较图（元）

十一、养老保障

（一）养老经济保障预期

随着人均预期寿命的增长，居民对养老的经济保障担心也逐渐显现。表19.109显示，不担心养老经济保障的占34.2%，有些担心的占30.4%，很担心的占24%，没想过养老经济保障的占11.4%。

表19.109 是否担心养老的经济保障

	频次	有效百分比（%）	累积百分比（%）
不担心	758	34.2	34.2
有些担心	673	30.4	64.6
很担心	532	24.0	88.6
没想过	252	11.4	100.0
合计	2215	100.0	

（二）养老计划

问卷询问了被访者未来的养老打算，并按十次排序。在分析中，按照被访者的选择顺序，分别赋值5、3、1，汇总分值后得出表19.110。得分越高，表明该选项在被访者的未来养老计划中越重要。由表19.110可知，当前我国社保养老金和儿女养老是老人养老经济的主要来源，其次是退休金和储蓄。也有相当一部分的被访者没想过养老计划。位于第四到第七位的分别是以房养老、务农或其他农业收入、购买商业养老保险和理财投资。打工或自营、村镇或国家补贴、没有经济来源、老年公寓/养老院或社区养老、自己应付和亲属养老分别位列第八至第十三位。

表19.110 未来养老打算

	第一项		第二项		第三项		得分
	频次	百分比（%）	频次	百分比（%）	频次	百分比（%）	
退休金	337	15.2	28	2.5	16	2.8	1785
储蓄	271	12.2	210	18.6	66	11.4	2051
社保养老金	637	28.7	421	37.2	243	42.4	4691
投资理财	5	0.2	20	1.8	20	3.4	105
购买商业养老保险	19	0.9	10	0.9	9	1.6	134
以房养老	15	0.7	38	3.3	11	1.9	200
由儿女养老	662	29.8	334	29.5	117	20.4	4429
没有资金来源	6	0.3	7	0.6	7	1.1	58
没想过	234	10.5	16	1.4	25	4.3	1243
打工或自营	8	0.4	7	0.6	10	1.7	71
务农或其他农业收入	17	0.8	19	1.7	22	3.9	164
村镇或国家补贴	4	0.2	12	1.0	14	2.4	70
养老院/老年公寓或社区养老	3	0.1	4	0.4	7	1.2	34
其他亲属养老	1	0	1	0.1	1	0.1	9
自己个人应付	1	0	2	0.2	3	0.6	14
其他（不便分类）	3	0.1	4	0.4	4	0.7	31
合计	2222	100.0	1132	100.0	574	100.0	

（三）60 岁以上老人的赡养与照顾

1. 是否有 60 岁以上老人需要照顾

表 19.111 显示，有 46.4%的家庭没有 60 岁老人需要赡养，并有 3.4%的受访者自己就需要家人或其他亲属的赡养或照顾。有 23.3%的家庭内有 60 岁以上的老人需要照顾，不仅需要经济支持，还需要生活上的照顾。14.4%的家庭内有 60 岁以上需要照顾的老人，但只需要给予经济援助。12.4%的家庭内有需要照顾的老人，但老人不需要给予经济支持和生活照顾。

表19.111　　是否有60岁以上的家人需要照顾

	频次	有效百分比（%）	累积百分比（%）
有，只给予经济支持	1394	14.4	14.4
有，经济支持、生活照顾	2255	23.3	37.8
有，不需资助和照顾	1202	12.4	50.2
没有	4483	46.4	96.6
自己需要赡养和照顾	327	3.4	100.0
合计	9662	100.0	

2. 家庭为照顾老人支出

由表 19.112 可知，1.1%的家庭在 2013 年照顾老人方面没有支出，支出在 1000 元及以下的占 18.9%，支出在 1000 元至 5000 元范围内的占 50.7%，在 5000 至 10000 元范围内的占 18.8%。2013 年为照顾老人支出超过 100000 元但不超过 20000 元的占 7.7%，超过 20000 元丹不超过 50000 元的 2.5%。有 0.3%的家庭为照顾老人 2013 年支出超过 50000 元。

在各省照顾老人支出均值的比较中，上海市和广东省两地的均值最高，分别为 8513 元和 7811.74 元。其次是浙江省和黑龙江省，分别为 5731.65 元、5700.22 元。四川、陕西、河北分别为 4784.69 元、4170.74 元和 4006.99 元。安徽省均值最低，为 3232.24 元（见图 19.36）。

表19.112　　2013年照顾老人支出

	频次	有效百分比（%）	累积百分比（%）
无花费	40	1.1	1.1
1000元及以下	679	18.9	20.0
1001～5000元	1824	50.7	70.7
5001～10000元	676	18.8	89.4
10001～20000元	277	7.7	97.1
20001～50000元	91	2.5	99.7
50000元以上	12	0.3	100.0
合计	3600	100.0	

表19.113　　2013年照顾老人支出描述统计量

	样本数	极小值	极大值	均值	标准差
2013年照顾老人的支出大约为	3597	0	200000	5605.38	8096.624
有效的样本数	3597				

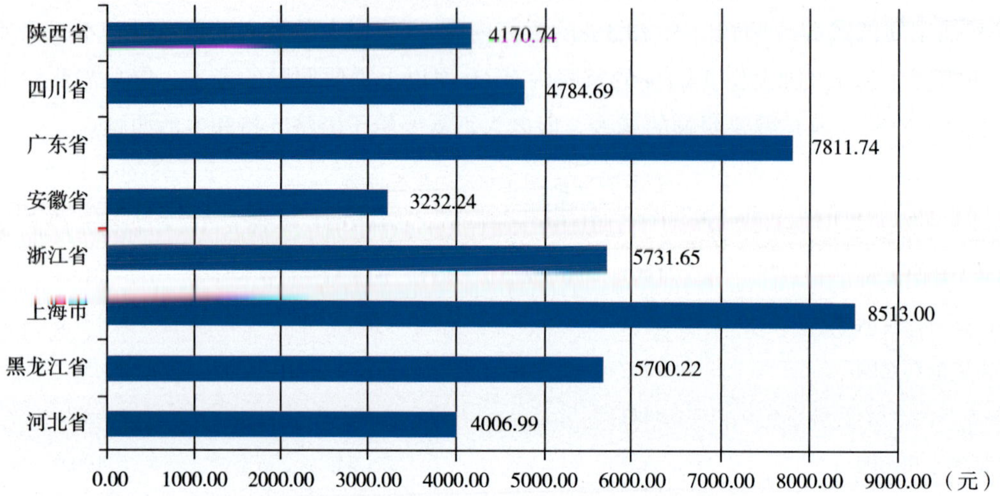

图19.36　各省2013年照顾老人支出均值情况（元）

3. 为自己养老支出

由表19.114可知，16.4%的被访者2013年没有为自己的养老支出任何费用，支出在1000元及以下占21.7%，支出在1000元至5000元范围内的占35.6%，支出费用在5000元至10000元范围内的占15.2%，支出费用范围在10000元至20000元范围内的占8.9%。2013年为自己养老支付的费用超过20000万的占2.4%。

2013年为自己养老支付的费用的各省均值比较中，黑龙江省、上海市和四川省最高，分别为7158.69元、6800.98元和6762.26元，其次是河北、安徽和浙江，分别为5784.6元、5053.46元和4454.69元。陕西和广州两省的人们2013年为自己养老支出均值分别为3950.11元和2033.38元（见图19.37）。

表19.114　　2013年为自己养老支付的费用

	频次	有效百分比（%）	累积百分比（%）
无花费	49	16.4	16.4
1000元及以下	65	21.7	38.0
1001～5000元	107	35.6	73.7
5001～10000元	45	15.1	88.8
10001～20000元	27	8.9	97.6
20001～50000元	7	2.4	100.0
合计	299	100.0	

表19.115　　2013年为自己养老支付的费用描述统计量

	样本数	极小值	极大值	均值	标准差
2013年为自己养老支付的费用	256	0	50000	5371.48	7377.592
有效的样本数	256				

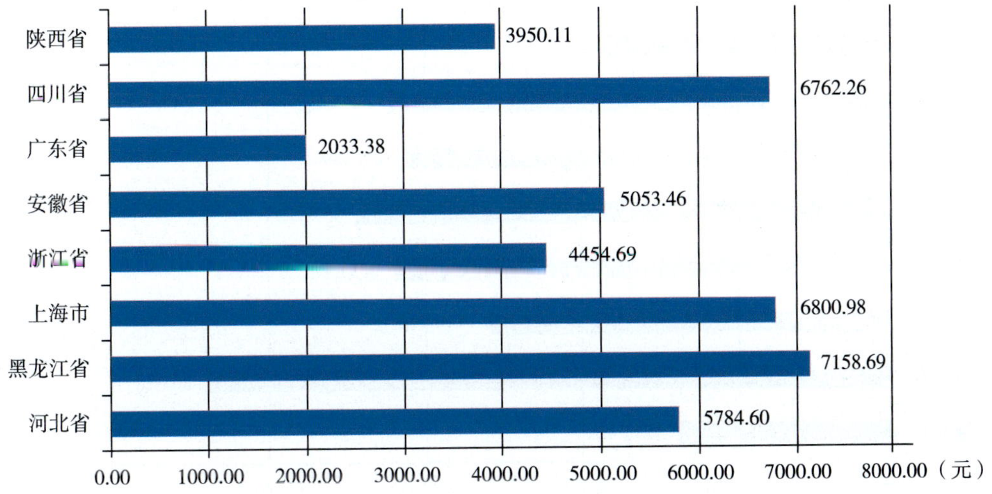

图19.37　各省2013年为自己养老支付的费用均值（元）

4. 获得经济资助总额

据表 19.116 可知，2013 年没有受到家人给予资助的占 12.3%，受到资助金额在 1000 元及以下的占 19.3%，受到资助金额在 1000 元至 5000 元范围内的占 37.6%，超过 5000 元但不到 10000 元占 22.3%，超过 10000 元但不到 20000 元的占 4.6%，超过 20000 元但不到 50000 元的占 3.2%。2013 年受到家人给予的经济资助超过 50000 元的 0.7%。

各省市的均值比较中，黑龙江省最高，为 8819.82 元。安徽、四川、浙江和广东四省差异不大，分别为 6879.76 元、6477.72 元、6397.77 元和 6251.39 元。上海的均值为 5195.5 元。陕西省和河北省的该项指标最低，为 3777.38 元和 2012.76 元（见图 19.38）。

表19.116　　2013年家人给予经济资助总额

		频次	百分比（%）	有效百分比（%）
有效	无资助	42	12.3	12.3
	1000元及以下	66	19.3	19.3
	1001～5000元	128	37.6	37.6
	5001～10000元	76	22.3	22.3
	10001～20000元	16	4.6	4.6
	20001～50000元	11	3.2	3.2
	50000元以上	2	0.7	0.7
	合计	341	100.0	100.0

表19.117　　2013年家人基于经济资助总额描述统计量

	N	极小值	极大值	均值	标准差
2013年家人给予的经济资助总额	286	0	75000	5727.62	9252.599
有效的 N（列表状态）	286				

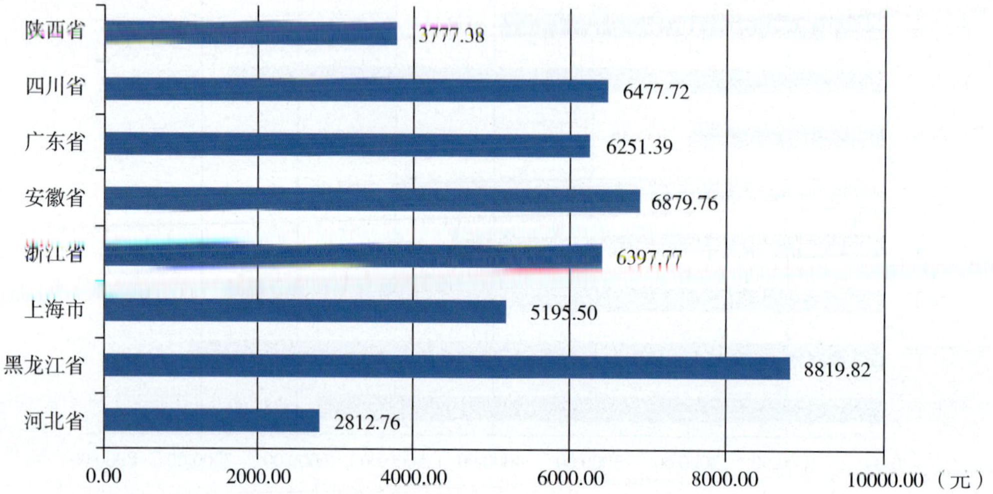

图19.38　2013年家人给予经济资助总额（元）

十二、住房保障

（一）住房类型及面积

1. 住房类型

由表19.118可知，自建住房的比例最高，占57.2%。其次为自购商品住房和市场租赁房，分别占12.7%和9.5%。父母住房、廉租房（或公租房）、单位福利分房和购买的政策性住房所占比例分别为6.6%、4.2%、3.7%和3.4%。单位租住房占1%。拆迁安置房和居住在其他亲朋好友处分别占0.9%和0.7%。

表19.118　　目前居住的住房类型

	频次	有效百分比（%）	累积百分比（%）
自购商品住房	1239	12.7	12.7
父母住房	640	6.6	19.3
购买的政策性住房	327	3.4	22.6
单位福利分房	364	3.7	26.4
租住单位房/公寓/宿舍	99	1.0	27.4

续表

	频次	有效百分比（%）	累积百分比（%）
廉租房（或公租房）	410	4.2	31.6
市场租赁房	923	9.5	41.1
自建住房	5570	57.2	98.2
拆迁安置房	92	0.9	99.2
其他亲朋好友	72	0.7	99.9
其他	8	0.1	100.0
合计	9745	100.0	

2. 住房面积

住房建筑面积在30平方米以下的家庭占8%，超过30平方米但不到50平方米的占10%，超过50平方米但不到100平方米的占46.5%。住房面积在100平方米至150平方米范围内的家庭占20.6%。住房面积超过150平方米但不到200平方米的占9%，超过200平方米但不到400平方米的占5.3%，超过400平方米的占0.7%（见表19.119）。

表19.119 住房建筑面积

	频次	有效百分比（%）	累积百分比（%）
30平方米以下	760	8.0	8.0
30～50平方米	948	10.0	18.0
50～100平方米	4420	46.5	64.5
100～150平方米	1956	20.6	85.0
150～200平方米	854	9.0	94.0
200～400平方米	504	5.3	99.3
400平方米以上	65	0.7	100.0
合计	9507	100.0.0	

表19.120 住房建筑面积描述统计量

	样本数	极小值	极大值	均值	标准差
住房建筑面积	9562	0	950	105.238	76.636
有效样本数	9562				

各省住房面积均值比较中，最高的两个省分别为四川省和浙江省，其住房面积均值为127.12平方米、121.41平方米。其次是陕西省、安徽省和河北省，分别为118.65平方米、116.21平方米和101.26平方米。住房面积最小的三个省为广东、黑龙江和上海，其均值分别为92.88平方米、75.45平方米和67.12平方米（见图19.39）。

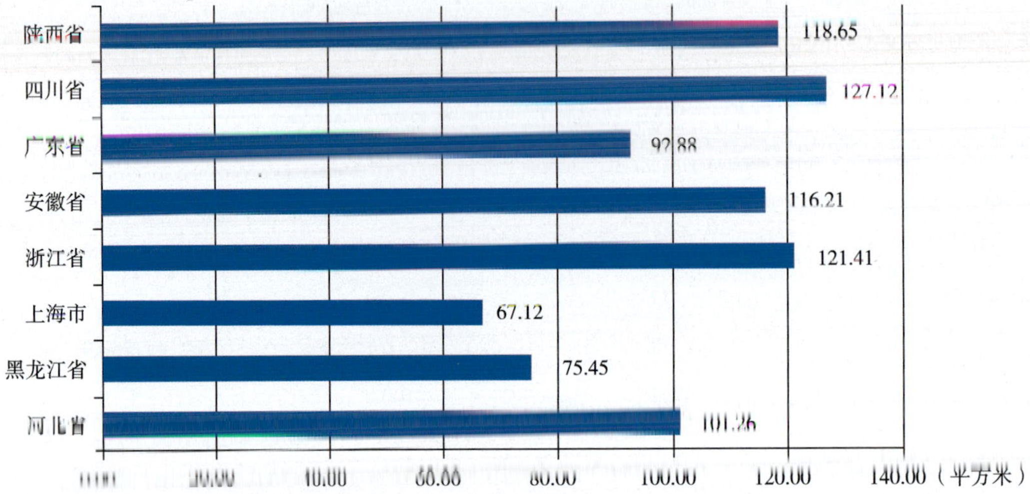

图19.39 各省住房建筑面积均值比较图（平方米）

（二）其他住房情况

1. 是否拥有其他住房

除居住的住房外，在本市（区、县）、其他城市（区、县）或农村还拥有其他住房的受访者占总人数的34%（见表19.121）。浙江省、广东省和河北省是其他住房拥有率最高的三个省份，拥有其他住房的比例分别为51.7%、45.1%和40.8%。上海市、四川省和陕西省的其他住房拥有率分别为38.8%、27.2%和22.5%。安徽省和黑龙江省的其他住房拥有率最低，分别为13.8%和9.8%（见图19.40）。

2. 本市内其他住房

在本市（县、区）内还有其他住房的家庭占9.4%，没有其他住房的占89.1%（见表19.122）。其中，大部分家庭在本市（县、区）内有1套住房，占87.9%，拥有两套其他住房的占9.4%，拥有3套其他住房的占1.9%，拥有4套其他住房的占0.2%，拥有5套其他住房的占0.2%。拥有6套及以上其他住房的占0.4%（见表19.123）。用于自己（家人）居住的其他住房占45.5%，用于出租的其他住房占18.1%，闲置的其他住房占20.1%，间歇性回去住的占8.8%，房屋未交付/在建的占5.3%，交由亲戚或朋友看管的占1.5%（见表19.124）。

表19.121 是否在本市、其他城市或农村拥有其他住房

		频次	有效百分比（%）	累积百分比（%）
有效	是	3321	34	34
	否	6447	66	100
	合计	9768	100	

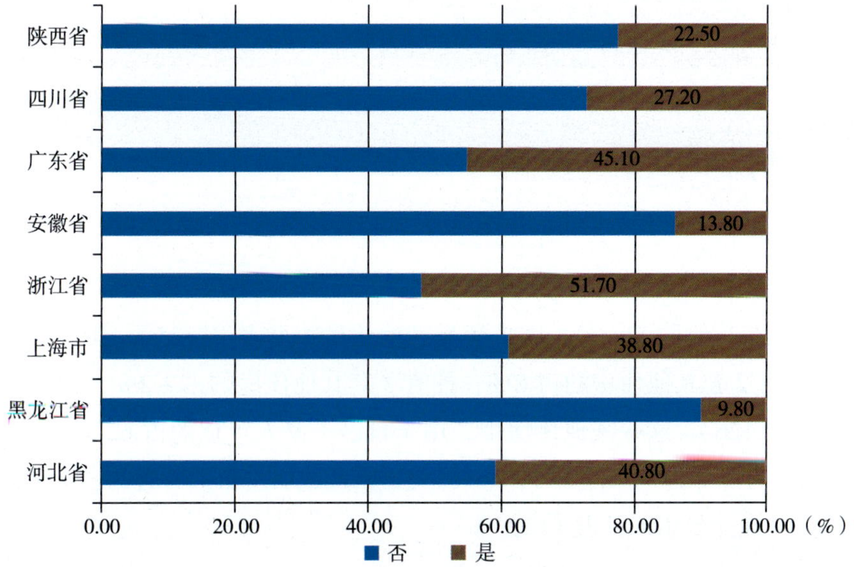

图19.40　各省拥有其他住房情况（%）

表19.122　在本市（县、区）是否还有其他住房

	频次	有效百分比（%）	累积百分比（%）
是	915	9.4	9.4
否	8658	89.1	98.5
矛盾回答	149	1.5	100.0
合计	9722	100.0	

表19.123　在本市（县、区）有几套其他住房

	频次	有效百分比（%）	累积百分比（%）
1	783	87.9	87.9
2	84	9.4	97.3
3	17	1.9	99.2
4	2	0.2	99.4
5	1	0.2	99.6
6	0	0	99.6
7	1	0.1	99.7
10	2	0.2	99.9
12	1	0.1	100.0
合计	890	100.0	

表19.124　本市（县、区）其他住房状态

	频次	有效百分比（%）	累积百分比（%）
自己（家人）居住	473	45.5	45.5
间歇性回去居住	91	8.8	54.2
亲戚朋友帮忙看管	15	1.5	55.7
出租	189	18.1	73.8

续表

	频次	有效百分比（%）	累积百分比（%）
闲置	210	20.1	93.9
未交付/在建/装修	55	5.3	99.2
其他（不便归类）	8	0.8	100.0
合计	1041	100.0	

3. 其他城市拥有其他住房情况

有 3.6%的家庭在其他城市（县、区）拥有其他住房（见表 19.125）。其中拥有一套其他住房的占 90.4%，拥有 2 套其他住房的占 8%，拥有 3 套其他住房的占 1.2%，拥有 7 套其他住房的占 0.4%（见表 19.126）。这些其他住房中，用于自己（家人）住的占 62.4%，间歇性回去居住的占 12.6%，闲置的占 12.4%，出租的占 8.8%，交给亲戚或朋友帮忙看管的占 2.5%。另有 1.2%的住房处于未交付 / 在建状态（见表 19.127）。

表19.125 其他城市（县、区）是否有其他住房

	频次	有效百分比（%）	累积百分比（%）
是	348	3.6	3.6
否	9254	95.6	99.1
矛盾回答	82	0.9	100.0
合计	9684	100.0	

表19.126 其他城市（县、区）有几套其他住房

	频次	百分比（%）	累积百分比（%）
1	286	90.4	90.4
2	25	8.0	98.4
3	4	1.2	99.6
7	1	0.4	100.0
合计	316	100.0	

表19.127 其他城市（县、区）其他住房状态

	频次	有效百分比（%）	累积百分比（%）
自己（家人）居住	258	62.4	62.4
间歇性回去居住	52	12.6	75.0
亲戚朋友帮忙看管	10	2.5	77.5
出租	36	8.8	86.3
闲置	52	12.4	98.8
未交付/在建/装修	5	1.2	100.0
合计	414	100.0	

4. 在农村拥有其他住房

26.2%的家庭在农村地区拥有其他住房，73.4%的家庭在农村地区没有其他住房（见表19.128）。在农村拥有1套其他住房的占92.8%，拥有2套其他住房的占5.9%，拥有3套其他住房的占1.1%，拥有4套及以上的共占0.3%（见表19.129）。大部分其他住房用于自己（家人）居住，占64%，闲置住房占14.3%，间歇性回去居住的占7.6%，用于出租或交给亲戚朋友看管的分别占3.1%和2.4%，用于仓库养殖自营的占0.1%。房屋仍处于未交付/在建装状态的占0.3%。另有8.1%的住房已荒废（见表19.130）。

表19.128 在农村是否有其他住房

	频次	有效百分比（%）	累积百分比（%）
是	2538	26.2	26.2
否	7110	73.4	99.5
矛盾回答	44	0.5	100.0
合计	9691	100.0	

表19.129 在农村拥有几套其他住房

	频次	有效百分比（%）	累积百分比（%）
1	2274	92.8	92.8
2	144	5.9	98.6
3	26	1.1	99.7
4	2	0.1	99.8
5	1	0	99.8
6	1	0	99.8
7	3	0.1	100.0
11	1	0	100.0
合计	2452	100.0	

表19.130 在农村的其他住房状态

	频次	有效百分比（%）	累积百分比（%）
自己（家人）居住	1576	64.0	64.0
间歇性回去居住	186	7.6	71.5
亲戚朋友帮忙看管	60	2.4	74.0
出租	76	3.1	77.1
闲置（但仍能使用）	352	14.3	91.3
荒废（不能使用）	199	8.1	99.4
未交付/在建/装修	8	0.3	99.8
仓储养殖自营	4	0.1	99.9
其他（不便归类）	3	0.1	100.0
合计	2462	100.0	

（三）购房计划

近年来房价居高不下，居民购房意愿不高。有 85.3% 的受访者明确表示不打算购房。计划购买商品房的占 6.9%，表示经济条件允许就买的占 3.8%，计划购买政策性住房的占 3%，子女结婚和教育需要时买的占 0.4%（见表 19.131）。

表19.131　　未来两三年，是否有购房的打算或计划

	频次	有效百分比（%）	累积百分比（%）
购买商品房	657	6.9	6.9
购买政策性住房	288	3.0	10.0
不打算购买	8098	85.3	95.2
经济条件允许就买	364	3.8	99.1
子女婚姻和教育需要时买	41	0.4	99.5
其他（不便归类）	46	0.5	100.0
合计	9494	100.0	

（四）对政府在住房保障政策上的期望

问卷还询问了受访者对政府在住房保障上的最大期望，按高低顺序排序。在分析中，按受访者选择顺序分别赋值 3、1 分，汇总得分。得分越高，表明受访者的期待越殷切。农村危旧房改造和限购限价、降低房价两项分列第一、第二位，受访者们最期待政府在这两个方面有所作为。保障农民宅基地使用权和住房财产权、赋予农村住房完全产权（可抵押、转让）、确保分家之后能够分到宅基地建房（做到“一户一宅”应保尽保）分列三到五位。扩大保障房覆盖范围、准予组织自建房并给予优惠条件、提高租金补贴水平、政府资金补贴 / 公积金使用 / 贷款保障和移民拆迁分房及新农村改造分列第六到第十位。也有受访者期待政府开征房产税和改善住房设施规划及改善环境。

表19.132　　对政府在住房保障政策上最大的期望

	第一选择		第二选择		得分
	频次	百分比（%）	频次	百分比（%）	
扩大保障房覆盖范围	846	8.8	287	7.1	2825
限购限价，降低房价	1850	19.2	457	11.3	6007
开征房产税	37	0.4	55	1.4	166
提高租金补贴水平	199	2.1	227	5.6	824
准予组织自建房，并给予优惠条件	276	2.9	227	5.6	1055
赋予农村住房完全产权	1124	11.7	277	6.8	3649
农村危旧房屋改造	1901	19.7	584	14.4	6287
确保分家之后能够分到宅基地建房	909	9.4	596	14.7	3323
保障农民宅基地使用权和住房财产权	1123	11.7	1211	29.9	4580

续表

	第一选择		第二选择		得分
	频次	百分比（%）	频次	百分比（%）	
政府补贴、公积金使用、贷款保障	142	1.5	29	0.7	455
住房设施规划环境改善	43	0.4	17	0.4	146
移民拆迁分房，新农村改造	121	1.3	12	0.3	375
没有期待	836	8.7	5	0.1	2513
没想过	199	2.1	3	0.1	600
其他（不便归类）	22	0.2	68	1.7	134
合计	9628	100.0	4054	100.0	

十三、生活环境

（一）居住社区的生活环境质量评价

本次调查中，主要从居住社区的空气质量、生活环境用水、生活垃圾处理、生活污水处理、安静和绿化五个方面进行生活环境质量评价。其中，人们对生活环境质量普遍评价较好，比例均在40%左右，认为“非常差”的比例最低，均在7%以下。具体而言，人们对社区安静程度和绿化环境的评价较高，选择“非常好”的比例分别为21.3%和23.8%，人们对社区生活垃圾处理和生活污水处理的评价较低，选择“非常好”的比例最低，均在10%以下，且选择“不太好”的比例最高，均在15%以上（见表19.133）。

表19.133　居住社区的生活环境质量评价（%）

	非常好	比较好	一般	不太好	非常差	说不清	合计	总数
空气质量	19.0	38.5	25	11.9	5.5	0.2	100.0	9737
生活用水质量	14.5	41.6	27.5	11.6	4.4	0.2	100.0	9731
生活垃圾处理	9.9	37.4	29.3	17.7	5.3	0.3	100.0	9731
生活污水处理	9.0	33.5	30.2	18.3	6.8	2.2	100.0	9704
安静（降低噪音）	21.3	38.9	21.5	12.7	5.3	0.3	100.0	9721
绿化环境	23.8	38.1	25.5	9.7	2.6	0.3	100.0	9731

1. 空气质量评价

由图19.41可知，黑龙江、安徽、四川和陕西民众对空气质量的评价较高，认为“好”（包括“非常好”和“比较好”）的比例均在70%以上，尤其是黑龙江空气质量评价最高，认为“好”的比例高达77.0%。而河北、上海、浙江和广东民众对空气质量的评价较低，尤其是河北和浙江，认为“差”（包括“不太好”和“非常差”）的比例最高，均在20%以上，分别为24.0%和22.4%，且认为“好”的比例也较低，分别仅有40.7%和46.5%。

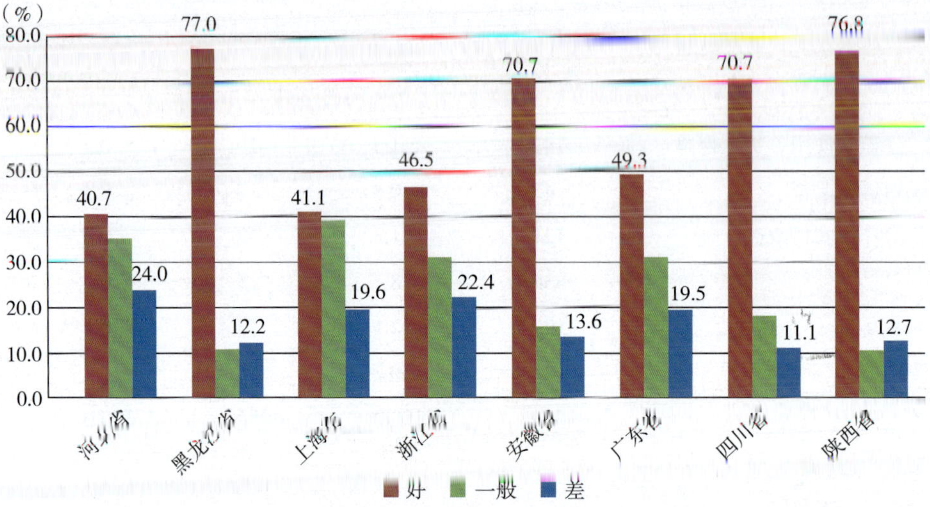

图19.41 各省的空气质量评价（N=9731）（%）

2. 生活用水质量评价

在生活用水上，陕西、安徽、四川和黑龙江的评价最好，认为质量“好”的比例均在60%以上，依次为67.1%、66.7%、62.2%和60.9%，而广东和上海对生活用水质量的评价较低，认为“好”的比例均在50%以下，分别为45.4%和49.1%。此外，认为生活用水质量“一般”的比例较高的省市为上海、浙江和广东，均在30%以上，认为生活用水质量“差”的比例较高的省市为黑龙江和四川，分别为21.7%和18.3%（见图19.42）。

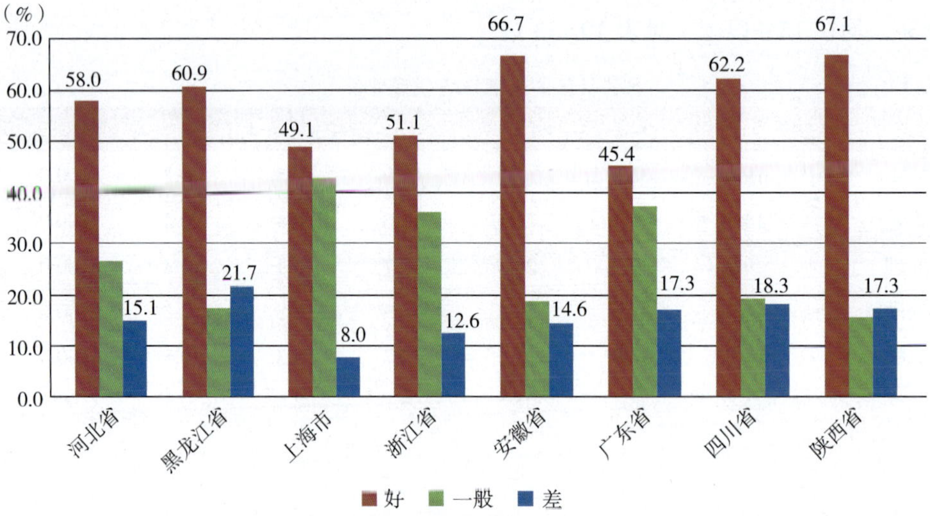

图19.42 各省的生活用水质量评价（N=9728）（%）

3. 生活垃圾处理评价

生活垃圾处理较好的省市为黑龙江、安徽、四川和陕西，认为“好”的比例均在50%以上，尤其是四川，达到66.4%。而认为生活垃圾处理“一般”的省市为上海、浙江、广东和河北，均占比 30%以上，尤其是广东和河北，认为生活垃圾处理“差”的比例最高，分别为 30.3%和 29.3%（见图 19.43）。

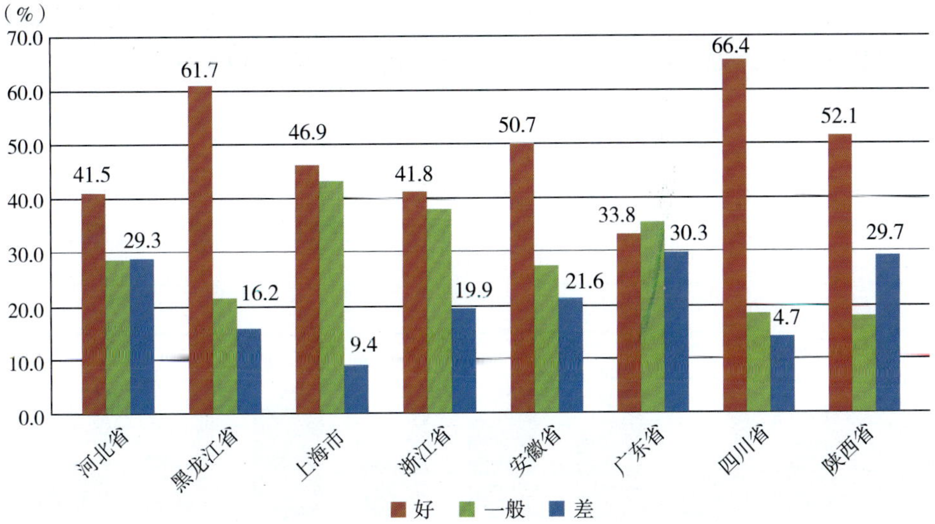

图19.43　各省的生活垃圾处理评价（N=9714）（%）

4. 生活污水处理评价

各省对生活污水处理评价的比例分布与生活垃圾处理评价的比例分布基本相似，又略有不同（见图 19.44）。相似之处在于，仍然是黑龙江、四川、陕西和安徽的评价较好，上海、河北、浙江和广东的评价较差，尤其是广东民众认为生活污水处理“差”的比例最高，为 32.8%。不同之处在于，黑龙江的生活污水处理评价最好，认为“好”的比例达到 61.7%，高出广东 30 多个百分点。值得一提的是，广东民众认为生活污水处理评价“差”的比例略微高于评价“好”的比例，可见，广东的生活污水处理亟待解决。

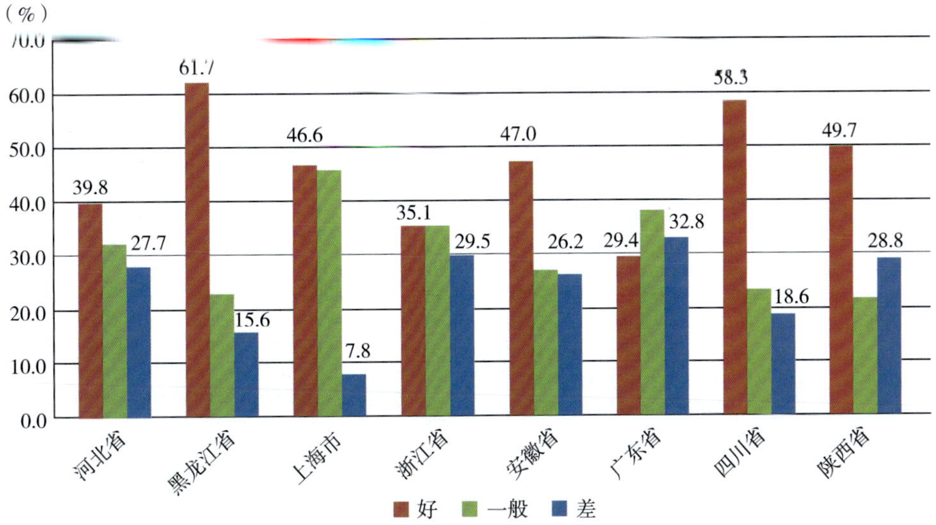

图19.44　各省的生活污水处理评价（N=9525）（%）

5. 安静程度评价

调查结果显示，黑龙江、陕西、四川和安徽民众认为安静（降低噪音）程度较好，选择“好”的比例分别为79.5%、73.4%、73.0%和72.9%，广东、浙江、上海和河北民众认为安静程度较差，选择“差”的比例分别为25.5%、21.6%、18.7%和16.9%（见图19.45）。

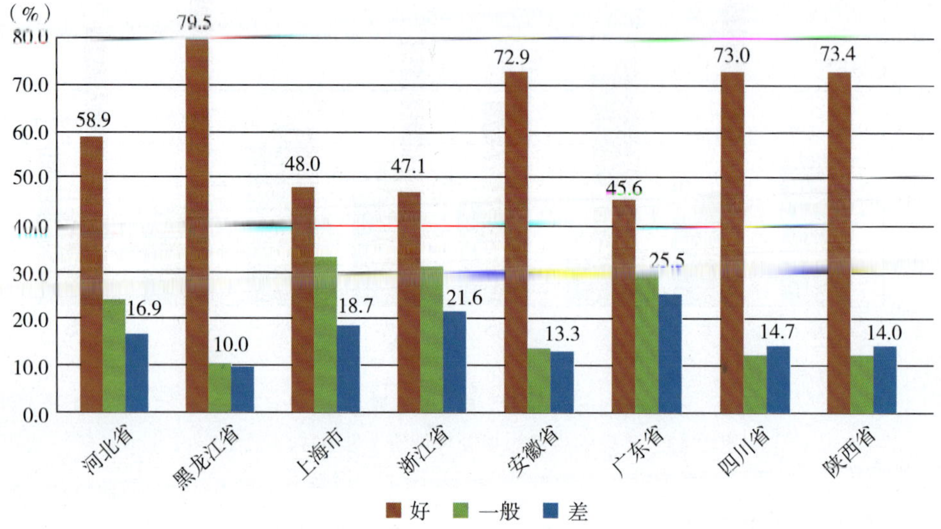

图19.45　各省的社区安静程度评价（N=9716）（%）

6. 绿化环境评价

由表19.46可知，黑龙江和四川民众对绿化环境的评价最高，认为“好”的比例分别为82.1%和76.8%，其次是安徽和陕西，比例分别为72.6%和69.6%。浙江和广东民众对绿化环境的评价最低，认为“差”的比例均在15%以上，分别为16.8%和15.2%。上海和浙江民众认为绿化环境“一般”的比例最高，均在30%以上。

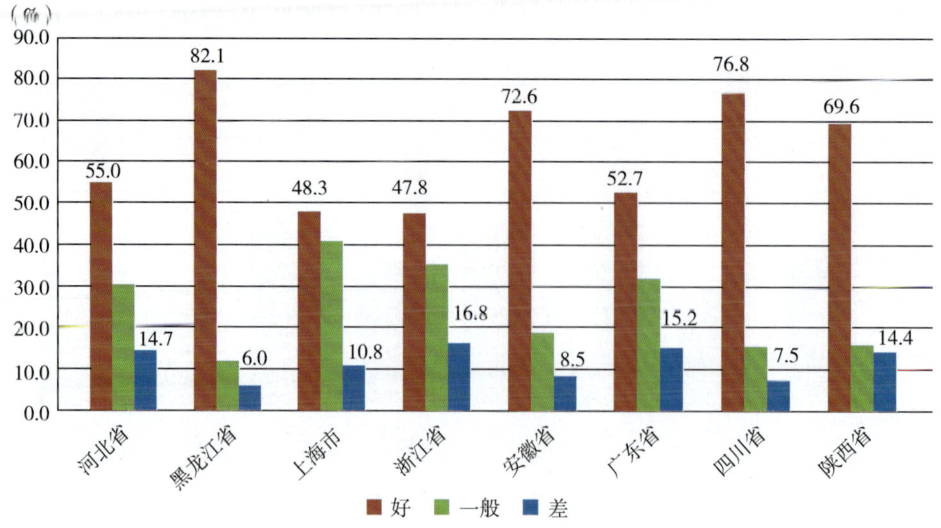

图19.46　各省的绿化环境评价（N=9745）（%）

通过上述生活环境质量六个方面的简单对比，可以发现，从整体上看，河北、上海、广东和浙江四省市的生活环境质量评价低于安徽、四川、黑龙江和陕西四省市。再将选择“好”的比例与选择“差”的比例相减，来验证这一结论。若数值越大，则说明评价越高，反之亦然。由表 19.134 可知，结果略有不同。空气质量、安静程度和绿化环境仍然是安徽、四川、陕西和黑龙江的评价较高，且黑龙江的空气质量、安静程度和绿化环境评价最高。在生活用水上，安徽、四川、陕西和河北的评价较高，且安徽的评价最高。在生活垃圾处理上，四川、黑龙江、上海和安徽的评价较高，在生活污水处理上，黑龙江、四川、上海和陕西评价较高。

表19.134　各省的生活环境质量评价（%）

	空气质量	生活用水质量	生活垃圾处理	生活污水处理	安静（降低噪音）	绿化环境
河北省	16.7	42.9	12.2	12.1	42.0	40.3
上海市	21.5	41.1	37.5	38.8	29.3	37.5
浙江省	24.1	38.5	21.9	5.6	25.5	31.0
广东省	29.8	28.1	3.5	–3.4	20.1	37.5
安徽省	57.1	52.1	29.1	20.8	59.6	64.1
四川省	59.6	43.9	51.7	39.7	58.3	69.3
陕西省	64.1	49.8	22.4	20.9	59.4	55.2
黑龙江省	64.8	39.2	45.5	46.1	69.5	76.1

（二）居住地生态环境变化情况

总体而言，与三年前相比，人们认为居住地生态环境相对稳定的比例接近 1/2，另有 32.7% 的人认为生态环境在好转，16.3%的人认为生态环境在恶化（见表 19.135）。这就意味着，人们对居住地生态环境普遍持乐观态度。

表19.135　居住地生态环境变化情况

	频次	百分比（%）	累积百分比（%）
在好转	3060	32.7	32.7
相对稳定	4408	47.0	79.7
在恶化	1524	16.3	96.0
说不清楚	377	4.0	100.0
合计	9368	100.0	

调查结果显示，四川和陕西近三年来居住地生态环境好转程度较高，而浙江和广东的生态环境恶化程度相对较高。具体而言，四川和陕西民众认为近三年来居住地生态环境在好转的比例最高，分别为 55.6%和 47.2%，且在恶化的比例最低，分别为 9.2%和 10.1%。而广东和浙江认为在恶化的比例最高，分别为 27.5%和 18.7%，尤其广东在好转的比例最低，仅为

11.9%。此外，上海认为在好转的比例也很低，仅为 12.1%，且相对稳定的比例最高，为 72.4%（见图 19.47）。

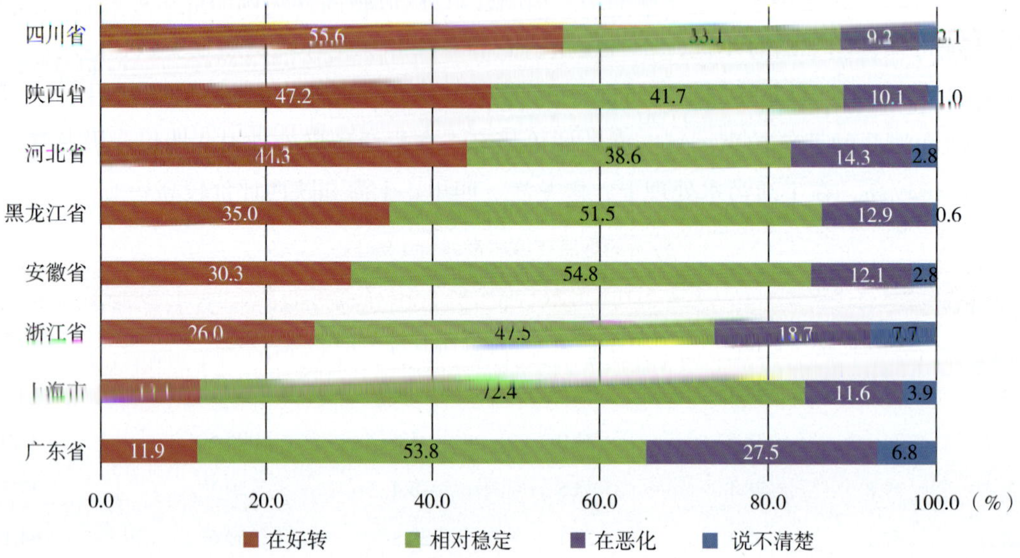

图19.47　各省的生态环境变化情况（N=9340）（%）

（三）生活方便程度评价

数据表明，人们对交通出行的方便程度评价较高，认为“非常好”的比例为 26.5%，认为“比较好”的比例为 44.6%。其次是治安状况和生活服务配套，认为方便程度较高（包括“非常好”和“比较好”）的比例分别为 59.4%和 52.8%。而文化活动的方便程度最低，认为“不太好”和“非常差”的比例最高，分别为 19.4%和 4.5%（见表 19.136）。

表19.136　　居住地生活方便程度评价（%）

	非常好	比较好	一般	不太好	非常差	说不清	合计	总数
交通出行	26.5	44.6	16.2	9.4	3	0.2	100.0	9732
生活服务配套	13.9	38.9	31.9	12.3	1.9	1.0	100.0	9725
文化活动	10.4	30.3	33.4	19.4	4.5	2.0	100.0	9721
治安状况	17.2	42.2	26.5	10.5	3.2	0.4	100.0	9731

1. 交通出行评价

笔者分别将选项“非常好”和“比较好”、“不太好”和“非常差”合并为“好”与“差”两项，将“说不清”处理为缺失值后，得出下述相关结果（见图 19.48）。在交通出行方便程度上，四川和陕西的评价最好，比例分别为 80.6%和 79.4%，而黑龙江和广东的评价最差，比例分别为 15.5%和 16.6%，此外，广东和上海则是评价一般的比例最高，分别为 23.7%和 22.1%。

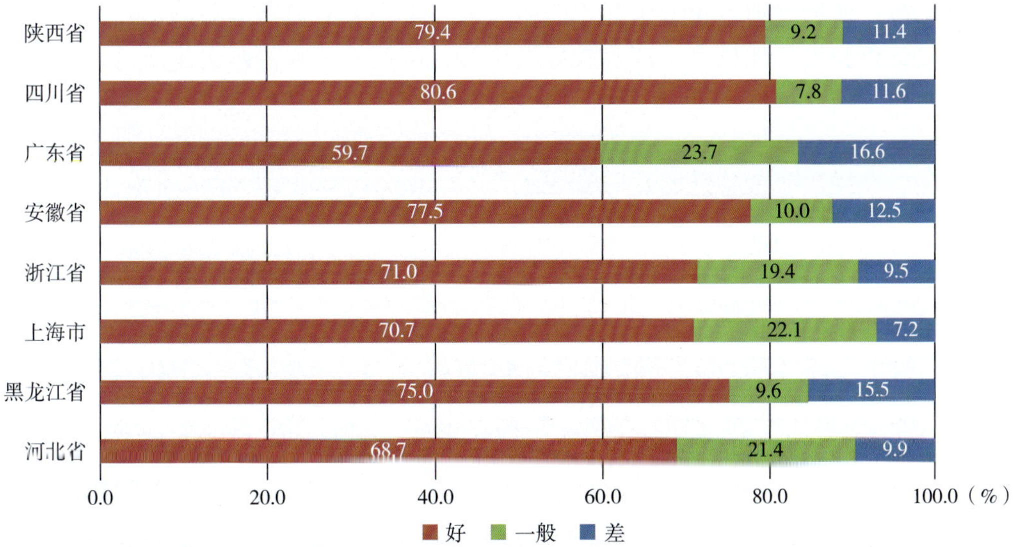

图19.48　各省的交通出行评价（N=9732）（%）

2. 生活服务配套评价

由（图 19.49）可知，四川、陕西和安徽的民众对生活服务配套评价最高，认为“好”的比例分别为 69.2% 和 63.1%，而认为“差”的比例最大的省份为广东，比例为 22.5%，其次是陕西和安徽，均为 15.5%。评价为一般的主要省份是浙江和河北，比例分别为 46.3% 和 40.5%。

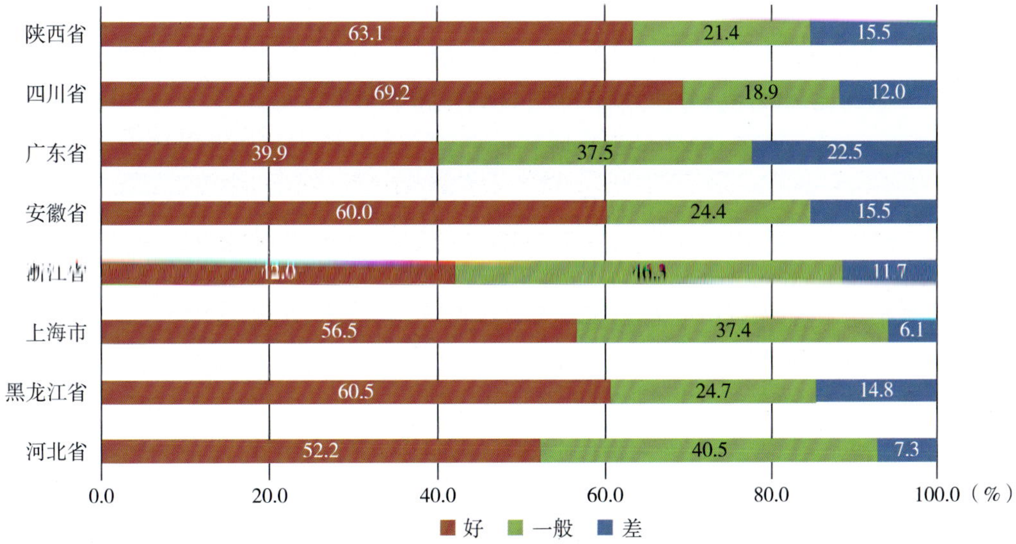

图19.49　各省的生活服务配套评价（N=9654）（%）

3. 文化活动评价

四川和黑龙江民众对文化活动的评价最高，认为“好”的比例分别为 57.9% 和 57.7%，而广东和安徽则是评价最低，认为“差”的比例最高，分别为 33.0% 和 32.5%。而评价一般的主要是浙江和上海，比例分别为 44.2% 和 40.2%（见图 19.50）。值得一提的是，广东和陕西民众对文化活动评价较差的比例高于评价较好的比例，可见广东和陕西文化活动的服务质量亟待提升。

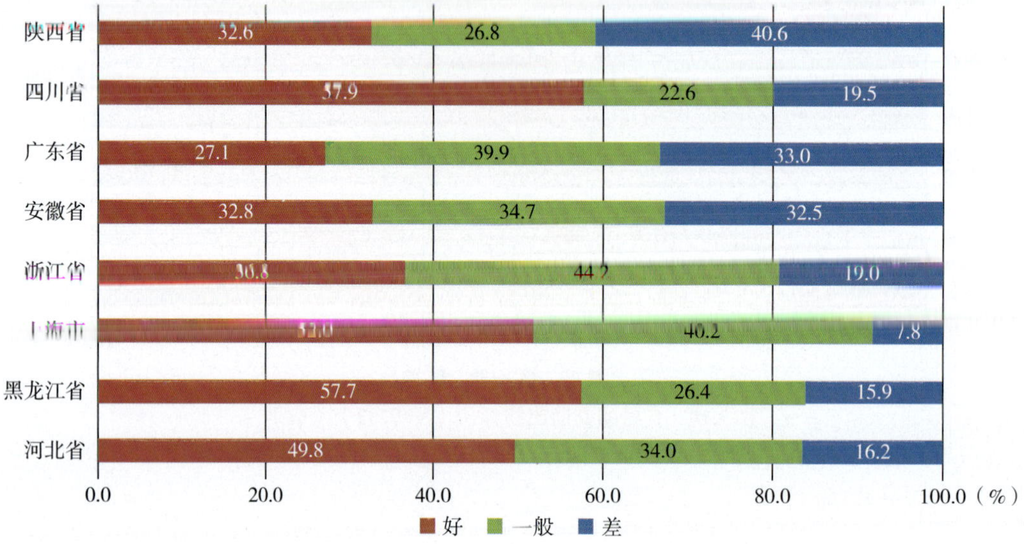

图19.50　各省的文化活动评价（N=9534）（%）

4. 治安状况评价

数据表明（见图 19.51），黑龙江和陕西对治安状况的评价最高，分别占比 83.3% 和 77.0%，而广东和河北的评价最低，认为治安状况差的比例分别为 23.4% 和 19.5%。而浙江、广东和上海对治安评价一般的比例最高，分别为 38.3%、37.9% 和 34.6%。

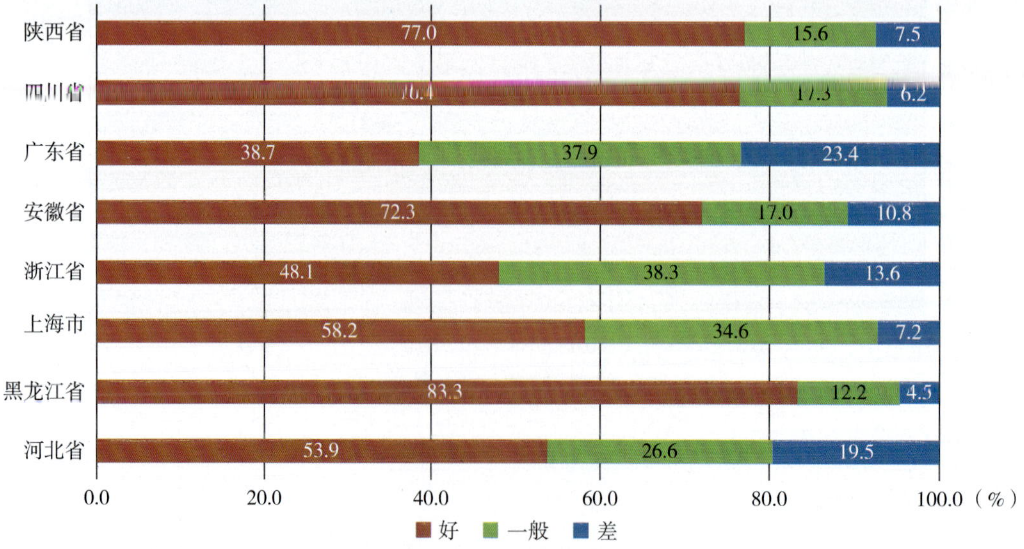

图19.51　各省的治安状况评价（N=9703）（%）

笔者再将选择“好”的比例与选择“差”的比例相减，得出表 19.137 的结果。若数值越大，则说明评价越好，反之亦然。在交通出行方便程度上，四川的评价最好，其次是陕西和安徽，最差的是广东；在生活服务配套方便程度上，依然是四川的评价最好，上海和黑龙江次之，浙江最差；在文化活动上，上海的评价最好，黑龙江和四川次之，陕西最差；在治安状况评价上，黑龙江的评价最好，其次是四川和陕西，广东最差。

表19.137　　各省的生活方便程度评价（%）

	交通出行	生活服务配套	文化活动	治安状况
河北省	58.8	44.9	33.6	34.4
黑龙江省	59.5	45.7	41.8	78.8
上海市	63.5	50.4	44.2	51.0
浙江省	61.5	30.3	17.8	34.5
安徽省	65.0	44.5	0.3	61.5
广东省	43.1	17.4	–5.9	15.3
四川省	69.0	57.2	38.4	70.2
陕西省	68.0	47.6	–8.0	69.5

（四）农村地区农业污染治理评价

调查结果显示（见表 19.138），农村地区对牲畜粪便的治理最好，认为“非常好”和“比较好”的比例均相对最高，分别为 11.5%和 35.7%，其次是地膜/农膜和农药化肥治理，认为“非常好”和“比较好”的总和分别为 37.6%和 36.9，而对农村污水处理的评价相对最差，认为“不太好”和“非常差”的比例最高，分别为 21.0%和 6.8%。此外，对地膜和农膜的评价选择“说不清”的比例较高，达到 15.6%，可见人们对地膜和农膜的治理效果并不清楚或是地膜和农膜的普及程度并不高。

表19.138　　农村地区农业污染治理评价（%）

	非常好	比较好	一般	不太好	非常差	说不清	合计	总数
牲畜粪便	11.5	35.7	28.4	12.4	4.1	7.8	100.0	6447
地膜，农膜	10.0	27.6	31.4	13.1	2.4	15.6	100.0	6425
农药化肥	9.1	27.8	34.5	16.7	2.8	9.2	100.0	6446
农村污水	9.7	27.1	29.2	21.0	6.8	6.2	100.0	6445

（五）食品安全问题

近年来，我国进入食品安全时间频发期，食品安全已经成为人们最为关心的民生话题之一。本次调查表明，人们认为食品安全明显改善和严重恶化的极端态度很少，占比分别为 4.8%和 5.7%，认为食品安全问题未有改变的比例约为 1/4，而认为食品安全问题有所改善的比例最高，为 38.3%。总的来说，人们对食品安全主要持乐观态度。但也有 10%的人不了解食品安全问题的改善情况。

表19.139　　食品安全问题的改善情况

	频次	百分比（%）	累积百分比（%）
明显改善	467	4.8	4.8
有所改善	3708	38.3	43.2
没有变化	2362	24.4	67.6
有所恶化	1621	16.8	84.4
严重恶化	547	5.7	90.0
不知道	965	10.0	100.0
合计	9669	100.0	

由图 13.52 可知，四川和河北的食品安全问题改善最大，改善了的比例分别为 61.2%和 52.0%，而广东和黑龙江的食品安全问题改善了的比例最小，仅为 26.9%和 35.7%。尤其是广东，认为恶化了的比例最高，为 38.8%。此外，上海的食品安全问题没变化的比例最大，为 34.8%，黑龙江民众则是不知道食品安全问题变化情况的比例最大，为 22.3%。

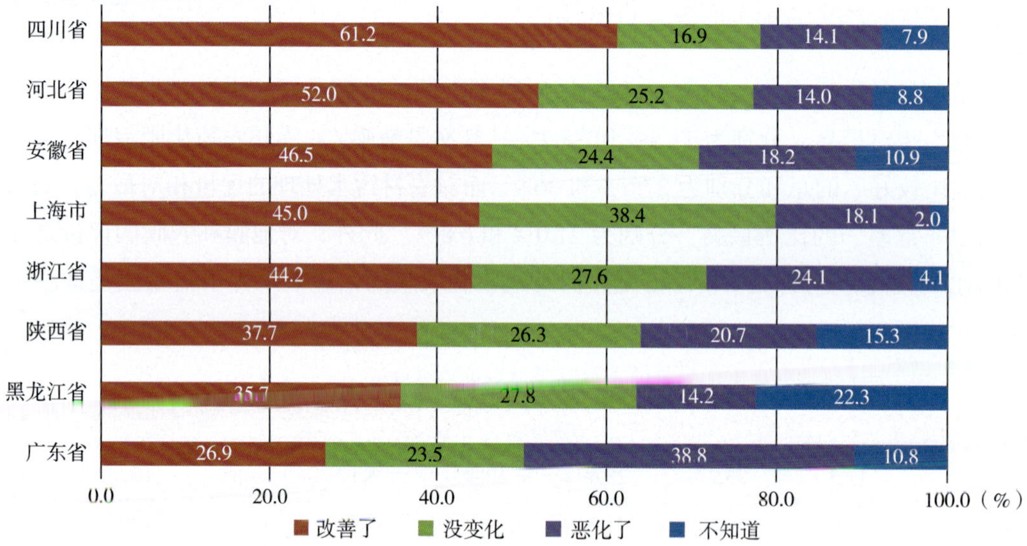

图 13.52　各省的食品安全改善情况（N=9685）（%）

十四、政府服务

（一）政府服务总体评价

对政府服务和办事效率的总体评价不仅可以反映出民众对政府服务的满意度，也能促进政府服务部门的自我反思。本次调查中，调查对象根据自身和家庭成员的经历或直观感受对政府服务进行总体评价。结果显示（见表 19.140），民众对政府服务满意程度较高，满意占比 61.8%，其中 17.8%的人表示很满意，20.5%的人认为政府服务一般，另有 11.3%的人表示不满意。

表19.140　对目前居住地的政府服务和办事效率的总体评价

	频次	百分比（%）	累积百分比（%）
很满意	1731	17.8	17.8
基本满意	4283	44.9	61.8
一般	1991	20.5	82.2
不太满意	820	8.4	90.7
很不满意	284	2.9	93.6
不回答/不清楚	624	6.4	100.0
合计	9733	100.0	

由图 19.53 可知，四川民众对政府服务的评价最好，满意的比例高达 82.7%，不满意的比例仅为 5.8%。其次是安徽、河北和黑龙江，满意的比例均在 70%以上，不满意的比例均在 10%左右。浙江、陕西和上海民众对政府满意的比例均在 60% ~ 70%之间。而广东民众对政府服务的评价最低，44.4%的人表示满意，33.5%表示一般，22.1%表示不满意。另外，陕西民众对政府服务不满意的比例也较高，为 20.0%。

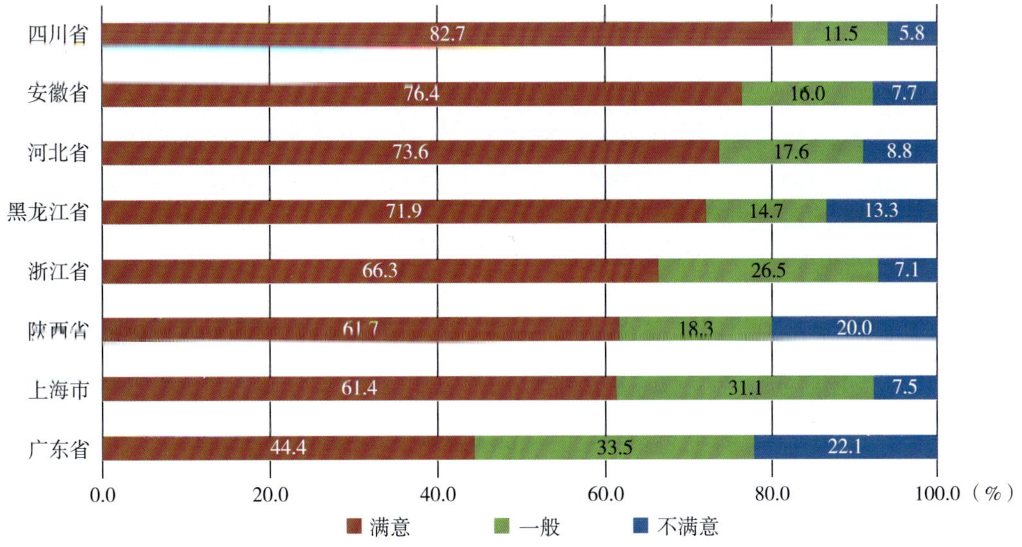

图19.53　各省的政府服务总体评价情况（N=9079）（%）

（二）政府官员的行为改善

党的十八大报告中，反腐败成为最热门的话题。而反腐败的直接措施就是改善搞形象工程、公款吃喝、吃拿卡要等行为。在本次调查中，询问了民众对政府官员行为改善的评价。其中，认为政府官员在公款吃喝和脱离群众行为上明显改善的比例最高，分别为22.4%和21.6%，认为政府官员在搞形象工程和不办事/推诿行为上有所改善的比例最高，分别为35.5%和35.1%。值得一提的是，民众对政府官员行为不清楚的比例较高，尤其是对吃卡拿要、公款吃喝行为是够改善表示不清楚的比例均在30%以上（见表19.141）。因此，政府官员需提高反腐败的透明度，提升民众对政府官员的监督作用。

表19.141　　对政府官员的行为改善评价（%）

	明显改善	有所改善	不变	有所恶化	严重恶化	不清楚	合计	总数
搞形象工程	17.4	35.5	15.4	2.3	0.6	28.9	100.0	9741
公款吃喝	22.4	32.1	10.3	1.9	0.5	32.8	100.0	9737
吃拿卡要	20.2	30.6	11.3	1.8	0.4	35.6	100.0	9724
不办事/推诿	20.6	35.1	16.2	4.2	1.0	23.0	100.0	9734
脱离群众	21.6	33.5	15.7	3.8	1.2	24.2	100.0	9735

笔者将“明显改善”和“一定改善”、“有所恶化”和“严重恶化”分别合并为两项，即“改善了”和“恶化了”，再将选择“改善了”的比例减去选择“恶化了”的比例，得出下表结果（见表19.142）。若数值越大，则说明行为改善程度越高，反之亦然。从总体上看，四川人民对当地政府官员行为改善的评价最高，广东人民对当地政府行为改善的评价最低。除四川外，浙江人民对公款吃喝、吃拿卡要行为改善的评价较高，安徽人民对不办事/推诿和脱离群众行为改善的评价较高，河北人民对搞形象工程行为改善的评价较高。

表19.142　　各省对政府官员行为改善的评价（%）

	搞形象工程	公款吃喝	吃拿卡要	不办事/推诿	脱离群众
广东省	32.8	34.1	28.7	27.5	25.0
陕西省	34.1	37.1	34.5	40.7	33.4
黑龙江省	47.1	44.3	44.3	47.8	50.0
上海市	53.0	60.1	53.6	51.8	53.8
安徽省	53.5	59.1	56.9	63.5	62.8
浙江省	56.5	63.6	60.3	56.4	57.2
河北省	60.2	59.2	53.8	58.1	59.7
四川省	66.5	66.2	64.3	68.8	70.3
总数	9750	9747	9738	9741	9739

（三）对政府官员的看法

对政府官员整体的评价，直接可以反映出民众对政府的信任程度。总的来说，人们对政府官员评价较好。调查结果显示，58.3%的人认为大多数官员是好的，只有少部分有问题，而认为好坏参半的比例为19.4%，另有11.5%的人认为大多数官员都有问题，好的官员是少数。此外，还有10.9%的人表示不清楚政府官员的好坏（见表19.143）。

表19.143　对政府官员的看法

	频次	百分比（%）	累积百分比（%）
大多数官员是好的	5677	58.3	58.3
好坏参半	1886	19.4	77.6
大多数官员有问题	1116	11.5	89.1
不清楚	1065	10.9	100.0
合计	9744	100.0	

由图19.54可知，四川、河北、安徽和黑龙江人们认为大多数官员是好的比例较高，均在60%以上，尤其是四川，高达82.4%。而陕西、浙江和上海认为好坏官员参半的比例较高，分别为16.6%、22.2%、36.1%和34.2%，尤其是广东，不仅认为好坏官员参半的比例次高，认为大多数官员有问题的比例还最高，为20.8%，陕西和上海次之，分别为16.7%和14.2%。概括而言，四川和河北民众对政府官员的看法最好，广东和上海民众对政府官员的看法最差。

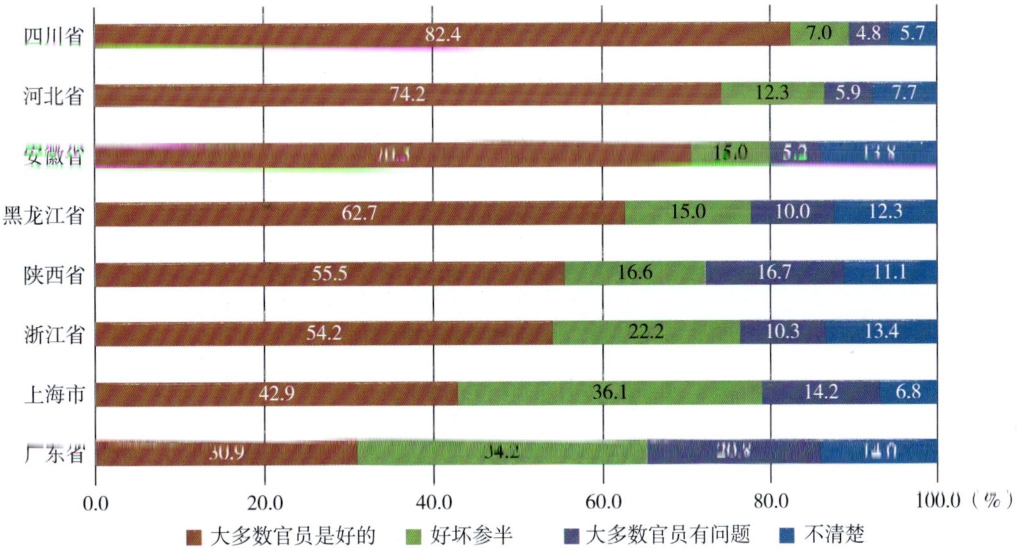

图19.54　各省对政府官员的看法（N=9747）（%）

（四）反腐败的信心

中国的政治正处于一个转型之际，随着反腐败力度的不断增强，人们对反腐败的信心也明显高涨。调查结果显示（见表19.144），77.9%的人对反腐败表示有信心，仅7.2%的人对反腐败表示没信心。如果人们对反腐败表示有信心，一定程度上也会推动政府工作的持续开展，为中国未来的发展奠定良好的基础。

表19.144 反腐败的信心

	频次	百分比（%）	累积百分比（%）
非常有信心	4075	41.9	41.9
比较有信心	3502	36.0	77.9
一般	1451	14.9	92.8
不太有信心	431	4.4	97.2
没有信心	270	2.8	100.0
合计	9730	100.0	

不同省市对反腐败的信心程度存在差异。总的来说，四川、河北、黑龙江和陕西对反腐败的信心较高，分别为90.6%、86.8%、84.1%和82.2%；广东和浙江对反腐败的信心最低，选择“不太有信心”和“没有信心”的比例和分别为11.4%和9.0%。具体而言，安徽、河北、黑龙江和四川对反腐败的信心最强，非常有信心的比例依次递增，分别为50.7%、52.2%、52.3%和62.4%，而比较有信心的比例则是按广东、浙江、陕西和上海依次递增，分别为37.2%、37.9%、48.3%和54.8%。此外，反腐败信心一般和不太有信心比例最高的是广东，分别为28.9%和7.5%。

（执笔：清华大学社会学系子课题组）

附录 1

2014 年民生满意度电话调查问卷

2014 年 7 月

您好！

我是 XX 社情民意调查中心的电话访问员。现正在全国进行有关民生问题的电话访问，耽误您一点时间好吗？谢谢您的配合！

说明：1. 电话铃声响 6 次，对方不接，视为无人接听。

2. 对于执行本省区域内的，用“本省社情民意调查中心”的名义访问；执行外省市的，统一用“国家统计局社情民意调查中心”的名义访问；国家统计局设立对外统一答复电话 010-12340 或 010-63375612，63375703，63375702；网址：HTTP：//www.my12340.cn。

3. 为了提高访问效率，增加被访者的回答率，对于对方忙于做事：访问员要以约访的形式与被访人约定下次访问的时间，避免中途拒访的情况出现；对于被访者对问卷内容有顾虑或询问为何选取他作为访问对象时，访问员可向被访者解释说明“根据随机抽选结果，您被选取为您所在地区的受访对象，您所回答的问题能直接反映出您所在地的实际情况。并且您的答案是由国家统计局社情民意调查中心直接汇总，不会将您的个人信息等提供给当地有关部门。请您根据实际情况和亲身感受，对以下问题做出回答，我们将按照《统计法》的有关规定严格为您保密”。

4. 关于拒访：访问员一定要说明这不是骚扰电话，同时向对方言明此次访问的意义及重要性。由于是随机抽样，您是从几万人中随机挑选作为我们的访问对象，您的回答非常具有代表性，您的意见和评价便于相关政府部门改进以后的工作，使我们今后的生活更加和谐美好。耽误您宝贵的时间，很快就能完成这次访问。

A1. 填写调查区域的行政区划码：○○○○○○

［说明：根据抽取的局段号，确定调查的具体区县。前两位为省级编码，中间两位为地级城市编码，最后两位为区县编码。如山东省（37）济南市（01）历下区（02）；山东省（37）聊城市（15）阳谷县（21）。由于增加了手机访问，需要添加被访者所在地级城市辖区的具体询问。］

甄别

A2. 请问您在当地居住了多久？

[1] 1 年以上（含 1 年）（继续）　　[2] 1 年以下（结束）

［说明：因为后面涉及个别题目有同上年的比较。］

A3. 请问您的年龄：

[1] 18 岁以下（结束访问） [2] 18 ～ 19 岁 [3] 20 ～ 24 岁 [4] 25 ～ 29 岁

[5] 30 ～ 34 岁 [6] 35 ～ 39 岁 [7] 40 ～ 44 岁 [8] 45 ～ 49 岁

[9] 50 ～ 54 岁 [10] 55 ～ 59 岁 [11] 60 ～ 64 岁 [12] 65 ～ 69 岁

[13] 70 ～ 74 岁 [14] 75 岁及以上（结束）

[**说明：** 询问具体年龄等所涉及的个人信息只是我们作为统计分组分析使用，研究不同群体的总体趋势和特征，不针对个体（个人）进行，同时要感谢您的配合。]

A4. 您在当前的居住地属于：

[1] 城镇地区 [2] 农村地区

[**说明：** 以被访者的回答为准，被访电话为单位的回答情况以家庭居住地区为准；城镇包含了县城及城区的周边无土地耕种郊区居民。]

第一部分：下面有一些您个人及家庭背景的相关信息，请您回答一下。

B1. 性别（根据被访者声音辨别）：

[1] 男 [2] 女

B2. 您的受教育程度（含在读）：

[1] 不识字或识字很少 [2] 小学 [3] 初中

[4] 高中、中专或技校 [5] 大学专科 [6] 本科

[7] 硕士或博士研究生

[说明：大学专科包括“高职”学历。]

B3. 您的户口状况：

[1] 本市（县）非农业户口 [2] 本市（县）农业户口

[3] 省内非本市（县）非农业户口 [4] 省内非本市（县）农业户口

[5] 外省非农业人口 [6] 外省农业人口

[**说明：** 一方面要问清楚被访者是在本地户口还是外地户口，另一方面要问清楚是非农业户口还是农业户口；“市（县）”两字可以根据被访人的具体情况只读一个字，例如：被访者所在地是县域，就读“县”。对于直辖市，改为（区）县]

B4. 您的宗教信仰是：

[1] 佛教 [2] 基督教 / 天主教 / 东正教 [3] 回教 / 伊斯兰教

[4] 不信仰宗教 [5] 其他（请注明：______）

B5. 您家里有几口人 ________

[**说明：** 家庭人口指在同一家庭内共同生活、共同消费的成员。在外就学子女和打工人员只

要其收支都包括在本家庭中，也计入家庭人口数中]

第二部分：就业和收入

C1. 您现在是否有工作？（主要指过去一周内是否从事了1小时以上有收入的工作）

[1] 是，[跳问到 C3 题]

[2] 否

[说明：对于务农农民，直接选 [1]。]

C2. 您没有工作的原因是？

[1] 在职休假、在职学习，临时停工或季节性歇业（继续问 C3）

[2] 在校学生 [跳问到 C10]

[3] 离退休人员 [跳问到 C10]

[4] 因疾病或残疾丧失工作能力 [跳问到 C10]

[5] 料理家务及照料家庭成员 [跳问到 C7]

[6] 正在准备某种考试（如资格考试、自学考试、考研等）或参与某种培训 [跳问到 C7]

[7] 正在准备自主创业 [跳问到 C7]

[8] 正在找工作 [跳问到 C7]

[9] 找不到合适的工作 [跳问到 C7]

[10] 不想工作 [跳问到 C7]

[11] 其他，请注明 ________ [跳问到 C7]

[12] 不清楚 / 不了解（不读出）[跳问到 C7]

[说明：不读选项，由被访者说出原因，直接选择。]

C3_1. 您的就业状况（城镇居民）：

[1] 党政机关

[2] 事业单位和社会团体工作人员

[3] 国有企业及其他国有经济单位职工

[4] 城镇集体经济单位职工

[5] 合资、外资或港澳台企业员工

[6] 城镇个体或私营企业主

[7] 城镇个体或私营企业被雇者

[8] 城镇自由职业者

[9] 其他就业人员（请说明：________）

C3_2. 您的就业状况（农村居民）

[1] 务农（专职农民）（如果选择 [1]，直接跳问到 C9 题）

[2] 务农以及各类定期、不定期零工（如果选择 [2]，则主要问非农就业的情况）

[3] 农村自营业者

[4] 国有经济单位职工（包括党政机关和事业单位）

[5] 各类乡镇集体企业、私营企业及个体企业主

[6] 各类乡镇集体企业、私营企业被雇者；

[7] 其它形式的农村就业 ________

[说明：“农村自营业者”包括：小卖铺、代销点、小作坊、走村串巷的小贩、农产品转手买卖、手工艺品或农用品制作贩卖等人员。]

C4. 您的职业：

[1] 国家机关党群组织、企事业单位负责人

[2] 专业技术人员（包括在科学研究、工程技术、农业技术、飞机和船舶、医疗卫生、经济、金融、法律、教学、文学艺术、体育、新闻出版、文化、宗教职业者等领域工作）

[3] 办事人员和有关人员（指在国家机关、党群组织、企业、事业单位中从事行政业务、行政事务工作的人员和从事安全保卫、消防、邮电等业务的人员）

[4] 商业、服务业人员（包括购销人员、仓储人员、餐饮服务人员、旅游及健身娱乐场所服务人员、运输服务人员、医疗卫生辅助服务人员、中介、物业管理）

[5] 农、林、牧、渔、水利生产人员（指从事农业、林业、畜牧业、渔业及水利业生产、管理、产品初加工的人员）

[6] 生产、运输设备操作人员及有关人员（指从事矿产勘查、开采，产品的生产制造、工程施工和运输设备操作的人员及有关人员）

[7] 不便分类的其他从业人员（请注明：　　）

C5. 跟去年相比，您今年的劳动收入是否有变化？

[1] 增长了，增长了 _____%

[2] 没什么变化

[3] 下降了，下降了 _____%

[4] 不清楚 / 不了解（不读出）

[说明：说不出变化率的 用 -1 表示。]

C6. 您是否和单位签订了劳动合同？

[1] 是（包括各类型劳动合同以及政府机关、事业单位有编制的劳动者）[跳问到 C9]

[2] 否

[3] 不清楚 / 不了解（不读出）

C7. 您从上一份有合同的工作离职时什么时候？

[1] 从未工作过 [跳问到 C10]

[2] 工作过，但从未签订过劳动合同 [跳问到 C10]

[3] 2 年以前

[4] 1 ～ 2 年之间

[5] 1 年至半年

[6] 半年至 3 个月

[7] 3 个月以内

[8] 不清楚 / 不了解（不读出）[跳问到 C10]

[说明：不读选项，被访者说出直接选择。]

C8. 在上一份有合同的工作中，您的职业是：

[1] 国家机关党群组织、企事业单位负责人

[2] 专业技术人员（包括在科学研究、工程技术、农业技术、飞机和船舶、医疗卫生、经济、金融、法律、教学、文学艺术、体育、新闻出版、文化、宗教职业者等领域工作）

[3] 办事人员和有关人员（指在国家机关、党群组织、企业、事业单位中从事行政业务、行政事务工作的人员和从事安全保卫、消防、邮电等业务的人员）

[4] 商业、服务业人员（包括购销人员、仓储人员、餐饮服务人员、旅游及健身娱乐场所服务人员、运输服务人员、医疗卫生辅助服务人员、中介、物业管理）

[5] 农、林、牧、渔、水利生产人员（指从事农业、林业、畜牧业、渔业及水利业生产、管理、产品初加工的人员）

[6] 生产、运输设备操作人员及有关人员（指从事矿产勘查、开采，产品的生产制造、工程施工和运输设备操作的人员及有关人员）

[7] 不便分类的其他从业人员（请注明：　　　）

C9. 您最近 1 年是否参加过职业培训或其他对提高您工作技能有帮助的培训（包括企业组织、政府组织和自己参加的各类与职业相关的学习培训）？

[1] 是　　　　　　[2] 否

[说明：所有有工作，包括在职休假、在职学习，临时停工或季节性歇业的人都问，农民接受农业技术培训也算。]

C10. 2013 年您的年家庭收入大概是多少？

[1] 1 万元以下　　[2] 1 万 ~ 3 万元　　[3] 3 万 ~ 5 万元

[4] 5 万 ~ 10 万元　　[5] 10 万 ~ 15 万元　　[6] 15 万 ~ 25 万

[7] 25 万 ~ 50 万元以上　　[8] 50 万元以上　　[9] 不清楚 / 拒答

[说明：①城镇居民对应家庭年可支配收入（包括所有家庭成员的劳动收入、养老金、经营性收入、出租房收入、投资等财产性收入、政府的各种补贴等，扣除交纳的所得税和个人交纳的社会保障费后）；农村居民对应家庭年纯收入（包括所有家庭成员的劳动收入、养老金、经营性收入、出租房收入、投资等财产性收入、政府各种补贴等，但需扣除家庭经营费用支出、生

产性固定资产折旧、交纳的所得税和个人交纳的社会保障费后）；②计算的是 2013 年整年全家 12 个月的收入，不是某一个月的收入；③如果对方说不清楚，要给点时间引导对方适当思考后回答；④区间值上划，3 万元归为选项 3，5 万元归为选项 3，以此类推。]

第二部分：下面请您根据您自身感受对以下问题做出判断

惩治贪污腐败

Q1_1. 您对于目前政府惩治贪污腐败的总体评价是：

[1] 非常满意　[2] 比较满意　[3] 一般
[4] 不太满意　[5] 非常不满意　[6] 不清楚 / 不了解 / 不评价（不读出）

Q1_2. 您认为最近一年政府工作人员公款吃喝、铺张浪费的现象是不是有所改善？

[1] 有明显改善　[2] 有一定改善　[3] 和以前一样
[4] 比以前差一些　[5] 明显不如以前　[6] 不清楚 / 不了解（不读出）

政府服务满意度

Q2_1. 您对目前居住地各级政府服务的总体评价是（主要指在政府机构办事是否便利，政府是否能及时准确地提供您关心的政策信息等方面）：

[1] 非常满意　[2] 比较满意　[3] 一般
[4] 不太满意　[5] 非常不满意　[6] 不清楚 / 不了解 / 不评价（不读出）

Q2_2.（选择 [4] 和 [5] 的询问）政府服务中您不满意的方面主要是（按重要性，最多选 2 项）：

[1] 办事拖拉，相互推诿；　[2] 信息不透明；
[3] 服务态度差；　[4] 需要拉关系走后门或有索贿现象；
[5] 审批过多；　[6] 其他 ________
[7] 不清楚 / 不了解 / 不评价（不读出）

[**说明：**通过被访者直接说出的进行对应；不能说出的读出选项进行选择。]

交通状况满意度

Q3. 您对目前居住地交通状况的总体评价是（例如道路是否畅通，是否安全，是否有便捷的公共交通工具等方面）：

[1] 非常满意　[2] 比较满意　[3] 一般
[4] 不太满意　[5] 非常不满意　[6] 不清楚 / 不了解 / 不评价（不读出）

社会治安状况满意度

Q4. 您对目前居住地社会治安环境的总体评价是：

[1] 非常满意　[2] 比较满意　[3] 一般
[4] 不太满意　[5] 非常不满意　[6] 不清楚 / 不了解 / 不评价（不读出）

住房状况满意度

Q5. 您对目前住房状况的总体评价是：

[1] 非常满意　　[2] 比较满意　　[3] 一般
[4] 不太满意　　[5] 非常不满意　　[6] 不清楚 / 不了解 / 不评价（不读出）

教育满意度

Q6. 您对居住地教育状况的总体评价是：

[1] 非常满意　　[2] 比较满意　　[3] 一般
[4] 不太满意　　[5] 非常不满意　　[6] 不清楚 / 不了解（不读出）

医疗服务满意度

Q7_1. 您对目前居住地医疗服务的总体评价是：

[1] 非常满意　　[2] 比较满意　　[3] 一般
[4] 不太满意　　[5] 非常不满意　　[6] 不清楚 / 不了解 / 不评价（不读出）

Q7_2.（选择 [4] 和 [5] 的询问）在医疗服务方面，您最不满意的问题有（按重要性，最多选 2 项）：

[1] 看病难；　　[2] 看病贵；　　[3] 医生水平低；
[4] 医护人员服务态度差；　　[5] 医疗机构就诊环境和硬件条件差；
[6] 医疗保险水平低或报销不方便；　　[7] 其他 ________
[0] 不清楚 / 不了解 / 不评价（不读出）

[说明：通过被访者直接说出的进行对应；不能说出的读出选项进行选择。]

环境满意度

Q8. 您对目前居住地环境状况的总体评价是（包括绿化率、工业生产的废气、废液、废渣处理、生活垃圾处理、空气质量等方面）：

[1] 非常满意　　[2] 比较满意　　[3] 一般
[4] 不太满意　　[5] 非常不满意　　[6] 不清楚 / 不了解 / 不评价（不读出）

社会保障满意度

Q9_1. 您对您能享有的社会保障状况的总体评价是：

[1] 非常满意　　[2] 比较满意　　[3] 一般
[4] 不太满意　　[5] 非常不满意　　[6] 不清楚 / 不了解 / 不评价（不读出）

Q9_2. 您是否担心您目前 / 未来养老费用没有保障？

[1] 非常担心　　[2] 比较担心　　[3] 一般
[4] 不太担心　　[5] 一点也不担心
[6] 不清楚 / 不了解 / 不评价（不读出）

Q9_3. 您是否担心您的医疗费用没有保障?

[1] 非常担心　　[2] 比较担心　　[3] 一般

[4] 不太担心　　[5] 一点也不担心　　[6] 不清楚 / 不了解 / 不评价（不读出）

公共服务

Q10. 您对所住社区公共服务是否满意?（如绿化、环境、治安、组织文体活动等）

[1] 非常满意　　[2] 比较满意　　[3] 一般

[4] 不太满意　　[5] 非常不满意

[6] 没参与不清楚 / 不了解 / 不评价（不读出）

就业满意度

Q11_1. 您对于目前就业状况（包括工作的稳定性、劳动强度、收入等）的总体评价是:

[1] 非常满意　　[2] 比较满意　　[3] 一般

[4] 不太满意　　[5] 非常不满意　　[6] 不清楚 / 不了解 / 不评价（不读出）

[**说明:** 对于目前没有工作，在家待业、在校学生或离退休人员，一律默认选择“说不清楚 / 不了解……”。]

Q11_2.（选择 [4] 和 [5] 的询问）您对您的工作最不满意的有哪几个方面?（按重要性，最多选 2 项）

[1] 收入低或收入不稳定

[2] 工作不稳定，失业风险大

[3] 工作辛苦、时间长，不能充分休息、照料家庭、学习及娱乐

[4] 劳动条件恶劣，劳动环境不安全或对健康有损害

[5] 没有社会保障或社会保障的水平低

[6] 学习、晋升和发展机会不足

[7] 对工作内容不感兴趣，工作没有成就感

[8] 工作场合中存在歧视，如同工不同酬；工作中的人际关系恶劣

[9] 其他，请注明 ______

[10] 不清楚 / 不了解 / 不愿意评价（不读出）

[**说明:** 通过被访者直接说出的进行对应；不能说出的读出选项进行选择。]

食品安全满意度

Q12. 您对目前居住地食品安全状况的总体评价是(例如农药残留、重金属、添加剂、细菌超标、餐饮服务业的卫生状况等):

[1] 非常满意　　[2] 比较满意　　[3] 一般

[4] 不太满意　　[5] 非常不满意　　[6] 不清楚 / 不了解 / 不评价（不读出）

司法公正

Q13. 您对目前居住地司法机关（包括公检法）公正执法情况的总体评价是：

[1] 非常满意 [2] 比较满意 [3] 一般
[4] 不太满意 [5] 非常不满意 [6] 不清楚 / 不了解 / 不评价（不读出）

总体生活满意度判断

Q14_1. 总体而言，您对当前自己生活状态的评价是：

[1] 非常满意 [2] 比较满意 [3] 一般
[4] 不太满意 [5] 非常不满意 [6] 不清楚 / 不了解 / 不评价（不读出）

Q14_2. 近一年，您的总体生活状况是：

[1] 有明显改善 [2] 有一定改善 [3] 和以前一样
[4] 比以前差一些 [5] 明显不如以前 [6] 不清楚 / 不了解（不读出）

Q14_3. 您对未来生活信心如何？

[1] 很有信心 [2] 比较有信心 [3] 一般
[4] 信心不足 [5] 没有信心 [6] 不清楚 / 不了解 / 不评价（不读出）

Q14_4. 您觉得您的生活水平在当地处于什么水平？

[1] 非常好 [2] 中等偏上 [3] 中等
[4] 中等偏下 [5] 非常差 [6] 不清楚 / 不了解 / 不评价（不读出）

[问卷结束，感谢被访者]

附录 2

2014 年民生关切点入户调查问卷

S01. 问卷编号 [S01]：|__|__|-|__|__|__|__|

国务院发展研究中心
“中国民生调查”课题组

S02. 调查地点：_[provname]_ 省 / 自治区 / 直辖市 |__|[provcode]

[prefname] 地级市 |__|[prefcode]

[cntyname] 县 / 县级市 / 区 |__|[cntycode]

[township] 街道 / 乡 / 镇 |__|[towncode]

[villname] 居 / 村委会 |__|[village]

_[unit]____ 单元 ____ 号

S03. 调查时间： __[S03A] 年 [S03B] 月 __[S03C] 日

S04. 访问员记录：受访者居住的社区类型 |__|[S04]

1. 市 / 县城的中心城区（主城区）
2. 市 / 县城的郊区（城乡结合部）
3. 市 / 县城区以外的镇（街）
4. 农村
5. 其他（请注明：[S040]______）

S05. 督导员记录：受访者居住的地区类型 |__|[S05]

1. 未经改造的老城区（街坊型社区）
2. 单一或混合的单位社区
3. 保障性住房社区

4. 普通商品房小区

5. 别墅区或高级住宅区

6. 新近由农村社区转变过来的城市社区（村改居、村居合并或“城中村”）

7. 农村

8. 其他（请注明 [S050]：________）

S06. 访问员（签名）[S06A01]：________　　联系电话 [S06A02]：________

S07. 督导员（签名）[S06701]：________　　联系电话 [S07A02]：________

二〇一四年八月

中国民生问题调查问卷说明

您好！

我们是国务院发展研究中心“中国民生调查”课题组的访问员。这次调查的目的是了解目前我国民生的状况，真实反映民众的现实需求，为进一步制定和完善相关民生政策服务。

经过科学抽样，我们选中了您的家庭作为调查对象。您的合作对于我们了解有关情况和制定相关政策有着十分重要的意义。本调查完全匿名，调查内容严格保密。请您放心、真实地回答问题。感谢您的支持！

国务院发展研究中心

“中国民生调查”课题组

2014 年 8 月

填写指导：

1. 在问卷上的所有填写或者记录要使用蓝色或黑色中性笔，不得使用钢笔或铅笔。记录选择题时应在题后相应的横线上填写选项号。

2. 所有选择“其他”选项的回答，务必填写具体内容。

3. 所有问题请由访问员询问并记录、填写，对选项较多的可由受访者阅读选择。

4.“不清楚”、“不回答”之类的选项，访问时不需要读出。

5. 访问员请家庭的户主或家里最熟悉情况的人来回答本问卷。

6. 在条件许可的情况下，涉及家庭成员信息的部分，可以让相关的家庭成员协助完成此调查，比如就业部分可以让除受访者外的其他相关家庭成员配合。

A 家庭成员基本情况

A01. 请填写您家庭成员的基本情况。（家庭成员指在同一家庭内共同生活且收支共享的成员。在外就学子女和打工人员只要其收支都包括在本家庭中，就计入家庭人口数中。如不适用、不知道或不清楚，请留白 / 不填写。）

		成员01（受访者）	成员02	成员03	成员04	成员05	成员06	成员07	成员08	成员09
a. 与受访者关系		Aa01	Aa02	Aa03	Aa04	Aa05	Aa06	Aa07	Aa08	Aa09
b. 出生年份		Ab01	Ab02	Ab03	Ab04	Ab05	Ab06	Ab07	Ab08	Ab09
c. 性别		Ac01	Ac02	Ac03	Ac04	Ac05	Ac06	Ac07	Ac08	Ac09
d. 婚姻状况		Ad01	Ad02	Ad03	Ad04	Ad05	Ad06	Ad07	Ad08	Ad09
e. 户籍地点		Ae01	Ae02	Ae03	Ae04	Ae05	Ae06	Ae07	Ae08	Ae09
f. 宗教信仰		Af01	Af02	Af03	Af04	Af05	Af06	Af07	Af08	Af09
g. 健康状况		Ag01	Ag02	Ag03	Ag04	Ag05	Ag06	Ag07	Ag08	Ag09
h. 医疗保障	医疗保障项目数	Ah001	Ah002	Ah003	Ah004	Ah005	Ah006	Ah007	Ah008	Ah009
	（1）城镇职工基本医疗保险	Ah101	Ah102	Ah103	Ah104	Ah105	Ah106	Ah107	Ah108	Ah109
	（2）城镇居民基本医疗保险	Ah201	Ah202	Ah203	Ah204	Ah205	Ah206	Ah207	Ah208	Ah209
	（3）城乡居民大病医疗保险	Ah301	Ah302	Ah303	Ah304	Ah305	Ah306	Ah307	Ah308	Ah309
	（4）公费医疗	Ah401	Ah402	Ah403	Ah404	Ah405	Ah406	Ah407	Ah408	Ah409
	（5）商业医疗保险	Ah501	Ah502	Ah503	Ah504	Ah505	Ah506	Ah507	Ah508	Ah509
	（6）新农村合作医疗	Ah601	Ah602	Ah603	Ah604	Ah605	Ah606	Ah607	Ah608	Ah609
	（7）村集体二次报销福利	Ah701	Ah702	Ah703	Ah704	Ah705	Ah706	Ah707	Ah708	Ah709
	（8）没有任何医疗保险	Ah801	Ah802	Ah803	Ah804	Ah805	Ah806	Ah807	Ah808	Ah809
i. 受教育状况		Ai01	Ai02	Ai03	Ai04	Ai05	Ai06	Ai07	Ai08	Ai09
j. 是否正在从事有收入工作		Aj01	Aj02	Aj03	Aj04	Aj05	Aj06	Aj07	Aj08	Aj09
k. 工作地点		Ak01	Ak02	Ak03	Ak04	Ak05	Ak06	Ak07	Ak08	Ak09

B 工作与就业

	成员编号		成员01（受访者）	成员02	成员03	成员03	成员04	成员05	成员06	成员07	成员08
对有工作或兼职工作的成员询问	B01.当前的就业类型是？（见代码表）		B01_1	B01_2	B01_3	B01_4	B01_5	B01_6	B01_7	B01_8	B01_9
	B02.工作属于哪个行业？（见代码表）		B02_1	B02_2	B02_3	B02_4	B02_5	B02_6	B02_7	B02_8	B02_9
	B03.工作职位是什么？（见代码表）		B03_1	B03_2	B03_3	B03_4	B03_5	B03_6	B03_7	B03_8	B03_9
	B04.是否具有专业技能，并具备相关职业资格证书？[1] 有技能，有证书　[2] 有技能，没证书　[3] 都没有		B04_1	B04_2	B04_3	B04_4	B04_5	B04_6	B04_7	B04_8	B04_9
	B05.今年平均每周工作多少小时？（访问员可通过每天工作的小时数和每周工作的天数帮助计算）		B05_1	B05_2	B05_3	B05_4	B05_5	B05_6	B05_7	B05_8	B05_9
	B06.与去年同期相比，今年的工作量有什么变化？ [1] 大幅增加　[2] 有所增加　[3] 不变 [4] 有所减少　[5] 大幅减少		B06_1	B06_2	B06_3	B06_4	B06_5	B06_6	B06_7	B06_8	B06_9
	B07.今年，每个月的平均税后收入（包括工资、奖金、经营收入）是______元/月？		B07_1	B07_2	B07_3	B07_4	B07_5	B07_6	B07_7	B07_8	B07_9
	B08.近三年的收入是否稳定？ [1] 大幅增长　[2] 小幅增长 [3] 稳定不变　[4] 小幅下降 [5] 大幅下降　[6] 不稳定		B08_1	B08_2	B08_3	B08_4	B08_5	B08_6	B08_7	B08_8	B08_9
	B09.签订了哪几种劳动合同？	1. 没有签订劳动合同	B091_1	B091_2	B091_3	B091_4	B091_5	B091_6	B091_7	B091_8	B091_9
		2. 签有固定期限劳动合同	B092_1	B092_2	B092_3	B092_4	B092_5	B092_6	B092_7	B092_8	B092_9
		3. 签有无固定期限劳动合同	B093_1	B093_2	B093_3	B093_4	B093_5	B093_6	B093_7	B093_8	B093_9
		4. 签订了试用期劳动合同	B094_1	B094_2	B094_3	B094_4	B094_5	B094_6	B094_7	B094_8	B094_9
		5. 签订了其他合同（注明）	B095_1	B095_2	B095_3	B095_4	B095_5	B095_6	B095_7	B095_8	B095_9
		6. 不需要签劳动合同	B096_1	B096_2	B096_3	B096_4	B096_5	B096_6	B096_7	B096_8	B096_9
		7. 不适用	B097_1	B097_2	B097_3	B097_4	B097_5	B097_6	B097_7	B097_8	B097_9

续表

成员编号			成员01（受访者）	成员02	成员03	成员03	成员04	成员05	成员06	成员07	成员08
对有工作或兼职工作的成员询问	B10. 现工作单位缴纳了“五险一金”中的哪几种?	1. 养老保险	B101_1	B101_2	B101_3	B101_4	B101_5	B101_6	B101_7	B101_8	B101_9
		2. 医疗保险	B102_1	B102_2	B102_3	B102_4	B102_5	B102_6	B102_7	B102_8	B102_9
		3. 失业保险	B103_1	B103_2	B103_3	B103_4	B103_5	B103_6	B103_7	B103_8	B103_9
		4. 工伤保险	B104_1	B104_2	B104_3	B104_4	B104_5	B104_6	B104_7	B104_8	B104_9
		5. 生育保险	B105_1	B105_2	B105_3	B105_4	B105_5	B105_6	B105_7	B105_8	B105_9
		6. 住房公积金	B106_1	B106_2	B106_3	B106_4	B106_5	B106_6	B106_7	B106_8	B106_9
		7. 没有任何保险	B107_1	B107_2	B107_3	B107_4	B107_5	B107_6	B107_7	B107_8	B107_9
	B11. 是否还有其他方式缴纳保险或住房公积金? 1. 以前的单位缴纳 2. 按灵活就业人员自行缴纳 3. 没有 4. 农保或居保 5. 其他（请注明）		B11_1	B11_2	B11_3	B11_4	B11_5	B11_6	B11_7	B11_8	B11_9
	B12.除上述工作外，是否还从事其他工作? [1] 是 [2] 否		B12_1	B12_2	B12_3	B12_4	B12_5	B12_6	B12_7	B12_8	B12_9
	B12_1. 如果是，从事的其他工作是什么?（请具体说明，如有多份其他兼职工作请列举）		B12a_1	B12a_2	B12a_3	B12a_4	B12a_5	B12a_6	B12a_7	B12a_8	B12a_9
对不工作的成员询问	B13.不工作的原因是?（见代码表）		B13_1	B13_2	B13_3	B13_4	B13_5	B13_6	B13_7	B13_8	B13_9
	B13_1. 如果不工作的原因选择了1、2或3，请问原有社保或住房公积金是否还继续缴纳? [1] 原单位继续缴纳 [2] 政府帮缴纳 [3] 自己缴纳 [4] 没有缴纳 [5] 其他（请注明）		B13a_1	B13a_2	B13a_3	B13a_4	B13a_5	B13a_6	B13a_7	B13a_8	B13a_9
	B14. 从上一次工作结束或毕业以来，持续没有工作的时间有______个月?		B14_1	B14_2	B14_3	B14_4	B14_5	B14_6	B14_7	B14_8	B14_9

C 基本民生问题

C01. 您对自己家庭目前生活状况的总体满意程度是：________ [C01]

[1] 很满意　[2] 基本满意　[3] 一般

[4] 不太满意　[5] 很不满意　[6] 不回答 / 不清楚

C02. 与去年（2013 年）相比，您家庭目前生活水平的变化情况是：________ [C02]

[1] 显著提高　[2] 有所提高　[3] 和去年差不多

[4] 有所下降　[5] 明显下降　[6] 不回答 / 不清楚

C03. 您对当前所在地政府，在改善民生、保障居民基本公共服务方面的总体满意程度是：[C03]

[1] 很满意　[2] 基本满意　[3] 一般

[4] 不太满意　[5] 很不满意　[6] 不回答 / 不清楚

C04. 在民生问题的主要方面（包括家庭收入、就业与工作、子女教育、医疗卫生、养老、住房、生活环境、公共安全、收入分配等），您最不满意的是（限选三项，按不满意程度由高到低排序）：________ [C0401]________ [C0402] ________ [C0403]

[1] 就业状况　[2] 收入水平　[3] 子女教育

[4] 医疗　[5] 养老　[6] 住房

[7] 生活环境　[8] 社会治安　[9] 食品安全

[10] 贫富差距　[11] 维护群众权益　[12] 物价水平

[13] 道路不好走　[14] 家庭与婚姻问题　[15] 其他（请注明：[C040]）

D 收入与消费

D01. 去年（2013 年）您全家的年收入大约为：________ [D01]（包括所有家庭成员的工资性收入、经营性收入、资产性收入和转移性收入，不包括出售资产的收入）

[1] 1 万元以下　[2] [1 ～ 3）万元　[3] [3 ～ 5）万元

[4] [5 ～ 8）万元　[5] [8 ～ 10）万元　[6] [10 ～ 15）万元

[7] [15 ～ 25] 万元　[8] [25 ～ 50] 万元　[9] 50 万元及以上

D02. 您感觉今年（2014 年）家庭收入与去年（2013 年）相比，今年家庭总收入会是增长还是下降：________ [D02]

[1] 显著增长　[2] 有所增长　[3] 和去年差不多

[4] 有所减少　[5] 明显减少

D03. 您认为，您家庭目前的收入在您所在地区属于哪个层次：________ [D03]

[1] 上层　[2] 中上层　[3] 中层

[4] 中下层　　　　[5] 下层

D04. 您的家庭是否获得过社会救助和支持？ ________ [D04]________

[1] 是　　　　　　　　　[2] 否（跳至 D05）

D04_1. 您的家庭获得过何种形式的社会救助和支持？（多选）

[0] 获得救助的项目总数 ________ [D041]（附加变量）

[1] 城乡最低生活保障 [D04101]

[2] 农村五保供养 [D04102]

[3] 农村特困户生活救助；[D04103]

[4] 城乡医疗救助 [D04104]

[5] 灾害紧急救助 [D04105]

[6] 社区的社会互助 [D04106]

[7] 残疾补助 [D04107]

[8] 养老补助 [D04108]

[9] 房屋 / 拆迁补助 [D04109]

[10] 部队优抚 [D04110]

[11] 双女 / 单孩补助 [D04111]

[12] 学校补助 [D04112]

[13] 粮食补助 [D04113]

[14] 社会保险 [D04114]

[15] 其他 [D04115]（请注明：____[D041150]）

D04_2.2013 年获得的各类救助资金一共有 _______ 元 [D043]。

D05. 您认为与您周围的家庭相比，近两年来家庭间收入差距是扩大还是缩小？ [D05]

[1] 很大，差距还在继续扩大　　　　[2] 很大，但差距在缩小

[3] 一直都很大，没有变化　　　　[4] 不大，但有扩大的趋势

[5] 不大，且还在缩小　　　　[6] 一直都不大，没有变化

D06. 去年（2013 年）您家庭总的消费支出大约为：_______[D06]（即所有家庭成员日常性的生活支出，包括衣食住行、教育、医疗、旅游、娱乐、人情往来等支出，不包括购房、购车、购买投资型黄金和保险等资产性支出，但包括租房的租金和养车的费用）。

[1] 1 万元以下　　[2] [1 ～ 3）万元　　[3] [3 ～ 5）万元

[4] [5 ～ 8）万元　　[5] [8 ～ 10）万元　　[6] [10 ～ 15）万元

[7] [15 ～ 25] 万元　　[8] [25 ～ 50] 万元　　[9] 50 万元及以上

D07. 您感觉家庭支出压力最大的一项是：_______[D07]

[1] 食品　　[2] 服装　　[3] 住房（贷款、房租）

[4] 教育　　[5] 交通通信　　[6] 文化休闲娱乐
[7] 医疗　　[8] 人情送礼　　[9] 赡养老人
[10] 没压力　　[11] 经营性支出　　[12] 子女抚养
[13] 化妆打扮　　[14] 债务　　[15] 都有压力
[16] 其他（请注明：______[D070]）

E 子女教育

注意： E01 ~ E04 的问题，如果家庭有多名子女，请选择一个孩子的情况来回答：如果该户既有处于义务教育阶段（小学、初中）的子女，也有处于非义务教育阶段的子女，则针对其中义务教育阶段的孩子询问；如果该户有多名处于义务教育阶段的子女，或者多名处于非义务教育阶段的子女，则针对其中年龄最大的孩子询问。

E01. 您家孩子处于哪一个教育阶段？ [E01]
[1] 学前（幼儿园）　　[2] 小学　　[3] 初中
[4] 高中　　[5] 中职（包括中专、职高、技校）
[6] 高职　　[7] 本科院校及以上
[8] 孩子上学，但不一起生活　　[9] 没有处于受教育阶段的孩子
[10] 身体原因不上学　　[11] 不适用（请注明 [E010]______）（跳至 E07）

E02. 您家孩子就读的是公办学校还是民办学校（或幼儿园）？ _[E02]_
[1] 公办（跳至 E04）　　[2] 民办（包括民办公助）

E03. 选择民办学校（或幼儿园）的理由是（可多选，由主要到次要排序）：__[E031]__[E032]__[E033]__[E034]__
[1] 因不符合条件（如证件不齐）无法进入公办的；
[2] 公办的资源紧缺，学位不足
[3] 民办的离家近，交通方便　　[4] 民办的入学手续简便
[5] 民办的教学质量高　　[6] 民办的教学方式更加灵活多样
[7] 民办的升学时能进入更好的学校　　[8] 民办的更有利于孩子以后出国
[9] 费用低　　[10] 中考或高考专业、分数限制
[11] 封闭教学、全托方式　　[12] 其他（请注明：__[E030]__）

E04. 您家孩子是否参加了课外辅导或培训班？ _[E04]__
[1] 是　　[2] 否（跳至 E05）
E04_1. 您家孩子参加的课外辅导或培训班是学校或老师推荐的吗？ [E041]
[1] 是　　[2] 否
E04_2. 今年以来，您家孩子参加课外辅导或培训班的总支出约 ______ 元。[E042]

E04_3. 今年以来，您家孩子平均每周去 ____ 次 [E043a]；平均每次 ____ 小时 [E043b]。

E05. 2013 年，您家有 __[E05A]__ 个上学（包括上幼儿园）的孩子，（2013 年）用在这些孩子身上的教育总支出为 __[E05B]__ 元（不包括在家的生活费用，包括赞助费、捐资助学费等类似费用）。

E05_1.（2013 年的）教育总支出占到您家庭生活总支出的 _____%。[E0501]

E06. 您家是否为了陪孩子上学，在学校周边租房？ ____[E06]

[1] 是，租房费用 ____[E06A] 元 / 年　　　[2] 否

E07. 为了孩子能够上好的学校，您家是否购置了学区房？ ____[E07]

[1] 是，一共花了 ____[E07A] 万元　　　[2] 否

F 医疗卫生

F01. 您和您的家人平时感觉身体不舒服需要看医生时，一般最先去哪个医疗机构：[F01]

[1] 自己买药　　[2] 村卫生室 / 诊所　　[3] 社区卫生服务中心（站）

[4] 乡镇卫生院　　[5] 区、县医院　　[6] 区域内最好的大医院

F02. 您和家人更信任当地的公立医院还是民营（私立）医院？ [F02]

[1] 更信任公立医院，不信任民营（私立）医院

[2] 更信任民营（私立）医院，不信任公立医院

[3] 都不信任

[4] 都信任（跳至 F03）

[5] 不知道 / 说不清（跳至 F03）

F02_1. 如果选择 [1][2][3]，您不信任的原因是（可多选，由主要到次要排序）：__[F021]__[F022]__[F023]__[F024]__[F025]

[1] 费用太贵　　[2] 医生和设备水平低

[3] 诊疗行为不规范，为了挣钱损害患者利益

[4] 挂号难、排队长　　[5] 医生责任心不强

[6] 服务差　　[7] 医保报销没有或不完善

[8] 本地没有民营医院 / 交通不便

[9] 没有去过或不了解　　[10] 不信任 / 社会声誉差

[11] 其他（请注明：____[F02010]）

F03. 过去两年以来，您的家庭成员中，是否有医院建议住院而没有住院的人？ ____[F03]

[1] 是　　[2] 已经住院（跳至 F04）　　[3] 没有需要住院的人（跳至 F05）

F03_1. 如果没有住院，请回答不住院的原因是：[F031]

[1] 没钱住院　　[2] 没有时间住院　　[3] 床位紧张，住不进去
[4] 住院环境太差　　[5] 不信任医生　　[6] 自己认为不需要
[7] 其他（请注明：　　）[F0310]

F04. 2013 年以来，您家哪位家庭成员曾经住过院（成员称谓 [F04A]）____（成员代码 [F04B]____），住院所发生的总费用（包括医疗、护工、红包、礼品、陪护等各种实际支出）为 ______[F04C] 元，其中：

F04_1. 您家实际支付的医院结算诊疗总费用（基本医保扣除后）为 ________[F041] 元

F04_2. 通过各类医疗保险报销费用（包括基本医疗保险、大病医保、商业医疗保险、公费医疗等各类一次和二次报销金额的总额）为 ________[F042] 元

F04_3. 其他费用（看护、交通、食宿、红包、礼品等）为 _________[F043] 元。

注意：如果家庭在此期间有多位成员住院，请就住院支出最大的一名成员回答 F04。

F05. 2013 年以来，您家是否有因为看病而需要向外筹措资金的情况，筹资的方式是：____[F05]

[1] 没有　　[2] 有，找人借款　　[3] 有，家庭财产抵押贷款
[4] 有，变卖家庭资产　　[5] 赊账 / 高利贷　　[6] 亲属资助；
[7] 有，其他（请注明：______[F050]）

F06. 您家（包括所有家庭成员）2013 年的医疗总支出（包括住院、门诊和自己买药等）为 ______[F06] 元。

G 养老保障

G01.（如还未退休）您对以后养老的经济保障是否担心？（如受访者是 60 岁以上老人或已退休，则问“您对当前养老的经济保障是否担心？”）____[G01]

[1] 不担心　　[2] 有些担心　　[3] 很担心　　[4] 没想过

G02. 您未来的养老问题是如何打算的？（如受访者是 60 岁以上老人或已退休，则问“您当前是拿什么钱来养老的？”）（限选三项，由主要到次要排序）

____[G021] _____[G022] _____[G023]

[1] 退休金
[2] 储蓄
[3] 社保养老金
[4] 投资理财
[5] 购买商业养老保险
[6] 以房养老

[7] 由儿女养老

[8] 不知道 / 没有资金来源 / 无靠

[9] 没想过

[10] 打工 / 自营

[11] 务农 / 出租土地

[12] 村镇或国家补贴

[13] 养老院、老年公寓或社区养老

[14] 其他亲属养老

[15] 其他（请注明 ____）[G020]

G03. 您的家庭里（考虑夫妻双方父母、祖父母及其他需要依靠本家庭赡养的老人）是否有60岁以上的老人需要赡养和照顾？（如果受访者本人是60岁以上老人，则问“是否还有比他/她年龄更大的人需要赡养和照顾？”以及“自己是否需要其他人照顾？”）____[G03]

[1] 有，只给予经济支持，别人（或老人自己）照顾

[2] 有，经济上支持，并且生活上照顾

[3] 有，但不需要给予经济支持和生活照顾

[4] 没有

[5] 自己需要其他人（包括家庭和其他责任人）赡养和照顾

G03_1. 如果选择 [1] 或 [2]，请回答：2013 年您家为照顾老人的支出（包括给老人生活费、雇人照顾、养老院及其他养老服务费）大约为 ____ 元 [G031]。

G03_2. 如果选择 [5]，请回答：2013 年为了自己养老需要付出的费用（包括雇人照顾、养老院及其他养老服务费）大约为 ____ 元 [G032]。

G03_3. 如果选择 [5]，请回答：2013 年家人（包括所有子女等承担其养老责任、帮助负担养老费用的人）给予的经济资助总额，大约为 ____ 元 [G033]。

H 住房保障

H01. 您家庭目前居住的住房是：__[H01]__

[1] 自购商品住房　　[2] 父母住房　　[3] 购买的政策性住房

[4] 单位福利分房　　[5] 单位租住房（单位公寓 / 宿舍）

[6] 廉租房（或公租房）　　[7] 市场租赁房　　[8] 自建住房　　[9] 拆迁安置房

[10] 其他亲朋好友　　[11] 其他（请注明：______[H010]）

H01_1. 该房的建筑面积有 ____[H0101] 平方米。

注意：以下住房（H02-H04）是指本家庭成员有产权的住房（包括共有产权）。

H02. 您家在本市（县、区）是否还有其他住房？ ____[H02]

[1] 是，有 ____ 套 [H02A]　　[2] 否（跳至 H03）

H02_1. 上述住房现在是什么状态？ ______[H0201]

[1] 自己（家人）居住　[2] 间歇性回去居住　[3] 交给亲戚或朋友帮忙看管

[4] 出租，[5] 闲置　[6] 未交付在建或装修

[7] 其他（请注明：______）[H02010]

H03. 您家在其他城市（县、区）是否还有住房？ __[H03]__

[1] 是，有 ____ 套 [H03A]　[2] 否（跳至 H04）

H03_1. 上述住房现在是什么状态？ __[H0301]__

[1] 自己（家人）居住　[2] 间歇性回去居住　[3] 交给亲戚或朋友帮忙看管

[4] 出租　[5] 闲置　[6] 未交付在建

[7] 其他（请注明：______）[H03010]

H04. 您家在农村是否还有住房？ ____[H04]

[1] 是，有 ____[H04A] 套　[2] 否（跳至 H05）

H04_1. 上述住房现在是什么状态？ ____[H0401]

[1] 自己（家人）居住　[2] 间歇性回去居住　[3] 交给亲戚或朋友帮忙看管

[4] 出租　[5] 闲置　[6] 荒废（不能使用）

[7] 未交付在建　[8] 仓储养殖自营　[9] 其他（请注明：___[H04010]）

H05. 未来两三年，您家是否有购房的打算或计划？ ____[H05]

[1] 购买商品房　[2] 购买政策性住房　[3] 不打算购买

[4] 视经济状况决定　[5] 子女婚姻和教育需要时

[6] 看情况（请注明：______[H050]）

H06. 您对政府在住房保障政策上最大的期望是什么？（尽量请其开放回答，如果实在说不出再以选项提示；限选两项，按重要性由高到低排序）

（开放回答内容编码）[H06x1]______________________

最大期望（1）________[H0601] 最大期望（2）________[H0602]

城市居民参考选项：[1] 扩大保障房覆盖范围　[2] 限购限价，降低房价

[3] 开征房产税　[4] 提高租金补贴水平

[5] 准予组织自建房，并给予优惠条件

农村居民参考选项：[6] 赋予农村住房完全产权（可抵押、转让）

[7] 农村危旧房屋改造

[8] 确保分家之后能够分到宅基地建房（做到"一户一宅"应保尽保）

[9] 保障农民的宅基地使用权和住房财产权不受侵害

[10] 政府资金补贴，公积金使用，贷款保障

[11] 住房设施规划环境改善

[12] 移民拆迁分房，新农村改造

[13] 没有期待

[14] 不清楚没想过

[15] 其他（请注明：___[H0600]___）

注意：如果受访者家庭中有农业户口的人，且在 H02 或 H03 中选择 [1] 的，请继续回答 H07，否则跳至 I。

H07. 您家在城（包括县城）里购置房屋的目的是？ ____[H07]

[1] 自己居住　[2] 子女居住　[3] 陪子女读书

[4] 出租　[5] 投资　[6] 父母居住

[7] 其他（请注明：______[H070]）

I 生活环境

I01. 请您就所居住的社区（或村庄）的生活环境质量进行评价（请在相应位置画√）：

环境质量类型	非常好	比较好	一般	不太好	非常差	说不清
I01_1. 空气质量[I0101]	1	2	3	4	5	6
I01_2. 生活用水质量[I0102]	1	2	3	4	5	6
I01_3. 生活垃圾处理[I0103]	1	2	3	4	5	6
I01_4. 生活污水处理[I0104]	1	2	3	4	5	6
I01_5.安静（降低噪音）[I0105]	1	2	3	4	5	6
I01_6. 绿化环境 [I0106]	1	2	3	4	5	6

I02. 您觉得近 3 年来居住地的生态环境状况是：____[I02]

[1] 在好转　[2] 相对稳定　[3] 在恶化　[4] 说不清楚

I03. 请您对所居住地区的生活方便程度进行评价（请在相应位置画√）：

生活服务类型	非常好	比较好	一般	不太好	非常差	说不清
I03_1. 交通出行 [I0301]	1	2	3	4	5	6
I03_2. 生活服务配套[I0302]	1	2	3	4	5	6
I03_3. 文化活动 [I0303]	1	2	3	4	5	6
I03_4. 治安状况 [I0304]	1	2	3	4	5	6

注意：如果是农村地区，还请回答 I04，否则直接跳至 I05

I04. 您认为您所在地方是否对以下农业污染进行了很好的处理或治理？（请在相应位置画√）

污染类型	非常好	比较好	一般	不太好	非常差	说不清
I04_1. 牲畜粪便 [I0401]	1	2	3	4	5	6
I04_2. 地膜、农膜[I0402]	1	2	3	4	5	6
I04_3. 农药化肥 [I0403]	1	2	3	4	5	6
I04_4. 农村污水 [I0404]	1	2	3	4	5	6

I05. 您认为近两三年以来，食品安全问题是有所改善，还是更加严重？ ____**[I05]**

[1] 明显改善　　[2] 有所改善　　[3] 没有变化

[4] 有所恶化　　[5] 严重恶化　　[6] 不知道

J 政府服务

J01. 就您和您家庭成员的经历或直观感受，请您对目前居住地的政府服务和办事效率进行总体评价：____**[J01]**

[1] 很满意　　[2] 基本满意　　[3] 一般

[4] 不太满意　　[5] 很不满意　　[6] 不回答 / 不清楚

J02. 近一年来，您认为您所在地的政府官员在下列行为方面的改善情况如何？（请在相应位置画√）

	明显改善	一定改善	不变	有所恶化	严重恶化	不清楚
J02_1.搞形象工程 [J0201]	1	2	3	4	5	6
J02_2.公款吃喝 [J0202]	1	2	3	4	5	6
J02_3.吃拿卡要 [J0203]	1	2	3	4	5	6
J02_4.不办事/推诿 [J0204]	1	2	3	4	5	6
J02_5.脱离群众 [J0205]	1	2	3	4	5	6

注意：以上都是针对官员的负面行为，考察其是否有改观。

J03. 当前，有些人认为“大多数官员是好的，只有少部分有问题”，但也有人认为“大多数官员都有问题，好的官员是少数”。您的看法是：____**[J03]**

[1] 大多数官员是好的　　[2] 好坏参半　　[3] 大多数官员有问题

[4] 不清楚

J04. 您对于我国治理腐败是否有信心？ ____**[J04]**

[1] 非常有信心　　[2] 比较有信心　　[3] 一般

[4] 不太有信心　　[5] 没有信心

受访者联系方式：______________________[Z01]（可填）

由访问员判断，此次调查是否进行顺利，受访者的配合程度如何？ ______[Z02]

[1] 非常配合　　[2] 比较配合　　[3] 不太配合　　[4] 很不配合

访问结束

谢谢您的合作，再一次表示感谢！

附表：附加变量及其标签

变量名	在数据中的位置	变量标签	备注
svilcode	6	[标准]村居代码	国家统计局标准代码
urbcode	7	[标准]城乡分类代码	国家统计局标准代码
strata	560	分层结构代码	抽样分层；该变量为便于Stata用户采用svy模块进行分析而加入
score	561	区县社会经济综合得分	根据区县GDP、人口、教育等9个变量吸取出来的社会经济发展程度的综合因子 来自抽样过程数据
parea	562	所属贫困区域	根据2012年国家核定的14个连片贫困区域。今年8个省市的调查中，有8个贫困县，样本969个
cpop	563	区县常住人口	来自抽样过程数据
cpoph	564	区县户籍人口	同上
cpopin	565	区县流入人口	同上
cpopout	566	区县流出人口	同上
vpop	567	村居常住人口	来自合作单位报告数据
vpoph	568	村居户籍人口	同上
vpopin	569	村居流入人口	同上
vpopout	570	村居流出人口	同上
fnum	571	家庭人口数	计算自家庭成员表（表A）
adults	572	18～69岁成年人口数	同上
huk	573	[被访者]户口性质	来自表A第一行变量：Ae01
mig	574	流动人口标识	同上
[illegible]	575	流动人口类型	同上
fraction	576	代表性权重[用于推断总体]	以此变量加权后，加权样本数反映的是各省人口规模数，该加权变量用来推断各省人口总体中的各种情况
weight	577	个人为分析单位权重（八省合并分析）	八个省份作为一个独立总体，在wt变量加权的基础上，按照各省人口所占比重进行了加权调整 该加权变量适合在将全部样本当作一个总体来分析时使用 分析单位为被访者个人
fwt	578	家庭为分析单位权重（各省独立分析）	适合于各省样本独立分析时使用 当以家庭为单位分析数据时，采用此变量加权
wt	579	个人为分析单位权重（各省独立分析）	适合于各省样本独立分析时使用 当以被访者个人为单位分析数据时，采用此变量加权

后记

Postscript

本书是“中国民生调查”课题组的集体研究成果。这项年度研究工作得以顺利完成，要感谢国务院发展研究中心领导和同事的大力支持。作为课题总顾问的国务院发展研究中心主任李伟研究员，一直很关心课题研究工作的进展，对课题研究给予了直接指导。课题组成员所在部门领导不仅慷慨地为各成员留出时间参加此项研究，而且给予了专业指导。此外，还要对中央财经领导小组办公室副主任韩俊研究员表示特别感谢。在设计2014年度调查方案和指标体系时，他任国务院发展研究中心副主任、“中国民生调查”课题负责人。他带领课题组成员做了大量工作，为随后的课题研究工作奠定了良好的基础。

电话调查和入户问卷调查的顺利开展得到了很多单位和专家的支持。国家统计局社情民调中心协助开展了覆盖全国31个省（区、市）的民生满意度电话调查，并提交了总体数据分析报告；清华大学社会学系刘精明教授及其团队协助完成了入户调查的抽样工作，并对各省提交的入户问卷调查原始数据进行了整理核对与初步分析；安徽、河北、浙江、陕西、广东、黑龙江、上海7个省级政府发展研究中心（研究室）及四川省社科院承担了具体的入户问卷调查任务，并撰写了分省的民生发展报告；还有一些高校、研究机构也参加了入户问卷调查工作。民生项目办的各位工作人员和实习生为课题研究的顺利开展付出了很多努力。在这里，对他们一并表示感谢！

由于问卷设计及数据质量、研究时间及能力等方面的限制，课题组在此呈现给各位读者的仍然是阶段性的研究成果，相关结论和观点仅代表课题组一家之言，难免有疏漏之处，欢迎大家批评指正。在后续的研究中，课题组将进一步提高电话调查和入户调查质量，提高评价成果的客观性、真实性、准确性，为大家奉献更高质量的研究成果，为中国民生事业的发展贡献一份绵薄之力。

国务院发展研究中心

“中国民生调查”课题组

2016年2月